O SÉCULO DO
ESPÍRITO SANTO

Dados Internacionais de Catalogação na Publicação (CIP)
(Câmara Brasileira do Livro, SP, Brasil)

Synan, Vinson
    O século do Espírito Santo: 100 anos do avivamento pentecostal e carismático / Vinson Synan; tradução Judson Canto. — São Paulo: Editora Vida, 2009.

    Título original: *The Century of the Holy Spirit: 100 years of pentecostal and charismatic renewal.*
    ISBN 978-85-383-0110-3
    e-ISBN 978-65-5584-140-4

    1. Igrejas Holiness Pentecostais — Estados Unidos — História 2. Pentecostalismo — Estados Unidos — História — Século 20 3. Pentecostalismo — História — Século 20 I. Título.

09-00971   CDD-277.3082

Índices para catálogo sistemático:
1. Pentecostalismo : Cristianismo : Estados Unidos : História   277.3082

VINSON SYNAN

O SÉCULO DO
ESPÍRITO SANTO

100 anos de avivamento pentecostal e carismático

Tradução
Judson Canto

Vida

Editora Vida
Rua Conde de Sarzedas, 246 — Liberdade
CEP 01512-070 — São Paulo, SP
Tel.: 0 xx 11 2618 7000
atendimento@editoravida.com.br
www.editoravida.com.br
@editora_vida /editoravida

Editores responsáveis: Sônia Freire Lula Almeida
e Gisele Romão da Cruz
Tradução: Judson Canto
Revisão: Andréa Filatro
Revisão de provas: Josemar de Souza Pinto
Diagramação: Set-up Time
Capa: Arte Peniel (adaptado)

O SÉCULO DO ESPÍRITO SANTO
© 2001, by Vinson Synan
Capítulo 15 e Apêndice © 2001, de David B. Barrett
Originalmente publicado nos EUA com o título
The Century of the Holy Spirit
Edição brasileira © 2009, Editora Vida
Publicação com permissão contratual da
Thomas Nelson, INC (Nashville, EUA)

Todos os direitos desta edição em língua portuguesa
reservados e protegidos por Editora Vida pela
Lei 9.610, de 19/02/1998.

É proibida a reprodução desta obra por quaisquer meios
(físicos, eletrônicos ou digitais), salvo em breves citações,
com indicação da fonte.

∎

Exceto em caso de indicação em contrário,
todas as citações bíblicas foram extraídas de
Nova Versão Internacional (NVI)
© 1993, 2000, 2011 by International Bible Society, edição
publicada por Editora Vida. Todos os direitos reservados.

Todas as citações bíblicas e de terceiros foram adaptadas
segundo o Acordo Ortográfico da Língua Portuguesa,
assinado em 1990, em vigor desde janeiro de 2009.

∎

As opiniões expressas nesta obra refletem o ponto de vista
de seus autores e não são necessariamente equivalentes às
da Editora Vida ou de sua equipe editorial.

Os nomes das pessoas citadas na obra foram alterados nos
casos em que poderia surgir alguma situação embaraçosa.

Todos os grifos são do autor, exceto indicação em contrário.

1. edição: dez. 2009
1. reimp.: out. 2011
2. reimp.: ago. 2020
3. reimp.: fev. 2023

Esta obra foi composta em *Adobe Garamond*
e impressa por Promove Artes Gráficas sobre papel
Pólen Natural 70 g/m² para Editora Vida.

À minha linda esposa, Carol Lee, com quem compartilhei quarenta maravilhosos anos do século do Espírito Santo.

Sumário

Prefácio à edição brasileira — 9

Prefácio do autor — 11

1 O SÉCULO DO PENTECOSTE: VISÃO GERAL — 15
   Vinson Synan

2 RAÍZES PENTECOSTAIS — 30
   Vinson Synan

3 O AVIVAMENTO DA RUA AZUSA: O MOVIMENTO PENTECOSTAL COMEÇA NOS ESTADOS UNIDOS — 59
   Robert Owens

4 "ALÉM DAS VOSSAS FRONTEIRAS": A EXPANSÃO GLOBAL DO PENTECOSTALISMO — 97
   Gary B. McGee

5 AS IGREJAS HOLINESS PENTECOSTAIS — 135
   Vinson Synan

6 AS IGREJAS PENTECOSTAIS DA "OBRA CONSUMADA" — 170
   Vinson Synan

7 A RENOVAÇÃO CARISMÁTICA NAS PRINCIPAIS IGREJAS — 205
   Vinson Synan

8 OS "CARISMÁTICOS": O MOVIMENTO DE RENOVAÇÃO NAS PRINCIPAIS DENOMINAÇÕES PROTESTANTES — 245
   Vinson Synan

9   A Renovação Carismática Católica   288
    Peter Hocken

10 Mulheres cheias do Espírito Santo   318
    Susan C. Hyatt

11 Pentecostalismo afro-americano no século XX   357
    David Daniels III

12 Pentecostalismo hispânico nas Américas   393
    Pablo A. Deiros e Everett A. Wilson

13 Ministros de cura e televangelistas após a Segunda
    Guerra Mundial   432
    David E. Harrell Jr.

14 Correntes de avivamento no final do século   462
    Vinson Synan

15 O avivamento mundial do Espírito Santo   502
    David B. Barrett

Apêndice: Cronologia dos movimentos de renovação
do Espírito Santo   545
    David B. Barrett

Chave de Siglas   605

Prefácio à edição brasileira

O século do Espírito Santo é o livro que o prezado leitor tem em mãos. Foi escrito por uma autoridade sobre a Terceira Pessoa da Santíssima Trindade, Vinson Synan. É um volume alentado, com dezenas de páginas recheadas de ricas bênçãos sobre o Espírito Santo.

O livro *O século do Espírito Santo*, da pena brilhante do doutor Vinson Synan, é também um manual de pneumatologia.

Lendo suas páginas, inspirei-me com o assunto. É uma história dos grandes avivamentos que abalaram o mundo, começando com Atos dos Apóstolos, o livro canônico que narra o que Jesus continuou fazendo após a sua ascensão ao seio do Pai. *O século do Espírito Santo* é histórico.

Tenho lido dezenas de livros sobre avivamentos; igual a este, porém, não conheço outro. Adiantando-me na leitura do seu precioso conteúdo, recordei-me de momentos do meu ministério em que estive face a face com o derramar poderoso do avivamento que vivemos em nosso Brasil nas décadas de 1950, 1960, chegando até 1970. Nesse tempo, Deus visitou o Brasil com grande poder.

Este livro transportou-me para grandes avivamentos do passado. Descreve o poder do Alto que movimentou os episcopais, denominação ultratradicional. De igual modo, historia o derramar poderoso do Espírito de Deus que abalou os arraiais dos luteranos. Como Deus visitou esses irmãos seguidores do grande Lutero! Adiantando-se nas narrativas, focaliza os seguidores do grande John Wesley no progresso das igrejas metodistas em parceria com os nazarenos. Fala do poderoso avivamento que visitou o Chile. Descreve com brilhantismo o avivamento que caiu sobre a Rua Azusa em 1906, contemporâneo ao trabalho do País de Gales. Não se esquece do fogo do Espírito que abalou os batistas da outra América. E descreve com brilhantismo o derramar do Espírito de Deus entre os presbiterianos norte-americanos.

O século do Espírito Santo é um livro fabuloso. Ensinou-me grandes e preciosas lições.

O autor narra os acontecimentos com imparcialidade. Quando a imprensa ataca e critica o movimento, ele descreve com neutralidade. Isso, entretanto, não o impede de dizer quais foram na realidade os frutos desses movimentos.

Uma coisa chamou-me a atenção: o documentário que usou na feitura do referido livro. O autor colocou-se no meio dos livros que descrevem esse mover poderoso do Espírito que sacudiu as nações e os povos.

Gostei do trabalho de Vinson Synan e recomendo a sua leitura como precioso manual de pneumatologia.

São Paulo, 28 de outubro de 2008.

ENÉAS TOGNINI
Presidente da Sociedade Bíblica do Brasil, pastor emérito da Igreja Batista do Povo, fundador e diretor do Seminário Teológico Batista Nacional Enéas Tognini, além de autor de mais de 40 obras

Prefácio

Em meio à febre da virada do milênio que tomou conta do mundo entre 1999 e 2000, apenas alguns atentaram para o fato de que o novo milênio começaria de fato em 1º de janeiro de 2001. Para os cristãos, a data é especial, pois assinala os dois mil anos de história cristã. Já para milhões de cristãos pentecostais e carismáticos, em 2001 também se completam cem anos de avivamento espiritual.

O título deste livro, *O século do Espírito Santo*, resume o que em geral é reconhecido como o mais importante movimento religioso do século XX. Começando com um pequeno grupo de estudantes em Topeka, no Kansas, no primeiro dia do ano de 1901, cristãos do mundo inteiro já experimentaram a restauração dos dons do Espírito Santo, a qual faz parecer insignificante qualquer fenômeno presenciado desde os dias da igreja primitiva. Esse movimento, que agora constitui a maior família cristã da face da terra (depois da Igreja Católica Romana), marca presença em quase todas as nações e grupos étnicos do mundo. No final do século XX, mais de 500 milhões de pessoas faziam parte desse avivamento, que segue em crescimento acelerado século XXI adentro.

Muitos dos leitores gostariam de aprender a diferença entre pentecostais e carismáticos, que é o tema deste livro. Os pentecostais constituem o povo que concebeu e popularizou a doutrina da evidência inicial do falar em línguas no batismo no Espírito Santo. No início do século XX, foram expulsos das denominações dominantes e obrigados a implantar suas próprias igrejas. Alguns estudiosos denominam esse grupo "pentecostais clássicos". O termo "carismático" foi usado pela primeira vez em 1963 para designar os "neopentecostais" — membros das igrejas católica romana e protestante que falavam em línguas, mas não consideravam essa prática uma evidência obrigatória da experiência pentecostal.

No artigo de David Barret, que compõe o capítulo 15 deste livro, há uma exceção. Por motivos puramente técnicos, ele faz uma distinção mais aprofundada entre pentecostais e carismáticos, como explica em suas notas.

Desejo agradecer a Philip P. Stoner, Jim Weaver, Lee Hollaway e Julia Hoover, da Thomas Nelson, por me incentivarem a publicar este livro. A ajuda deles foi inestimável. Como de costume, minha esposa, Carol Lee, esteve o tempo todo ao meu lado, ajudando-me com a digitação e a edição e cuidando para que eu concluísse o livro dentro do prazo. Faço um agradecimento especial aos amigos que contribuíram com as fotografias, entre eles Wayne Warner, Mike Andaloro e Harold Hunter. Mark e Virginia Taylor prestaram-me enorme ajuda na área da música carismática contemporânea. Tenho uma dívida de gratidão com o corpo docente e a administração da Escola de Divindade da Universidade Regent [Regent University School of Divinity], da qual sou deão. Eles permitiram que eu usasse meu tempo livre no escritório para poder concluir esta obra.

Minha gratidão e reconhecimento aos notáveis escritores que contribuíram com vários capítulos deste livro. Dois deles, Robert Owens e Susan Hyatt, foram meus alunos na Universidade Regent. Ed Harrell, Gary McGee, David Daniels III, Peter Hocken, Everett Wilson e David Barrett são meus amigos e colegas há muitos anos. Conheço Pablo Deiros da Argentina, desde os tempos da bolsa de estudos e de seus primeiros escritos. Todo eles têm contribuído substancialmente para a literatura pentecostal.

Meu grande pesar é que o espaço reduzido me impediu de incluir muitas informações sobre significativos movimentos pentecostais e carismáticos que existem fora dos Estados Unidos. Essa questão merece e aguarda uma obra mais ampla, uma enciclopédia que faça justiça ao grande número de pessoas e movimentos que ajudaram a mudar a face do cristianismo em todo o mundo no século passado.

Minha esperança é que este livro seja uma fonte de informações, tanto para o leitor médio quanto para qualquer professor ou aluno que se sirva desta obra como livro-texto.

Em minha existência, já percorri dois terços de século, tempo no qual presenciei e participei de muitos eventos que descrevo aqui. Foi uma emocionante peregrinação para mim, na condição de pregador, professor e historiador pentecostal. Em minha juventude, conheci pessoalmente alguns dos pioneiros pentecostais do movimento de santidade, que foram líderes ativos no final da década de 1890. Anos mais tarde, trabalhei com centenas de importantes líderes pentecostais e carismáticos ao redor do mundo. Espero poder passar a tocha desses gigantes espirituais a uma nova geração, que também tenha uma história para contar a seus filhos e netos.

Virginia Beach, Virgínia, 1º de março de 2001.

VINSON SYNAN
Universidade Regent

※ 1 ※

O SÉCULO DO PENTECOSTE:

VISÃO GERAL

Vinson Synan

Em 1º de janeiro de 1901, uma jovem chamada Agnes Ozman foi batizada com o Espírito Santo numa pequena escola bíblica em Topeka, no Kansas. Aluna de Charles Fox Parham, ex-pastor metodista e professor da Igreja Holiness, Agnes experimentou uma impressionante manifestação do dom de línguas e tornou-se a primeira pentecostal do século XX.

"Impus as mãos sobre ela e orei", declara Parham, recordando aquele momento. "Eu mal havia completado três frases, quando a glória desceu sobre ela. Uma auréola luminosa parecia envolver sua cabeça e seu rosto, e ela começou a falar em chinês. Durante três dias, não conseguiu falar uma palavra em inglês."

De acordo com J. Roswell Flower, fundador e secretário das Assembleias de Deus, a experiência de Agnes foi o "toque sentido ao redor do mundo". Uma vez que Topeka e o resto do território norte-americano celebravam a chegada do novo século, pouca gente poderia imaginar que aquele discreto evento seria o estopim do movimento pentecostal e carismático mundial, um dos maiores despertamentos espirituais e missionários da história da Igreja.

Tendo início com um pequeno grupo de pessoas em 1901, os pentecostais cresceram numericamente até se tornar a maior família protestante do mundo no início do século XXI. Contando mais de 200 milhões de membros identificados como "pentecostais denominacionais", o grupo ultrapassou as denominações históricas e tornou-se a segunda maior família denominacional cristã, superada em número apenas pelos católicos romanos.

Aos pentecostais clássicos, devemos adicionar os milhões de carismáticos filiados a alguma denominação ou a grupos não denominacionais das igrejas católica romana e protestante. Somados, pentecostais e carismáticos chegam a 500 milhões. Esse crescimento levou alguns historiadores a se referir ao século XX como o "século pentecostal".

Raízes do movimento de santidade

Embora o movimento pentecostal tenha começado nos Estados Unidos, boa parte de sua teologia básica tem raízes nos primeiros movimentos perfeccionistas e carismáticos da Grã-Bretanha. Pelo menos três deles — o movimento de santidade metodista, a Igreja Apostólica Católica (implantada por Edward Irving) e o movimento Higher Life [Vida Superior] de Keswick — prepararam o caminho para o que parecia um transbordamento espontâneo do Espírito Santo nos Estados Unidos. Talvez o mais importante precursor imediato do pentecostalismo tenha sido o movimento de santidade que emergiu do coração do metodismo do século XVIII.

John Wesley, clérigo anglicano, experimentou sua conversão evangelical durante uma reunião na Aldersgate Street, em 1738, quando, disse ele, "senti meu coração estranhamente aquecido". Ele chamou a isso de seu "novo nascimento".

Foi também de Wesley que os pentecostais herdaram a ideia da crise da "segunda bênção", subsequente à salvação. A essa experiência, ele chamava também "santificação plena", "perfeito amor", "perfeição cristã" e "pureza de coração". John Fletcher, colega de Wesley, foi o primeiro a denominá-la "batismo no Espírito Santo", experiência que concedia poder espiritual e purificação interior a quem a recebia.

No século XIX, Edward Irving e seus amigos, em Londres, admitiram a possibilidade da restauração dos dons do Espírito na Igreja moderna. O popular ministro presbiteriano liderou a primeira tentativa de "avivamento carismático" realizado na Igreja Presbiteriana em Regents Square. Embora línguas e profecias fossem experimentadas em sua igreja, Irving não obteve êxito em sua busca pela restauração do cristianismo do Novo Testamento.

Outro predecessor do pentecostalismo foi o movimento Higher Life de Keswick, que floresceu na Inglaterra depois de 1875. Nos Estados Unidos, foi inicialmente liderado por mestres do movimento de santidade, como Hanna Whittal Smith e William E. Boardman. Os mestres de Keswick não levaram muito tempo para alterar a meta e o conteúdo da "segunda bênção", trocando a ênfase de Wesley sobre a "pureza de coração" pelo "revestimento de poder espiritual para o serviço". D. L. Moody foi um líder evangelista ligado ao movimento de Keswick.

Desse modo, quando o Pentecoste irrompeu nos Estados Unidos, em 1901, já existiam havia pelo menos um século movimentos que enfatizavam a "segunda bênção", também chamada de "batismo no Espírito Santo". Nos Estados Unidos, alguns mestres de Keswick, como A. B. Simpson e A. J. Gordon, acrescentaram a ênfase sobre a cura divina.

As primeiras igrejas pentecostais do mundo tiveram sua origem no movimento de santidade antes de 1901: a Igreja Santa Unida (1886), liderada por W. H. Fulford; a Igreja Holiness Batizada com Fogo (1895), liderada por B. H. Irving e J. H. King; a Igreja de Deus de Cleveland, no Tennessee (1896), liderada por A. J. Tomlinson; a Igreja de Deus em Cristo (1897), liderada por C. H. Mason; a Igreja Holiness Pentecostal (1898), liderada por A. B. Crumpler. Depois que se tornaram pentecostais, essas igrejas de tradição *holiness* da "segunda bênção" preservaram seus ensinos perfeccionistas. Elas tão somente acrescentaram o batismo no Espírito Santo com línguas como evidência inicial de uma "terceira bênção". Não é exagero, portanto, dizer que o pentecostalismo do século XX, pelo menos nos Estados Unidos, nasceu em berço *holiness*.

As origens do pentecostalismo

A história dos pentecostais, no sentido moderno da palavra, tem seu ponto de partida na escola bíblica de Parham, em Topeka, Kansas, em 1901. A despeito da controvérsia sobre as origens e a época exata em que Parham começou a dar ênfase ao dom de línguas, todos os historiadores concordam que o movimento começou no início de 1901, quando o mundo adentrava o século XX. Em consequência do Pentecoste que eclodia em Topeka, Parham formulou a doutrina de que as línguas eram a "evidência bíblica" do batismo no Espírito Santo.

Pelo fato de ensinar que as línguas eram uma concessão divina de idiomas humanos com vistas à evangelização mundial, Parham também defendia a ideia de que os missionários não precisavam estudar nenhum idioma estrangeiro, uma vez que estariam miraculosamente capacitados a pregar em línguas em qualquer lugar do mundo. Municiado com essa nova teologia, ele implantou um movimento eclesiástico intitulado Fé Apostólica e desencadeou um verdadeiro furacão avivalista em sua turnê pelo meio-oeste dos Estados Unidos com vistas a promover a nova experiência. (As origens desse movimento são detalhadas no Capítulo 2, "Raízes pentecostais".)

O pentecostalismo, no entanto, não chamou a atenção do mundo até 1906. Isso aconteceu com o avivamento da Rua Azusa, em Los Angeles, liderado pelo pastor William Joseph Seymour. Ele tomou conhecimento do batismo no Espírito Santo com línguas em 1905, numa das escolas bíblicas de Parham, em Houston, Texas.

Em 1906, Seymour foi convidado a pastorear uma igreja *holiness* negra em Los Angeles. As famosas reuniões da Rua Azusa começaram em abril de 1906, no antigo prédio da Igreja Episcopal Metodista Africana, situada na Rua Azusa, 312, no centro de Los Angeles.

Os acontecimentos relacionados ao avivamento da Rua Azusa fascinaram os historiadores durante décadas e até hoje não foram plenamente entendidos e explicados. A Missão da Fé Apostólica da Rua Azusa realizava três cultos por dia, sete dias por semana, durante três anos e meio. Milhares de pessoas receberam o batismo no Espírito Santo com a evidência inicial do falar em línguas.

O periódico *Apostolic Faith* [Fé Apostólica], que Seymour enviava gratuitamente a cerca de 50 mil leitores, divulgava a mensagem do avivamento. Da Rua Azusa, o pentecostalismo espalhou-se com rapidez pelo mundo e cresceu a ponto de se tornar a maior força da cristandade. (O Capítulo 3 contém um relato bem detalhado do avivamento da Rua Azusa.)

William J. Seymour liderou o avivamento da Rua Azusa em 1906, o qual espalhou o pentecostalismo por todo o mundo. Os cultos da Rua Azusa notabilizaram-se também pela harmonia inter-racial.

O movimento da Rua Azusa parece ter sido uma fusão da religião branca *holiness* com os estilos de adoração da tradição cristã negra dos Estados Unidos, que se iniciou nos tempos da escravidão no Sul. O louvor e a adoração expressivos da Rua Azusa, caracterizados por danças e clamores, eram comuns tanto entre os brancos apalachianos quanto entre os sulistas negros.

A mistura de línguas e outros dons carismáticos, música de brancos e negros e variados estilos de adoração deu origem a uma forma local de pentecostalismo. Essa nova expressão de vida cristã provou-se extremamente atrativa para as pessoas discriminadas nos Estados Unidos e em outras nações.

A posição inter-racial da Rua Azusa era uma admirável exceção ao racismo e à segregação da época. O fenômeno que reunia brancos e negros para a adoração sob a liderança de um pastor negro parecia inacreditável para quem estava de fora.

O lugar de William Seymour como uma das mais importantes figuras religiosas do século XX parece estar assegurado. Sidney Ahlstrom, notável historiador da Universidade de Yale, em seu clássico *A Religious History of the America People* [Uma história religiosa dos povos da América], de 1972, põe Seymour no topo da lista dos líderes religiosos negros dos Estados Unidos, declarando que a piedade desse homem "exerceu a maior influência sobre a história religiosa dos Estados Unidos". Seymour e Parham podem ser considerados cofundadores do pentecostalismo mundial. (O papel e a importância da presença negra é analisada no Capítulo 11.)

Pioneiros pentecostais

A primeira onda de peregrinos da Rua Azusa atravessou os Estados Unidos espalhando o fogo pentecostal primeiramente nas igrejas, missões e acampamentos *holiness*.

Muitos pioneiros pentecostais que receberam o dom de línguas na Rua Azusa em 1906 ajudaram a propagar o movimento entre seus familiares ao voltar para casa. Um deles foi Gaston Barnabas Cashwell, da Carolina do Norte.

Durante seu ministério, Cashwell presenciou o ingresso de diversas denominações *holiness* no novo movimento, entre elas a Igreja de Deus de Cleveland (Tennessee), a Igreja Holiness Pentecostal, a Igreja Holiness Batizada com Fogo e a Igreja Batista Pentecostal do Livre-Arbítrio.

Charles Harrison Mason esteve na Rua Azusa em 1906 e retornou a Memphis, no Tennessee, para espalhar o fogo pentecostal na Igreja de Deus em Cristo. Mason e os membros da igreja que ele implantou eram todos negros, a primeira geração após a libertação dos escravos. Tanto os pais de Seymour quanto os de Mason haviam sido escravos no Sul.

Embora estivesse dividida na questão das línguas em 1907, a Igreja de Deus em Cristo experimentou um crescimento tão explosivo que nos dias de hoje ela é, de longe, a maior denominação pentecostal dos Estados Unidos. O número de membros chega a quase 6 milhões, congregados em mais de 15 mil igrejas locais.

Outro peregrino da Rua Azusa foi William H. Durham, de Chicago. Depois de receber o dom de línguas em 1907, ele retornou à sua cidade e conduziu milhares de norte-americanos do Meio-Oeste e canadenses ao movimento pentecostal. Sua teologia da "obra consumada", que versa sobre a santificação progressiva, começou a ser proclamada em 1910 e influenciou a formação das Assembleias de Deus, em 1914.

E. N. Bell e Joseph Flower foram líderes das Assembleias de Deus. O fato de muitos pastores brancos terem deixados a igreja de Mason para se unir à nova denominação foi interpretado como um ato de segregação racial. Entretanto, as Assembleias de Deus estavam destinadas a se tornar a maior denominação pentecostal do mundo, contando, por volta de 2000, mais de 2 milhões de membros nos Estados Unidos e cerca de 44 milhões de adeptos em 150 países.

Em 1916, uma grande controvérsia interna nas Assembleias de Deus deu origem ao movimento do pentecostalismo unicista. De acordo com essa crença, Jesus era a única pessoa da divindade, e os termos "Pai", "Filho" e "Espírito Santo" não passavam de "títulos" inventados pela Igreja Católica Romana.

Os líderes do movimento, Frank Ewart e Glenn Cook, ensinavam que o único batismo (em água) válido era o por imersão e "em nome de Jesus" e que o dom de línguas era necessário para a salvação. Entre as igrejas que aderiram ao movimento unicista (ou da unicidade) estão as Assembleias Pentecostais do Mundo e a Igreja Pentecostal Unida. (Os Capítulos 5 e 6 examinam a origem e o desenvolvimento das igrejas *holiness* pentecostais e da "obra consumada".)

Missionários com bilhete apenas de ida

Além dos ministros que viveram a experiência pentecostal na Rua Azusa, milhares de outros líderes foram indiretamente influenciados pelo avivamento de Los Angeles. Entre eles, estava Thomas Ball Barratt, da Noruega, pastor metodista que se tornou conhecido como o apóstolo pentecostal para a Europa setentrional e ocidental.

Depois de ser batizado no Espírito Santo e receber o dom de línguas na cidade de Nova York em 1906, Barratt retornou a Oslo. Ali, em dezembro de 1906, dirigiu os primeiros cultos pentecostais da Europa. Da Noruega, Barratt viajou pela Suécia, Inglaterra, França e Alemanha, dando início ao movimento pentecostal nesses países. Sob a liderança de Barratt, líderes como Lewi Pethrus na Suécia, Jonathan Paul na Alemanha e Alexander Boddy na Inglaterra ajudaram a impulsionar o movimento.

De Chicago, por influência de William Durham, o movimento expandiu-se rapidamente para o Canadá, a Itália e a América do Sul. O movimento pentecostal italiano floresceu nos Estados Unidos, no Brasil, na Argentina e na Itália, depois de 1908, graças ao trabalho de dois imigrantes italianos, Luigi Francescon e Giacomo Lombardy.

Em South Bend, Indiana, perto de Chicago, dois imigrantes batistas suecos, Daniel Berg e Gunnar Vingren, receberam a experiência pentecostal. Acreditando ter um chamado profético para o Brasil, embarcaram num empreendimento missionário em 1910, que resultou na implantação das Assembleias de Deus brasileiras, que se transformaram no maior movimento de divulgação pentecostal local de todo o mundo, cujo número de membros, somando a outros pentecostais brasileiros, chegava a 30 milhões por volta de 2000.

Também oriundo de Chicago, Willis C. Hoover, missionário metodista no Chile, liderou em 1909 um avivamento pentecostal na Igreja Metodista Episcopal chilena. Depois de ter sido expulso da Igreja Metodista daquele país, Hoover e 37 de seus seguidores organizaram a Igreja Metodista Pentecostal, que hoje conta cerca de 1,5 milhão de seguidores no Chile.

O pentecostalismo africano teve sua origem na obra de John Graham Lake (1870-1935), que iniciou seu ministério como pregador metodista, porém mais tarde se tornou próspero executivo de uma companhia de seguros. Em 1898, sua esposa foi milagrosamente curada de tuberculose por meio do ministério de Alexander Dowie, fundador de uma comunidade religiosa chamada Cidade de Sião, perto de Chicago.

Em 1907, Lake foi batizado no Espírito Santo e falou em línguas. A Cidade de Sião produziu cerca de 500 pregadores e professores que engrossaram as fileiras do movimento pentecostal. Após sua experiência pentecostal, Lake deixou o ramo de seguros a fim de atender a um antigo chamado para exercer o ministério na África do Sul. Em abril de 1908, ele encabeçou uma grande comitiva missionária com destino a Johannesburgo, de onde começou a difundir a mensagem pentecostal por toda a nação.

Lake foi bem-sucedido, pois implantou duas grandes e influentes igrejas pentecostais na África do Sul. O ramo branco adotou o nome Missão da Fé Apostólica, em 1910, tomando emprestado o nome da famosa Missão da Rua Azusa (David du Plessis, conhecido no mundo como "Mr. Pentecoste", é oriundo dessa igreja). O ramo negro desenvolveu-se na Igreja Cristã Sião, que por volta de 2000 somava 6 milhões de membros.

Pouco depois de Lake retornar aos Estados Unidos, em 1912, o movimento alcançou o mundo eslavo por meio do ministério de um pastor batista nascido na Rússia, Ivan Voronaev, que recebeu sua experiência pentecostal em Nova York, em 1919. Por orientação profética, ele se mudou com a família para Odessa, na Ucrânia, em 1922. Ali, estabeleceu a primeira igreja pentecostal da União Soviética. Voronaev foi detido pelos comunistas e martirizado na prisão em 1943. As igrejas que ele implantou sobreviveram à implacável perseguição e se tornaram a maior força religiosa da Rússia e da antiga União Soviética.

O pentecostalismo alcançou a Coreia por meio do ministério de Mary Rumsey, missionária norte-americana que recebeu o batismo no Espírito Santo na Rua Azusa, em 1907. Na época, Rumsey acreditava ter um chamado para levar a mensagem pentecostal à Coreia e ao Japão. Sua chegada à Coreia, no entanto, não se deu antes de 1928. Antes de eclodir a Segunda Guerra Mundial, ela havia implantado oito igrejas pentecostais naquele país, até ser expulsa pelos japoneses.[1]

Em 1952, aquelas oito igrejas vieram a formar as Assembleias de Deus, e os missionários imediatamente inauguraram uma escola bíblica em Seul. Um dos primeiros alunos a se matricular foi um jovem, novo convertido, de nome Paul Yonggi Cho. Depois de se formar, Cho implantou uma igreja coreana que se tornou a Igreja do Evangelho Pleno de Yoido. Essa igreja hoje conta cerca de 730 mil membros, a maior igreja local do mundo. (O Capítulo 4, " 'Além das vossas fronteiras': a expansão global do pentecostalismo", é dedicado às atividades missionárias dos pentecostais.)

Neopentecostais, carismáticos e "terceira onda"

A primeira onda de missionários pentecostais produziu o que veio a ser conhecido como movimento pentecostal clássico, com mais de 14 mil denominações em todo o mundo. A essa fase, seguiram-se as atividades de organização denominacional, que resultaram em rápido crescimento de missões e igrejas nativas. Algumas das maiores explosões de crescimento ocorreram entre os hispânicos, tanto nos Estados Unidos quanto na América Latina. Exemplos significativos de crescimento também aconteceram entre os negros americanos e em países da África.

A fase seguinte foi a penetração do pentecostalismo nas igrejas católica romana e protestante, os chamados movimentos de "renovação carismática", cujo propósito era reavivar as igrejas históricas. Vale ressaltar que essas

---

[1] Nessa época, a Coreia não era dividida e estava anexada ao Japão. [N. do T.]

"ondas" renovadoras também tiveram origem nos Estados Unidos. Elas incluem o movimento neopentecostal protestante, que iniciou em 1960, na cidade de Van Nuys, Califórnia, pelo ministério de Dennis Bennett, pároco da Igreja Episcopal (Anglicana) de São Marcos. Naquela mesma década, o movimento chegou às 150 maiores famílias protestantes do mundo, alcançando um total de 55 milhões de pessoas por volta de 1990.

Entre os principais líderes protestantes, podemos mencionar: Tommy Tyson e Ross Whetstone (metodistas); Brick Bradford, Rodman Williams e Brad Long (presbiterianos); Pat Robertson, Howard Conatser, Ken Pagard e Gary Clark (batistas); Everett Terry Fullam e Charles Fulton (episcopais); Gerald Derstine e Nelson Litwiller (menonitas); Vernon Stoop (Igreja Unida de Cristo). (Os Capítulos 7 e 8 oferecem um panorama completo do movimento de renovação nas principais igrejas protestantes.)

O movimento de renovação carismática da Igreja Católica Romana teve seu início em Pittsburgh, em 1967, entre alunos e professores da Universidade de Duquesne. Depois de se alastrar com rapidez entre os universitários em Notre Dame e na Universidade de Michigan, o movimento espalhou-se pelo mundo.

Seus primeiros líderes foram Kevin Ranaghan, Ralph Martin, Steve Clark e Nancy Kellar. A cuidadosa supervisão teológica ficou a cargo de Kilian McDonnell e do cardeal Léon-Joseph Suenens. Em seus mais de trinta anos de existência, o movimento católico não só obteve a aprovação da igreja como também marcou a vida de 100 milhões de católicos em 120 países. (O Capítulo 9 rememora os principais eventos e personagens associados ao movimento de renovação carismática da Igreja Católica Romana.)

A essas duas fases, devemos acrescentar a mais nova categoria, que alguns denominam "terceira onda" do Espírito Santo. Esse movimento teve sua origem durante um curso no Seminário Teológico Fuller, em 1981, ministrado por John Wimber, fundador da associação de igrejas chamada A Videira. A "terceira onda" é representada basicamente por evangélicos que convivem com sinais e maravilhas, mas desprezam rótulos como "pentecostais" e "carismáticos". A Videira é o movimento mais destacado nessa categoria. Por volta de 2000, os integrantes da "terceira onda", também chamados "neocarismáticos", somavam cerca de 295 milhões em todo o mundo.

Em todos esses movimentos, desde o início do século XX as mulheres desempenharam funções de liderança, atuando como professoras, evangelistas, missionárias e pastoras. Muitas delas exerceram papel ativo em ministérios de cura e até se tornaram famosas, atraindo multidões de seguidores. Entre essas destacadas ministras, podemos citar Agnes Ozman, Maria Woodworth-Etter, Aimee Semple McPherson, Kathryn Kuhlman e, em tempos mais recentes, Marilyn Hickey e Joyce Meyer. Em razão da liberdade espiritual que caracteriza os círculos *holiness* e pentecostais, elas conseguiram quebrar antigos estereótipos que durante séculos mantiveram as mulheres afastadas do ministério. (O proeminente papel das mulheres é analisado no Capítulo 10.)

A região do mundo em que o pentecostalismo se espalhou com maior rapidez, desde seus primeiros dias, foi a América Latina. Iniciando pelo Chile e pelo Brasil, os pentecostais experimentaram um crescimento vertiginoso depois da Segunda Guerra Mundial. No final do século XX, em diversos países latino-americanos os pentecostais representam mais de 90% dos não católicos. Em alguns desses países, as taxas de crescimento indicam que em poucas décadas os pentecostais constituirão a maioria da população. Isso pode ocorrer, por exemplo, na Guatemala e no Chile. O rápido crescimento também é percebido entre os hispânicos dos Estados Unidos e de Porto Rico, bem como nos países da América Central. (O Capítulo 12 discorre sobre o fenomenal crescimento do pentecostalismo entre as populações hispânicas das Américas do Norte e do Sul.)

Evangelistas e ministros de cura divina

Ao longo do século XX, surgiram entre os pentecostais muitos evangelistas que se tornaram conhecidos por suas cruzadas em massa para cura divina. Fazem parte desse grupo Maria Woodworth-Etter, Aimee Semple McPherson (fundadora da Igreja do Evangelho Quadrangular, em 1927), Oral Roberts, Kathryn Kuhlman, Reinhard Bonnke e Benny Hinn. A classe dos "televangelistas" apareceu na década de 1950, com Oral Roberts, e assim as curas, profecias, línguas e outros dons espirituais chegaram às salas de jantar de toda a nação norte-americana. Entre as redes de TV mais bem-sucedidas nos Estados Unidos, estão a Rede Cristã de Radiodifusão (sigla em inglês: CBN), de Pat Robertson, e a Rede Trindade de Radiodifusão (sigla em inglês: TBN), de Paul Crouch. Na década de 1980, dois notáveis evangelistas da televisão, Jimmy Swaggart e Jim Bakker, caíram em descrédito por causa de escândalos. (O Capítulo 13 oferece um retrato vívido dos principais televangelistas e ministros de cura divina.)

A despeito desses fracassos, os avivamentos continuaram a ser notícia na imprensa religiosa e secular. Ao mesmo tempo, milhões de livros e fitas eram vendidos em conferências e cruzadas internacionais. Novos periódicos foram lançados para atender ao movimento, como as revistas *Logos* [Palavra], de Dan Malachuk, e *Charisma* [Carisma] e *Ministries Today* [Ministérios Hoje], de Stephen Strang.

No final da década de 1970, começou a se destacar no cenário norte-americano um novo movimento de conferencistas da "fé", entre eles Kenneth Hagin Sr., Kenneth Copeland e Fred Price. Na década de 1990, milhões de pessoas aderiram aos ensinos de Copeland e Price, enquanto outros se formavam no Centro de Treinamento Bíblico Rhema, em Broken Arrow, Oklahoma, e em diversas escolas bíblicas alinhadas com essa teologia. Do outro lado do oceano, as cruzadas do evangelista pentecostal alemão Reinhard Bonnke atraíam um público regular acima de 1 milhão de pessoas em diversas cidades da África. O mesmo se pode dizer a respeito de cruzadas evangelísticas realizadas na Índia.

As principais instituições de ensino também surgiram no século XX. O ministro de cura divina Oral Roberts implantou uma universidade com seu nome em Tulsa, Oklahoma, em 1965, e Pat Robertson implantou a Universidade Regent, em Virginia Beach, em 1978. Além disso, literalmente milhares de universidades, faculdades teológicas e escolas bíblicas pentecostais foram implantadas em todo o mundo.

Em certo sentido, o movimento carismático nos Estados Unidos alcançou seu apogeu em 1977, quando 50 mil pessoas de todas as denominações se reuniram no Estádio Arrowhead, em Kansas City, no Missouri, para a Conferência Carismática dirigida por Kevin Ranaghan. Os organizadores da conferência viram-se diante da maior controvérsia da época, por causa dos ensinos "pastorais" de cinco líderes carismáticos de Fort Lauderdale, na Flórida: Derek Prince, Bob Mumford, Charles Simpson, Don Basham e Ern Baxter.

O movimento de apascentamento/discipulado, que ensinava que cada cristão devia estar sob a "cobertura" de autoridade de um "líder espiritual", desintegrou-se depois que os cinco líderes se separaram, em 1986. Outros "congressos", realizados em Nova Orleans (1987), Indianápolis (1990), Orlando (1995) e St. Louis (2000), mantiveram unidas as muitas vertentes pentecostais e carismáticas que para eles afluíam.

Tempos de refrigério

Por volta de 1990, os pentecostais e seus irmãos carismáticos das igrejas católica romana e protestante tiveram sua atenção despertada para a evangelização do mundo. Durante o restante daquela década, pentecostais e carismáticos foram revigorados com novas ondas de avivamento, caracterizadas por manifestações espirituais como o "riso santo" e o "cair no Espírito" e outras expressões "exóticas". À frente dessa nova onda, estava o evangelista pentecostal sul-africano Rodney Howard-Browne.

Muitas dessas manifestações tiveram seu início em 1993, na Igreja da Videira do Aeroporto de Toronto, liderada pelo pastor John Arnott. A igreja de Arnott foi desligada pouco depois do movimento A Videira por John Wimber, mas o avivamento continuou por toda aquela década.

Outra onda formou-se em 1995, quando um notável avivamento começou na Assembleia de Deus de Brownsville, em Pensacola, na Flórida. Liderada pelo pastor John Kilpatrick e pelo evangelista Steve Hill, os cultos de Brownsville atraíram mais de 2 milhões de visitantes e registraram mais de 200 mil conversões.

Avivamentos de fogo também varreram a América Latina, especialmente a Argentina e o Brasil, sob a liderança de Claudio Freidzon e Carlos Annacondia. (O Capítulo 14, "As correntes de renovação e o fim do século", apresenta um cenário mais atualizado da expansão desse movimento.)

Todos esses movimentos, sejam pentecostais, sejam carismáticos, resultaram no fortalecimento do cristianismo em todo o mundo, com índices de crescimento nunca vistos nos tempos modernos, conforme o quadro detalhado de David B. Barrett no Capítulo 15, "O movimento mundial de renovação do Espírito Santo". Esses tempos de refrigério mostram que, chegado o fim do século do Pentecoste, o movimento estava muito longe de se extinguir e havia ingressado no novo milênio com o mesmo vigor.

Embora a renovação e o avivamento sempre tenham feito parte do cristianismo (veja o Apêndice: "Uma cronologia dos movimentos de renovação do Espírito Santo", de David B. Barrett), o século XX foi, sem dúvida, o "século do Espírito Santo".

Leituras recomendadas

A principal fonte de consulta para quem deseja saber mais acerca dos principais movimentos e personagens pentecostais e carismáticos do século XX foi organizada por Stanley M. Burgess e Eduard van der Maas: *New International Dictionary of Pentecostal and Charismatic Movements* [Novo dicionário dos movimentos pentecostal e carismático] (Grand Rapids: Zondervan, 2001). Uma obra de leitura fácil, embora de cunho acadêmico, é a de Vinson Synan, *The Holiness-Pentecostal Tradition: Charismatic Movements in the Twentieth Century* [A tradição pentecostal *holiness*: movimentos carismáticos no século XX] (Grand Rapids: Eerdmans, 1997). Uma perspectiva global do crescimento do pentecostalismo pode ser encontrada na obra de Walter Hollenweger, *Pentecostalism: Origins and Developments Worldwide* [Pentecostalismo: origens e expansão mundial] (Peabody: Hendrickson Press, 1997).

Um ótimo estudo sociológico sobre os anos iniciais do movimento pentecostal é *Vision of the Disinherited: The Making of American Pentecostalism* [Visão dos excluídos: a formação do pentecostalismo americano] (New York: Oxford University Press, 1979), de Robert Mapes Anderson. James R. Goff Jr. e Grant Wacker organizaram uma valiosa fonte biográfica do período inicial do pentecostalismo: *Portraits of a Generation: Early Pentecostal Leaders* [Retratos de uma geração: os primeiros líderes pentecostais] (Fayetteville: University of Arkansas, 2001).

A história do movimento carismático nas principais igrejas pode ser lida na excelente obra de Kilian McDonnell, *Charismatic Renewal and the Churches* [O movimento carismático e as igrejas] (New York: Seabury Press, 1976). Um bom livro sobre os fatos recentes do movimento entre os protestantes é *Pentecostal Currents in American Protestantism* [Tendências pentecostais no protestantismo norte-americano] (Chicago: University of Illinois Press, 1999), organizado por Edith L. Blumhofer, Russell P. Spittler e Grant A. Wacker. Um relato envolvente da expansão pentecostal e de sua influência no século XX é *Fire from Heaven: The Rise of Pentecostal Spirituality and the Reshaping of Religion in the Twenty-First Century* [Fogo do céu: a ascensão da espiritualidade pentecostal e a remodelação religiosa no século XXI] (Nova York, Addison-Wesley, 1994), de Harvey Cox.

A história da fase inicial do movimento carismático na Igreja Católica Romana é contada na obra de Kevin e Dorothy Ranaghan, disponível em português sob o título *Católicos pentecostais* (Pindamonhangaba: O. S. Boyer, 1972). Também em idioma pátrio, *Iniciação cristã e batismo no Espírito Santo* (Rio de Janeiro: Louva-a-Deus, 1995), de Kilian McDonnell e George Montague, traz um intrigante estudo histórico-teológico dos carismas na igreja primitiva.

Quem estiver interessado em pesquisar o assunto com mais profundidade pode consultar os guias de biblioteca de Charles E. Jones, publicados pela Scarecrow Press, de Metuchen, New Jersey: *A Guide to the Study of the Holiness Movement* [Guia para estudo do movimento de santidade], de 1974; *A Guide to the Study of the Pentecostal Movement* [Guia para estudo do movimento pentecostal], em 2 volumes, de 1983; *Black Holiness: A Guide to the Study of Black Participation in Wesleyan Perfectionistic and Glossolalic Pentecostal Movements* [*Black Holiness*: guia de estudo da participação negra nos movimentos wesleyanos perfeccionista e glossolálico, de 1987; *The Charismatic Movement: A Guide to the Study of Neo-Pentecostalism with an Emphasis on Anglo-American Sources* [O movimento carismático: guia para o estudo do neopentecostalismo com ênfase nas origens anglo-americanas], de 1995. Os documentos oficiais da igreja relativos aos movimentos de renovação podem ser consultados na monumental obra de Kilian McDonnell, *Presence, Power, Praise* [Presença, poder, louvor], em 3 volumes (New York: Paulist Press, 1980).

✳ 2 ✳

Raízes pentecostais

Vinson Synan

Em mais de dois mil anos de história cristã, ocorreram muitas renovações, avivamentos e reformas. Sem esses eventuais despertamentos, a Igreja poderia ter-se desviado para o caminho da corrupção, do ritualismo sem vida e da completa inépcia. Algumas dessas renovações proporcionaram aos seus entusiasmados seguidores uma experiência espiritual ou uma forma de culto bem diferente dos sacramentos tradicionais da Igreja. Por exemplo, entre os montanistas do século II, a forma extática de expressão da "nova profecia" gerou um senso de entusiasmo e zelo apocalíptico. Entre os jansenistas da França do século XVII, reformadores católicos falaram em línguas, profetizaram e introduziram um novo sacramento denominado *consolamentum*.

No século XVIII, John Wesley apresentou a seus seguidores a "segunda bênção", a qual ele chamava de "santificação plena", uma experiência de crise momentânea, que ele também denominou "perfeito amor" e "perfeição cristã". Os wesleyanos radicais que abandonaram o metodismo no século XIX para se unir ao movimento de santidade muitas vezes chamavam essa segunda bênção de "batismo no Espírito Santo". Oriundo do movimento de santidade, surgiu no início do século XX um novo e entusiástico movimento que dava ênfase aos sinais e maravilhas, bem como aos dons do Espírito. Os crentes chamavam a si mesmos "pentecostais", uma vez que sua inspiração remontava ao dia de Pentecoste, quando ocorreu o derramamento do Espírito Santo no cenáculo. Nas primeiras décadas, o crescimento foi lento, em virtude da rejeição e das perseguições. Após a Segunda Guerra Mundial, no entanto, a expansão global dos pentecostais não pôde mais ser ignorada. O mundo teve notícias de que um novo e poderoso movimento se alastrava como fogo pela face da terra.

Em 1958, Henry P. van Dusen, então reitor do Seminário Teológico União, em Nova York, aturdiu o mundo religioso com um artigo profético intitulado "The Third Force in Christendom" [A terceira força na cristandade]. Com extraordinário discernimento, ele anunciou a existência de uma nova força no mundo cristão que se igualava em influência ao catolicismo e ao protestantismo. O pentecostalismo, declarou Van Dusen, estava destinado a mudar a face do cristianismo no século XX.[1]

Logo Van Dusen percebeu que o movimento hoje denominado "pentecostalismo clássico" iria muito em breve adentrar duas outras searas. Apenas dois anos depois, o primeiro protestante "neopentecostal" declarou em público sua experiência, e em menos de uma década o movimento havia chegado à Igreja Católica Romana. Quatro anos antes, em 1954, um desconhecido evangelista pentecostal dos Estados Unidos, chamado Tommy Hicks, empreendeu por conta própria uma jornada da Califórnia a Buenos Aires, buscando oportunidades para pregar. Ele afirmava que Deus o havia enviado. Sem propaganda e sem apoio financeiro, realizou a maior cruzada evangelística da história da Igreja até sua época. O número de pessoas que ele atraiu ultrapassou o dos registros de todos os evangelistas antes dele, até mesmo de Finney, Moody e Billy Graham. Em cinquenta e dois dias, de maio a julho de 1954, Hicks pregou para cerca de 2 milhões de pessoas, e mais de 200 mil encheram um enorme estádio de futebol para ouvi-lo no último culto.[2]

---

[1] *Life*, 9 jun. 1958, p. 113-24.
[2] But What About Hicks?, *Christian Century*, 7 jul. 1954, p. 814-5. V. tb. Tommy HICKS, *Millions Found Christ* (Los Angeles: Alberty Offset Printing, 1956).

Diante do assombroso crescimento do pentecostalismo nos Estados Unidos, Brasil, Chile, Escandinávia, Coreia e África, líderes eclesiásticos protestantes e católicos romanos começaram a ter notícia do fenômeno pentecostal. "O que isso significa?", perguntavam-se os estudiosos, pastores, bispos e leigos. Por volta de 1964, Charles Sydnor Jr., ao saber que a Igreja de Deus, de Cleveland, havia ultrapassado os presbiterianos, tornando-se a terceira maior denominação da Geórgia (em número de igrejas locais), declarou ser "cada vez mais evidente que o movimento pentecostal que estamos presenciando [...] é um autêntico avivamento reformista de grande significado histórico, equiparado aos grandes movimentos de outros séculos".[3]

Era inegável que um movimento de grande proeminência estava tomando corpo e se constituiria num imenso desafio para o cristianismo tradicional. Perguntava-se: "De onde surgiram esses pentecostais? Em que eles creem? Quais são suas práticas? Não eram aqueles 'santos barulhentos' vistos com comiseração ou com escárnio até pouco tempo atrás? Quem foi o responsável por conduzi-los a tamanha fonte de poder?".

Uma investigação mais acurada revelou que os pentecostais priorizavam a conversão radical, uma vida santa de separação do mundo após a conversão e o "batismo no Espírito Santo" com a evidência inicial do falar em línguas. Depois disso, o crente podia experimentar na vida normal da igreja todos os dons do Espírito. A cura divina, por meio da oração, era enfatizada de modo especial, assim como a segunda vinda de Cristo para arrebatar a Igreja, que poderia ocorrer a qualquer momento. Outra característica era a adoração alegre e expressiva, marcada por muito barulho e emoção, que sempre causava certo choque a quem assistia a um culto pentecostal pela primeira vez. Havia mãos levantadas, louvor em voz alta, mensagens em línguas, interpretação de línguas, profecias, oração pelos enfermos e ocasionais expulsões de demônios. Pregações fervorosas baseadas na Bíblia davam destaque à salvação, à santidade, à cura e às bênçãos materiais concedidas pelo Senhor àqueles que viessem até o altar. A linha mestra de sua doutrina era que os dons do Espírito ("carismas") estavam à disposição da Igreja do século XX tanto quanto estavam presentes na Igreja do primeiro século de nossa era.

---

[3] The Pentecostals, *Presbyterian Survey*, mai. 1964, p. 30-2; jun. 1964, p. 36-9.

A "SEGUNDA BÊNÇÃO" DE WESLEY

Em 1764, tendo realizado uma extensa revisão do tema, escrevi um resumo sobre o que tenho observado nas breves proposições que se seguem:

1. Existe algo como a perfeição, uma vez que ela é mencionada diversas vezes nas Escrituras.
2. Ela não ocorre antes da justificação, pois os que foram justificados devem "prosseguir até a perfeição" (Hebreus 6.1, *ARC*).
3. Não ocorre depois da morte, pois Paulo fala de homens viventes que foram perfeitos (Filipenses 3.15).
4. Não é absoluta. A perfeição absoluta não pertence ao homem, nem aos anjos, mas a Deus somente.
5. Não torna o homem infalível. Ninguém é infalível enquanto permanece no corpo.
6. Seria essa perfeição sem pecado? Não vale a pena discutir o tema. Ela é a "libertação do pecado".
7. Ela é o "perfeito amor" (1João 4.18). É a essência dele. Suas propriedades, os frutos inseparáveis, são: regozijar-se sempre, orar sem cessar e em tudo dar graças (1Tessalonicenses 5.16ss).
8. Ela é progressiva. É ponto pacífico que, partindo da total incapacidade de aperfeiçoamento, aquele que é perfeito no amor deve crescer na graça mais rapidamente que antes.
9. Ela pode ser perdida, e temos numerosos exemplos dessa realidade. Contudo, não estávamos plenamente convencidos disso até cinco ou seis anos atrás.
10. Ela é em geral precedida e seguida por uma obra gradual.
11. No entanto, seria ela instantânea em si mesma, ou não? Examinemos a questão passo a passo.

Uma mudança instantânea tem sido instaurada em alguns crentes, ninguém pode negar isso.

Ocorrida essa mudança, eles passam a desfrutar o perfeito amor. Eles sentem isso, e tão somente isso. Eles "se regozijam sempre, oram sem cessar e em tudo dão graças". Isso é tudo que pretendo dizer acerca da perfeição. Portanto, esses crentes são testemunhas da perfeição que tenho pregado.

Para alguns crentes, no entanto, a mudança não foi instantânea. Eles não perceberam o momento em que ela foi instaurada. Quase sempre, é difícil perceber o instante em que alguém morre; contudo há, sem dúvida, um momento em que cessa a vida humana. Assim, se o pecado cessa, deve ter existido o último momento de sua existência, o primeiro instante em que nos libertamos dele.

JOHN WESLEY
A Plain Account of Christian Perfection [Um claro relato da perfeição cristã]

Os dons do Espírito na História

Muitos líderes eclesiásticos logo começaram a entrar em rota de colisão com os dons do Espírito na Igreja. Livros como o de John Sherrill, *Eles falam outras línguas*, e o de Morton Kelsey, *Tongue Speaking* [Falando em língua], foram lançados para responder aos questionamentos daqueles ministros. Esses autores chegaram à conclusão de que a Igreja do Novo Testamento, de acordo com as informações do livro de Atos, era de fato carismática. Também era evidente que ela conservara os dons originais e o poder pentecostal durante o longo período de lutas e perseguições que se seguiu, até o triunfo do cristianismo no Ocidente, com o apoio de Constantino. Depois de conquistar aceitação e poder, no entanto, a Igreja aos poucos foi perdendo o poder miraculoso dos primeiros tempos, voltando-se gradativamente para expressões de fé ritualistas e sacramentais.

O movimento de renovação dos montanistas, entre os anos 185 e 212, representou uma tentativa de resgatar os *charismata* da Igreja. Apesar do relativo sucesso nos anos iniciais, quando foram restauradas as línguas e profecias entre os seguidores de Montano, o movimento foi mais tarde condenado pela Igreja. A principal causa dessa rejeição não foi a presença dos dons, mas a alegação de Montano de que as declarações proféticas estavam em pé de igualdade com as Escrituras. Muitos estudiosos agora sentiam que a Igreja havia exagerado em sua reação ao montanismo, ao afirmar que os dons carismáticos mais espetaculares, embora experimentados pela igreja apostólica, haviam sido revogados com a definição do cânon das Escrituras. Essa opinião foi emitida por Agostinho e encontrou eco entre os estudiosos nos séculos seguintes. Sobre a questão das línguas como evidência do recebimento do batismo no Espírito Santo, Agostinho afirmou:

> Nos primeiros dias da Igreja, o Espírito Santo desceu sobre os crentes, e eles falaram em línguas que não haviam aprendido, conforme o Espírito lhes concedia que falassem. Isso se constituiu um sinal para aquele tempo: todas as línguas do mundo eram importantes para o Espírito Santo, porque o evangelho de Deus teria seu curso por meio de cada idioma, em todos os lugares da terra. O sinal foi dado e então expirou. Não devemos

mais alimentar a expectativa de que quem receba a imposição de mãos deva receber o Espírito Santo e falar em línguas. Nas vezes em que impomos as mãos sobre aquelas "crianças", os recém-nascidos membros da Igreja, nenhum de vocês (penso eu) ficou observando para ver se eles falavam em línguas ou, percebendo que não falaram, foi cruel o bastante para argumentar que eles não haviam recebido o Espírito Santo, pois se o tivessem recebido teriam falado em línguas, como acontecia no início.[4]

De igual modo para todos os outros dons do Espírito, a "teoria cessacionista" de Agostinho influenciou as gerações de teólogos que se seguiram. Ele mesmo afirmou:

> Por que, pergunto, não ocorrem mais milagres em nossos dias, como acontecia nos tempos antigos? Respondo que eles eram necessários na época, antes que o mundo viesse a crer, para que o mundo fosse convencido.[5]

Uma nota à teoria cessacionista de Agostinho é que em sua igreja mesmo ocorreram inesperadas curas divinas durante as reuniões públicas.

O excessivo rigor para com os montanistas, que resultou na crença de que os dons espirituais chegaram ao fim na era apostólica, exerceu influência até os tempos modernos. Embora deixasse a porta aberta para os milagres na vida de alguns santos (a respeito dos quais se afirma terem falado em línguas e operado milagres de cura), a Igreja Católica Romana cada vez mais se inclinava a ensinar que os milagres da era apostólica haviam cessado nos tempos da igreja primitiva. Com a institucionalização da igreja, os dons menos espetaculares, como governo, administração e ensino, tomaram a dianteira como os mais aceitáveis e disponíveis na hierarquia. A notável exceção a esse rastejante cessacionismo foram as igrejas ortodoxas do Oriente. Embora a manifestação espontânea fosse coibida nessas igrejas, a Igreja Ortodoxa jamais adotou a teoria de que os dons do Espírito haviam cessado. A teologia cessacionista foi uma criação da Igreja ocidental.

---

[4] Apud Warren LEWIS, *Witnesses to the Holy Spirit*. Valley Forge: Judson Press, 1978, p. 121.
[5] Apud Warren LEWIS, *Witnesses to the Holy Spirit*, p. 122.

A ideia de que os dons do Espírito haviam cessado nos dias apostólicos encontra sua expressão clássica nas homilias de João Crisóstomo sobre 1Coríntios, no século IV. Confessando sua ignorância sobre o assunto, ele escreveu:

> Esta passagem inteira é obscura, mas a obscuridade é produto de nossa ignorância acerca dos fatos referentes à sua cessação, como se então sua ocorrência fosse comum, mas agora não tivessem lugar. E por que eles não acontecem hoje? Porque, observando agora, também a causa dessa obscuridade nos propõe outra questão, a saber, por que eles aconteciam naquela época e agora não mais? [...] Bem, o que acontecia naquele tempo? Cada um que era que batizado começava na mesma hora a falar em línguas, e não apenas isso, mas também profetizava, e alguns operavam obras maravilhosas [...], porém o mais comum entre eles era o dom de línguas.[6]

Desse modo, a cessação dos *charismata* tornou-se parte da teologia clássica da igreja ocidental. Agostinho e Crisóstomo foram citados por incontáveis teólogos e comentaristas nos séculos seguintes.

Dons como a glossolalia (o falar em línguas) tornaram-se tão raros que as igrejas acabaram esquecendo a função deles na comunidade cristã. No decorrer dos séculos, falar uma língua não aprendida era visto mais como evidência de possessão por um espírito maligno que de se estar tomado pelo Espírito Santo. De fato, por volta do ano 1000, o *Rituale Romanorum* [Ritual romano] definiu a glossolalia como a *prima facie* da possessão demoníaca. Era de esperar que reformadores como Lutero e Calvino restaurassem os *charismata* como herança comum dos crentes, mas isso não aconteceu.

Uma das mais duras críticas dos católicos romanos contra os reformadores era a ausência dos milagres, que deveriam confirmar a autenticidade da Reforma. Para os teólogos da Igreja Católica Romana, os *charismata* miraculosos eram vistos como a aprovação divina para o nascimento da Igreja. Os católicos exigiam de Calvino e Lutero sinais e maravilhas que

---

[6] Phillip SCHAFF, *Nicene and Post-Nicene Fathers* (Grand Rapids: Eerdmans, 1956), p. 168-70.

atestassem sua autenticidade como verdadeiras e ortodoxas igrejas cristãs. Seguindo a linha de Agostinho e Crisóstomo, Lutero respondeu com a seguinte opinião acerca dos sinais, maravilhas e dons do Espírito Santo:

> O Espírito Santo foi enviado de duas maneiras. Na igreja primitiva, foi enviado de forma visível, manifesta. Assim ele veio sobre Cristo no rio Jordão, na forma de uma pomba (Mateus 3.16), e sobre os apóstolos e outros crentes, na forma de língua de fogo (Atos 2.3). Essa foi a primeira vinda do Espírito Santo; ela era necessária na igreja primitiva, a qual precisava ser estabelecida por meio de sinais visíveis, para convencer os descrentes, como Paulo testifica em 1Coríntios 14.22: "As línguas são um sinal para os descrentes, e não para os que creem". Mais tarde, estando já a Igreja estabelecida e confirmada por aqueles sinais, a descida visível do Espírito Santo para continuar a obra não era mais necessária.[7]

No decorrer dos séculos, portanto, a Igreja, tanto em sua vertente católica quanto protestante, adotou a teoria de que os dons espetaculares do Espírito Santo haviam cessado ainda na igreja primitiva e que, com a definição do cânon das Escrituras, eles não eram mais necessários. A tradição mística do catolicismo, no entanto, continuou permitindo a uns poucos santos, os dotados de "santidade heroica", o exercício de alguns daqueles dons. A convicção da maioria era que tal santidade estava reservada aos clérigos e aos religiosos (bispos, sacerdotes, monges e freiras), sendo vetada às massas comuns da cristandade.

Esse ponto de vista era consenso na Igreja até o século XIX. Foi então que desdobramentos históricos e teológicos promoveram uma dramática mudança de perspectiva em várias regiões do Planeta, notadamente na Inglaterra e nos Estados Unidos.

O reaparecimento dos dons

Como salientou Ernest Sandeen, o fato histórico que levou os cristãos a contemplar a profecia e os outros dons do Espírito foi a Revolução Francesa.

---

[7] Apud Warren LEWIS, *Witnesses to the Holy Spirit*, p. 173.

À medida que os atos de revolta se intensificavam, na década de 1780, os radicais impuseram um "reinado de terror" que em muito lembrava as cenas da tribulação registradas no Apocalipse. As convulsões ocorridas na França pareciam sinais de que o fim dos tempos estava próximo. Passagens obscuras da Bíblia revestiram-se de espantosa aplicabilidade e atualidade.

Em Daniel 7, o profeta menciona quatro animais que emergem do mar: um leão, um urso, um leopardo e uma besta assustadora que possui dez chifres. O "chifre pequeno" cresceu por último no meio dos dez e arrancou três deles. Esse chifre menor representava um governante, o qual "oprimirá os seus santos e tentará mudar os tempos e as leis. Os santos serão entregues nas mãos dele por um tempo, tempos e meio tempo" (v. 25). Em Apocalipse 13.1-5, é descrita uma besta semelhante cujo poder duraria quarenta e dois meses. Quando a Revolução Francesa eclodiu, os estudiosos da Bíblia tiveram a certeza de que essas passagens estavam sendo literalmente cumpridas. A adoção de um calendário "republicano" e a acomodação, na Catedral de Notre-Dame, de uma prostituta recém-coroada "deusa da razão" pareciam reproduzir, em 1798, o cenário apocalíptico, mais ainda quando tropas sob o comando do general Berthier marcharam para Roma, estabelecendo uma nova república e enviando o papa para o exílio. Isso foi interpretado como o "ferimento mortal" que marcava o fim do poderio político e espiritual do papa na face da terra.

Em Londres, Edward King, um estudioso da profecia bíblica, declarou:

> Não é *o poder papal*, em Roma, outrora tão terrível com seu domínio tirânico, que chega ao fim? No entanto, vamos com calma: não foi profetizado, em outras partes das Sagradas Profecias, que o fim *deles* seria *após 1.260 anos*? E não foi profetizado por Daniel que o *fim* chegaria após *um tempo, tempos e meio tempo*? Qualquer cálculo aponta para o mesmo período. Vejamos, então. Ouçamos para entender. *Estamos em 1798*, e exatamente há 1.260 anos, bem no início do ano 538, [o general Flávio] *Belisário* pôs termo ao império e à dominação dos ostrogodos em Roma.[8]

---

[8] Ernest R. SANDEEN, *Roots of Fundamentalism: British and American Millenarianism 1800-1930*. Chicago: University of Chicago Press, 1970, p. 7.

Para os estudiosos protestantes, essa interpretação significava que eles estavam vivendo de fato os últimos dias. A segunda vinda de Cristo era iminente. O Milênio seria instaurado em pouco tempo. O Espírito Santo em breve seria derramado sobre toda carne, como um sinal complementar de que o fim estava próximo. A longa noite de espera estava chegando ao fim. A qualquer momento, os *charismata* se manifestariam outra vez na terra, como no dia de Pentecoste.

O efeito dessas inebriantes descobertas foi o ressurgimento do milenarismo na Grã-Bretanha, um novo interesse pelo retorno de Israel à Palestina e a renovada atenção à iminência da segunda vinda de Cristo. Delas resultou também profunda ênfase sobre o estudo das profecias bíblicas, de modo que se pudessem discernir "os sinais dos tempos".

Entre os líderes dessa nova onda de interesse profético, estavam teólogos britânicos, como Lewis Way, John Nelson Darby (fundador da Irmandade de Plymouth) e Edward Irving. Nos Estados Unidos, o movimento encontrou seus maiores expoentes no estudioso luterano J. A. Seiss e na "teologia de Princeton" de Charles Hodge e Benjamin Warfield, ambos presbiterianos. A busca de um novo derramamento dos *charismata* era mais pronunciada na Inglaterra que nos Estados Unidos. Anos mais tarde, os "fundamentalistas" de Princeton e outros teólogos passaram a se concentrar mais na defesa da inerrância das Escrituras e na doutrina da iminência da vinda de Cristo para "raptar a Noiva", enquanto seus colegas ingleses insistiam na busca da restauração dos *charismata* na Igreja.[9]

Edward Irving

Por volta de 1830, alguns pregadores começaram a investigar todos os relatos de milagres ocorridos em várias partes das Ilhas Britânicas. À frente dessa investigação, estava Edward Irving, pastor da conceituada Igreja Presbiteriana em Regents Square, Londres. Quando chegou a informação de que milagres de cura e de glossolalia haviam ocorrido na Escócia, entre

---

[9] Ernest R. SANDEEN, *Roots of Fundamentalism: British and American Millenarianism 1800-1930*, p. 26-36.

um pequeno grupo de crentes, Irving desabalou para a pequena cidade de Port Glasgow a fim de observar de perto a situação. Naquela cidadezinha escocesa, ele ficou maravilhado ao presenciar uma dona de casa, chamada Mary Campbell, falar em línguas. Dois jovens amigos dela, os gêmeos James e George McDonald, não só falavam em línguas como as interpretavam para o idioma inglês. Em 20 de abril de 1830, no que foi o primeiro registro de um milagre de interpretação de línguas dos tempos modernos, James entregou uma mensagem em línguas, e George a interpretou. A mensagem era: "Vejam-no chegando — Jesus chegando —, um Jesus em lágrimas". Na verdade, dizia-se que quase todas as interpretações de línguas na Inglaterra ecoavam o tema de que "o Senhor virá em breve; prepare-se para ir ao seu encontro".

Desse dia em diante, Irving passou a ensinar que as línguas eram o "sinal estável", bem como "a raiz e o tronco" do qual floresciam todos os outros dons do Espírito. Para Irving, as línguas eram "o sinal externo e visível da interna e invisível graça conferida pelo batismo no Espírito Santo".[10]

Irving foi um dos pregadores mais conhecidos de sua época. Sua elegante igreja acolhia em média 2 mil pessoas, que vinham para ouvir seus eloquentes sermões, os quais muitas vezes refletiam seu ponto de vista sobre a restauração dos dons apostólicos — especialmente os dons de cura e do falar em línguas. Em outubro de 1831, viu-se o primeiro indício dessa restauração, quando uma mulher começou a falar em línguas em voz alta durante um culto na igreja de Irving. O fato, porém, causou pouca sensação na cidade. Na verdade, Londres não estava preparada para aceitar o fenômeno, tampouco para ser a precursora do avivamento pentecostal. O relato de uma testemunha ocular mostra a reação negativa ao incidente que interrompeu o culto naquela manhã de domingo:

> Fui à igreja [...] e me sentia, como de costume, bastante gratificado e confortado com a pregação e a oração do senhor Irving. Entretanto,

---

[10] O melhor artigo sobre as tendências pentecostais de Irving é: Edward Irving and the "Standing Sign", in: Gary McGee (Org.), *Initial Evidence: Historical and Biblical Perspective on the Pentecostal Doctrine of Spirit Baptism* (Peabody: Hendrickson Publishers, 1991).

inadvertidamente, achei-me importunado pela voz conhecida de uma das irmãs, a qual, incapaz de se conter e de respeitar o regulamento da igreja (que não permitia a nenhuma mulher falar no santuário), irrompeu na direção da sacristia, dando vazão ao seu discurso. Ao mesmo tempo, outra mulher, pelo menos assim entendi, tomada pelo mesmo impulso, passou correndo entre os bancos e saiu da igreja pela porta principal. Sons lamentosos e ininteligíveis foram ouvidos por todo o auditório, causando grande confusão. O fato de talvez 1.500 ou 2 mil pessoas se levantarem num esforço para ouvir e entender o que estava acontecendo causou, como é fácil imaginar, um grande alvoroço. O senhor Irving chamava a atenção de todos, e quando a ordem foi restaurada ele explicou a ocorrência, dizendo que aquele fenômeno não era nenhuma novidade, exceto na congregação; e ele ponderava, havia algum tempo, sobre a possibilidade de implantá-lo ali. Contudo, apesar de convicto da lisura dessa medida, ele temia a dispersão do rebanho. Não obstante, agora o fenômeno se introduzira ali pela vontade de Deus, e ele cria que era seu dever submeter-se.[11]

> ### EDWARD IRVING E A QUESTÃO DAS LÍNGUAS
>
> O dom de línguas é a coroação de todas as coisas. Nenhum dos antigos profetas o possuía; Cristo não o possuía. Esse dom pertence à dispensação do Espírito Santo, que se seguiu à ascensão de Cristo. É a proclamação de que aquele homem está entronizado no céu; que aquele homem está no lugar da habitação de Deus; que toda a criação, se desejar conhecer a Deus, pode dar ouvidos à língua do homem e conhecer o limite da razão. Não somos nós que falamos: Cristo fala. Não que possamos, como homens, falar como Deus, mas como membros de Cristo, como igreja e corpo de Cristo, Deus fala em nós. A hora não é para nós, e sim para Cristo; não para a divindade de Cristo, que é sempre a mesma, e sim para a humanidade de Cristo, o qual ressurgiu do estado de morte para a condição de ser o templo de Deus, o Santo dos Santos de Deus, a *shekinah* de Deus, o oráculo de Deus, para todo o sempre.
>
> EDWARD IRVING
> OBRAS SELECIONADAS

---

[11] William S. MERRICKS, *Edward Irving the Forgotten Giant* (East Peoria: Scribe's Chamber Publications, 1983), p. 179-80. V. tb. Christie ROOT, *Edward Irving, Man, Preacher, Prophet* (Boston: Sherman, French & Company, 1912), p. 70-112.

A mulher que falava em línguas era Mary Campbell, de Port Glasgow, a quem Irving tinha na conta de "profetisa". Outros pensavam diferente. Thomas Carlyle não poupou comentários cáusticos sobre o "obtuso e débil rebanho" de Irving e a "desordem" provocada pelo dom de línguas. Chegou a sugerir que alguém jogasse um balde de água naquela "mulher maluca e histérica" que falava em línguas. Ainda assim, para Irving, Campbell era uma mulher santa, que poderia transformar sua igreja numa congregação poderosa como a igreja em Corinto.[12]

Embora as línguas se tivessem manifestado na igreja de Regents Square durante alguns meses, Irving nunca recebeu o dom da glossolalia, para sua grande tristeza. Na época, o presbitério de Londres preferiu acusar, julgar e condenar Irving por ter permitido que mulheres falassem em línguas na igreja e também por alguns ensinos acerca da pessoa de Cristo, considerados heréticos. Muitos achavam que as acusações eram improcedentes e que o julgamento havia sido parcial. De qualquer forma, depois que deixou a Igreja Presbiteriana, Irving e seus amigos organizaram um novo grupo, denominado Igreja Apostólica Católica. O grupo ensinava não apenas que todos os *charismata* haviam sido restaurados, mas que o ofício apostólico também fora restaurado para o final dos tempos.[13]

Apesar de ser o fundador da igreja, Irving jamais recebeu o título de apóstolo, sem dúvida pelo fato de nunca ter falado em línguas. Na verdade, ele foi destituído da liderança da igreja e, desacreditado, morreu três anos depois, na Escócia. Os apóstolos da igreja decidiram que sua ordem era única e que não haveria sucessores. Um imenso corpo de profecias foi preservado, bem como uma monumental coleção de liturgias, que eram utilizadas nos cultos. Quando o último apóstolo morreu, em 1900, eles não haviam escolhido nenhum apóstolo para sucedê-los. Como resultado, a Igreja Apostólica Católica praticamente desapareceu no século XX.

---

[12] *Reminiscences*. New York: Macmillan, 1887, p. 58.
[13] Gordon STRACHAN, *The Pentecostal Theology of Edward Irving* (London: Dartan, Longman & Todd, 1973), p. 193-201. V. tb. Larry CHRISTENSON, *A Message to the Charismatic Movement* (East Weymouth: Dimension, 1972); Pentecostalism's Forgotten Forerunner, in: Vinson SYNAN, *Aspects of Pentecostal-Charismatic Origins* (Plainfield: Logos International, 1975), p. 15-37.

C. H. Spurgeon e William Arthur

A desagradável experiência dos irvingitas não arrefeceu o entusiasmo nem a expectativa de um novo Pentecoste entre os demais devotos do novo movimento profético. Evangelicais britânicos continuaram a pregar e a escrever acerca da esperada efusão carismática, que podia começar a qualquer momento. Um tratamento típico do assunto foi dado pelo grande pregador da igreja batista londrina, Charles H. Spurgeon, em um sermão de 1857 intitulado "O Poder do Espírito Santo".

> Outra grande obra do Espírito Santo que ainda não se realizou é a de nos *trazer a glória dos últimos dias*. Dentro de poucos anos — não sei quando, não sei como —, o Espírito Santo será derramado de forma muito diferente da atual. Há diversidade de operações, e nos últimos anos é fato que essa diversidade tem consistido em pequenos derramamentos do Espírito. Os ministros ocupam-se de suas obrigações de rotina, pregando, pregando e pregando, e pouca coisa de bom tem sido feita. É minha esperança que um tempo de refrigério esteja para descer sobre nós, algo melhor que a pequena porção do Espírito que temos agora. A hora está chegando, e pode ser agora, em que o Espírito Santo será derramado outra vez de maneira tão maravilhosa que muitos correrão de um lado para outro, e o conhecimento aumentará — o conhecimento do Senhor cobrirá a terra como as águas cobrem a superfície do grande abismo; quando seu Reino vier, e sua vontade for feita na terra como é feita no céu [...]. Meus olhos brilham com a ideia de que muito provavelmente viverei para presenciar o derramamento do Espírito, quando "os seus filhos e as suas filhas profetizarão, os jovens terão visões, os velhos terão sonhos".[14]

Um ano antes, um pregador britânico da Igreja Metodista, William Arthur, publicou uma obra de grande influência, a qual continuou a ser impressa por mais de um século. O livro rejeita o ponto de vista tradicional da cessação e da revogação dos dons do Espírito, dizendo:

---

[14] *Spurgeon's Sermons* (Grand Rapids: Zondervan, reimpr. da edição de 1857), p. 129-30.

Tudo que é necessário à santidade do indivíduo, à vida cristã, aos dons ministeriais da igreja ou à conversão do mundo é tanto uma herança do povo de Deus nos últimos dias quanto o foi no início [...]. Ficamos felizes de ver que aquele que permanece na expectativa do dom de cura, do dom de línguas ou de qualquer outra manifestação miraculosa do Espírito Santo [...] tem dez vezes mais base escriturística na qual fundamentar sua expectativa que aqueles cuja incredulidade não lhes permite esperar o poder santificador para o crente.[15]

Arthur encerra seu livro memorável com o seguinte desafio às igrejas:

Agora, adorável Espírito, procedente do Pai e do Filho, desce sobre todas as igrejas, renova o Pentecoste em nossos dias e batiza teu povo generosamente — Oh! Batiza-os mais uma vez com línguas de fogo! Coroa o século XIX com um avivamento de "religião pura e imaculada", mais que no último século, mais que no primeiro, mais que em qualquer manifestação do Espírito até agora concedida aos homens![16]

Mestres do movimento *holiness* norte-americano

A linguagem do Pentecoste, popularizada por Arthur, tornou-se também forte nos Estados Unidos, no decorrer da década seguinte. Até mais de um século antes da Guerra de Secessão, os que recebiam a "segunda bênção" após a conversão se referiam à experiência como "santificação". Os mestres metodistas, seguindo a terminologia de John Wesley e de seu colega John Fletcher, consideravam a "santificação" e o "batismo no Espírito Santo" dois lados da mesma moeda. Depois da guerra, no entanto, começou a prevalecer a tendência de se chamar "batismo com o Espírito Santo" à segunda obra da graça.

Essa experiência pós-conversão, que começara a receber nova ênfase na década de 1830, finalmente conquistou a atenção geral, como evidenciado no primeiro acampamento nacional *holiness*, realizado em Vineland, Nova Jersey, em 1867. O acampamento de Vineland estava destinado a mudar

---

[15] *The Tongue of Fire* (Columbia: L. L. Pickett, 1891), p. 288, 315, 375-6.
[16] *The Tongue of Fire*, p. 376.

a face da religião norte-americana. Embora a convocação fosse para um retorno à vida santa, o chamado foi expresso em termos pentecostais. Todos os que chegavam eram convidados a "unir-se num batismo pentecostal do Espírito Santo" e a "tornar comum a súplica pela descida do Espírito Santo sobre nós mesmos, sobre a igreja, sobre a nação e sobre o mundo".[17] A linguagem pentecostal era resultado da sutil alteração ocorrida entre os defensores do movimento de santidade durante muitos anos.

Em 1839, Asa Mahan, reitor da Faculdade de Oberlin, publicou um livro intitulado *Scripture Doctrine of Christian Perfection* [Doutrina bíblica da perfeição cristã]. Sendo uma defesa da teologia wesleyana sobre a santificação plena, a teologia da "segunda bênção" era apresentada em vívidos termos cristológicos, com pouca ou nenhuma ênfase sobre o Espírito Santo.[18] Por volta de 1870, Mahan publicou uma edição revisada do mesmo livro, agora com o título *The Baptism of the Holy Ghost* [O batismo do Espírito Santo], no qual era evidente uma profunda mudança na terminologia e na exegese. No primeiro livro, Mahan via "a bênção" como uma experiência ética de purificação do pecado que é inerente ao ser humano, com base em Ezequiel 36.25, Mateus 5.48, João 17.20-23 e 1Tessalonicenses 5.23,24. No segundo livro, os textos básicos eram passagens extraídas do livro de Atos (2.4; 19.2 etc.) e do Antigo Testamento, como Joel 2.28 e Zacarias 13.1. A linguagem pentecostal permeava o livro. As experiências de "segunda bênção" de Wesley, Madame Guyon, Finney e as do próprio Mahan eram referidas como "batismo no Espírito Santo". O efeito desse batismo era o "revestimento de poder do alto", bem como uma purificação interior.[19]

---

[17] Vinson SYNAN, *The Holiness-Pentecostal Tradition: Charismatic Movements in the Twentieth Century* (Grand Rapids: Eerdmans, 1997), p. 25.

[18] Donald DAYTON, From Christian Perfection to the Baptism of the Holy Ghost, in: Vinson SYNAN, *Aspects of Pentecostal-Charismatic Origins*, p. 39-54. V. tb. Donald DAYTON, *The Theological Roots of Pentecostalism* (Grand Rapids: Francis Asbury Press, 1987).

[19] Donald DAYTON, From Christian Perfection to the Baptism of the Holy Ghost, p. 46.

PHOEBE WORRALL PALMER
(1807-1874)

Phoebe Palmer nasceu em Nova York em 18 de dezembro de 1807. Criada nos rigores metodistas, casou-se com Walter C. Palmer, um médico homeopata. O casal compartilhava um profundo interesse pelas raízes do metodismo. Por um bom tempo, ela ensinou a experiência de "segunda bênção" wesleyana sobre a "santificação plena" que afirmou poder ter recebido pela fé em determinado momento, mesmo sem nenhuma evidência externa.

Os Palmers foram convencidos a empunhar a bandeira *holiness* pela irmã de Phoebe, Sarah W. Lankford, a qual instituíra as Reuniões de Terça-feira para Promoção da Santidade, em sua sala de visitas, em 1835. Por volta de 1839, a senhora Palmer não só já havia recebido a experiência da santificação, como também se tornara a líder das reuniões. Depois que as Reuniões de Terça-feira alcançaram popularidade, centenas de pregadores e leigos, de várias denominações, afluíam para sua casa, a fim de aprender o "caminho mais curto" para obter a perfeição e o êxtase que os primeiros cristãos levavam a vida inteira para adquirir. Quem deposita "tudo sobre o altar", ensinava ela, pode ser instantaneamente santificado por meio do batismo do Espírito Santo.

Os crentes eram incentivados a dar testemunho, "pela fé", do recebimento da bênção, mesmo que não tivessem experimentado nenhuma emoção naquele momento. Entre os que vinham buscar a santidade na casa dos Palmers estavam os principais pastores e bispos metodistas. Faziam parte de seu grupo de amigos e seguidores não menos que quatro bispos da Igreja Metodista: Edmund S. Janes, Leonidas L. Hamline, Jesse T. Peck e Matthew Simpson. Nos trinta anos seguintes, os Palmers foram os líderes nacionais do movimento, cruzando os Estados Unidos e o Canadá diversas vezes para ministrar palestras em acampamentos e nas principais igrejas sobre o tema da santidade e do perfeito amor.

O ano de 1839 testemunhou o lançamento do primeiro periódico dedicado exclusivamente à doutrina *holiness*: *The Guide to Christian Perfection* [Guia para a perfeição cristã], mais tarde denominado *The Guide to Holiness* [Guia para a santidade]. Fundado em Boston por Timothy Merritt, o periódico, de circulação mensal, trazia testemunhos de Phoebe Palmer e de seu marido. Em 1865, o jornal foi comprado pelo casal Palmer e logo passou a exercer forte influência no âmbito do protestantismo norte-americano, particularmente entre os metodistas. Em seu apogeu, a circulação chegou a 30 mil exemplares.

Antes da morte de Phoebe, em 1874, os Palmers adotaram a linguagem pentecostal para se referir à "segunda bênção". Sua firme convicção de que havia um momento crucial nessa experiência, que ela chamava "batismo do Espírito Santo", foi uma importante contribuição no processo que culminou no movimento pentecostal de 1901. No funeral de Phoebe, T. De Witt Talmadge a chamou "Colombo do mundo espiritual".

VINSON SYNAN
THE HOLINESS-PENTECOSTAL TRADITION [A TRADIÇÃO PENTECOSTAL HOLINESS]

Como salientou Donald Dayton, "perto da virada do século, *tudo* que vinha dos acampamentos para o altar era classificado no *Guide* como 'pentecostal'. Os sermões eram publicados na seção 'Púlpito pentecostal'; as informações de interesse das mulheres, em 'Mulher pentecostal'; as experiências pessoais, em 'Testemunhos pentecostais', e assim por diante". De fato, em 1897 o *Guide to Holiness* trocou o subtítulo do cabeçalho, "and Revival Miscellany" [e miscelânea de avivamento], por "and Pentecostal Life" [e vida pentecostal]. Isso foi feito, de acordo com o editor, para acompanhar "a tendência da época, a qual se caracterizava por investigação, exame e ardente busca dos dons, das graças e do poder do Espírito Santo". Ele acrescentou: "O conceito pentecostal hoje permeia a reflexão e as aspirações cristãs mais que em qualquer outra época".[20]

Assim, a palavra "pentecostal" passou a ser representativa para o movimento de santidade tanto quanto a palavra "carismáticos" se tornou de uso comum em nossos dias para indicar os pentecostais. O termo "pentecostal" tornou-se identificação obrigatória na maioria das obras *holiness* publicadas nas duas últimas décadas do século XIX. Um exemplo clássico é o livro de Martini Wells, lançado em 1898, *Lightning Bolts from Pentecostals Skies, or the Devices of the Devil Unmasked!*[21] [Raios lançados de céus pentecostais, ou artimanhas do Diabo desmascaradas]. A popularidade dos termos "pentecostal" e "batismo com o Espírito Santo" logo permeava grande parte do mundo evangelical. Melvin Dieter resume a situação:

> Pentecoste como prova passada do poder de Deus, Pentecoste como padrão no presente para a renovação das igrejas e Pentecoste como presságio do cumprimento de todas as coisas na restauração do Reino de Deus entre os homens tornaram-se a densa atmosfera do movimento de santidade.[22]

Não é de surpreender que na esteira de tal ênfase tenha surgido a propagação de uma "terceira bênção" nas fileiras do movimento de santidade. No

---

[20] Donald DAYTON, From Christian Perfection to the Baptism of the Holy Ghost, p. 47.
[21] Cincinnati: Pentecostal Holiness Library, 1898.
[22] *The Holiness Revival of the Nineteenth Century* (Metuchen: Scarecrow Press, 1980), p. 245. V. tb. Melvin DIETER, Wesleyan-Holiness Aspects of Pentecostal Origins, in: Vinson SYNAN, *Aspects of Pentecostal-Charismatic Origins*, p. 67.

final da década de 1890, alguns líderes *holiness* começaram a destacar um "batismo com o Espírito Santo e com fogo" subsequente às experiências de conversão e santificação. A novidade foi pejorativamente chamada "terceiro-bencismo". A rápida expansão desse movimento começou justamente antes de o ano 1900 testemunhar, da parte de muitos cristãos *holiness* e evangelicais, um anseio por uma experiência "mais pentecostal" que aquelas recebidas em decorrência dos ensinos clássicos do movimento de santidade.

O "terceiro-bencismo" foi um importante presságio de coisas que estavam por acontecer no movimento de santidade e que mais tarde resultaram no movimento pentecostal. Não por acaso a primeira pessoa a falar em línguas no século XX, Agnes Ozman, fazia parte desse movimento. A popularização da terminologia pentecostal teve o efeito de aproximar os cristãos orientados por aquelas experiências do moderno movimento pentecostal.

Os mestres de Keswick

O matiz pentecostal que sobressaiu no movimento de santidade depois de 1867 também encontrou expressão em diversas vertentes do movimento na Inglaterra e nos Estados Unidos. Essa tendência era bem evidente nas famosas conferências Higher Life de Keswick, na Inglaterra, e nas conferências de Northfield, Massachussetts, lideradas por D. L. Moody.

As convenções de verão de Keswick começaram em 1875, como uma contrapartida britânica da florescência do movimento de santidade. As conferências de Keswick foram mais tarde dirigidas por Robert Pearsall Smith, evangelista norte-americano cuja esposa, Hannah Whittal Smith, também se tornou conhecida como conferencista e escritora. Smith elevou a terminologia pentecostal entre os crentes *holiness* a ponto de mudar a doutrina. A configuração doutrinária de Keswick destituiu o conceito de "segunda bênção" como "erradicação" do pecado a favor de um "batismo no Espírito Santo" e um "revestimento de poder para o serviço". A experiência aguardada com ardente expectativa pelos crentes de Keswick era concebida não tanto em termos de purificação, mas de unção do Espírito.

Além disso, a vida cheia do Espírito não era um "estado de perfeição", e sim uma "condição sustentada".

Esse ponto de vista causou uma divisão entre os professores de Keswick e os mestres mais conservadores do movimento de santidade nos Estados Unidos:

> Aqueles ensinos — a negação da erradicação do pecado interior, a ênfase no pré-milenarismo, a fé curadora e os dons do Espírito — deixaram uma lacuna nas fileiras *holiness*. O conflito estabeleceu-se nos Estados Unidos quando D. L. Moody, R. A. Torrey (primeiro reitor do Instituto Bíblico Moody), Adoniram J. Gordon (fundador da Faculdade Gordon, em Boston), A. B. Simpson (fundador da Aliança Cristã e Missionária) e o evangelista Wilbur Chapman começaram a propagar no país a versão de Keswick da segunda bênção.[23]

Um exemplo notável dos ensinos de Keswick pode ser visto na obra de R. A. Torrey:

> O batismo com o Espírito Santo é uma operação do Espírito Santo distinta e subsequente à sua obra de regeneração, uma concessão de poder para o serviço, [uma experiência outorgada] não apenas para os apóstolos, não apenas para os crentes da era apostólica, mas "para todos os que estão longe, para todos quantos o Senhor, o nosso Deus, chamar". [...] Ela é outorgada a cada crente, de todas as épocas da história da Igreja.[24]

Embora Torrey e Smith espalhassem o conceito de Keswick acerca do "batismo com o Espírito Santo" de costa a costa, seu proponente de maior influência nos Estados Unidos foi D. L. Moody, o mais destacado evangelista da época. Embora já fosse um pregador afamado, ele foi induzido a buscar uma experiência mais profunda por duas senhoras de sua igreja em Chicago. Elas oravam incessantemente para que ele fosse "batizado no Espírito Santo", a fim de poder realizar uma obra mais poderosa. A princípio

---

[23] Timothy SMITH, *Called unto Holiness* (Kansas City: Nazarene Publishing House, 1962), p. 25.
[24] *The Person and Work of the Holy Spirit* (New York: Revell, 1910), p. 176-210.

resistente a qualquer nova experiência espiritual, Moody acabou pedindo às duas senhoras, ambas pertencentes à Igreja Metodista Livre, que orassem por ele. Numa movimentada reunião de oração, em 1871, Moody anunciou que já fora batizado com o Espírito Santo. Em seu testemunho, ele declarou que "se deixara escorregar para o chão e permitira à sua alma banhar-se no Divino", enquanto seu quarto "parecia ter sido incendiado por Deus".[25]

Depois de seu batismo no Espírito Santo, Moody assumiu a liderança das conferências anuais Higher Life em Northfield, para as quais afluíam milhares de pessoas em busca de um "Pentecoste pessoal". Em seus últimos anos de vida, Moody passou a interessar-se pelo ensino e implantou em Chicago o Instituto Bíblico Moody, em 1889. O batismo de vida superior continuou a ser ensinado mesmo depois da morte de Moody, que ocorreu em 1899.

A morte de Moody marcou o fim de uma importante etapa na história da tradição que enfatizava uma obra do Espírito Santo subsequente à conversão. Nessa época, a ideia da experiência do Pentecoste pessoal já não era uma doutrina bizarra ensinada na periferia do cristianismo evangelical: ela já se introduzira no tronco da família religiosa dos Estados Unidos e da Grã-Bretanha como uma experiência válida para os tempos modernos.

Boa parte do fermento espiritual do século anterior evidenciara a questão da "segunda bênção" conforme proposta por John Wesley e seus herdeiros espirituais dos movimentos *holiness* e Higher Life. A maioria dos crentes *holiness* e metodistas que se sentavam no "banco dos aflitos" procurava uma experiência de purificação interior, que era operada em determinado momento, por meio do "batismo no Espírito Santo". Perto do final do século, entretanto, Moody e outros ministros alteraram a definição e o conteúdo da tão procurada experiência. Contudo, a despeito de como fosse definida, a "segunda bênção" em geral era vista como um duelo divino, em que o crente, num mesmo instante, obtinha vitória sobre o pecado e era revestido de poder pentecostal.

---

[25] Richard K. Curtis, *They Called Him Mister Moody* (Garden City: Doubleday, 1962), p. 149-50.

DWIGHT L. MOODY E O BATISMO NO ESPÍRITO SANTO

Moody sempre demonstrou anseio por uma vida espiritual mais profunda. Ele era usado por Deus de maneira extraordinária, porém sentia haver ainda grandes realizações à sua espera. O ano de 1871 foi um período crítico para ele. Moody estava inquieto, cada dia mais convencido de que suas aptidões pessoais não estavam à altura de seu trabalho, que precisava obter qualificação para aquela obra pelo poder do Espírito Santo. Essa convicção se fortaleceu com uma conversa, certo dia, com duas senhoras que se sentaram no primeiro banco de sua igreja. Ele podia perceber, pela expressão do rosto delas, que estavam orando. Terminada a reunião, elas lhe disseram:

— Estamos orando por você.

— Por que vocês não oram pelo povo? — perguntou Moody.

— Porque você precisa do poder do Espírito — foi a resposta.

"Eu precisando de poder!", disse ele, ao relatar o incidente mais tarde. "Ora, eu tinha poder. Eu tinha a maior igreja de Chicago, e havia muitas conversões. Eu me sentia realizado. Contudo, aquelas duas santas mulheres oravam continuamente por mim, e sua determinação em me falar de unção para uma obra especial me levou a pensar. Pedi-lhes que viessem falar comigo, e elas derramaram o coração, suplicando a Deus que eu fosse cheio do Espírito Santo. Um grande anseio tomou conta de minha alma. Eu não sabia o que era. Comecei a clamar como nunca o fizera. Naquele momento, senti que não poderia mais viver se não obtivesse aquele poder para o serviço."

"Enquanto o senhor Moody se debatia nesse estado de espírito", conta seu filho, "Chicago virava cinzas. O Grande Incêndio riscou do mapa o Farwell Hall e a igreja da Rua Illinois. No domingo à noite, após o culto, ao voltar para casa, o senhor Moody viu o clarão das chamas e soube que aquilo significava a destruição de Chicago. Por volta de 1 hora da manhã, o Farwell Hall foi consumido pelo fogo, e logo depois a igreja também se foi. Não sobrou nada."

O senhor Moody viajou para Nova York a fim de angariar recursos para as vítimas do incêndio de Chicago, mas seu coração e sua alma não deixavam de clamar pelo poder do alto. "Meu coração não estava naquele trabalho de arrecadação", confessou. "Não consegui pedir nada. Eu estava o tempo todo clamando a Deus, pedindo que ele me enchesse com seu Espírito. Bem, um dia, na cidade de Nova York... oh! Que dia! Não posso descrevê-lo. É raro eu me referir a ele. Foi uma experiência sublime demais para ser mencionada. Paulo também teve uma experiência sobre a qual silenciou por quatorze anos. Só posso dizer que Deus se revelou a mim, e a experiência que tive com seu amor foi tamanha que precisei pedir que ele retirasse sua mão. Depois disso, voltei a pregar. Os sermões não eram diferentes; não apresentei nenhuma verdade nova; pessoas às centenas continuavam a se converter. Eu não voltaria à minha vida anterior à recepção daquela bênção nem que você me oferecesse o mundo inteiro — ela pesaria tanto quanto um grão de areia na balança."

JAMES GILCHRIST LAWSON
Deeper Experiences of Famous Christians [As experiências mais profundas de cristãos famosos]

Os acampamentos *holiness*

A principal marca da espiritualidade do século XIX foi a implantação dos acampamentos, que tiveram origem em áreas remotas dos Estados Unidos. O movimento teve início no condado de Logan, no Kentucky, e o primeiro acampamento realizado no país começou espontaneamente entre presbiterianos e metodistas, no ambiente rural da Igreja Presbiteriana de Cane Ridge. O que começou como um culto de comunhão irrompeu no que alguns denominavam "festejo da fé". A maior parte das 25 mil pessoas que acorriam ao local chegava de trem, a pé ou a cavalo para presenciar e experimentar os "exercícios", como eram chamados. Milhares se convertiam e eram muitas vezes envolvidos em manifestações como "cair no poder", "tremores", "riso santo" e "dança do Espírito".

Após os extraordinários acontecimentos em Cane Ridge, centenas de acampamentos foram organizados em todo o território norte-americano. Embora em Cane Ridge se reunissem presbiterianos, metodistas e batistas, a maior parte dos novos acampamentos era iniciativa dos metodistas. O "cavaleiro de circuito"[26] e o acampamento foram as técnicas responsáveis por tornar a Igreja Metodista a maior organização protestante dos Estados Unidos na virada do século XIX.

Depois da Guerra de Secessão, muitos acampamentos foram fechados, enquanto outros entraram em declínio. Entretanto, o movimento renasceu em 1867 com a organização da Associação Nacional dos Acampamentos para a Promoção da Santidade, em Vineland, Nova Jersey. Liderados por um pastor metodista de Nova York, John Inskip, os acampamentos *holiness* espalharam-se por todo o país. Na década de 1870, a frequência média aos encontros era de 20 mil pessoas. Embora os acampamentos fossem administrados pelos metodistas, milhares de crentes de

---

[26] "Cavaleiro de circuito" era um pregador metodista ordenado, que atendia a uma grande área nas fronteiras esparsamente povoadas dos Estados Unidos, percorrendo um "circuito" que poderia abranger dezenas de locais regulares de pregação. Fonte: Site oficial da Igreja Metodista no Brasil (http://www.metodista.org.br/index.jsp?conteudo=5885). [N. do R.]

todas as denominações ajoelhavam-se no "banco dos aflitos" em busca da desejada experiência de santificação.

> ## GRITOS LANCINANTES E SORRISOS CELESTIAIS
> ### UMA TESTEMUNHA OCULAR RELATA OS SINAIS E MARAVILHAS OCORRIDOS NOS PRIMEIROS ACAMPAMENTOS
>
> Durante toda a sua vida, Barton Stone testemunhou os vários "exercícios" corporais daqueles remotos avivamentos. Em sua autobiografia, de 1847, ele descreve as formas de êxtase religiosos que presenciou. Eis um excerto resumido:
>
> **Queda** O exercício da queda era comum a todas as classes: de santos a pecadores de todas as idades e de toda estirpe, de filósofos a palhaços. Esse exercício geralmente consistia em um grito lancinante seguido de uma queda, como de uma árvore, ao assoalho, à terra ou no meio da lama, e a pessoa ficava como morta.
>
> Num desses encontros, duas alegres jovens irmãs, de repente emitiram um som agudo de lamento e ficaram caídas, inertes, por mais de uma hora. Finalmente, deram sinal de vida, clamando aflitas por misericórdia, e então retornaram ao estado de inércia. O aspecto do semblante delas era horrível. Depois de certo tempo, a deformação foi desaparecendo até ser substituída por um sorriso celestial, e elas gritavam: "Precioso Jesus!". Então, elas se levantaram e começaram a dar testemunho do amor de Deus.
>
> **Os tremores** Às vezes, os tremores afetavam apenas alguns membros do corpo, mas também podiam atingir todo o organismo. Quando apenas a cabeça era afetada, ela sacudia para a frente e para trás, ou de um lado para o outro, tão rápido que os contornos do rosto da pessoa não podiam ser distinguidos. Quando os tremores acometiam o corpo todo, eu via a pessoa balançar o corpo para a frente e para trás, sem sair do lugar, em movimentos rápidos, a cabeça quase tocando o chão à frente e atrás do corpo.
>
> **Latido** O latido (como os opositores assim chamavam) eram apenas tremores. As pessoas afetadas pelos tremores muitas vezes emitiam grunhidos — latiam, se você preferir — por causa da subtaneidade do tremor.
>
> **Dança** Este exercício em geral começava com os tremores, que cessavam quando a dança começava. Um sorriso celestial brilhava no rosto da pessoa, e ela ficava com aparência de anjo. Os movimentos podiam ser rápidos ou lentos. Durante a dança, a pessoa andava para trás e para diante, repetindo o trajeto até a exaustão, e então caía prostrada no assoalho ou sobre a terra.

> **Risada** Era uma risada alta e sincera, que não provocava risos em mais ninguém. A pessoa mostrava-se arrebatadamente solene, e sua risada despertava também um sentimento de solenidade em santos e pecadores. Verdadeiramente indescritível.
>
> **Corrida** O exercício de correr consistia no simples fato de que algumas pessoas, experimentando certa inquietação no corpo, sentiam medo e tentavam fugir. No entanto, era normal que corressem para não muito longe, caíssem ou ficassem perturbadas a ponto de não conseguirem ir muito longe.
>
> **Cântico** O exercício do cântico é o mais inexplicável que já presenciei. A pessoa, em seu estado de espírito mais feliz, cantava melodiosamente, não com a boca nem pelo nariz: o som se formava no peito. A música aquietava o ambiente e atraía a atenção de todos. Era quase celestial. Ninguém se cansava de ouvir.
>
> BARTON W. STONE
> CHRISTIAN HISTORY [HISTÓRIA CRISTÃ]

Na década de 1880, o movimento começou a dividir os metodistas em questões relacionadas ao legalismo, à independência e à ideia de uma experiência de santificação subsequente. Em 1894, os metodistas do Sul haviam não apenas rejeitado o movimento da "segunda bênção", mas também adotado medidas para controlar evangelistas e pastores que promoviam o movimento. Em consequência, mais de 20 denominações *holiness* foram fundadas por metodistas dissidentes que, na década de 1890, implantaram igrejas como a Igreja Pentecostal do Nazareno e a Igreja Holiness Batizada com Fogo. Em 1901, o movimento pentecostal foi alcançado por membros de igrejas *holiness* organizadas por influência dos acampamentos metodistas.

Todas essas igrejas ensinavam a experiência wesleyana de santificação da "segunda bênção", também chamada "batismo do Espírito Santo". As duas características da experiência eram a purificação (santificação) e o poder (batismo no Espírito Santo), vistos como os dois lados da mesma moeda formando a experiência singular da "segunda bênção".

O "batismo de fogo"

O primeiro avivalista a mudar sua fórmula foi Benjamin Hardin Irwin, fundador da Igreja Holiness Batizada com Fogo. Irwin era advogado em

Tecumseh, Nebraska. Em 1879, teve a experiência da conversão numa igreja batista local, da qual logo se tornou pregador e, mais tarde, pastor. Em 1891, teve contato com a doutrina *holiness*, por meio da Associação Holiness de Iowa.

Transferindo sua lealdade dos batistas para os metodistas wesleyanos, Irwin tornou-se pregador *holiness* itinerante. Em 1895, ele recebeu o que denominou "batismo de fogo". Depois dessa nova experiência, o foco de seu ministério mudou, e ele começou a ensinar a teologia da "terceira bênção", que era como se referia ao batismo no Espírito Santo. Ele afirmava que o batismo no Espírito Santo era uma experiência distinta da salvação e da santificação, a qual ele considerava a "segunda bênção". Muitos dos que pertenciam ao movimento de santidade condenaram a nova doutrina, considerando-a herética. Os que abraçavam o novo ensino eram banidos da igreja, por aqueles que um dia haviam sido expulsos anteriormente pelos metodistas.

Irwin não perdeu tempo e logo saiu a percorrer o continente, pregando em tendas de avivamento e estabelecendo associações *holiness* "batizadas com fogo" onde quer que chegasse. Começando pelo Estado de Iowa e percorrendo todo o Sul, Irwin em pouco tempo construiu uma organização que não só abrangia o território norte-americano, como também avançava pelo Canadá. A nova associação logo se firmou como uma denominação que ensinava, além da "terceira bênção", todos os princípios da tradição *holiness*, com o acréscimo das leis alimentares do Antigo Testamento. Irwin começou a ensinar que, além do "batismo com fogo", havia outros batismos espirituais. A natureza explosivamente emocional desses batismos era referida com nomes específicos, como "dinamite que arrebenta" e "fogo que queima".[27]

O movimento dos "batizados com fogo" caracterizava-se por manifestações físicas extremas, que acompanhavam os vários batismos. Correu a notícia de que algumas pessoas falaram em línguas num avivamento dos "batizados com fogo" realizado no prédio da escola de Schearer, na Carolina

---

[27] Cf. Vinson SYNAN, *The Holiness-Pentecostal Tradition: Charismatic Movements in the Twentieth Century*, p. 44-67.

do Norte, em 1896. Outros sinais e manifestações estavam em evidência, e o novo movimento cresceu tão rápido e chegou tão longe que a certa altura pareceu que atrairia para si a maioria dos acampamentos *holiness*. Foi então que, em 1900, seu dinâmico líder confessou um grave pecado, e foi afastado do ministério. Esse golpe abalou a recém-nascida denominação e interrompeu seu fenomenal crescimento.[28]

O movimento dos "batizados com fogo" de Irwin constituiu uma importante ponte para o pentecostalismo, no que diz respeito à afirmação de um ato único de revestimento por parte do Espírito Santo, separado das obras de purificação e santificação, operadas pelo mesmo Espírito. Perto do final do século, a devoção ao Espírito Santo era tão intensa entre os evangelicais que C. I. Scofield, editor da famosa Bíblia de estudo que leva seu nome, declarou terem sido escritos mais livros sobre o Espírito Santo na década de 1890 que em toda a história anterior do cristianismo.

Os católicos romanos e o Espírito Santo

Uma tendência paralela de nova ênfase sobre o Espírito Santo foi percebida também entre os católicos romanos do final do século XIX.[29] A semente dessa vocação fora plantada no início do século, graças às obras de dois teólogos alemães, Johann Adam Moehler e Matthias Scheeben. O trabalho mais importante de Moehler foi um livro lançado em 1825, *Unity in the Church* [Unidade na igreja], o qual apresenta a igreja como um corpo carismático constituído e animado pelo Espírito Santo. A obra de Scheeben, lançada posteriormente (durante as décadas de 1870 e 1880), punha em destaque a ação singular do Espírito Santo na formação da vida cristã. O efeito das obras de Moehler e Scheeben foi pôr em foco uma "teologia dos

---

[28] Robert R. OWENS, *Speak to the Rock: The Azusa Street Revival, Its Roots and Message* (Lanham: Univ. Press of America, 1998), p. 40-1; Stanley M. BURGESS, Patrick ALEXANDER & Gary McGEE (Org.), *Dictionary of Pentecostal and Charismatic Movements* (Grand Rapids: Zondervan, 1988), p. 471-2.

[29] Edward O'CONNER, Hidden Roots of the Charismatic Renewal in the Catholic Church, in: Vinson SYNAN, *Aspects of Pentecostal-Charismatic Origins*, p. 169-92.

charismata", resultando numa "revalorização" dos dons do Espírito, esquecidos por católicos e protestantes nos calorosos debates da Reforma.

Ainda mais contundente foi a história de Elena Guerra. Líder de um grupo de freiras dedicadas a educar meninas segundo os princípios cristãos, ela sofria ao perceber a falta de interesse e de devoção dos católicos romanos ao Espírito Santo. Quando criança, Elena ficara comovida ao rezar uma novena (ciclo de nove dias de oração especial) ao Espírito Santo entre as festas da Ascensão e de Pentecoste, que relembrava os dias em que os apóstolos permaneceram no cenáculo, à espera do derramamento do Espírito Santo. Contrariando o conselho de amigos, ela escreveu ao papa Leão XIII, sugerindo a implantação de uma novena especial pela descida do Espírito Santo como observância universal da Igreja Católica Romana.

Para espanto dos amigos, o papa não somente leu sua carta, como também escreveu, em 1897, uma encíclica inteiramente dedicada ao Espírito Santo. Nesse documento, o papa institui a solicitada novena e também orienta a igreja a uma nova apreciação do Espírito Santo e dos dons espirituais. Milhões de católicos, de teólogos aos mais humildes fiéis, voltaram sua atenção para o Espírito Santo com uma dedicação que não era vista na igreja havia muitos séculos.

Assim, quando o século XIX chegou ao fim, líderes católicos romanos e protestantes clamavam por um novo Pentecoste e pela restauração dos sinais e maravilhas que caracterizaram a igreja primitiva. Em certo sentido, o século inteiro foi como uma novena de Pentecoste — a Igreja esperando no cenáculo, aguardando o poder e orando, na expectativa de um derramamento do Espírito Santo e da renovação dos dons espirituais às vésperas de um novo século.

Leituras recomendadas

O melhor ponto de partida para o estudo das raízes pentecostais é a obra de Vinson Synan, *The Holiness-Pentecostal Tradition: Charismatic Movements in the Twentieth Century* [A tradição pentecostal *holiness*: movimentos carismáticos no século XX] (Grand Rapids: Eerdmans, 1997). Dois excelentes tratados sobre o itinerário teológico que culminou no pentecostalismo são *The*

Theological Roots of Pentecostalism [As raízes teológicas do pentecostalismo] (Grand Rapids: Francis Asbury Press, 1987), de Donald Dayton, e *Roots of Fundamentalism: British and American Millenarianism 1800-1930* [Raízes do fundamentalismo: milenarismo britânico e norte-americano de 1800 a 1930] (Chicago: University of Chicago Press, 1970), de Ernest R. Sandeen. Para conhecer as origens e o desenvolvimento da teoria da cessação dos *charismata*, vale a pena consultar o excelente livro de Jon Ruthven, *On Cessation of the Charismata: The Protestant Polemic on Post-Biblical Miracles* [Da cessação dos *charismata*: a polêmica protestante acerca dos milagres pós-bíblicos] (Sheffield: Sheffield University Academic Press, 1993).

Entre os melhores livros que traçam o curso do movimento de santidade nos Estados Unidos, podemos citar *Revivalism and Social Reform in Mid-Nineteenth-Century America* [Reavivalismo e reforma social nos meados do século XIX na América] (New York: Abingdon, 1957), de Timothy Smith, e *The Holiness Revival of the Nineteenth Century* [O avivamento *holiness* do século XIX] (Metuchen: Scarecrow Press, 1980), de Melvin Dieter.

Outras boas fontes de pesquisa são *The Pentecostal Theology of Edward Irving* [A teologia pentecostal de Edward Irving] (London: Dartan, Longman & Todd, 1973), de Gordon Strachan, e *Edward Irving: the Forgotten Giant* [Edward Irving, o gigante esquecido] (East Peoria: Scribe's Chamber Publications, 1983), de William S. Merricks. Uma obra recente de David Dorries, *Initial Evidence: Historical and Biblical Perspective on the Pentecostal Doctrine of Spirit Baptism* [Evidência inicial: perspectiva bíblica e histórica da doutrina pentecostal do batismo no Espírito Santo] (Peabody: Hendrickson Publishers, 1991), contém um capítulo sobre Irving: "Edward Irving and the Standing Sign" [Edward Irving e o "sinal estável"].

Mais informações sobre este e os demais capítulos que se seguem podem ser encontradas no excelente *Dictionary of Pentecostal and Charismatic Movements* [Dicionário dos movimentos pentecostal e carismático] (Grand Rapids: Zondervan, 1988), organizado por Stanley M. Burgess e Gary McGee. A Zondervan publicou uma edição revisada dessa obra, intitulada *New International Dictionary of Pentecostal and Charismatic Movements* [Novo dicionário internacional dos movimentos pentecostal e carismático], organizada por Stanley Burgess e Eduard M. van der Maas.

* 3 *

O AVIVAMENTO DA RUA AZUSA: O MOVIMENTO PENTECOSTAL COMEÇA NOS ESTADOS UNIDOS

Robert Owens

Na manhã do dia 19 de abril de 1906, os leitores do *Los Angeles Times* sentiram um choque ao ler a manchete sobre o terremoto de San Francisco. Às 5h18 da manhã do dia anterior, o mais violento terremoto da história dos Estados Unidos (8,3 graus na escala Richter) havia destruído 514 casas no coração da cidade. Mais de 700 pessoas morreram em consequência do tremor e dos incêndios que se seguiram. No dia anterior, 18 de abril, leitores do mesmo jornal haviam deparado com uma curiosa notícia de primeira página sobre um terremoto espiritual que atingira a pequena missão religiosa da Rua Azusa uma noite antes. As manchetes diziam:

> Esquisita babel de línguas
> Nova seita de fanáticos à solta
> Cena grotesca ontem à noite na Rua Azusa
> Gorgolejos ininteligíveis falados por uma irmã.[1]

---

[1] Vinson SYNAN, *The Holiness-Pentecostal Movement in the United States* (Grand Rapids: Eerdmans, 1971), p. 84.

Foi assim que o mundo ouviu falar pela primeira vez do avivamento da Rua Azusa, que sacudiu o mundo espiritual muito mais que o terremoto no norte da Califórnia abalou San Francisco. Poucos leitores sabiam que os tremores subsequentes do fenômeno ocorrido na pequena igreja negra *holiness* da Rua Azusa continuaria a sacudir o mundo com ainda mais intensidade no decorrer do século. Poucos dias antes, um pequeno grupo de lavadeiras e serviçais domésticos havia acompanhado William J. Seymour até um antigo prédio da Igreja Episcopal Metodista Africana, na Rua Azusa, para dar início aos cultos. Seymour havia chegado à cidade poucas semanas antes com uma desconcertante mensagem, relativa ao "batismo no Espírito Santo" com a "evidência bíblica" do falar em línguas conforme o Espírito se manifestasse. O que aconteceu na Rua Azusa mudou o curso da história da Igreja para sempre.

Joseph Smale

Em todo grande avivamento religioso, o que parece ser novo e espontâneo é na verdade o resultado de muita oração e preparação. Os crentes do movimento de santidade estavam olhando em muitas direções, a fim de ver qual seria o movimento seguinte de Deus. Uma das personagens que representaram essa busca contínua de um caminho mais íntimo com Deus foi Joseph Smale, pastor da Primeira Igreja Batista de Los Angeles. Smale nasceu na Inglaterra e estudou na escola de pregadores de Spurgeon, em Londres, para ser ministro.

Quando a notícia de um grande derramamento do Espírito no País de Gales chegou a Los Angeles, em 1904, Smale ausentou-se de seu púlpito e viajou para aquele país a fim de observar o fenômeno e obter informações de primeira mão. Enquanto permaneceu no País de Gales, Smale ajudou Evan Roberts a dirigir as reuniões.

Ao retornar a Los Angeles, Smale era um homem mudado. Disposto a buscar um avivamento semelhante ao que presenciara no País de Gales, ele empreendeu uma intensa jornada de oração. Dando prosseguimento a esse tempo de preparação, o entusiasmado pregador batista instituiu reuniões de oração nas casas, convocando para isso os membros mais dedicados de seu rebanho. As reuniões de oração nos lares logo motivaram o pastor a promover reuniões de avivamento em sua igreja.

Foram dezesseis semanas de contínua intercessão por um avivamento. As reuniões eram marcadas pela espontaneidade e liberdade na adoração. O pastor dava também total liberdade ao Espírito Santo para agir nas reuniões. Era comum os crentes tomarem a iniciativa de começar e dirigir os cultos quando Smale demorava a chegar. Membros das mais diversas denominações tinham permissão para pregar e dar testemunhos.

Depois de quatro semanas de poderoso avivamento, os membros mais antigos da Primeira Igreja Batista resolveram chamar o pastor à responsabilidade. Eles estavam incomodados com o rumo que as reuniões estavam tomando, justamente pelo fato de alguns não batistas terem permissão não apenas para pregar, mas também, em algumas ocasiões, iniciar e dirigir os cultos. Eles estavam cansados daquelas inovações e desejavam retornar à forma antiga. O pastor Smale optou pela renúncia. Ele e alguns membros leais naquela busca mais intensa por um avivamento deixaram a igreja batista e implantaram a Primeira Igreja Batista do Novo Testamento, e as reuniões noturnas continuaram. A opinião dos crentes *holiness* a respeito dessa divisão pode ser resumida nas palavras de Frank Bartleman: "Mas que posição horrível para uma igreja assumir: colocar Deus para fora!".[2]

Essa era a situação do movimento de santidade na Los Angeles de 1905. Era um cenário de fermentação e turbulência, bênção e dedicação, em que o povo manifestava o desejo de se desvencilhar de velhos laços de compromisso e sair em busca de um novo derramamento do Espírito de Deus, um segundo Pentecoste. Os antigos regimes eram severos, e aqueles que agora constituíam o povo de Deus buscavam uma nova unção. Como sempre acontece, o movimento era mais pronunciado entre os pobres e oprimidos. As classes inferiores e seus líderes pareciam mais dispostos a sacrificar seu

---

[2] *Azusa Street* (Plainfield, Logos International, 1980, p. 26). [*A história do avivamento Azusa*. São Paulo: D'Sena/Worship, s.d.]

tempo, suas convicções e sua reputação em sua ardente busca pelo poder de Deus.[3]

O avivamento do País de Gales

Na época em que o movimento de santidade preparava o palco para o advento do pentecostalismo moderno, o avivamento do País de Gales, em 1904, veio demonstrar, sem sombra de dúvida, que o anseio por tal renovação era universal. Aquele avivamento incendiou todo o País de Gales, depois Londres e por fim a Inglaterra inteira, atraindo gente de todo o mundo para observar de perto se aquele fenômeno era o novo Pentecoste.

Diferentemente da maioria dos avivamentos norte-americanos, os quais eram independentes, o avivamento de 1904 no País de Gales aconteceu dentro da igreja. Foi também um avivamento de leigos, que contemplou os pobres e excluídos. O líder do avivamento era um ex-mineiro de 26 anos de idade e calouro de teologia chamado Evan Roberts (1878-1951). Aquela tremenda manifestação do poder de Deus caracterizava-se pela completa liberdade no Espírito. As reações entre os observadores que vinham de longe eram as mais diversas. Alguns se convenceram de que Deus estava de fato agindo no meio de seu povo, enquanto outros não viam nada além de histeria e confusão.

O que alguns classificavam com o termo galês *hywl*,[4] outros consideravam como o falar em línguas. Diversas outras manifestações de energia extática faziam parte daquele derramamento, entre elas períodos de cântico prolongados, pregação por leigos, testemunhos, oração conjunta, interrupções frequentes do culto por adoradores, e confiança inabalável na orientação do Espírito Santo, que era o centro das atenções. O próprio

---

[3] Vinson SYNAN, *The Holiness-Pentecostal Movement in the United States*, p. 97, 99; Stanley M. BURGESS, Patrick ALEXANDER & Gary McGEE (Orgs.), *Dictionary of Pentecostal and Charismatic Movements*, p. 791; John NICHOLS, *Pentecostalism* (New York: Harper & Row, 1966), p. 34, 70; Robert Mapes ANDERSON, *Vision of the Disinherited: The Making of American Pentecostalism* (New York: Oxford University Press, 1979), p. 70-1, 143.

[4] Termo usado para descrever o tom de voz e a inflexão dos pregadores avivalistas que tinham como propósito estimular a emoção do povo. [N. do T.]

Evan Roberts afirmou ter recebido muitas visões sobrenaturais que julgava autênticas e baseadas em profecias bíblicas. Ele atribui boa parte de sua inspiração e motivação a essas visões.

Nas primeiras semanas do avivamento, muitos testemunhavam ter sido batizados no Espírito Santo. A experiência era acompanhada de gritos, risos e danças, gente caindo ao chão por não resistir ao poder, lágrimas copiosas e elocução em línguas desconhecidas. Houve também um intrigante ressuscitamento do galês arcaico. Muitos jovens, que não tinham nenhum conhecimento dessa língua, naquelas semanas de êxtase espiritual falavam fluentemente o antigo idioma.[5] O avivamento logo extrapolou o ambiente das reuniões dirigidas por Roberts, embora ele tenha sido universalmente proclamado líder do movimento, do início ao fim.

Os jornais noticiavam novos focos de avivamento em lugares cada vez mais distantes, enquanto pessoas de outras partes da Grã-Bretanha e até mesmo do mundo vinham conhecer Roberts e assistir às suas reuniões.[6] Os cultos de avivamento começaram a assumir uma compleição cosmopolita depois que cidadãos de vários países começaram a buscar o poder de Deus. Nas reuniões de Roberts, era comum as pessoas "caírem no poder" do Espírito Santo, ficando prostradas no chão durante horas.

Os efeitos do extraordinário avivamento do País de Gales eram tangíveis e duradouros. O poder do Espírito Santo, manifestado em diversos sinais, especialmente nas conversões e no crescimento da igreja, combinado com a presença de muitos que mais tarde desempenharam importantes papéis no novo Pentecoste, fez do avivamento do País de Gales, de 1904, um precursor do movimento pentecostal.

Charles Fox Parham

O homem reconhecido pela maioria como o formulador da doutrina pentecostal e fundador teológico do movimento foi Charles Fox Parham

---

[5] Apud Vinson SYNAN, *The Holiness-Pentecostal Movement in the United States*, p. 99.
[6] Eifion EVANS, *The Welsh Revival of 1904* (Bridgend: Evangelical Press of Wales, 1969), p. 63-119.

(1873-1929).[7] Sua doutrina das línguas como "evidência bíblica" do batismo no Espírito Santo influenciou de forma direta o avivamento da Rua Azusa, de 1906, e a criação do movimento pentecostal em todo o mundo.

Parham nasceu em Muscatine, no Iowa, em 4 de junho de 1873. Durante a juventude, sofria com a saúde debilitada, chegando a ficar confinado ao leito meses a fio. Ainda em tenra idade, enquanto amargava suas enfermidades, ele se convenceu de que havia recebido um chamado para o ministério e começou a ler e estudar a Bíblia com muita dedicação. Quando tinha 13 anos de idade, sua mãe morreu, lançando-o a mais um período de sofrimento. Durante essa crise, ele "nasceu de novo", por influência do ministério do Irmão Lippard, da Igreja Casa Congregacional.

Convicto de seu "chamado", Parham ingressou numa escola identificada com o metodismo, a Faculdade Sudoeste, em Winfield, no Kansas, em 1889. Ele já havia decidido servir a Deus não apenas como ministro do evangelho, mas também como médico. Logo que começou a estudar medicina, foi acometido pela enfermidade, dando início a uma angustiante batalha contra a febre reumática. Enquanto estava acamado, começou a estudar as passagens bíblicas que relatavam as curas realizadas por Jesus. O estudo dessas passagens levou Parham à crença de que Jesus também poderia curá-lo. Ele estava convencido de que o Diabo, tentando impedi-lo de ingressar no ministério, o induzira a fazer medicina, e por causa desse desvio Deus o estava castigando com aquela doença.

Depois de renunciar à carreira na medicina e retomar o plano original de ingressar no ministério, o jovem pregador recuperou-se da doença, mas não completamente. Ele ficou com sequelas nos artelhos e mal podia andar, tendo de usar muletas ao retornar à escola. Pouco tempo depois, Parham recebeu uma revelação segundo a qual o ensino institucional seria um empecilho ao seu ministério. Imediatamente, ele abandonou a escola. Foi exatamente nessa época, contou ele mais tarde, que Deus o curou completamente das sequelas causadas pela febre.[8]

---

[7] Para uma biografia de Charles Fox Parham, v. James R. GOFF JR., *Fields White Unto Harvest* (Fayetteville: University of Arkansas Press, 1988).

[8] Robert Mapes ANDERSON, *Vision of the Disinherited: The Making of American Pentecostalism*, p. 48; James R. GOFF JR., *Fields White Unto Harvest*, p. 29.

Parham é considerado o primeiro a desenvolver o argumento teológico de que as línguas são sempre a evidência inicial de que uma pessoa recebeu o batismo com o Espírito Santo. Ele também foi o primeiro a ensinar que esse batismo e até mesmo as línguas que o evidenciam podem ser considerados parte da experiência de todo cristão, algo presente na vida normal e na adoração, não se manifestando, portanto, apenas em períodos de grande fervor religioso. Parham ensinava ainda que o batismo no Espírito Santo era o único meio de escapar à grande tribulação[9] do final dos tempos e que o falar em línguas era a única garantia desse livramento. Os ensinos de Parham lançaram os fundamentos teológicos e experienciais do avivamento da Rua Azusa e da moderna prática pentecostal.

Depois de deixar a Igreja Metodista de Linwood para se tornar pregador independente do movimento de santidade, Parham iniciou sua carreira de professor itinerante e evangelista. Nessa época, implantou várias missões de ensino e cura, todas operando com base na fé, porém nenhuma delas bem-sucedida.[10] Por volta de 1898, ele se estabeleceu em Topeka, no Kansas, onde implantou a Escola Bíblica Betel e a Casa da Cura. Em dezembro de 1900, Parham incumbiu seus alunos de pesquisar nas Escrituras algum sinal especial do batismo com o Espírito Santo. Ele se ausentou por três dias para pregar em Kansas City, e durante esse período seus alunos, por meio de jejum, oração e estudo das Escrituras, chegaram à conclusão unânime de que o falar em outras línguas constituía a única prova bíblica do batismo com o Espírito Santo.

Depois que ouviu a resposta dos alunos, obtida com base naquela pesquisa, Parham foi convidado a participar do culto de passagem do ano, realizado em 31 de dezembro de 1900. Naquele culto, uma de suas alunas, Agnes N. Ozman, pediu a Parham que lhe impusesse as mãos e orasse para que ela recebesse o batismo com o Espírito Santo, acompanhado com a evidência inicial do falar em línguas. Mais tarde, ao relembrar esse fato, Parham escreveu:

---

[9] Edith L. BLUMHOFER, *Restoring the Faith: The Assemblies of God, Pentecostalism, and American Culture* (Urbana: University of Illinois Press, 1993), p. 50.
[10] James R. GOFF JR., *Fields White Unto Harvest*, p. 37, 40, 45-6.

> Impus as mãos sobre ela e orei. Eu mal havia completado três frases, quando a glória desceu sobre ela. Uma auréola luminosa parecia envolver sua cabeça e seu rosto, e ela começou a falar em chinês. Durante três dias, não conseguiu falar uma palavra em inglês. Ela tentou escrever em inglês, para assim nos contar a experiência, mas só escrevia em chinês. Cópias do que ela escreveu foram publicadas em jornais da época.[11]

Naquelas reuniões, afirmou-se mais tarde, os alunos falaram 21 idiomas conhecidos (por exemplo, sueco, russo, búlgaro, japonês, norueguês, francês, húngaro, italiano e espanhol). De acordo com Parham, nenhum dos alunos havia estudado os idiomas falados, e todos os casos foram confirmados como autênticos por nativos daquelas línguas.[12] Parham imediatamente começou a ensinar que nenhum missionário cristão tinha necessidade de aprender outra língua. Precisava apenas receber o batismo com o Espírito Santo e assim seria miraculosamente capacitado a falar qualquer idioma que se fizesse necessário. Parham sustentou essa convicção até o fim da vida, a despeito das muitas evidências de que isso nunca se tenha concretizado.

Munido de uma doutrina e de uma experiência, Parham encerrou sua "obra de fé" em Topeka e iniciou um circuito de avivamentos que se estendeu por mais de quatro anos. A princípio, ele não foi muito bem-sucedido, mas continuou a trabalhar, mesmo depois que a maioria de seus seguidores o abandonou. O fogo que ele vinha tentando acender finalmente pegou, em Galena, no Kansas. No embalo das notícias de curas divinas e outros milagres, o avivamento lhe trouxe novos seguidores e atraiu multidões. Em 1905, Parham estabeleceu outra escola bíblica do tipo "obra de fé", dessa vez em Houston, no Texas. Embora na época a escola tivesse pouco mais

---

[11] James R. GOFF JR., *Fields White Unto Harvest*, p. 67; Vinson SYNAN, *The Holiness-Pentecostal Movement in the United States*, p. 101; Edith L. BLUMHOFER, *Restoring the Faith: The Assemblies of God, Pentecostalism, and American Culture*, p. 51; Eric W. GRITSCH, *Born Againinism* (Philadelphia: Fortress Press, 1982), p. 71.

[12] Apud Vinson SYNAN, *The Holiness-Pentecostal Movement in the United States*, p. 102.

de 20 alunos; um deles, William J. Seymour, estava destinado a ser usado na condução do avivamento da Rua Azusa.[13]

Charles Fox Parham foi, sem dúvida, um pioneiro de diversas maneiras. Foi ele quem cunhou os nomes mais tradicionais aplicados ao moderno pentecostalismo, entre eles "movimento pentecostal", "movimento da chuva serôdia" e o "movimento da fé apostólica". Esses três nomes constam do título de seu primeiro relato publicado acerca dos fatos ocorridos em Topeka naquele culto de ano-novo: "The Latter Rain: The Story of the Origin of the Original Apostolic Faith or Pentecostal Movements" [Chuva serôdia: a história da origem dos movimentos originais da fé apostólica e pentecostal].[14] Em 1899, ele fundou o periódico *Apostolic Faith*, que logo se tornou modelo para todos os jornais de linha pentecostal. Parham também emitiu credenciais de ministro para William J. Seymour e muitos outros que mais tarde se tornaram figuras proeminentes do avivamento mundial.

Los Angeles em 1906

Por volta de 1905, as ondas de choque espiritual que sacudiram Topeka e Houston começaram a ser sentidas em Los Angeles. Essas ondas repercutiam a efervescência das comunidades *holiness*, as progressivas revelações do movimento da fé apostólica, de Charles Parham, e as frequentes notícias do grande avivamento do País de Gales dadas por Frank Bartleman e Joseph Smale. Em várias missões *holiness* da Califórnia, os crentes começaram a orar com determinação, pedindo um derramamento do poder de Deus. Em 16 de novembro de 1905, as palavras do pregador e profeta *holiness* Frank Bartleman foram publicadas no *Way of Faith* [Caminho da fé], um pequeno jornal *holiness*: "Los Angeles parece ser o lugar e o tempo, na mente de Deus, para a restauração da Igreja". Mal sabia Bartleman que

---

[13] James R. GOFF JR., *Fields White Unto Harvest*, p. 89-90; Edith L. BLUMHOFER, *Restoring the Faith: The Assemblies of God, Pentecostalism, and American Culture*, p. 53.

[14] Donald DAYTON, *The Theological Roots of Pentecostalism* (Grand Rapids: Francis Asbury Press, 1987), p. 22-3.

esse anseio pelo avivamento não teria origem em nenhuma grande igreja branca, e sim numa comunidade negra de Los Angeles.[15]

A população negra de Los Angeles tem uma história que antecede a conquista americana de 1848. Quando os Estados Unidos assumiram o controle da cidade, existia ali uma área conhecida como Calle de los Negros [Rua dos Negros], uma via comprida e estreita que ligava a Rua Los Angeles à praça principal.[16] Essa área era habitada por uma população de mexicanos negros livres, os quais eram bem representados no comércio e na vida social da cidade. Com a chegada dos americanos e seus preconceitos, a tranquila área residencial foi aos poucos tomada por *saloons*, prostíbulos e antros de jogatina.

Em 1885, os membros negros da Igreja Metodista de Fort Street (Convenção do Norte) se separaram e implantaram a Segunda Igreja Batista. Era uma igreja que, por volta de 1900, estava unida teologicamente ao movimento fundamentalista.[17] Na primavera de 1906, Julia Hutchins, da Segunda Igreja Batista, após vivenciar uma dramática experiência de "segunda bênção", começou a ensinar a doutrina *holiness* da santificação como obra separada da graça e subsequente à salvação. Seus ensinos foram avidamente recebidos por todos os que naquela igreja buscavam o toque de Deus. Como o grupo de crentes *holiness* da congregação aumentava mais e mais, o pastor exigiu que Irmã Hutchins e seus seguidores deixassem a igreja.

O pequeno grupo de nove famílias a princípio uniu-se às reuniões em tendas na Casa de Deus, de W. F. Manley. No entanto, continuava insatisfeito, pois queria espaço para ensinar a doutrina *holiness* com maior liberdade. Na tentativa de proclamar sua independência religiosa,

---

[15] Wayne E. WARNER, The Miracle of Azusa, *Pentecostal Evangel*, v. 22, set. 1996, p. 11.
[16] W. W. ROBINSON, *Los Angeles: From the Days of the Pueblo* (Los Angeles: California Historical Society, 1981), p. 61, 64-6.
[17] Michael ENGH, *Frontier Faiths: Church, Temple, and Synagogue in Los Angeles, 1846-1888* (Albuquerque: University of New Mexico Press, 1992), p. 60, 190-2; Gregory H. SINGLETON, *Religion in the City of Los Angeles: American Protestant Culture and Urbanization, Los Angeles, 1850-1930* (Los Angeles: UMI Research Press, 1979), p. 54-6.

estabeleceu uma missão *holiness* na Rua Santa Fé; mas, como independência, evidentemente, não era o que estava procurando, dois meses depois se filiou à Associação Holiness do Sul da Califórnia. Seguindo a predisposição da época, esse grupo acreditava que um homem devia ser escolhido como pastor permanente. Por sugestão de Neely Terry, um convite foi feito ao presbítero William J. Seymour, que ela havia conhecido durante uma visita a Houston.

William Joseph Seymour

Nascido na Louisiana, filho de escravos libertos, Seymour era um negro baixinho e robusto, cego de um olho e agraciado com um espírito manso e humilde. Ele começou sua odisseia espiritual ainda na infância, quando fez profissão de fé num culto metodista. No início de sua fase adulta, mudou-se para Indianápolis, onde se filiou a uma igreja metodista. Mais tarde, estabeleceu relações com a Igreja de Deus (Anderson, Indiana), pela qual recebeu a ordenação ministerial. Seymour passou alguns anos pregando em várias igrejas dessa denominação. Chamados Santos da Luz do Alvorecer, os defensores da doutrina *holiness* submeteram Seymour aos seus ensinos mais radicais. Em 1905, depois de se mudar para Houston em busca de parentes perdidos, Seymour foi convidado por Lucy Farrow para assumir o pastorado de uma missão *holiness* independente, a qual ficava perto da cidade. Seymour conquistou uma boa reputação entre os cristãos daquela área. Arthur Osterberg, que posteriormente se tornou líder da Missão da Rua Azusa, descreveu-o como alguém "de fala suave e simples, mas não um orador. Ele falava a linguagem comum de gente sem instrução. Podia pregar durante quarenta e cinco minutos sem demonstrar mais emoção que aquele poste. Não era do tipo que levantava os braços como para lançar raios e trovejar, nem era possível imaginá-lo fazendo isso".[18]

Seymour aceitou o convite da pastora Hutchins como um "chamado divino" para ir a Los Angeles. Havia pouco tempo, ele fora inflamado pelo ensino de Parham sobre a evidência inicial das línguas, que havia absorvido

---

[18] John NICHOLS, *Pentecostalism*, p. 33.

durante sua curta experiência educacional na escola bíblica de Parham, em Houston. Presumindo, a partir de seu ligeiro contato com a srta. Terry, que o povo de Los Angeles estava ansioso para ouvir sua mensagem, Seymour partiu, com a bênção e o apoio financeiro de Parham, disposto a espalhar a doutrina pentecostal, embora ele mesmo ainda não fosse batizado com o Espírito Santo.

Em seu primeiro sermão, num domingo de manhã, Seymour escolheu o texto de Atos 2.4 e deixou muito claro em sua pregação que o crente que não falava em línguas não havia ainda experimentado o verdadeiro batismo com o Espírito Santo. De acordo com o ensino aceito e defendido pelo movimento de santidade, a Irmã Hutchins e os demais membros da Missão Santa Fé acreditavam que a santificação e o batismo com o Espírito Santo eram a mesma experiência, a qual muitos deles davam testemunho de ter vivenciado. O novo ensino de Seymour implicava a renúncia a uma crença profundamente arraigada numa experiência pessoal e na busca por algo mais.

O novo ensino acerca das línguas incomodou tanto a Irmã Hutchins que Seymour, ao retornar para o culto da noite, encontrou as portas da missão fechadas com cadeado. Desse modo, um ano depois de terem sido expulsos de sua igreja pelo que seu pastor considerava um ensino antibíblico, aqueles cristãos expulsaram outro cristão pelo mesmo motivo.

Tomando para si a responsabilidade de fundadora e pastora interina da Missão Santa Fé, a Irmã Hutchins preferiu ignorar o fato de que muitos de seus seguidores haviam sido receptivos à pregação de Seymour. Por isso, um pequeno grupo de famílias deixou a Missão Santa Fé com o pastor rejeitado e assim lançou Seymour a uma trilha independente, que o levaria muito longe.[19]

As reuniões da Rua Bonnie Brae

Expulso de sua igreja e à beira da miséria, Seymour era um homem com uma mensagem que lhe ardia como fogo nos ossos. Sentindo que precisava continuar, a despeito do revés sofrido na Missão Santa Fé, ele voltou a

---

[19] Clara DAVIS, *The Move of God! The Outpouring of the Holy Spirit from Azusa Street to Now (As Told by Eyewitnesses)* (Tulsa: Albury Press, 1983), p. 20.

pregar, a princípio falando àqueles que o haviam seguido. Eles se reuniam na casa de Owen "Irlandês" Lee, onde Seymour se hospedara anteriormente. Lee era um americano filho de irlandeses e frequentava uma das missões *holiness* Peniel. Quando a casa de Lee ficou pequena para comportar as reuniões, Seymour aceitou o convite dos parentes de Neely Terry — Richard e Ruth Asberry — para dirigir encontros de oração e adoração na casa deles, na Rua Bonnie Brae, 214. Na época em que fizeram o convite a Seymour, eles pertenciam à Igreja Batista e não concordavam com os ensinos de Seymour. No entanto, ao saber do que lhe havia acontecido, sentiram pena do pregador rejeitado.

No início, as reuniões na casa dos Asberrys eram frequentadas quase exclusivamente pelas "lavadeiras negras", algumas acompanhadas do marido. Seymour tinha ainda um grande empecilho à sua mensagem: até aquele momento, ele não recebera o batismo com o Espírito Santo, não havia falado em línguas e era muito difícil para ele conduzir os outros àquela experiência.

A notícia das reuniões logo se espalhou, a despeito de algumas barreiras. Os Lees falaram das reuniões a outros membros da Missão Peniel. Os McGowans, que tinham ouvido Seymour pregar seu único sermão na Missão Santa Fé, levaram a informação ao grupo que se reunia em sua casa, a Igreja Holiness da Rua Hawthorne, pastoreada por William Pendleton. Arthur G. Osterberg, pastor da Igreja do Evangelho Pleno, também independente, ouviu falar das reuniões por meio do bem desenvolvido sistema de comunicação espiritual de Los Angeles, como dizia Frank Bartleman, o pregador *holiness* que estava sempre tentando descobrir o "próximo movimento de Deus". No final de março de 1906, vários cristãos brancos se juntaram ao pequeno grupo de negros que se reunia na casa da Rua Bonnie Brae, a fim de buscar o batismo com o Espírito Santo e a evidência inicial do falar em outras línguas.

O grupo continuava crescendo, mas o sucesso preocupava Seymour e seus seguidores. Quase em desespero, ele comunicou a Parham a situação em Los Angeles e pediu ajuda. No final daquele mês de março, em resposta ao pedido de Seymour, Parham enviou, de Houston, April Lucy Farrow e J. A. Warren para assistir Seymour. Warren era aposentado e ainda não havia recebido o batismo com o Espírito Santo, porém Lucy já era batizada e incendiava as reuniões com seus testemunhos.

Quando já estava prestes a deixar a casa dos Asberrys, na noite de 9 de abril de 1906, Seymour foi orar, na companhia do senhor Lee, por uma cura divina. Owen Lee, que costumava discutir assuntos espirituais com seu convidado, contou-lhe uma visão que tivera na noite anterior, segundo a qual os 12 apóstolos se aproximaram dele e lhe explicaram como falar em línguas. Lee então pediu a Seymour que orasse para que ele, Owen, recebesse o batismo com o Espírito Santo. Eles oraram juntos, e Lee de fato foi batizado e começou a falar em línguas. Essa foi a primeira ocasião em que alguém recebeu o batismo com o Espírito Santo por meio da oração de Seymour.

Seymour correu para a reunião noturna na casa dos Asberrys e relatou o que havia acontecido com Edward Lee. A notícia estimulou a fé do povo, mais que o normal, e de repente "Seymour e sete outros crentes caíram ao chão em êxtase espiritual, falando em outras línguas".[20] Quando isso aconteceu, uma jovem chamada Willella, filha dos Asberrys, saiu correndo pela casa, aterrorizada. O alvoroço provocado pela menina chamou a atenção de toda a vizinhança.

Os vizinhos se aglomeraram do lado de fora para ver o que estava acontecendo, e os que participavam da oração vieram para a entrada da casa e começaram a pregar a mensagem do Pentecoste. Uma das sete pessoas que haviam recebido o batismo com o Espírito Santo naquela noite era Jennie Moore, que mais tarde se casou com Seymour. Ela começou a tocar uma bela música e a cantar num idioma que alguns afirmaram ser o hebraico. Até aquele dia, ela nunca havia tocado piano e, sem nunca ter assistido a uma única aula de música, continuou a tocar o instrumento pelo resto da vida. O fenômeno das línguas e a mensagem dinâmica causaram tamanho impacto que na noite seguinte uma multidão se reuniu na rua diante da casa para ouvir Seymour pregar de um púlpito improvisado à entrada da residência dos Asberrys.

---

[20] Vinson SYNAN, *The Holiness-Pentecostal Movement in the United States*, p. 106.

As histórias acerca do que aconteceu em 9 abril de 1906 se tornaram lendárias entre os pentecostais, e, como todas as lendas, algumas tendem ao exagero. O paralelo óbvio com a experiência pentecostal dos apóstolos, no livro de Atos, parece ser sempre diminuído pelos historiadores seculares.[21] Na ausência de testemunho contemporâneo para desmentir aquelas histórias, a cuidadosa pesquisa dos testemunhos remanescentes deixa um ponto muito claro: algo de proporções extraordinárias aconteceu numa modesta casa de quatro cômodos da Rua Bonnie Brae, na noite de 6 de abril de 1906. Uma testemunha ocular relata o incidente da seguinte maneira:

> Eles gritaram três dias e três noites. Era época da Páscoa. As pessoas chegavam de todos os lugares. Próximo ao amanhecer, não havia mais como entrar na casa. Os que conseguiam entrar caíam sob o poder de Deus. A cidade inteira ficou alvoroçada. Eles continuaram o clamor até o chão da casa ceder, mas ninguém ficou ferido.[22]

Como evidenciado pela presença de crentes de muitas denominações e várias igrejas independentes nas reuniões realizadas depois de 9 de abril, o segmento religioso da cidade entrou em convulsão. O mundo secular parece não ter tomado conhecimento dos fatos, ou pelo menos não registrou nada de significativo senão nove dias depois, quando o primeiro jornal publicou os acontecimentos de 18 de abril de 1906. Conforme corroborado por diversos testemunhos, depois do incidente de 9 de abril, a reunião da casa da Rua Bonnie Brae prolongou-se sem interrupção por pelo menos três dias. Os participantes davam notícias de pessoas "caindo no poder" e recebendo o batismo com o Espírito Santo com a evidência inicial do falar em línguas enquanto ouviam Seymour pregar do outro lado da rua.

A multidão era tão numerosa que ninguém conseguia fechar as portas, e a pressão da massa para entrar na casa era tão grande que fez ceder os

---

[21] Robert Mapes ANDERSON, *Vision of the Disinherited: The Making of American Pentecostalism*, p. 66; Richard T. HUGHES (Org.), *The American Quest for the Primitive Church* (Urbana: University of Illinois Press, 1988), p. 200-3; Walter J. HOLLENWEGER, *The Pentecostals* (London: SCM Press, 1972), p. 22.
[22] Apud Walter J. HOLLENWEGER, *The Pentecostals*, p. 23.

fundamentos. O alpendre afundou cerca de um metro. Miraculosamente, ninguém se feriu. Uma semana depois, ficou evidente que era preciso encontrar um lugar maior para as reuniões de oração e adoração quase contínuas que surgiram após 9 de abril de 1906.

A Missão da Rua Azusa

Após uma rápida busca na região, encontrou-se uma estrutura de dois pisos numa rua curta de dois quarteirões, no antigo distrito industrial, que fazia parte do gueto negro original da cidade. O edifício abrigara originariamente a Igreja Metodista Episcopal Africana Stevens, mas, acompanhando a migração do povo, a igreja se estabelecera mais para o sul, numa parte mais próspera da cidade, mudando o nome para Primeira Igreja Metodista Episcopal Africana.

Depois que a igreja se mudou, o edifício foi usado como loja de atacado, armazém, depósito de madeira, curral, loja de pedras tumulares e por fim como estábulo na parte inferior e quartos de aluguel no piso superior. Era um edifício pequeno e retangular, de telhado plano e revestimento de madeira, e media cerca de 900 metros quadrados. O único indício de que fora um dia uma casa de Deus era a janela de estilo gótico acima da entrada principal.

Em 1906, o edifício estava em péssimo estado de conservação. As portas e janelas estavam quebradas, e havia entulho por toda parte. Arthur Osterberg, embora fosse pastor da Igreja do Evangelho Pleno, ocupava também um modesto posto de chefia como cronometrista na Empreiteira McNeil. Ele contratou dois homens de seu pessoal, pagando-os do próprio bolso, para recolocar as janelas e as portas. O dono da empreiteira, J. V. McNeil, que era católico devoto, doou a madeira e outros materiais.[23]

Seymour e alguns voluntários removeram os entulhos do salão, espalharam serragem no piso e pregaram pranchas de madeira bruta sobre pequenos barris, providenciando assim assento para 30 ou 40 pessoas. Seymour fez algo incomum com a disposição dos assentos. Na maioria das igrejas da

---

[23] NICKEL, *Azusa Street Outpouring: As Told By Those Who Were There*, p. 6-7.

época, o púlpito ficava numa extremidade do salão, normalmente próximo do altar, com os assentos dispostos diante deste em fileiras duplas. Seymour ergueu a plataforma no centro do salão, com os assentos em volta, e colocou o púlpito no centro da plataforma. Dois engradados vazios (que eram sempre descritos como caixas de sapatos) serviam de púlpito.

A MISSÃO DA RUA AZUSA
Uma descrição de 1906

A sede dessa obra era um antigo prédio de madeira de uma igreja metodista que fora posto à venda, parcialmente queimado, coberto por um telhado plano e construído com dois pavimentos. Não era rebocado, apenas pintado de branco sobre o revestimento bruto. Na parte de cima, havia um salão equipado com cadeiras e três pranchas de madeira de sequoia da Califórnia que também serviam de assentos. Esse era o "cenáculo" pentecostal, no qual almas santificadas buscavam a plenitude do Espírito Santo e falavam novas línguas, encontrando o que em tempos antigos era chamado "vinho novo". Naquelas salas pequenas, mãos eram impostas sobre os doentes, e eles voltavam a ser como antes. Na parte de baixo, havia um espaço de 32 metros x 22 metros, com uma miscelânea de cadeiras, bancos e banquetas, nos quais os curiosos e os ansiosos se acomodavam durante horas para ouvir os estranhos sons, canções e advertências vindos do céu. No centro do salão, havia uma caixa retangular, na vertical, coberta com um pano de algodão, a qual um comerciante de sucata avaliara em 15 centavos. Era esse o púlpito do qual o líder, Irmão Seymour, pregava o arrependimento, o perdão, a santificação, o poder sobre os demônios e doenças e o "batismo com o Espírito Santo e com fogo" dos tempos antigos.

As reuniões eram realizadas todos os dias: começavam às 10 da manhã e se prolongavam até quase meia-noite. Havia três altares para os cultos diários. O altar era uma prancha de madeira apoiada em duas cadeiras colocadas no centro do salão, e ali o Espírito Santo descia sobre homens, mulheres e crianças, nos antigos moldes pentecostais, tão logo ficava evidenciado que eles haviam tido a experiência de purificação interior. Pregadores orgulhosos e leigos de grande inteligência, inflados das próprias teorias e crenças, chegavam de todas as partes e experimentavam a humilhação, tendo afastada de si toda a "palha" de seus conceitos, chorando de consciência limpa diante de Deus e suplicando para serem "cheios do poder do alto". De cada crente sincero que recebeu a maravilhosa experiência que enchia, emocionava, abalava e energizava a estrutura física e moral, o Espírito Santo testemunhava sua presença, usando os órgãos fonadores para se expressar numa "nova língua".

Artigo extraído de Way of Faith, 11 out. 1906, provavelmente da autoria de Frank Bartleman.

O entulho e o lixo do segundo piso também foram removidos. O lugar servia como "cenáculo" onde os crentes podiam ficar "até serem revestidos do poder do alto". O andar de cima também tinha dupla serventia, como alguns quartos para que Seymour e sua equipe pudessem descansar.

A primeira notícia do avivamento num periódico secular foi publicada, como dito anteriormente, em 18 de abril de 1906. O *Los Angeles Times* enviou um repórter a uma reunião noturna, em 17 de abril. O repórter escreveu uma matéria extremamente negativa, em que ridicularizava não apenas as reuniões em si, mas também o povo que as frequentava. A dramática guinada nas práticas e na doutrina *holiness* fez o movimento pentecostal explodir no cenário secular quando o jornal informou que uma "esquisita babel de línguas" estava se manifestando num bairro pobre da cidade. O articulista expressava sua opinião sobre os cultos já no início da matéria, declarando que as pessoas presentes nas reuniões em questão emitiam "sons estranhos e professavam um credo que nenhum mortal em perfeito juízo poderia entender". Ele escreveu ainda:

> As reuniões são realizadas num barracão caindo aos pedaços, na Rua Azusa, perto da Rua San Pedro. Ali, devotos das mais estranhas doutrinas praticam rituais próprios de fanáticos, pregam teorias extravagantes e tentam atingir, com o fervor que lhes é peculiar, um estado de excitação que beira a insanidade. Negros e uma pequena quantidade de brancos compõem a congregação, e à noite os uivos dos adoradores promovem um espetáculo medonho para a vizinhança. Eles passam horas balançando para a frente e para trás num enervante exercício de orações e súplicas. Eles alegam possuir o "dom de línguas" e se dizem capazes de entender aquela babel.[24]

Embora no início a cobertura da imprensa secular ao avivamento fosse inteiramente negativa, as matérias funcionaram como propaganda gratuita e levaram as notícias do derramamento do Espírito a lugares cada vez mais distantes. No final de 1906, panfletos e artigos circulavam em locais tão distantes quanto Londres. Na época em que as reuniões eram realizadas na

---

[24] *Los Angeles Daily Times,* 18 abr. 1906, p. 1.

Rua Bonnie Brae, e mesmo depois que se transferiram para a Rua Azusa, a polícia tentava impedir os cultos, porque as ruas ficavam congestionadas, causando confusão e aborrecimentos. Várias testemunhas oculares afirmaram ter visto uma incandescência diante do edifício, que era visível a grande distância. Outros afirmaram ter ouvido sons como de explosões saindo do pequeno prédio de madeira, que deixavam a vizinhança assustada. Por causa de fenômenos dessa natureza, o Corpo de Bombeiros foi chamado em diversas ocasiões, sempre que alguém informava a ocorrência de uma labareda ou de explosões no edifício da missão. A Agência de Bem-Estar Infantil tentou acabar com as reuniões porque havia muitas crianças circulando dentro e fora do prédio, sem a supervisão de um adulto, a qualquer hora do dia ou da noite. O Departamento de Saúde tentou embargar a missão, alegando que os apertados cômodos eram insalubres e constituíam uma ameaça à saúde pública.

Parte da comunidade religiosa se pronunciava contra, e parte se mostrava favorável ao que estava acontecendo, ambas baseadas na natureza singular dos acontecimentos. Glenn A. Cook, que em 1906 era pregador de rua em Los Angeles, declarou que a princípio frequentava as reuniões da Rua Azusa, "pensando que poderia orientar o povo na questão doutrinária". Ele acrescentou: "Eu não estava sozinho nesse empreendimento, porque muitos outros pregadores e trabalhadores do evangelho se uniram para argumentar com o Irmão Seymour".

Pelo fato de o povo que frequentava as reuniões de oração na casa dos Asberrys — e mais tarde na Rua Azusa — ser oriundo de várias igrejas, a notícia se espalhou rapidamente entre os habitantes de Los Angeles que davam atenção às coisas espirituais. No primeiro domingo depois que foi batizada com o Espírito Santo (o Domingo de Páscoa de 1906), Jennie Moore foi a um culto de sua igreja, a Primeira Igreja Batista do Novo Testamento, do pastor Smale. Depois do sermão, ela ficou de pé e falou em línguas, o que não foi visto com bons olhos pela congregação. Por isso, ela deixou aquela igreja e filiou-se à Missão da Rua Azusa.

Mais tarde, logo que as reuniões começaram a ser realizadas na Rua Azusa, Jennie Moore e Ruth Asberry visitaram a Missão Peniel. Ali, Jennie falou em línguas, e Ruth explicou: "Isto é o que foi profetizado por Joel".

A congregação inteira as seguiu para a Missão da Rua Azusa. A maioria das igrejas, missões e tendas de reuniões nas redondezas sentiu de imediato os efeitos do avivamento. Algumas delas perderam tanta gente para a Missão da Rua Azusa que tiveram de fechar as portas e se unir ao movimento.

O avivamento representou um grande problema para muitos ministros religiosos, os quais, com insistência, aconselhavam o rebanho a manter distância da Missão da Rua Azusa. Alguns chamavam a polícia e tentavam acabar com as reuniões. Dois mais proeminentes líderes *holiness* de Los Angeles reagiram cada um de uma forma diferente. O pastor Smale a princípio apoiou totalmente a obra, unindo-se ao movimento. Mais tarde, porém, renegou o trabalho da Missão da Rua Azusa e fechou as portas de sua igreja aos que falavam em línguas.

Phineas Bresee, da Igreja Pentecostal do Nazareno, posicionou-se de forma veemente contrária ao "movimento das línguas". Aparentemente sem nunca ter visitado ou investigado a Missão da Rua Azusa, ele declarou aquela obra um falso avivamento e aconselhou seu rebanho a se manter afastado. Mais tarde, em 1919, ele mudou o nome de sua denominação, retirando a palavra "Pentecostal" do título, para que ninguém viesse a confundir seu movimento com o dos seguidores de Seymour.[25]

A maior parte do movimento de santidade estabelecido, que havia buscado com tanto empenho e tanta oração um novo Pentecoste, agora opunha forte resistência ao avivamento. O líder da Igreja União Pentecostal, bispo Alma White, acusou o movimento da Rua Azusa de promover adoração ao Diabo, bem como de incentivar e praticar bruxaria e imoralidade sexual. Essas acusações foram publicadas num livro intitulado *Demons Tongues* [Línguas de demônios]. Os periódicos *holiness* acautelavam seus leitores, sugerindo que estes, em sua busca de poder, poderiam estar envolvidos num esquema de manipulação demoníaca. Não tardou para que passassem a afirmar que o "movimento das línguas" era do Diabo. Alguns líderes *holiness* chegaram ao cúmulo de referir-se ao movimento como "o último vômito de Satã".

---

[25] Vinson SYNAN, *In the Latter Days* (Ann Arbor: Servant Publications, 1991), p. 50.

A despeito de todas as críticas, gente de toda estirpe — instruídos, analfabetos, homens, mulheres, nativos, imigrantes e visitantes estrangeiros — orava, cantava e vinha para o altar. Nas palavras de Frank Bartleman, "a segregação racial foi apagada pelo sangue de Jesus".[26] Fotos antigas mostram negros, brancos, homens e mulheres em cargos de liderança. O relaxamento das barreiras racial e sexual representava uma ameaça para muitos que pertenciam à classe dominante. Essa configuração humana do avivamento da Rua Azusa atraiu a perseguição sobre os primeiros pentecostais e contribuiu para que a autenticidade do movimento fosse contestada.

Impelidos pela nova forma de liberdade que desfrutavam e pela perseguição resultante, os recém-energizados crentes pentecostais passaram a renegar aquilo que consideravam mera invenção humana, como as hierarquias denominacionais. Os pentecostais pretendiam substituir essas estruturas por um governo divinamente inspirado, tendo por base o modelo bíblico. Seguindo a tradição da maioria dos movimentos de renovação, os primeiros pentecostais não se consideravam uma entidade separada. Em vez disso, viam a si mesmos como um movimento "interno" da Igreja, permitido por Deus para trazer nova vida ao um Corpo mal governado e carente de espiritualidade. Os líderes jamais incentivavam a formação de denominações "pentecostais". Eles se referiam ao movimento e a si mesmos como "não denominacionais". Cada um se esforçava para permanecer em sua igreja de origem e para difundir a nova teologia. Os pentecostais chamavam "compartilhar a verdade" ao mesmo que seus irmãos tradicionais denominavam "infiltração".

As tendências antiestruturalistas também se faziam notar nos padrões de adoração estabelecidos pela Missão da Rua Azusa. Seguindo a crença de que o Espírito Santo orientava todos os crentes, não só os líderes, qualquer um podia tomar a palavra, mesmo durante o culto, o que significava que a linha divisória entre membros e clérigos fora apagada. Era também ensino corrente que o Espírito Santo e o evangelho não podiam estar confinados às quatro paredes de um edifício religioso. Por isso, aproveitavam toda oportunidade que tivessem para testemunhar, fosse no trabalho, fosse no

---

[26] *Azusa Street*, p. 40.

meio da rua, apagando assim também a linha que separava os espaços sacro e profano. Além disso, a crença de que o Espírito Santo podia dirigir os cultos da maneira que bem desejasse, inspirando aleatoriamente cânticos, testemunhos, pregações e ensinos, fez evaporar ainda as distinções entre a liturgia eclesiástica e o que alguns denominavam "anarquia espiritual".

O maior fenômeno antiestruturalista associado ao avivamento da Rua Azusa era sua marca registrada da experiência: o falar em línguas, que determinou o rumo do movimento. Foi essa experiência que relegou ao esquecimento os embaraços das convenções humanas e entregou as rédeas ao Espírito Santo. Nos discursos extáticos, a agência humana era inteiramente negada, e a própria estrutura da linguagem era posta de lado. Em todas as ocorrências desse tipo verificadas naquele avivamento, do "cair no poder" à cura divina, a clara delimitação entre o comum e o extraordinário apresentava uma feição unificada. Definitivamente, aquele embaçamento das linhas, aquela mistura de raças e sexos e aquela banalização do sagrado foram a causa de cristãos piedosos se transformarem em inimigos inveterados do avivamento da Rua Azusa, bem como do isolamento e da perseguição que se abateu sobre os herdeiros do movimento. Essas tendências se evidenciavam de muitas maneiras, e todas tinham a virtude de provocar grande animosidade entre os pentecostais e os demais cristãos. Tal incompatibilidade fez que os pentecostais fossem rejeitados por suas denominações de origem.

Outra perspectiva pela qual se pode analisar o avivamento que sacudiu o mundo depois do primeiro abalo, em 1906, é a econômica. Desde o início, a vasta maioria dos líderes e seguidores da doutrina pentecostal era proveniente das classes trabalhadoras mais pobres. Uma das principais acusações muitas vezes dirigidas aos adeptos do Pentecoste moderno era a de serem pessoas incultas e rudes, e essa ausência de refinamento era usada como evidência de sua ingenuidade e extravagância.

Mais notícias

Motivados pelo preconceito racial e religioso da época, o *Los Angeles Times* e a maioria dos outros jornais da cidade tinham verdadeira compulsão por produzir matérias sobre os cultos da Rua Azusa. Numa descrição de Seymour e seus seguidores, o *Los Angeles Times* assim se expressou:

> Um velho exortador negro, cego de um olho, é o chefe do grupo. Com o olho sem vida fixado em alguns desafortunados descrentes, lança aos berros seus desafios e os constrange a dar uma resposta. Anátemas são despejados sobre os que se atrevem a contradizer as declarações do pregador. O irmão de cor agarra com sua mão enorme uma Bíblia minúscula, e a intervalos lê uma ou duas palavras — não mais. Depois de uma hora de exortações, os crentes são convidados ao "culto de oração e testemunhos". É então que o pandemônio tem início, e os limites da razão são ultrapassados por aqueles que estão "cheios do espírito", seja lá o que isso signifique. "Iu-u-pô gu-iu-iu, vem sobre blu-u-u-bu-idô!", grita uma velha *mammy* de cor, num frenesi de ardor religioso. Balançando os braços freneticamente, ela continua com sua estranha e interminável arenga. Poucas de suas palavras são inteligíveis, e a maior parte de seu testemunho é composta da mais estapafúrdia mistura de sílabas, tudo acompanhado com temor pelos membros do grupo.[27]

Muitas testemunhas oculares dão outra versão, todavia. "Tive a sensação de estar sendo empurrado. Mesmo que eu quisesse voltar, não conseguiria", declarou uma testemunha, A. C. Valdez, relatando o que aconteceu em sua primeira visita à missão. Ele contou ainda que, logo que ele e sua mãe entraram no edifício, sentiram uma aragem fria e começaram a tremer, em pleno verão de Los Angeles. Olhando em volta, Valdez observou que todos estavam tremendo de frio, como se Deus os estivesse envolvendo, de alguma maneira.

Eram realizadas cerca de nove reuniões por dia, começando de manhã cedo e seguindo noite adentro. Durante semanas, o final de um culto avançou até o início do culto seguinte, e assim as reuniões se prolongavam ininterruptas pelas vinte e quatro horas do dia. As portas do prédio estavam sempre abertas, e as reuniões começavam, mesmo que não houvesse ninguém para dirigi-las.

---

[27] *Los Angeles Times*, 18 abr. 1906, p. 1.

Adoração pentecostal na Rua Azusa

Numa das reuniões, considerada "típica" por um frequentador assíduo, um dos obreiros deu início ao culto com os seguintes esclarecimentos e instruções:

> Não temos nada planejado, não temos medo da anarquia nem dos espíritos fraudulentos. O Espírito Santo de Deus é capaz de controlar e defender sua obra. No caso de alguma manifestação estranha, confie no Espírito Santo, mantenha-se em espírito de oração, e você verá que logo uma palavra de sabedoria, uma refutação ou uma exortação fechará a porta para o inimigo e triunfará sobre ele. Deus pode usar qualquer membro do Corpo, e muitas vezes ele concede as maiores honras aos membros mais fracos.[28]

As reuniões normalmente iniciavam com oração, louvor e testemunhos entremeados de mensagens em línguas e de cânticos *a capella*, tanto em inglês quanto em línguas desconhecidas. A qualidade celestial das harmonias alcançada por cantores não profissionais era motivo de comentários da parte de defensores e detratores do movimento, igualmente. Um fascinado observador declarou:

> As encantadoras melodias do chamado "coral celeste", tanto a letra quanto a música dos hinos cantados sob a evidente direção do Espírito Santo, faziam vibrar todo o meu ser. Não se tratava de algo que pudesse ser repetido conforme se desejasse, e sim de dádiva sobrenatural, concedida em ocasiões específicas, uma prova incontestável do poder de Deus. Creio que nada impressionava mais o povo do que essas canções. Ao mesmo tempo, elas inspiravam um santo temor, uma sensação de indescritível deslumbramento, especialmente para os que se mantinham em atitude devota.[29]

Quando alguém recebia a unção para entregar uma mensagem, ficava de pé e então se manifestava. Se alguém "agisse na carne", era logo silenciado

---

[28] Stanley M. Horton, A Typical Day at Azusa Street, *Heritage* (Springfield: Assemblies of God, outono 1982, p. 6).

[29] A. W. Orwig, Apostolic Faith Restored, *Weekly Evangel*, 18 mar. 1916, p. 4; A. G. Osterberg, entrevista concedida a Jerry Jensen e Jonathan E. Perkins, mar. 1966, transcrita por Mae Waldron, Assemblies of God Archives, Springfield, fita única, 1293 075; Stanley M. Horton, A Typical Day at Azusa Street, p. 6.

e convidado a sentar-se. O poder de Deus fluía através do salão em diferentes momentos, derrubando uma, duas e às vezes centenas de pessoas. Não raro, verdadeiras massas de gente corriam para o altar, em busca de algo mais de Deus.[30]

Depois que os testemunhos dos presentes eram ouvidos, também era normal que se lessem algumas cartas, enviadas por pessoas que tinham ouvido falar do avivamento e se interessaram em buscar o batismo com o Espírito Santo. Milhares de cartas comprovam que cristãos de diversas partes do mundo haviam recebido o batismo com o Espírito Santo depois de ouvir falar do avivamento da Rua Azusa e tão somente pedir a Deus que os tocasse, lá mesmo onde se encontravam. A leitura de cartas desse tipo em geral era aclamada com intenso louvor, o mesmo ocorrendo quando visitantes de vários lugares do mundo acrescentavam a elas seu testemunho pessoal, reforçando o caráter expansionista do avivamento. Outro tema recorrente nos testemunhos era a maneira pela qual o povo descobria o avivamento. Alguns relatavam haver tomado conhecimento do novo Pentecoste por meio de visões, sonhos ou circunstâncias especiais, sem nenhuma informação prévia acerca do movimento.

A respeito dos testemunhos de cura associados aos primeiros dias do movimento pentecostal, Martin E. Marty, renomado historiador de religião, declarou: "Os testemunhos de cura são tão impressionantes e ocorrem com tal regularidade que em alguns contextos não eram tratados com a devida reverência".[31]

Um exemplo dentre muitos que retratam essa regularidade é o de uma jovem que certa noite foi batizada com o Espírito Santo. Na manhã seguinte, ao chegar à reunião, ela deparou com uma mulher que estava paralítica havia trinta e dois anos. A jovem aproximou-se da mulher e disse-lhe: "Jesus deseja curá-la". Os dedos e os pés da mulher se firmaram imediatamente, e ela começou a andar.

---

[30] A expressão "agir na carne" é uma referência àqueles que tentavam imitar a unção de Deus, por ignorância ou por orgulho.
[31] Modern American Protestantism and Its World, in: *New and Intense Movement* (Munich: K. G. Saur, 1993), v. 11, p. 207.

A RUA AZUSA NO *LOS ANGELES TIMES*

Em 18 de abril de 1906, as primeiras notícias das reuniões da Rua Azusa foram publicadas no *Los Angeles Times*. De acordo com Bartleman, a cobertura jornalística feita para ridicularizar acabou atraindo mais multidões.

Os termos empregados para descrever o que acontecia nas reuniões — "esquisitos", "fanáticos", "irreverentes", "insanos", "extravagantes" — indicam o antagonismo da impressa secular para com os primeiros pentecostais. Era essa modalidade de jornalismo que Bartleman, observador simpatizante e afiliado, tentava contemporizar. Os pentecostais afirmavam que muitos repórteres se convertiam quando chegavam à Rua Azusa e ouviam os adoradores falando idiomas europeus, dos países de origem daqueles profissionais.

Na história contada a seguir, um repórter acertadamente interpretou que "uma nova seita religiosa está surgindo em Los Angeles". Uma profecia, mencionada no final do artigo, acerca de uma "terrível devastação" foi imediatamente cumprida. No dia seguinte, a Califórnia foi sacudida pelo mais violento terremoto de sua história. Los Angeles chegou a sentir os tremores, mas na cidade irmã, San Francisco, a destruição foi quase total. Um dia depois da publicação do artigo, as manchetes do *Los Angeles Times* de 19 de abril de 1906 anunciavam que "a terra se abrira" em San Francisco. Os primeiros pentecostais fizeram mais do que anunciar um terremoto: provocaram eles mesmos um "terremoto espiritual" na Rua Azusa.

***

ESQUISITA BABEL DE LÍNGUAS
NOVA SEITA DE FANÁTICOS À SOLTA
CENA GROTESCA ONTEM À NOITE NA RUA AZUSA
GORGOLEJOS ININTELIGÍVEIS FALADOS POR UMA IRMÃ

Emitindo sons estranhos e professando um credo que nenhum mortal em perfeito juízo poderia entender, uma nova seita religiosa surge em Los Angeles. Reuniões estão sendo realizadas num barracão caindo aos pedaços, na Rua Azusa, perto da Rua San Pedro. Ali, devotos das mais estranhas doutrinas praticam rituais próprios de fanáticos, pregam teorias extravagantes e tentam atingir, com o fervor que lhes é peculiar, um estado de excitação que beira a insanidade. Negros e uma pequena quantidade de brancos compõem a congregação, e à noite os uivos dos adoradores promovem um espetáculo medonho para a vizinhança. Eles passam horas balançando para a frente e para trás num enervante exercício de orações e súplicas. Alegam possuir o "dom de línguas" e se dizem capazes de entender aquela babel.

Nenhum bando de fanáticos havia conseguido até agora produzir barulho tão assustador, mesmo em Los Angeles, o lar de incontáveis credos. Os princípios sagrados, aludidos com tanta reverência pelos crentes tradicionais, são agora tratados de maneira casual, se não irreverente, pelo novo grupo religioso.

Desafios de um olho vidrado

Um velho exortador negro, cego de um olho, é o chefe do grupo. Com o olho sem vida fixado em alguns desafortunados descrentes, lança aos berros seus desafios e os constrange a dar uma resposta. Anátemas são despejados sobre os que se atrevem a contradizer as declarações do pregador.

O irmão de cor agarra com sua mão enorme uma Bíblia minúscula, e a intervalos lê uma ou duas palavras — não mais. Depois de uma hora de exortações, os crentes são convidados ao "culto de oração e testemunhos". É então que o pandemônio tem início, e os limites da razão são ultrapassados por aqueles que estão "cheios do espírito", seja lá o que isso signifique.

"Iu-u-pô gu-iu-iu, vem sobre blu-u-u-bu-idô!", grita uma velha *mammy* de cor, num frenesi de ardor religioso. Balançando os braços freneticamente, ela continua com sua estranha e interminável arenga. Poucas de suas palavras são inteligíveis, e a maior parte de seu testemunho é composta da mais estapafúrdia mistura de sílabas, tudo acompanhado com temor pelos membros do grupo.

Vamos falar em línguas

Umas das mais extravagantes reuniões aconteceu na noite passada, e o reboliço chegou às alturas, tendo os presentes estendido a "adoração" até quase meia-noite. O velho exortador incitava as "irmãs" a deixar "as línguas fluir", e as mulheres permitiram-se uma verdadeira baderna de fervor religioso. Como resultado, uma senhora robusta, tomada pelo frenesi, por pouco não desmaiou.

Incentivada pelo pavoroso espetáculo dos adoradores de cor, uma mulher negra lançou-se ao solo e começou a gesticular freneticamente até irromper numa oração de gorgolejos ininteligíveis — uma cena escandalosa, para dizer o mínimo.

Ouro no meio deles

Entre os "crentes", estava um homem que se identificava como rabino, um judeu. Dizia chamar-se Gold [Ouro] e declarava ter ocupado posições de destaque nas maiores sinagogas dos Estados Unidos. Ele contou à heterogênea plateia que era bem conhecido dos judeus de Los Angeles e San Francisco, dando como referência o nome de um proeminente cidadão. Gold alegava ter sido miraculosamente curado e que por isso se convertera à nova seita. Outra pessoa pediu a palavra e relatou uma visão na qual vira os habitantes de Los Angeles arrastados para a perdição. Ele profetizou que uma terrível catástrofe viria sobre a cidade, caso os seus cidadãos não abraçassem os princípios da nova fé.

"Ela está falando em línguas estranhas", explicou o líder, num reverente sussurro. "Continue, irmã!" A irmã continuou até que se fez necessário alguém lhe dar assistência e levá-la a sentar-se outra vez, tamanha era a fadiga.

Los Angeles Times, 18 de abril de 1906

Não havia hinário, nem programas, nem material compilado de espécie alguma. Um quadro colocado sobre uma caixa aberta para as ofertas anunciava: "Acerte as contas com o Senhor". Nenhum assunto ou sermão era esboçado com antecedência. Tudo ficava a critério de Deus. O púlpito, como já foi dito, era formado por duas grandes caixas "de sapatos" feitas de madeira. Seymour costumava posicionar-se atrás delas, em compenetrada atitude de oração, com a cabeça enfiada na caixa de cima.

Em suas pregações, Seymour enfatizava a necessidade de renúncia ao pecado e de aceitar Jesus como Salvador pessoal. Ele não incitava o povo a falar em línguas ou a algum outro tipo de manifestação. Muitas vezes, dizia às pessoas que, embora devessem falar do avivamento aos outros, também deviam falar-lhes de Jesus, o Salvador do mundo, e assim muitos seriam salvos. Ele também incentivava os presentes a ter experiências com Deus, a voltar as costas para o mundo e a deixar de lado as rígidas tradições e o legalismo do cristianismo formal, procurando, em vez disso, a salvação, a santificação e o batismo com o Espírito Santo. Duas outras mensagens eram marteladas por todos os pregadores da Rua Azusa: a cura divina e o retorno de Cristo segundo a doutrina pré-milenarista.[32]

As reuniões eram frequentadas por membros de muitas denominações e igrejas independentes, alguns deles de boa instrução e até mesmo de trato refinado. Pastores, evangelistas e missionários estrangeiros participavam dos cultos e recebiam bênçãos. Eram numerosos os testemunhos de homens e mulheres de origem estrangeira que foram convencidos do pecado e encontraram a salvação depois de ouvir alguém que não conhecia o idioma deles exortando-os em sua língua nativa.

Os cultos de oração no santuário não eram muito demorados, embora a oração fosse contínua no segundo piso. O povo podia orar de forma combinada por alguma necessidade que lhe fosse apresentada. O culto de adoração consistia em cânticos, clamores e orações exclamatórias. Era muito animado, e não havia desperdício de tempo. Um visitante teve a impressão de que "a oração e o louvor estavam em todo lugar. O local do altar estava cheio de gente — alguns de joelhos, outros prostrados no chão, alguns

---

[32] A. W. ORWIG, Apostolic Faith Restored, *Weekly Evangel*, 8 abr. 1916, p. 4.

falando em línguas. Cada um fazia uma coisa, e todos pareciam perdidos em Deus".[33]

Registros pessoais e relatos de testemunhas oculares atestam que muitos dos que chegavam para ridicularizar as reuniões eram lançados ao chão como se tivessem sido atacados por oponentes invisíveis, e alguns ficavam caídos durante horas. Depois que se levantavam, quase todos estavam convencidos do pecado e começavam a buscar Deus. Um repórter de origem estrangeira foi designado pelo seu jornal para registrar a atmosfera "circense" e apresentar uma matéria de conteúdo cômico. Compareceu a uma das reuniões noturnas, sentando-se bem ao fundo. No meio do culto, uma jovem começou a testificar de como Deus a havia batizado com o Espírito Santo e de repente irrompeu em línguas.

Depois do culto, o repórter aproximou-se da jovem e perguntou-lhe onde ela havia aprendido o idioma do seu país. Ela respondeu que não fazia ideia do que dissera e que havia falado apenas em inglês. O repórter então confessou à jovem que ela apresentara um relato completo de sua vida pecaminosa no idioma do país onde ele nascera.

No mesmo instante, aquele repórter renunciou a seus pecados e aceitou Jesus como seu Salvador pessoal. Depois disso, retornou ao jornal e anunciou que não poderia escrever a matéria maldosa que lhe haviam encomendado. Ofereceu-se então para escrever a verdadeira história do que acontecia na missão. Seus empregadores o demitiram na mesma hora.

Esses poucos exemplos de episódios ocorridos nas reuniões da Missão da Rua Azusa, de acordo com os registros disponíveis, dão uma ideia de sua regularidade. Os cultos eram frequentados por centenas e milhares de pessoas de uma só vez, sem contar os que se aglomeravam perto das janelas.

Fluxo e refluxo do avivamento

O poder de atração do avivamento teve dois períodos de pico: de 1906 a 1909 e de 1911 a 1912. O primeiro período foi ininterrupto, desde o

---

[33] Ernest S. WILLIAMS, Memories of Azusa Street Mission, *Pentecostal Evangel*, 24 abr. 1966, p. 7.

derramamento inicial na Rua Bonnie Brae. Depois de explodir no cenário religioso de Los Angeles e atrair a atenção do mundo inteiro, o avivamento da Rua Azusa, por volta de 1909, ingressou num lapso de assistência reduzida e ausência de acontecimentos notáveis.

De acordo com Frank Bartleman, a causa desse primeiro arrefecimento foi a crescente incidência de sectarismo, formalismo e rituais. Decisões como as de dar nome ao edifício, fazer um "trono" para Seymour e impor uma ordem estrita aos cultos causaram divisões e reduziram o fluxo das manifestações extáticas.[34]

Outro fator que contribuiu para que o avivamento chegasse ao fim depois de 1909 foi a insistente recusa da maioria das comunidades cristãs em aceitar como genuíno o movimento. Avivamentos anteriores, como o Primeiro e o Segundo Grande Avivamento, haviam sido universalmente aprovados e saudados com grande entusiasmo pelo público em geral. Aquela rejeição era motivada por diversas razões. A primeira delas foi o antagonismo engendrado pelo sentimento de que os pentecostais viam a si mesmos como uma espécie de aristocracia espiritual. Agiam como se fossem detentores de discernimentos especiais com referência ao batismo com o Espírito Santo, aos dons espirituais e aos métodos de adoração.

A segunda causa para a decadência do movimento foi uma das marcas registradas do avivamento da Rua Azusa: a natureza igualitária das reuniões. Essa particularidade era ofensiva para muitos e contribuiu para o fim dessa primeira etapa do avivamento. A diversificação racial e cultural que se observava no avivamento da Rua Azusa, vista como um sinal da presença de Deus, tornou-se fonte de divisões. Questionamentos em torno da teologia e de algumas práticas começaram a se multiplicar, diferenças subjacentes àquele povo e a outros fatores sociais, como raça, classe e herança religiosa adquirida em antigas afiliações, levaram a cismas e divisões em todos os níveis. Os conflitos motivados por raça e outros fatores sociais levaram Seymour a concluir que "o sonho de um movimento pentecostal inter-racial, que poderia ser um testemunho positivo numa América segregada", estava acabando.[35]

---

[34] *Azusa* Street, p. 68, 84.
[35] SANDERS, *Saints in Exile*, p. 30.

O maior golpe desferido contra o primeiro período de avivamento pode muito bem estar relacionado com a questão racial. Duas mulheres brancas, Clara Lum e Florence Crawford, que faziam parte da equipe do *Apostolic Faith*, jornal da Missão da Rua Azusa (cuja circulação ultrapassava 50 mil exemplares em 1909), suspenderam, com o consentimento de Seymour, mas sem o conhecimento do presbitério, a distribuição do periódico. A sede do jornal foi transferida para Portland, no Oregon, para onde se mudara a senhora Crawford. Com a perda da mala direta, a Missão da Rua Azusa perdeu também sua base de apoio mundial e logo ficou sem recursos e influência.[36]

Durante o período de calmaria, Seymour trabalhou num prédio do ministério da Missão da Fé Apostólica do Pacífico, à qual se filiara em dezembro de 1906. Viajando o tempo inteiro, Seymour espalhou a mensagem pentecostal do Maine a San Diego. Recebeu honras de apóstolo da Igreja de Deus em Cristo e muitas vezes dirigiu suas reuniões. Nos longos períodos de ausência ocasionados pelas viagens missionárias de Seymour, sua esposa, Jennie Evans Moore Seymour, assumia a liderança da Missão da Rua Azusa, que se tornara uma pequena igreja afro-americana. Seymour e aquela jovem que havia recebido miraculosamente habilidade para tocar piano num culto de oração na casa dos Asberrys, na Rua Bonnie Brae, em 9 de abril de 1906, casaram-se em 13 de maio de 1908. O casamento enfrentou veemente oposição de Clara Lum e Florence Crawford. Por causa da proximidade da segunda vinda de Cristo, elas estavam convencidas de que Seymour não devia pensar em casar-se. Já outros suspeitavam de que Clara Lum, uma mulher branca, alimentava a esperança de ser a escolhida de Seymour.

Nessa mesma época, o problema racial agravou-se entre os pentecostais. Seymour, embora honrado e muito solicitado pelas igrejas afro-americanas que experimentavam rápido crescimento nos Estados Unidos, era muitas vezes ignorado pelos brancos. O clima de hostilidade cada vez mais pesado, resultante da tensão racial da época, é tido como a principal causa de

---

[36] Kimberly WESLEY, Bishop William J. Seymour, Father of the Modern Pentecostal Movement, *Whole Truth,* 1 n. 1, primavera 1996, p. 18.

muitos brancos terem abandonado Seymour e o avivamento da Rua Azusa para se reunir a denominações que primavam pela exclusividade racial ou para implantar igrejas com essa característica.

Os tempos de calmaria espiritual não contaram com nenhuma cobertura jornalística. Nem a imprensa secular nem a religiosa noticiavam as evidências de acontecimentos miraculosos da Rua Azusa. No intervalo entre os dois picos, a Missão da Rua Azusa funcionou como uma pequena igreja local, mais especificamente uma congregação afro-americana presidida por Seymour, a qual em nada se diferenciava das centenas de outras igrejas pentecostais frequentadas por negros em Los Angeles. Nos primeiros dias do segundo período de pico, iniciado em 1911, os cultos da Missão da Rua Azusa eram frequentados apenas por uma dezena de pessoas, todas negras.

William Durham e os novos dias de glória da Rua Azusa

O segundo período de pico teve início em fevereiro de 1911, quando William F. Durham (1873-1912) chegou de Chicago à Rua Azusa com a missão de pregar. Durham era natural do Kentucky, e sua primeira afiliação religiosa foi à Igreja Batista, em 1891. De acordo com o testemunho do próprio Durham, ele só veio a experimentar a conversão em 1898, ao ter uma visão do Cristo crucificado enquanto viajava pelo Estado de Minnesota. Logo que experimentou essa transformação, Durham dedicou o restante de sua vida ao ministério em tempo integral.

Em 1901, Durham implantou a Missão da Avenida Norte, em Chicago, da qual se tornou pastor. Era uma missão *holiness* localizada numa área habitada por imigrantes. Como pastor, ele pregava a salvação, a santificação e a cura. Durham também ensinava que as estruturas denominacionais eram "o maior obstáculo para o avanço da verdadeira causa de Cristo".[37]

Depois que tomou conhecimento do avivamento da Rua Azusa, Durham declarou-se favorável ao movimento. Entretanto, pouco tempo depois

---

[37] Edith L. BLUMHOFER, *Restoring the Faith: The Assemblies of God, Pentecostalism, and American Culture*, p. 19, 93, 80.

começou a questionar a ideia de que falar em línguas era sempre a evidência inicial do batismo com o Espírito Santo. Quando pessoas de seu círculo começaram a falar em línguas, contudo, ele resolveu estudar a questão mais a fundo e concluiu que "as experiências que havia presenciado, incluindo a dele próprio, estavam muito abaixo do padrão apresentado por Deus em Atos". Durham visitou a Missão da Rua Azusa em 1907. Mais tarde, declarou que desde esse primeiro contato com a Rua Azusa ele tomara consciência da presença de Deus. O pastor de Chicago buscou e recebeu o batismo com o Espírito Santo e a evidência inicial do falar em línguas em 2 de março de 1907. Na época em que Durham foi batizado com o Espírito Santo, Seymour profetizou que "onde quer que Durham pregasse haveria um derramamento do Espírito Santo". De volta à sua igreja em Chicago, Durham passou a trabalhar incansavelmente na propagação da doutrina pentecostal. As reuniões na Missão da Avenida Norte recebiam gente em número muito superior à sua capacidade, bem como pessoas que chegavam de todo o meio-oeste dos Estados Unidos para receber o batismo com o Espírito Santo. Muitos ministros ouviam Durham e a seguir levavam a mensagem pentecostal para suas respectivas igrejas. Havia também muitos testemunhos de cura divina nos cultos realizados por Durham. Aimee Semple, antes de se casar com seu segundo marido, Harold McPherson, mais tarde revelou que fora curada instantaneamente de um tornozelo quebrado durante um culto dirigido por Durham em Chicago.

Durham e a controvérsia da "obra consumada"

Em 1911, Durham transferiu a maior parte de seu trabalho para Los Angeles. Ele estava enfrentando problemas com a liderança da Missão da Avenida Norte e também desejava estabelecer a base de seu ministério no berço do moderno pentecostalismo. Deu início a essa nova fase de seu ministério como pregador da Missão Cenáculo, mas foi expulso dali por causa de seu novo ensinamento teológico, a doutrina da "obra consumada". Esse ensino ia de encontro à doutrina *holiness* da santificação como segunda obra da graça, pois afirmava que tudo que o crente podia necessitar já estava incluído na obra de Cristo sobre a cruz. Durham defendia a ideia de que, quando Cristo disse "Está consumado", tudo ali se cumpriu:

salvação, santificação, cura e batismo com o Espírito Santo. Ele ensinava que a única coisa requerida do crente para ter acesso a esses benefícios era a aceitação dessa realidade.

A nova doutrina reacendeu o avivamento e, de acordo com Frank Bartleman, "o fogo voltou a cair sobre a velha Azusa, como no início". Alguns consideravam Durham um "prodígio do púlpito" que induzia seus seguidores, a quem os críticos chamavam "os simplórios de Durham", a se expressar aos brados. O edifício mais uma vez ficou pequeno, e o povo se aglomerava próximo das janelas e das portas para ouvir o revolucionário pregador e sua nova doutrina. Várias missões e igrejas suspenderam os cultos para ouvir Durham. O evangelista de Chicago enfatizava a salvação pela fé somente, e os cultos eram marcados por notícias de milagres extraordinários e pela ocorrência de muitas das manifestações do Espírito presenciadas no primeiro período de atividades da Missão da Rua Azusa.

As reuniões com Durham começaram e se desenvolver enquanto Seymour pregava na Costa Leste. À medida que se espalhavam as notícias do segundo período de avivamento, crescia também a controvérsia em torno da teologia da "obra consumada". Quando tomou conhecimento desse fato, Seymour retornou às pressas para combater a heresia. Isso ocorreu em 1912, e Seymour proibiu Durham de entrar novamente na Missão da Rua Azusa. Durham, ao partir, levou consigo seus seguidores e implantou uma missão concorrente em outra parte da cidade. O segundo período de pico do avivamento chegava ao fim.[38]

Os peregrinos da Rua Azusa espalham-se pelos Estados Unidos

Por volta de 1912, enquanto a Missão da Rua Azusa ainda estava em operação, impressionava o número de igrejas e missões na região de Los Angeles abertas em consequência direta do avivamento da Rua Azusa. Todas as igrejas pentecostais que mencionaremos a seguir foram implantadas e lideradas por cristãos que haviam recebido o batismo com o Espírito Santo

---

[38] Frank BARTLEMAN, *A história do avivamento Azusa*; Vinson SYNAN, *The Holiness- -Pentecostal Movement in the United States*, p. 148-9.

na Missão da Rua Azusa e depois se mudaram para trabalhar em outras áreas da cidade.

James Alexander, que estava entre os primeiros seguidores de Seymour, implantou duas missões da Fé Apostólica, uma na 7ª Avenida com a Setous, e outra na 51ª Avenida. Outra Assembleia Pentecostal de Los Angeles foi implantada por W. F. Manley. Uma missão hispânica da Fé Apostólica floresceu sob a liderança de G. Valenzuella. Duas outras casas de adoração foram implantadas e dirigidas por William Saxby: a Missão da Fé Apostólica Resgate, na 1ª Avenida, e a Missão Pentecostal da Rua Carr. Uma missão pentecostal italiana foi implantada e liderada por John Perron. A Missão Cenáculo foi estabelecida por Elmer Fischer. Dois homens, Frank Bartleman e John Pendleton, foram os fundadores e pastores de uma missão na 8ª Avenida com a Rua Maple. A Missão Pentecostal da Avenida Florence era liderada por W. L. Sargent. A. G. Osterberg tinha a seu cargo a Igreja do Evangelho Pleno, e William Durham, que viera de Chicago, implantou e era o pregador da Missão da 7ª Avenida.

Muitos líderes de denominações já estabelecidas também estiveram na Missão da Rua Azusa, receberam o batismo com o Espírito Santo e, ao retornar ao seu lugar de origem, conseguiram redirecionar, parcial ou totalmente, suas respectivas igrejas para a vertente pentecostal. O primeiro deles, Charles H. Mason, fundador da Igreja de Deus em Cristo, chegou à Rua Azusa para uma longa estada, em 1907. Ao retornar a sua base, em Memphis, ele próprio e a mensagem pentecostal foram rejeitados pela maior parte da igreja. A rejeição levou-o a dividir a igreja em 1907. Mason e os que concordavam com ele reorganizaram a Igreja de Deus em Cristo como uma denominação pentecostal. Sendo o único dos primeiros convertidos à doutrina pentecostal originário de uma igreja legalmente estabelecida, o bispo Mason desempenhou um papel fundamental na propagação do movimento e de sua mensagem. Sua prática de ordenar ministros de todas as raças serviu como canal para levar o fogo do avivamento da Rua Azusa a todas as partes dos Estados Unidos. Entre 1909 e 1914, a Igreja de Deus em Cristo abrigava tanto congregações brancas quanto afro-americanas. Hoje, a Igreja de Deus em Cristo é a maior denominação pentecostal existente e a igreja que mais cresce nos Estados Unidos.

Gaston B. Cashwell (1862-1916), pregador da Igreja Holiness Pentecostal da Carolina do Norte, leu os artigos de Frank Bartleman no *Way of Faith*, jornal publicado por J. M. Pike em Colúmbia, na Carolina do Sul. Cashwell viajou para Los Angeles em 1907, mas ficou escandalizado com o barulho e o clima emocional da Missão da Rua Azusa. Assim, a princípio mostrou-se contrário ao movimento, principalmente por haver um negro na liderança. Contudo, mais tarde reconheceu sua atitude pecaminosa, arrependeu-se e recebeu o batismo com o Espírito Santo depois que alguns jovens negros oraram por ele.

De volta a sua casa em Dunn, na Carolina do Norte, Cashwell promoveu diversas reuniões em janeiro de 1907, as quais culminaram num avivamento pentecostal de proporções épicas que se espalhou pela Costa Leste. Ele é conhecido hoje como o Apóstolo do Pentecoste no Sul. Foi por meio desse subproduto do avivamento da Rua Azusa na Carolina do Norte que a Igreja Holiness Batizada com Fogo, a Igreja Holiness Pentecostal e um grupo substancial da Igreja Batista do Livre-Arbítrio (mais tarde organizado como Igreja Batista Pentecostal do Livre-Arbítrio) foram arrebanhados para as fileiras do movimento pentecostal.

Líderes de várias escolas bíblicas *holiness* aceitaram as doutrinas defendidas por Seymour, e o avivamento da Rua Azusa propagou-se pelo ministério de G. B. Cashwell. N. J. Holmes e a maioria dos alunos e professores da Escola Bíblica Altamont, em Greenville, Carolina do Sul, abraçaram os ensinos do Pentecoste. De 1907 em diante, a Escola Bíblica Altamont (mais tarde conhecida como Faculdade Bíblica Holmes) tornou-se um centro pentecostal de estudos, ministério e evangelismo.

Entre outras denominações que se uniram ao movimento pentecostal ou surgiram por meio da pregação inspirada em Azusa de G. B. Cashwell, estão a Igreja de Deus, de Cleveland, a Igreja de Deus (Mountain Assembly) e a Associação Pentecostal do Vale do Mississippi. Individualmente, muitos membros das igrejas metodista, batista e presbiteriana acataram a mensagem da Rua Azusa e abandonaram as denominações a que estavam afiliados para se unir a alguma nova denominação pentecostal.

O avivamento que se seguiu à visita de Cashwell foi reproduzido em todas as partes dos Estados Unidos. Florence Crawford, ex-membro da

Missão da Rua Azusa, que fora miraculosamente curada de meningite espinal, estabeleceu um próspero trabalho em Portland. Marie Brown transportou a chama pentecostal para a cidade de Nova York, onde ela e seu marido, Robert, implantaram e pastorearam o Tabernáculo das Boas-Novas. William Durham retornou à sua antiga missão *holiness* de Chicago e ali promoveu reuniões que se tornaram um ponto de referência no meio-oeste dos Estados Unidos. Roswell Flower também influenciou o meio-oeste com uma bem-sucedida missão pentecostal, estabelecida em Indianápolis, Indiana. De igual modo, o Canadá foi incendiado pelo Pentecoste por meio da obra itinerante de A. H. Argue.

O novo movimento não estava confinado à América do Norte. Missionários e cristãos que visitaram a Rua Azusa espalharam a mensagem pentecostal pelo mundo. Sem nenhuma surpresa, da mesma forma que ocorria nos Estados Unidos, era sempre a mesma classe de pessoas que se mostrava mais receptiva à pregação pentecostal: operários, camponeses e todos os que se encontravam nos níveis inferiores da pirâmide social. Assim como nos Estados Unidos, era entre os de tradição *holiness* que o pentecostalismo se propagava com mais facilidade e conquistava maior número de adeptos.

Leituras recomendadas

O início da história do movimento pentecostal nos Estados Unidos escrita por alguém de dentro pode ser encontrada no livro de Stanley Frodsham, de 1926, *With Signs Following: The Story of the Pentecostal Revival in the Twentieth Century* [Estes sinais se seguirão: a história do avivamento pentecostal no século XX] (Springfield: Gospel Publishing House, 1926, 1946). Um bom material histórico foi publicado posteriormente: *The Promise Fulfilled: A History of the American Pentecostal Movement* [A promessa cumprida: a história do movimento pentecostal americano] (Springfield: Gospel Publishing House, 1961), de Klaud Kendrick; *Pentecostalism* [Pentecostalismo] (New York: Harper & Row, 1966), de John Nichols; *The Holiness-Pentecostal Movement in the United States* [O movimento de santidade-pentecostal nos Estados Unidos] (Grand Rapids: Eerdmans, 1971), de Vinson Synan. O livro de Synan foi revisado em 1997 e publicado com o título *The Holiness-Pentecostal Tradition: Charismatic Movements in the Twentieth Century* [A tradição *holiness*-pentecostal: movimentos carismáticos no século XX] (Grand Rapids: Eerdmans).

O primeiro acadêmico a publicar uma pesquisa sobre a expansão mundial do movimento foi o historiador suíço Walter Hollenweger, que em 1966 publicou na Alemanha dez volumes reunidos sob o título *Handbuch der Pfingstbewegung* [Manual pentecostal]. Essa obra monumental foi revisada e condensada em 1972 e publicada com o título *The Pentecostals: The Charismatic Movement in the Churches* [Os pentecostais: o movimento carismático nas igrejas] (Minneapolis: Augsburg Press). Em 1979, Robert Mapes Anderson publicou uma história do movimento da perspectiva marxista: *Vision of the Disinherited: The Making of American Pentecostalism* [Visão dos excluídos: a formação do pentecostalismo americano] (New York: Oxford University Press).

O trabalho realizado por Parham em Topeka está registrado num livro escrito por sua esposa: *The Life of Charles Fox Parham: Founder of the Apostolic Faith Movement* [A vida de Charles Fox Parham: fundador do movimento da fé apostólica] (Joplin: Tri-State Printing Company, 1944). O melhor estudo sobre a vida de William Seymour é a tese de doutorado de Douglas Nelson, um trabalho não publicado cujo título é: *For Such a Time as This: The Story of Bishop William J. Seymour and the Azusa Street Revival* [Para uma época como esta: a história do bispo William J. Seymour e do avivamento da Rua Azusa] (University of Birmingham, 1981). Um trabalho abrangente e de fácil leitura sobre os cultos realizados na Rua Azusa é o livro de Robert Owens, *Speak to the Rock: The Azusa Street Revival, Its Roots and Its Message* [Falando às rochas: o avivamento da Rua Azusa, suas raízes e sua mensagem] (Lanham: University Press of America, 1998). A influência mundial da Rua Azusa é destacada no artigo de Cecil M. Robeck, The International Significance of Azusa Street, in: *Pneuma*, primavera 1986.

⁕ 4 ⁕

"Além das vossas fronteiras": a expansão global do pentecostalismo

Gary B. McGee

O cristianismo experimentou um de seus mais significativos avanços pelo mundo no século XIX. Missionários norte-americanos e europeus evangelizaram, implantaram igrejas, ensinaram nas escolas, traduziram as Escrituras e exerceram ministérios de caridade entre os sofredores. No entanto, a despeito de terem enviado milhares de missionários e gasto milhões de dólares, o número de convertidos parecia escasso demais para tanto investimento: apenas 3,6 milhões em todos os campos estrangeiros por volta de 1900. Mesmo assim, quando o "Grande Século" das missões cristãs (expressão cunhada pelo historiador Kenneth Scott Latourette) chegou ao fim, em 1910, com a Conferência Missionária Mundial, realizada em Edimburgo, na Escócia, a confiança no futuro não conhecia limites.

Os delegados previam que a reunião representaria um novo alvorecer no campo das missões. Jonathan Goforth, missionário na China, aguardava um "novo Pentecoste", mas quando viu que apenas uns poucos conferencistas, incluindo ele próprio, davam destaque ao poder do Espírito Santo, suas esperanças desvaneceram. Tendo presenciado milagres em seu ministério, ele sabia que qualquer coisa menos poderosa que um revestimento do Santo Espírito de Deus seria incapaz de levá-los a cumprir a Grande

Comissão. Em vez disso, porém, a maioria dos presentes estava concentrada em cooperação, unidade, preparação missionária e comunicação. "Houve alguma vez uma oportunidade como esta para os líderes cristãos [?]", ele perguntou. "Pobre de mim! Foi apenas um sonho", disse com tristeza, e acrescentou: "Irmãos, o Espírito de Deus está silencioso para conosco, mas o Pentecoste está ainda entre nós, ao nosso alcance".[1]

Não obstante a conferência de Edimburgo ter sido um divisor de águas em vários aspectos positivos, a Goforth parecia que os líderes eclesiásticos e de missões estavam priorizando relacionamentos e mecanismos humanos, em detrimento da busca da dinâmica espiritual que dera impulso à obra de evangelização dos primeiros cristãos. Histórias de milagres e episódios de "batalha espiritual" em lugares remotos mexeram com a imaginação dos fiéis, mas para muitos representavam exceções no processo normal da obra missionária. Por exemplo, W. J. Davies, um metodista conhecido como Missionário Elias, ordenou que houvesse chuva num bem-sucedido encontro com médicos na África do Sul, durante uma seca. Em mais de uma ocasião, inimigos de Ludwig Nommensen, em Sumatra, envenenaram sua comida. Todas as tentativas falharam, fazendo que alguns se lembrassem de Marcos 16.18: "Se beberem algum veneno mortal, não lhes fará mal nenhum". Na China, o respeitável pastor Hsi adotou o nome Shengmo ("Vencedor de demônios"), em razão de seus inúmeros confrontos com espíritos malignos.

No decorrer do século, um número incontável de cristãos, em seu país natal ou longe dele, orava com fervor por um derramamento do Espírito. De que outra maneira a Igreja poderia cumprir sua missão? Alguns ensinavam que o avivamento do País de Gales e seus tributários (Índia e Coreia, por exemplo) poderia ter assinalado o começo do grande avivamento do final dos tempos, não tivessem eles se desviado do curso original na época em que Goforth se pronunciou na conferência. Agora que as nuvens de chuva já apareciam no céu, eles duvidavam de que o chuvisco se transformasse em aguaceiro.

---

[1] Jonathan GOFORTH, *By My Spirit* (Minneapolis: Bethany Fellowship, 1942), p. 137-8. [*Pelo meu Espírito*. Venda Nova: Betânia, s.d.]

Embora a conferência de Edimburgo tivesse sido encerrada num clima triunfalista de unidade e realização, logo apareceram rachaduras nas fundações do empreendimento missionário. Algumas questões surgiram em torno das asserções básicas do cristianismo, como a salvação unicamente pela obra redentora de Cristo, a depravação da humanidade e a autoridade das Escrituras. Por um lado, as divergências interromperam a comunhão e as atividades cooperativas entre os missionários, cuja repercussão levou todos de volta à base original. Nos Estados Unidos, a controvérsia fundamentalista—modernista abalou as denominações mais importantes, resultando no encolhimento dos projetos missionários no longo prazo. Por outro lado, os missionários que professavam as crenças *holiness* e do movimento Higher Life de Keswick, em parceria com os conservadores, mantinham o testemunho evangelical, com suas "missões de fé" e agências denominacionais.

Nesse cenário em mutação, surgiu um novo padrão missionário, caracterizado pela crença, quase sem precedentes, de que as demonstrações sobrenaturais de poder deveriam acompanhar a pregação do evangelho. Os que estavam de fora olhavam com a máxima cautela a busca dos dons carismáticos espalhar-se por todos os lados. Poucos dos conferencistas de Edimburgo teriam imaginado a magnitude do avivamento pentecostal que havia começado poucos anos antes, caso estivessem interessados no assunto. "Sinais e maravilhas" (Atos 5.12) eram coisas do passado para a maioria dos líderes de missões, havendo cessado na prática, se não pela escolha soberana de Deus, ainda no primeiro século. Por ser um movimento do Espírito Santo radicalmente inovador, o pentecostalismo se mantinha fiel às verdades históricas da fé, mas fazia cair a areia da ampulheta cessacionista ao demonstrar que os milagres não haviam acabado juntamente com o desaparecimento dos apóstolos. Os pentecostais forçavam a recaptura da dimensão apostólica da igreja primitiva, especialmente por sua ênfase no falar em línguas e na oração pelos enfermos. Como era de esperar, muitos cristãos que temiam os extremos potenciais da piedade experimental ficaram escandalizados.

Os periódicos pentecostais noticiavam milhares de ocorrências de conversão, cura divina, libertação de dependência química e exorcismo. Muitos crentes testemunhavam ter sido orientados por visões e sonhos, conforme predito no Antigo Testamento pelo profeta Joel (2.28). De fato, os pentecostais consideravam suas iniciativas evangelísticas parte da restauração dos "últimos dias" do cristianismo do Novo Testamento — Atos 29!

Indo por todo o mundo

Hospedado num alojamento para missionários na cidade de Nova York, em novembro de 1906, quatro anos antes do conclave de Edimburgo, o pastor metodista inglês Thomas B. Barratt aguardava notícias dos acontecimentos na Missão da Fé Apostólica da Rua Azusa, em Los Angeles. Ele desejava ser batizado com o Espírito Santo, por isso alguns amigos impuseram as mãos sobre ele e oraram; depois disso, um brilho como uma "língua de fogo" repousou acima de sua cabeça. Ele lembra ter sido revestido de luz, havendo experimentado uma nova forma de poder espiritual. Sentiu sobre si o fardo da responsabilidade pela evangelização do mundo, e pregou e orou em línguas concedidas de forma sobrenatural.[2]

Seu testemunho revela a característica mais marcante do pentecostalismo: a premência na tarefa de evangelizar o mundo antes do retorno iminente de Jesus Cristo. Os pentecostais afirmavam que o Espírito Santo prepararia uma nova classe de missionários, que não precisariam aprender nenhum idioma estrangeiro, transpondo assim anos de estudo formal, de modo que pudessem começar imediatamente a pregar quando chegassem ao campo missionário. Embora outra compreensão do dom de línguas logo tivesse começado a prevalecer, esse revolucionário método de trabalho gerou uma explosão de energia espiritual. Este capítulo analisa a expansão do pentecostalismo desde os primeiros centros de avivamento e a forma pela qual muitos crentes cheios do Espírito Santo conseguiram levar as boas-novas "além das vossas fronteiras" (2Coríntios 10.16, *ARA*).

---

[2] Baptized in New York, *Apostolic Faith*, Los Angeles, dez. 1906, p. 3.

THOMAS BALL BARRATT E ALEXANDER BODDY

Menos de seis meses após ter início o avivamento da Rua Azusa, as notícias do que Deus estava fazendo ali correram o mundo. Muitos já haviam viajado até a pequena missão em Los Angeles ou pelo menos tinham ouvido falar do avivamento. Muitos outros haviam lido a respeito em periódicos religiosos.

Thomas Ball Barratt estava entre os que haviam ficado maravilhados com as notícias que chegavam da Missão da Fé Apostólica. Barratt, ministro metodista inglês, percorria os Estados Unidos em 1907, a fim de arrecadar dinheiro para seu trabalho missionário na Noruega, quando ficou sabendo do avivamento. De imediato, começou a buscar também seu "Pentecoste", o batismo com o Espírito Santo. Às vezes, orava mais de doze horas seguidas.

Finalmente, Barratt pôde anunciar: "Queridos amigos de Los Angeles, glória a Deus! Línguas de fogo desceram, e seu extraordinário poder foi demonstrado". Ele não podia esquecer a noite em que tudo aconteceu e queria que todos o soubessem: "Eu estava coberto de luz, e o poder era tanto que comecei a gritar o mais alto que podia num idioma estrangeiro". Ele não conseguiu parar até as 4 horas da manhã.

Depois de receber o batismo com o Espírito Santo, Barratt mostrou-se ansioso para retornar à Noruega, onde poderia compartilhar a experiência com sua congregação e com qualquer um que se prontificasse a ouvi-lo. Embora alguns membros se opusessem à nova doutrina, a maioria não fez objeção. Na Europa, a exemplo do que ocorreu nos Estados Unidos, a mensagem pentecostal alastrou-se como fogo.

Enquanto ainda estava em Nova York, Barratt escrevera à sua congregação contando sua experiência, e a carta criou um clima de expectativa. Quando ele retornou à Noruega, a seara estava madura. Ali, na cidade de Christiana (hoje Oslo), ele reuniu o povo para orar, e o local das reuniões logo ficou superlotado, tanto de crentes ansiosos pela experiência quanto de curiosos e observadores céticos. Ele descreve algumas cenas: "Muitos têm entrado em estado de transe e recebido visões do céu. Alguns já viram Jesus em nossas reuniões, e línguas de fogo foram vistas outra vez sobre minha cabeça por um livre-pensador, que foi assim convencido do poder de Deus". Barratt informou também que o fogo se espalhou rapidamente e estava agradecido por aqueles que frequentavam as reuniões e eram "queimados" com eles. Expressou ainda sua gratidão à imprensa religiosa, que dava cobertura aos eventos.

Um dos visitantes mais ilustres foi Alexander Boddy, clérigo anglicano. Ele também se sentia atraído pelo avivamento. No final de 1907, Boddy convidou Barratt para pregar na Igreja de Todos os Santos, em Sunderland, Inglaterra, e o avivamento também chegou àquela área. Essa igreja se tornou o centro do movimento na Grã--Bretanha. Outro visitante, Lewi Pethrus, retornou a Estocolmo e tornou-se o pai do movimento pentecostal na Suécia.

> O povo não somente acorria às principais áreas de radiação do avivamento, como Christiana e Sunderland, mas também acompanhava os acontecimentos pelos periódicos religiosos. Um jornal da Inglaterra noticiou: "Uma quantidade imensa de literatura popular está sendo enviada de Sunderland para todas as partes do mundo". O jornal editado por Boddy, o *Confidence* [Confiança], tornou-se porta-voz do movimento na Inglaterra. Barratt e Boddy dedicaram-se a fomentar o movimento ainda implume no norte da Europa e foram, sem dúvida, seus líderes naquela parte do mundo. A partir desses centros, o avivamento se alastrou por toda a Europa. Missionários na Suíça, na Alemanha, na Holanda, na Finlândia e em lugares ainda mais distantes apropriaram-se da mensagem pentecostal.
>
> Ed Gitre
> *Pentecostal Evangel* [Evangelho pentecostal]

A diáspora dos evangelistas e missionários pentecostais rendeu frutos não apenas na Europa e nos Estados Unidos, mas também em outras partes do mundo. Barratt foi apenas um de muitos pioneiros que trabalharam duramente nessa obra. Em dezembro de 1906, quando ele partiu de Nova York para a Noruega, um grupo de missionários da Rua Azusa embarcou em outro navio, no mesmo porto, com destino à África. Uma integrante do grupo, Lucy Farrow, norte-americana descendente de africanos, fora batizada no Espírito Santo em 1905, por meio do ministério de Charles F. Parham. Mais tarde, durante alguns meses, ela deu assistência ao seu amigo William J. Seymour na Rua Azusa. Farrow e seus colegas viviam a expectativa dos "sinais" que se seguiriam à sua pregação (Marcos 16.17).

Talvez ninguém saiba dizer com precisão quantos missionários pentecostais trabalharam em países estrangeiros por volta de 1910. Estima-se que foram cerca de duas centenas. Também ninguém pode precisar até onde chegou o movimento nessa época. O que os pentecostais sabem é que o Espírito Santo os impeliu a proclamar o evangelho às nações. O líder pentecostal A. J. Tomlinson disse, em 1913: "Meu coração inteiro está em chamas [...] por este mundo perdido". Ele escreveu: "O sono me fugiu, porque as almas estavam indo para o inferno à proporção de 3.600

por hora — 86.400 todos os dias. Como eu poderia dormir?".[3] Pensando numa solução, J. Roswell Flower escreveu no *Pentecost*:

> O batismo do Espírito Santo não consiste unicamente no falar em línguas [...]. Ele enche nossa alma com o amor que Deus sente pela humanidade perdida e nos faz muito mais dispostos a levar familiares, amigos e todo mundo para trabalhar na vinha do Senhor, mesmo que seja muito longe, entre os pagãos.

Ele acrescentou: "Quando o Espírito Santo vem ao nosso coração, o espírito missionário vem com ele; os dois são inseparáveis".[4] Com o tempo, as missões pentecostais saíram dos bastidores para ocupar o centro do palco no cenário da obra missionária cristã mundial.

América do Norte

O pentecostalismo clássico cresceu a partir de muitos focos de avivamento. Um deles foi a Escola Bíblica Betel, em Topeka, onde ocorreu o primeiro avivamento do século, em 1º de janeiro de 1901. O avivamento seguinte veio sobre americanos de origem sueca, na fronteira entre Dakota do Norte e Minnesota, em 1904. O único avivamento dentre muitos na região que parece não ter tido nenhuma relação com Topeka ocorreu numa igreja da missão sueca em Moorhead, Minnesota, pastoreada por John Thompson.[5] Dois ou três anos depois, despertamentos significativos ocorreram por toda a América do Norte, sendo os mais notáveis os ocorridos na Missão da Fé Apostólica da Rua Azusa; em várias igrejas de Chicago; num armazém de tabaco abandonado, em Dunn; e na Missão Hebden, em Toronto, no Canadá.

A esses, podemos acrescentar diversos outros centros importantes, dos quais os crentes saíam para exercer seu ministério, no estrangeiro ou no

---

[3] *The Last Great Conflict* (Cleveland: Walter E. Rodgers, 1913), p. 31.
[4] Editorial, 4 ago. 1908.
[5] Darrin J. RODGERS, Spirit of the Plains: North Dakotan Pentecostalism's Roots in Immigrant Pietism and the Holiness Movement. Publicado no boletim do Seminário Teológico das Assembleias de Deus (1997), p. 24-5.

próprio território americano, em lugares como: Spokane, Washington; Memphis e Cleveland, no Tennessee; Alliance, Ohio; Nyack e Rochester, no Estado de Nova York. Até mesmo acampamentos pouco conhecidos, como o de Pleasant Grove, na Flórida, causaram impacto muito além dos limites de suas tendas. Depois de batizados no Espírito Santo, os baamenses Edmund e Rebecca Barr retornaram às Bahamas para pregar a mensagem pentecostal. Os pentecostais "botavam o pé na estrada" após receber o batismo no Espírito Santo. O porto-riquenho Juan L. Lugo saiu do Havaí, onde morava, e iniciou sua carreira evangelística, que o levou à Califórnia, a Porto Rico e à cidade de Nova York.

O pentecostalismo acumulou uma coleção cada vez maior de histórias acerca de pessoas simples que foram cheias do Espírito Santo, ouviram o chamado missionário e correram todos os riscos para obedecer ao chamado do céu. Um exemplo é Marian Keller. Depois de perder seu primeiro marido para a malária em Tanganica (hoje Tanzânia), ela sobreviveu à moléstia, mas descobriu que todos os seus suprimentos haviam sido roubados. Não obstante, continuou a exercer seu ministério até ser presa pelas autoridades coloniais alemãs quando eclodiu a Primeira Guerra Mundial. Depois de ser libertada e de ter voltado para casa no Canadá, ela retornou a Tanganica. Com a ajuda de seu segundo marido, Otto Keller, Marian continuou a lançar os fundamentos do pentecostalismo naquele país e no país vizinho, o Quênia. Missionários como os Kellers entraram em contato com outros pentecostais por meio de uma complexa rede de comunicação formada por cartas, periódicos, pregadores itinerantes, associações missionárias e denominações.

Depois do avivamento em Topeka, o "movimento da fé apostólica", como era conhecido o pentecostalismo no início, avançou pelo Centro-Sul até chegar a Zion City (hoje Zion), Illinois. Talvez em razão das severas críticas e de outros fatores desanimadores, o avivamento de Topeka não produziu de imediato nenhum missionário para o estrangeiro. No entanto, convencidos de que aquele derramamento do Espírito Santo era a "chuva serôdia", Parham e seus cooperadores empreenderam viagens como "missionários internos" e evangelizavam a partir de uma nova base de operações estabelecida em Houston. Nos meados de 1906, a Fé Apostólica constituía um substancial movimento, com 8 a 10 mil seguidores, a vasta maioria concentrada no meio-oeste dos Estados Unidos.[6]

No início daquele ano, William Seymour, um estudante negro da escola bíblica de Parham, em Houston, mudou-se para Los Angeles e desempenhou um papel fundamental no movimento emergente que mais tarde veio a ser conhecido como "avivamento da Rua Azusa". Sua composição multirracial e multicultural inspirou pentecostais — negros, em particular —, bem como as classes ultramarinas oprimidas. Vítimas da exploração política e econômica, eles viam a si mesmos como "servos e servas" a quem o Espírito Santo concedeu dons e conferiu dignidade (Joel 2.29).

A mensagem pregada na Rua Azusa circulava de várias maneiras. Alguns visitantes eram batizados com o Espírito Santo e, ao voltar para suas comunidades ou para outros lugares, compartilhavam sua experiência. Várias publicações atiçavam o interesse do povo com relatos da "chuva serôdia", do "fogo caindo" e da unção com o óleo do Espírito. O jornal da Rua Azusa, *Apostolic Faith*, noticiou que "pessoas de toda a terra tomaram conhecimento de que o óleo do Espírito estava sendo derramado sobre Los Angeles e estão vindo para cá por causa do óleo — depois de viajar milhares de quilômetros. Eles ficam cheios do santo óleo, o batismo com o Espírito Santo, e aonde quer que vão ele transborda".[7] Depois de adquirir uma cópia e ser cativado pelo seu conteúdo, Bernt Berntsen fez as malas, embarcou num navio para San Francisco e chegou a Los Angeles com o objetivo de receber o batismo com o Espírito Santo. Depois disso, retornou a seu posto missionário na China.

Com a expansão do movimento, surgiram novas agências missionárias norte-americanas. Elas representavam diferentes grupos pentecostais, como as Assembleias de Deus, a Igreja de Deus de Cleveland, a Igreja Holiness Pentecostal Internacional e as Assembleias Pentecostais do Canadá. A Sociedade de Evangelização do Instituto Bíblico de Pittsburgh e a renomada

---

[6] James R. GOFF JR., *Fields White Unto Harvest: Charles F. Parham and the Missionary Origins of Pentecostalism* (Fayetteville: University of Arkansas Press, 1988), p. 115.
[7] Beginning of World Wide Revival, jan. 1907, p. 1.

União Missionária Pentecostal Nacional e Internacional foram prenúncios de muitas organizações de menor porte.

Europa Ocidental

As doutrinas *holiness* e a influência do avivamento do País de Gales marcaram com fogo o caminho do pentecostalismo na Europa Ocidental. Líderes como Barratt haviam ficado profundamente impressionados com as notícias sobre o movimento. De volta a Oslo (antiga Christiana), ele conduziu sua congregação ao avivamento pentecostal, cujos resultados rivalizavam com os focos da América do Norte, em termos de impacto global. (O próprio Barratt viajou pela Índia, pela Palestina e por onde quer que pudesse promover o pentecostalismo.) A intensa publicidade atraía verdadeiras multidões. Um visitante da África do Sul observou: "Tivemos o privilégio de visitar o País de Gales na época em que o avivamento estava no auge, porém nunca tínhamos visto o que presenciamos em Christiana. Não há dúvida de que o Espírito Santo de Deus estava operando ali de maneira maravilhosa".[8] Entre os que foram atraídos para aquelas reuniões estavam Alexander A. Boddy, pároco anglicano da Igreja de Todos os Santos, em Monkwearmouth, perto de Sunderland, na Inglaterra; Jonathan Paul, líder *holiness* da Alemanha; e o pastor batista Lewi Pethrus, da Suécia.

Quando Boddy retornou a Sunderland, o avivamento o acompanhou. Foi quando Smith Wigglesworth, que mais tarde se tornou uma figura lendária como evangelista internacional, recebeu o batismo com o Espírito Santo. De Amsterdã, nos Países Baixos, veio Gerrit R. Polman, discípulo de John Alexander Dowie nos Estados Unidos, o qual lançou as bases do movimento em seu país. Boddy começou a promover a Convenção Anual Pentecostal, realizada na semana de Pentecoste, que contribuiu significativamente para a expansão do movimento no Reino Unido e em outros lugares. Ele também publicou *Confidence*, um periódico mensal cujo propósito era unir os pentecostais, discutir questões importantes e proporcionar

---

8   Arthur MERCER, Here and There, *South African Pioneer*, fev. 1907, p. 1. Mercer foi secretário da Missão Geral para a África do Sul liderada por Andrew Murray.

ensino bíblico. Anos depois, outro inglês, Douglas R. Scott, levou a mensagem pentecostal para a França.

Inspirados em Barratt, Alexander Boddy e Cecil H. Polhill (um membro dos famosos Sete de Cambridge, de renome no esporte e passado missionário) instituíram a União Missionária Pentecostal em 1909, a primeira agência missionária pentecostal permanente. William F. P. Burton e James Salter implantaram a Missão Evangelística para o Congo, em Preston, Inglaterra. Gerrit R. Polman criou a Sociedade Missionária Pentecostal Holandesa, que enviou boa parte de seu pessoal para as Índias Orientais Holandesas (hoje Indonésia) e para a China.

A influência do avivamento de Oslo chegou também à Alemanha, Suécia e Finlândia. Jonathan Paul retornou à cidade de Kassel para assumir a liderança das reuniões que levaram à fundação da Associação de Mülheim. Atacado implacavelmente pelos líderes *holiness*, no entanto, o movimento foi condenado pela danosa *Declaração de Berlim*, de 1909, que acusava o pentecostalismo de ser "não de cima, mas de baixo". Os pentecostais alemães enviaram parte de seus missionários por intermédio da Missão Velbert. Lewi Pethrus, embora tenha sido expulso da igreja batista na Suécia, elevou o pentecostalismo à condição de maior força cristã de seu país e supervisionou as missões ultramarinas. Sua Igreja Filadélfia, de Estocolmo, tornou-se a maior igreja de linha pentecostal da Europa. Nos anos que se seguiram, missionários de Oslo, da Escandinávia e da Grã-Bretanha percorrem todo o globo.

Europa Oriental e Rússia

O primeiro indício de atividade pentecostal na Europa Oriental e na Rússia data de 1907, quando Eleanor Patrick, inglesa que trabalhava entre os pentecostais de Frankfurt, na Alemanha, informou que uma missão fora estabelecida em Riga, na Letônia. Mais tarde, foi publicada no periódico *Apostolic Faith* uma nota a respeito de algumas jovens camponesas da vizinha Estônia que haviam manifestado o "dom de línguas". Alguém interpretou o que elas falavam: "Jesus virá em breve. Preparem-se!".[9] (Exortações proféticas semelhantes foram ouvidas em inúmeras congregações pentecostais durante as primeiras décadas do movimento.)

Na região norte, mulheres como Patrick e a aristocrata alemã *Frau* von Brasch se destacavam na evangelização. Elas dividiam essa tarefa com A. M. Niblock e William Fetler, entre outros. Patrick mais tarde mudou-se para Saratov, no sul da Rússia, onde estabeleceu uma igreja para os "alemães do Volga", população de imigrantes com muitos menonitas. Em pouco tempo, a despeito da vigilância cerrada da polícia, a obra cresceu e se espalhou para colônias mais afastadas.

O pentecostalismo na Bulgária, na Ucrânia e na Rússia tomou maior impulso com o trabalho de Ivan Voronaev. Nascido na Rússia Central, ele serviu no regimento cossaco do exército do czar antes de se tornar pastor batista. No entanto, por causa da perseguição promovida pela Igreja Ortodoxa Russa, ele se mudou com a família para San Francisco, viajando pela Sibéria e pela Manchúria. Afiliou-se à Sociedade Casa Missionária Batista Americana e pastoreou uma igreja batista russa. Mais tarde, passou a exercer seu pastorado na cidade de Nova York.

Voronaev enfrentou uma crise quando sua filha, Vera, recebeu o batismo com o Espírito Santo no tabernáculo de Robert e Marie Brown, estabelecido naquela cidade, uma usina pentecostal da região. Os anciãos da igreja ficaram apreensivos em relação à atitude que ele poderia tomar. O falar em línguas e as profecias dos membros da controvertida seita Molokon, da Rússia, faziam que os batistas suspeitassem de qualquer um que alegasse possuir um dom sobrenatural. Logo que o fato aconteceu, Voronaev, impelido pela busca espiritual que ele próprio empreendia, procurou o tabernáculo dos Browns e ali também recebeu o batismo com o Espírito Santo. Por causa da questão das línguas, a igreja se dividiu. Então, ele e alguns membros abandonaram aquela congregação e implantaram a Primeira Assembleia Russa Pentecostal.

---

[9] The Pentecostal Revival, mai. 1908, p. 4.

Meses mais tarde, Voronaev resolveu partir para a recém-criada União Soviética. O chamado deu-se por meio de uma profecia com interpretação de línguas, uma forma comum de orientação divina entre os primeiros pentecostais. Anna Koltovich declarou: "Voronaev, Voronaev, viaje para a Rússia". Relutante no início, ele obteve a confirmação do chamado por meio da oração. Em 1920, a família reuniu seus pertences e navegou para o porto de Odessa, na Ucrânia, às margens do mar Negro, presumindo como verdadeira a propaganda comunista acerca da constituição democrática e da liberdade religiosa no novo país. Ao entrar no mar Negro, o navio aportou em Varna, na Bulgária, onde a família permaneceu um tempo. Voronaev aproveitou a oportunidade para pregar e implantar igrejas, bem como para introduzir o pentecostalismo naquele país.

LEWI PETHRUS, DA SUÉCIA

Em 1907, Lewi Pethrus, pastor de uma pequena igreja batista da região rural da Suécia, foi informado de que o avivamento pentecostal irrompera na Noruega, no trabalho liderado pelo pastor metodista Thomas Ball Barratt. Em 1907, ele visitou Barratt em Christiana (hoje Oslo), foi batizado no Espírito Santo e falou em línguas. Ao retornar à Suécia, acendeu ali um avivamento nacional que extrapolou os limites da igreja batista. Em 1911, tornou-se pastor da Igreja Batista Filadélfia, em Estocolmo, que veio a ser o epicentro do pentecostalismo sueco.

Em 1913, a Convenção Batista Sueca desligou da denominação Pethrus e sua igreja. Num curto espaço de tempo, a Igreja Filadélfia se tornou a maior igreja livre da Suécia. Pethrus insistia na autonomia total das igrejas pentecostais suecas, embora tivesse exercido um controle apostólico sobre o movimento até sua morte, em 1974.

Durante os seus trinta e três anos de pastorado, a Igreja Filadélfia ajudou na implantação de mais de 500 igrejas na Suécia e enviou centenas de missionários mundo afora. Pethrus também fundou um jornal diário, o *Dagen*, e uma emissora de rádio de alcance mundial conhecida como Rádio IBRA. Durante a Depressão, sua igreja ficou famosa por patrocinar e colaborar com programas que atraíam multidões de pobres e necessitados para os cultos. O templo da Igreja Filadélfia, construído em 1932, comportava 4 mil pessoas sentadas.

Pethrus influenciou também os círculos mundiais do pentecostalismo, atuando como uma espécie de estadista de honra nas conferências mundiais de 1957 a 1974.

As circunstâncias apresentaram-se particularmente desfavoráveis quando eles aportaram em Odessa. A polícia secreta prendeu a família inteira e confiscou todos os seus bens. Semanas depois, eles foram libertados — doentes e famintos. Para piorar a situação, a fome e a guerra civil eclodiram no lado europeu da Rússia e da Ucrânia. Voronaev descobriu que o alegado respeito aos direitos humanos na União Soviética era pura balela. Não obstante, o governo ateísta tolerava as seitas como forma de minar a influência da Igreja Ortodoxa. Entretanto, a maré finalmente virou contra os pentecostais, batistas e outros grupos protestantes.

Depois que a Igreja Batista rejeitou sua mensagem, Voronaev viajou extensivamente para o norte, até chegar a Leningrado (hoje São Petersburgo), evangelizando e fundando igrejas pentecostais. A igreja de Voronaev, em Odessa, chegou a ter mil membros. Quando o primeiro congresso pentecostal se reuniu, em 1927, os pastores o elegeram para a presidência da recém-formada União de Cristãos da Fé Evangelical. Por essa época, a Missão Russa e do Leste Europeu (sigla em inglês: REEM), agência pentecostal com sede em Chicago, começou a lhe enviar ajuda financeira. Ela também providenciou material humano para a obra missionária e treinou obreiros na escola bíblica mantida na cidade livre de Dantzig (hoje Gdansk), na Polônia. No início da Segunda Guerra Mundial, a missão tinha o registro de 80 mil cristãos na região.

Depois da promulgação do decreto antirreligioso de 1929, a polícia secreta invadiu a casa de Voronaev no meio da noite e o prendeu. Um de seus filhos relembra esse momento:

> Olhamos para ele como se fosse a última vez e tentamos imprimir cada detalhe de suas feições em nossa memória. Ele mantinha a cabeça erguida. O rosto pálido trazia uma expressão de fadiga. Os cantos da boca estavam levemente contraídos. Os cabelos começavam a ficar grisalhos. Ele envelhecera muito naqueles últimos dias.[10]

---

[10] Paul VORONAEFF, *My Life in Soviet Russia* (Tulsa: Christian Crusade, 1969), p. 33-4.

Acusado de ser um instrumento dos "americanos imperialistas", por receber dinheiro da REEM, e de trabalhar contra o regime soviético, as autoridades o enviaram para os campos de trabalho forçado na Sibéria. Informações recebidas após sua morte dão conta de que ele foi assassinado a tiros durante o que pareceu ser uma tentativa de fuga e que seu corpo foi dilacerado pelos cães de guarda. Embora o governo fechasse as igrejas e prendesse líderes cristãos como Voronaev, batistas, pentecostais e outros líderes evangelicais continuaram a dar testemunho nos campos de trabalho forçado.

Outro missionário, Nicolai J. Poysti, levou a mensagem pentecostal para a Sibéria e a Manchúria. Nascido na Finlândia, ele ouviu "o clamor da Macedônia" em 1918, ano em que o conflito armado eclodiu em seu país e na vizinha Rússia. Ele conta: "Eu estava atônito diante de Deus: precisava ir justamente para a nação que estava destruindo meu país?". Ele então ouviu o Senhor dizer: "Vá e diga a eles que eu os amo".[11] Durante os anos de seu ministério, o perigo foi quase constante. Certa ocasião, enquanto ele, a esposa e a filha desciam o rio Volga num barco a vapor, viram-se no meio do fogo cruzado entre a Guarda Vermelha, dos bolcheviques, e a Guarda Branca. De um navio ancorado ali perto, o cruel Leon Trotski, comandante da Guarda Vermelha, observava a cena. Depois de muitos apelos, ele finalmente deu permissão para o barco se afastar da zona de guerra. Talvez essa tenha sido sua única boa ação. Poysti viveu por muito tempo depois do assassinato de Trotski, o bastante para ver muitos russos aceitar Cristo, a despeito da postura antirreligiosa do regime comunista. Sua paixão por missões induziu outros finlandeses à ação, e alguns deles trabalharam na China, na Manchúria, na Tailândia e no Bornéu.

No sudeste da Europa, a troca de correspondência entre amigos contribuiu para a introdução do pentecostalismo na Romênia. Alguém dos Estados Unidos enviou a Gheorghe Bradin, em 1922, um livreto de Aimee McPherson sobre cura divina e também lhe escreveu explicando o que era o batismo no Espírito Santo. Quando terminou de ler o livreto, Bradin orou

---

[11] Nicolai J. POYSTI, *With Christ in Russia & Siberia* (Chicago: Russian and Eastern European Mission, 1936), p. 4.

pela cura de sua mulher. Em seu testemunho, ele conta: "Nossa alegria era indizível. A cura de fato aconteceu [...] por meio da fé em Jesus Cristo e em suas pisaduras".[12] O pentecostalismo romeno floresceu ao longo de muitos anos de impiedosa perseguição.

Austrália

John Alexander Dowie começou seu ministério de pregação e cura divina na Austrália e depois se mudou para os Estados Unidos, mas boa parte do remanescente de seus seguidores abraçou efusivamente a doutrina pentecostal, tanto na Austrália quanto na Nova Zelândia. A rede mundial de sua Igreja Apostólica Católica Cristã, de Zion City a Amsterdã, África do Sul, Austrália e Nova Zelândia, oferecia farto material humano aberto aos milagres e aos dons carismáticos. As convenções anuais de Keswick e as cruzadas evangelísticas de R. A. Torrey e Wilbur Chapman também deram sua contribuição.

Um avivamento em North Melbourne, liderado por Janet Lancaster, ex-metodista e mãe de nove filhos, abriu caminho para o movimento. A exemplo de muitos outros pentecostais, ela se interessou primeiro pela cura divina, experimentando uma cura ela mesma. Em outubro de 1906, Janet leu um panfleto, vindo da Inglaterra, intitulado *Back to Pentecost* [De volta ao Pentecoste] e se convenceu da realidade do batismo no Espírito Santo e do falar em línguas. Dois anos depois, testemunhou ter recebido o batismo no Espírito Santo e contou que outros crentes no país também haviam tido a experiência. Ela e seus amigos começaram assim a dirigir reuniões no Salão Boas-Novas.

Histórias de pessoas batizadas com o Espírito Santo, de curas divinas e até de gente que voltou da morte circulavam por toda parte. Janet Lancaster informa que "durante seis semanas o glorioso avivamento continuou, noite e dia, de forma que nem voltamos mais para casa. Alguém mandou buscar a mobília, e mãos voluntariosas adaptaram várias salas para

---

[12] Apud Trandafir SANDRU, *The Pentecostal Apostolic Church of God in Romania* (Bucharest: Pentecostal Apostolic Church of God, 1982), p. 26

fins de habitação".[13] O Salão Boas-Novas mais tarde patrocinou campanhas de Smith Wigglesworth e Aimee Semple McPherson, dando com isso grande impulso ao movimento. Por volta de 1928, era possível encontrar missionários australianos entre os aborígines e também na Índia, na China e na África do Sul.

Missionários

Os pentecostais eram enviados da Europa, dos Estados Unidos, da Austrália e da Nova Zelândia para os lugares tradicionais de obras missionárias: África, Índia, China, Japão, Coreia e Oriente Médio. Contrariando a opinião de alguns de seus irmãos protestantes, que consideravam a América Latina evangelizada, os pentecostais e outros evangelicais resolveram correr o risco de ser perseguidos pelas populações católicas romanas para pregar o evangelho nesse continente. Poucos daqueles cristãos sabiam, no entanto, até que ponto o cristianismo católico abriria caminho para o pentecostalismo.

Contudo, quem eram esses missionários e como se sustentariam no exterior? Pelo menos quatro categorias de obreiros se aventuravam a partir para o estrangeiro. A primeira era constituída de cristãos que haviam recebido o chamado e, em razão de seus sentimentos relativos à urgência da hora e por confiarem que aprenderiam os idiomas necessários por meio do batismo no Espírito Santo, dedicavam pouco tempo — ou tempo nenhum — a angariar recursos financeiros. Economias pessoais e ofertas dos irmãos da igreja provavelmente financiavam as viagens. Eles também não estudavam a história nem a cultura dos povos que pretendiam levar a Cristo. Credenciais de ministro, reconhecimento legal e teoria de missões ficavam no banco de trás quando o Espírito Santo estava na direção. Em numerosos casos, o impacto teve vida curta e foi decepcionante. A desilusão os derrotou quando seus melhores esforços se mostraram inúteis diante de algumas duras realidades. Tentativas de evangelização quase sempre encalhavam no desconhecimento da cultura e do idioma, na carência de ajuda

---

[13] Apud Barry CHANT, *Heart of Fire: The Story of Australian Pentecostalism* (Unley Park: House of Tabor, 1984), p. 36.

financeira para as despesas pessoais e o aluguel dos locais de culto, e na falta de uma estratégia de longo prazo que os levasse a bom êxito no novo ambiente. Muitos voltavam para casa arrasados.

Na segunda categoria de missionários, estavam as audaciosas almas que sobreviveram aprendendo idiomas, ajustando-se aos diferentes contextos sociais e adaptando-se aos desafios com que deparavam. Mesmo quando descobriram que o falar em línguas representava oração no espírito, em vez de habilidade linguística, aceitaram a mudança de significado, uma vez que haviam participado da mesma experiência que tinha inflamado o zelo dos discípulos no dia de Pentecoste. Eles escreviam cartas para amigos e igrejas, pedindo orações e apoio financeiro, e dedicavam-se a treinar os convertidos para postos de liderança nas igrejas emergentes.

Martin L. Ryan nos proporciona um excelente estudo de caso. Depois de ler uma carta que descrevia o avivamento da Rua Azusa, ele se tornou pentecostal. De Spokane, Washington, acompanhou um grupo de 20 membros de sua congregação até o porto de Seattle, onde embarcaram para o Japão e Hong Kong, em setembro de 1907. Eles foram os primeiros missionários a deixar a costa do Pacífico com destino à Ásia. Presumindo que jamais veriam o litoral norte-americano outra vez, pois a vinda de Jesus poderia ocorrer em questão de dias, semanas ou meses, sua expectativa era de só se reunirem novamente com seus familiares no céu. Um membro da comitiva, Cora Fritsch, escreveu para a família: "Oh, amados! Vivam em comunhão com Jesus, e então, num dia feliz, irei vê-los novamente. Querido papai, que você encontre sua Cora no céu, é meu desejo e minha oração".[14] (Cora morreu na China tempos depois, sem nunca ter regressado aos Estados Unidos.) Ryan e seus colegas persistiram, a despeito do choque cultural e das críticas dos missionários estabelecidos.

A terceira categoria de missionários consistia em veteranos muito capazes, que desfrutavam de extraordinário nível de estabilidade. A maioria serviu na Índia, com uma variedade de agências. Por exemplo, o missionário presbiteriano Max Wood Moorhead trabalhou com a Associação Cristã de Moços no Ceilão (hoje Sri Lanka), e a metodista Susan Easton trabalhou

---

[14] *Letters from Cora,* comp. por Homer and Alice FRITSCH (s.l.: s.n., 1987), p. 6.

com a Sociedade União Feminina Missionária da América para as Terras Pagãs, em Calcutá. Diversos cristãos que faziam parte da Aliança Cristã e Missionária na China receberam o batismo pentecostal, entre eles William W. Simpson e Grace Agar.

Finalmente, os missionários formados em institutos bíblicos constituem a quarta categoria. Além do período letivo mais curto que nas faculdades e nos seminários, os institutos bíblicos ofereciam uma intensa atmosfera espiritual, um currículo centrado nas Escrituras e um ingresso rápido no ministério. O que faltava a essas instituições em informações transculturais e em instrução missiológica lhes sobrava na formação de homens e mulheres comprometidos com a obra, que enfrentavam com coragem os problemas da vila além-mar. Escolas como as Casas de Treinamento da União Missionária Pentecostal (Londres), o Farol do Evangelho Quadrangular (Los Angeles), de Aimee Semple McPherson, e o Instituto Bíblico e Missionário (Greenville) formaram alunos que serviram a Deus com distinção. Mesmo assim, alunos formados em universidades, faculdades e seminários também faziam parte dessa categoria de missionários.

Os missionários pioneiros tinham apurado senso de organização, cooperação, cura pela fé e política eclesiástica. No que diz respeito à organização e parceria — trabalho de equipe —, o espírito independente quase sempre resultava em elitismo espiritual. A despeito da concepção idealizada da unidade mantida por crentes cheios do Espírito, a propensão de creditar tudo à liderança individual do Espírito Santo impedia a realização de projetos conjuntos. Não obstante, importantes parcerias foram estabelecidas, como na organização da Missão para o Interior da Libéria, que se deu graças ao relacionamento entre a REEM e as Assembleias de Deus.

Defensores da cura pela fé, em geral eles se recusavam a levar remédios e vacinas consigo. Como não é de admirar, a teoria e a prática entravam em choque. Recordando sua história de vida quase inacreditável, Grace Agar relata:

> Sabendo que estava indo para a fronteira do Tibete, onde provavelmente não haveria nenhum médico para cuidar de mim em caso de doença, escolhi o Senhor como meu Médico. Ele me deu saúde e força nesses trinta

e oito anos. Protegeu-me de todo mal, dos acidentes no gelo, das estradas escorregadias, dos assaltantes, dos animais selvagens e das epidemias, que são comuns na China.[15]

Outros não se saíram tão bem. Nos primeiros vinte e cinco anos de missão pentecostal na Libéria, a cada ano pelo menos um missionário era ali sepultado.

Pode-se dizer que os missionários pioneiros estruturaram as igrejas de acordo com o regime eclesiástico congregacional, embora um número sempre crescente deles preferisse um misto de padrão presbiteriano e congregacional. Em alguns lugares, foi implementado o regime episcopal. Os missionários em geral tinham sob controle as atividades da igreja e os líderes em formação, especialmente nos primeiros anos. Ironicamente, os missionários pentecostais que incentivavam seus convertidos a buscar os dons do Espírito muitas vezes limitavam o exercício dos dons de governo (Romanos 12.8). Essas restrições e a adoção de costumes ocidentais como normas eclesiásticas resultaram na formação de igrejas nativas independentes, as quais, no entanto, mantinham as características da espiritualidade pentecostal. Assim, quando os missionários entregaram de vez as rédeas da liderança, nos meados do século, a missão nacional das igrejas floresceu.

As missões pentecostais seguiam a trilha do pragmatismo. Partindo da premissa de que o falar em línguas era o mesmo que falar um idioma estrangeiro, os missionários utilizavam todos os meios possíveis para evangelizar. Os suecos pentecostais tinham a Rádio IBRA, de alcance internacional. O Orfanato de Assiout, no Egito, de Lillian Trasher, tornou-se conhecido por abrigar milhares de crianças, muitas das quais receberam o batismo cristão num contexto muçulmano. Os missionários americanos em Alto Volta, na África Ocidental Francesa (hoje Burkina Faso), traduziram a Bíblia para o idioma mossi e realizaram trabalhos de alfabetização. Quando uma grave crise econômica obrigou o povo a procurar emprego em outros países, os

---

[15] Tibetan Border of Kansu Province (1940), p. 14. (Documento datilografado, disponível no Flower Pentecostal Heritage Center, Springfield, MO 65802.)

pentecostais levaram consigo suas Bíblias em mossi, hinários e material de escola dominical e implantaram novas igrejas.

Ásia Meridional

Movimentos caracterizados pelos fenômenos carismáticos na Índia britânica precederam o desenvolvimento do pentecostalismo do século XX na Europa e na América em pelo menos quarenta anos. Notícias de avivamentos nos Estados Unidos e na Irlanda do Norte começaram a circular em 1857, inspirando os cristãos indianos a orar por um derramamento do Espírito Santo. Já influenciados pela escatologia pré-milenarista e pelo conceito igualitário de ministério dos Irmãos de Plymouth, significativos movimentos de renovação espiritual despontaram nos Estados de Tamil Nadu e Kerala, no sul do país. Os registros mencionam dons de profecia e de línguas, visões e sonhos, atividades de mulheres evangelistas e até mesmo rompimento de barreiras entre castas.[16] O desejo de formar líderes autóctones e o estilo de adoração tornavam o movimento ainda mais atraente. Com o tempo, a comunidade missionária começou a achar que os cristãos indianos, com os excessos motivados por fervor religioso, oscilavam à beira do precipício pagão.

Na virada do século, o fermento das doutrinas *holiness* e do movimento Higher Life de Keswick, influenciadas por Wesley, cresceu entre as comunidades protestantes do subcontinente. Informações sobre o avivamento do País de Gales levaram à ocorrência de fenômenos similares nos postos missionários, na primavera de 1905. Os primeiros sinais ocorreram entre as populações nativas, nas reuniões dos presbiterianos galeses de Khassia Hills. A expectativa também era grande na famosa Missão Mukti, implantada por Pandita Ramabai. Num dos mais celebrados fenômenos relacionados ao avivamento, a supervisora de um dormitório feminino correu apressada, no meio da noite, até os aposentos de Minnie F. Abrams, missionária e ex-metodista que agora administrava a missão. A supervisora

---

[16] Cf. G. H. LANG, *The History and Diaries of an Indian Christian (J. C. Aroolappen)* (London: Thynne & Co., 1939); W. J. RICHARDS, The "Six Year's Party", in: TRAVANCORE, *Church Missionary Intelligencer and Record*, nov. 1882, p. 660-7.

contou à administradora que uma das garotas havia sido batizada no Espírito Santo e "com fogo" (Mateus 3.11). A mulher relatou que "vira o fogo e correra para o quarto com um balde de água. Estava para despejá-lo sobre a garota, quando descobriu que não era fogo".[17] Esse "batismo de fogo" significou para todas a purificação necessária à santificação e motivou as outras garotas a confessar seus pecados e a se arrepender.

O avivamento se espalhou, e circulavam histórias de confissão de pecados, "tempestades de oração" (orações fervorosas que se estendiam por horas) que deixavam de lado a tradicional ordem da adoração ocidental, sinais nos céus, visões e sonhos. Missionários atônitos comentavam sobre "línguas de fogo" sobre a cabeça dos crentes, profecias e miraculosas provisões de alimento. Abrams escreveu seu famoso livro *The Baptism of the Holy Ghost and Fire* [O batismo do Espírito Santo e de fogo] com o propósito de incentivar os crentes a orar para serem cheios do Espírito Santo e assim, purificados, receberem poder para realizar a obra missionária.

Embora os fenômenos carismáticos fossem comuns no início do avivamento, as línguas só apareceram mais tarde, como resultado da "corrente de oração" de Minnie Abrams, uma série de reuniões empreendidas por mulheres evangelistas numa estação missionária anglicana. Certo dia, quando as alunas que frequentavam as reuniões voltavam para o alojamento, o avivamento começou, e muitas delas falaram em línguas. O caso mais notável ocorreu em Bombaim (hoje Mumbai). Ouvindo uma jovem chamada Sarah falar em línguas, Canon R. S. Heywood, pensando tratar-se da mesma experiência do dia de Pentecoste, procurou alguém que pudesse interpretar aquelas palavras. Um ouvinte então informou que ela estava intercedendo em oração pela conversão da Líbia.

O movimento se espalhava à medida que mais indianos testemunhavam o batismo no Espírito Santo. Em matéria publicada no início de dezembro de 1906, num periódico metodista, o editor comentou que "nenhuma fase do presente avivamento recebeu tão duras críticas quanto a das incomuns e impressionantes manifestações físicas, que tantas vezes se seguem a essas

---

[17] Minnie F. Abrams, The Baptism of the Holy Ghost and Fire, *Indian Witness*, 26 abr. 1906, p. 261.

irrupções, em diversas localidades". Para alguns, tudo parecia "estranho e incrível", mas "alguém lembrou as experiências similares, visões, transes e línguas estranhas de personagens bíblicas, bem como o fato de que a promessa de Joel era para 'todos os povos' ".[18]

Mais tarde, naquele mesmo mês, inspiradas pela leitura do *Apostolic Faith*, Minnie Abrams e outras mulheres da Missão Mukti também falaram em línguas.

O fenômeno das línguas na Índia chamou a atenção dos editores do *Apostolic Faith*, em Los Angeles. O pentecostalismo indiano havia surgido sem a influência dos acontecimentos na América do Norte, provando assim a veracidade do derramamento do Espírito em proporções mundiais.[19] Alfred G. e Lillian Garr, os primeiros missionários a deixar a Rua Azusa, chegaram a Calcutá por volta de 1907. No final da conferência missionária realizada na cidade, Alfred Garr contou sobre a "chuva serôdia" que caíra nos Estados Unidos. Um avivamento seguiu-se às suas palavras, e cada um dos presentes recebeu o batismo pentecostal. De Calcutá, essa forma evoluída de avivamento avançou país afora até alcançar o Sri Lanka. Uma fonte de 1908 informa que mais de mil pessoas falaram em línguas, entre eles 60 missionários afiliados a 15 sociedades missionárias.[20]

Como acontecia em outros campos missionários, as mulheres contribuíam de maneira substancial na pregação, nas obras de caridade e na reflexão missiológica e teológica. (Na realidade, as mulheres constituíram durante décadas a maioria dos missionários pentecostais, desfrutando privilégios e assumindo responsabilidades que muitas vezes lhes eram negados em sua igreja de origem.) Minnie Abrams e Kate Knight, da Aliança Missionária, tornaram-se bem conhecidas. Um turista da Inglaterra, o irmão escritor G. H. Lang, ficou tão perturbado com a insistência de Kate no dom de línguas e no batismo com o Espírito Santo e com o fato de uma

---

[18] The Holy Spirit and Physical Manifestations, *Indian Witness*, 13 dez. 1906, p. 786.
[19] Pentecost in India, *Apostolic Faith*, Los Angeles, nov. 1906, p. 1.
[20] A Late Report from Bombay, *Apostolic Faith*, Portland, jul./ago. 1908, p. 3.

mulher se atrever a pregar que escreveu um livro apenas para refutar as crenças que ela defendia, bem como o movimento pentecostal.[21]

A historiadora Dana L. Robert entende que "as mulheres [norte-americanas] não somente dirigiram o movimento emergente fora da tradição *holiness*, como também implantaram as primeiras instituições de treinamento missionário, atuaram como suas primeiras missionárias, vincularam a cura divina ao compromisso com as missões, e em Minnie Abrams construíram sua convincente e duradoura missiologia".[22] Esta última ação, Abrams cumpriu com seu livro *The Baptism of the Holy Ghost and Fire*, o qual ela revisou para incluir o tema da restauração do dom de línguas.

Ásia Oriental

Em janeiro de 1901, quando o avivamento irrompeu na Escola Bíblica Betel, em Topeka, Charles Parham declarou, a respeito de Agnes N. Ozman, a primeira pessoa a falar em línguas no século XX: "Uma auréola luminosa parecia envolver sua cabeça e seu rosto, e ela começou a falar em chinês".[23] E não foi só isso: "Ela tentou escrever em inglês, para assim nos contar a experiência, mas só escrevia em chinês". Assim, desde o primeiro dia do moderno pentecostalismo, a meta de evangelizar as nações mais populosas da terra pareceu possível aos pentecostais, pois, na concepção deles, a barreira do idioma havia sido transposta.

Na condição dos primeiros missionários pentecostais a alcançar a China, T. J. McIntosh e sua esposa chegaram a Hong Kong em agosto 1907 e imediatamente foram para o vizinho enclave português de Macau. Como resultado de sua pregação, alguns crentes chineses e missionários abraçaram a fé pentecostal. Sendo produto do avivamento de Dunn, McIntosh

---

[21] *The Modern Gift of Tongues: Whence Is It? A testimony and an examination* (London: Marshall Brothers, 1913).
[22] *American Women in Mission: A Social History of Their Thought and Practice* (Macon: Mercer University Press, 1996), p. 241.
[23] The Story of the Origin of the Original Apostolic or Pentecostal Movements, in: Larry MARTIN (Org. e comp.), *The Topeka Outpouring: Eyewitness Accounts of the Revival that Birthed the 20th Century Pentecostal/Charismatic Movements* (Joplin: Christian Life Books, 1997), p. 37.

mencionou ter recebido uma intimação divina para pregar em Macau. Entretanto, ele logo partiu para a Palestina, no que se tornaria a primeira de duas viagens ao redor do mundo. Dois outros grupos de missionários chegaram a Hong Kong em outubro: os Garrs, que desde janeiro estavam ministrando na Índia, e a equipe de Martin Ryan, de Spokane.

A princípio, Garr dirigia as reuniões no complexo missionário da Junta Americana de Comissários para as Missões Estrangeiras (sigla em inglês: ABCMF), com a assistência de sua esposa e duas mulheres de Spokane. Um diácono da igreja, Mok Lai Chi, servia de intérprete. Pouco tempo depois, Mok teve a experiência pentecostal. Não demorou para que a igreja se dividisse, pois os líderes da ABCMF rejeitavam o dom de línguas. Uma nova igreja foi assim implantada, tendo Mok como seu pastor. Tomando uma iniciativa na evangelização, ele publicou o primeiro jornal pentecostal da China, o *Pentecostal Truths* [Verdades pentecostais]. As atividades de Mok nos fazem lembrar que grande parte do crescimento do pentecostalismo deveu-se ao trabalho de cristãos nativos. Mais tarde, do tronco do pentecostalismo clássico surgiu uma seita local radical: a Igreja de Jesus Verdadeira, que se revelou uma mistura de pentecostalismo unicista com ensinos sabatistas.

Indo mais para o interior, o avivamento pentecostal surgiu entre obreiros da Aliança Missionária em Wuchow, em 1907, pois "o Espírito desceu numa tranquila reunião de sábado à noite. Sem que tivesse havido nenhuma exortação ou oração especial com esse propósito, vários crentes 'começaram a falar em línguas'. Foi uma experiência inteiramente nova, mas, sem dúvida, uma bênção para todos os irmãos: estrangeiros e nativos, homens e mulheres, jovens e velhos". Além disso, "tinha-se a impressão de que o Espírito Santo estava caindo simultaneamente sobre os filhos de Deus, em todas as partes do mundo, mesmo sem a intervenção de uma liderança humana".[24] Uma das personalidades presentes à reunião, Robert A. Jaffray, declarou que o batismo do Espírito transformara seu ministério.

Outro obreiro da Aliança Missionária entrou em cena um ano mais tarde: Victor G. Plymire, formado pelo Instituto de Treinamento Missionário de A. B. Simpson, em Nyack, Nova York. Durante um período de

---

[24] *Eleventh Annual Report of the Christian & Missionary Alliance*, 27 mai. 1908, p. 143.

licença, ele recebeu o batismo do Espírito, afiliou-se a uma denominação pentecostal e retornou ao seu trabalho no Tibete, lugar considerado "os confins da terra" (Atos 1.8) por alguns entusiastas da obra missionária. A despeito das privações e das perdas pessoais (ele sepultou ali a mulher e um filho), Plymire finalmente batizou seu primeiro convertido após seis anos de trabalho evangelístico.

A caminho de Hong Kong, tendo partido dos Estados Unidos, Ryan e seu grupo desembarcaram no Japão para uma ligeira estada. Mais tarde, ele retornou de Hong Kong para ali realizar um trabalho permanente de missões. Orientado talvez pela primeira estratégia missionária concebida por um pentecostal, ele evangelizou estudantes, consciente de que milhares de alunos provenientes de países vizinhos e matriculados nas universidades japonesas poderiam voltar para casa como testemunhas de Cristo. No Japão, ele publicou a revista *Apostolic Light* [Luz apostólica], que era traduzida para o coreano. Ryan deixou o Japão em 1909, e a extensão de sua obra permanece desconhecida.

A vida testava a resistência daqueles missionários "de fé", quando a doença os acometia ou quando os recursos financeiros acabavam. O jovem evangelista irlandês Robert Semple morreu de malária em Hong Kong, deixando sua esposa Aimee [Semple McPherson] com uma filha pequena. A tragédia também se abateu sobre muitos outros. Durante sua primeira estada no campo missionário, os Garrs perderam um bebê, que morreu ao nascer, uma filha de 2 anos de idade e uma criada, ambas em consequência de uma epidemia. Em outra temporada que o casal passou em Hong Kong, Lillian Garr deu à luz um bebê prematuro, que pesava apenas 1,360 kg. O pequeno Alfred Jr. não conseguia segurar o leite no estômago e tudo indicava que também morreria. Desesperado, seu pai orou: "Senhor, esse é o meu único legado. Querido Deus, cura o meu filho. Faze que ele consiga ingerir algum alimento". Alfred então ouviu o Senhor lhe dizer que o bebê sobreviveria se lhe dessem leite condensado Eagle Brand. Sem saber onde poderia encontrar aquela marca de leite, saiu procurando de loja em loja. Finalmente, encontrou um mercador chinês que lhe informou ter recebido uma remessa de leite condensado que não havia sido encomendada. Quando Garr foi ver a mercadoria, constatou que era justamente da marca

Eagle Brand. Esse milagre tornou-se conhecido mundialmente — com a ajuda de um produto não menos famoso. O bebê conseguiu ingerir o leite condensado e, a partir daí, cresceu saudável.

Embora os pentecostais preferissem ouvir histórias em que a fé triunfava sobre as dificuldades, a pressão sobre as famílias missionárias às vezes produziam consequências amargas. Quando se divorciou, Rowena Ryan queixou-se de ter vivido "naquele 'país pagão' [Japão] [...] sem comida e sem casa própria, e [que] como último recurso [...] aprendera o idioma, de modo que pudesse trabalhar como professora de crianças".[25]

O pentecostalismo entrou na Coreia em 1908, graças aos esforços de duas mulheres da Califórnia. As "irmãs Daniels e Brand" visitaram o Japão com Cora Fritsch e anunciaram sua intenção de evangelizar o Reino Eremita durante alguns meses, em sua rota de viagem para Hong Kong e Jerusalém.[26] Anos mais tarde, em 1928, depois de o país ter sido anexado pelo Império Japonês, o evangelista Yong Do Lee, da Igreja Metodista, exerceu ali um ministério caracterizado por curas divinas e pelo falar em línguas. Mary Rumsey, que recebera o batismo no Espírito Santo na Rua Azusa, chegou dos Estados Unidos no mesmo ano e estabeleceu um trabalho que se tornou um ponto de vanguarda do pentecostalismo.

Entre outros destinos, alguns pentecostais suecos chegaram à Mongólia Interior. Começaram a trabalhar em 1922 e aprenderam o idioma e a cultura dos nômades daquela região da Ásia. Entre eles, um dos mais conhecidos, Folke Boberg, teve sua preparação ministerial no Instituto Bíblico da Aliança Missionária Escandinava, em Jönköping, e no Instituto Bíblico Moody, em Chicago. Seu labor lexicográfico resultou no aclamado *Mongolian-English Dictionary* [Dicionário mongol-inglês], publicado em três volumes pela Filadelfia Publishing House, de Estocolmo.

África

O pentecostalismo experimentou grande crescimento no Hemisfério Sul, principalmente na África e na América Latina. As primeiras missionárias

---

[25] Alleged Crank in Limelight, *Daily Oregon Statesman*, 7 jan. 1911, p. 1.
[26] Cora FRITSCH, *Letters from Cora*, p. 42-3, 48.

pentecostais, Mary Johnson e Ida Andersson, deixaram Moorhead, Minnesota, em novembro de 1904, e foram para a África do Sul, inspiradas pelo avivamento sueco-americano. Depois que o navio aportou em Durban, elas estabeleceram contato com cristãos noruegueses e suecos. Durante os vários anos que permaneceram na cidade de Natal, trabalharam em parceria com os missionários da União Holiness Sueca.

O trabalho missionário avançou pela África, tendo como objetivo a Libéria e a Angola portuguesa, com um grupo que viera da Rua Azusa, em grande parte composto por afro-americanos. Para a Libéria, veio G. W. Batman, Julia W. Hutchins e Lucy Farrow. Samuel e Ardella Mead, veteranos missionários metodistas, viajaram com Robert Shidelers para Angola. Os Meads haviam feito parte da expedição dos Quarenta Pioneiros do bispo William Taylor, de 1885. Enquanto aguardava o navio em Nova York, em dezembro de 1906, o grupo encontrou F. M. Cook. Numa carta enviada ao *Apostolic Faith*, ele contou que recebera o chamado para a África três anos antes. Inesperadamente, encontrou-se com os "santos de Los Angeles", Batman e Farrow, que lhe impuseram as mãos e oraram por ele. Cook "recebeu seu Pentecoste e falou num dialeto africano. Por isso, ele agora é um representante da Fé Apostólica na costa oeste da África".[27] Para tomar o rumo do campo missionário, os primeiros pentecostais precisavam apenas do aval do Espírito Santo.

Em 1908, duas figuras de destaque — John G. Lake e Thomas Hezmalhalch — obtiveram durante suas atividades na África êxito alcançado por poucos. Lake era um rico homem de negócios e presbítero da Igreja Apostólica Católica Cristã, de John Alexander Dowie, em Zion City. Ele recebeu o batismo do Espírito durante o período que Charles Parham e sua tenda permaneceram na cidade, em 1906. Mais tarde, Lake escreveu:

> Coloquei meus bens à disposição, distribuí meu capital da maneira que julguei ter sido a melhor para os interesses do Reino de Deus e fiquei

---

[27] Nota sem título, *Apostolic Faith*, Los Angeles, dez. 1906, p. 3.

inteiramente na dependência do Senhor para obter meu sustento e de minha família. Renunciei a mim mesmo para pregar o evangelho.[28]

Talvez pelo fato de Dowie ter assumido uma postura de reconciliação racial em Zion City, Lake simpatizou com a dinâmica inter-racial que encontrou na Rua Azusa.

Partindo de Indianápolis, o recém-formado grupo de missionários era composto por Lake, seus sete filhos e mais quatro adultos, entre eles Hezmalhalch. De acordo com o relato de Lake, um milagre financeiro seguiu-se após outro até eles passarem pela alfândega da África do Sul. Os alicerces de um avivamento pentecostal já haviam sido lançados, em parte pela obra de Pieter le Roux, missionário da Igreja Reformada Holandesa que se uniu à organização de Dowie. Até um substituto ter vindo de Zion City, o movimento progrediu consideravelmente. Como resultado do avivamento de Wakkerstroom, o número de "zionistas" chegou a 5 mil. Embora Dowie tivesse dado destaque à cura divina, a mensagem pentecostal dos recém-chegados despertou o interesse de Roux.

Lake começou seu ministério nas imediações de Johannesburgo, numa igreja "zionista" negra, em Doorfontein. Sua pregação atraía os brancos também. No Tabernáculo da Rua Bree, de maioria branca, os membros reclamaram da presença do conhecido pregador negro Elias Letwaba. Lake defendeu-o, abraçando-o, beijando-o e chamando-o "meu irmão". O ministério de Letwaba, caracterizado por curas divinas e evangelização, fez muito para estimular o pentecostalismo entre a população negra. Faz parte de seu legado a fundação da Escola Bíblica Patmos, a primeira instituição de treinamento ministerial para o povo da Missão da Fé Apostólica naquela área.

Infelizmente, o pentecostalismo descambou para a segregação racial, uma separação que se consolidou mais tarde com a política de *apartheid* do governo. Todavia, apesar das críticas contra Lake por causa de sua postura em relação à segregação racial, seu trabalho influenciou o desenvolvimento da Missão da Fé Apostólica na África do Sul e da Igreja Apostólica Zion independente, de maioria negra, como era conhecida.

---

[28] *My Baptism in the Holy Spirit and How the Lord Sent Me to South Africa* (Portland: Divine Healing Institute, s.d.), p. 14.

JOHN G. LAKE

John G. Lake foi ordenado ministro metodista aos 21 anos de idade, mas preferiu seguir a carreira no mundo dos negócios. Lake foi muito bem-sucedido em seus empreendimentos, fundando um jornal, depois migrando para o ramo imobiliário e finalmente trabalhando com seguros. Embora lhe tivessem oferecido um salário de 50 mil dólares por ano para administrar uma companhia de seguros, Lake sentiu que Deus estava exigindo a dedicação de todas as suas energias à pregação do evangelho.

A drástica mudança na vida de Lake foi influenciada por vários milagres de cura, culminando na cura instantânea de sua esposa, que sofria de tuberculose, durante uma ministração de John Alexander Dowie, em 1898. Depois de presenciar essas curas, Lake associou-se ao ministério de Dowie e serviu como presbítero na Igreja Apostólica Católica Zion. Mais tarde, depois de deixar Dowie, começou a exercer seu ministério à noite enquanto prosseguia durante o dia com suas atividades no mundo dos negócios. Lake pediu a Deus o batismo no Espírito Santo e, depois de nove meses de busca, sentiu sobre si o poder de Deus, em resposta às orações.

Logo depois que recebeu o batismo no Espírito Santo, em 1907, Lake sentiu que Deus o chamava para a África. Abandonou os negócios, distribuiu seus bens e partiu para o continente africano, confiando que Deus supriria todas as necessidades de sua família. Lake, sua esposa, seus sete filhos e mais quatro adultos chegaram à África do Sul na primavera de 1908. Seu grupo de missionários acreditava que Deus iria adiante deles, preparando o caminho. No navio, eles conheceram uma senhora que lhes providenciou uma casa, porque o Senhor lhe havia ordenado que arranjasse acomodação para seus servos. Infelizmente, as provisões miraculosas não continuaram. O povo da terra pensava que os missionários eram americanos ricos, e, quando Lake e seu grupo esgotaram todos os seus recursos na obra, acabaram sem ter nem mesmo o que comer.

A senhora Lake morreu em dezembro de 1908, enquanto Lake estava ausente, pregando em vários lugares. Acredita-se que ela morreu por excesso de trabalho e desnutrição. A morte da esposa foi um golpe severo para Lake. Embora tenha continuado com seu ministério na África por mais alguns anos, ele sentia os efeitos da solidão, que acabou provocando seu regresso aos Estados Unidos. De volta ao seu país natal, ele se casou em 1913 com Florence Switzer e se estabeleceu em Spokane um ano depois.

Estima-se que milhares de casos de cura divina ocorreram durante os cinco ou seis anos seguintes de ministério de Lake. Ele se mudou para Portland em maio de 1920 e ali deu início a um trabalho semelhante ao que realizava em Spokane. A saúde de Lake não lhe permitiu a realização de um sonho: uma rede de instituições de cura divina que se estenderia por todo o país. Ele morreu de derrame em 1935.

Jim Zeigler
Dictionary of Pentecostal and Charismatic Movements
[Dicionário dos movimentos pentecostal e carismático]

Os primeiros missionários canadenses, Charles e Emma Chawner, receberam o batismo no Espírito Santo na Missão Hebden, em Toronto. Eles viajaram pelo território zulu, na África do Sul, em 1908. O filho deles, Austin, e a esposa deste mais tarde foram pregar o evangelho em Moçambique, na época sob o domínio de Portugal. O filho mais moço dos Chawners foi educado na Escola Bíblica de Treinamento Betel, em Newark, Nova Jersey. Essa instituição tinha duas importantes afiliações: a Assembleia Pentecostal Independente, que contava com o aval da igreja, e a Missão Pentecostal na África do Sul e Central (sigla em inglês: PMSCA).

Minnie T. Draper serviu como primeira presidente de comissão. Ex-membro da Aliança Cristã e Missionária, ela foi assistente no ministério de cura de A. B. Simpson. A agência mantinha um escritório no campo da África do Sul, que dirigia todas as atividades locais, bem como as ações na Suazilândia e em Moçambique. A instituição também enviou missionários para China, Índia, Venezuela e México. Ricos patrocinadores participavam de uma comissão cuja tarefa era administrar os fundos missionários por meio de aplicações no mercado financeiro. Quando a comissão chegava a um impasse sobre uma decisão vital, eles recorriam a Cora O. Lockwood, uma senhora de idade da congregação de Newark que tinha pouco dinheiro, mas era respeitada por ser espiritualmente esclarecida. Embora não fizesse parte da comissão, ela podia orar para discernir a vontade de Deus e então dar o voto decisivo.

Na África Ocidental, os primeiros missionários pentecostais do Reino Unido se estabeleceram na Costa do Ouro (hoje Gana) e na Nigéria, no início da década de 1930. O pentecostalismo clássico teve bom desenvolvimento nas colônias britânicas e francesas. Além disso, surgiram movimentos significativos, semelhantes aos pentecostais. William Wadé Harris, criado num lar metodista da Libéria, liderou um grande movimento cristão na Costa do Marfim e na Costa do Ouro. Ele se considerava um "Elias negro" dos "últimos dias" e levou milhares de pessoas à conversão. Em seu campo de visão espiritual, havia lugar para línguas, curas e milagres.

América Latina

A evangelização mundial incomodava a mente dos fiéis de Chicago. A Missão da Avenida Norte, de William H. Durham, em particular, comissionou missionários notáveis. Um imigrante italiano, o presbiteriano Luigi Francescon, recebeu naquela instituição o batismo do Espírito, em 1907. Algum tempo depois, Durham profetizou que Deus desejava que ele, Francescon, evangelizasse a comunidade italiana. Com seu amigo Pietro Ottolini, ele implantou a Assembleia Cristã, a primeira igreja ítalo-americana pentecostal da América do Norte. Um associado, Giacomo Lombardi, partiu para a Itália, onde organizou várias congregações que se tornaram núcleos do movimento pentecostal italiano. Francescon viajou para a Argentina em 1909, a fim de pregar para os italianos que viviam naquele país. Seu maior êxito, porém, despontou como o fruto de uma visita que fez a São Paulo, no Brasil. A imensa Congregação Cristã no Brasil deve sua origem ao ministério de Francescon.

No mesmo ano em que Francescon foi para a Argentina, o pentecostalismo surgiu no lado mais remoto dos Andes Chilenos. Em Valparaíso, o doutor Willis Hoover pastoreava a Primeira Igreja Metodista. Numa classe de adultos da escola dominical, ele apresentou as causas do avivamento como tema para discussão: o interesse na doutrina *holiness* da santificação e os testemunhos incomuns do poder de Deus na vida dos membros da igreja. Durante um estudo no livro Atos, um membro da igreja perguntou:

— O que nos impede de ser como a igreja primitiva?

O pastor retrucou:

— Nada impede, exceto alguma coisa dentro de nós mesmos.[29]

A exemplo de outros cristãos do mundo, eles começaram a orar por um derramamento do Espírito.

Em 1907, Hoover e sua esposa, Mary, receberam um exemplar da primeira edição de *The Baptism of the Holy Ghost and Fire*, de Minnie Abrams. Minnie e Mary haviam estudado juntas e se formado na primeira turma de

---

[29] *History of the Pentecostal Revival in Chile* (trad. Mario G. Hoover, Lakeland, pelo tradutor, 2000), p. 4.

mulheres da Escola de Treinamento para a Cidade, o Lar e as Missões Estrangeiras de Chicago. Embora o livro não mencionasse o falar em línguas, Minnie escrevera acerca do primeiro estágio do avivamento indiano e do "batismo com fogo":

> Temos muito pouco tempo para agregar esses milhões de povos não evangelizados à porção do Senhor. Se não fizermos esse trabalho, o sangue deles será requerido de nós [...]. Chegou o tempo de buscarmos a plenitude do Espírito Santo, o fogo que nos dará poder para pregar o evangelho com os sinais que a ele se seguem.[30]

Notícias de pessoas falando em línguas chegaram aos Hoovers quando Fredrik Franson passou por Valparaíso, um ano depois. Em breve, um grande avivamento teria início entre os metodistas daquela cidade. Uma missão oficial em Nova York descreveu-o como tendo "muito que comparar com a história do avivamento metodista em seus primórdios".[31] Contudo, a natureza controversa das ocorrências levou as autoridades da denominação a rejeitá-las. Mesmo com o rompimento das relações, um movimento "pentecostal metodista" não demorou a tomar forma.

De longe, o mais espetacular crescimento do pentecostalismo foi registrado no Brasil. Os investimentos de Francescon e dos suecos (vindos dos Estados Unidos) Daniel Berg e Adolf Gunnar Vingren renderam ricos dividendos. Criado em lar batista, Berg imigrou para os Estados Unidos em 1902 para escapar à depressão econômica que atingira sua terra natal. Ele recebeu o batismo pentecostal numa visita posterior à Suécia. Vingren chegou à América do Norte um ano mais tarde. Trabalhou como operário com o objetivo de guardar dinheiro para os estudos e então se afiliou ao Departamento Sueco da Escola de Divindade da Universidade de Chicago, a fim de se preparar para o ministério. Eles se encontraram pela primeira vez numa conferência pentecostal promovida pela Primeira Igreja Batista

---

[30] The Baptism of the Holy Ghost and Fire, *Bombay Guardian*, 23 jun. 1906, p. 9. Embora tenham sido impressos 10 mil exemplares da primeira edição, só foi possível encontrá-la em coleções.
[31] Apud Willis HOOVER, *History of the Pentecostal Revival in Chile*, p. 62.

Sueca de Chicago e começaram a frequentar as reuniões na Missão da Avenida Norte. Vingren, tempos depois, pastoreou uma igreja batista sueca em South Bend.

Num culto de sábado à noite, em 1910, Adolf Uldine, membro da igreja em South Bend, profetizou que Deus desejava que Vingren fosse para o "Pará" e ali pregasse as boas-novas. Desconhecendo essa localização, eles se dirigiram à Biblioteca Pública de Chicago para consultar um atlas e descobriram no litoral norte do Brasil o Estado do Pará. Sem demora, embarcaram para a capital daquele Estado, Belém, o principal porto da bacia Amazônica. Foram acolhidos calorosamente por um pastor da igreja batista e convidados a se hospedar em sua casa. A atmosfera mudou, entretanto, quando Berg e Vingren começaram a pregar o batismo no Espírito Santo. Em consequência, tiveram de deixar a casa do pastor e com 18 membros da igreja implantaram uma nova congregação.

A exemplo de outros missionários pentecostais que se aventuraram a ir para outro país "pela fé", eles oravam ao Senhor pedindo provisão, mas isso não significava inatividade da parte deles. Bem ao feitio dos "fazedores de tendas", Berg arranjou um emprego de fundidor numa siderúrgica, enquanto seu parceiro assumia as responsabilidades pastorais. O salário de Berg bastava para o sustento deles e para pagar as aulas de português. Depois que o movimento cresceu, eles registraram a instituição com o nome Assembleias de Deus. Nos anos que se seguiram, vários missionários suecos e americanos trabalharam no Brasil, dando assistência ao que se tornou a maior comunidade protestante do país.

Conclusão

Os líderes da conferência de Edimburgo, preocupados com o cumprimento da Grande Comissão, optaram pela ação conjunta. Sem dúvida, o encontro provou ter sido um ponto crítico na história da Igreja. Enquanto os delegados deliberavam, entretanto, um novo e radical movimento já se mobilizava para a tarefa. Tendo como sua bússola a renovação, o movimento pentecostal apontava para uma grande e esquecida dimensão do ministério do Espírito. Adotando um conceito carismático distinto do batismo do Espírito e uma crença inabalável na atualidade dos dons espirituais, o pentecostalismo, em suas variadas formas, mudou a face do cristianismo e introduziu uma autêntica práxis trinitariana no trabalho missionário.

A pouca instrução, a ausência de apoio financeiro para a maioria dos missionários e a rejeição de seus colegas evangelicais e de tradição *holiness* não impediu os pentecostais de encarar a tarefa a que se propunham. O efeito equalizador do derramamento do Espírito Santo capacitou cada cristão a se tornar um pregador. Em contraste com a piedade racional e formalista de grande parte do cristianismo evangelical que caracterizava a Igreja do início do século XX, a dinâmica empírica da fé pentecostal atraiu o interesse dos povos nos campos missionários, à semelhança do que ocorreu com a civilização ocidental nos tempos do Iluminismo. Uma vez que a vinda de Cristo estava tardando, os pentecostais concluíram que a edificação da Igreja de Cristo demandava mais sinais e maravilhas. Como resultado, seus métodos lembravam os de outros missionários evangelicais, exceto pela ênfase na ação do Espírito. Além disso, muitos se empenhavam em implantar costumes nativos nas igrejas, embora mesclados com a cultura euro-americana.

"Estou agora navegando para as regiões além de nossas fronteiras, onde Jesus pretende me usar, e a glória de Deus está [se manifestando], muitas vezes em meu corpo", refletia Cora Fritsch enquanto o Minnesota singrava o golfo de Puget Sound rumo ao Oriente. "O melhor de tudo é sentir a face radiosa de meu Salvador sorrindo para mim e ter a certeza de que Deus se agrada de mim."[32] Por trás de sua exuberância juvenil, jazia um inabalável senso de compromisso. Na verdade, ela estava consciente de que, pelo batismo pentecostal, fora revestida de poder para anunciar as boas-novas.

Com a mesma inspiração e confiança, um século depois coreanos, cingapurenses, filipinos, indianos, salvadorenhos, brasileiros, nigerianos e outros pentecostais e carismáticos arriscam tudo para ir até os confins da terra a fim de proclamar "este evangelho do Reino [...] como testemunho a todas

---

[32] *Letters from Cora*, p. 16.

as nações" (Mateus 24.14). Essa é a história das missões "pentecostais" ao redor do mundo no cristianismo de nosso dias.

Leituras recomendadas

A melhor fonte de consulta para quem deseja saber mais acerca da expansão do movimento pentecostal é Stanley M. Burgess e Eduard van der Maas: *New International Dictionary of Pentecostal and Charismatic Movements* [Novo dicionário dos movimentos pentecostal e carismático] (Grand Rapids: Zondervan, 2001). Também será de grande utilidade a obra de Walter Hollenweger, *Pentecostalism: Origins and Developments Worldwide* [Pentecostalismo: origens e expansão mundial] (Peabody: Hendrickson Press, 1997). Outra fonte de consulta acadêmica é o livro *The Globalization of Pentecostalism: A Religion Made to Travel* [A globalização do pentecostalismo: uma religião feita para viajar] (Irvine: Regnum Books International, 1999), organizado por Murray W. Dempster, Byron D. Klaus e Douglas Petersen. Um excelente trabalho sociológico é *Charismatic Christianity as a Global Culture* [Cristianismo carismático como cultura global] (Columbia: University of South Carolina Press, 1994), de Karla Poewe.

Entre as obras sobre o pentecostalismo europeu, podemos citar: *In the Days of the Latter Rain* [Nos dias da chuva serôdia] (New York: Garland Publishing Company, 1985 [Higher Life Series]. Reimpressão da edição de 1909), de Thomas Ball Barratt; *Soviet Charismatics: The Pentecostals in the USSR* [Carismáticos soviéticos: os pentecostais na URSS] (New York: Peter Lang, 1985), de William C. Fletcher; e o artigo de David Bundy, Swedish Pentecostal Mission Theory and Practice to 1930: Foundational Values in Conflict [Teoria e prática da missão pentecostal sueca em 1930: valores fundamentais em conflito], publicado em *Mission Studies: Journal of the International Association for Mission Studies*, XIV, 1 & 2, 1997, p. 147-74.

Das fontes latino-americanas, recomendamos: *Power, Politics, and Pentecostals in Latin America* [Poder, política e pentecostais na América Latina] (Boulder: Westview Press, 1997), organizado por Edward L. Cleary e Hannah W. Stewart Gambino; *Is Latin America Turning Protestant?* [A América Latina está se tornando protestante?] (Los Angeles: University of California Press, 1990), de David Stoll; e *Tongues of Fire: The Explosion of Protestantism in Latin America* [Línguas de fogo: a explosão do protestantismo na América Latina] (London: Oxford University Press, 1990), de David Martin; além de *History of the Pentecostal Revival in Chile* [História do avivamento pentecostal no Chile] (trad. Mario G. Hoover, Lakeland, s.d.), de Willis Collins Hoover (pode ser adquirido de Mario G. Hoover, 4312 Orangewood Loop East, Lakeland, FL 33813-1848). Um estudo proveitoso é o artigo de Everett A. Wilson, Identity, Community, and Status: The Legacy of the Central American Pentecostal Pioneers [Identidade, comunidade e *status*: o legado dos principais pioneiros pentecostais americanos], in: *In Earthen Vessels: American Evangelicals and Foreign Missions, 1880-1980* (Grand Rapids: Eerdmans, 1990), organizado por Joel A. Carpenter e Wilbert R. Shenk, p. 133-51.

Uma boa fonte de consulta sobre o pentecostalismo africano é *Bazalwane: African Pentecostals in South Africa* [Bazalwane: africanos pentecostais na África do Sul] (Pretoria: University of South Africa Press, 1992), de Allan Anderson. Um excelente livro sobre o movimento pentecostal na Austrália é a edição revisada de *Heart of Fire: The Story of Australian Pentecostalism* [Coração de fogo: a história do pentecostalismo australiano] (Unley Park: House of Tabor, 1984), de Barry Chant.

✳ 5 ✳

AS IGREJAS *HOLINESS* PENTECOSTAIS

Vinson Synan

Através dos anos, os pentecostais têm sido identificados por vários nomes. Embora muitas das primeiras igrejas pentecostais dos Estados Unidos fossem conhecidas como "igrejas *holiness*", o primeiro grupo estritamente pentecostal utilizava variações do nome Fé Apostólica. Esse foi o nome escolhido por Charles Parham para seu pequeno grupo em Topeka, por ocasião da descida do Pentecoste, em 1901. Quando seu discípulo negro e amigo William J. Seymour inaugurou a famosa Missão da Rua Azusa, em Los Angeles, no ano 1906, Fé Apostólica também foi o nome adotado.

Nos anos que se seguiram, outros nomes foram usados, alguns bem comuns, como Evangelho Pleno, Evangelho Pentecostal e Chuva Serôdia. Às vezes, os pentecostais eram chamados *holly rollers* ("santos roladores"), em tom de escárnio, pelo povo em geral, denominação rejeitada universalmente pelos adeptos do movimento. Muitas das novas denominações incluíam a palavra "pentecostal" no nome que adotavam, enquanto outras preferiam nomes doutrinariamente neutros, como Assembleias de Deus, Igreja de Deus, Igreja do Evangelho Quadrangular e Igreja de Deus em Cristo.

Durante muitas décadas, os pentecostais eram os párias da sociedade. Uma das razões para essa rejeição era que a maioria das igrejas pentecostais surgia entre as classes mais pobres e marginalizadas. David Barrett dizia que "nenhum movimento do século XX foi mais ridicularizado, atormentado, atacado e exposto a maus-tratos" por sua fé que os pentecostais.

A despeito de serem os párias das igrejas dominantes, os pentecostais se multiplicaram, especialmente nos anos seguintes à Segunda Guerra Mundial. Descobriu-se um terreno fértil entre os negros e o brancos pobres do sul e do meio-oeste dos Estados Unidos. Muitos pentecostais espelharam-se no exemplo das famílias de Oklahoma que fugiram da estiagem na década de 1930, em busca de novas oportunidades na Califórnia. Na verdade, os protagonistas do livro *As vinhas da ira*, de John Steinbeck, têm como modelo uma família pentecostal *holiness* que empreendeu uma longa e difícil jornada de Oklahoma até a Califórnia.

A despeito de sua limitada condição econômica, os pentecostais não demoraram a enviar missionários por todo o mundo, e seu crescimento foi mais rápido que o verificado em qualquer outra denominação. Embora tenham experimentado maior crescimento nos países do Terceiro Mundo, eles também se infiltraram de maneira surpreendente na Europa e na América do Norte. O florescente movimento teve grande aceitação social. O crescimento repentino do número de igrejas pentecostais também forçou as denominações históricas a contemplá-los de uma nova perspectiva e a analisar melhor suas crenças.

Existem hoje mais de cem denominações pentecostais nos Estados Unidos e milhares de pequenas comunidades e igrejas independentes. Na prática, a regra é que, para cada congregação que faz parte de uma denominação organizada, existe outra congregação independente. Assim, o número de igrejas independentes não afiliadas a nenhuma denominação nos Estados Unidos é equivalente ao número de igrejas que compõem as maiores denominações, como as Assembleias de Deus.

Igrejas wesleyanas pentecostais

As primeiras igrejas pentecostais americanas estavam profundamente arraigadas ao movimento de santidade wesleyano, o qual se espalhara pela América do Norte no século XIX. Durante décadas, os mestres e pregadores *holiness* ensinaram que havia duas "bênçãos" disponíveis aos crentes. A primeira, a justificação pela fé, era também chamada "novo nascimento". Esse momento marcante era o conceito e a experiência comuns entre a maioria dos evangelicais dos Estados Unidos. Os wesleyanos, entretanto, sustentavam a ideia de uma "segunda bênção", a qual, de acordo com a terminologia de Wesley, era chamada de "santificação plena", uma experiência instantânea que concedia ao crente vitória sobre o pecado e "perfeito amor" em relação a Deus e aos homens. A maioria dos pentecostais da primeira geração era proveniente do tronco *holiness* que tinha suas raízes no metodismo.

Quando o movimento pentecostal eclodiu, os "pentecostais *holiness*" apenas acrescentaram o batismo no Espírito Santo com a "evidência inicial" do falar em línguas como uma "terceira bênção", que concedia ao crente poder para testemunhar àqueles que já haviam sido santificados. Com a nova experiência das línguas, a santificação era vista como pré-requisito, a "purificação" que qualificava o crente a receber a "terceira bênção" do batismo no Espírito Santo. Uma mensagem profética já havia advertido: "Meu Espírito não habitará um templo imundo". Os que buscavam a nova experiência eram incentivados a deixar de lado toda raiz de amargura e o pecado original para que nada os impedisse de receber o Espírito. De fato, conta-se que Seymour não permitia que ninguém entrasse no "cenáculo" para buscar o batismo até ter certeza de que a experiência de santificação ocorrera no andar de baixo.

O testemunho-padrão da Rua Azusa era: "Eu fui salvo, santificado e cheio com o Espírito Santo". Em adição a essas três obras da graça, os primeiros pentecostais enfatizavam a cura divina imediata "como parte da expiação" e a doutrina pré-milenarista da segunda vinda de Cristo para arrebatar a Igreja no fim dos tempos. Esse era o "evangelho quíntuplo" de Parham, de Seymour, da Rua Azusa e dos primeiros pentecostais.

Aquelas igrejas também adotaram códigos estritos de santidade, proibindo aos seus membros o fumo, as bebidas alcoólicas e a frequência ao teatro e a outros lugares considerados "mundanos". Também havia restrição a esportes, a "adornos exteriores" (como o batom e o "cabelo cortado") e roupas indecentes.

Com o passar do tempo, o surgimento de controvérsias internas resultou em variados pontos de vista e diversas mudanças no espectro doutrinário do movimento, que permanecera inalterado por uma década.

A primeira família de igrejas pentecostais norte-americanas, todavia, pode ser classificada como pentecostal wesleyana comprometida com o arminianismo perfeccionista básico herdado do movimento de santidade. Mencionaremos a seguir as maiores igrejas dos Estados Unidos.

Igreja de Deus em Cristo

Desde os primeiros dias do pentecostalismo, a Igreja de Deus em Cristo é uma das maiores denominações pentecostais e das que cresceram mais rapidamente nos Estados Unidos. Na condição de grande igreja negra norte-americana, ela desempenhou um papel fundamental no movimento no decorrer do século.

Registrada em 1897, a Igreja de Deus em Cristo foi a primeira denominação pentecostal legalizada nos Estados Unidos. Com um número de membros que chega a quase 6 milhões de pessoas, é duas vezes maior que as Assembleias de Deus nos Estados Unidos. Embora alguns contestem esses números, não há dúvida de que a Igreja de Deus em Cristo representa um dos mais antigos e maiores movimentos pentecostais do mundo — e também com um dos mais rápidos crescimentos.

O papel de C. H. Mason e C. P. Jones

As raízes da Igreja de Deus em Cristo já eram profundas no movimento de santidade do final do século XIX, nos Estados do Sul. Eram raízes que se estendiam também à cultura e à história dos negros norte-americanos. A história dessa igreja em seus primeiros anos tem íntima ligação com a biografia de dois proeminentes líderes eclesiásticos: C. P. Jones e C. H. Mason.

Charles Harrison Mason nasceu em 1866, em Bartlett, no Tennessee. Filho de escravos libertos, cresceu frequentando uma igreja batista missionária e desde a juventude sentiu o chamado para pregar. Em 1893, entrou para a Faculdade Batista do Arkansas, a fim de se preparar para o ministério, mas os ensinos liberais que ouviu ali o desagradaram. Ele deixou a escola apenas três meses depois, sentindo que "não havia salvação nas escolas nem nas faculdades". Em 1895, durante uma visita a Jackson, Mississippi, ele conheceu Charles Price Jones, outro jovem pregador batista, que influenciou sua vida de maneira significativa, passando então a servir como pastor na Igreja Batista de Mt. Helms, também em Mississippi.[1]

Mais tarde, naquele mesmo ano, Jones e Mason viajaram para Lexington, no mesmo Estado, onde pregaram a doutrina da santificação plena como segunda obra da graça. Tendo iniciado um avivamento *holiness* na igreja batista local, os dois fervorosos pregadores foram logo desligados da igreja e proibidos de pregar nas igrejas das associações batistas da cidade. Depois disso, em fevereiro de 1896, deram início a uma histórica campanha de avivamento em Lexington, onde a primeira congregação pentecostal foi formada.[2]

O nome para o novo grupo veio a Mason em 1897, enquanto ele caminhava pelas ruas de Little Rock, no Kansas. "Igreja de Deus em Cristo" parecia uma denominação bastante bíblica para a nova igreja *holiness* de Lexington. Os ensinos do novo grupo não eram diferentes das doutrinas perfeccionistas do movimento de santidade do final daquele século. Os que recebiam a experiência da santificação eram daí em diante chamados "santos". Os crentes na nova igreja não fumavam nem bebiam álcool. Vestiam-se com modéstia, trabalhavam duro e pagavam suas contas. As orações eram fervorosas, feitas em voz alta e acompanhada de danças espirituais. Até o meeiro mais pobre podia tornar-se pregador ou mesmo bispo da igreja.

---

[1] Charles Harrison MASON, *The History and Life of Elder C. H. Mason* (Memphis: Church of God in Christ Publishing House, 1920). Esse livro foi reimpresso e revisado diversas vezes desde seu lançamento. A última versão é de J. O. PATTERSON, German R. ROSE & Julia Mason ATKINS, *History and Formative Years of the Church of God in Christ with Excerpts from the Life and Works of its Founder — Bishop C. H. Mason* (Memphis: Church of God in Christ Publishing House, 1969). O mais novo trabalho acadêmico sobre sua história é a obra de Ithiel CLEMMONS, *Bishop C. H. Mason and the Roots of the Church of God in Christ* (Bakersfield: Pneuma Life Publishing, 1996).

[2] J. O. PATTERSON, German R. ROSE & Julia Mason ATKINS, *History and Formative Years of the Church of God in Christ with Excerpts from the Life and Works of its Founder — Bishop C. H. Mason*, p. 14-7; Otho B. COBBINS (Org.), *History of the Church of Christ (Holiness) USA* (New York: Vantage Press, 1966), p. 1-27.

Em 1897, a Igreja de Deus em Cristo foi registrada legalmente numa localidade vizinha de Memphis, a primeira igreja pentecostal nos Estados Unidos a obter tal reconhecimento. Depois disso, Memphis tornou-se a sede da denominação e o lugar das convenções anuais, que eram sempre imensos ajuntamentos de fiéis.[3]

A igreja continuou a dividir pacificamente as duas lideranças. Embora Jones fosse o líder da igreja, Mason era a personalidade dominante. Formavam uma equipe excelente e harmoniosa. Mason era conhecido por seu caráter santo e pela habilidade na pregação, enquanto Jones era conhecido por seus hinos, muitos dos quais se tornaram populares no país inteiro. Duas de suas composições mais conhecidas são: "Deeper, Deeper" [Profundo, profundo] e "Come unto Me" [Vem sobre mim].

O Pentecoste chega a Memphis

A convivência tranquila entre Mason e Jones terminou quando, em 1906, chegou a Memphis a notícia de que um novo Pentecoste era experimentado em Los Angeles, numa pequena missão da Rua Azusa. O pastor da missão era um negro, William J. Seymour. Ele ensinava que os crentes, embora santificados, não eram batizados no Espírito Santo até que falassem em línguas como evidência inicial. Dizia-se também que todos os dons do Espírito haviam sido restaurados na igreja da Rua Azusa e que os brancos chegavam ali para serem ensinados pelos negros e para adorar a Deus com eles em evidente pé de igualdade.[4]

---

[3] Klaud KENDRICK, *The Promise Fulfilled* (Springfield: Gospel Publishing House, 1961), p. 16. V. tb. Phillip GARVIN, *Religious America* (New York: McGraw-Hill, 1974), p. 141-69; Otho B. COBBINS (Org.), *History of the Church of Christ (Holiness) USA*, p. 117-20.

[4] Leonard LOVETT, Black Origins of the Pentecostal Movement, in: Vinson SYNAN, *Aspects of Pentecostal-Charismatic Origins* (Plainfield: Logos International, 1975), p. 123-41; David M. TUCKER, *Black Pastors and Leaders: The Memphis Clergy, 1819-1972* (Memphis: Memphis State University Press, 1974), p. 90-4; J. O. PATTERSON, German R. ROSE & Julia Mason ATKINS, *History and Formative Years of the Church of God in Christ with Excerpts from the Life and Works of its Founder — Bishop C. H. Mason*, p. 17-20.

CHARLES H. MASON (1866-1961)
O INVESTIGADOR DO CRISTIANISMO ESCRAVO

Charles Mason cresceu ouvindo seus pais falando do cristianismo apaixonado dos escravos. Eles haviam sido libertados pouco tempo antes de Charles nascer. Embora fosse ainda uma criança, ele ficara fascinado com o que ouvia e orava sempre, nas palavras de um membro da família, "acima de tudo [por] uma religião como aquela que ele ouviu dos velhos escravos e que chegou a ver demonstrada".

Aos 14 anos de idade, um ano depois de seu pai morrer de peste numa cabana no meio de um pântano do Arkansas, Mason contraiu tuberculose. Certo domingo, porém, conta sua esposa na biografia do marido, Mason "se levantou da cama e foi para a rua sem a ajuda de ninguém. Ali, sob o céu da manhã, ele orou por sua cura e louvou a Deus, renovando seu compromisso com o Senhor".

Em 1891, Charles foi ordenado ministro batista, mas, antes de começar a pregar, casou-se com Alice Saxton. Ela se opunha aos seus planos ministeriais de modo tão veemente que se divorciou dele dois anos depois. Nessa mesma época, Mason sentiu-se incomodado com as tendências liberais da Faculdade Batista do Arkansas e desistiu de estudar ali. Ele conta como foi: "Empacotei meus livros, levantei-me e disse adeus a eles para seguir Jesus, tendo a Bíblia como meu guia sagrado".

Cada vez mais interessado na doutrina *holiness* da "segunda bênção", ele se uniu a Charles P. Jones para implantar a Igreja de Deus em Cristo (IDC) — nome que ele afirma ter ouvido Deus falar enquanto caminhava por uma rua em Little Rock. Uma década depois, Mason sentiu "uma onda de glória" ao visitar a Rua Azusa e começou a falar em línguas. Quando retornou a Memphis para compartilhar sua experiência, Jones "retirou a mão direita da comunidade". Mason, porém, ficou com um grande número de membros da IDC e, após uma prolongada batalha jurídica, também com o nome da denominação.

Embora em determinada época a IDC tivesse ministros brancos e negros — sendo a única igreja pentecostal nos Estados Unidos autorizada pelo governo a ordenar ministros —, Mason continuou a buscar a "essência espiritual" e a "tradição da oração" da experiência religiosa dos escravos. Em 1914, muitos dos ministros brancos da IDC deixaram a denominação para implantar as Assembleias de Deus (AD). Mason, todavia, continuou a trabalhar em ambos os lados da fronteira racial, pregando em conferências e outras reuniões das AD. Ele dizia: "A Igreja é como um olho: um pouco branca e um pouco negra, e sem os dois não é possível enxergar".

Hoje, a IDC conta quase 6 milhões de membros nos Estados Unidos — duas vezes mais que os membros das Assembleias de Deus.

DE CHRISTIAN HISTORY [HISTÓRIA CRISTÃ]

As notícias da Rua Azusa causaram reações opostas na Igreja de Deus em Cristo, que na época já contava com diversas congregações no Tennessee, no Mississippi e no Arkansas. Jones mostrou-se indiferente para com a nova doutrina, enquanto Mason ficou ansioso para ir a Los Angeles a fim de ver o avivamento de perto. Havia muitos anos, Mason afirmava ser dotado de uma capacidade sobrenatural que se manifestava na forma de sonhos e visões. Finalmente, ele convenceu dois líderes da igreja a acompanhá-lo numa peregrinação à Rua Azusa. Em março de 1907, C. H. Mason, J. A. Jeter e D. J. Young viajaram para Los Angeles.

Quando regressaram, foram surpreendidos com a notícia de que outro peregrino da Rua Azusa, Glenn A. Cook, um homem branco, havia visitado a igreja e pregado a nova doutrina. Muitos dos santos aceitaram a mensagem e falaram em outras línguas, conforme o Espírito os capacitava. A maior parte da igreja, todavia, rejeitou a mensagem de Cook, notadamente C. P. Jones, que em 1907 exercia a função de supervisor geral da denominação.

Seguiu-se uma batalha pelo futuro da Igreja de Deus em Cristo, quando Mason e o novo partido pentecostal passaram a disputar com Jones a liderança. Por volta de agosto de 1907, o assunto foi tratado na assembleia geral da denominação, que se reuniu em Jackson. Após longos debates que se estenderam por três dias e avançavam noite adentro, a assembleia excluiu C. H. Mason da comunhão e todos os que proclamavam a doutrina do falar em línguas "como evidência inicial". Quando Mason deixou a assembleia, cerca de metade dos ministros o acompanharam.

Em setembro de 1907, a liderança pentecostal da denominação convocou nova assembleia em Memphis, onde a Igreja de Deus em Cristo aderiu definitivamente ao movimento pentecostal. Em 1909, após dois anos de disputa, os tribunais permitiram a Mason a manutenção do nome Igreja de Deus em Cristo, e uma declaração pentecostal que separava o batismo no Espírito Santo da experiência de santificação foi acrescentada aos artigos de fé da denominação. O novo artigo preceituava que "o pleno batismo no Espírito Santo é evidenciado pelo falar em outras línguas".

Além das línguas, que eram bem recebidas na igreja, outras manifestações também eram vistas como prova da presença do Espírito Santo, como cura divina, profecia, clamores e "dança no Espírito".

Enquanto isso, Jones e seus seguidores não pentecostais se separaram e formaram outra denominação, à qual chamaram Igreja de Cristo (Holiness) USA.[5]

Crescimento e administração

De sua base em Memphis, a Igreja de Deus em Cristo espalhou-se rapidamente pelos Estados Unidos. Sua primeira base foi no Sul, onde o avivamento pentecostal se alastrava entre as comunidades negras vizinhas como fogo na pradaria. Mason organizou várias igrejas, começando com pregações ao ar livre. Uma vez que o movimento pentecostal também alcançara os brancos do Sul, Mason costumava visitar suas igrejas, e era reconhecido como o líder de maior projeção entre os negros pentecostais. Em 1921, ele se encontrou novamente com William J. Seymour, em Nova Jersey, onde os dois apóstolos negros falaram dos velhos tempos da Rua Azusa. Embora pertencessem a denominações diferentes, os dois líderes continuaram amigos a vida toda.

Com o crescimento de sua igreja, Mason deu mostras de sua capacidade de organização. Cada diocese era liderada por um bispo, cargo geralmente vitalício. As jurisdições eram divididas e subdivididas à medida que a igreja crescia, de forma que, ao fim da Segunda Guerra Mundial, a denominação estava presente em todos os Estados da União. O governo da igreja era — e ainda é — episcopal, com grande poder concentrado na mão dos bispos. De 1910 a 1916, Mason organizou quatro grandes departamentos que contribuíram ainda mais para o crescimento da igreja. Havia o departamento feminino, a Escola Bíblica Dominical, os Obreiros Voluntários da Juventude e um departamento de missões estrangeiras e nacionais.

As doutrinas básicas da denominação foram definidas nos primeiros anos. Sendo em essência uma igreja *holiness*, a denominação continuou

---

[5] Otho B. COBBINS (Org.), *History of the Church of Christ (Holiness) USA*, p. 16, 50-2.

a defender, tanto na teoria quanto na prática, a santidade como objetivo principal da vida cristã. À santidade foi acrescentado o batismo pentecostal com o Espírito Santo, o qual introduziu na vida da igreja e dos crentes todos os dons do Espírito. Quando a controvérsia unicista eclodiu no mundo pentecostal, em 1913, a Igreja de Deus em Cristo reafirmou sua convicção trinitariana. Aos sacramentos do batismo em água e da ceia do Senhor, acrescentou-se a ordenança do lava-pés.

Uma importante bandeira da denominação empunhada desde o início era a do pacifismo, o ensino de que o cristão não podia engajar-se na guerra. Em razão de sua determinação neste tema, Mason foi preso em 1918, em Lexington, por proibir seus seguidores de servirem às forças armadas do país. Enquanto estava preso, uma tempestade derrubou o telhado do palácio da justiça, motivo pelo qual os magistrados o libertaram no dia seguinte.

Durante toda a sua vida, Mason foi perseguido por suas convicções pacifistas, a ponto de o FBI elaborar um dossiê sobre suas atividades. No entanto, a exemplo de muitas outras comunidades pentecostais dos Estados Unidos, a Igreja de Deus em Cristo abrandou sua resistência durante a Segunda Guerra Mundial, diante da evidente perversidade do fascismo e do nazismo.[6]

O "acordo de cavalheiros"

Mason não aceitava a separação de cristãos baseada em diferenças raciais. Embora nunca tivesse combatido abertamente o sistema de segregação racial de Jim Crow, ele se ressentia da separação racial entre os pentecostais que passou a existir depois dos "dias de glória" da Rua Azusa. De fato, durante muitos anos a igreja de Mason foi a mais eclética do país. Na época em que o racismo estava no auge nos Estados Unidos (1890-1924), os pentecostais eram uma notável exceção às tendências segregacionistas.

Na realidade, centenas de pregadores brancos pentecostais foram ordenados por Mason e receberam a credencial de ministro da Igreja de

---

[6] David M. TUCKER, *Black Pastors and Leaders: The Memphis Clergy, 1819-1972*, p. 97-9; entrevista concedida a Ithiel CLEMMONS, Oklahoma City, 29 jan. 1986.

Deus em Cristo nos anos que antecederam a Primeira Guerra Mundial. Uma das razões para essa situação era que a Igreja de Deus em Cristo era a única denominação pentecostal oficial no país. Na época, para um ministro realizar casamentos, conseguir aprovação em certos projetos e obter passe clerical nas linhas ferroviárias, tinha de comprovar que era ministro reconhecido por uma entidade religiosa. A igreja de Mason possuía o alvará de funcionamento, por isso os ministros brancos foram atraídos para a Igreja de Deus em Cristo. Além disso, a pregação poderosa de Mason, seu carisma pessoal e o amor fraterno, a despeito da segregação, atraíam os brancos aos milhares.

Com o passar do tempo, alguns dos pastores brancos começaram a pregar em conferências bíblicas segregacionistas, embora mantivessem intacto seu relacionamento com Mason. Por fim, um "acordo de cavalheiros" permitiu que os brancos continuassem a ser ordenados ministros em nome de Mason e da Igreja de Deus em Cristo, sendo o único requisito o de que nenhuma credencial seria concedida a alguém que fosse indigno dela.

Pouco antes do início da Primeira Guerra Mundial, um grande grupo de ministros brancos pentecostais, insatisfeitos com a situação, começou a organizar uma nova denominação com o propósito de também obter seu registro e assim poder conferir os mesmos benefícios a seus obreiros. A maioria dos fundadores das Assembleias de Deus que se reuniram em Hot Springs, no Arkansas, em abril de 1914, havia obtido sua credencial na Igreja de Deus em Cristo. Embora Mason e sua equipe tivessem sido convidados para o conclave de Hot Springs, nenhuma carta foi enviada aos ministros negros.

Apesar disso, Mason compareceu ao encontro, e foi convidado a pregar na terça-feira à noite. Seu coral fez uma apresentação especial, e em seguida o venerável bispo pregou um sermão sobre as maravilhas de Deus que podem ser vistas, por exemplo, numa simples batata-doce. A despeito da presença de Mason no conclave, as Assembleias de Deus foram organizadas como uma denominação de brancos, e em pouco tempo se transformaram na maior igreja pentecostal do país. Assim, a organização das Assembleias de Deus foi, na prática, uma separação da igreja de Mason, motivada, pelo menos em parte, pelo desejo de segregação racial.[7]

Depois de 1914, os líderes das denominações pentecostais brancas passaram a olhar a Igreja de Deus em Cristo como o movimento negro pentecostal dos Estados Unidos. Os negros que se convertiam nas igrejas dos brancos eram incentivados a congregar-se na Igreja de Deus em Cristo, conforme os ditames da mentalidade segregacionista da época.[8]

Algumas igrejas experimentaram um crescimento extraordinário nos anos que se seguiram à Primeira e à Segunda Guerra Mundial, quando os negros migraram em massa para as grandes cidades industriais do Norte. Milhões deles se mudaram para as cidades de Nova York, Detroit, Filadélfia, Chicago, Boston, Los Angeles e outros centros urbanos, com o objetivo de escapar à pobreza agrária que corroía o Sul.

Os migrantes negros, onde quer que se estabelecessem, levavam consigo suas igrejas de origem. Muitos deles eram membros da Igreja de Deus em Cristo. Frequentemente, eles estabeleciam igrejas em pontos comerciais ou ocupavam elegantes edifícios vendidos por brancos que haviam migrado das cidades do interior para os subúrbios.

As igrejas pentecostais foram mais bem-sucedidas em servir às massas que grassavam nos guetos urbanos. Em algumas cidades, havia um templo da Igreja de Deus em Cristo em quase todos os quarteirões. Às vezes, eram casas humildes, sem ostentação, mas delas emanava uma força poderosa que causava impacto na vizinhança. A história de umas dessas igrejas urbanas de migrantes é retratada em cores vivas no livro *Go Tell on the Mountain* [Anunciai sobre o monte], de James Baldwin, um relato autobiográfico da infância do autor numa igreja pentecostal que ocupara o espaço de uma antiga loja no Harlem. Por causa dessa intensa migração e

---

[7] Howard N. KENYON, Black Experience in the Assemblies of God, 15 nov. 1986 (documento lido na Sociedade de Estudos Pentecostais, em Costa Mesa, na Califórnia); Vinson SYNAN, *The Holiness-Pentecostal Tradition: Charismatic Movements in the Twentieth Century* (Grand Rapids: Eerdmans, 1997), p. 178-9.

[8] Vinson SYNAN, *The Holiness-Pentecostal Tradition: Charismatic Movements in the Twentieth Century*, p. 149-53. V. tb. William MENZIES, *Anointed to Serve* (Springfield: Gospel Publishing House, 1971), p. 370.

da inquestionável atração que o culto pentecostal exerce sobre os negros pobres das áreas urbana e rural, a Igreja de Deus em Cristo experimentou um crescimento extraordinário nos meados do século.[9]

Quando Mason morreu, em 1961, sua igreja estava presente em todos os Estados da União e contava cerca de 400 mil membros nos Estados Unidos. Esses números são superiores aos registrados por John Wesley, cujos seguidores (metodistas) somavam 100 mil por ocasião de sua morte, em 1791. Mason construiu o enorme Templo Mason, onde os fiéis se reuniam em grandes concentrações, que eram sempre as maiores da cidade. Esse templo, que comportava quase 10 mil pessoas sentadas, era pequeno demais para conter a multidão nos grandes eventos, que reuniam cerca de 40 mil pessoas. Quando Mason morreu, aos 95 anos de idade, a igreja obteve permissão para sepultá-lo no saguão do templo, a única pessoa que recebeu semelhante honra na história da cidade.[10]

Depois da morte de Mason, seguiu-se uma disputa política para ver quem herdaria o manto do apóstolo falecido. O vencedor foi O. T. Jones, porém seu mandato como bispo sênior foi temporário, de 1962 a 1968. Quem realmente herdou o legado de Mason foi seu genro, J. O. Petersen. Eleito para liderar a igreja em 1968, Petersen recebeu o título de bispo presidente. Esteve à frente da denominação num período de grande crescimento e desenvolvimento. Seus sucessores, os bispos L. H. Ford, Chandler Owens e Gilbert E. Patterson, continuaram o legado de C. H. Mason. A despeito de uma divisão ocorrida em 1969, quando 14 bispos da Igreja de Deus em Cristo formaram a Igreja de Deus em Cristo Internacional (hoje com 200 mil membros), a igreja continuou em crescimento acelerado.[11]

---

[9] Arnor S. DAVIS, The Pentecostal Movement in Black Christianity, *Black Church*, 2:1 (1972), p. 65-88. V. tb. as informações do recenseamento de 1926 e 1936, no relatório Church of God in Christ, Statistics, Denominational History, Doctrine, and Organization (Washington: US Government Printing Office, 1929, 1940).

[10] Ithiel CLEMMONS, entrevista concedida ao autor; J. O. PATTERSON, German R. ROSE & Julia Mason ATKINS, *History and Formative Years of the Church of God in Christ with Excerpts from the Life and Works of its Founder — Bishop C. H. Mason*, p. 71-5.

[11] Eileen W. LINDNER, *Yearbook of American and Canadian Churches 2000* (Nashville: Abingdon, 2000), p. 342.

Em 1964, um recenseamento feito na igreja dos Estados Unidos indicou a existência de 425 mil membros espalhados por 4.100 congregações. Não houve outro recenseamento até 1982, quando o número de membros nos Estados Unidos, segundo os registros do *Yearbook of American and Canadian Churches* [Livro do ano das igrejas americanas e canadenses], chegou a 3.709.861 em 9.982 congregações. Por volta de 2000, os números indicavam 5.499.875 membros em 15.300 congregações. Esses registros dão conta de um dos mais explosivos crescimentos verificados numa igreja dos Estados Unidos. Os dados indicam que a Igreja de Deus em Cristo é a segunda maior organização negra dos Estados Unidos, suplantada apenas pela Convenção Batista Nacional.

Apesar de a Igreja de Deus em Cristo não ter desempenhado um papel muito importante nos movimentos pelos direitos civis dos negros nas décadas de 1950 e 1960, muitos de seus ministros e membros ficaram do lado de Martin Luther King Jr. em sua cruzada pacífica pela igualdade de direitos. Aliás, foi no Templo Mason de Memphis que King pregou seu famoso sermão "Eu vejo a terra prometida". Esse seu último sermão foi proferido na noite anterior ao seu assassinato. Além disso, o lugar de sua morte foi o Motel Lorraine, de propriedade de um destacado membro da Igreja de Deus em Cristo.

Em anos recentes, ficou evidente a fraca aceitação do movimento carismático pelos negros das principais denominações. Já o movimento pentecostal floresceu na Igreja de Deus em Cristo, de maioria negra. Nas últimas décadas do século XX, a Igreja de Deus em Cristo continuava a representar um lugar de refúgio para as massas.

Cabe aqui uma nota histórica: a Igreja de Cristo (Holiness) USA, implantada por C. P. Jones em 1907 depois que ele rejeitou a experiência pentecostal, existe até hoje. A comparação de números entre as duas igrejas diz muita coisa acerca do poder de crescimento da igreja pentecostal. Em 2000, a igreja de Jones contava apenas 25 mil membros em 146 congregações, enquanto a Igreja de Deus em Cristo chegava à casa dos 5 milhões de membros em mais de 15 mil congregações. A única diferença entre as duas é a liberdade do poder do Espírito Santo na Igreja de Deus em Cristo, manifesto na forma de sinais e maravilhas.

A vida de Mason e sua Igreja de Deus em Cristo é uma das grandes histórias de sucesso do crescimento da Igreja no moderno Estados Unidos.

A Igreja Holiness Pentecostal

A Igreja Holiness Pentecostal foi organizada como denominação *holiness* em 1898, muitos anos antes de começar o movimento pentecostal nos Estados Unidos. Suas raízes estendem-se ao movimento da Associação Holiness Nacional, o qual se iniciou em Vineland, Nova Jersey, em 1867, logo após o fim da Guerra de Secessão. A igreja de hoje representa a fusão das três vertentes que produziram aquele movimento.

Implantada por Abner Blackmon Crumpler, pregador metodista *holiness* da Carolina do Norte, a igreja foi organizada em 1896 como Associação Holiness da Carolina do Norte. O nome foi mudado para Igreja Holiness Pentecostal depois de formada a primeira congregação em Greensboro, no mesmo Estado, em 1898.

O outro grupo que está nas origens da atual denominação é a Igreja Holiness Batizada com Fogo, implantada no Estado de Iowa em 1895, pelo ex-batista e pregador Benjamin H. Irwin. Ele ensinava uma "terceira bênção", que se dava após a santificação, chamada "o batismo com o Espírito Santo e com fogo". Por volta de 1898, o grupo foi organizado como denominação nacional, com igrejas em oito Estados norte-americanos e em duas províncias canadenses.

O movimento do "batismo com fogo" quase foi extinto depois que Irwin apostatou e abandonou a igreja. Antes disso, ele se referia aos batismos com expressões como "dinamite que arrebenta" e "fogo que queima".[12]

---

[12] As duas histórias oficiais da igreja estão em: Joseph E. CAMPBELL, *The Pentecostal Holiness Church, 1898-1948* (Franklin Springs: Publishing House of the Pentecostal Holiness Church, 1951); Vinson SYNAN, *The Old-Time Power: A History of the Pentecostal Holiness Church* (Franklin Springs: Lifesprings, 1997). Outra obra significativa é A. D. BEACHAM JR., *A Brief History of the Pentecostal Holiness Church* (Franklin Springs: Advocate Press, 1983).

O avivamento da Rua Azusa

A conferência anual de 1906 da Igreja Holiness Pentecostal da Carolina do Norte foi notável pela ausência de Gaston Barnabas Cashwell, um dos líderes entre os evangelistas e pastores da nova denominação, uma vez que ele deixara o metodismo para se unir à igreja recém-formada, em 1903. Abner Blackmon Crumpler, o líder da conferência, leu uma carta de Cashwell que interessou grandemente aos delegados. Na carta, ele pedia perdão a qualquer um que pudesse ter ofendido e anunciava que estava indo para Los Angeles "a fim de buscar o batismo do Espírito Santo".[13]

Durante muitos meses, houve grande interesse no Sul pelo avivamento da Rua Azusa, por causa dos fervorosos testemunhos de pessoas que estiveram ali, relatados por Franklin Bartleman no periódico *Way of Faith*, uma publicação *holiness* regional. Cashwell foi o único ministro ousado o bastante para tomar uma atitude. Ele decidiu empreender a longa jornada até Los Angeles, disposto a descobrir por si mesmo se aquele era de fato o novo Pentecoste que eles estavam pedindo e aguardando havia anos. Confiando que Deus supriria todas as suas necessidades, ele comprou uma passagem de trem, só de ida, para Los Angeles e viajou com o único terno que possuía.

Ao chegar a Los Angeles, Cashwell dirigiu-se imediatamente à Missão da Rua Azusa. Ele ficou espantado com o que viu. O pastor, William J. Seymour, era um negro, bem como a maioria dos adoradores! Quando alguns negros vieram impor as mãos sobre ele, para que recebesse o batismo, Cashwell de súbito abandonou a reunião, confuso e desapontado. Durante a noite, porém, Deus cuidou do preconceito racial daquele líder, pôs em seu coração o amor pelos de raça negra e renovou-lhe o desejo de ser batizado no Espírito Santo. Na noite seguinte, a pedido de Cashwell, Seymour e vários jovens negros impuseram as mãos sobre o cavalheiro sulista, que foi batizado no Espírito Santo. Ele mesmo conta que falou em perfeito alemão. Antes de retornar à Carolina do Norte, Seymour e a Missão da Rua Azusa recolheram uma oferta e assim presentearam-no com um novo terno e deram-lhe dinheiro suficiente para a viagem de volta.

---

[13] Vinson SYNAN, *The Old-Time Power: A History of the Pentecostal Holiness Church*, p. 107.

O fogo se espalha

De volta a Dunn, sua cidade natal, em dezembro de 1906, Cashwell começou a pregar o Pentecoste na igreja *holiness* local. O interesse pela novidade era tão grande que em janeiro de 1907 ele alugou três armazéns de tabaco naquela cidade, perto da linha férrea, para uma cruzada pentecostal de um mês inteiro, a qual se tornou a "Rua Azusa" da Costa Oeste.

Os ministros das três vertentes do movimento de santidade compareceram em grande número, ansiosos por receberem seu "Pentecoste pessoal". Entre as igrejas, estavam a Igreja Holiness Pentecostal, a Igreja Holiness Batizada com Fogo e as várias congregações da Igreja Batista Holiness do Livre-Arbítrio. Todas as noites, a maioria dos ministros e membros das igrejas da área eram reunidos, enfardados e estocados no armazém do movimento pentecostal.

Um mês depois, o supervisor geral da Igreja Holiness Batizada com Fogo, Joseph H. King, convidou Cashwell para pregar na igreja de Toccoa, na Geórgia. King ouvira falar do novo batismo acompanhado de glossolalia, mas não estava convencido de sua autenticidade. Depois que assistiu à mensagem de Cashwell, no entanto, ele caiu de joelhos no altar e recebeu o batismo numa silenciosa mas poderosa manifestação do dom de línguas.[14]

Nos seis meses seguintes, Cashwell completou um circuito de intensas pregações pelos Estados sulistas, ficando conhecido como o "apóstolo do Pentecoste para o Sul". Numa viagem a Birmingham, no Alabama, no verão de 1907, ele apresentou a mensagem do evangelho a A. J. Tomlinson, supervisor geral da Igreja de Deus em Cleveland, e a H. G. Rodgers e M. M. Pinson, que mais tarde implantaram as Assembleias de Deus.[15]

Oficialmente pentecostal

Embora a experiência pentecostal tivesse tomado conta de sua igreja, Crumpler era um dos poucos que se recusavam a aceitar a teoria da

---

[14] Joseph H. KING, *Yet Speaketh, The Memoirs of the Late Bishop Joseph H. King* (Franklin Springs: Advocate Press, 1949), p. 111-21.
[15] Vinson SYNAN, *The Holiness-Pentecostal Tradition: Charismatic Movements in the Twentieth Century*, p. 117-39.

"evidência inicial". Mesmo reconhecendo as línguas como autênticas, ele não acreditava que todos os que recebiam o batismo no Espírito Santo tivessem de falar em línguas. Durante muitos meses, Crumpler e a ala pentecostal da igreja, representada por Cashwell e seus convertidos, debateram o assunto.

A questão veio à tona durante a conferência anual de Dunn, em novembro de 1908. A essa altura, cerca de 90% dos ministros e leigos já haviam tido a experiência do falar em línguas. No primeiro dia da convenção, os delegados reelegeram Crumpler presidente, e a batalha em torno da "evidência inicial" começou. No dia seguinte, Crumpler deixou para sempre a convenção e a igreja que havia implantado. Os pentecostais tinham vencido.

A convenção imediatamente acrescentou um artigo pentecostal à sua declaração de fé, aceitando as línguas como evidência inicial. Tanto quanto se sabe, foi a primeira denominação a adotar uma declaração pentecostal em seus cânones oficiais.

Os delegados também escolheram a *Bridegroom's Messenger* [Mensageiro do noivo], revista publicada por Cashwell, como periódico oficial da igreja. Uma atitude definitiva foi tomada em 1909, quando a palavra "pentecostal" foi agregada mais uma vez ao nome da igreja. Isso já fora feito em 1903, numa tentativa de identificar a igreja com o movimento de santidade.

Outra fortaleza a se render ao pentecostalismo foi uma faculdade bíblica de Greenville, fundada por Nickles John Holmes em 1898 como uma escola *holiness*. Em 1907, Holmes e a maioria dos alunos receberam o batismo pentecostal e falaram em línguas por influência de Cashwell. Por volta de 1909, Holmes aceitou o pentecostalismo, e assim sua escola se tornou o primeiro centro educacional e teológico do movimento. Agora oficialmente ligada à Igreja Holiness Pentecostal, a Faculdade Bíblica Holmes é a mais antiga instituição educacional pentecostal do mundo em atividade.[16]

---

[16] N. J. HOLMES, *Life Sketches and Sermons* (Franklin Springs: Publishing House of the Pentecostal Holiness Church, 1920), p. 135-48.

> ## GASTON BARNABAS CASHWELL (1862-1916)
>
> ### Apóstolo do Pentecoste para o Sul
>
> Quando a Igreja Holiness Pentecostal se reuniu para sua conferência anual, em Lumberton, na Carolina do Norte, em novembro de 1906, um de seus membros mais destacados, G. B. Cashwell, não estava presente. Ele, no entanto, deixara uma carta:
>
> > Cheguei à conclusão de que minha vida não satisfaz o padrão de santidade que pregamos. Todavia, acho-me arrependido aqui em minha casa, em Dunn, na Carolina do Norte, e me sinto restaurado. Não tenho condições de estar com vocês agora, porque estou viajando para Los Angeles, na Califórnia, em busca do batismo do Espírito Santo.
>
> Ao chegar à Rua Azusa, contudo, aquele pregador *holiness* louro, de meia-idade e 113 quilos, vindo da Carolina do Norte, sentiu-se desconfortável. Deparou ali com muitos casos de "fanatismo" e, quando um grupo de jovens negros veio impor as mãos sobre ele, para que recebesse o batismo no Espírito Santo, Cashwell os repeliu. Entretanto, logo ele "foi crucificado" e "morreu" para seu preconceito. Então, retornou à igreja e pediu aos líderes negros que impusessem as mãos sobre ele e orassem. Imediatamente, começou a falar em línguas.
>
> Cashwell retornou a Dunn no mês seguinte e começou a pregar ao seu rebanho *holiness* a doutrina do batismo do Espírito e do falar em línguas. Embora seus superiores da Igreja Holiness Pentecostal se opusessem aos seus ensinos, ele continuou a pregar por toda a região e ficou conhecido como "o apóstolo do Pentecoste para o Sul".
>
> Contudo, apenas dois anos depois Cashwell deixou a Igreja Holiness Pentecostal, aparentemente frustrado por não ter sido eleito presidente da denominação. Àquela altura, porém, ele já havia trazido as quatro maiores denominações *holiness* — a Igreja Holiness Pentecostal, a Igreja Holiness Batizada com Fogo, a Igreja de Deus (de Cleveland, Tennessee) e a Igreja Batista Pentecostal do Livre-Arbítrio — para o movimento pentecostal.
>
> De Christian History [História cristã]

Fusões

No final de 1908, a maior parte dos integrantes do movimento de santidade havia aderido ao pentecostalismo. Nos meses seguintes, surgiu o sentimento de que aqueles "cuja fé era preciosa" deveriam unir-se a fim de promover a mensagem pentecostal com mais eficácia. A proposta resultou na fusão da Igreja Holiness Pentecostal com a Igreja Holiness Batizada com Fogo, em 1911, no povoado de Falcon, na Carolina do Norte. O mesmo sentimento resultou na fusão das igrejas afiliadas à faculdade, em 1915. A maior parte dessas congregações situava-se na Carolina do Sul e tinha suas raízes na Igreja Presbiteriana.

A teologia da igreja

A Igreja Holiness Pentecostal tinha suas raízes nos ensinamentos originais do avivamento da Rua Azusa. Por ser já uma igreja *holiness* antes de 1906, ensinava a doutrina wesleyana da "segunda bênção" como santificação instantânea. Após o avivamento da Rua Azusa, a igreja simplesmente acrescentou o batismo no Espírito Santo com a evidência inicial do falar em línguas, considerando-o uma "terceira bênção". Esse arranjo harmonizava com os ensinos de Irwin e das igrejas "batizadas com fogo".

Desde 1908, a Igreja Holiness Pentecostal vem ensinando o que é conhecido como as cinco doutrinas cardeais, que são: 1) justificação pela fé; 2) santificação plena; 3) batismo no Espírito Santo com a evidência inicial do falar em línguas; 4) cura divina providenciada na expiação de Cristo; 5) segunda vinda de Cristo iminente e pré-milenarista.

Os livros mais influentes na formação dessa teologia foram: *The Spirit and the Bride* [O Espírito e a Noiva], de G. F. Taylor, publicado em 1907; *From Passover to Pentecost* [Da Páscoa ao Pentecoste], de J. H. King, publicado em 1911.[17]

No decorrer dos anos, a igreja ganhou reputação por sua defesa do que seus líderes consideram a mensagem original do Pentecoste. Na controvérsia da "obra consumada", a respeito da santificação, ocorrida depois de 1910, a igreja manifestou-se abertamente favorável à obra da santificação

---

[17] Dunn: Private printing, 1907; Memphis: H. W. Dixon Printing Company, 1914, respectivamente.

plena e contrária aos ensinos de William Durham. Os que aceitavam a doutrina de Durham formaram as Assembleias de Deus, em 1914.[18]

O único cisma na história da igreja ocorreu em 1920, por causa de uma discussão sobre a cura divina e o uso da medicina. Alguns pastores da Geórgia defendiam o direito de o crente recorrer a remédios e médicos, enquanto a maioria dos líderes ensinava que todos deviam confiar apenas em Deus para obter a cura, sem jamais recorrer aos remédios. Os que advogavam o uso de remédios deixaram a denominação e formaram a Igreja Holiness Congregacional, em 1921.[19]

Dores do crescimento

No período que se seguiu à Segunda Guerra Mundial, a Igreja Holiness Pentecostal e outras denominações pentecostais americanas experimentaram enorme crescimento. Essa expansão foi verificada principalmente na época das cruzadas de "cura divina", que atingiu seu auge entre o final da década de 1940 e início da década de 1950. À frente desse movimento, estava Oral Roberts, evangelista *holiness* pentecostal de Oklahoma. Tendo no início alcançado imensa popularidade entre leigos e líderes de igrejas pentecostais, o ministério de Roberts, depois de 1953, viu-se cada vez mais envolvido em controvérsias.

Durante uma década, a igreja identificava-se internamente pelas facções pró e contra Roberts, e alguns ministros contrários a Roberts queriam dividir a igreja. No final, as cabeças mais frias prevaleceram, e a ameaça de divisão passou. Nessa época, alguns líderes da igreja, como R. O. Corvin e o bispo Oscar Moore, trabalhavam ao lado de Roberts em sua associação evangelística e numa nova universidade.

Nos meados da década de 1960, Roberts havia conseguido o apoio da maioria dos líderes da denominação, entre eles o bispo Joseph A. Synan. O bispo, que a princípio se opusera a Roberts, juntou-se a ele na dedicação da

---

[18] Cf. Vinson SYNAN, *The Holiness-Pentecostal Tradition: Charismatic Movements in the Twentieth Century*, p. 141-63.
[19] Vinson SYNAN, *The Old-Time Power: A History of the Pentecostal Holiness Church*, p. 165-71.

Faculdade Oral Roberts, em 1967. A despeito de haver conquistado grande aceitação, Roberts uniu-se à igreja metodista em 1968, para espanto e confusão de seus muitos amigos das igrejas pentecostais.[20]

A história de Roberts ilustra um fato significativo acerca da denominação: a Igreja Holiness Pentecostal é famosa tanto pelos ministros que a deixaram quanto por aqueles que nela permaneceram. Além de Roberts, líderes como Charles Stanley, ex-presidente da Convenção Batista do Sul, e C. M. Ward, ex-pregador de rádio das Assembleias de Deus, nasceram e foram espiritualmente formados na Igreja Holiness Pentecostal. Nessa mesma categoria, podemos mencionar T. L. Lowery, da Igreja de Deus, e Dan Sheaffer, das Assembleias de Deus.

Ecumenismo pentecostal

Durante muitas décadas, houve pouco contato entre as várias denominações pentecostais americanas, exceto pelos ministros que se transferiam de uma denominação para outra. Contudo, houve diversos casos de proselitismo e de "pesca de aquário", causando aborrecimentos a vários grupos. Essa situação começou a mudar durante os tempos nebulosos da Segunda Guerra Mundial, quando começaram os primeiros incentivos à comunhão entre os vários grupos pentecostais.

Os primeiros contatos foram feitos em 1943, nas dependências da recém-formada Associação Nacional de Evangelicais. Muitas denominações pentecostais funcionaram como membros autorizados dessa entidade, unidas pela situação emergencial causada pela guerra. A Igreja Holiness Pentecostal foi uma dessas denominações.

Por volta de 1948, diversos grupos pentecostais formaram a Comunhão Pentecostal da América do Norte (sigla em inglês: PENA), em Des Moines, Iowa. Antes da organização dessa entidade, houve uma reunião em Washington, D.C., na qual foi elaborado um projeto constitucional. As figuras mais proeminentes desse encontro foram o bispo Synan, que

---

[20] Vinson SYNAN, *The Old-Time Power: A History of the Pentecostal Holiness Church*, p. 265-8. V. tb. David HARRELL JR., *Oral Roberts: An American Life* (Bloomington: University of Indiana Press, 1985), p. 8-55, 287-311.

ajudou a elaborar o estatuto, e Oral Roberts, que pregou no culto de encerramento. Desde então, a Igreja Holiness Pentecostal vem desempenhando um papel fundamental nas reuniões da PENA, bem como nas Conferências Mundiais Pentecostais, que acontecem a cada três anos desde 1947.[21]

A igreja no ano 2000

Na década de 1960, a Igreja Holiness Pentecostal começou a estender seus ramos para fora dos Estados Unidos, associando-se com igrejas irmãs do Terceiro Mundo. Isso foi feito à parte de seus tradicionais empreendimentos missionários pelo mundo. Em 1967, foi firmada uma parceria com a Igreja Metodista Pentecostal do Chile, uma das maiores denominações nacionais do mundo. Na época, a congregação de Jotabeche era a maior do Planeta, com mais de 60 mil membros.

Hoje, essa congregação ocupa o segundo lugar, a despeito do número de membros ter saltado para 350 mil. Em 2000, a Igreja Metodista Pentecostal do Chile contava não menos de 1,5 milhão de membros e congregados.

Uma parceria similar foi estabelecida em 1985 com a Igreja Metodista Wesleyana do Brasil. Sendo uma denominação pentecostal com raízes na Igreja Metodista do Brasil, a Igreja Metodista Wesleyana contava cerca de 100 mil membros e congregados em 2000.[22]

Com 200 mil membros adultos nos Estados Unidos espalhados por mais de 1.800 igrejas locais e com parceiras e trabalhos missionários em 91 nações, a Igreja Holiness Pentecostal Internacional e suas afiliadas somavam 2,5 milhões de pessoas em todo o mundo. A sede da denominação está situada, desde 1974, em Oklahoma City, o maior ponto de referência da igreja.[23]

---

[21] Vinson SYNAN, *The Old-Time Power: A History of the Pentecostal Holiness Church*, p. 225-8.
[22] Idem, ibidem, p. 266-7.
[23] Eileen W. LINDNER, *Yearbook of American and Canadian Churches 2000*, p. 346.

A liderança da igreja considera o século XXI o período de maior ação evangelística e crescimento de sua história. Em 1985, foi lançado o projeto Target 2000 [Alvo 2000], cuja meta era levar a Cristo 0,1% da população mundial até o final do século XX. Para alcançar esse objetivo, foram implantadas muitas igrejas em importantes cidades dos Estados Unidos e do mundo.[24]

Durante várias décadas, a Igreja Holiness Pentecostal falava com sotaque do Sul e se caracterizava como uma denominação rural, cujas atividades se concentravam no sul e no meio-oeste dos Estados Unidos. Ela agora anseia ministrar e pregar o evangelho em todos os idiomas e sotaques do mundo.

As Igrejas de Deus

Cerca de duas centenas de denominações nos Estados Unidos ostentam uma variação do nome Igreja de Deus, porém a maior delas é uma igreja pentecostal com sede em Cleveland, no Tennessee. Em razão de existirem muitas denominações com o nome Igreja de Deus, as maiores delas resolveram acrescentar ao nome o local de sua sede, como forma de se distinguirem das igrejas irmãs. Algumas delas, como a Igreja de Deus de Anderson, acrescentam o subtítulo "não pentecostal" para evitar serem confundidas com as denominações pentecostais que também ostentam uma denominação conhecida como Igreja de Deus Pentecostal.

Além disso, há pelo menos três denominações com o nome Igreja de Deus com sede na pequena cidade de Cleveland: a Igreja de Deus de Cleveland, a Igreja de Deus da Profecia e a Igreja de Deus dos Campos de Jerusalém. Outro grupo, com sede em Huntsville, Alabama, traz o nome Sede Mundial da Igreja de Deus. Nenhuma dessas igrejas tem relação com a Igreja de Deus de Winebrenner, que precede em termos temporais a maioria dos grupos mencionados.

Em agosto de 1986, a Igreja de Deus de Cleveland comemorou o centenário do que é considerado o início do movimento pentecostal nos Estados

---

[24] Cf. *Minutes of the Twentieth General Conference of the Pentecostal Holiness Church, Inc.* (Franklin Springs: 1985), p. 92-9.

Unidos. Mais de 35 mil pessoas se reuniram em Atlanta para a 61ª Assembleia Geral, a maior concentração registrada na história da denominação.

A União Cristã

Nesse evento, foi relembrado um culto realizado em 1886 em Barney Creek, no condado de Monroe, Tennessee, no qual, sob a liderança de R. G. Spurling Sr., foi formado um grupo conhecido como União Cristã. Spurling era batista e sentiu um chamado para promover uma reforma na Igreja, uma vez que, no seu entender, todas as igrejas haviam mergulhado num período de trevas espirituais.[25]

Alguns anos depois, novos grupos surgiram na região rural. Alguns historiadores da Igreja de Deus, como Charles W. Conn, apontam o avivamento ocorrido no prédio da escola de Schearer, na comunidade de Cocker Creek, Carolina do Norte, como um importante marco da denominação. Durante um avivamento ocorrido em 1896, liderado por William Martin, Milton McNabb e Joe M. Tipton, evangelistas da Igreja Holiness Batizada com Fogo, alguns fenômenos pouco comuns alvoroçaram a comunidade.

Esse avivamento caracterizou-se pelas doutrinas e práticas defendidas por Benjamin Hardin Irwin, do movimento "batizado com fogo", que se espalhava com muita rapidez na época. O fanatismo de Irwin levou-o a identificar por nome vários graus de batismo, como terceiro, quarto e quinto batismos de fogo, "dinamite que arrebenta" e "fogo que queima". Além disso, os fiéis eram proibidos de comer carne de porco, beber café e de violar qualquer lei do Antigo Testamento referente a alimentos.

Por causa desses extremismos, grupos de desordeiros invadiam as reuniões e praticavam atos de violência contra os pobres adoradores. Há informações de que o povo reunido no prédio da escola de Schearer falava em línguas estranhas quando recebia o batismo "com fogo". Depois que a efervescência do avivamento se extinguiu, Tipton, Martin, McNabb e R. G.

---

[25] The standard history of the Church of God (Cleveland), in: Charles W. CONN, *Like a Mighty Army: A History of the Church of God, 1886-1976*, ed. rev. (Cleveland: Pathway Press, 1977); A história da Igreja de Deus da Profecia pode ser lida em Charles DAVIDSON, *Upon This Rock* (Cleveland: White Wing Publishing House, 1973-1976), 3 v.

Spurling Jr. continuaram a pregar em qualquer escola ou lugarejo onde se sentissem seguros, apesar da perseguição de seus vizinhos montanheses.[26]

O papel de A. J. Tomlinson

A história teve um novo começo depois da virada do século, com a organização da Igreja Holiness em Camp Creek, na região oeste da Carolina do Norte, em 15 de maio de 1902, na casa do pregador leigo W. F. Bryant. O pastor da igreja na época era R. G. Spurling Jr. A nova igreja poderia ter tido uma existência solitária, não fosse a visita, em 1903, de um colportor de Indiana chamado Ambrose Jessup Tomlinson. Sendo um quacre, Tomlinson estava habituado ao padrão de santidade do quacrismo e ganhava a vida vendendo Bíblias e outros materiais religiosos para os piedosos habitantes das montanhas do leste do Tennessee e do oeste da Carolina do Norte.[27]

No verão de 1903, Tomlinson, que visitava periodicamente a região desde 1896, chegou por acaso à pequena congregação de Camp Creek, e foi convidado a juntar-se a ela. Ficou evidente que sua formação e seu conhecimento bíblico eram muito superiores aos dos membros da congregação, e ele considerou a possibilidade de ajudar o esforçado grupo. Antes de se unir a eles, entretanto, Tomlinson passou uma noite em "incessante oração" no monte Burger, que ficava nas proximidades, e recebeu uma visão acerca da Igreja de Deus nos últimos dias, a qual restauraria o Corpo de Cristo à fé do Novo Testamento.[28]

No dia seguinte, 13 de junho de 1903, o colportor de Indiana uniu-se à igreja, convicto de que era a Igreja de Deus da Bíblia, e não uma organização humana. Com a chegada de Tomlinson, a igreja de Camp Creek

---

[26] Charles W. CONN, *Like a Mighty Army: A History of the Church of God, 1886-1976*, p. 1-18; Vinson SYNAN, *The Holiness-Pentecostal Tradition: Charismatic Movements in the Twentieth Century*, p. 80-3.
[27] A. J. TOMLINSON, *Answering the Call of God* (Cleveland: White Wing Publishing House, 1942), p. 1-15.
[28] Cf. Homer Tomlinson, *The Shout of a King* (New York: Church of God, World Headquarters, 1965), p. 14-20; Lillie DUGGAR, *A. J. Tomlinson: Former General Overseer of the Church of God* (Cleveland: White Wing Publishing House, 1964), p. 30-45.

ganhou um dos maiores gênios administrativos da história da moderna igreja norte-americana.[29]

Em pouco tempo, Tomlinson implantou igrejas em Union Grove e Drygo, no Tennessee, e uma pequena congregação em Jones, na Geórgia. Uma missão também foi estabelecida perto de Cleveland, a qual se tornou um centro de atividades do grupo. Por volta de 1906, as igrejas já tinham condições de convocar sua primeira convenção geral para tratar de assuntos de interesse comum. Assim, nos dias 26 e 27 de janeiro de 1906, a primeira assembleia geral foi realizada na casa de J. C. Murphy, em Camp Creek.[30]

Uma vez que Tomlinson estava trabalhando como pastor de igreja local, foi escolhido para atuar como moderador. A nova igreja adotou alguns ensinos restritos acerca da santidade pessoal, proibindo aos membros o uso do fumo e do álcool. O lava-pés foi aprovado como ordenança, e a Escola Bíblica Dominical foi instituída. Para evitar os erros do denominacionalismo, Tomlinson deixou registrado por escrito que nenhuma das minutas poderia ser usada "para estabelecer seitas ou denominações". As congregações representadas pelos 21 delegados que se reuniram na sala de estar da casa de Murphy seriam conhecidas simplesmente como igrejas *holiness*.[31]

Na segunda assembleia, realizada no condado de Bradley, no Tennessee, em janeiro de 1907, o grupo escolheu o nome Igreja de Deus, tal qual era mencionado na Bíblia. Essa escolha, ao que parece, não teve relação com nenhuma outra igreja dos Estados Unidos, a não ser pelo fato de que Tomlinson conhecia a Igreja de Deus de Anderson e o grupo de Winebrenner, na Pensilvânia.

A nova denominação apresentava as mesmas características das igrejas *holiness* constituídas na época. A "segunda bênção" da santificação plena era entendida como um batismo com o Espírito Santo, que libertava o

---

[29] A. J. TOMLINSON, *Answering the Call of God*, p. 17.
[30] L. Howard JUILLERAT, *Book of Minutes, General Assemblies, Church of God* (Cleveland: Church of God Publishing House, 1922), p. 15-9; Charles W. CONN, *Like a Mighty Army: A History of the Church of God, 1886-1976*, p. 61-9.
[31] L. Howard JUILLERAT, *Book of Minutes, General Assemblies, Church of God*, p. 15-9.

crente do pecado original. Outra forte convicção era a da cura divina para o corpo obtida por meio da oração. O fanatismo dos seguidores de Irwin, encontrado em 1896, deu lugar a uma versão mais moderada do movimento de santidade norte-americano. Influenciada pela dinâmica liderança de Tomlinson, a Igreja de Deus implantou várias igrejas na região montanhosa do Tennessee, na Geórgia, no Kentucky, na Virgínia Ocidental e na Carolina do Norte.

> **AMBROSE JESSUP (A. J.) TOMLINSON (1865-1943)**
>
> O VISIONÁRIO DA IGREJA DE DEUS
>
> "Jesus estabeleceu a Igreja de Deus quando esteve aqui, e um registro de diversos anos de seu progresso e de suas atividades foi mantido após a morte de seu fundador. O período conhecido como Idade das Trevas ocorreu depois que a Igreja de Deus se afastou da fé e perdeu a visão."
>
> Entendendo ser aquela a única "Igreja de Deus verdadeira", Tomlinson tornou-se em 1903 o líder do diminuto rebanho *holiness* de Camp Creek, na Carolina do Norte, conhecido como Igreja de Deus (embora recentemente tivesse mudado o nome para Igreja Holiness). Por volta de 1909, ele já era o supervisor geral da igreja.
>
> Tomlinson já pregava as doutrinas pentecostais em janeiro de 1907, mas a denominação só ingressou de fato no movimento pentecostal depois de começar a falar em línguas no avivamento de G. B. Cashwell, em 1908.
>
> Embora eleito "supervisor geral vitalício" em 1914, ele foi afastado da denominação em 1922. Levando 2 mil membros consigo, implantou a Igreja Tomlinson de Deus, que mais tarde mudou o nome para Igreja de Deus da Profecia.
>
> CHRISTIAN HISTORY [HISTÓRIA CRISTÃ]

Pentecoste. Em 1906, Tomlinson e outros líderes da igreja ouviram as notícias do novo Pentecoste que acontecia na Rua Azusa, caracterizado pelo falar em línguas. As novas foram bem recebidas nas cercanias de Cleveland, pois se acreditava que outra onda de avivamento *holiness* viera abençoar a igreja. Tomlinson estava especialmente interessado na nova doutrina e naquela experiência. Em seu diário, ele registrou cada manifestação espiritual imaginável que havia observado nas reuniões, porém não há registro de um único caso de glossolalia.[32]

Motivado por extremo interesse, em junho de 1907 ele visitou Birmingham para ouvir Gaston Barnabas Cashwell, pregador da Carolina do Norte, pertencente à Igreja Holiness Pentecostal, que havia recebido o batismo na Rua Azusa. Cashwell cumpria um inflamado roteiro de pregações pelo Sul, explicando o movimento pentecostal a grandes multidões de crentes *holiness* que se aglomeravam para ouvir acerca das novas línguas. Embora tivesse perdido a reunião de Cashwell, Tomlinson encontrou-se com M. M. Pinson, mais tarde um dos pais fundadores das Assembleias de Deus, e ambos conversaram acerca do novo avivamento. Tomlinson não recebeu o dom de línguas em Birmingham, em 1907, porém retornou a Cleveland determinado a conduzir sua igreja à nova experiência espiritual.

Depois de convocar a igreja para orar por um novo Pentecoste, o moderador geral convidou Cashwell para pregar na assembleia que seria realizada em janeiro de 1908, em Cleveland. Cashwell chegou depois que a assembleia geral estava oficialmente encerrada, porém muitos pastores já haviam recebido o batismo e falado em línguas. Eles agora estavam orando pelo seu líder.

O batismo de Tomlinson foi uma das experiências mais extraordinárias registradas na literatura do pentecostalismo. Enquanto Cashwell pregava, o supervisor geral caiu ao chão atrás do púlpito, com a cabeça debaixo de uma cadeira. Ele então começou a falar não apenas num idioma diferente, mas em vários deles, sucessivamente. Diante desse fato, não houve mais dúvida de que a Igreja de Deus também faria parte do crescente movimento pentecostal. Depois de janeiro de 1908, a glossolalia estava presente em quase todos os cultos de que Tomlinson participou, em várias igrejas. As línguas, interpretações e profecias tornaram-se tão frequentes que a maioria das decisões nas assembleias gerais era tomada com base nas orientações carismáticas transmitidas por meio das línguas e de sua interpretação.

---

[32] Cf. Homer A. TOMLINSON (Org.), *Diary of A. J. Tomlinson, 1901-1923* (New York: Church of God, World Headquarters, 1949-1955), p. 68-72.

A nova dinâmica que acompanhava a experiência pentecostal resultou num fantástico crescimento da denominação. Por volta de 1909, quase toda a parte norte de Cleveland fora conquistada pela igreja. As comunidades de todo o Sul eram visitadas por pregadores itinerantes, que ministravam nas fábricas, nos campos de mineração, nas áreas urbanas, nas encruzilhadas e até nas grandes cidades da região. Nessa época, as igrejas iam atrás dos membros que migravam para as cidades industriais do nordeste e do meio-oeste dos Estados Unidos. A Igreja de Deus, portanto, começou a marchar como um exército por toda aquela região. Em 1910, havia 1.005 membros e 27 igrejas. Por volta de 1920, já eram 14.606 membros em 389 congregações.[33]

Divisões. O ímpeto dos primeiros anos esfriou após a Primeira Guerra Mundial, quando os métodos de Tomlinson aplicados à igreja começaram a ser questionados. Com o passar dos anos, ele concentrou tanto poder em suas mãos que convenceu a igreja a elaborar um novo estatuto, em 1914, concedendo-lhe o cargo de supervisor em caráter vitalício. Em 1917, um estatuto teocrático foi adotado, confirmando sua indicação vitalícia. Por volta de 1922, no entanto, tomou corpo na igreja uma insatisfação motivada por uma suposta malversação do dinheiro da igreja. Travou-se então uma batalha de vários meses entre Tomlinson e o conselho de anciãos, liderado por Flavius Josephus Lee e I. S. Llewellyn.[34]

Numa sessão de julgamento realizada pela igreja no condado de Bradley, em 1923, o conselho de anciãos destituiu Tomlinson de suas funções, e por isso ele saiu da igreja. Ele e seus seguidores então organizaram outra denominação com o nome Igreja de Deus. Uma vez que as contribuições chegavam pelo correio, o escritório da cidade não sabia mais a quem entregar o dinheiro. O resultado foi um prolongado processo judicial, que acabou decidido pela Suprema Corte do Tennessee. A decisão final foi

---

[33] Charles E. JONES, *A Guide to the Study of the Pentecostal Movement* (Metuchen: Scarecrow Press, 1983), v. 1, p. 271.
[34] Charles W. CONN, *Like a Mighty Army: A History of the Church of God, 1886-1976*, p. 175-90; A. J. TOMLINSON, *Answering the Call of God*, p. 8; Charles DAVIDSON, *Upon This Rock*, p. 573-610.

que as duas denominações passariam a ser reconhecidas legalmente como Igreja de Deus e Igreja Tomlinson de Deus.

A Igreja de Deus da Profecia

Essa foi a situação na Igreja Tomlinson de Deus até a morte de seu fundador, em 1943, quando começou a ser discutido o futuro da liderança entre os dois filhos de Tomlinson, Homer e Milton. Homer, um conhecido pregador, considerava-se o herdeiro natural do cargo que fora ocupado por seu pai. Muitos pastores, entretanto, sentiam que Homer era instável e prefeririam o irmão mais moço, Milton, que havia trabalhado como impressor na editora White Wing, de propriedade da igreja, e como pastor no Kentucky. Quando Milton foi eleito supervisor, Homer deixou a igreja e organizou outra denominação, conhecida como Sede Mundial da Igreja de Deus. Até sua morte, em 1968, a sede ficava no Queens, em Nova York. Com o passar dos anos, ele se tornou mundialmente famoso por alegar ser o rei e bispo do mundo inteiro.[35]

A igreja liderada por Milton adotou o nome Igreja de Deus da Profecia em 1952 e exerceu um ativo ministério desde sua moderna sede em Cleveland. Tanto a Sede Mundial da Igreja de Deus quanto a Igreja de Deus da Profecia continuaram a ensinar a doutrina escatológica de Tomlinson, segundo a qual todas as igrejas um dia iriam unir-se à Igreja de Deus, conforme anunciara seu fundador em 1903.

Igreja de Deus de Cleveland

A Igreja de Deus, liderada depois de 1923 por F. J. Lee, tornou-se mais tarde conhecida como Igreja de Deus de Cleveland, por motivos de identificação. O grupo cresceu rapidamente, chegando a ser um referencial do movimento. Por volta de 1943, a igreja afiliou-se à Associação Nacional de Evangelicais e mais tarde se tornou um dos membros autorizados na formação da Comunhão Pentecostal da América do Norte, em 1948. Também está entre as igrejas pentecostais que apresentaram maior e mais rápido

---

[35] Homer TOMLINSON, *The Shout of a King*, p. 1-219; John NICHOLS, *Pentecostalism* (New York: Harper & Row, 1966), p. 139-43.

crescimento no mundo. Os primeiros empreendimentos missionários fizeram da Igreja de Deus uma força dominante entre as nações caribenhas. Fusões posteriores estabeleceram sólidas parcerias com igrejas nacionais na África do Sul, na Indonésia e na Romênia.[36]

Em agosto de 2000, a Igreja de Deus de Cleveland contava cerca de 6 milhões de membros e congregados em mais de 80 países. Nos Estados Unidos, 6.408 igrejas ministravam a 887.148 membros. Desde 1910, o periódico *Church of God Evangel* [Evangelho da Igreja de Deus] vem noticiando o crescimento e as atividades da denominação.[37]

A Igreja de Deus da Profecia também cresceu nos Estados Unidos e ao redor do mundo. Em 2000, a igreja contava 76.352 membros nos Estados Unidos, em 1.908 congregações. As atividades da igreja são controladas pela assembleia geral que todos os anos reúne cerca de 20 mil fiéis.[38]

A Igreja Santa Unida

A mais antiga denominação pentecostal em atividade nos Estados Unidos é a Igreja Santa Unida, uma grande denominação afro-americana com raízes na Carolina do Norte. Os cultos que deram origem a essa igreja aconteceram em Method, subúrbio de Raleigh, na Carolina do Norte, em 1886. Ali, um avivamento *holiness* ocorreu numa congregação batista afro-americana que pregava a doutrina e a experiência da santificação plena. Esse avivamento começou com um grupo de oração wesleyano que se reuniu pela primeira vez em 1882. Entre seus líderes, estavam L. M. Mason, D. S. Freeman e G. W. Roberts. Os oficiais da igreja batista consideraram o avivamento contrário à fé e prática da denominação, e a facção *holiness* foi convidada a deixar a igreja. A nova congregação *holiness* foi organizada em maio de 1886. Mason foi eleito o primeiro presidente da igreja. Esse grupo, a Igreja Santa da Providência, tornou-se a igreja-mãe da denominação.[39]

---

[36] Cf. Charles W. CONN, *Where the Saints Have Trod* (Cleveland, Tenn.: Pathway Press, 1959).
[37] Eileen W. LINDNER, *Yearbook of American and Canadian Churches 2000*, p. 342.
[38] Idem, ibidem.
[39] H. L. FISHER, *History of the United Holy Church of America* [s.l.: s.n.], p. 1-7.

Outras congregações da Carolina do Norte juntaram-se ao grupo no período de 1886 a 1894, quando foi realizada a primeira convenção, em Durham. Em 1900, uma organização formal foi constituída, quando também se adotou um "Manual e disciplina para o governo das igrejas". Um dos líderes desse primeiro período foi W. H. Fulford, da Igreja Holiness Batizada com Fogo, a qual era liderada pelo evangelista branco Benjamin Hardin Irwin. Fulford foi o presidente da denominação de 1903 a 1916. É provável que a Igreja Santa Unida tenha aderido ao movimento pentecostal durante sua liderança, depois que centenas de membros foram batizados no Espírito Santo e falaram em outras línguas. Depois de 1916, Elder H. L. Fisher se tornou o líder da igreja. Seu mandato foi estendido de 1916 até sua morte, em 1947.[40]

A igreja cresceu no Sul e no Norte nos primeiros anos do século XX, quando milhares de negros migraram daquela região para esta em busca de trabalho. Pouco tempo depois, as maiores de suas igrejas locais foram implantadas nas cidades de Filadélfia, Nova York e Chicago.[41]

Em 1979, a igreja conviveu com uma divisão interna que se estendeu até 2000. Um dos grupos era liderado pelo bispo W. N. Strobhar, de Nova York, e o outro, pelo bispo James A. Forbes. Apesar dos muitos esforços para evitar a separação, a igreja se dividiu. Strobhar assumiu a liderança das igrejas do Norte, enquanto Forbes se tornou o líder de um grande número de igrejas estabelecidas nos Estados do Sul. A divisão por fim foi superada, e as duas partes voltaram a se unir, em maio de 2000, numa grande assembleia de reconciliação realizada em Greensboro. O principal pregador do encontro foi T. D. Jakes. Após a fusão, os oficiais da igreja anunciaram que a denominação contava 700 mil membros nos Estados Unidos.[42]

---

[40] Chester W. GREGORY, *History of the United Holy Church of America, Inc.: 1886-1986* (Baltimore: Gateway Press, 1986), p. 30-6, 231-2.
[41] Cf. Vinson SYNAN, *The Holiness-Pentecostal Tradition: Charismatic Movements in the Twentieth Century*, p. 65-6.
[42] Margaret Moffett BANKS, Evangelist Speaks Before United Holy Church Following, *Greensboro News and Record*, 5 mai. 2000, p. 1.

A primeira onda do pentecostalismo norte-americano

Todas essas igrejas pentecostais *holiness* fizeram parte da primeira onda do pentecostalismo no mundo. Iniciando com uma teologia basicamente arminiana-wesleyana, elas acrescentaram o batismo pentecostal no Espírito Santo evidenciado com o falar em línguas ao seu já desenvolvido sistema teológico. Como representantes de uma facção radical das doutrinas e experiências *holiness*, a transição ao pentecostalismo foi mais fácil para elas que para outras igrejas mais conservadoras, como a Igreja do Nazareno e a Igreja Metodista Wesleyana.

Quase todos os fundadores do movimento pentecostal, até mesmo Charles e William J. Seymour, pertenciam a essa corrente. O testemunho-padrão da Rua Azusa — "Eu fui salvo, santificado e cheio do Espírito Santo" — tornou-se a palavra de ordem do movimento. O "evangelho quíntuplo" dessas igrejas veio a constituir o primeiro manifesto teológico do mundo pentecostal, assim apresentado:

1. Justificação pela fé
2. Santificação como uma segunda, definitiva e perfeita obra da graça
3. Batismo no Espírito Santo evidenciado pelo falar em línguas
4. Cura divina como parte da expiação
5. Doutrina pré-milenarista da segunda vinda de Cristo

Embora alguns desses ensinos tenham sido mais tarde alterados por sucessivas ondas pentecostais e carismáticas nas denominações dominantes, formaram a base doutrinária das primeiras igrejas pentecostais do mundo.

Leituras recomendadas

A melhor fonte narrativa para conhecer o contexto e o desenvolvimento dessas igrejas é *The Holiness-Pentecostal Tradition: Charismatic Movements in the Twentieth Century* [A tradição *holiness*-pentecostal: movimentos carismáticos no século XX] (Grand Rapids: Eerdmans, 1972, 1997), de Vinson Synan. Outra fonte importante é o *New International Dictionary of Pentecostal and Charismatic Movements* [Novo dicionário dos movimentos pentecostal e carismático] (Grand Rapids: Zondervan, 2001), organizado por Stanley M. Burgess e Eduard van der Maas.

O melhor livro sobre a história da Igreja de Deus em Cristo é *Bishop C. H. Mason and the Roots of the Church of God in Christ* [O bispo C. H. Mason e as raízes da Igreja de Deus em Cristo] (Bakersfield: Pneuma Life Publishing, 1996), de Ithiel Clemmons. Para conhecer a história da Igreja de Deus de Cleveland, consulte *Like a Mighty Army: A History of the Church of God, 1886-1976* [Como um exército poderoso: uma história da Igreja de Deus, 1886-1976] (Cleveland: Pathway Press, 1955, 1977), de Charles Conn. A história da Igreja de Deus da Profecia é contada por Charles Davidson em *Upon This Rock* [Sobre esta pedra] (Cleveland: White Wing Publishing House, 1973-1976), obra em três volumes.

Uma obra recente sobre a história da Igreja Holiness Pentecostal é *The Old-Time Power: A Centennial History of the Pentecostal Holiness Church* [O poder dos tempos antigos: uma história do centenário da Igreja Holiness Pentecostal] (Franklin Springs: Life Springs Press, 1973, 1998), de Vinson Synan. A história do início dessa denominação, com muito material original baseado em entrevistas pessoais, é *The Pentecostal Holiness Church: 1898-1948* [A Igreja Holiness Pentecostal: 1898-1948] (Franklin Springs: Publishing House of the Pentecostal Holiness Church, 1951), de Joseph Campbell.

A história da Igreja Santa Unida é contada por Chester Gregory na obra *The History of the United Holy Church of America, Inc.; 1886-1986* [A história da Igreja Santa Unida da América, Inc.: 1886-1986] (Baltimore: Gateway Press, 1986).

✳ 6 ✳

As igrejas pentecostais da "obra consumada"

Vinson Synan

As igrejas *holiness* pentecostais foram as primeiras comunidades pentecostais organizadas no mundo, mas, quando o movimento explodiu nos Estados Unidos e no mundo, milhares de convertidos que não tinham raízes na teologia wesleyana foram atraídos para o movimento que ficou conhecido como pentecostalismo norte-americano em seu período inicial. Muitos dos novos pentecostais eram batistas, presbiterianos e oriundos de outras denominações. Logo muitas pessoas passaram diretamente da conversão para o batismo no Espírito Santo, sem a experiência intermediária da "segunda bênção" da santificação.

A primeira variação doutrinária no movimento estava relacionada ao papel da "segunda bênção" na vida do crente pentecostal. Alguns também ficaram chocados com o extremo legalismo de certos *holiness* pentecostais que se aproximava perigosamente do farisaísmo ou mesmo do fanatismo. Além disso, a insistência na "segunda bênção" entrava em conflito com a crença de muitos dos novos adeptos do movimento, cuja formação teológica diferia da wesleyana.

O primeiro homem a desafiar a teologia da "bênção tríplice" foi William H. Durham, de Chicago. Sendo um defensor de longa data da "segunda bênção" da santificação antes de sua experiência pentecostal, ele deixou de pregar a doutrina da santificação instantânea e passou a buscar uma nova teologia. Por volta de 1911, deu forma ao que chamou "teologia da obra consumada do Calvário", a qual rejeitava a ideia da necessidade da "segunda bênção" antes do falar em línguas. Para Durham, a santificação era um processo que se iniciava na conversão e continuava com um crescimento ininterrupto. Esse ensino, revolucionário demais para a época, abriu uma larga fissura teológica no movimento pentecostal. Líderes como Parham, Seymour e outros advertiam que a doutrina da "obra consumada" representava uma ameaça à sobrevivência do movimento pentecostal.

Na época, alguns pentecostais independentes que concordavam com Durham uniram-se a ele para formar as Assembleias de Deus, em 1914. A maioria das igrejas pentecostais surgidas depois no mundo adotou o ponto de vista de Durham. As experiências desses pentecostais foram reduzidas de três para duas. Depois disso, os pentecostais da "obra consumada" passaram a testemunhar que eram "salvos e batizados no Espírito Santo", sem referência à santificação.

As Assembleias de Deus

Com 35 milhões de membros no mundo, as Assembleias de Deus são, de longe, a maior e mais conhecida comunidade pentecostal do mundo. São também o mais visível e influente ramo pentecostal, impondo respeito no vasto mundo do cristianismo evangelical e carismático.

A história das Assembleias de Deus é, em grande parte, a história do próprio movimento pentecostal, e não somente nos Estados Unidos, mas também no mundo inteiro. Tendo suas raízes no movimento da fé apostólica, implantado por Charles Parham, e no avivamento da Rua Azusa, esta foi a primeira denominação forjada inteiramente no movimento pentecostal. Todas as outras comunidades pentecostais da época tinham raízes no movimento de santidade.

Em abril de 1914, mais de 300 pessoas se reuniram no Grande Teatro da Ópera de Hot Springs, no Arkansas, com o propósito de criar uma organização que acolhesse as centenas de assembleias pentecostais independentes espalhadas pelas cidades de todo o território norte-americano. Esse encontro foi um marco importante do movimento pentecostal nos Estados Unidos e também do mundo.[1]

Constituição

A constituição da nova comunidade deve muito a homens que não estiveram presentes na reunião de Hot Springs e nunca fizeram parte da nova igreja. Entre eles, podemos citar Charles Parham, o formulador da doutrina de que o falar em línguas era a "evidência inicial" do batismo no Espírito Santo, a qual se tornou distintiva para os crentes das Assembleias de Deus. Outra ausência foi a de William J. Seymour, líder do avivamento da Rua Azusa, em Los Angeles, onde a maioria dos presentes vivenciara a experiência. A terceira ausência foi a de William Durham, que havia morrido em 1912 e dera forma à principal doutrina da nova denominação. Sua teoria da "obra consumada" da santificação plena distinguia as Assembleias de Deus das antigas comunidades *holiness* pentecostais, que enfatizavam a santificação do ponto de vista da "segunda bênção". A quarta ausência foi a de A. B. Simpson, fundador da Aliança Cristã e Missionária, cuja igreja produziu muitos dos líderes da nova denominação, bem como sua teologia básica e a disposição para as missões mundiais.[2]

---

[1] As principais obras sobre a história das Assembleias de Deus são: Carl BRUMBACK, *Suddenly [...] From Heaven: A History of the Assemblies of God* (Springfield: Gospel Publishing House, 1961); Klaud KENDRICK, *The Promise Fulfilled: A History of the Modern Pentecostal Movement* (Springfield: Gospel Publishing House, 1961); William MENZIES, *Anointed to Serve: The Story of the Assemblies of God* (Springfield: Gospel Publishing House, 1971); Edith Waldvogel BLUMHOFER, *The Assemblies of God: A Popular History* (Springfield: Gospel Publishing House, 1985). Outras obras importantes sobre as Assembleias de Deus e outros grupos pentecostais clássicos são: Robert Mapes ANDERSON, *Vision of the Disinherited: The Making of American Pentecostalism* (New York: Oxford University Press, 1979); Vinson SYNAN, *The Holiness-Pentecostal Tradition* (Grand Rapids: Eerdmans, 1997).

[2] William MENZIES, *Anointed to Serve: The Story of the Assemblies of God*, p. 64-76, 48-9, 70-1; Robert Mapes ANDERSON, *Vision of the Disinherited: The Making of American Pentecostalism*, p. 188-94; Vinson SYNAN, *The Holiness-Pentecostal Tradition*, p. 149-52, 153-6. V tb. William MENZIES, Non-Wesleyan Origins of the Pentecostal Movement, in: Vinson SYNAN, *Aspects of Pentecostal Charismatic Origins* (Plainfield: Logos International, 1975), p. 81-98.

Um dos presentes, que nunca fez parte das Assembleias de Deus, foi Charles H. Mason, líder da Igreja de Deus em Cristo, de Memphis, Tennessee. Embora Mason fosse negro, assim como a maioria dos membros de sua igreja, havia um número significativo de brancos na congregação. Muitos dos que ajudaram a implantar as Assembleias de Deus eram pastores brancos afiliados a Mason e sua denominação. Muitos deles portavam credenciais concedidas pela Igreja de Deus em Cristo e por Mason, com base no consenso de que nenhum "indigno" a obteria.

Embora os laços entre Mason e os pentecostais brancos já não fossem tão estreitos em 1914, ele foi convidado a pregar na convenção. No entanto, Mason não quis fazer parte da nova denominação. Na verdade, a organização das Assembleias de Deus representava, em parte, a saída dos brancos da igreja de Mason.[3]

Pais fundadores

Dentre os participantes do concílio de Hot Springs, foram revelados os principais responsáveis pela formação das Assembleias de Deus. O primeiro presidente e supervisor geral foi Eudorus N. Bell, ex-batista do Texas que na época pastoreava uma igreja pentecostal em Malvern, no Arkansas. Bell fora educado no Seminário Teológico Batista do Sul, em Louisville, no Kentucky, e estudara na Universidade de Chicago. Muitos batistas como ele haviam ingressado no movimento pentecostal, a despeito de desconhecerem os ensinos da tradição *holiness*. Bell representava o grande contingente "batista" da nova denominação.[4]

J. Roswell Flower foi eleito secretário geral da igreja aos 26 anos de idade. Exerceu diversos cargos nas Assembleias de Deus até sua aposentadoria, em 1959, depois de ocupar outra vez o cargo de secretário geral. Flower,

---

[3] Robert Mapes ANDERSON, *Vision of the Disinherited: The Making of American Pentecostalism*, p. 188-94; Vinson SYNAN, *The Holiness-Pentecostal Tradition*, p. 167-86.

[4] Robert Mapes ANDERSON, *Vision of the Disinherited: The Making of American Pentecostalism*, p. 173-84; Richard A. LEWIS & E. N. BELL: An Early Pentecostal Spokesman, 14 nov. 1986 (documento apresentado à Sociedade de Estudos Pentecostais, em Costa Mesa, na Califórnia).

Noel Perkin e Frank Boyd eram livres associados da Aliança Cristã e Missionária antes de ingressar nas fileiras pentecostais.[5]

POLÊMICAS ACERCA DA SANTIFICAÇÃO

Em 1911, quando William Durham trouxe a público sua doutrina da santificação da "segunda bênção", uma jovem atacou-o com um alfinete de chapéu para expressar sua "aguda oposição". Ela não estava sozinha em sua aversão àquele "demoníaco" ponto de vista. O conflito em torno da santificação eclodira um ano antes, configurando-se como a primeira controvérsia a tomar corpo no movimento pentecostal.

O movimento pentecostal incipiente surgira do movimento de santidade, e, como seus pais, os adeptos seguiam a doutrina da santificação de Wesley: a experiência instantânea da "santificação plena" (ou "perfeição cristã") como uma experiência separada da conversão. Os primeiros pentecostais chamavam a isso "segunda bênção" e a consideravam uma preparação necessária para a terceira experiência, o revestimento com o Espírito Santo, isto é, a nova experiência pentecostal.

Em 1910, William H. Durham, pastor da Missão da Avenida Norte, em Chicago, começou a causar agitação nos círculos pentecostais ao contestar esses pontos de vista. Ele escreveu: "Comecei a escrever contra a doutrina que pressupõe duas obras da graça para salvar e purificar o ser humano. Rejeitei e continuo rejeitando a ideia de que Deus não resolva a questão da natureza do pecado na conversão. Rejeito a ideia de que o convertido, o nascido de novo, seja lavado e purificado externamente enquanto seu coração permanece imundo, em inimizade contra Deus".

Isso não podia ser salvação, era seu argumento, porque a salvação "significa que o velho homem, a velha natureza, que era pecaminosa e depravada e que operava em nós tudo que era condenável, está crucificada com Cristo". Ele apregoava sua opinião acerca da "obra consumada no Calvário" por acreditar que a obra de Cristo na cruz era suficiente tanto para a salvação quanto para a santificação. A convicção pentecostal acerca da "obra consumada" aos poucos foi consolidando a ideia de um processo gradual, não instantâneo, de santificação, e de que a obra santificadora de Cristo era apropriada durante a vida do crente.

---

[5] Carl BRUMBACK, *Suddenly* [...] *From Heaven: A History of the Assemblies of God*, p. 88-97; John S. SAWIN, The Response and Attitude of Dr. A. B. Simpson and the Christian and Missionary Alliance to the Tongues Movement of 1906-1920, 14 nov. 1986 (documento apresentado à Sociedade de Estudos Pentecostais, em Costa Mesa, na Califórnia).

> **Impedido de entrar na Rua Azusa**
>
> Durham retornou à Missão da Rua Azusa em 1911 (ele havia recebido ali o dom de línguas, em 1906). William J. Seymour estava fora, cumprindo um roteiro de pregações, e Durham foi convidado a pregar. Sua doutrina da "obra consumada" gerou certo conflito, mas deu origem a um novo avivamento. Uma testemunha ocular escreveu: "O fogo começou a cair sobre a velha Azusa, como no início". No entanto, quando informado sobre o que estava acontecendo, Seymour retornou imediatamente e trancou as portas da igreja para evitar que o pregador de Chicago continuasse a pregar ali. Sem se intimidar, Durham transferiu-se para uma missão concorrente e continuou a pregar sua doutrina.
>
> Em sua casa, no Kansas, Charles Parham (que a essa altura já não mais estava sob os holofotes pentecostais) declarou: "Se essa doutrina de homens for verdadeira, darei minha vida para experimentá-la; mas, se nosso ensino acerca da graça definitiva da santificação for verdadeiro, permita que sua vida expie essa culpa". Quando Durham morreu repentinamente um ano depois, Parham, a pretexto de justificativa, lembrou a seus seguidores "que Deus claramente dera sua resposta".
>
> A despeito das inflamadas contestações, a interpretação de Durham firmou-se como a proposição teológica preferida de metade dos pentecostais por volta de 1915. A maioria das denominações de tradição *holiness* organizadas antes da expansão pentecostal continuou a apoiar com firmeza a doutrina da "segunda bênção", enquanto as novas denominações, entre elas as Assembleias de Deus, deixaram a questão em aberto, conforme a convicção de cada um, ou adotaram o ponto de vista da "obra consumada". Este é hoje pensamento dominante entre os pentecostais norte-americanos.
>
> James R. Goff Jr.
Christian History [História cristã]

M. M. Pinson, ardoroso seguidor de William Durham, pregou no concílio um sermão definitivo sobre a "obra consumada do Calvário", o assunto predominante naquele evento. Pinson havia sido ordenado na Missão Pentecostal de J. O. McClurkan, em Nashville, no Tennessee, grupo que mais tarde se incorporou à Igreja do Nazareno. Ele representava o grande número de wesleyanos que, a despeito do novo ponto de vista sobre a santificação, se unira às Assembleias de Deus. Na verdade, milhares de pentecostais representantes de várias correntes do movimento de santidade afiliaram-se às Assembleias de Deus na década seguinte. Assim, na época, uma das questões mais debatidas nas páginas do *Pentecostal Evangel* [Evangelho pentecostal], o periódico da denominação, foi a da "segunda bênção".[6]

Pinson, Flower e Bell também editaram os três grandes periódicos que influenciaram o apelo de Hot Springs. *Christian Evangel* [Evangelho cristão], de Flower, publicado em Plainfield, Indiana; *Apostolic Faith* [Fé apostólica], de Bell, e *Word and Witness* [Palavra e testemunho], de Pinson, os quais se fundiram com outro nome em 1912, eram publicados em Malvern, Arkansas.[7]

Na função de informar as notícias da igreja e convocar a convenção, esses periódicos foram fundamentais para consolidar as organizações básicas que se reuniram em Hot Springs com o propósito de constituir a nova denominação. No Alabama, o grupo de Pinson usara o nome Igreja de Deus de 1909 a 1911, quando então passou a se chamar Igreja de Deus em Cristo. O grupo de Bell, no Texas, usara o nome Fé Apostólica até 1911, quando também adotou o nome Igreja de Deus em Cristo, recebendo as credenciais da igreja de Mason. Esses dois grupos uniram-se ao de Flower, em Indiana, em virtude da convocação para o concílio de Hot Springs, em 1914. Outros que se juntaram a eles na época da convocação foram A. P. Collins, H. A. Goss e D. C. O. Opperman.[8]

Motivos para a convocação

Cinco razões contribuíram para a convocação do concílio de Hot Springs. A primeira foi a necessidade de formular um arcabouço doutrinário sustentável para o crescente número de igrejas pentecostais independentes, que muitas vezes eram arrastadas por qualquer "vento de doutrina". A segunda razão foi o desejo de consolidar e conservar a obra pentecostal, que corria o risco de se desfazer sem a colaboração mútua de seus pastores, os quais

---

[6] Vinson SYNAN, *The Holiness-Pentecostal Tradition*, p. 149-52; Carl BRUMBACK, *Suddenly* [...] *From Heaven: A History of the Assemblies of God*, p. 99-103.

[7] J. Roswell FLOWER, History of the Assemblies of God [s.l.: s.n.], p. 17-9; William MENZIES, *Anointed to Serve*, p. 92-105.

[8] William MENZIES, *Anointed to Serve*, p. 80-105; Carl BRUMBACK, *Suddenly* [...] *From Heaven: A History of the Assemblies of God*, p. 151-71.

muitas vezes trabalhavam isolados uns dos outros sem desfrutar comunhão alguma.

A terceira razão era a necessidade de uma agência central de missões estrangeiras para arrecadar fundos e assim sustentar o grande número de missionários pentecostais espalhados pelo mundo, carentes de experiência, apoio financeiro e orientação. A quarta razão era a necessidade de estabelecer escolas bíblicas autorizadas para treinar os futuros pastores e líderes das igrejas.

A quinta razão foi produto das quatro primeiras. A nova organização precisava conservar os frutos do avivamento pentecostal que se manifestava de maneira poderosa nos Estados Unidos e no mundo. Desse modo, produziu-se em Hot Springs um "odre novo" para o vinho novo do Espírito Santo que estava sendo derramado.[9]

As doutrinas da nova denominação

O nome da nova denominação foi crucial para seu sucesso. Uma vez que o designativo mais comum entre os grupos reunidos no concílio era Igreja de Deus em Cristo, convencionou-se que o novo nome deveria ser uma variação dele. A palavra "assembleia" vem do mesmo termo grego em geral traduzido por "igreja". A forma plural, "assembleias", indicava a natureza congregacional do grupo, o qual consistia em centenas de assembleias independentes ali reunidas para desfrutar comunhão e unificar os ministérios. O nome foi sugerido por T. K. Leonard, de uma congregação de Findlay, Ohio, que havia muitos anos adotara o nome Assembleia de Deus.[10]

O pensamento comum era que a nova denominação não deveria basear-se em credos nem ter uma organização formal muito rígida. Desse modo, decidiu-se que nenhuma declaração de fé seria adotada. No entanto, o preâmbulo e a proposta aprovada de estatuto da nova igreja especificavam sua

---

[9] Essas razões são mencionadas na própria convocação para o concílio, *Word and Witness*, n. 10, dez. 1913, p. 1. V. tb. Carl BRUMBACK, *Suddenly* [...] *From Heaven: A History of the Assemblies of God*, p. 157 (cópia da convocação).

[10] Carl BRUMBACK, *Suddenly* [...] *From Heaven: A History of the Assemblies of God*, p. 168-9.

base doutrinária, a qual pode ser classificada como não wesleyana, evangelical e pentecostal dispensacionalista. A principal doutrina, que unia todos os grupos, era a do falar em línguas como "evidência inicial" do batismo no Espírito Santo.[11]

Essa elasticidade doutrinária consentida no concílio de 1914 representava a intenção de conservar a liberdade do Espírito nas vias alternativas das igrejas. Qualquer restrição doutrinária significaria uma coibição dessa liberdade, o que eles queriam evitar a todo custo. A tão estimada liberdade, no entanto, foi duramente testada com o surgimento da teologia unicista, que tomou corpo nos dois anos seguintes.

Chamado "movimento do nome de Jesus" pelos seus adeptos e "Só Jesus" pelos seus detratores, o movimento unicista teve sua origem na Califórnia, em 1913, apenas um ano depois do concílio de Hot Springs. Seus principais proponentes, Frank Ewart e Glenn Cook, negavam a doutrina da Trindade e insistiam no unitarianismo do Filho. Os trinitarianos eram acusados de adorar "três deuses". Os unicistas entendiam que a única fórmula batismal aceitável era "em nome de Jesus" e que o falar em línguas era necessário para a salvação. Esse ensino espalhou-se rapidamente de assembleia em assembleia após 1914 e ameaçava engolfar a denominação inteira.[12]

O perigo intensificou-se em 1915, quando o superintendente geral Eudorus N. Bell foi rebatizado em nome de Jesus. O Terceiro Concílio Geral, reunido em St. Louis, no Missouri, em outubro de 1915, estava tão dividido que nenhuma votação foi proposta em torno do explosivo tema. Nos meses que se seguiram, os trinitarianos, liderados por Flower, Pinson e John W. Welch, uniram forças para conter os unitarianos. Uma vitória importante foi a reconversão de Bell à doutrina unitariana. Por ocasião do Quarto Concílio Geral, convocado em 1916, os trinitarianos estavam no

---

[11] Carl BRUMBACK, *Suddenly* [...] *From Heaven: A History of the Assemblies of God*, p. 216-25; William MENZIES, *Anointed to Serve*, p. 129, 320.
[12] William MENZIES, *Anointed to Serve*, p. 106-21. V. tb. a resposta ao movimento unicista em Carl BRUMBACK, *God in Three Persons* (Cleveland: Pathway Press, 1959).

controle. Na contagem final dos votos, a nova denominação havia perdido 156 de seus ministros ordenados para os partidários do nome de Jesus.

Com base nessa decisão, os delegados remanescentes adotaram uma declaração de fé trinitariana, que se tornou padrão doutrinário para praticamente todas as igrejas pentecostais constituídas na época.[13]

A igreja cresce

As Assembleias de Deus apresentam um crescimento fenomenal desde 1914, dentro e fora dos Estados Unidos. Tendo começado basicamente como uma sociedade missionária, a denominação desenvolveu um dos mais agressivos programas de missões do mundo. Missionários eram enviados para os lugares mais remotos do globo com a incumbência de proclamar a mensagem pentecostal. O sacrifício a favor da obra missionária passou a ser a maior preocupação das igrejas.

O desejo de se expandir pelos campos missionários combinava com a intenção de multiplicar as igrejas pelos Estados Unidos. As Assembleias de Deus não demoraram a implantar igrejas em todos os Estados da União. Nas grandes cidades, onde as principais denominações estavam em declínio, foram estabelecidas prósperas assembleias. Em milhares de cidades, nas quais outras denominações não haviam conseguido firmar-se, as Assembleias de Deus obtiveram pleno êxito.

As Assembleias de Deus experimentaram seu maior crescimento depois da Segunda Guerra Mundial, nas campanhas de cura divina que levaram a mensagem pentecostal às massas nos Estados Unidos. Depois de um período de pouco crescimento na década de 1960, a igreja prosperou na época da renovação carismática nas denominações históricas. A década de 1970 e a primeira metade da década de 1980 viram as Assembleias de Deus tornar-se a maior denominação dos Estados Unidos. Por volta de 2000, algumas das maiores congregações norte-americanas eram afiliadas às Assembleias de Deus, como a Igreja Casa do Carpinteiro, de Karl Strader, em Lakeland, Flórida, cujo santuário comporta 10 mil pessoas sentadas.

---

[13] Vinson Synan, *The Holiness-Pentecostal Tradition*, p. 156-60; William Menzies, *Anointed to Serve*, p. 384-90.

Entre outras grandes igrejas, estão: Catedral Crossroads, em Oklahoma City, pastoreada por Dan Sheaffer, que comporta 6 mil pessoas sentadas; o Templo do Calvário, em Irving, no Texas, pastoreada por Don George; e a Primeira Assembleia de Deus em Phoenix, no Arizona, pastoreada por Tommy Barnett.[14]

A maior igreja das Assembleias de Deus em tamanho e em crescimento é a Assembleia de Deus em Seul, na Coreia do Sul, liderada pelo pastor Paul Yonggi Cho. Ela é também conhecida como Igreja do Evangelho Pleno de Yoido. Com mais de 730 mil membros em 2000, a expectativa é que ultrapasse a marca de 1 milhão de membros.[15]

As estatísticas de crescimento das Assembleias de Deus são realmente impressionantes. Dos 300 membros que se reuniram em Hot Springs em 1914, a denominação contabilizou, em 2000, mais de 35 milhões de membros no mundo inteiro, dos quais 2,5 milhões apenas nos Estados Unidos. Utilizando-se do método demográfico, David Barrett chegou ao número de 44 milhões de membros e congregados. A denominação conta com 12.055 igrejas locais nos Estados Unidos. A comunidade adoradora desses cristãos é composta de 121.424 igrejas e outros núcleos, dos quais 10.886 estão nos Estados Unidos. Um total de 1.464 missionários norte-americanos trabalha em 118 países. Espalhadas pelo mundo, 301 escolas treinam ministros que dão continuidade à obra da igreja.[16]

Quando o programa missionário foi iniciado, decidiu-se que a meta da igreja era estabelecer igrejas autogeridas e autossustentáveis, independentes das igrejas dos Estados Unidos. Por essa razão, muitas igrejas ostentam o nome Assembleia de Deus sem, no entanto, ter um vínculo direto com a

---

[14] Para uma declaração das Assembleias de Deus sobre o movimento de renovação carismática, v. Kilian McDONNELL, *Presence, Power, Praise: Documents on the Charismatic Renewal* (Collegeville; New York: Paulist Press, 1980), v. 1, p. 318. V. tb. Edith Waldvogel BLUMHOFER, *The Assemblies of God: A Popular History*, p. 113-7, 141.

[15] Jae Bum LEE, Pentecostal Distinctives and Protestant Church Growth in Korea (tese de Ph.D., Fuller Theological Seminary, 1986), p. 169-228.

[16] Eileen W. LINDNER, *Yearbook of American and Canadian Churches 2000* (Nashville: Abingdon, 2000), p. 340. V. tb. *Assemblies of God: Who We Are and What We Believe* (Springfield: 2000); *A/G Facts, Current Information About the Assemblies of God* (Springfield: Office of Information, 2000).

sede norte-americana, em Springfield, no Missouri. Embora todas empunhem a mesma bandeira e adotem as mesmas doutrinas, essas igrejas ao redor do mundo são na verdade comunidades nacionais e independentes, muito mais que a representação internacional de uma única denominação. Veja-se, por exemplo, a maior de todas as igrejas nacionais, as Assembleias de Deus no Brasil. A igreja brasileira foi implantada em 1910, quatro anos antes da igreja constituída nos Estados Unidos.[17]

De todos os líderes da história das Assembleias de Deus, nenhum exerceu influência mais abrangente que Thomas Zimmerman, que encerrou seu mandato de superintendente geral em dezembro de 1985. Durante os vinte e seis anos em que exerceu a função, a denominação duplicou de tamanho nos Estados Unidos. Zimmerman também foi responsável pelo ingresso dos pentecostais na vertente evangelical do cristianismo enquanto ocupava o cargo de presidente da Associação Nacional de Evangelicais. Depois do concílio de 1985, foi convidado a presidir o comitê de Lausanne.

Na década de 1980, vários membros das Assembleias de Deus ocuparam cargos importantes na política. James Watt foi secretário do Interior na gestão do presidente Ronald Reagan, sendo o primeiro pentecostal a ocupar um cargo no gabinete presidencial. Em 1985, John D. Ashcroft foi eleito governador do Missouri, também o primeiro pentecostal a ocupar esse cargo naquele Estado.

Quem viaja pelo mundo, provavelmente já encontrou congregações das Assembleias de Deus tanto nos menores povoados quanto nas mais desenvolvidas metrópoles. Por volta de 2000, a denominação conquistava 10 mil convertidos por dia em todo o mundo. De acordo com Thomas Trask, superintendente geral na época, se for mantido esse ritmo de crescimento, as Assembleias de Deus atingirão a marca de 100 milhões de

---

[17] Na verdade, a data oficial da fundação das Assembleias de Deus no Brasil é 18 de junho de 1911. O nome Assembleias de Deus só foi adotado em 1918, quando a denominação foi oficialmente registrada. Antes disso, era identificada como Missão da Fé Apostólica. Contudo, nunca esteve afiliada a nenhuma missão estrangeira, sendo, portanto, uma denominação genuinamente nacional. [N. do T.]

membros quando a denominação celebrar o centenário de sua fundação, em 2014.[18]

A Igreja Internacional do Evangelho Quadrangular

Em julho de 1922, a conhecida evangelista internacional Aimee Semple McPherson levantou-se no Auditório Cívico de Oakland, na Califórnia, e compartilhou uma visão do que veio a ser a Igreja Internacional do Evangelho Quadrangular. Ela pregou um sermão baseado em Ezequiel 1.4-28, em que se lê a descrição de uma criatura de quatro rostos. Aimee enxergou nessa passagem quatro doutrinas fundamentais. Elas têm como símbolo o homem, o leão, o boi e a águia, e essas imagens se tornaram a essência de seu ministério.

A evangelista contou que sua visão esclarecia o significado daqueles rostos. Ela disse que todos os quatro elementos representavam Jesus: o rosto de homem era Jesus como Salvador; o de leão era Jesus como aquele que batiza no Espírito Santo; o de boi era Jesus como aquele que cura; o de águia era Jesus como o Rei que há de vir. Ela se referiu a essa revelação como "um evangelho perfeito, um evangelho completo para o corpo, para a alma, para o espírito e para a eternidade". Assim nasceram a teologia e o nome de uma das mais importantes denominações pentecostais, hoje presente em 55 nações do mundo sob a bandeira da Igreja Internacional do Evangelho Quadrangular.[19]

---

[18] *AG News*, 9 ago. 2000 (em matéria sobre o Congresso Mundial das Assembleias de Deus, realizado em Indianápolis, em agosto de 2000).

[19] Fontes de consulta autobiográficas sobre a vida de Aimee Semple McPherson: *In the Service of King* (New York: Boni and Liveright, 1927); *The History of My Life* (Los Angeles: Echo Park Evangelistic Association, 1951). Obras críticas: Robert P. SCHULLER, *McPhersonism* (Los Angeles, s.d.); Lately THOMAS, *The Vanishing Evangelist* (New York: Viking Press, 1959).

> **PACTO DAS ASSEMBLEIAS DE DEUS 2000**
>
> Havendo deliberado levar este evangelho a todo o mundo,
>
> > Sabendo que estamos vivendo os últimos dias;
> > Reconhecendo que as pessoas sem Jesus estão para sempre perdidas;
> > Havendo recebido poder por meio do batismo do Espírito Santo para cumprir essa tarefa;
> > Sabendo que sem Jesus não somos nada;
> > Tendo do Senhor a promessa de provisão dos recursos necessários para cumprir seus mandamentos;
> > Sabendo que Deus nos recomissionou e nos capacitou,
>
> Nós, das Assembleias de Deus, parte de uma grande comunidade de crentes de todo o mundo, por isso mesmo nos comprometemos outra vez a obedecer à Grande Comissão e a buscar um novo revestimento de poder, a fim de cumprir essa tarefa.
>
> Em atitude sacrificial, daremos de nossos recursos e de nós mesmos e não descansaremos até que cada criatura tenha ouvido o evangelho, nos Estados Unidos e no mundo.
>
> > Portanto, vão e façam discípulos de todas as nações, batizando-os em nome do Pai e do Filho e do Espírito Santo, ensinando-os a obedecer a tudo o que eu lhes ordenei. E eu estarei sempre com vocês, até o fim dos tempos.
> > *Mateus 28.19,20*
>
> THOMAS TRASK, SUPERINTENDENTE GERAL DAS ASSEMBLEIAS DE DEUS

Diz-se que uma instituição é sombra estendida de um homem. Nesse caso, é a sombra estendida de uma mulher.

Aimee Semple McPherson nasceu em Ingersoll, Ontário, no Canadá, em 1890. Ela conquistou proeminência entre os líderes religiosos do século XX, vencendo a barreira de gênero e vindo a ser a mais importante ministra ordenada na história do cristianismo. Uma mulher brilhante, talentosa e atraente, conseguiu atrair a atenção do mundo por mais de duas décadas. A fase inicial de sua vida foi registrada em sua autobiografia, *In the Service of King* [A serviço do Rei] lançada em 1927.

O pai de Aimee era metodista, mas a primeira instrução religiosa que ela recebeu veio de sua mãe, Minnie Kennedy, oficial do Exército de Salvação. Apesar de criada na tradição *holiness*, Aimee se converteu na adolescência, em 1907, num avivamento liderado por um jovem evangelista chamado Robert Semple. Pouco tempo depois, ela recebeu o batismo no Espírito Santo e falou em línguas, por isso deixou o Exército de Salvação para se tornar pentecostal. Apaixonou-se pelo evangelista e casou-se com ele.[20]

O jovem casal aceitou o convite para trabalhar em missões no Oriente. Em 1910, eles chegaram à China. Estavam ali havia poucos meses quando Semple morreu. Aimee estava no oitavo mês da gravidez de seu primeiro filho. De volta aos Estados Unidos, ela trabalhou no Exército de Salvação com sua mãe, em Nova York. Em 1912, casou-se com Harold Stewart McPherson, de Providence, Rhode Island. O casal teve um filho, Rolf Kennedy McPherson, que se tornou presidente da igreja, em 1944.

O casamento de Aimee com McPherson foi infeliz, uma vez que ela queria tomar o caminho da pregação das boas-novas, enquanto ele desejava apenas ser um homem de negócios. Mais tarde, eles se divorciaram. Em 1915, a "Irmã Aimee", como era afetuosamente tratada, atendeu ao chamado para pregar o evangelho depois de uma bem-sucedida cruzada de avivamento em Mount Forest, Ontário. Por volta de 1918, após uma impetuosa campanha de avivamento que percorreu de norte a sul a costa oeste norte-americana, ela se estabeleceu em Los Angeles, onde viveu até o fim de sua vida.

Levou muito tempo, todavia, até a incansável evangelista estabelecer uma instituição na qual pudesse ministrar. Antes de implantar o movimento quadrangular, ela fez parte de pelo menos três igrejas, além do Exército de Salvação, no qual nascera. Em dezembro de 1920, uniu-se à Igreja Metodista Episcopal de Hancock, na Filadélfia. Em março de 1922, o pastor William Keeney Towner ordenou-a ministra da Primeira Igreja Batista de San José, na Califórnia. Depois disso, por vários anos ela fez parte do

---

[20] Aimee Semple McPherson, *The History of My Life*, p. 15-79.

ministério das Assembleias de Deus. Todas essas afiliações foram deixadas de lado depois que ela implantou sua denominação, em 1927.[21]

O Templo Angelus

No final da década de 1920, Aimee tornou-se uma celebridade nacional tanto como pastora quanto como evangelista. Com a ajuda da revista nacional *Bridal Call* [Convite de casamento], hoje conhecida como *Foursquare World Advance* [Avanço do mundo quadrangular], e o suporte financeiro das contínuas cruzadas de cura e salvação de almas, ela deu início à construção do Templo Angelus, perto de Echo Park, Los Angeles, em 1921. O santuário, o maior dos Estados Unidos na época, com 3.500 lugares, tornou-se o centro de seu florescente ministério. Ele foi avaliado naquele ano em 1,5 milhão de dólares.

No primeiro ano de existência do templo, mais de 10 mil pessoas atenderam ao apelo para ir ao altar e "nascer de novo". Nos vinte anos seguintes, o templo esteve sempre com sua capacidade esgotada, repleto de pessoas ansiosas para ver e ouvir a lendária evangelista. Milhares de pessoas muitas vezes iam embora por falta de assentos. Durante aqueles anos, Aimee ministrou a mais de 20 mil pessoas por semana. Aquela foi, sem dúvida, a primeira "megaigreja" dos Estados Unidos.

O ministério de Aimee continuou ascendendo após a dedicação do templo, em 1923. Ela foi a primeira mulher a pregar um sermão pelo rádio (1922), e sua igreja foi a primeira a possuir uma estação de rádio. A estação entrou no ar em 1924, com o prefixo KFSG (Kall Foursquare Gospel). Em 1925, Aimee também inaugurou uma escola bíblica que funcionava num prédio de cinco andares construído não muito longe do templo, que foi chamada Escola Bíblica LIFE (Lighthouse International Foursquare Evangelism), instituição criada com o propósito de preparar para a liderança as centenas de jovens líderes que afluíam à sua igreja.

---

[21] V. *Historical Data of the International Church of the Foursquare Gospel*, abr. 1968, p. 1.

O GRANDE "EU SOU" OU "EU ERA"?

(Extraído de um sermão de Aimee Semple McPherson)

"Tum! Tum! Tum!", ecoam os passos de centenas, milhares de pés, passando diante da porta de nossas igrejas. "Tum! Tum! Tum!", precipitam-se as multidões para os negócios e os prazeres.

Da porta da igreja ecoa a voz do Pastor e do Evangelista, tentando deter a multidão que corre desenfreada rumo à destruição e atrair sua atenção para Cristo.

"Parem, parem, ó multidão leviana, arrastada como que por um rio! Desviem os olhos das luzes brilhantes do caminho das riquezas", eles imploram. "Deixem os caminhos de morte, entrem pelas nossas portas e escutem enquanto lhes contamos a doce e antiga história do 'Grande Eu Era'.

"Com eloquência e de maneira didática, contaremos a vocês acerca do maravilhoso poder que Cristo 'tinha', dos milagres que ele 'realizou', dos doentes que ele 'curou'. Trata-se de uma história esplêndida e abençoada sobre as coisas que Jesus fez dezenove séculos antes de vocês nascerem. Elas aconteceram num lugar distante, do outro lado do mar, para onde vocês nunca navegaram, num país que vocês nunca visitaram e no meio de um povo que vocês não conheceram. Extraordinário, maravilhoso, era o poder que costumava fluir do 'Grande Eu Era' [...]".

E, sobre a cabeça do povo, escuto o chamado: "Despertai, vós que dormis, levantai-vos dentre os mortos! O Senhor está vivo. Seu poder nunca diminuiu. Sua Palavra nunca mudou. As coisas que Deus fez nos tempos bíblicos, ele continua a realizar nos dias de hoje. Não há peso que ele não possa suportar nem grilhões que não possa quebrar.

"Trazei aqui vossos pecados. Ele irá removê-los e levá-los para bem longe. Trazei aqui vossas doenças, e ele vos curará hoje mesmo. Nós servimos não a um deus morto, mas ao Deus vivo. Não ao 'Eu Era', mas ao 'Grande Eu sou'.

"Vinde, ó jovens; vinde, anciãos; vinde vós, os tristes; vinde, ó alegres; vinde vós, os cansados e sobrecarregados; vinde, doentes e saudáveis! Vinde vós todos ao 'Grande Eu Sou'. Há comida para o faminto; há força para o fraco; há esperança para o desesperado; há vista para o cego."

Christian History [História cristã]

As ministrações de Aimee Semple McPherson no Templo Angelus eram surpreendentes. No início, ela dirigia pessoalmente 21 cultos por semana. A dramaticidade dos cultos cativava a imaginação e despertava a curiosidade do público. Ela escrevia peças dramáticas, representações teatrais e oratórios (musicais religiosos) que eram apresentados pelo grande corpo de auxiliares do templo. Num desses cultos, a Irmã Aimee, vestida como policial, surgiu na enorme plataforma do templo pilotando uma motocicleta. Então, ela parou, soprou um apito e gritou: "Parem! Vocês estão indo para o inferno!". Em outro culto, a plataforma foi decorada como uma antiga plantação de algodão do Sul, um cenário inspirado em *E o vento levou* para proclamar o evangelho quadrangular. Essas extravagâncias fizeram de Aimee uma celebridade de costa a costa dos Estados Unidos, e seu trabalho passou a ser admirado como o de qualquer estrela de Hollywood.[22]

No entanto, nem tudo era drama e *glamour* no templo. Em 1926, a intendência do Templo Angelus abriu as portas para fornecer alimentos e roupas aos necessitados. Quando a Grande Depressão se abateu sobre os Estados Unidos em 1939, o templo alimentou e vestiu mais de 1,5 milhão de pessoas na região de Los Angeles. Por causa de seu amor pelos pobres, a Irmã Aimee conquistou a gratidão eterna e a devoção dos desvalidos da debilitada nação norte-americana.

Entre os que foram atraídos pelo trabalho da evangelista naqueles tempos difíceis, estavam o ator Anthony Quinn e Richard Halverson, que mais tarde foi capelão do Senado americano. No entanto, a maior personalidade a percorrer os corredores do Templo Angelus foi um jovem quacre de nome Richard Milhous Nixon.[23]

Em maio de 1926, Aimee desapareceu de uma praia perto de Los Angeles, e durante várias semanas seu paradeiro permaneceu ignorado. Quando reapareceu, em junho, no Novo México, ela alegou ter sido raptada. Muitos boatos circularam a respeito da "evangelista desaparecida", mas num processo judicial subsequente ela foi absolvida de todas as acusações de fraude ou má conduta. Anos mais tarde, ela também se envolveu num rumoroso processo judicial com sua mãe, Minnie, que cuidava dos negócios

---

[22] Vinson SYNAN, *The Holiness-Pentecostal Tradition*, p. 191-202.
[23] *Facts You Should Know About the International Church of the Foursquare Gospel*, p. 5; Harold HELMS, entrevista concedida ao autor, Los Angeles, 19 nov. 1986.

da filha. A destemida Aimee, entretanto, sobreviveu a ambas as crises e a muitas outras, saindo-se diversas vezes como grande vitoriosa.[24]

A formação da Igreja do Evangelho Quadrangular

Com seu ministério dinâmico e próspero, Aimee arrebanhou milhares de fiéis seguidores em todo o território norte-americano e organizou sua denominação em 1927. Para ser coerente com a visão que tivera em 1922, ela a denominou Igreja Internacional do Evangelho Quadrangular, com sede no Templo Angelus. A nova igreja era idêntica às Assembleias de Deus na doutrina, embora diferisse na estrutura organizacional e política. Controlada com rédeas curtas pela Irmã Aimee, a denominação logo se caracterizou por uma estrutura centralizada, com todas as propriedades da igreja administradas pela igreja-mãe.[25]

A declaração doutrinária quadrangular posicionava a denominação na principal vertente do movimento pentecostal dos Estados Unidos. Trinitariana e evangelical, a nova igreja adotou a teoria da "evidência inicial" da glossolalia como primeiro sinal do recebimento do batismo no Espírito Santo. A ideia das quatro afirmações básicas de seu manifesto doutrinário já havia sido posta em prática anteriormente, por A. B. Simpson, da Aliança Cristã e Missionária, que anunciava Jesus como "Salvador, Santificador, Médico e Rei que há de vir". A única diferença no manifesto quadrangular era a substituição de "Santificador" por "aquele que batiza no Espírito Santo". Aimee também compilou uma *Declaração de fé* constituída por 22 artigos elaborados com base nas quatro doutrinas fundamentais da denominação.[26]

Os primeiros dias da nova organização testemunharam um explosivo crescimento depois que várias congregações pentecostais independentes acharam por bem unir-se ao movimento. Por volta de 1928, havia mais

---

[24] Aimee Semple MCPHERSON, *Personal Testimony*, p. 47-9; Lately THOMAS, *The Vanishing Evangelist*, p. 1-319.
[25] *Articles of Incorporation and By-laws of the International Church of the Foursquare Gospel* (Los Angeles: 1986), p. 20-8.
[26] *Facts You Should Know About the International Church of the Foursquare Gospel*, p. 6; Aimee Semple MCPHERSON, *This We Believe* (Los Angeles: s.d.), p. 7-35.

de 50 igrejas quadrangulares no sul da Califórnia, além de um grande número de igrejas, no restante dos Estados Unidos, dispostas a se unir a ela. Em pouco tempo, diversos missionários já estavam hasteando a bandeira quadrangular no Canadá, na Grã-Bretanha e em vários outros países. A principal razão do rápido crescimento da igreja em seus primeiros dias era a personalidade dinâmica e magnética de sua fundadora.[27]

Aimee visitou muitas vezes o campo missionário. Em 1943, ela viajava pelo México quando contraiu uma febre tropical. Um ano depois, em 22 de setembro de 1944, Aimee morreu, depois de pregar um sermão em Oakland. Sua morte foi atestada como decorrente "de choque e falência respiratória", em razão de uma overdose de comprimidos para dormir receitados por um médico.

A igreja depois de Aimee

Depois da morte de Aimee, a liderança da denominação passou para seu filho, Rolf, que desde então assumiu o posto de presidente. Para administrar a organização, McPherson contava com um supervisor geral de campo e supervisores distritais nos Estados Unidos. Eles cuidavam dos assuntos do dia a dia da denominação. Ele designou também um diretor de missões mundiais para a supervisão das igrejas implantadas em solo estrangeiro. O mais conhecido dentre os supervisores gerais foi Howard P. Courtney, cujo mandato se estendeu de 1944 a 1974.[28]

Desde 1927, o crescimento da igreja tem-se mantido, embora não tão espetacular quanto em seus primeiros dias. Por volta de 1944, o número de congregações nos Estados Unidos chegava a 500. Depois de um período de pouco crescimento nas décadas de 1950 e 1960, a igreja experimentou um avivamento e tomou novo fôlego nas décadas de 1970 e 1980, época em que a renovação carismática chegava às principais igrejas. De todas as denominações pentecostais clássicas, a Igreja do Evangelho Quadrangular foi a mais afetada pelo movimento de renovação carismática. Para muitos

---

[27] Aimee Semple MCPHERSON, *The History of My Life*, p. 75-42; *Personal Testimony*, p. 43.
[28] Cf. *Articles of Incorporation and By-laws of the International Church of the Foursquare Gospel*, p. 20-8.

observadores, os cultos de adoração da igreja eram tão parecidos que os carismáticos de outras denominações logo se sentiam em casa.[29]

Grande parte dessa energia renovada se deve ao ministério de Jack Hayford: sua Igreja do Caminho, em Van Nuys, na Califórnia, cresceu tanto que se tornou a maior congregação quadrangular dos Estados Unidos. Com mais de 10 mil membros, a igreja de Hayford é uma versão moderna do Templo Angelus. A influência de Hayford ultrapassou as fronteiras de sua denominação, entretanto, uma vez que ele é convidado a pregar em muitas conferências carismáticas.

O mais significativo crescimento da igreja nos Estados Unidos em tempos recentes se deu nos Estados do Noroeste, onde Roy Hicks Jr. implantou muitas igrejas no Oregon e em Washington. Outro importante desenvolvimento foi verificado na Califórnia e na Costa Leste. Por volta de 2000, as maiores congregações da Igreja do Evangelho Quadrangular nos Estados Unidos eram: a Igreja do Caminho, em Van Nuys, de Jack Hayford (já mencionada); a Igreja do Evangelho Quadrangular em Beaverton, no Oregon, de Ron Mehl; e a Igreja Centro da Fé, em Eugene, no Oregon, pastoreada por Roy Hicks Jr. Pelo menos duas igrejas quadrangulares são proprietárias de estações de TV nos Estados Unidos, operadas pelas igrejas de Decatur, Illinois, e Roanoke, na Virgínia.

Na maior parte de sua história, a Igreja do Evangelho Quadrangular norte-americana sempre foi maior em número de membros que as igrejas implantadas no campo missionário. Em 1952, por exemplo, apenas um terço dos membros da igreja vivia fora dos Estados Unidos. Por volta de 1960, esse número era praticamente o mesmo. Já em 2000, mais de dois terços dos membros da igreja viviam em outros países. As estatísticas apontavam 238 mil membros em 2 mil igrejas nos Estados Unidos e 863.642 membros em outros países. O total geral de membros, afiliados e congregados, em 2000 era de 1.045.236 pessoas.

No ministério dessas igrejas, serviam 4.856 pastores, evangelistas e missionários ao redor do mundo. Desses ministros ordenados, 737 eram

---

[29] *Yearbook, 1986, International Church of the Foursquare Gospel* (Los Angeles), p. 9.

mulheres, muitas delas atuando como pastoras. Na verdade, os dados de 1986 indicam que não menos de 41% de todos os ministros ordenados pela Igreja do Evangelho Quadrangular nos Estados Unidos eram mulheres, uma proporção superior à de qualquer outra igreja no mundo. Esse considerável percentual, sem dúvida, é reflexo de ter sido uma mulher, com raízes cristãs no Exército de Salvação, a fundadora da igreja.

Em anos recentes, a Igreja do Evangelho Quadrangular tem dado ênfase à educação, mais que em qualquer outra época. Além da Escola Bíblica LIFE, a igreja mantém a Escola Bíblica de Mount Vernon, Ohio. Há também grande interesse pela teologia, a julgar pelo número de alunos, membros da denominação, matriculados nas grandes universidades e seminários dos Estados Unidos. A principal obra teológica da Igreja do Evangelho Quadrangular foi publicada em 1983 pela Escola Bíblica LIFE. Escrita por Guy Duffield e Nathaniel Van Cleave, intitula-se *Foundations of Pentecostal Theology* [Fundamentos da teologia pentecostal].[30]

A Igreja de Deus Pentecostal

A Igreja de Deus Pentecostal, que tem suas raízes nas Assembleias de Deus, foi implantada em 1919 por John C. Sinclair e George Brinkman, que faziam parte dos pais fundadores das Assembleias de Deus, em 1914. Em concordância com a maioria dos líderes da igreja, eles tomaram a firme resolução de jamais adotar uma declaração doutrinária para a denominação. Sinclair, que fora presbítero executivo das Assembleias de Deus e pastor de uma grande igreja em Chicago, era bem conhecido por ter sido a primeira pessoa a receber a experiência pentecostal naquela cidade, enquanto Brinkman era editor do *Pentecostal Herald* [Arauto pentecostal], um respeitado periódico pentecostal independente.[31]

No ato de sua fundação, em 1914, as Assembleias de Deus se recusaram a adotar uma declaração doutrinária, uma vez que a maioria de seus fundadores temia que a denominação se tornasse uma igreja baseada em

---

[30] Harold HELMS, entrevista concedida ao autor, Oklahoma City, 19 nov. 1986.
[31] Eileen W. LINDNER, *Yearbook of American and Canadian Churches 2000*, p. 346.

credos, com autoridade exercida de cima para baixo. Dois anos depois, a controvérsia unicista causou uma divisão, e os não trinitarianos abandonaram as Assembleias de Deus para formar associações próprias. Em 1916, para esclarecer sua postura trinitariana, as Assembleias de Deus adotaram a *Declaração de verdades fundamentais*, que alguns entendiam ser uma perigosa evolução. Sinclair e Brinkman então lideraram um movimento que pregava a separação das Assembleias de Deus e a formação de uma nova igreja sem nenhuma espécie de declaração doutrinária.[32]

Em 1919, surgiu em Chicago uma nova igreja denominada Assembleias Pentecostais dos Estados Unidos. A nova denominação adotou o *Pentecostal Herald* [Arauto pentecostal], de Brinkman, como órgão de imprensa oficial e logo começou a implantar igrejas por todo o país. Doutrinariamente, a nova igreja era idêntica às Assembleias de Deus, porém muito mais livremente organizada. No início, a igreja operava como um escritório para garantir as licenças ministeriais, porém com pouco controle eclesiástico sobre as igrejas e ministros. Em 1922, o nome da igreja foi alterado para Igreja de Deus Pentecostal. Em 1934, a expressão "da América" foi acrescentada à denominação, desde então conhecida como Igreja de Deus Pentecostal da América.

Embora a Igreja de Deus Pentecostal tenha sido implantada sobre a promessa de jamais adotar uma declaração doutrinária, algumas questões e controvérsias impulsionaram a elaboração de tal declaração. Isso aconteceu em 1933. A declaração era similar à das Assembleias de Deus e enquadrava a Igreja de Deus Pentecostal no ramo "batístico" do pentecostalismo norte-americano.[33]

A Igreja de Deus Pentecostal expandiu-se lentamente nos Estados Unidos. Um programa de missões para a Índia foi iniciado em 1949. Embora a denominação mantivesse um departamento missionário desde 1932, somente em 1949 foi nomeado um diretor de missões em tempo integral. Desde então, a igreja vem sustentando um vigoroso ministério missionário

---

[32] Guy DUFFIELD & Nathaniel VAN CLEAVE, *Foundations of Pentecostal Theology* (Los Angeles: LIFE Bible College, 1983).
[33] Cf. Vinson SYNAN, *The Holiness-Pentecostal Tradition: Charismatic Movements in the Twentieth Century*, p. 195-6.

em mais de 20 países. Por volta de 2000, a Igreja de Deus Pentecostal contava 104 mil membros em 1.237 congregações nos Estados Unidos. No mundo todo, o número de membros chegava a 800 mil em mais de 8 mil igrejas e pontos de pregação.[34]

Dentre os missionários e evangelistas pentecostais mais influentes, podemos citar T. L. Osborn, oriundo da Igreja de Deus Pentecostal. Suas cruzadas de cura divina em diversas nações se destacavam entre as campanhas evangelísticas de massa da década de 1950. Ele foi particularmente bem-sucedido em pregar a multidões de povos de cultura não cristã da África, Ásia e América Latina.

Outra família famosa pertencente à Igreja de Deus Pentecostal foram os Tathams, de Sallisaw, Oklahoma. Essa família serviu de modelo para o livro de John Steinbeck, *As vinhas da ira*, de 1939, relato da história de uma família de Oklahoma que, atingida pela pobreza na época da Grande Depressão, migrou para a Califórnia. Proveniente de uma igreja *holiness* pentecostal, os Tathams mudaram-se para a Califórnia na década de 1930. Assim que chegaram, a família passou a frequentar uma congregação local da Igreja de Deus Pentecostal. O protagonista do livro, Oca Tatham, foi ordenado ministro pela igreja e pastoreou várias congregações na Califórnia. Alguns membros da família Tatham se tornaram prósperos homens de negócios em Fresno, naquele mesmo Estado.[35]

Em 1951, os escritórios principais e a editora foram transferidos para Joplin, no Missouri, onde permanecem até hoje. O órgão de imprensa oficial da igreja, hoje chamado *Pentecostal Messenger* [Mensageiro pentecostal], é publicado em Joplin.

Igreja Padrão da Bíblia Aberta

Uma das mais jovens denominações do pentecostalismo clássico nos Estados Unidos é a Igreja Padrão da Bíblia Aberta, com sede em Des Moines, Iowa.

---

[34] Wayne WARNER, Pentecostal Church of God, in: Stanley M. BURGESS, Patrick ALEXANDER & Gary MCGEE (Orgs.), *Dictionary of Pentecostal and Charismatic Movements*, p. 701-2.

[35] Wayne WARNER, Pentecostal Church of God, p. 701-2.

Essa igreja foi implantada em 1935 pela fusão de duas instituições pentecostais: a Igreja Padrão da Bíblia e a Associação Evangelística Bíblia Aberta. A história dessa igreja é interessante pelo de fato de que ambas as igrejas que lhe deram origem se separaram de duas denominações implantadas por mulheres.[36]

A Igreja Padrão da Bíblia tinha suas raízes na Igreja da Fé Apostólica de Florence Crawford, em Portland. Florence foi um membro proeminente do corpo de pastores auxiliares da famosa Missão da Rua Azusa, onde ajudava William J. Seymour na edição do jornal *Apostolic Faith*. Mais tarde, ela se mudou para Portland e dali continuou a publicar o jornal. Na época, a igreja de Crawford sofreu uma divisão, encabeçada por Fred Hornshuh e A. J. Hegan, que contestavam o exclusivismo e o rigor das normas da igreja. Eles discordavam principalmente da regra estabelecida por Florence, segundo a qual os divorciados jamais poderiam contrair novas núpcias se quisessem permanecer na igreja. Em 1919, eles implantaram uma nova denominação, com regras mais brandas acerca do divórcio e novo casamento.

A Associação Evangelística Bíblia Aberta foi implantada por John R. Richey em Des Moines, em 1932, como resultado de uma divisão da Igreja Internacional do Evangelho Quadrangular, implantada por outra mulher pregadora: a famosa Aimee Semple McPherson. Richey, pregador dinâmico e organizador competente, desencantou-se com a Irmã Aimee após o incidente do suposto rapto no qual ela esteve envolvida em 1926. Ele também contestava a política centralizadora da denominação, a qual exigia que todas as propriedades das congregações fossem registradas em nome da organização nacional.[37]

O núcleo da nova denominação de Richey consistia em três grandes congregações implantadas após a espetacular série de cruzadas evangelísticas realizadas por McPherson em Des Moines, em 1927 e 1928. Por volta de 1932, Richey estava pronto para liderar a separação de todo os distritos de Iowa e Minnesota da Igreja Internacional do Evangelho Quadrangular.

---

[36] Eileen W. LINDNER, *Yearbook of American and Canadian Churches 2000*, p. 348.
[37] Cf. Vinson SYNAN, *The Holiness-Pentecostal Tradition: Charismatic Movements in the Twentieth Century*, p. 221-2.

As igrejas desses Estados tornaram-se a Associação Evangelística Bíblia Aberta, em 1932.[38]

Quando os líderes dos dois grupos se encontraram e trocaram impressões, ficou tão evidente a afinidade acerca da doutrina e da forma de governo da igreja que a fusão foi efetuada em Des Moines, em 1935, resultando numa nova denominação: as Igrejas Padrão da Bíblia Aberta. A nova igreja assemelhava-se às Assembleias de Deus na doutrina e na organização, enfatizando a salvação pela é, o batismo no Espírito Santo com a evidência inicial do falar em línguas, a cura divina e o arrebatamento pré-milenarista da Igreja. Iniciando com 210 obreiros em 1932, a igreja cresceu até alcançar mais de 50 mil membros em 382 igrejas, por volta de 2000.[39]

O movimento unicista

A terceira vertente do pentecostalismo norte-americano é o movimento unicista, de convicção não trinitariana, conquanto evangelical e pentecostal em suas bases. Embora fosse pejorativamente chamado de "movimento só Jesus" em seus primeiros dias, seus adeptos preferiam o rótulo "unicista", "nome de Jesus" ou "apostólico". Enquanto os pentecostais *holiness* ensinavam a teologia da "terceira bênção", e os pentecostais da "obra consumada" pregavam a doutrina da "segunda bênção", os pentecostais unicistas insistiam na "bênção única", que concentrava todas aquelas bênçãos (salvação, santificação e batismo no Espírito Santo com o falar em línguas), recebidas no momento do batismo em água por imersão em "nome de Jesus".[40]

De acordo com a doutrina unicista, o único batismo válido é o realizado em "nome de Jesus", e não "em nome do Pai, do Filho e do Espírito Santo". O batismo trinitariano é visto como um erro da Igreja Católica

---

[38] Vinson SYNAN, *The Holiness-Pentecostal Tradition: Charismatic Movements in the Twentieth Century*, p. 202-3. A melhor história da denominação é R. Bryant MITCHELL, *Heritage and Horizons* (Des Moines: Open Bible, 1982).
[39] Cf. Klaud KENDRICK, *The Promise Fulfilled*, p. 164-71.
[40] Wayne WARNER, Open Bible Standard Churches, Inc., in: Stanley M. BURGESS, Patrick ALEXANDER & Gary McGEE (Orgs.), *Dictionary of Pentecostal and Charismatic Movements*, p. 651-3.

Romana, imposto à Igreja no *Credo niceno*, no ano 325. Desse modo, quem fosse batizado pela fórmula trinitariana não era cristão no sentido pleno. Os unicistas eram também os únicos pentecostais a ensinar que o falar em línguas era necessário à salvação. Sem o dom de línguas, diziam, a regeneração batismal era impossível.[41]

Por causa dessa teologia, os pentecostais unicistas lançaram-se a uma ativa campanha para rebatizar todos os seus membros com a fórmula "em nome de Jesus". A princípio, obtiveram êxito espetacular, chegando a rebatizar o superintendente geral das Assembleias de Deus, E. N. Bell. Pouco tempo depois, todavia, os trinitarianos conseguiram levar as Assembleias de Deus de volta às antigas convicções. Por influência de J. Roswell Flower e John W. Welch, Bell retornou à crença trinitariana. As Assembleias de Deus e a Igreja em geral rejeitaram de vez a proposta unitarista em 1916.[42]

A separação teve um alto custo para a infante denominação das Assembleias de Deus. O distrito inteiro da Louisiana aderiu à causa unicista e também centenas de pastores e igrejas de todo o país. Umas das maiores igrejas afiliadas às Assembleias de Deus era a congregação de Indianápolis, liderada pelo pastor negro Garfield Thomas Haywood. Depois que ele se uniu ao movimento unicista, grande número de pastores juntou-se a ele para formar centenas de igrejas "apostólicas" e do "nome de Jesus" por toda a nação.

DIVISÕES CAUSADAS PELO MOVIMENTO UNICISTA

O movimento unicista procurava seus seguidores entre os pentecostais.

Prega em nome de Jesus,
Ensina em nome de Jesus,
Cura o doente em nome dele;
E sempre declara isso
Em nome de Jesus,

---

[41] Eileen W. LINDNER, *Yearbook of American and Canadian Churches 2000*, p. 348.
[42] Cf. David REED, Aspects of the Origins of Oneness Pentecostalism, in: Vinson SYNAN, *Aspects of Pentecostal-Charismatic Origins*, p. 143-68.

> De onde vem todo poder.
> Batiza em nome dele,
> Suportando a humilhação,
> Pois há vitória no nome de Jesus.

Esse era um dos hinos dos pentecostais unicistas, para quem *Jesus* era o nome do Pai, do Filho e do Espírito Santo. O desejo de retomar o manto da igreja apostólica começou com os questionamentos acerca da fórmula usada no batismo em água. Não demorou, no entanto, para que a discussão em torno da doutrina da Trindade também se destacasse.

Em abril de 1912, um encontro *holiness* pentecostal teve lugar em Arroyo Seco, na Califórnia. Entre 1.500 e 2 mil pentecostais, a maioria pastores, compareciam todas as noites às reuniões, e centenas de outros enchiam o acampamento aos domingos. Foi nesse lugar que Robert Edward McAlister, respeitado ministro canadense, observou que, embora Jesus tivesse ensinado os discípulos a batizar outros discípulos "em nome do Pai, do Filho e do Espírito Santo", o Novo Testamento registra que os apóstolos batizavam somente "em nome de Jesus".

O pregador pentecostal Frank J. Ewart mais tarde comentou: "A arma foi disparada daquela plataforma, e o tiro foi ouvido por toda a cristandade".

De fato, em janeiro de 1915 a nova doutrina já se havia espalhado pelo continente. Muitos pentecostais sinceros foram rebatizados para que pudessem trilhar os caminhos da igreja apostólica. Eles acreditavam que as antigas doutrinas haviam sido deturpadas por gerações de infiéis, cuja incapacidade de atentar para o Espírito de Deus fora desmascarada pela "nova luz" do Espírito Santo.

Para a maioria dos adeptos, aquela era apenas uma fórmula diferente para o batismo, e não uma rejeição consciente à Trindade. No entanto, ao mesmo tempo que eles adoravam a Deus como Pai, Filho e Espírito Santo, os pentecostais unicistas rejeitavam os termos "Trindade" e "pessoas", considerados antibíblicos.

Dois no Espírito

J. Roswell Flower, que mais tarde foi secretário das Assembleias de Deus (AD), estava aflito não apenas por causa da aparente negação da doutrina ortodoxa, mas também pelo potencial de divisão da nova doutrina. Ele insistiu em que os outros líderes convocassem uma reunião do Concílio Geral, a fim de evitar que o problema se agravasse.

Em 1º de outubro de 1915, um total de 525 delegados reuniu-se em St. Louis, prontos para o confronto. Os adeptos do movimento unicista não se mostraram agressivos, tampouco se fez grande empenho para censurá-los. No entanto, o concílio propôs um acordo. A prática do rebatismo não seria mais aceita, bem como algumas doutrinas professadas pelos unicistas. Não obstante, ambas as fórmulas de batismo seriam reconhecidas como autenticamente cristãs.

> Depois do concílio, entretanto, os unicistas intensificaram sua prédica, e um ano depois os delegados da AD estavam de volta a St. Louis. Eles então decidiram que a denominação era grande o bastante para absorver os adeptos do movimento unicista.
>
> Desde sua formação, em 1914, o grupo se mostrava avesso a qualquer tipo de organização formal. Queria restabelecer a igreja do Novo Testamento, e o Novo Testamento não apresentava nenhuma forma de organização além da igreja local. Credos, "tradição" e estruturas de poder haviam corrompido a Igreja e sufocado a ação do Espírito Santo.
>
> Assim, mais que discutir questões doutrinárias acerca da Trindade, o contingente unicista (composto por negros, em sua maioria) ressaltava que era contrário à elaboração de qualquer declaração doutrinária pelas Assembleias de Deus. De fato, eles votaram contra todas as proposições apresentadas no concílio.
>
> A estratégia, no entanto, falhou. As Assembleias de Deus aprovaram a *Declaração de verdades fundamentais*, a qual, em boa parte de seu conteúdo, refutava as crenças unicistas. Mais de um quarto dos presentes, 156 membros, viu-se então forçado a deixar as Assembleias de Deus e formar uma nova organização (as mais importantes são: as Assembleias Pentecostais do Mundo e — resultante de diversas fusões — a Igreja Pentecostal Unida). Contudo, por causa da reação das Assembleias de Deus ao "novo problema", o grupo não tardou a se consolidar como denominação.
>
> Muitos pequenos grupos unicistas foram organizados formalmente depois de 1916, embora muitos também permanecessem independentes. Acredita-se haver hoje entre 1,5 e 5 milhões de pentecostais unicistas em todo o mundo. Eles representam menos de 1% de todos os pentecostais.
>
> KENNETH GILL
> *CHRISTIAN HISTORY* [HISTÓRIA CRISTÃ]

As Assembleias Pentecostais do Mundo

Como já foi dito, o movimento pentecostal unicista teve sua origem nos primeiros anos das Assembleias de Deus e cresceu a ponto de provocar um cisma na denominação. Depois do voto decisivo do Concílio Geral de 1916, realizado em St. Louis, no qual as Assembleias de Deus penderam para o lado dos trinitarianos, 156 pastores se desligaram da organização e se viram forçados a buscar outra estrutura. Encontraram então uma igreja livremente organizada, as Assembleias Pentecostais do Mundo, que fora constituída na Califórnia sob a liderança de J. J. Frazee, em 1906. Embora tivesse começado como uma igreja trinitariana, essa denominação não tardou a aceitar a teologia unicista e tornou-se a casa dos pentecostais unitaristas que haviam deixado as Assembleias de Deus. A sede da nova igreja foi transferida para Indianápolis, uma vez que a maior congregação unicista do país estava ali, pastoreada pelo pastor negro Garfield Thomas Haywood. Essa igreja era racialmente integrada, porém de maioria negra. Em 1916, um grande contingente de pastores brancos, ex-membros das Assembleias de Deus, liderados por Howard Goss e D. C. O. Opperman, uniram-se à igreja de Haywood, formando a principal congregação unicista dos Estados Unidos.[43]

Desde o início, as Assembleias Pentecostais do Mundo eram racialmente integradas, como dito antes. Seu líder mais proeminente era Garfield Thomas Haywood, que atuou como bispo-presidente de 1925 até sua morte, em 1931. Haywood não era apenas um líder e ministro competente, mas também um notável compositor de hinos. Duas de suas composições mais conhecidas são: "I See a Crimson Stream of Blood" [Vejo um rio de sangue carmesim] e "Jesus the Son of God" [Jesus, o Filho de Deus].

NO QUE CRÊ O PENTECOSTAL UNICISTA?

O pentecostalismo unicista é a terceira vertente do movimento pentecostal do século XX (os movimentos *holiness* pentecostal e da "obra consumada" constituem as duas primeiras). Suas sementes foram plantadas pela primeira vez durante um sermão batismal, num acampamento perto de Los Angeles, em 1913. Um ano depois, um dos pioneiros líderes pentecostais, Frank Ewart, estabeleceu um critério homilético que proporcionou uma base racional para o batismo em nome do Senhor Jesus Cristo.

I. O nome de Deus

O nome de Deus é a doutrina que orienta todas as outras. É a forma pela qual alguém conhece Deus e segue Jesus. O nome não é mera descrição ou rótulo de Deus: é a maneira pela qual ele revela a si mesmo e nos dá a salvação. Deus está presente onde seu nome é empregado.

---

[43] Vinson SYNAN, *The Holiness-Pentecostal Tradition: Charismatic Movements in the Twentieth Century*, p. 156-64.

II. A unicidade de Deus

Há um sentido no qual Deus é uma "trindade", mas isso se refere exclusivamente à tríplice maneira pela qual ele se revela e atua no mundo. Ou seja, Deus é radicalmente uno em sua transcendência, porém trino em sua imanência. Embora diferentes em sua função, essas três "manifestações" convergem definitivamente em Cristo, o Único em quem "habita corporalmente toda a plenitude da divindade" (Colossenses 2.9). Essa é a razão pela qual a unicidade de Deus e seu nome são defendidos com tanto vigor.

III. A plenitude de Deus em Jesus

Doutrinariamente, "Jesus" é o nome de Deus revelado na dispensação da nova aliança. Essa premissa nos induz a diversas afirmações. Primeira: ao contrário do que dizem os outros intérpretes das Escrituras, o nome de Jesus aponta para sua *deidade*, não para sua humanidade. "Senhor" e "Cristo" são títulos que manifestam ofícios implícitos naquele nome. Uma vez que seu nome é o nome próprio de *Deus* para esta dispensação, ele aponta para sua origem divina. Segunda: se Deus é uno, seu nome deve ser *singular*. Os termos trinitarianos, por serem plurais, não podem, por definição, representar o nome único. Além disso, a "divisão" de Deus em três pessoas diminui o pleno poder de Deus e a completa revelação que há em Cristo. Terceira: a pessoa de Jesus e seu nome são *inseparáveis*. Ser salvo por Jesus implica adotar seu nome. Esse ato se concretiza por ocasião do batismo em água em nome do Senhor Jesus Cristo.

A cristologia unicista afirma a crença tradicional nas duas naturezas de Cristo. Em sua deidade, ele é a encarnação do Espírito uno de Deus. Ele é preexistente, como "expressão" da "Palavra" de Deus, não uma pessoa distinta da Divindade. Em sua encarnação, Jesus é a corporificação do Pai, por meio da Palavra. É somente nesse sentido restrito que o pentecostalismo unicista chama Jesus de Pai. Negar a Paternidade de Jesus é negar sua deidade! Em resumo, a deidade de Jesus é identificada como o Espírito de Deus, o qual procede da eternidade por meio da Palavra, assumindo um corpo de carne em Jesus.

IV. O único caminho para a salvação (Atos 2.38)

O caminho da salvação de Deus é por meio de Jesus. Uma vez que o nome de Jesus é inseparável de sua pessoa e de sua obra, o crente precisa ser selado com esse nome para a salvação. A aposição desse selo ocorre no batismo em água. Para os pentecostais unicistas, a garantia da salvação é obtida no triplo ato de arrependimento, batismo em nome do Senhor Jesus Cristo e batismo do Espírito, de acordo com Atos 2.38.

A comissão de Jesus (Mateus 28.19) é interpretada como um mandamento, não como uma fórmula a ser repetida. A ordem é batizar discípulos em nome (singular) do Pai, do Filho e do Espírito Santo. Uma vez que Jesus é, na presente era, o nome

> revelacional de Deus para a salvação, é o único nome que pode ser legitimamente invocado no batismo. Os termos relativos à "trindade" são títulos, não um nome próprio; e estão no plural, não no singular. Uma vez que todos os títulos são reunidos em Jesus, a única atitude apropriada a Mateus 28.19 é o retorno à prática apostólica.
>
> A unicidade de Deus, o nome revelacional de Jesus e o caminho único para a salvação tendem a fazer dos unicistas pentecostais uma classe separada de cristãos. Alguns de seus adeptos acreditam que, enquanto o pentecostalismo unicista representa a plenitude do ensino e prática das Escrituras, a salvação é complementada com a graça, por meio da fé em Jesus Cristo. Outros ensinam uma doutrina mais exclusivista, afirmando que Atos 2.38 expressa o novo nascimento e a única garantia bíblica de salvação. Quanto ao destino eterno dos outros cristãos, eles mantêm silêncio. Alguns estendem a metáfora do nascimento para explicar que a vida começa na concepção, não no nascimento.
>
> David A. Reed
Faculdade Wycliffe, Toronto

As Assembleias Pentecostais do Mundo se mantiveram como uma igreja racialmente integrada até 1924, quando ocorreu uma separação. O desmembramento resultou na formação da Igreja Pentecostal Unida, de maioria branca. Essa foi a última das importantes cisões raciais dentro do movimento que havia eclodido na Rua Azusa e do qual se dizia que "a segregação racial foi apagada pelo sangue de Jesus".[44]

A Igreja Pentecostal Unida

Administrar uma denominação racialmente integrada durante a era da segregação racial de Jim Crow era uma situação quase insustentável no Sul. Durante anos, as Assembleias Pentecostais do Mundo foram obrigadas a realizar suas conferências anuais em lugares acima da linha Mason-Dixie,[45] pelo fato

---

[44] Edith Blumhofer, *The Assemblies of God: A Chapter in the Story of American Pentecostalism*, p. 221-39. Vinson Synan, *The Holiness-Pentecostal Tradition: Charismatic Movements in the Twenty Century*, p. 160-1. A mais importante obra sobre a história das Assembleias Pendecostais do Mundo é James L. Tyson, *The Early Pentecostal Revival* (Hazelwood: Word Aflame Press, 1992).

[45] A linha Mason-Dixon é um limite de fronteiras entre quatro Estados norte-americanos: Pensilvânia, Virgínia Ocidental, Delaware e Maryland, traçada no século XVIII,

de os hotéis do Sul não reservarem acomodações para negros. Por essa razão, a maioria das igrejas do Norte era composta por negros, enquanto as igrejas do Sul eram de maioria branca. Quase todas as eleições eram dominadas por delegados negros provenientes dos estados nortistas, uma vez que poucos sulistas podiam dar-se ao luxo de bancar uma viagem para o Norte.

Por volta de 1921, os sulistas brancos começaram a promover a Conferência Bíblica do Sul, que se tornou famosa pela ausência de negros. Nos três anos seguintes, a situação se agravou, até que em 1924 houve uma separação racial definitiva, e a maioria de brancos formou a Aliança Ministerial Pentecostal, em Jackson, Tennessee, em 1925. Pouco tempo depois, o grupo mudou o nome para Igreja Pentecostal Incorporada.

Outro grupo unicista que se destacou nessa época foram as Assembleias Pentecostais de Jesus Cristo, que em 1936 chegou a ter 16 mil membros em 245 igrejas. Sendo uma denominação de maioria branca e com doutrinas idênticas às da Igreja Pentecostal Incorporada, operando praticamente no mesmo território, a ideia de fundir as duas igrejas começou a tomar corpo. A fusão concretizou-se em 1945, em St. Louis, onde nasceu uma nova igreja. Com o nome de Igreja Pentecostal Unida, essa denominação em pouco tempo ultrapassou as Assembleias Pentecostais do Mundo e se tornou a maior igreja unicista dos Estados Unidos e do mundo.[46]

Por volta de 2000, a Igreja Pentecostal Unida declarava ter 700 mil componentes em 3.953 congregações nos Estados Unidos e 2.293.164 membros em outras nações.[47]

Leituras recomendadas

Existem abundantes fontes de informação acerca das igrejas da tradição da "obra consumada", especialmente as Assembleias de Deus. A obra mais abrangente sobre a história recente das Assembleias de Deus é *The Assemblies*

---

quando esses territórios ainda eram colônias inglesas. A linha é usada como fronteira simbólica que divide culturalmente o norte e o sul dos Estados Unidos. [N. do T.]

[46] J. L. HALL, United Pentecostal Church, International, in: BURGESS, MCGEE & ALEXANDER, *Dictionary of Pentecostal and Charismatic Movements*, p. 860-5.

[47] LINDNER, *Yearbook of American and Canadian Churches 2000*, p. 351.

of God: A Chapter in the Story of American Pentecostalism [As Assembleias de Deus: um capítulo na história do pentecostalismo americano] (Springfield: Gospel Publishing House, 1989), de Edith Blumhofer, publicada em dois volumes. Sobre a história dos primeiros anos dessa denominação, destacamos: *Anointed to Serve: The Story of the Assemblies of God* [Ungidos para servir: a história das Assembleias de Deus] (Springfield: Gospel Publishing House, 1971), de William Menzies; *The Promise Fulfilled: A History of the American Pentecostal Movement* [A promessa cumprida: a história do movimento pentecostal americano] (Springfield: Gospel Publishing House, 1961), de Klaud Kendrick; e *Suddenly From Heaven: A History of the Assemblies of God* [Repentinamente do céu: uma história das Assembleias de Deus] (Springfield: Gospel Publishing House, 1961), de Carl Brumback, que apresenta uma visão do interior da igreja.

Há muitas obras sobre a vida de Aimee Semple McPherson e sobre a Igreja do Evangelho Quadrangular. Entre as biografias publicadas recentemente, recomendamos *Sister Aimee: The Life of Aimee Semple McPherson* [Irmã Aimee: a vida de Aimee Semple McPherson] (New York: Harcourt Brace Jovanovich, 1993), de David Epstein; *Aimee Semple McPherson: Everybody's Sister* [Aimee Semple McPherson: irmã de todos] (Grand Rapids: Eerdmans, 1993), de Edith Blumhofer.

A mais importante obra sobre a história da Igreja Padrão da Bíblia Aberta é *Heritage and Horizons* [Herança e horizontes] (Des Moines: Open Bible, 1982), de R. Bryant Mitchell. A história da Igreja de Deus Pentecostal é contada por Aaron Wilson em *Our Story: The History of the Pentecostal Church of God* [Nossa história: a história da Igreja de Deus Pentecostal] (Joplin: Messenger Publishing House, 2001).

Uma das primeiras e melhores obras sobre a história dos unicistas pentecostais é *Think It Not Strange: A History of the Oneness Movement* [Não pense que isso é novo: história do movimento unicista (St. Louis: Pentecostal Publishing House, 1965), de Fred J. Foster. *The Phenomenon of Pentecost: A History of the Latter Rain* [O fenômeno do Pentecoste: uma história da chuva serôdia] (St. Louis: Pentecostal Publishing House, 1947), de Frank Ewart, oferece um relato em primeira mão de um dos pais fundadores. David Reed fez uma pesquisa criteriosa para escrever

"Aspects of the Origins of Oneness Pentecostalism" [Aspectos das origens do pentecostalismo unicista], in: *Aspects of Pentecostal-Charismatic Origins* [Aspectos das origens pentecostais e carismáticas] (Plainfield: Logos International, 1975), p. 143-168, organizado por Vinson Synan.

Uma importante obra sobre a história das Assembleias Pentecostais do Mundo é *The Early Pentecostal Revival: History of the Twentieth Century Pentecostals and the Pentecostal Assemblies of the World* [O início do avivamento pentecostal: história dos pentecostais do século XX e das Assembleias Pentecostais do Mundo] (Hazelwood: Word Aflame Press, 1992), de James L. Tyson. Os melhores livros de teologia unicista são: *The Oneness of God* [A unicidade de Deus] (St. Louis: Word Aflame Press, 1983) e *The Oneness of Jesus Christ* [A unicidade de Jesus Cristo] (St. Louis: Word Aflame Press, 1994), de David Bernard. A história definitiva do movimento unicista é registrada no excelente livro *Our God Is One: The Story of the Oneness Pentecostals* [Deus é uno: a história dos pentecostais unicistas] (Indianapolis: Voice and Vision, 2000), de Talmadge L. French.

* 7 *

A RENOVAÇÃO CARISMÁTICA NAS PRINCIPAIS IGREJAS

Vinson Synan

Durante seis décadas (1901-1960), o pentecostalismo foi excluído do que era considerado cristianismo respeitável nos Estados Unidos e no mundo. Os pentecostais eram barulhentos e, para alguns, desordeiros. Sua adoração estava além do entendimento daqueles que não conheciam a espiritualidade interior que orientava o movimento. Acima de tudo, os pentecostais eram pobres, desprivilegiados, sem instrução e alheios às últimas tendências teológicas que interessavam à maior parte do protestantismo. Movimentos como o modernismo e o evangelho social eram desconhecidos da maioria dos pentecostais, e os poucos que atentavam para esses assuntos o faziam com a intenção de condená-los. Na verdade, havia muita ignorância de ambos os lados. A reação comum às igrejas modestas e ao povo pobre era a rejeição, embora os pentecostais, a despeito de serem o que eram, realizassem um trabalho benéfico para a sociedade, ministrando aos pobres e excluídos que se sentiam hostilizados e pouco à vontade com a sofisticação e a riqueza das igrejas tradicionais.

A maioria dos protestantes e católicos, na verdade, não se dava conta do número crescente de pentecostais empenhados em implantar igrejas em praticamente todas as comunidades dos Estados Unidos. Práticas como o falar em línguas, profecias e a expulsão de demônios eram consideradas subprodutos bizarros da ignorância religiosa e de um entusiasmo desenfreado. De fato, durante a primeira metade do século XX era mútua a rejeição entre os pentecostais, as principais igrejas e a maior parte da sociedade.

Mantendo-se a situação, todavia, o público desenvolveu profunda curiosidade em torno das atividades dos pentecostais. As pessoas espiavam pelas janelas das inúmeras igrejas pentecostais, intrigadas com o barulho e a exuberância que caracterizava os cultos. Na época, os que padeciam de graves doenças deixavam de lado a cautela e afluíam às reuniões de cura divina dirigidas por algumas das evangelistas pioneiras do pentecostalismo, como Maria Woodworth-Etter e Aimee Semple McPherson. Muitos doentes eram curados e se tornavam fervorosos crentes pentecostais. Essa decisão às vezes significava o rompimento de relações sociais importantes, já que os convertidos muitas vezes passavam a ser rejeitados pela família e pelos amigos.

Depois da Segunda Guerra Mundial, a situação começou a mudar, à medida que os pentecostais começaram a prosperar junto com o restante da sociedade. Nesse novo contexto de prosperidade, os pentecostais conquistaram certa projeção na sociedade, construindo templos enormes que chamavam a atenção do público. Depois de 1948, houve uma genuína explosão de interesse pelo movimento, com o surgimento de ministros de cura divina, como os evangelistas William Branham, Oral Roberts e Jack Coe. Com a inauguração do ministério televisivo de Oral Roberts, a cura divina chegou à sala de estar dos lares norte-americanos. O ministério de Roberts exercia atração especial sobre os católicos romanos. Os bispos católicos de Nova York, da Filadélfia e de Chicago começaram a ficar preocupados com o grande número de fiéis que comparecia às cruzadas de cura divina, principalmente com aqueles que enviavam ofertas para o evangelista de Oklahoma. Era só uma questão de tempo para o pentecostalismo adentrar os templos das denominações históricas. Antes de 1960, os pastores dessas igrejas que falassem em línguas eram expulsos e por consequência forçados a unir-se a alguma igreja pentecostal. Nessa condição, provavelmente havia milhares que tinham de optar entre deixar sua igreja ou manter a experiência pentecostal em segredo para não serem obrigados a abandonar o púlpito. Centenas de milhares de leigos, no entanto, não hesitavam em renunciar às igrejas ritualistas e formais para aderir à empolgante adoração dos pentecostais, na qual milagres aconteciam a cada culto e a adoração alegre tomava conta do ambiente, com seus animados cânticos de louvor, palmas e "danças no espírito".

Antes de 1960, muitos pastores de denominações históricas que tiveram a experiência pentecostal enfrentaram as reações mais diversas por parte dos líderes dessas igrejas. Entre eles, estava Harald Bredesen (luterano e mais tarde membro da Igreja Reformada Holandesa), Richard Winkler (episcopal), Tommy Tyson (metodista) e Gerald Derstine (menonita). A exemplo de muitos antes deles, Derstine foi expulso ("silenciado") do ministério da Igreja Menonita, enquanto Tyson e Winkler foram submetidos a sindicância eclesiástica antes de receberem permissão para continuar exercendo seu ministério.

A maior ruptura no seio das denominações históricas foi encabeçada pelo pastor episcopal Dennis Bennet, da Igreja Episcopal de São Marcos, em Van Nuys, na Califórnia, em 1960. Depois de falar em línguas, ele foi pressionado por sua congregação e pelo bispo a exonerar-se da igreja. Seu resoluto testemunho acerca da validade de sua experiência causou um verdadeiro frenesi na mídia. O resultado foi a criação de um novo movimento, cujos seguidores receberam o rótulo de "neopentecostais" (novos pentecostais). Depois de deixar a igreja de São Marcos, Bennett exerceu um bem-sucedido ministério pentecostal durante duas décadas na Igreja Episcopal de São Lucas, em Seattle, Washington. Não tardou para que uma avalancha de pastores e leigos aderisse ao movimento iniciado por Bennett. Entre eles, estavam Larry Christenson (luterano), James Brown (presbiteriano), Howard Conatser (batista do Sul) e Nelson Litwiller (menonita).

As seções seguintes deste capítulo contam a história de vários movimentos de renovação ocorridos entre os protestantes naquele período de duas décadas em que Bennett se empenhou em resgatar das denominações históricas os novos pentecostais.

A renovação episcopal

Dennis Bennet

Às 9 horas da manhã de um dia de novembro de 1959, Dennis Bennett, pároco da Igreja Episcopal de São Marcos, em Van Nuys, na Califórnia, ajoelhado na casa de alguns amigos, começou a orar em línguas. A experiência do batismo no Espírito Santo, até então desconhecida para Bennett, mudaria sua vida para sempre. Além disso, as mais importantes igrejas da cristandade seriam em poucos anos afetadas de modo singular por causa desse incidente.[1]

De certa forma, Bennet representava o polo oposto do contingente pentecostal que advogava a experiência a que chamavam "batismo no Espírito Santo". Para eles, muitas vezes isso significava uma experiência dramática evidenciada pela glossolalia, isto é, o falar em línguas. A opinião pública dos Estados Unidos, em sua maioria, colocava os episcopais no topo da lista dos cristãos respeitáveis, enquanto os pentecostais sem berço ocupavam o degrau mais baixo da pirâmide social.[2]

A experiência temporã de Bennett foi notável pelo fato de que muitos membros de sua paróquia também receberam o batismo pentecostal e tiveram sua vida devocional e espiritual completamente transformada. Em abril de 1960, Bennett relatou sua experiência aos membros de sua rica paróquia. O que se seguiu foi quase um motim, insuflado pela rejeição. "Somos episcopais, não um bando de caipiras desmiolados", vociferava um manifestante de uma cadeira usada como plataforma. "Fora, os malditos faladores de línguas!", urrava outro.[3]

---

[1] Cf. Dennis BENNETT, *Nine O'Clock in the Morning* (Plainfield: Bridge Publishing, 1970), p. 1-30.

[2] Liston POPE, *Millhands and Preachers, A Study of Gastonia* (New Haven: Yale University Press, 1946), p. 138.

[3] Dennis BENNETT, *Nine O'Clock in the Morning*, p. 61.

O BATISMO NO ESPÍRITO SANTO DE DENNIS BENNETT

Estávamos sentados na sala da frente. Nossos anfitriões ocupavam o sofá perto da janela, e eu estava numa poltrona do outro lado da sala, com outro clérigo à minha direita. O sol de outono da Califórnia era quente e brilhante lá fora, e a vizinhança estava absolutamente quieta para um dia de sábado. O silêncio era quebrado apenas pela passagem ocasional de um automóvel. Eu estava consciente e disposto a não negociar minha dignidade!

— O que devo fazer? — perguntei ao casal mais uma vez.

— Peça a Jesus que o batize no Espírito Santo — respondeu John. — Vamos orar com você, e você vai apenas orar e louvar ao Senhor.

— Lembrem-se de uma coisa — adverti. — O que desejo é essa proximidade de Deus que vocês têm, e isso é tudo. Não estou interessado em falar em línguas!

Eles responderam:

— Bem, tudo que podemos dizer é que isso vem com o pacote.

John atravessou a sala e impôs as mãos primeiro sobre minha cabeça e depois sobre a cabeça de meu amigo. Ele começou a orar muito suavemente, e então reconheci algo que havia acontecido alguns dias antes, quando Bud orou por mim. Ele estava falando num idioma que eu não entendia, e falava com muita fluência. Ele não fez nenhum esforço nessa mudança. Em seguida, voltou a orar em inglês, pedindo a Jesus que me batizasse no Espírito Santo.

Comecei a orar, conforme ele me instruíra, também de maneira quase silenciosa. Eu não estava nem um pouco ansioso. Simplesmente seguia as instruções. Creio que orei em voz alta por cerca de vinte minutos — pelo menos me pareceu um longo tempo — e estava prestes a desistir quando uma coisa estranha aconteceu. Minha língua se soltou, como naquela brincadeira de trava-língua, e comecei a falar em outro idioma!

De imediato, fiquei ciente de várias coisas. Em primeiro lugar, eu não estava sendo vítima de nenhum embuste psicológico nem de alguma forma de compulsão. Não havia nada de compulsivo ali. Eu estava permitindo que aquelas palavras viessem aos meus lábios e as pronunciava por vontade própria, sem ser forçado a fazê-lo. Eu não estava "arrebatado" em nenhum sentido do termo: tinha plena posse de minhas faculdades mentais e vontade. Falei em outro idioma porque desejava falar numa língua que eu não havia aprendido, embora não soubesse o que estava dizendo. Por um breve período de tempo, eu havia estudado um pouco de alemão e de francês, mas aquele era um idioma oferecido "gratuitamente". Em segundo lugar, falei um idioma real, não algo como os sons ininteligíveis balbuciados por um bebê. Era uma língua com gramática e sintaxe, com inflexão e expressão — e, além de tudo, muito bela. Permiti que aquelas palavras fluíssem de meus lábios por cerca de quinze minutos; em seguida, eu disse aos meus amigos:

> — Bem, isso deve ser o que vocês entendem por "falar em línguas". Mas o que significa isso tudo? Eu não sinto nada!
> Em tom jubiloso, eles exclamaram:
> — Louvado seja o Senhor!
> Aquilo me pareceu um tanto despropositado e um pouco forte para minha formação. Tal exclamação, saída dos lábios de cristãos episcopais numa bela manhã de sábado, no ambiente de uma sala de estar, beirava o fanatismo! Tendo muito em que pensar, chamei meu amigo e nos despedimos do casal.
>
> DENNIS BENNETT
> NINE O'CLOCK IN THE MORNING [ÀS NOVE DA MANHÃ]

Para encurtar a história, Bennett não tardou a renunciar, porém não antes de importantes revistas como a *Time* e a *Newsweek* darem ampla cobertura ao incidente, transformando Bennett numa figura controversa da noite para o dia. Ele também se tornou o líder de uma nova força que invadia as denominações históricas, que era chamada de "movimento neopentecostal". A revista *Time* informou que "agora a glossolalia parece ter encontrado o caminho de volta para as igrejas dos Estados Unidos — não apenas nas desinibidas seitas pentecostais, mas até mesmo entre os episcopais, antes chamados 'povo gelado de Deus' ".[4]

Embora o caso de Bennett tenha repercutido muito e ocupado as principais manchetes em todo o mundo, ele não foi o primeiro clérigo de sua igreja a falar em línguas e permanecer exercendo um ministério. Com variados graus de sucesso, pelo menos dois de seus colegas o precederam na experiência do fenômeno pentecostal.

Em 1907, depois que o avivamento da Rua Azusa chamou a atenção do mundo para os dons do Espírito, Alexander Boddy, pároco da Igreja Anglicana de Todos os Santos, em Sunderland, na Inglaterra, promoveu um avivamento pentecostal em sua igreja. Por muitos anos, as convenções anuais de Sunderland funcionaram como centros de renovação da igreja na Inglaterra, Europa e Estados Unidos. Essa "renovação que faltava" chegou ao

---

[4] Cf. ed. 29 mar. 1963, p. 52; 15 ago. 1963, p. 52-5.

fim principalmente por causa da Primeira Guerra Mundial e pela ausência de uma liderança mais capacitada. Quando muitos seguidores de Boddy — entre eles, metodistas, batistas e membros dos Irmãos de Plymouth e do Exército de Salvação — perceberam que o pentecostalismo não conseguiria mudar as igrejas históricas britânicas, optaram por implantar denominações pentecostais na Grã-Bretanha, em especial as Assembleias de Deus e a Igreja Elim Pentecostal.

Michael Harper se referia a Boddy como "um profeta de quem pouco se devia ouvir e muito se devia esquecer". Boddy, o primeiro anglicano pentecostal, mudou-se de Sunderland em 1922 para ser tornar pároco de Pittington, na mesma diocese. Ele pastoreou essa igreja até sua morte, em 1929, e foi, sem dúvida, um homem à frente de seu tempo.[5]

Richard Winkler

Em 1956, um clérigo episcopal americano, Richard Winkler, pároco da Igreja Episcopal da Trindade, em Wheaton, Illinois, foi batizado no Espírito Santo e falou em línguas. Pelo que se sabe, foi o primeiro pastor episcopal nos Estados Unidos a aderir abertamente ao movimento. Seu ministério sofreu tal reviravolta após ele ter recebido o batismo pentecostal que em sua igreja eram realizados cultos de cura divina, e muitos de seus membros receberam o batismo no Espírito Santo.[6]

Em razão das experiências de Bennett e Winkler, a igreja episcopal emitiu três documentos na década de 1960 a respeito do assunto, pois o movimento se alastrava pela igreja. O primeiro foi emitido em abril de 1960, em resposta à experiência de Bennett. O documento adotava o ponto de vista dispensacional, segundo o qual as línguas pertenciam à infância da Igreja, mas foram descartadas como sustentáculo depois que ela atingiu a maturidade. O caso de Winkler também fez surgir uma declaração oficial, em dezembro de 1960, que advertia os episcopais do engano diabólico

---

[5] Michael HARPER, *As At the Beginning: The Twentieth Century Pentecostal Revival* (London: Hodder and Stoughton, 1965), p. 34-9. V. tb. Michael HARPER, *Three Sisters* (Wheaton: Tyndale, 1979).
[6] Entrevista concedida ao autor, Mauí, Havaí, 11 jan. 1986.

e o sectarismo. Embora a igreja reconhecesse que a glossolalia podia ser genuína, o documento dizia que "a razão é predominantemente a voz do Espírito Santo". A despeito desse pronunciamento, Winkler obteve permissão para continuar ministrando em sua igreja, fazendo dela um centro de atividades carismáticas no meio-oeste dos Estados Unidos.[7]

A reação à experiência de Bennett foi tão explosiva que seu batismo no Espírito se tornou um verdadeiro batismo de fogo. Por causa de seus sofrimentos e de sua posterior defesa dessa experiência, ele é considerado no mundo inteiro o pai do movimento carismático nas denominações históricas.

O movimento alastrou-se com rapidez pelas igrejas episcopais do sul da Califórnia depois que o caso de Bennett se tornou conhecido. Por volta de 1963, a revista *Christianity Today* [Cristianismo hoje] noticiou uma nova irrupção espiritual, na qual 2 mil episcopais do sul da Califórnia falaram em línguas.[8]

Os novos pentecostais eram um pouco diferentes dos pentecostais clássicos, explica Jean Stone, um dos líderes dos primeiros dias do movimento. Eram menos emotivos e usavam os dons mais em particular, como uma linguagem de oração. Eles também romperam com muitos estereótipos do pentecostalismo que perduravam havia décadas. Eram representados, em sua maioria, por clérigos de boa formação e leigos de várias classes profissionais. Os cultos eram extremamente ordeiros, e as instruções de Paulo acerca da decência e da ordem no uso dos dons eram observadas com extremo zelo.[9]

A reação eclesiástica à experiência de Bennett foi imediata e negativa. Seu superior eclesiástico, o bispo Francis Bloy, não apenas proibiu que se falasse em línguas em São Marcos, como também baniu o dom de todas as paróquias de sua diocese. Em outra região da Califórnia, o bispo James A.

---

[7] Cf. Kilian McDonnell, *Presence, Power, Praise: Documents on the Charismatic Renewal* (Collegeville/New York: Paulist Press, 1980), v. 1, p. 10-20. Para o documento publicado acerca do caso de Bennett, cf. v. 1, p. 1-21.

[8] Frank Ferrell, Outburst of Tongues: The New Penetration, 13 set. 1963, p. 3-7.

[9] Vinson Synan, *In the Latter Days* (Altamonte Springs: Creation House, 1991), p. 89-95.

Pike enviou cópias de uma carta de 2.500 palavras a todas as 125 paróquias de sua diocese, proibindo a glossolalia nas igrejas. Ele chamava o movimento "heresia em estado embrionário" e declarou que "esse fenômeno particular chegou a um ponto que já ameaça a paz e a unidade da igreja". Apesar de todas essas medidas, a ação do Espírito não foi interrompida nas igrejas episcopais da Califórnia nem de outros Estados norte-americanos.[10]

A despeito de as línguas terem sido proibidas nos cultos da diocese, Pike, em suas rondas regulares pelas paróquias, ocasionalmente deparava com igrejas e ministros que irrompiam a cantar em línguas durante o serviço religioso. Ironicamente, esse mesmo bispo mais tarde encerrou sua carreira em desgraça, depois de algumas tentativas frustradas de se comunicar com os mortos com a ajuda de um médium.

No entanto, algumas vozes amigáveis eram ouvidas na igreja. Depois de tomar conhecimento da condição de Bennett, William Fischer Lewis, bispo de Olympia, Washington, convidou-o a assumir o ministério da Igreja Episcopal de São Lucas, uma paróquia enfraquecida nos arredores de Seattle. O fechamento da igreja de São Lucas já havia sido cogitado, por isso Lewis convidou Bennett, pedindo-lhe que "trouxesse o fogo" consigo. Tendo permissão para ensinar e introduzir a forma pentecostal de adoração e louvor, Bennett e sua igreja não tardaram a experimentar uma tremenda renovação espiritual.

Centros de renovação carismática

A paróquia de São Lucas tornou-se um centro de renovação carismática não somente para a Igreja Episcopal, mas também para muitas igrejas e pastores de várias denominações naquela região dos Estados Unidos. Em pouco tempo, todo o conselho paroquial e a maior parte dos membros da igreja de Bennett haviam sido batizados no Espírito Santo. Embora os cultos de domingo pela manhã fossem realizados da forma tradicional, as reuniões de oração de terça-feira à noite ficavam lotadas de gente e de poder do Espírito. Durante muitos anos, centenas de pessoas compareciam

---

[10] Kilian MCDONNELL, *Presence, Power, Praise: Documents on the Charismatic Renewal*, p. 96-104.

semanalmente aos cultos em São Lucas, e cerca de 20 pessoas eram batizadas no Espírito Santo a cada culto. Não eram só os episcopais que frequentavam as reuniões: entre as centenas de pessoas que lotavam a igreja, estavam batistas, metodistas, católicos e presbiterianos.

Algum tempo depois, São Lucas já era a maior congregação do noroeste dos Estados Unidos. As ofertas se multiplicavam à medida que a paróquia mudava seu papel de mera comunidade urbana para centro de dinâmica espiritual.[11]

As experiências de Bennett foram largamente noticiadas na imprensa mundial, e todos ficaram sabendo que o movimento pentecostal se alastrava naquela denominação histórica. O exemplo de Bennett encorajou centenas de outros clérigos a sair das sombras e dar testemunho de sua experiência com o Espírito Santo.

Os clérigos batizados no Espírito Santo eram pentecostais, sem dúvida, mas preferiam permanecer em suas respectivas igrejas e conduzir seus correligionários à renovação espiritual. Eles diferiam de seus irmãos das denominações pentecostais clássicas, como as Assembleias de Deus, ainda que vivenciassem a mesma dinâmica no Espírito Santo. Embora muitos pastores episcopais, como Winkler, e ministros de outras igrejas, como Harald Bredesen e James Brown, tivessem recebido a experiência pentecostal antes de Bennett, este é reconhecido como o pioneiro do movimento neopentecostal, em razão da publicidade gerada em torno de seu caso.

Outro importante centro de renovação episcopal foi estabelecido na Igreja do Redentor, em Houston, no Texas. Graham Pulkingham conduziu sua paróquia a uma experiência de renovação carismática que serviu de modelo para muitas outras igrejas. O rápido crescimento da paróquia, com seu ministério social e sua vida comunitária singulares, atraiu a atenção nacional. Muitos líderes episcopais e pastores de outras denominações

---

[11] Dennis BENNETT, *Nine O'Clock in the Morning*, p. 73-90; entrevista concedida ao autor, Kansas City, jul. 1977. V. tb. John SHERRILL, *They Speak with Other Tongues* (New York: McGraw-Hill, 1964), p. 61-6.

foram a Houston para verificar como a adoração pentecostal poderia ser integrada à vida litúrgica e sacramental da igreja.[12]

Para dar maior impulso ao movimento, em 1961 foi lançado um periódico, editado por Jean Stone, com o título *Trinity* [Trindade]. Primeira publicação neopentecostal do gênero nos Estados Unidos, contava com a colaboração de muitos líderes e escritores episcopais. O periódico desempenhava também o papel de voz da Sociedade da Bendita Trindade, organização implantada para promover o ministério de cura divina nas igrejas, que funcionou de 1961 a 1966. Foi a primeira associação carismática organizada numa denominação histórica dos Estados Unidos.[13]

A renovação anglicana no mundo

Um auxílio adicional ao movimento veio de um estudo realizado por bispos episcopais em 1962 e publicado no *Journal of the General Convention* [Diário da Convenção Geral]. Referindo-se ao novo movimento que tomava corpo na igreja, os bispos afirmavam que "o Espírito de Deus costuma se manifestar de diferentes maneiras" e que "novos movimentos apresentam um histórico de benefícios para o Corpo de Cristo". Observando que a igreja "não deveria tornar-se uma seita, mas ter mente aberta", os bispos, no entanto, alertavam contra "a justiça própria, as divisões, o partidarismo e o exagero". A renovação deveria, em vez disso, primar pela "vida plena, rica e equilibrada de uma igreja histórica".[14]

Essas declarações passaram a representar a política oficial da igreja em relação ao movimento neopentecostal e abriram as portas para a aceitação e participação dos carismáticos na igreja. Após 1962, o movimento experimentou um crescimento ainda mais significativo na igreja, não apenas nos Estados Unidos, mas também em todo o mundo.

---

[12] Richard QUEBEDEAUX, *The New Charismatics II* (San Francisco: Harper & Row, 1983), p. 58, 138-42, 156, 179.

[13] Richard QUEBEDEAUX, *The New Charismatics II*, p. 78-81, 102-4, 151-73. V. tb. Jean STONE & Harald BREDESEN, *The Charismatic Renewal in the Historic Churches* (Van Nuys: Full Gospel Business Men's Fellowship International, 1963).

[14] Kilian MCDONNELL, *Presence, Power, Praise: Documents on the Charismatic Renewal*, p. 20.

Na Inglaterra, um grupo de evangelicais liderados por Michael Harper implantou a "Confiança da Fonte", um corpo ecumênico de carismáticos de todas as igrejas, mas principalmente da Igreja Anglicana. Em outros países, bispos e arcebispos também se envolveram no movimento, sendo a adesão mais importante a do arcebispo William Burnett, de Capetown, África do Sul. Outros líderes influentes foram: o bispo Festo Kivengere, de Uganda; os bispos Chitemo e Madina, da Tanzânia; o arcebispo Manassas Kuria, do Quênia; o bispo Derek Rawcliffe, das Novas Hébridas; e Ban it Chiu, bispo de Cingapura. A influência do movimento foi bastante abrangente e persuasiva.[15]

Em Atlanta, na Geórgia, David Collins, cônego da maior paróquia episcopal dos Estados Unidos, tornou-se um dos líderes nacionais do movimento. Outros líderes que se destacaram foram o bispo William Frey, do Colorado, Robert Hawn, Everett (Terry) Fullam e Charles M. Irish. Com o objetivo de administrar a força crescente na igreja norte-americana, esses homens criaram em 1973 a Comunhão Episcopal Carismática. A organização publicou o periódico *Acts 29* [Atos 29], que se tornou o órgão central de informações acerca do movimento.[16]

Nos meados da década de 1970, os movimentos episcopal e anglicano, bem como os de outras denominações históricas, haviam abandonado o nome "movimento neopentecostal", substituindo-o pelo termo neutro "renovação carismática". Além disso, para escapar à bagagem cultural do pentecostalismo clássico, os líderes episcopais desenvolveram uma teologia "orgânica" do batismo no Espírito Santo, a qual enfatizava a obra do Espírito na vida cristã, bem como a experiência pessoal inicial de ser batizado no Espírito Santo. Os episcopais carismáticos também agregaram à experiência pentecostal os antigos credos da igreja.

---

[15] Para conhecer a história da Confiança da Fonte, v. Richard QUEBEDEAUX, *The New Charismatics II*, p. 98-105.

[16] Terry FULLAM, entrevista concedida ao autor, 6 ago. 1986. Cf. Steve LAWSON, Episcopal Renewal on the Move, *Charisma*, mar. 1986, p. 64. V. tb. David COLLINS, *There Is a Lad Here: A Book of Gratitude* (Darien: Darien News, 1996), p. 151-91.

Uma nova "história de Cantuária"

Largamente aceitos na comunhão anglicana, os carismáticos dessa igreja organizaram uma conferência internacional em Cantuária, em 1978, precedendo a Conferência de Lambeth. Lambeth é a reunião mais importante do anglicanismo, que reúne todos os seus bispos uma única vez a cada década. Na semana que antecedeu a Conferência de Lambeth, cerca de 500 líderes carismáticos se encontraram na Universidade de Kent, em Cantuária. Uma semana de oração e trabalhos precedeu os cultos de encerramento na histórica catedral. No primeiro culto, o arcebispo de Cantuária, Donald Coggan, saudou com entusiasmo os delegados.

A liturgia de encerramento foi tão extraordinária que até hoje é referida como "uma nova história de Cantuária". Dirigido pelo arcebispo Burnett, o culto, que durou três horas, teve de tudo: línguas, profecias, oração pelos enfermos e grande regozijo. Isso tudo aconteceu no contexto de um culto tradicional da comunhão anglicana.

Ao final da histórica reunião, 200 adoradores juntaram-se para um momento de regozijo, enquanto o Espírito era derramado com abundância num verdadeiro culto pentecostal. Cantuária tornou-se de fato um novo cenáculo. As antigas paredes da catedral ecoavam as ruidosas expressões de louvor que se elevavam do meio da congregação. Trinta e dois bispos e arcebispos dançavam em torno do altar principal, louvando ao Senhor — uma cena inesquecível.[17]

Após 1978, o movimento continuou a se espalhar entre as igrejas anglicanas e nos campos missionários por todo o mundo. Houve casos em que todas as igrejas de uma nação se engajaram no movimento. A igreja das Novas Hébridas foi um desses casos. Em Cantuária, o bispo Rawcliffe relatou que todas as suas igrejas e ministros mergulharam numa profunda experiência de avivamento dos dons carismáticos. Na Inglaterra, David

---

[17] Boa parte desse relato é baseada no testemunho ocular do autor, que estava presente nesse culto. Cf. Vinson SYNAN, The New Canterbury Tales, *Pentecostal Holiness Advocate*, 22 out. 1978, p. 12. V. tb. Michael HARPER (Org.), *A New Canterbury Tale: The Reports of the Anglican International Conference on Spiritual Renewal Held at Canterbury, July 19, 1978* (Bromcote, Nottinghamshire: Grove Books, 1978).

Watson deu testemunho de que multidões afluíam à sua igreja em Nova York, lotando a catedral nos dias de cultos carismáticos.

Alguns bispos da África, como Festo Kivengere, não conseguiam se lembrar de uma época em que as igrejas anglicanas de seus país fossem tudo, menos carismáticas. Essa realidade podia ser constatada principalmente entre as igrejas que tiveram parte no grande avivamento da África Oriental, na década de 1930.

Nos Estados Unidos, Everett Fullam, pároco da Igreja de São Paulo, em Darien, Connecticut, presenciou enorme aumento da audiência depois que o Espírito Santo começou a se manifestar nos cultos normais da igreja. O "milagre de Darien" repetiu-se em muitas outras igrejas episcopais norte-americanas.[18]

Três paróquias do norte da Virgínia experimentaram extraordinário crescimento no início da década de 1980, depois que decidiram "trilhar a senda carismática". A Igreja The Falls e a Igreja Truro são as mais antigas paróquias episcopais da Virgínia, remontando aos tempos coloniais. Elas passaram a experimentar uma nova vida depois que o Espírito Santo foi derramado sobre seus membros. Na mesma região, a Igreja dos Apóstolos testemunhou extraordinário crescimento. Sob a liderança do pároco Renny Scott, essa igreja saltou de uma frequência de 50 pessoas para mais de 2 mil em apenas sete anos. Dizia-se da igreja que ela era uma "exuberante paróquia carismática".[19]

Por volta de 1994, uma pesquisa mostrou que, das 7.200 paróquias episcopais dos Estados Unidos, mais de 400 estavam engajadas na renovação carismática. Algumas dessas apresentavam os maiores índices de crescimento na denominação.

O avivamento luterano

Harald Bredesen

Em 1947, um jovem leigo luterano na cidade de Nova York soube que, numa congregação pentecostal em franco crescimento, centenas de pessoas

---

[18] Bob SLOSSER, *Miracle in Darien* (Plainfield: Logos International, 1979).
[19] Beth SPRING, Spiritual Renewal Brings Booming Growth to Three Episcopal Churches in Northern Virginia, *Christianity Today*, 13 jan. 1984, p. 38-9.

das mais diversas origens denominacionais estavam recebendo cura física e experimentando o que era conhecido como batismo no Espírito Santo. Embora fosse membro do Conselho Mundial de Educação Cristã, com sede em Manhattan, o jovem sentiu-se irresistivelmente tentado a investigar aqueles cultos incomuns que atraíam tanta gente na cidade grande.

Sem demora, o jovem luterano juntou-se ao povo que se dirigia ao altar em busca do batismo no Espírito Santo. Pouco tempo depois, ele teve a experiência pentecostal e começou a falar numa língua que nunca havia aprendido. O jovem chamava-se Harald Bredesen, e a igreja era uma congregação das Assembleias de Deus, pastoreada por P. G. Emett.[20]

O jovem Bredesen estava destinado a ser o "João Batista" do movimento de renovação carismática para as denominações históricas. Ele foi um dos primeiros ministros fora do ramo pentecostal clássico a ter a experiência da glossolalia e permanecer no ministério de uma igreja não pentecostal.

Bredesen nascera e crescera num contexto luterano radical e tinha planos de se tornar ministro da igreja após concluir seu trabalho na assessoria do Conselho Mundial de Educação Cristã. Filho de um pastor luterano de Minnesota, ele frequentou o Seminário Teológico Luterano de St. Paul e serviu como pastor em regime de internato em Aberdeen, Dakota do Sul, antes de assumir seu posto em Nova York.

Anos depois, Bredesen foi incentivado por vários líderes cristãos importantes a buscar a experiência do batismo no Espírito Santo, entre eles Pat Robertson, John Sherrill e Pat Boone. Ele foi ordenado ministro da Igreja Reformada Holandesa e aceitou o convite para pastorear a congregação de Mt. Vernon, Nova York. Na década de 1960, ele também conduziu muitas de suas paróquias à experiência pentecostal. Em 1963, foi um dos principais colaboradores da impressionante reunião realizada na Universidade de Yale, na qual muitos alunos também falaram em línguas. Eles eram chamados jocosamente "glossolálios"[21] pela imprensa secular.[22]

---

[20] Harald BREDESEN, *Yes, Lord* (Plainfield: Logos International, 1972), p. 48-57.
[21] *Glossolálios* do original *glossoyalies*, como trocadilho com o nome da Universidade de Yale. [N. do E.]
[22] Cf. *Time*, 29 mar. 1963, p. 52.

TESTEMUNHO DE HARALD BREDESEN

Até então, eu desejava poder para servir, poder para testemunhar e poder para viver a vida cristã. Agora, eu tinha apenas um desejo, que era satisfazer o anseio de meu coração por Jesus. Antes disso, eu amava a Deus com reservas, servia a Deus com reservas e ao mesmo tempo presumia que ele me amava — com reservas. Naquele momento, pareceu-me que todos os meus pecados, falhas e fraquezas não podiam mais afastar o amor dele de mim, assim como uma sujeirinha de mosca não pode encobrir o sol. Apesar do que eu era, apesar do que eu não era e apesar de todas as minhas reservas, ele me amava *sem* reservas. Eu estava tão completamente dominado, tão arrebatado e tão maravilhado com aquele amor incondicional a mim dedicado que não conseguia baixar as mãos. Agora, eu não precisava mais perguntar a ninguém: "Por que você fica com as mãos levantadas?". Eu estava simplesmente perplexo e resignado.

Tentei até dizer: "Obrigado, Jesus! Obrigado, Jesus!", mas não podia expressar o inexpressável. Então, para meu grande alívio, o Espírito Santo fez isso por mim. Eu me sentia como uma garrafa da qual haviam tirado a rolha, deixando transbordar uma torrente de palavras num idioma que eu nunca havia aprendido. Tudo que eu desejava dizer para Deus, agora eu podia falar.

Depois de um longo tempo de louvor a Deus, consciente de que a experiência era real, cheguei à conclusão de que tinha de contar aos meus amigos o que acontecera. Eu sabia que provavelmente eles iriam dizer: "Harald, você se misturou com um bando de gente histérica, que impõe a si mesma um frenesi de excitação religiosa e dispara rajadas de palavras inarticuladas. Você foi influenciado por todas essas coisas".

Orei: "Senhor, se este é um idioma real, revela-o para mim". Saí porta afora e desci uma das muitas trilhas que levavam a um bosque nas proximidades. Enquanto eu caminhava pela trilha, minha nova oração em línguas começou a fluir mais uma vez, como se um poço artesiano em meu interior jorrasse louvores e adoração.

Na direção oposta, vinha uma bela menina de cabelos louros, com cerca de 11 anos de idade. Quando ela chegou perto de mim, parou, jogou o cabelo para trás, deu uma risada e disse:

— Você está falando polonês.

Escrevi num pedaço de papel: "Onde encontro um polonês aqui? Preciso falar com alguém". Eu não queria pronunciar as palavras em minha língua materna, temendo não conseguir falar depois no outro idioma. A menina me conduziu até onde havia um homem parado diante de uma cabana. Ele era musculoso e atarracado, talvez um mineiro da Pensilvânia. Pensei: "Imagine só! Nem conheço este homem, mas em Cristo somos irmãos".

Ele exclamou: — *Bracia, bracia!* Você me chamou de irmão. — E acrescentou: — Você está louvando a Deus, pulando de um dialeto eslavo para outro.

Quando o deixei, meu coração estava arrebatado.

HARALD BREDESEN
Yes, Lord

Na década de 1980, Bredesen era bem conhecido por ser amigo do presidente Anwar Sadat, do Egito, bem como conselheiro de seu velho amigo e protegido Pat Robertson na campanha deste para a candidatura do Partido Republicano à presidência dos Estados Unidos. Em sua longa carreira, entretanto, Bredesen talvez seja mais conhecido como um dos primeiros neopentecostais a servir como arauto de um novo tempo nas denominações históricas.[23]

Larry Christenson

Larry Christenson foi um dos primeiros luteranos a ter a experiência do batismo no Espírito Santo, na década de 1960. Ele havia concluído o seminário havia apenas um ano e estava em seu primeiro mandato de pastor, na Igreja Luterana da Trindade (Igreja Luterana Americana; sigla em inglês: ALC), em San Pedro, na Califórnia. Christenson já se mostrara fascinado com a possibilidade da cura divina depois de ler um livro de Agnes Sanford, *The Healing Light* [A luz da cura].

Enquanto participava de um culto da Igreja do Evangelho Quadrangular em San Pedro, ele ouviu falar do batismo no Espírito Santo com a evidência inicial do falar em línguas. Naquela noite, o jovem pastor luterano acordou "sentado na cama e atônito, com um idioma desconhecido" a fluir de seus lábios. Ele pronunciou uma frase em outra língua e então voltou a dormir. Isso aconteceu no amanhecer de uma sexta-feira, 4 de agosto de 1961. Na noite seguinte, retornou à Igreja do Evangelho Quadrangular e relatou aos membros que uma "sensação maravilhosa de louvor e alegria brotou dentro de mim e transbordou em meus lábios em um idioma desconhecido". Foi uma experiência extraordinária, declarou ele, "apesar de não ter sido devastadora".

Christenson ficou preocupado com seu futuro como pastor luterano, pois não sabia se a experiência era compatível com a tradição da igreja. Numa conversa posterior com David du Plessis, ele foi aconselhado a

---

[23] Pat ROBERTSON, *Shout It from the Housetops* (Plainfield: Logos International, 1972), p. 65-79.

permanecer na igreja luterana e promover o movimento de renovação entre seus pares.[24]

As características dos luteranos

Historicamente, os luteranos têm sua maior atenção voltada para as questões referentes à Reforma Protestante. Entre elas, encontramos princípios básicos como a justificação pela fé e a primazia das Escrituras.

De muitas maneiras, Martinho Lutero era um conservador nas questões sociais, ao passo que era revolucionário em assuntos teológicos. Por ocasião da Reforma, ele se mantinha a distância, mas não era indiferente. Sua oposição à Revolta dos Camponeses e ao movimento anabatista dão mostras de seu conservadorismo. Nutria especial desprezo por aqueles que denominava *schwarmerei* ("entusiastas", "fanáticos"). Era também um severo crítico das reivindicações de milagres, os quais considerava mera superstição da Igreja Católica Romana. Embora se diga que Lutero falou em línguas, não há evidências confiáveis nos dias de hoje de que tal alegação seja verdadeira.

Na verdade, Lutero apoiava a teoria cessacionista, segundo a qual os sinais, maravilhas e milagres do Novo Testamento cessaram com o fim da era apostólica. Desse modo, qualquer um que falasse em línguas nos dias de hoje não seria considerado um autêntico luterano.[25]

Outros que receberam o batismo no Espírito Santo

A despeito da tradição luterana, o início da década de 1960 testemunhou um verdadeiro dilúvio de luteranos que viveram a experiência pentecostal. Todos os ramos do luteranismo norte-americano foram afetados, até

---

[24] Larry CHRISTENSON, entrevista concedida ao autor, Nova Orleans, 1 abr. 1986. V. tb. Larry CHRISTENSON, *The Charismatic Renewal Among Lutherans* (Minneapolis: International Lutheran Renewal Center, 1975); Erling JORSTAD, *Bold in the Spirit: Lutheran Charismatic Renewal in America Today* (Minneapolis: Augsburg Publishing House, 1974). Para conhecer o testemunho completo de Christenson, v. A Lutheran Pastor Speaks, *Trinity* (Whitsuntide, 1962), p. 32-5.

[25] Para um breve tratado sobre o ponto de vista de Lutero sobre os *charismata*, v. Vinson SYNAN, *In the Latter Days*, p. 29-30.

mesmo a Igreja Luterana Americana, a Igreja Luterana na América e a Igreja Luterana, Sínodo do Missouri.

Um testemunho interessante é o de Erwin Prange, pastor que recebeu o batismo no Espírito Santo no santuário de sua igreja numa manhã de 1963, pouco antes de ministrar uma aula na classe de confirmação. Enquanto ele orava, teve a impressão de que uma voz lhe dizia: "O dom já é seu. Basta estender a mão e pegá-lo". Então, estendendo os braços na direção do altar, "abri a boca, e um estranho murmúrio começou a fluir. Eu havia feito aquilo? Ou fora o Espírito Santo? Antes que eu tivesse tempo de ficar espantado, coisas estranhas começaram a acontecer. Deus havia saído das sombras. 'Ele é real', pensei. 'Ele está aqui! Ele me ama!' [...] Todas as células e átomos de meu corpo tilintaram ao ouvir a vibrante voz de Deus". Quando ele se preparava para começar sua aula de confirmação, falou durante dez minutos num idioma que nem ele nem seus ouvintes conseguiam entender.[26]

Entre os pastores mais destacados que receberam o batismo no Espírito Santo nesse período; está Herbert Mjorud, que trabalhou como evangelista em tempo integral da Igreja Luterana Americana em 1962, após visitar a paróquia de Bennett em Seattle. Tempos depois, Mjorud ficou maravilhado ao presenciar o atuante ministério de cura de suas cruzadas. Num avivamento em Anacortes, Washington, em março de 1962, mais de 70 luteranos foram batizados no Espírito Santo. Por causa dessa reunião, Mjorud foi acusado de heresia por vários pastores.

Depois que Mjorud se defendeu diante do presidente da denominação, todas as acusações foram retiradas. No entanto, o convite para ser evangelista da Igreja Luterana Americana não foi renovado, e ele se tornou um pregador independente. Seus últimos anos foram caracterizados por cruzadas em vários países para cura em massa.[27]

Mjorud não foi o único investigado pelas autoridades eclesiásticas. Em 1963, a Igreja Luterana Americana designou uma comissão de três membros para investigar os luteranos envolvidos com a glossolalia. A equipe

---

[26] Larry CHRISTENSON, *The Charismatic Renewal Among Lutherans*, p. 13-31.
[27] Herbert MJORUD, entrevista concedida ao autor, Pittsburgh, 21 mai. 1986.

de investigadores consistia em um psicólogo, um psiquiatra e um teólogo especializado em Novo Testamento. Em San Pedro, eles interrogaram Christenson e 32 membros de sua congregação. O grupo de membros que falava em línguas foi analisado e comparado com outro grupo, que não tivera a experiência pentecostal. A expectativa da comissão era que os pentecostais fossem classificados como "pessoas emocionalmente instáveis" e que o movimento tivesse "vida curta", mas eles estavam errados em ambas as suposições. Os resultados da investigação foram publicados no livro *The Psychology of Speaking in Tongues* [A psicologia do falar em línguas], da autoria de John P. Kildahl, psicólogo que fez parte da comissão.[28]

Nas décadas de 1960 e 1970, centenas de pastores luteranos e milhares de leigos tiveram a experiência pentecostal. Entre eles, estavam Donald Pfotenhauer, Erwin Prange, Robert Heil, Rodney Lensch, Delbert Rossin, Herb Mirly e Theodore Jungkuntz, da Igreja Luterana, Sínodo do Missouri. Na Igreja Luterana Americana, Morris Vaagenes, James Hanson e George Voeks uniram-se a Christenson e Mjorud na liderança do movimento.

A Igreja Luterana Americana não foi afetada tão profundamente quanto outros ramos do luteranismo. Não obstante, por volta de 1970 Paul Swedeberg e Glen Pearson lideravam o movimento de renovação carismática em suas igrejas.[29]

Muitos dos pastores mencionados sofreram variados graus de aceitação e de rejeição por parte de seus superiores eclesiásticos. O caso mais marcante de rejeição foi o de Don Pfotenhauer, pastor da Igreja Luterana Caminho da Cruz, em Blaine, Minnesota. Essa congregação fazia parte do Sínodo do Missouri, um dos ramos mais conservadores do luteranismo nos Estados Unidos.

Depois que Pfotenhauer recebeu o batismo no Espírito Santo, em 1964, as autoridades eclesiásticas tentaram afastá-lo do púlpito. A despeito dos esforços de Pfotenhauer para continuar em sua congregação,

---

[28] New York: Harper & Row, 1972). Para conhecer os primeiros informes oficiais sobre o pentecostalismo luterano, v. Kilian McDonnell, *Presence, Power, Praise: Documents on the Charismatic Renewal*, p. 21-566.
[29] Larry Christenson, entrevista concedida ao autor.

que majoritariamente o apoiava, ele foi finalmente excomungado em 1970. Seus apoiadores organizaram um grupo independente com o mesmo nome, Caminho da Cruz. Sua história ocupou durante anos as manchetes dos periódicos de Minneapolis.[30]

No início da década de 1970, em razão desse caso e de outros semelhantes, os luteranos carismáticos começaram a coligar-se com o propósito de promover o movimento em suas igrejas. Por volta de 1972, a ideia de uma conferência carismática luterana começou a ganhar aceitação entre diversos líderes.

Conduzida por Norris Wogen, a primeira Conferência Luterana Internacional sobre o Espírito Santo se reuniu no Auditório Cívico de Minneapolis, em 1972. Para deleite dos organizadores, o auditório, que comportava 9 mil pessoas sentadas, estava com sua capacidade esgotada, com 10 mil pessoas cadastradas para as sessões. A partir de 1972, a conferência continuou crescendo até se tornar a maior reunião anual de luteranos nos Estados Unidos.[31]

Uma teologia luterana carismática

Nessa época, os pastores luteranos carismáticos sentiram a necessidade de elaborar uma teologia carismática que pudesse situar a experiência e a fenomenologia pentecostal dentro do sistema teológico luterano. Em 1976, Larry Christenson publicou um livro intitulado *The Charismatic Renewal Among Lutherans* [A renovação carismática entre os luteranos]. Nessa obra, Christenson analisa a história do movimento e apresenta o que ele chama de "uma visão orgânica do batismo no Espírito Santo" (em contraste com o pentecostalismo clássico da "segunda bênção" e da evidência inicial).

A esse livro, seguiu-se o mais ambicioso e importante trabalho teológico produzido no contexto da renovação luterana, publicado em 1987. Tendo

---

[30] Donald PFOTENHAUER, entrevista concedida ao autor, Minneapolis, 8 ago. 1986. Cf. *Minneapolis Tribune*, 4 fev. 1968, p. 14A.
[31] Para informações sobre a conferência de 1972, v. Wilmar THORKELSON, God's Electricity Is Here, *Minneapolis Star*, 10 ago. 1972, p. 1-3. V. tb. Norris WOGEN, entrevista concedida ao autor, Pittsburgh, 20 mai. 1986.

Larry Christenson como organizador e 40 de seus colegas como colaboradores, o livro recebeu o título *Welcome, Holy Spirit* [Bem-vindo, Espírito Santo]. Nessa obra, a Conferência Teológica Carismática Luterana Internacional tende na direção do pentecostalismo clássico ao reconhecer no Novo Testamento uma distinção entre o caminho carismático do Espírito Santo e sua descida com propósitos salvíficos, no início.

Outras obras surgiram além dessas. Theodore Jungkuntz produziu alguns trabalhos fundamentais sobre renovação carismática em relação à teologia e à vida sacramental da igreja. Entre eles, podemos citar o livreto *Um catecismo luterano carismático* (Porto Alegre: Renovação, edição brasileira não datada) e um tratado teológico intitulado *Confirmation and the Charismata* [A confirmação e os *charismata*], ambos publicados originariamente em 1983.[32]

Enquanto os carismáticos desenvolviam sua teologia, as igrejas luteranas também estudavam o movimento e emitiam relatórios com o propósito de orientar os pastores com relação ao assunto.

A Igreja Luterana, Sínodo do Missouri, solicitou um relatório sobre o movimento em 1968, quando descobriu que 44 de seus pastores estavam envolvidos com a renovação. Quando o relatório foi concluído, em 1972, aquele número já ultrapassava duas centenas de pastores. O documento produzido veio a ser, de todos os relatórios emitidos ao redor do mundo, a descrição mais negativa do movimento. Depois de questionar a validade das manifestações dos dons sobrenaturais na era moderna, o relatório declarava que "o poder e a renovação devem ser buscados apenas na Palavra e nos sacramentos, não em sinais e milagres especiais".[33]

As *1972 Guidelines* [Diretrizes de 1972] da Igreja Luterana Americana caracterizavam-se por um tom mais conciliador. Embora o documento advertisse os carismáticos acerca do uso apropriado dos dons na vida do

---

[32] Larry CHRISTENSON, *The Charismatic Renewal Among Lutherans*, p. 46-52; *Welcome, Holy Spirit* (Minneapolis: Augsburg, 1987). V. tb. Theodore JUNGKUNTZ, *Confirmation and the Charismata* (Lanham: University Press of America, 1983).

[33] Kilian MCDONNELL, *Presence, Power, Praise: Documents on the Charismatic Renewal*, p. 321-73.

crente, ao mesmo tempo invocava a condescendência para com a diversidade, o que dava ao movimento de renovação liberdade para se desenvolver no ambiente da denominação.[34]

Em 1974, a Igreja Luterana na América emitiu o mais positivo de seus relatórios: *The Charismatic Movement: A Pastoral Perspective* [O movimento carismático: uma perspectiva pastoral]. O documento declarava que "não há razão para que os pastores e o povo luterano sugiram, implícita ou explicitamente, que ninguém possa ser carismático e ao mesmo tempo um luterano de boa reputação".[35]

Na década de 1980, manifestou-se alguma resistência em alguns redutos luteranos, mas no geral a renovação carismática era tão bem-aceita que veio a fazer parte definitiva do cenário da denominação.

Organizações carismáticas luteranas

Depois da conferência de Minneapolis, em 1972, alguns líderes do movimento carismático implantaram organizações permanentes para promover a obra de renovação. Em 1973, foi criada a instituição Serviços da Renovação Carismática Luterana, sob a liderança de Larry Christenson e Dick Denny, crente leigo da Igreja Luterana Americana. No final da década de 1970, a Igreja Luterana North Heights, em St. Paul, Minnesota, surgiu como um importante centro de renovação luterana. Sob a liderança do pastor Morris Vaagenes e W. Dennis Pederson, foi formado em 1980 o Centro Luterano Internacional para a Renovação da Igreja.[36]

Por volta de 1983, as duas organizações fundiram-se, e os escritórios passaram a funcionar na igreja de North Heights, em St. Paul. Com a fusão, o novo grupo recebeu outro nome: Centro Luterano de Renovação Internacional. Seu diretor em tempo integral era Larry Christenson. Entre

---

[34] Kilian McDonnell, *Presence, Power, Praise: Documents on the Charismatic Renewal*, p. 369-73.
[35] Idem, ibidem, p. 543-66.
[36] Dennis Pederson, Introducing [...] International Lutheran Center for Charismatic Renewal, *Lutheran Renewal International*, primavera 1980, p. 14-17.

os assessores de Christenson, estavam Dick Denny, Betty Denny, Dennis Pederson e Del Rossin.[37]

Situação do movimento luterano

Uma pesquisa realizada em 1979 pelo Instituto Gallup, encomendada pela revista *Christianity Today*, constatou que cerca de 20% de todos os luteranos dos Estados Unidos faziam parte do movimento de renovação carismático-pentecostal. A mesma pesquisa mostrou que 3% daqueles luteranos falavam em línguas. As melhores estimativas demonstram que 10% de todos os luteranos dos Estados Unidos estavam envolvidos no movimento de renovação. Esses dados indicam que por volta de 1980 havia no país entre 1 milhão e 1,7 milhão de luteranos identificados como carismáticos.[38]

Pesquisas encomendadas pelo Seminário Teológico Fuller, em 1985, constataram maior participação dos pastores luteranos no movimento. Dados obtidos de todas as denominações luteranas dos Estados Unidos nas décadas de 1970 e 1980 apontam os seguintes resultados:[39]

	1974	1979	1984	1985
Pastores receptivos	332	466	1.000	1.295
Pastores carismáticos	249	349	751	975
Pastores declarados	166	233	501	650[39]

Além de se destacar no cenário norte-americano, o movimento de renovação espalhou-se pelas igrejas luteranas do mundo todo. As igrejas luteranas escandinavas tiveram profundas experiências com a renovação carismática, assim como as igrejas da Alemanha. Relatórios indicam que alguns bispos africanos da Igreja Luterana também aderiram ao movimento carismático.

Na década de 1990, cada vez mais as igrejas luteranas adotaram abertamente a forma carismática de adoração em seus cultos. Diversas congregações

---

[37] Larry CHRISTENSON, entrevista concedida ao autor.
[38] Kenneth KANTZER, The Charismatics Among Us, *Christianity Today*, 22 fev. 1980, p. 25-9.
[39] C. Peter WAGNER, Survey of the Growth of the Charismatic Renewal (não publicado, 1985).

se tornaram modelos de renovação na tradição luterana, entre elas a Igreja Luterana da Ressurreição (Sínodo do Missouri), em Charlotte, na Carolina do Norte. Conduzida à renovação pelo pastor Herb Mirly, a igreja desenvolveu uma forma singular e sublime de adoração litúrgica avivada pela oração e pelo louvor carismáticos.[40]

Outras congregações luteranas que se destacaram no movimento de renovação durante a década de 1990 foram a Igreja Luterana da Trindade, em San Pedro, na Califórnia, pastoreada por Paul Anderson, e a Igreja Luterana da Fé, em Geneva, Illinois, pastoreada por Del Rossin.

Renovação nas igrejas presbiteriana e reformada

Desde seus primeiros dias na Suíça e na Escócia, os presbiterianos têm sido um esteio como proponentes da teologia de João Calvino, sistema conhecido por sua sólida eclesiologia presbiteriana, bem como por suas mais notáveis proposições teológicas. O sistema presbiteriano, que se desenvolveu desde o século XVI, não é conhecido por inovações ou experimentações, mas, sim, pelo apego restrito às formulações de seu pai fundador.

Desse modo, pode ser uma grande surpresa para muitos saber que há uma significativa história de pioneirismo em renovação nas igrejas presbiterianas. Embora Calvino, como Lutero, tenha aceitado a teoria cessacionista, não o fez por achar que Deus retirou os dons espirituais da Igreja. Ele acreditava que os dons haviam caído em desuso nas igrejas em razão de "uma falta de fé". O reformador jamais proibiu o uso dos dons ou achou que deviam ser proibidos. Além disso, pelo fato de se ocupar bastante da terceira pessoa da Trindade em seus escritos, ele era chamado "o teólogo do Espírito Santo" entre os reformadores.[41]

---

[40] Herbert MIRLY, entrevista concedida ao autor, Charlotte, 17 mai. 1986 (história e carta não publicadas).

[41] *As institutas ou tratado da religião cristã* (trad. Waldyr Carvalho Luz; São Paulo: Casa Editora Presbiteriana, 1989), v. 1, p. 13-34; cf. v. 4. V. tb. *Calvin's New Testament Commentaries: 1 Corinthians* (Grand Rapids: Eerdmans, 1960), p. 258-73 [*1 Coríntios*, São Paulo: Fiel, 2008].

Influenciados pelo trabalho dos teólogos presbiterianos de Princeton B. B. Warfield e Charles Hodge, alguns presbiterianos do século XX adotaram uma postura fundamentalista que exclui tanto o perfeccionismo quanto o pentecostalismo da tradição calvinista. A obra-padrão sobre o assunto é *Counterfeit Miracles* [Milagres falsificados], de B. B. Warfield, um livro de 1918 que negava a ocorrência de qualquer milagre genuíno depois da era apostólica. Outro livro desse gênero é *Enthusiasm* [Entusiasmo], de Ronald A. Knox, que apresenta um quadro negro do emocionalismo na religião.[42]

A despeito dessa corrente de pensamento entre os presbiterianos, muitos pastores dos Estados Unidos participaram, até mesmo como pioneiros, da renovação espiritual, atitude que por certo causaria desgosto a Warfield, mas que provavelmente seria aplaudida por Calvino. A Grã-Bretanha e os Estados Unidos foram o palco da atuação de muitos desses pioneiros espirituais.

Primeiros avivalistas presbiterianos

Em 1800, um dos maiores avivamentos da história dos Estados Unidos eclodiu em Cane Ridge, no Kentucky, sob a liderança de três ministros presbiterianos: James McGready, William Hodges e John Rankin. Testemunhas oculares relatam que o chão da Igreja Presbiteriana do Rio Vermelho ficava "coberto com os que caíam", enquanto outros clamavam em voz alta, pedindo misericórdia. Às vezes, os pastores "dançavam diante do Senhor", declarando: "Aqui está o Espírito Santo". Em pouco tempo, nada menos de 25 mil pessoas se reuniam na mata para louvar a Deus. Essa prática deu início à tradição dos acampamentos norte-americanos, cujos efeitos foram sentidos em todo o país.[43]

Essas manifestações não eram novidade na vida religiosa dos Estados Unidos. Todos haviam presenciado, no século XVII, os cultos de avivamento de Jonathan Edwards, o grande teólogo calvinista e pastor de Northhampton,

---

[42] Carlisle: Banner of Truth Trust, 1918; London: Clarendon Press, 1950, respectivamente.

[43] Cf. Bernard WEISBERGER, *They Gathered at the River* (New York: Little, Brown, 1958), p. 10-5; Archie ROBERTSON, *That Old-Time Religion* (Boston: Houghton Mifflin, 1950), p. 56-7.

Massachussetts. Não era incomum ver pecadores clamando por misericórdia ou caindo ao solo sob o peso da condenação do Espírito Santo. Embora fosse ministro puritano da Igreja Congregacional, Edwards apoiava-se na tradição calvinista dos presbiterianos.[44]

Um dos maiores movimentos espirituais entre os presbiterianos dos Estados Unidos ocorreu entre 1810 e 1840. A causa principal de uma divisão entre os presbiterianos do Leste e do Oeste foi a discordância em torno do grau de instrução exigido para a ordenação de ministros. No entanto, em razão dos poderosos avivamentos e das manifestações espirituais, grande número de novos convertidos começou a encher as igrejas, resultando na carência de ministros. Os presbiterianos, por tradição, insistiam em que os candidatos ao ministério concluíssem o seminário, mas as igrejas do Oeste sentiram que alguns membros com menos formação estavam aptos a ministrar às massas de novos convertidos.

Por causa da polêmica em torno desse assunto, da adoração expressiva e da manifestação de alegria espiritual, implantou-se em 1810 a Igreja Presbiteriana de Cumberland como uma denominação independente. Sua tradição avivalista continua até hoje no Centro-Sul.

Os presbiterianos também tiveram uma participação fundamental no grande avivamento *holiness* que varreu os Estados Unidos nos meados e final do século XIX. Por exemplo, em 1859 William Boardman escreveu o livro *The Higher Christian Life* [A vida cristã superior], no qual interpreta a doutrina metodista da santificação plena para os crentes presbiterianos e de tradição reformada. Um ex-presbiteriano, Charles Grandison Finney, tornou-se o maior avivalista de sua época após uma experiência marcante com o Espírito Santo que transformou radicalmente sua vida e seu ministério. O poderoso ministério evangelístico que exerceu fez dele o primeiro "evangelista profissional" dos Estados Unidos.[45]

---

[44] Jonathan EDWARDS, *A Faithful Narrative of the Surprising Work of God* (1737); *The Distinguishing Marks of a Work of the Spirit of God* (1741). Esse avivamento é comentado em Richard LOVELACE, *Dynamics of Spiritual Life* (Downers Grove: InterVarsity, 1979), p. 35-46.

[45] Vinson SYNAN, *In the Latter Days*, p. 25, 37, 52; Timothy SMITH, *Revivalism and Social Reform* (New York: Abingdon, 1957), p. 114-34.

Foi um pastor presbiteriano quem levou pela primeira vez o movimento de renovação carismática a uma denominação histórica: Edward Irving, que liderou um movimento de busca pelos dons do Espírito na Igreja Presbiteriana em Regents Square, na cidade de Londres, em 1831. Depois que uma líder leiga, Mary Campbell, falou em línguas e profetizou, Irving foi julgado pelo presbitério e condenado. Como a Igreja Presbiteriana da Inglaterra se recusou a aceitar aqueles dons extraordinários em seus santuários, Irving ajudou a implantar a Igreja Apostólica Católica, que existiu até 1901. Irving nunca falou em línguas e morreu logo que o avivamento começou, mas será sempre lembrado como um perseguido pioneiro do pentecostalismo entre os presbiterianos.[46]

Alguns anos mais tarde, nos Estados Unidos, A. B. Simpson, pastor presbiteriano de Nova York nascido no Canadá, começou a ensinar a possibilidade da cura divina em resposta à oração. Isso aconteceu depois que ele foi instantaneamente curado de uma doença crônica. Ele também aceitou os ensinos básicos do movimento de santidade e em 1881 teve a experiência da santificação. Nessa mesma época, ele recebeu um poderoso chamado para enviar missionários pelo mundo. Depois de atuar cerca de quinze anos como pastor presbiteriano, implantou uma agência interdenominacional em 1886, denominada Aliança Cristã e Missionária.

A entidade criada por Simpson em pouco tempo se tornou uma denominação independente, que enviou grande número de missionários a muitas nações. Sua escola em Nyack, Nova York, destacou-se como instituição de treinamento de missionários. Em 1907, a escola experimentou um avivamento que quase levou a Aliança Cristã e Missionária para o movimento pentecostal. Anos mais tarde, em 1914, vários de seus ex-ministros tiveram importante participação na fundação das Assembleias de Deus.

Outro presbiteriano pioneiro no avivamento foi N. J. Holmes, pastor da Segunda Igreja Presbiteriana de Greenville, na Carolina do Sul. Em 1896, Holmes viajou a Northfield, Massachussets, para uma conferência do movimento Higher Life, dirigida por D. L. Moody, que recebera o batismo no

---

[46] Cf. William S. MERRICKS, *Edward Irving, The Forgotten Giant* (East Peoria: Scribe's Chamber Publications, 1983), p. 179-80.

Espírito Santo de forma poderosa. Na conferência de Moody, Holmes teve uma experiência com o Espírito Santo, que mais tarde identificou como a experiência wesleyana da santificação plena. Em 1898, ele implantou uma escola em Paris Mountain, fora de Greenville. Nessa época, Holmes já fora julgado e expulso do presbitério de Enoree, por ter esposado uma nova experiência e uma teologia diferente.

Em 1905, uma aluna da escola de Holmes, Lida Purkie, causou alvoroço entre os colegas quando falou em línguas numa reunião de oração. Um ano mais tarde, toda a escola — corpo docente e alunos — estava tomada pelo Pentecoste. Esse avivamento ocorreu depois que Holmes ouviu a mensagem pentecostal de G. B. Cashwell, que havia visitado a Rua Azusa poucos meses antes. A Faculdade Bíblica Holmes, a mais antiga do mundo pentecostal, ainda mantém um vínculo de fé com a Igreja Holiness Pentecostal. Muitas das primeiras congregações dessa denominação eram antes conhecidas como igrejas presbiterianas de Brewerton.[47]

Presbiterianos carismáticos

Quando o movimento carismático (ou neopentecostal) irrompeu nas denominações históricas dos Estados Unidos depois da Segunda Guerra Mundial, os presbiterianos mais uma vez estavam à frente da renovação. O primeiro e bem conhecido ministro presbiteriano a ter experiência com o dom de línguas e com a cura divina foi James Brown, pastor da Igreja Presbiteriana de Upper Octorara, perto de Parkesburg, na periferia de Filadélfia, na Pensilvânia. Nos meados da década de 1950, Brown foi batizado com o Espírito Santo e começou a falar em línguas. A experiência o fez mover-se de um extremo liberalismo teológico para o cristianismo carismático evangelical.

No início, Brown estava convencido de que não poderia permanecer na Igreja Presbiteriana depois daquela experiência. Sem saber que rumo tomar, solicitou os conselhos of David du Plessis. "Fique em sua igreja e

---

[47] N. J. HOLMES, *Life Sketches and Sermons* (Franklin Springs: Publishing House of the Pentecostal Holiness Church, 1920), p. 9-97.

renove-a" foi a resposta do famoso líder pentecostal. Brown então seguiu esse conselho com determinação.

Ele decidiu conduzir a adoração à maneira presbiteriana tradicional nos cultos de domingo, mas introduziu sessões informais de adoração neopentecostal no santuário aos sábados à noite. Essa estratégia funcionou por mais de vinte anos com um mínimo de atritos. Na época, os cultos de sábado atraíam centenas de pessoas, e a pequena nave do templo às vezes ficava apinhada com mais de 700 entusiasmados adoradores. Milhares de crentes, entre clérigos e leigos, receberam o batismo no Espírito Santo naquelas reuniões. Brown tocava pandeiro, e os cultos eram alegres e plenos de louvor. Crentes de todas as denominações vinham conhecer de perto as profecias, as línguas, as interpretações e as orações pelos enfermos. Durante todo esse tempo, Brown foi membro ativo e bem-aceito em seu presbitério.[48]

Esses fatos ocorreram no final da década de 1950, antes, portanto, dos acontecimentos mais famosos de Van Nuys, em torno do ministério de Dennis Bennet. Por muitos anos antes da década de 1960, Brown liderava a maior reunião carismática de oração dos Estados Unidos. Em 1977, ele se aposentou depois de 37 anos de pastorado na mesma igreja, uma das primeiras histórias de sucesso do movimento de renovação.

Brick Bradford. O caminho dos pioneiros espirituais presbiterianos tornou-se quase impenetrável depois da onda de furor nacional que se levantou com o caso de Bennett, na Califórnia. Os presbiterianos partiram para o combate, em defesa de seus princípios, quando o fenômeno pentecostal irrompeu em seu meio. Uma das primeiras vítimas dessa ferrenha oposição foi George C. "Brick" Bradford, pastor da Primeira Igreja Presbiteriana de El Reno, perto de Oklahoma City. Bradford recebeu o batismo no Espírito Santo em 1966, num acampamento em Ardmore, Oklahoma. Depois de ter sido cheio com o poder do Espírito Santo, Bradford declarou que seu "ministério sofreu uma revolução".

---

[48] James H. BROWN, entrevista concedida ao autor, Charlotte, 5 mar. 1986. V. tb. carta de Brown a Synan, 27 jan. 1986.

Quando souberam que Bradford havia falado em línguas, os membros do presbitério imediatamente concluíram que ele precisava de aconselhamento psiquiátrico. Por isso, encaminharam-no a um psiquiatra, que também foi tomado pelo poder do Espírito. O médico deu a Bradford um atestado de perfeita saúde. Insatisfeito com o resultado, o presbitério de Washita encaminhou-o a outro profissional, que lhe deu o diagnóstico desejado. Apesar de ter sido um advogado formado na Universidade do Texas, Bradford foi afastado de suas funções ministeriais em 1967.[49]

Depois dessa decisão, Bradford conseguiu manter sua ordenação ministerial por mais três anos e deu início a um ministério itinerante, pregando em qualquer igreja presbiteriana que lhe abrisse as portas. Ele também foi o orador de muitas reuniões da Adhonep (Associação de Homens de Negócios do Evangelho Pleno) e pregou em muitas igrejas pentecostais. Nesses anos de escassez, Bradford sustentou a família com as ofertas voluntárias que recebia.

Em maio de 1966, Bradford e cinco outros ministros carismáticos presbiterianos tomaram uma importante decisão: organizaram a Comunhão Carismática Presbiteriana (sigla em inglês: PCC). Essa foi a primeira instituição carismática criada numa denominação histórica. Bradford foi eleito secretário geral. Um ano depois, a instituição tinha 125 membros registrados, todos ministros presbiterianos. Em pouco tempo, centenas de pastores e leigos afiliaram-se e esse bem organizado ministério.[50]

O caso Robert Whitaker. Não muito tempo depois, Bradford e a PCC viram-se diante de um caso que pôs à prova o lugar dos dons do Espírito no sistema presbiteriano. Esse caso ganhou repercussão por causa de uma disputa concernente ao ministério de Robert C. Whitaker, pastor da Igreja Presbiteriana de Chandler, perto de Phoenix, no Arizona.

---

[49] George "Brick" BRADFORD, entrevista concedida ao autor, Oklahoma City, 6 dez. 1985.

[50] George "Brick" BRADFORD, entrevista concedida ao autor, Oklahoma City, 6 dez. 1985; Charismatic Renewal in the Reformed Tradition, *Renewal News,* mai.-jun. 1981, p. 1-4.

Em 1962, Whitaker recebeu o batismo pentecostal, e então viu o Espírito Santo revolucionar de forma lenta mas firme seu ministério e também o ministério de sua igreja. Por volta de 1967, um bom número de membros da Igreja Presbiteriana de Chandler falava em línguas. Como no caso de James Brown, não se falava em línguas nem havia imposição de mãos nos cultos regulares da igreja. No entanto, o avivamento estava em pleno vigor nos cultos familiares. A igreja experimentou um crescimento extraordinário em pouco tempo, e a maior parte da congregação apoiava o movimento.

Em 1967, um pequeno grupo de anciãos oponentes conseguiu persuadir o presbitério de Phoenix a designar uma comissão administrativa para investigar o ministério de Whitaker e a presença dos dons do Espírito Santo em sua congregação. Whitaker recusou-se a assumir o compromisso de "parar e desistir" de falar em línguas, orar pelos enfermos e expulsar demônios, por isso o presbitério o afastou da função de pastor da Primeira Igreja Presbiteriana de Chandler. Diante dessa decisão, ele apelou para o sínodo do Arizona, sob a alegação de que o veredicto era contrário às Escrituras e violava sua consciência, de acordo com o prescrito no *Livro de ordem*.[51]

Em fevereiro de 1968, quando fracassou o recurso do presbitério de Phoenix encaminhado ao sínodo do Arizona, Whitaker teve de escolher entre aceitar o veredicto ou apelar da decisão. Ele recebeu conselhos e grande ajuda de uma influente figura no mundo presbiteriano, John A. Mackay, que mais tarde se tornou presidente emérito do Seminário Teológico de Princeton. Mackay e Bradford insistiam em que Whitaker continuasse a lutar. Providencialmente, Bradford era advogado antes de ingressar no ministério e pôde oferecer seus serviços como conselheiro do querelante.

Bradford acrescentou uma terceira razão no recurso à Comissão Judicial Permanente da Assembleia Geral, a suprema corte da Igreja Presbiteriana Unida. Ele argumentava que nenhuma judicatura inferior (presbitério ou sínodo) podia fazer acréscimos aos votos comuns prescritos na constituição

---

[51] A história de Whitaker é contada no livreto de sua autoria *Hang in There: Counsel for Charismatics* (Plainfield: Logos International, 1974), p. 38-41.

da igreja. Em maio de 1968, o caso *Rev. Robert C. Whitaker contra o sínodo do Arizona* foi decidido a favor de Whitaker.[52]

Foi uma grande vitória moral para os carismáticos das denominações históricas. Essa vitória, no entanto, não se limitou ao sucesso da apelação. Depois da decisão favorável a Whitaker, nenhum ministro presbiteriano podia ser desligado de sua paróquia por nenhum presbitério só por estar ligado ao movimento carismático. Pelo fato de o caso não ter nenhuma legislação a respeito das implicações teológicas da controvérsia, a 180ª Assembleia Geral (1968) determinou que se fizesse um estudo teológico sobre a questão das línguas, a expulsão de demônios e o movimento neopentecostal como um todo.

O estudo encomendado pela Assembleia Geral foi o primeiro e talvez o mais completo conduzido por uma denominação histórica. A comissão era composta de pessoas versadas em teologia, psicologia, psiquiatria, ministério pastoral e eclesiologia. O relatório era tão bem fundamentado e abrangente que serviu de modelo para muitas outras denominações em estudos realizados nos anos posteriores. Mais uma vez, os presbiterianos foram pioneiros na renovação.

O relatório daqueles peritos em ciências comportamentais "não encontrou nenhuma evidência de patologia no movimento". A seção exegética do relatório, apesar da rejeição a uma experiência separada de batismo no Espírito Santo, admite o exercício dos dons espirituais na Igreja contemporânea, desde que eles não conduzam a desordem e divisão. Rejeitando a teoria da cessação dos *charismata*, o relatório declara: "Por essa razão, concluímos, com base nas Escrituras, que a prática da glossolalia não deve ser menosprezada nem proibida. Em contrapartida, não deve ser enfatizada nem considerada normativa para a experiência cristã".

Um conjunto de diretrizes foi proposto tanto para os carismáticos quanto para os "tradicionais", com vistas a manter a convivência pacífica entre as igrejas. Acima de tudo, o relatório era positivo nas seções exegética,

---

[52] George C. BRADFORD, entrevista concedida ao autor; carta de Robert Whitaker ao autor, 19 dez. 1985. Os registros desse caso podem ser encontrados no escritório dos Ministérios de Renovação Presbiterianos e Reformados, em Oklahoma City.

psicológica e pastoral. As diretrizes foram adotadas por esmagadora maioria e aceitas no conjunto pela 182ª Assembleia Geral da Igreja Presbiteriana Unida, em 1970, sendo estabelecida como a política oficial da denominação daí em diante.[53]

Apesar dessa vitória, alguns pastores presbiterianos depararam com barreiras jurídicas nas igrejas depois da década de 1970. Outro caso clássico é o de Earl W. Morey Jr., pastor da Igreja Presbiteriana St. Giles, de Richmond, na Virgínia, que foi investigado e exonerado de suas funções três vezes, antes de o presbitério de Hanover reconhecer seus direitos de exercitar os dons do Espírito nas reuniões de oração da igreja.

Expansão e desenvolvimento

Nenhuma das barreiras jurídicas, no entanto, foi capaz de impedir a obra do Espírito Santo nas igrejas presbiterianas dos Estados Unidos. Durante a década de 1970, o movimento de renovação varreu as igrejas com intensidade crescente. Na Primeira Igreja Presbiteriana de Hollywood, uma das maiores igrejas presbiterianas do mundo, há informações de que mais de 6 mil membros falaram em línguas. Outros líderes proeminentes da denominação, como Louis Evans, da Igreja Presbiteriana Nacional, de Washington, D.C., sua esposa Colleen Townsend Evans, e a falecida Catherine Marshall e seu marido Leonard LeSourd, eram ativos no movimento. A senhora LeSourd, viúva do capelão do Senado Peter Marshall, escreveu dois livros que contam sua experiência carismática: *Something More* [Algo mais] e *The Helper* [O Conselheiro]. Até a morte da autora, em 1983, eles haviam vendido mais de 8 milhões de exemplares.[54]

Uma importante adesão ao movimento ocorreu em 1965, ano em que J. Rodman Williams recebeu o batismo no Espírito Santo enquanto trabalhava como professor de teologia sistemática no Seminário Teológico

---

[53] Para conhecer o conteúdo desse relatório, v. Kilian McDonnell, *Presence, Power, Praise: Documents on the Charismatic Renewal*, p. 221-82. (O relatório de 1971 da Igreja Presbiteriana Unida dos Estados Unidos está reproduzido nas p. 287-317.)

[54] Cf. Catherine Marshall, *Something More* (New York: McGraw-Hill, 1974); Richard Quebedeaux, *The New Charismatics II*, p. 131, 133-4.

Presbiteriano de Austin, no Texas. Sendo já um teólogo conceituado entre os presbiterianos, William acrescentou à sua teologia um notável domínio das questões carismáticas. Nos anos seguintes, ele contribuiu de maneira significativa para o movimento com seus livros e seus ensinos em Melodyland e na Escola de Divindade da Universidade Regent. Um livro de Williams considerado dos mais influentes é *The Pentecostal Reality* [A realidade pentecostal]. O teólogo presbiteriano Charles Farah também contribuiu para o movimento de renovação num trabalho similar de ensino na Universidade Oral Roberts.[55]

Em 1974, a Comunhão Carismática de Ministérios Presbiterianos mudou o nome para Comunhão Carismática Presbiteriana. Essa mudança se fez necessária em razão do grande número de leigos que desejavam afiliar-se ao grupo. Outra mudança foi efetivada em 1984, quando o nome mudou outra vez, agora para Ministérios Internacionais de Renovação Presbiterianos e Reformados (sigla em inglês: PRRM).[56]

Por volta de 1985, a organização dos PRRM contava quase mil clérigos de cerca de 3 mil que haviam recebido o batismo no Espírito Santo. O total de membros contribuintes do grupo chega a 5 mil. Esse grupo relativamente pequeno representa os cerca de 250 mil carismáticos das igrejas presbiteriana e reformada dos Estados Unidos. Os PRRM publicam uma revista bimestral intitulada *Renewal News* [Notícias da renovação], que serve como canal de informação para conferências e principais acontecimentos entre os presbiterianos carismáticos.[57]

Estas são algumas das igrejas presbiterianas que foram renovadas no Espírito Santo: Igreja Presbiteriana Nova Aliança, de Pompano Beach, na Flórida (pastor George Callahan); Igreja Presbiteriana St. Giles, de Richmond, na Virgínia (pastor Louis Skidmore); Igreja Presbiteriana St. Giles, de Charlotte, na Carolina do Norte (pastor Percy Burns); Igreja Presbiteriana

---

[55] QUEBEDEAUX, *The New Charismatics II*, p. 133, 146-7, 161. Cf. J. Rodman WILLIAMS, *The Pentecostal Reality* (Plainfield: Logos International, 1972); *The Era of the Spirit* (Plainfield: Logos International, 1971).
[56] Presbyterian Charismatic Communion Changes Name to Presbyterian and Reformed Renewal Ministries International, *Renewal News*, mai.-jun. 1984, p. 1-3.
[57] George C. BRADFORD, entrevista concedida ao autor.

Esperança, de Portland, no Oregon (pastor Larry Trogen); Igreja Presbiteriana Betânia, de Seattle, Washington (pastor Dick Denham); Igreja Presbiteriana de Silverlake, de Los Angeles, na Califórnia (pastor Bob Whitaker); Igreja Presbiteriana da Trindade, de San Diego, na Califórnia (pastor Dick Adams); Igreja Comunidade de Nosso Senhor (sigla em inglês: RCA), de Oklahoma City (pastor Robert Wise); Igreja Presbiteriana de Heights Cumberland, em Albuquerque, Nova Jersey (pastor Larry Moss).[58]

O PROFESSOR J. RODMAN WILLIAMS E O ESPÍRITO SANTO

Quando chegou a quarta-feira, véspera do feriado de Ação de Graças — O DIA! —, eu me sentia muito bem, e voltei às cartas que estavam sobre a escrivaninha. Uma delas era de um pastor que descrevia sua experiência durante uma visita que fizera havia pouco tempo ao seminário, quando um estudante orou para que ele recebesse o dom do Espírito Santo. Na carta, o pastor contava que, mais tarde, começou a falar em línguas e a louvar a Deus de forma eloquente. À medida que eu lia e relia a carta, as palavras pareciam saltar da folha e, quando dei por mim, já estava inteiramente subjugado. Em seguida, caí de joelhos, quase chorando, esmurrando a cadeira — pedindo, buscando, batendo —, algo que nunca fizera antes. *Comecei a suplicar insistentemente pelo dom do Espírito Santo.* Então, levantei-me e implorei a Deus que rompesse as barreiras e me enchesse até transbordar — às vezes, num clamor quase desesperado para que todo o meu ser fosse tomado. Contudo, nada parecia surtir efeito. Com as mãos levantadas, comecei a orar a Deus Pai, Deus Filho e Deus Espírito Santo. Misturando às súplicas um versículo das Escrituras, comecei a clamar: "Bendiga o Senhor a minha alma! Bendiga o Senhor todo o meu ser!". Eu estava bendizendo a Deus com *todo* o meu ser — meu ser total: corpo, alma e espírito — e com *tudo* que havia em mim. Então, eu soube o que estava acontecendo: *estava sendo cheio do Espírito Santo.* Foi quando pela primeira vez desejei sinceramente falar em línguas, porque minha língua materna me parecia insuficiente para expressar a glória e o amor inexprimíveis de Deus. Assim, em vez de articular palavras racionais, comecei a emitir sons desconhecidos para mim e orei para que o Senhor pudesse entendê-los de alguma maneira. De repente, concluí que alguma coisa drástica estava acontecendo, e eu estava alheio a todo aquele discurso em palavras que jamais havia escutado.

Onda após onda, torrente após torrente, tudo veio sobre mim. A sensação era fantástica. Por alguns instantes, consegui controlar o fluxo das palavras — mas isso não durou muito tempo. Elas começaram a fluir num ritmo incontrolável.

---

[58] George C. BRADFORD, entrevista concedida ao autor.

> Eu podia interromper aquele transbordamento na hora que quisesse, mas enquanto falava eu não tinha absolutamente nenhum controle sobre a natureza da articulação dos sons. Minha língua, meu maxilar e minhas cordas vocais estavam totalmente dominados, mas não por mim. Lágrimas começaram a correr sobre minha face — alegria indizível, perplexidade maravilhosa. Mais e mais, eu escorregava para o chão, cedendo ao peso daquilo tudo, e de vez em quando gritava: "Não acredito! Não acredito!". Aquilo era diferente de tudo que eu conhecia.
>
> Finalmente, sentei-me na cadeira, mas ainda me sentia flutuando pelo influxo de um poder interior. Eu sabia que estava na terra, porém era como se houvesse uma interseção com o céu — e eu estava em ambos. Deus se mostrava tão real ali que eu mal conseguia mover um músculo: tratava-se de sua delicada, magnífica e inefável presença.
>
> De repente, tornou-se claro para mim algo que ainda não havia percebido nas Escrituras. Rapidamente, abri a Bíblia em Atos 2. É óbvio que eu já havia lido a história do Pentecoste muitas vezes, mas aquela leitura foi completamente diferente. *Eu tinha a sensação de que estava lá*. Enquanto lia a passagem com os olhos e com a mente, comecei a fazê-lo também em voz alta. Eu sabia que podia tanto falar quanto ler em línguas. Fiz isso versículo após versículo. Li a narrativa sobre o derramamento do Espírito Santo, o falar em línguas e o que de imediato se seguiu — tudo isso acompanhado por uma língua que eu mesmo falava! No momento em que cheguei ao versículo: "Exaltado à direita de Deus, ele [Cristo] recebeu do Pai o Espírito Santo prometido e derramou o que vocês agora veem e ouvem" (v. 33), estava tão envolvido que a única coisa que pude fazer foi ficar de pé e cantar sem parar: "Deus seja louvado! Deus seja louvado!".
>
> Tudo isso durou cerca de uma hora. Então, senti-me estranhamente impelido pelo Espírito Santo a caminhar pela casa, cômodo por cômodo, fazendo em cada aposento uma oração em línguas. Eu não sabia ao certo por que estava fazendo aquilo, mas era como se o Espírito Santo estivesse abençoando cada espaço, cada canto. Na verdade, ele estava preparando um santuário para sua presença e sua ação, o que mais tarde minha casa se tornou.
>
> J. RODMAN WILLIAMS
THEOLOGICAL PILGRIMAGE [PEREGRINAÇÃO TEOLÓGICA]

Além dessas congregações nos Estados Unidos, igrejas presbiterianas carismáticas floresceram nos campos missionários em todo o mundo. Avivamentos poderosos ocorreram no Brasil, na Coreia, na Nova Zelândia, no Quênia, em Uganda, na Guatemala, na Nicarágua e em Taiwan.

Assim como os presbiterianos sempre estiveram um passo à frente no movimento de renovação no passado, pode-se presumir que continuarão a exercer o papel de líderes em futuros movimentos de renovação nas igrejas. Com a aposentadoria de Brick Bradford, em 31 de dezembro de 1989, Bradford Long, ex-missionário em Taiwan, tornou-se o líder do movimento. A história mostra que os presbiterianos foram de fato os pioneiros do movimento de renovação, fato que merece o reconhecimento dos cristãos de todas as denominações.

Tendo começado com uns poucos pioneiros neopentecostais, como David Bennett, Brick Bradford e Larry Christenson, a renovação carismática tornou-se a maior força religiosa entre as denominações históricas nos meados da década de 1970. A primeira onda invadiu as igrejas que pareciam ser as menos suscetíveis à influência do pentecostalismo. Os episcopais, os presbiterianos e os luteranos representavam um respeitável núcleo do protestantismo norte-americano.

Líderes eclesiásticos de excelente formação, como Bennett, Bradford e Christenson, falaram em línguas, denominavam a si mesmos "pentecostais" e, com seu trabalho nas igrejas, derrubaram todos os estereótipos que durante décadas dominaram a vida religiosa nos Estados Unidos.

De alguma forma, esses homens e os movimentos por eles liderados conferiram uma aura de respeitabilidade a um movimento que muitos cristãos sinceros menosprezavam por considerarem uma bizarra mutação da fé cristã. Depois de sofrer por causa de seu testemunho pentecostal, esses líderes sobreviveram aos ataques e conseguiram incorporar o avivamento à vida da igreja.

Eles se constituíram modelos para uma multidão de pastores e igrejas que ansiavam por um avivamento, mas não estavam seguros sobre tomar a trilha carismática. Agora que a ponte já havia sido cruzada, milhares de carismáticos seguiram seus passos, avançando no que é conhecido como renovação carismática. Graças aos esforços desses pioneiros, quase todas as denominações dos Estados Unidos e do mundo experimentaram o avivamento pentecostal.

Leituras recomendadas

A fonte mais acessível de consulta para o tema deste capítulo foi organizada por Stanley M. Burgess e Eduard van der Maas: *New International*

Dictionary of Pentecostal and Charismatic Movements [Novo dicionário dos movimentos pentecostal e carismático] (Grand Rapids: Zondervan, 2001). Uma obra de cunho mais popular é *In the Latter Days: The Outpouring of the Holy Spirit in the Twentieth Century* [Nos últimos dias: o derramamento do Espírito Santo no século XX] (Ann Arbor: Servant Publications, 1991), de Vinson Synan. Richard Quebedeaux apresenta um excelente relato da expansão do movimento carismático no livro *The New Charismatics II* [Os novos carismáticos II] (San Francisco: Harper & Row, 1983). A reação das denominações históricas é descrita em detalhes por Kilian McDonnell em *Charismatic Renewal and the Churches* [O movimento carismático e as igrejas] (New York: Seabury Press, 1976).

Uma boa fonte de consulta a respeito da expansão do movimento entre os episcopais e anglicanos é *As At the Beginning: The Twentieth Century Pentecostal Revival* [Como no princípio: o avivamento pentecostal do século XX] (London: Hodder and Stoughton, 1965), de Michael Harper. A história do avivamento luterano é descrita por Larry Christenson em *The Charismatic Renewal Among Lutherans* [A renovação carismática entre os luteranos] (Minneapolis: International Lutheran Renewal Center, 1975). Veja também *Bold in the Spirit: Lutheran Charismatic Renewal in America Today* [Valente no Espírito: a renovação carismática luterana na América hoje] (Minneapolis: Augsburg Publishing House, 1974), de Erling Jorstad.

A história e a teologia do movimento de renovação presbiteriano foram registradas por J. Rodman Williams em *The Pentecostal Reality* [A realidade pentecostal] (Plainfield: Logos International, 1972) e em *The Era of the Spirit* [A era do Espírito Santo] (Plainfield: Logos International, 1971). A obra em três volumes de Williams, *Renewal Theology* [Teologia renovada] (Grand Rapids: Zondervan, 1988, 1990, 1992), é a teologia sistemática mais abrangente produzida até agora pelo movimento de renovação carismática.

Entre as fontes mais importantes do pentecostalismo reformado, podemos citar, de Brick Bradford, *Releasing the Power of the Holy Spirit* [Liberando o poder do Espírito Santo] (Oklahoma City: Presbyterian Charismatic Communion, 1983) e o relatório da Igreja Presbiteriana Unida, publicado com o título *The Work of the Holy Spirit* [A obra do Espírito Santo] (1970).

Henry I. Lederle elaborou uma taxonomia de pontos de vista sobre o Espírito Santo, na qual explora caminhos para integrar os ensinos pentecostais a uma estrutura ampla e ecumênica: *Treasures Old and New: Interpretations of Spirit-Baptism in the Charismatic Renewal Movement* [Tesouros novos e velhos: interpretações acerca do batismo no Espírito Santo no movimento de renovação carismática] (Peabody: Hendrickson, 1988).

8

Os "carismáticos": o movimento de renovação nas principais denominações protestantes

Vinson Synan

Um dos fatos surpreendentes da renovação foi que ele chegou às igrejas protestantes tradicionais e sacramentais antes de eclodir nas denominações fundamentalistas e evangelicais. Começando entre os episcopais, em 1960, o movimento não tardou a irromper entre os presbiterianos, luteranos e, o mais surpreendente, entre os católicos romanos. Algumas das igrejas protestantes mais tradicionais haviam tido conflitos com os pentecostais no início do século, por isso armaram também suas defesas contra os neopentecostais quando o movimento começou a tomar corpo depois de 1970.

No entanto, era impossível conter a maré carismática que estava varrendo as igrejas em todo o mundo. No geral, a resistência nas igrejas mais tradicionais era maior que nas "liberais". Mesmo assim, no final das contas, o movimento carismático fez enormes progressos em todas as igrejas no decorrer da década de 1970, tanto que uma pesquisa do Instituto Gallup, em 1979, indicou que 20% dos membros de praticamente todas as igrejas se identificavam como crentes "pentecostais" ou "carismáticos". Isso representava um total de 30 milhões de adultos nos Estados Unidos.

À medida que o movimento crescia nas principais igrejas, diversas organizações foram criadas para servir e comandar a renovação num ambiente de várias tradições. Em meados da década de 1970, milhares de pastores e igrejas protestantes estavam profundamente envolvidos na renovação. No final daquela década, havia muitas conexões ecumênicas estabelecidas entre os líderes de vários movimentos de renovação, principalmente nos Estados Unidos e na Europa.

Além disso, os novos grupos preferiram o nome "carismático" à antiga designação "neopentecostal". Isso traçou uma nítida linha divisória entre os movimentos de renovação e o movimento pentecostal, que era mantido a distância pelos braços longos da liderança dessas denominações. Por volta de 1980, "renovação carismática" tornou-se a expressão comum para descrever a nova onda de avivamento do Espírito Santo. Em reconhecimento a seu papel pioneiro na renovação espiritual, os pentecostais históricos passaram a ser denominados "pentecostais clássicos".

Os carismáticos estavam determinados a permanecer cada um em sua igreja de origem, a fim de levar o avivamento e a renovação para o meio de seu povo. Às vezes, deparavam com a oposição dos líderes, que se mostravam desconfiados em relação ao fenômeno pentecostal em suas igrejas. No entanto, a maioria das denominações assumiu a atitude de "esperar para ver", permitindo assim que várias organizações carismáticas brotassem em seu meio. Talvez essa condescendência se devesse ao fato de muitos carismáticos serem obreiros voluntários e dizimistas fiéis nas igrejas locais.

Este capítulo apresenta a história dos principais movimentos de renovação carismática nas principais denominações protestantes na década de 1970.

A renovação metodista

De muitas maneiras, a Igreja Metodista é a mãe de centenas de denominações *holiness* e pentecostais surgidas no século XIX. Implantado no século XVIII, na Inglaterra, por John Wesley e seus seguidores, o metodismo cresceu como um movimento de renovação na Igreja da Inglaterra, da qual Wesley era ministro. Embora Wesley permanecesse anglicano até sua morte, as Sociedades Metodistas, contra sua vontade, tornaram-se denominações separadas.

O nome "metodista" foi dado em tom jocoso a Wesley e seus amigos do Clube Santo, na Universidade de Oxford, na década de 1720. Por serem metódicos na oração, na confissão e na comunhão frequente, o grupo de universitários se propunha a cumprir a prescrição de Hebreus 12.14: "Esforcem-se para viver em paz com todos e para serem santos; sem santidade ninguém verá o Senhor".[1]

Em sua busca pela santidade, Wesley desenvolveu a teologia da segunda bênção da santificação plena, que podia ser recebida após a conversão. Embora ensinasse que a santificação era um processo, Wesley também admitia a possibilidade de uma experiência instantânea, similar à de alguns notáveis místicos católicos e anglicanos.

Desse modo, a ideia da subsequência, isto é, a experiência da "segunda bênção", posterior à conversão, era um preceito básico do movimento de santidade e também do movimento pentecostal. Seguindo a doutrina de Wesley, a maioria das igrejas *holiness*, como a Igreja do Nazareno, ressaltava o aspecto ético da experiência de purificação, enquanto os pentecostais, seguidores do colega de Wesley, John Fletcher, enfatizavam o batismo no Espírito Santo acompanhado da manifestação dos dons espirituais.[2]

Principais igrejas metodistas

Quando Francis Asbury organizou a igreja metodista norte-americana em Baltimore, em 1784, leu a ordem de Wesley para a conferência: "Cremos que o desígnio de Deus de suscitar pregadores denominados 'metodistas' nos Estados Unidos tem o propósito de reformar o continente e espalhar a santidade bíblica sobre estas terras". Os metodistas do século XIX levaram Wesley a sério. Espalharam a santidade bíblica pelos Estados Unidos por

---

[1] Uma antiga biografia-padrão de Wesley é Robert SOUTHEY, *The Life of John Wesley* (London: Longmans Hurst and Company, 1820), 2 v. Uma edição recente de seu diário, cartas e sermões é Thomas JACKSON (Org.), *The Works of John Wesley* (Grand Rapids: Zondervan, 1959), 14 v.

[2] Cf. John Leland PETERS, *Christian Perfection and American Methodism* (New York: Abingdon, 1956), p. 19-20; Vinson SYNAN, *The Holiness-Pentecostal Tradition: Charismatic Movements in the Twentieth Century* (Grand Rapids: Eerdmans, 1997), p. 1-21.

meio dos pregadores "cavaleiros de circuito" e dos acampamentos, que se tornaram uma especialidade metodista nas partes mais remotas do país.[3]

Os metodistas da fronteira também ficaram famosos por sua adoração expressiva e pelas manifestações que muitas vezes acompanhavam seus avivamentos. Exercícios como "tremores", "atrapalhar o diabo", "cair no poder", "dança do Espírito" e "riso santo" não eram incomuns em seus cultos. Essas manifestações eram jocosamente chamadas "espasmos metodistas". Para o fiéis, no entanto, eram sinais da presença e do poder de Deus. Se alguém "caía no poder" enquanto um metodista estava ministrando, essa manifestação era considerada um sinal claro de que o pregador fora mesmo chamado por Deus para ser bispo.

Durante aqueles anos, o número de metodistas crescia com rapidez nos Estados Unidos. Eles se espalhavam de costa a costa, de um extremo do país a outro. Ao final da Guerra de Secessão, constituíam a maior família denominacional dos Estados Unidos.

À medida que a igreja crescia em número, riqueza e influência, tornou-se cada vez mais difícil manter vivo o ensino da "segunda bênção" entre ministros e leigos. Por volta de 1839, um movimento que tinha por objetivo soprar nova vida sobre a igreja e renovar a experiência da santificação foi iniciado por Phoebe e Walter Palmer, na cidade de Nova York. Trabalhando com Timothy Merritt e seu *Guide to Holiness* [Guia para a santidade], publicado em Boston, os Palmers moldaram com seus ensinos uma terminologia de altar — qualquer cristão poderia ser instantaneamente santificado se colocasse "tudo sobre o altar".[4]

Outro movimento de renovação foi implantado após a Guerra de Secessão por dois pastores metodistas de Nova York, John e Alfred Cookman, por sugestão de uma leiga da Pensilvânia, Harriet Drake. Graças aos esforços de ambos, foi implantada em Vineland, Nova Jersey, a Associação Holiness Nacional, em 1867. Em pouco tempo, essa despretensiosa instituição transformou-se numa cruzada *holiness* nacional que reunia imensas

---

[3] A história definitiva do metodismo nos Estados Unidos pode ser apreciada em Emory Stevens BUCKE et al., *History of American Methodism* (Nashville: Abingdon, 1964), 3 v.

[4] Timothy SMITH, *Revivalism and Social Reform* (New York: Abingdon, 1957), p. 123.

multidões nos lugares dos antigos acampamentos metodistas para orar pelo retorno aos velhos tempos de poder espiritual. Embora a proposta fosse ecumênica, eram os líderes e leigos metodistas que estavam no comando.[5]

À medida que o movimento se espalhava, surgiram duas tendências. A primeira era caracterizada por extremo legalismo, que causou uma divisão entre os metodistas moderados e os mestres *holiness* mais radicais. A outra tendência se evidenciava por considerar a "segunda bênção" um batismo no Espírito Santo que revestia o crente de poder para realizar a obra de Deus. Assim, a Igreja Metodista, surgida de um movimento de renovação dentro do anglicanismo, viu-se envolvida numa obra de avivamento entre as próprias fileiras, um empreendimento semelhante ao promovido por Wesley um século antes.[6]

Ao chegar ao século XX, todavia, as principais igrejas metodistas dos Estados Unidos rejeitavam o avivamento *holiness*, bem como as primeiras manifestações espirituais que costumavam acompanhar os pregadores dessa tradição. A tendência nessas igrejas era enfatizar a educação e a ação social. Por causa disso, na virada do século muitas denominações *holiness* e pentecostais haviam tomado rumos diferentes, em busca da vida espiritual mais profunda que sentiam ter sido negligenciada pelas principais igrejas metodistas.

Tommy Tyson e os metodistas carismáticos

A história de Tommy Tyson é a de um evangelista e pastor metodista que voltou às suas raízes espirituais a fim de resgatar o poder do Espírito Santo e trazê-lo para sua igreja. Oriundo de uma família de pregadores metodistas da Carolina do Norte, Tyson pastoreou diversas igrejas naquele Estado, quando começou a sentir a necessidade de uma obra mais profunda de

---

[5] Delbert ROSE, *A Theology of Christian Experience* (Minneapolis: Bethany Fellowship, Inc., 1965), p. 23-78; Charles Edwin JONES, *Perfectionist Persuasion* (Metuchen: Scarecrow Press, 1974), p. 16-21.
[6] Donald DAYTON, From Christian Perfection to the Baptism of the Holy Spirit, in: Vinson SYNAN, *Aspects of Pentecostal-Charismatic Origins* (Plainfield: Logos International, 1975), p. 39-54. Esse tema é tratado num importante livro: Donald DAYTON, *Theological Roots of Pentecostalism* (Grand Rapids: Francis Asbury Press, 1987).

Deus em sua vida e em seu ministério. Em 1952, enquanto pastoreava a Igreja Metodista Betânia, em Durham, na Carolina do Norte, recebeu o batismo no Espírito Santo e falou em línguas.[7]

Assim que Tyson relatou a experiência aos membros de sua igreja, eles passaram a evitá-lo. Por isso, ele cogitou abandonar o ministério para trabalhar como leigo. Procurou seu bispo, Paul Garber, e explicou: "Se o que está causando essa reação é algo que já existe em mim, não sei o que acontecerá se Deus realmente resolver me usar". Então, acrescentou: "Já estou de malas prontas".

A réplica do bispo foi um alívio muito bem-vindo e um convite escancarado para que Tyson desse início a um ministério carismático na Igreja Metodista. "Pois pode voltar e desfazer as malas. Você não vai a lugar nenhum. Nós precisamos de você e o queremos, mas você precisa de nós também", disse-lhe o bispo.

Dois anos depois, em 1954, Tyson recebeu a designação de evangelista autorizado e iniciou um ministério mundial de ensino e pregação responsável por conduzir milhares de ministros e leigos à experiência pentecostal. Embora seu ministério exercesse especial influência nos círculos metodistas, suas pregações eram muito bem recebidas por carismáticos católicos e episcopais.

Por meio de seu ministério nos Campos Distantes (sigla em inglês: CFO), ele levou o movimento carismático a milhares de outros cristãos. Nos meados da década de 1960, tornou-se amigo de Oral Roberts e foi o primeiro a trabalhar como diretor de vida religiosa no *campus* da Universidade Oral Roberts. A amizade dos dois conferiu maior receptividade ao movimento carismático nas igrejas.

Outros líderes metodistas chegaram depois de Tyson à Universidade Oral Roberts com a missão de trazer o seminário à existência. Uma liderança influente na formação do seminário foi Jimmy Buskirk, recrutado da Universidade Emory para assumir o cargo de deão fundador da escola de teologia. Trabalhando em parceria com Buskirk, estava o bispo Mack

---

[7] V. Interview with Tommy Tyson, Evangelist, *Your Church*, nov.-dez. 1973, p. 10-28.

Stokes, que com seu apoio e sua presença ajudou a instituição a ganhar credibilidade tanto no mundo acadêmico quanto na Igreja Metodista Unida. Outra "coluna" metodista da Universidade Oral Roberts foi o trabalho de Bob Stamps e Robert Tuttle, carismáticos conhecidos no mundo inteiro.[8]

Os carismáticos metodistas "adotados"

Talvez a figura mais notável entre os carismáticos metodistas seja Oral Roberts, um membro "adotado" da igreja. Nascido num lar de pregadores pentecostais de tradição *holiness*, em Oklahoma, Roberts tornou-se mundialmente conhecido na década de 1950 com sua tenda de cruzadas de cura divina. Na época, seu ministério foi alvo de muitas controvérsias dentro da própria comunidade pentecostal da qual fazia parte, porém Roberts conquistou o respeito entre as igrejas mais tradicionais por causa de seu trabalho na televisão.[9]

Em 1965, quando ele iniciou sua universidade, em Tulsa, Oklahoma, o movimento carismático estava em pleno desenvolvimento nas denominações históricas. Na época, os metodistas eram a principal fonte de apoio financeiro para seu ministério. Em razão de sua amizade com Finis Crutchfield, pastor da Igreja Metodista da Avenida Boston, em Tulsa, e de Angie Smith, bispo de Oklahoma, Roberts afiliou-se à Igreja Metodista Unida em 1968. Ele foi aceito como pregador local, desde que se comprometesse a continuar pregando a mesma mensagem que proclamava como pentecostal. Depois disso, a Universidade Oral Roberts tornou-se o maior centro de treinamento de pregadores metodistas.

Outro líder carismático "adotado" pela Igreja Metodista foi Ross Whetstone, que era oficial do Exército de Salvação. Whetstone recebeu o batismo no Espírito Santo em 1937, quando tinha 18 anos de idade. No ano seguinte, juntou-se ao Exército de Salvação, e foi promovido a oficial

---

[8] Para conhecer a história da Universidade Oral Roberts, v. David Edwin HARRELL JR., *Oral Roberts: An American Life* (Bloomington: Indiana University Press, 1985), p. 207-52.
[9] David Edwin HARRELL JR., *Oral Roberts: An American Life*, p. 287-311.

em 1939. Em 1950, ele transferiu sua ordenação para a Conferência Central de Nova York da Igreja Metodista.[10]

Depois de pastorear diversas igrejas metodistas, Whetstone foi convocado para formar líderes entre as testemunhas leigas do movimento, assumindo o cargo de executivo da Junta de Evangelismo da denominação. Na década de 1970, Whetstone era um respeitado conferencista entre os carismáticos e galgava postos cada vez mais elevados na supervisão do movimento na igreja. No decorrer dos anos, centenas de outros ministros *holiness* e pentecostais se transferiram para a Igreja Metodista e ali, no cumprimento de suas responsabilidades, desenvolveram importantes ministérios centrados no Espírito Santo. A exemplo de Roberts e Whetstone, eles exerceram grande influência no âmbito da denominação.

Comunhão da renovação dos metodistas unidos

Embora milhares de metodistas tivessem sido conduzidos à experiência pentecostal por líderes como Tyson, nenhuma organização metodista carismática foi criada até 1977, quando Whetstone e outros líderes reuniram várias denominações na Conferência Carismática de Kansas City. Nessa cidade, a delegação metodista criou a Comunhão de Serviços da Renovação dos Metodistas Unidos (sigla em inglês: UMRSF), para servir como ponto de reunião dos metodistas carismáticos.

Em 1980, a UMRSF abriu escritórios na sede nacional da Igreja Metodista Unida de Nashville, no Tennessee. Em vez de ser considerado um grupo instalado na igreja para pressioná-la, a UMRSF foi oficialmente reconhecida pela Junta de Discipulado e recebeu o apoio total da igreja. Um claro sinal de sua aceitação é o fato de a Junta de Discipulado designar o grupo como representante dos interesses da Igreja Metodista Unida nos congressos de Nova Orleans sobre Espírito Santo e evangelização mundial, realizados em 1986 e 1987.[11]

---

[10] Ross WHETSTONE, entrevista concedida ao autor, Oklahoma City, 25 set. 1986.
[11] Where Have We Been and Where Are We Going?, *Manna Ministries (UMRSF), Notes,* jun. 1985, p. 1-2.

A UMRSF patrocinou muitas conferências e seminários nos Estados Unidos em seus esforços para levar a igreja à renovação. A maior reunião anual são as Conferências de Aldersgate sobre o Espírito Santo, que reúnem entre 2 mil e 3 mil participantes todos os anos. O grupo também publica um boletim intitulado *Manna* [Maná], a fim de manter informados os membros e amigos do movimento de renovação carismática metodista.

A teologia do movimento carismático metodista é semelhante à de outros movimentos carismáticos nas denominações históricas. Embora não enfatize o ensino acerca da "segunda bênção" da santificação instantânea, da tradição *holiness*, nem a doutrina da evidência inicial dos pentecostais clássicos, os metodistas carismáticos veem o batismo no Espírito Santo como a efetivação do Espírito Santo e seus dons recebidos na conversão. Enfatizam, todavia, a atualidade da manifestação de todos os dons do Espírito sobre a vida do crente e da igreja.

A despeito de o movimento pentecostal ter suas raízes no metodismo, a igreja metodista norte-americana demorou a emitir um relatório sobre o movimento carismático. Quando o fez, em 1976, o documento destacava o ensino consolidado de Wesley sobre o aspecto progressivo da santificação e declarava que os metodistas carismáticos, que haviam abraçado a teologia pentecostal clássica, "não eram mais metodistas, pelo menos no sentido wesleyano".[12]

A Igreja Metodista foi palco de muitos cismas, resultando na formação de novos grupos em seu meio. Entre as perdas registradas no passado, figuram várias igrejas *holiness* com raízes metodistas, como a Igreja do Nazareno, a Igreja Metodista Livre, a Igreja Wesleyana e o Exército de Salvação. Muitos desses grupos adotaram declarações doutrinárias e estruturas eclesiásticas praticamente idênticas às dos metodistas clássicos.

Os metodistas também deram grande contribuição para a formação das denominações pentecostais clássicas. Os fundamentos teológicos do pentecostalismo foram lançados por ex-metodistas, como Charles Parham, William J. Seymour e J. H. King. A teologia básica de quase todos os

---

[12] Kilian MCDONNELL, *Presence, Power, Praise: Documents on the Charismatic Renewal* (Collegeville/New York: Paulist Press, 1980), p. 270-90,

grupos pentecostais do mundo professa o perfeccionismo arminiano da Igreja Metodista, com acréscimo de alguns elementos carismáticos e dispensacionais.

Talvez o mais notável conflito da história dos metodistas carismáticos tenha sido o cisma que ocorreu no Chile, em 1909, e resultou no surgimento da Igreja Metodista Pentecostal do Chile. Liderado por Willis Hoover, missionário norte-americano, um avivamento pentecostal eclodiu nas igrejas metodistas de Valparaíso e Santiago, em que os membros falavam em línguas, profetizavam e "dançavam no Espírito". Pouco tempo depois, 37 pentecostais foram julgados num tribunal eclesiástico, acusados de serem "irracionais e antimetodistas". Na época, havia 6 mil metodistas no Chile. Os pentecostais organizaram a Igreja Metodista Pentecostal no final daquele mesmo ano.

Hoje, com os carismáticos aceitos na denominação, é possível para 1,7 milhão de norte-americanos metodistas que se identificam com o movimento carismático permanecer na igreja e desenvolver ali um significativo ministério de renovação. Também se pode notar uma crescente tendência entre os líderes metodistas de iniciar conversações com os "filhos" dos metodistas, os quais se têm multiplicado com muito mais rapidez que os membros da igreja-mãe.

O movimento carismático metodista hoje

Por todos os Estados Unidos e outros países, há muitas congregações metodistas envolvidas com a renovação carismática. Na maioria dos casos, elas têm o apoio e a cooperação de seus bispos, embora em algumas regiões os pastores carismáticos encontrem certa resistência por parte de seus superiores.

Por volta de 2000, a Igreja Metodista Unida mobilizou-se para integrar a renovação às estruturas da igreja. Largas vias de comunicação foram abertas com a designação de coordenadores carismáticos para as cinco jurisdições dos Estados Unidos. Outros consultores e coordenadores também elaboraram planos para estabelecer com esses líderes jurisdicionais uma parceria a fim de explicar o movimento aos bispos e incorporar a dinâmica da renovação à vida da igreja.[13]

Na década de 1990, os metodistas carismáticos elegeram o leigo Gary Moore líder do movimento. Por meio das conferências anuais de Aldersgate, Moore dirige os milhares de metodistas carismáticos do país de base mais retirada, em Goodlettsville, no Tennessee, cidade que fica nos arredores de Nashville.

A renovação batista

John Osteen

Em 1958, John Osteen era um típico pastor batista do Sul que enfrentava um sério problema na família. Sua filha, que nascera com paralisia cerebral, fora desenganada pelos médicos. Em desespero, o pai, pastor da Igreja Batista Memorial Hibbard, em Houston, no Texas, começou a estudar as promessas de cura divina na Bíblia. Tendo o interesse despertado pelos milagres registrados no Novo Testamento, Osteen orou pela filha e, para seu espanto e também alegria, a menina foi imediatamente curada.

Logo depois desse fato, Osteen foi procurar os pentecostais da região de Houston. J. R. Godwin, pastor da Primeira Assembleia de Deus de Houston, dispôs-se a ajudá-lo e explicou-lhe o que era o batismo no Espírito Santo. Em pouco tempo, Osteen teve uma poderosa experiência pentecostal "com uma torrente de línguas".

Alguns meses depois, a Igreja Batista Memorial Hibbard levou-o a julgamento pela acusação de "heresia". Durante o tempo do julgamento, dois diáconos que faziam oposição a ele também falaram em línguas e "mudaram de lado". Quando o julgamento chegou ao fim, 82% dos membros da congregação votaram a favor de Osteen. Embora ele estivesse livre para continuar como pastor da igreja, seus oponentes não lhe davam trégua. Finalmente, em 1961, ele e uma centena de seus partidários transferiram seus cultos para um armazém e ali organizaram a Igreja Batista de Lakewood.

---

[13] Ross WHETSTONE, entrevista e carta enviada ao autor.

Após dois anos nesse novo local, Osteen ouviu a voz do Senhor falando com ele e ordenando: "Eleva tua voz como um arcanjo e profetiza ao meu povo no vale de ossos secos". Essa ordem deu impulso a vários anos de cruzadas evangelísticas em diversos lugares do mundo, com "resultados maravilhosos". Em 1969, ele foi reconduzido à igreja de Lakewood para reassumir seu pastorado. Mais uma vez, começava a trabalhar com uma centena de pessoas. Por volta de 1990, a igreja alcançava mais de 5 mil famílias e construiu um santuário para 8 mil pessoas sentadas, onde Osteen ministrava para um número superior a 15 mil pessoas semanalmente.[14]

Em muitos aspectos, a história de Osteen se confunde com a história da renovação carismática entre os batistas. Ele foi um dentre as centenas de pastores que foram renovados no Espírito Santo durante o século XX e sofreram rejeição, nos mais variados graus, no âmbito da Igreja Batista.

O ponto de vista dos batistas acerca dos dons espirituais

Os sinais e maravilhas e os dons do Espírito estão ausentes nas modernas declarações doutrinárias batistas. Algumas declarações dos primeiros batistas, no entanto, parecem indicar uma abertura às manifestações do Espírito. Vindos da Inglaterra, os primeiros batistas norte-americanos receberam a tradição da imposição de mãos no ato do batismo em água "para o recebimento do Espírito Santo da promessa ou para a graça adicional do Espírito", uma vez que "todo o evangelho era confirmado, nos primeiros tempos, por sinais e maravilhas e diversos milagres e dons do Espírito Santo em geral". O historiador batista Edward T. Hiscox menciona os registros de uma associação da Filadélfia onde há indicações de que diversos dons do Espírito estavam em operação nas igrejas daquela região por volta de 1743.[15]

Com o passar dos anos, no entanto, a prática da imposição de mãos caiu em desuso nas igrejas. Embora pareça haver evidências de atividades carismáticas entre os primeiros batistas dos Estados Unidos, na época a

---

[14] John OSTEEN, entrevista concedida ao autor, Tulsa, 24 jun. 1986.
[15] *The New Directory for Baptist Churches* (Philadelphia: Judson Press, 1984), p. 354-63, 536-7.

vasta maioria dos pastores e mestres da denominação adotava o ponto de vista da "cessação dos *charismata*", e essa era a situação na maioria das igrejas. Pouco antes do início do século XX, o argumento mais comum ouvido nas igrejas batistas dava conta de que os sinais e maravilhas mencionados na Bíblia eram válidos apenas para a era apostólica.

A despeito dessa tendência, muitos batistas proeminentes do século XIX declaravam sua expectativa de uma restauração dos sinais e maravilhas dos tempos apostólicos na igreja. Líderes renomados, como C. H. Spurgeon, em Londres, e A. J. Gordon, em Boston, faziam menção em suas pregações de um derramamento do Espírito Santo ainda naqueles dias, o qual operaria mudanças radicais nas igrejas de todo o mundo. De fato, Gordon, destacado pastor e professor batista da virada do século, é considerado por muitos um precursor do moderno pentecostalismo, em razão de seus ensinos incisivos acerca do "batismo no Espírito Santo" subsequente à conversão e da realidade da cura divina como resposta à oração.

Esses homens foram exceção à regra, todavia. Oriundos da tradição calvinista, os batistas foram pouco afetados pelos movimentos perfeccionista e carismático, os quais, em sua maioria, têm suas raízes na tradição arminiana-wesleyana. Apesar disso, no século XX as igrejas pentecostais dos Estados Unidos provavelmente conquistaram mais convertidos dentre os batistas que no meio de qualquer outro grupo protestante.

Os primeiros batistas pentecostais

Embora Osteen tenha sido um dos primeiros neopentecostais, de modo algum foi o primeiro batista na América do Norte a ser contado entre os pentecostais. Essa distinção cabe a um grupo da Igreja Batista do Livre-Arbítrio da Carolina do Norte e da Carolina do Sul, que havia recebido o "batismo" e falado em línguas após o avivamento da Rua Azusa, ocorrido em 1906. Depois de ouvir, em Dunn, em 1907, a mensagem pentecostal dos lábios de Gaston Cashwell, peregrino da Rua Azusa, muitos pastores e membros da Igreja Batista do Livre-Arbítrio falaram em línguas e levaram a renovação carismática para suas congregações. Esses primeiros batistas pentecostais sofreram rejeição por parte de muitos de seus irmãos nas associações batistas locais. Como resultado, organizaram em 1908 a Igreja

Batista Pentecostal do Livre-Arbítrio, que hoje conta cerca de 150 igrejas e 13 mil membros nos Estados do Atlântico Central.[16]

Depois da virada do século, com o passar dos anos, um grande número de ex-batistas passou a figurar na formação de denominações pentecostais. Entre eles, podemos citar C. H. Mason, fundador da Igreja de Deus em Cristo, e E. N. Bell, primeiro superintendente geral das Assembleias de Deus. Esses pioneiros, em sua maioria, foram expulsos de suas igrejas depois que testemunharam a experiência pentecostal.

Evangelistas batistas independentes também se destacaram na década de 1950, no auge do movimento das cruzadas de cura e libertação. Entre os que haviam sido ordenados pela Igreja Batista, podemos mencionar William Branham e Tommy Hicks. Esses homens realizaram algumas das maiores cruzadas de cura divina de que se tem notícia. Em 1955, Hicks pregou para mais de 200 mil pessoas por noite na Argentina, até então a maior frequência a uma cruzada evangelística na história cristã. Embora oficialmente fossem batistas, os dois ministros atuavam unicamente nos domínios pentecostais.[17]

Com o advento do movimento neopentecostal na década de 1960, muitos pastores e leigos da Igreja Batista receberam o batismo no Espírito Santo e tentaram permanecer na denominação. A rejeição à experiência de John Osteen era típica daquela década, e em muitos redutos batistas a situação não mudou.

Entre os primeiros neopentecostais que sofreram rejeição, podemos citar: o conhecido escritor Jamie Buckingham, de Melbourne, Flórida; Howard Conatser, de Dallas, Texas; Ken Sumrall, de Pensacola, Flórida; e Charles Simpson, de Mobile, Alabama. Todos eram batistas do Sul que haviam encontrado oposição externa da parte de seus colegas pastores, não obstante o sólido apoio de suas respectivas congregações.

---

[16] Vinson SYNAN, *The Holiness-Pentecostal Tradition: Charismatic Movements in the Twentieth Century*, p. 114-23.
[17] But What About Hicks?, *Christian Century*, 7 jul. 1954, p. 814-5; Vinson SYNAN, *In the Latter Days* (Altamonte Springs: Creation House, 1991), p. 25.

O caso de Conatser tornou-se mundialmente conhecido quando sua Igreja Batista de Beverly Hills, em Dallas, foi rejeitada pela Associação Batista de Dallas e pela convenção estadual. Apesar disso, Beverly Hills continuou a reivindicar sua filiação à Convenção Batista do Sul, enquanto tentava de todas as maneiras permanecer leal à denominação.

Superando toda oposição, a congregação de Beverly Hills cresceu e chegou a mais de 4 mil membros nos meados da década de 1970. Em razão desse explosivo crescimento, a igreja se viu forçada a realizar seus cultos num grande centro de entretenimento, conhecido como Bronco Bowl, de modo que as multidões pudessem ser acomodadas. Um dos opositores de Conatser na época era W. A. Criswell, pastor da maior igreja batista do país, a Primeira Igreja Batista de Dallas. No auge da controvérsia, a própria filha de Criswell recebeu o batismo pentecostal e falou em línguas.[18]

O caso de Beverly Hills nunca foi resolvido; no entanto, depois da morte de Conatser, em 1978, a congregação deixou a Convenção Batista do Sul e se tornou uma igreja independente. Esse também foi o destino das igrejas pastoreadas por Simpson, Buckingham e Sumrall.

O movimento de renovação enfrentou menos oposição nas Igrejas Batistas Americanas (antiga Igreja Batista do Norte) que na Convenção Batista do Sul. Um dos primeiros neopentecostais da denominação foi Howard Ervin, da Igreja Batista Emanuel, em Atlantic Highlands, Nova Jersey. Batizado no Espírito Santo em 1958, ele logo se tornou um proponente do pentecostalismo nas denominações históricas. Com doutorado em teologia pelo Seminário Teológico de Princeton, Ervin escreveu uma das primeiras apologias ao neopentecostalismo no livro *These Are Not Drunken As Ye Suppose* [Eles não estão embriagados, como vós pensais], publicado em 1967. Anos mais tarde, ele se tornou professor de teologia na Universidade Oral Roberts.

Outros destacados líderes das Igrejas Batistas Americanas foram Ken Pagard, de Chula Vista, Califórnia, pioneiro na organização de grupos familiares em sua igreja, e Gary Clark, de Salem, New Hampshire. A igreja

---

[18] David Manuel, *Like a Mighty River: A Personal Account of the Conference of 1977* (Orleans: Rock Harbor Press, 1977), p. 117.

batista pastoreada por Clark cresceu de pouco mais de uma centena de membros para mais de 600 antes de se transferir para a Califórnia, em 1986, a fim de exercer um ministério voltado para as missões mundiais. Durante quinze anos, a igreja de Clark superou em crescimento as outras igrejas batistas de New Hampshire. Outros carismáticos pioneiros das Igrejas Batistas Americanas foram Charles Moore, de Portland, Oregon, e Ray e Marjorie Bess, de DuQuoin, Illinois.[19]

Nessa época, Pat Robertson, jovem estudante de teologia da Universidade de Yale, tomou conhecimento do batismo no Espírito Santo por meio de Robert Walker, editor da revista *Christian Life* [Vida cristã]. Em 1957, enquanto trabalhava como pastor assistente de Harald Bredesen, na Igreja Reformada de Mt. Vernon, Nova York, Robertson recebeu o batismo pentecostal e falou em línguas. Em 1960, Robertson retornou ao seu Estado natal, Virgínia, onde seu pai exerce o cargo de senador pelo Partido Democrático. Em 1960, ele deu início aos trabalhos de sua Rede Cristã de Radiodifusão (sigla em inglês: CBN) num decadente estúdio em Portsmouth, na Virgínia. Desde então, o ministério de Robertson tornou-se lendário, tanto no mundo religioso quanto na indústria televisiva dos Estados Unidos.

Em 1988, quando entrou na corrida pela candidatura à presidência dos Estados Unidos pelo Partido Republicano, Robertson renunciou à sua ordenação na Igreja Batista. Doze anos depois, em março de 2000, na comemoração de seu septuagésimo aniversário, Robertson renovou seus votos de ministro do evangelho com a missão de evangelizar o mundo por meio de seus muitos ministérios sediados em Virginia Beach, na Virgínia. Por volta de 2000, faziam parte desses ministérios: o *700 Club* [Clube dos 700] e outros programas de televisão transmitidos para mais de 70 países; a Universidade Regent, que veio a se consolidar como a universidade cristã mais importante do mundo; a Coalizão Cristã; a Operação Bênção; e o Centro Americano para Lei e Justiça. Sua proposta para a evangelização do mundo tinha como objetivo ganhar 500 milhões de pessoas para Cristo.

---

[19] Gary CLARK & Charles MOORE, entrevista concedida ao autor, Green Lake, 9 jul. 1986; Gary CLARK, An Extra Dimension, *Christian Life*, ago. 1985, p. 36-9.

Por volta de 2000, mais de 145 milhões de conversões já haviam sido registradas em todo o mundo.

A Comunhão Batista Carismática Americana

O grupo mais destacado dentre os batistas carismáticos dos Estados Unidos está associado às Igrejas Batistas Americanas. Graças à visão dos leigos Ray e Marjorie Bess, a primeira conferência nacional sobre Espírito Santo foi realizada em 1975, no acampamento da denominação, em Green Lake, Wisconsin. Os primeiros líderes do grupo foram Ken Pagard e Joe Atkinson. Em 1982, Gary Clark foi eleito líder do grupo, que agora é denominado Comunhão Batista Carismática Americana.

Como uma expansão do movimento de renovação dos Estados Unidos, foram registrados focos de avivamento carismático nos campos missionários das Igrejas Batistas Americanas espalhados pelo mundo. Em 1984, Clark estimou que pelo menos um terço de todas as igrejas no campo missionário havia recebido a "experiência carismática".

PAT ROBERTSON E A PROFECIA DE HARALD BREDESEN

Juntos, Harald Bredesen e eu vimos Deus dar início a um novo capítulo na história da Igreja — um capítulo que tem hoje milhões de caracteres e que recebeu o título de Renovação Carismática. Até então, não tinha nome, e não foi fácil vir à luz. Os que dentre nós estavam envolvidos com ele vinham de um movimento clandestino, da adoração a portas fechadas.

Harald, eu e alguns de meus colegas de seminário estávamos fazendo exatamente isso num horário avançado de uma noite de 1959, na histórica Primeira Igreja Reformada, a antiga Igreja Reformada Holandesa que Harald pastoreava em Westchester, no condado de Mount Vernon, Nova York.

Eu gostava muito daquela antiga igreja de pedra. Com seus contrafortes de voo, arcos graciosos e janelas adornadas, era um pedaço da velha Holanda num cenário suburbano dos Estados Unidos. Por trás daquelas grossas paredes e das portas de folha dupla fechadas à chave, nós nos sentíamos seguros em nossa recém-encontrada liberdade de adoração.

Então, de repente, pelos lábios de Harald, veio a palavra: "Estou fazendo uma coisa nova na terra. Por que vocês estão imobilizados pelo medo? Não escondam nada! Não escondam nada!".

> A "coisa nova" que Deus estava fazendo em nosso meio atrairia a atenção do mundo e abençoaria milhões de pessoas.
>
> Para aquele verdadeiro santuário, veio o editor do New York Times, Bob Slosser, que experimentou a "coisa nova" e, livro após livro, irresistivelmente a compartilhou. Para aquele verdadeiro santuário, veio a CBS com o programa The World Tonight [O mundo esta noite], para transmitir a "coisa nova" para a nação.
>
> Daquela antiga igreja de pedra, Walter Cronkite apresentaria o que fazíamos atrás das portas fechadas aos seus 20 milhões de espectadores, e The Saturday Evening Post [A mensagem de sábado à noite], aos seus 6 milhões de leitores. A revista Time, a Associated Press e a United Press International espalhariam a novidade a milhões de pessoas ao redor do globo.
>
> Na noite seguinte (após a palavra proferida pelos lábios de Harald), eu, Harald e meu condiscípulo Dick Simons nos encontramos na Quinta Avenida, na casa de outro pastor da Igreja Reformada Holandesa. Em torno da mesa de jantar de Norman Vincent Peale, não escondemos nada.
>
> A senhora Peale saiu daquele jantar para uma reunião com os editores do Guidepost [Marco de caminho]: ela não escondeu nada.
>
> O editor sênior John Sherrill entrevistou Harald e se lançou numa aventura que o levou a receber o batismo do Espírito Santo, e, em seus escritos e seus muitos livros, ele não escondeu nada.
>
> Ele ainda estava escrevendo Eles falam em outras línguas quando Harald lhe apresentou um pregador de rua chamado David Wilkerson. Juntos, eles escreveram A cruz e o punhal. Com 20 milhões de exemplares impressos, A cruz e o punhal é, ao lado da Bíblia, um best-seller cristão mundial de todas as épocas.
>
> Em Kansas City, em 1977, o padre Francis McNutt levantou-se para falar a 50 mil católicos e protestantes carismáticos, e suas primeiras palavras foram: "A renovação carismática na Igreja Católica [que então contava com 30 milhões de adeptos, incluindo o papa] começou com dois livros: Eles falam em outras línguas e A cruz e o punhal". Suas palavras nos deixam felizes por não termos escondido nada.
>
> Pat Robertson
> Yes, Lord [Sim, Senhor], de Harald Bredesen

A explosão do movimento entre os batistas do Sul

Em anos recentes, presenciamos uma verdadeira explosão carismática entre os batistas do Sul. Embora muitos carismáticos mantivessem a discrição, tendo em vista a manutenção da paz com a igreja, o movimento continuou a crescer. Não obstante alguns avanços, até hoje há casos de pastores que são forçados a deixar a denominação depois que sua condição é conhecida.

Ninguém sabe ao certo quantos pastores e missionários batistas já tiveram a experiência pentecostal, mas seu número com certeza é muito grande. No final da década de 1980, John Wimber desempenhou um papel fundamental ao conduzir milhares de pastores e leigos à experiência do batismo no Espírito Santo. Há também rumores de que uma alta porcentagem de obreiros batistas no campo missionário já tenha falado em línguas.

Muitos ministros têm pastoreado congregações carismáticas independentes ao mesmo tempo que mantêm a ordenação da Igreja Batista do Sul. Dois desses ministros são Richard Hogue e Clark Whitten, de Edmond, Igreja do Metrô, de Oklahoma. Hogue, que foi um jovem evangelista muito popular do movimento Jesus na década de 1960, estabeleceu-se em Edmond em 1975 para começar o ministério na Igreja do Metrô. Nos meados da década de 1980, a igreja aumentou para mais de 4 mil membros, a maioria dos quais com formação entre os batistas do Sul.

Em 1986, Whitten sucedeu Hogue no pastorado da Igreja do Metrô, depois de exercer um ministério notável na Igreja Batista Gateway, de Roswell, Novo México, onde conduziu a Convenção Batista do Sul a batismos em 1982 e 1983. Talvez pelo fato de Whitten e muitos de seus membros falarem em línguas, a Associação Batista de Pecos Valley nunca tenha aceitado sua igreja na comunhão, embora ela permaneça como membro e mantenha boas relações com a Convenção Batista do Sul.

Diferentemente de Hogue e Whitten, outros pastores renunciaram à ordenação da Igreja Batista do Sul para implantar ministérios independentes. Um exemplo é Larry Lea, ex-pastor da Igreja sobre a Rocha, em Rockwall, no Texas. Lea, que trabalhou no ministério jovem da Igreja Batista de Beverly Hills em Dallas, de Howard Conatser, testemunhou tremendo crescimento em sua congregação. Começando com 13 membros em 1979, sua igreja suburbana chegou a 11 mil membros nos meados da década de 1980. Além de suas funções pastorais, Lea foi designado deão do seminário teológico na Universidade Oral Roberts e também vice-presidente em assuntos de batalha espiritual na universidade.

Outros pastores e igrejas batistas do Sul menos conhecidos continuaram a exercer ministérios carismáticos. Um caso interessante é o da Igreja Batista da Amizade, em Mansfield, no Texas, pastoreada por LeRoy Martin.

Com 75 membros, essa igreja pertence à maior associação batista existente no Sul, a Associação Batista Tarrant. Embora a igreja de Martin fosse abertamente carismática, ele sempre manteve boas relações com a associação. Alguns veteranos da entidade certa vez disseram a Martin que, "se todos os carismáticos tiverem de deixar a associação, cerca de 40% das igrejas terão de se desligar".[20]

Outro exemplo é o de Don LeMaster, pastor da Igreja Batista de West Lauderdale, perto de Fort Lauderdale, na Flórida. Depois de assumir a igreja em 1967, LeMaster introduziu na congregação um marcante ministério carismático. A igreja de LeMaster nunca escondeu sua identidade, tanto que a palavra "carismática" aparece nos papéis timbrados dela.

Embora LeMaster enfrentasse alguma oposição de seus colegas pastores no início da década de 1970, outros ministros batistas ficaram do seu lado na defesa dos direitos da congregação em estabelecer autonomia local. Na Associação Batista Gulfstream (entidade local), "ninguém nos aborrece", declarou LeMaster, que obteve permissão para permanecer como membro de boa reputação por mais de duas décadas. Em 1984, LeMaster ministrava a um grupo de 3.500 membros, que, segundo ele, estava "crescendo como louco".[21]

O profícuo ministério de James Robison também constitui um exemplo expressivo da presença carismática entre os batistas do Sul. Embora ele próprio nunca tenha falado em línguas, suas cruzadas se caracterizam pela oração por enfermos e pela expulsão de demônios. Ele aceita abertamente o apoio dos pentecostais e já pregou muitas vezes nos círculos pentecostais e carismáticos. O apoio que ele perdeu de seus colegas batistas do Sul tem sido mais que compensado pelo apoio recebido dos pentecostais e carismáticos. Seu tema da restauração reflete a perspectiva restauracionista dos primeiros pentecostais.

Um grande grupo de batistas do Sul favoráveis a uma vida espiritual profunda concentrava seus esforços em torno da revista *Fullness* [Plenitude]. Lançada em Fort Worth em 1977, era editada por Ras Robinson

---

[20] W. LeRoy MARTIN, entrevista concedida ao autor, Tulsa, 7 jun. 1986.
[21] Don LE MASTER, entrevista concedida ao autor, Fort Lauderdale, 23 ago. 1986.

e envolvia os simpatizantes da causa num círculo de espiritualidade. A *Fullness* circulava entre batistas, carismáticos ou não, e entre outros círculos do movimento de renovação. Em 1986, pelo menos 64% dos leitores eram batistas.[22]

Com o passar dos anos, muitos pastores de tradição pentecostal ganharam proeminência entre as igrejas batistas do Sul. Centenas de pastores se converteram e receberam sua formação espiritual em lares e igrejas pentecostais. Entre eles, está Charles Stanley, pastor da Primeira Igreja Batista de Atlanta e ex-presidente da Convenção Batista do Sul, que nasceu e foi criado na Igreja Holiness Pentecostal. Gene Garrison, pastor da Primeira Igreja Batista de Oklahoma City, tem suas raízes nas Assembleias de Deus.

As Igrejas Batistas Americanas ordenaram ao ministério David Hubbard, que foi presidente do Seminário Teológico Fuller, em Pasadena, na Califórnia. Os pais de Hubbard atuaram como pregadores pentecostais nesse Estado.

O futuro

Embora os batistas carismáticos norte-americanos estejam organizados há mais de duas décadas e encontrem apoio no âmbito da denominação, os batistas do Sul ainda têm dificuldades para organizar um grupo de apoio permanente. Muitos pastores e leigos cheios do Espírito Santo têm esperança de mudar essa situação em breve. Os congressos de Nova Orleans sobre Espírito Santo e evangelização mundial realizaram sessões em 1986 e 1987. Os batistas que participaram desses eventos tinham esperança de que os delegados "estabelecessem linhas de comunicação e de comunhão" com os batistas carismáticos do Sul. O objetivo deles era "trazer a renovação espiritual para a igreja e ao mesmo tempo manter os vínculos com as convenções local, estadual e nacional".[23]

O argumento de pessoas como C. Peter Wagner era que uma "terceira onda" do Espírito viera sobre as principais igrejas evangélicas, incluindo a Igreja Batista. Estudos indicavam que cerca de 20% de todos os batistas

---

[22] Ras ROBINSON, Who Are You Who Read *Fullness?*, *Fullness*, jul.-ago. 1986, p. 4.
[23] W. LeRoy MARTIN, entrevista concedida ao autor.

da América se identificavam como "cristãos carismáticos ou pentecostais". De acordo com uma pesquisa do Instituto Gallup, realizada em 1979, pelo menos 5 milhões de batistas dos Estados Unidos se sentiam assim. Alguns observadores, entre eles Wagner, estimavam que em 2000 haveria entre 200 e 300 congregações "renovadas" na Convenção Batista do Sul.[24]

A renovação menonita

De todas as famílias eclesiásticas tocadas pelo poder renovador do Espírito Santo no século XX, nenhuma foi afetada mais profundamente que a Igreja Menonita. A história da renovação carismática entre os menonitas abrange a vida de centenas de pastores e bispos e muitos milhares de leigos que foram radicalmente renovados por meio do batismo no Espírito Santo.

Como a maioria dos movimentos de renovação do século XX, o avivamento menonita não foi planejado: aconteceu de repente. Tudo começou entre a juventude, durante uma "escola bíblica de férias" na Igreja Menonita de Loman, Minnesota, quando sete igrejas enviaram 76 adolescentes para estudar a Bíblia no período entre o Natal de 1954 e o Ano-novo de 1995. O líder dessa escola especial era Gerald Derstine, pastor da Igreja Menonita de Lake Strawberry, perto de Ogema, Minnesota. Na condição de "menonita dos menonitas", a família de Derstine tinha raízes na denominação que remontavam ao século XVIII, na Pensilvânia.[25]

Gerald Derstine e Strawberry Lake

Os acontecimentos verificados naqueles cinco dias e nos meses que se seguiram mudariam de forma radical o mundo de Derstine, bem como as igrejas menonitas de todo o Planeta. No primeiro dia de acampamento, 13 jovens não convertidos do grupo nasceram de novo após um período de jejum e oração orientado por sete pastores. Então, para espanto daqueles líderes, o fenômeno começou a se manifestar.

---

[24] Kenneth KANTZER, The Charismatics Among Us, *Christianity Today*, 22 fev. 1980, p. 25-9.
[25] V. a biografia de Derstine em Joanne DERSTINE, *Following the Fire* (Plainfield: Logos International, 1980).

No início, vários adolescentes informaram ter ouvido anjos cantando. Em seguida um espírito de intercessão pelos pais não convertidos os conduziu a uma fervente oração por sua salvação. De repente, alguns daqueles jovens caíram prostrados ao solo em trêmulo estado de êxtase. Os pastores, receosos de uma atividade demoníaca, começaram a "clamar pelo sangue de Jesus", a fim de se protegerem, mas a situação não se alterou. Depois disso, outros jovens caíram ao chão e começaram a falar em línguas.

Imediatamente, os jovens menonitas começaram a profetizar acerca de iminentes acontecimentos no mundo e de um despertamento espiritual de proporções mundiais. Um deles profetizou que Billy Graham um dia pregaria o evangelho além da Cortina de Ferro (isso foi dito em 1954!). Alguns tiveram visões de Jesus. Em determinados momentos, "línguas, profecias e interpretação fluíam como um rio caudaloso", de acordo com Derstine. Havia momentos nos quais cânticos em línguas enchiam os espaços da pequena igreja menonita com "melodias celestiais". Palavras de conhecimento davam espantosa evidência de uma "visitação" incomum de Deus.

Quando retornou a sua igreja em Strawberry Lake, Derstine ficou surpreso ao ver os fenômenos do acampamento repetindo-se nos lares e no santuário da igreja. Numa profecia, foi declarado que aquele avivamento "afetaria o mundo inteiro". Longe de se opor às miraculosas manifestações, Derstine interpretou-as como um cumprimento da profecia de Joel de que o Espírito Santo seria derramado sobre "toda a carne" (ARA) nos últimos dias. Ele próprio também foi batizado no Espírito Santo, falou em línguas e vivenciou a experiência de muitas daquelas manifestações espirituais.

A notícia dos estranhos acontecimentos em Strawberry Lake espalhou-se com rapidez pela comunidade menonita. Os bispos e anciãos da região não demoraram a dar início às investigações sobre Derstine e os fenômenos ocorridos em Loman e Strawberry Lake. Em abril de 1955, os bispos convocaram uma audiência que resultou na decisão de "silenciar" Derstine no ministério menonita. Se ele admitisse que algumas atividades demoníacas haviam ocorrido e que algumas daquelas manifestações tinham sido "um ato de Satã" e prometesse não tocar mais no assunto, poderia continuar a ser pastor menonita. Derstine se recusou a fazer isso.

O FOGO CAI EM STRAWBERRY LAKE

O pequeno relógio na parte de trás da igreja tiquetaqueava discretamente nas primeiras horas da manhã, quando tivemos a primeira confirmação de que aquilo era realmente obra de Deus. Skip, o primeiro garoto que viera chorando ao altar, interrompeu a estranha verborragia e começou a falar de maneira ininteligível. Um radiante sorriso iluminou sua face ao mesmo tempo que ele começava a articular as palavras. Ele falava tão baixo e tão suavemente que tínhamos de chegar bem perto para ouvir o que estava dizendo. Seu corpo permanecia relaxado e tranquilo, e seus olhos ainda estavam fechados quando ele disse num tom de voz gentil e quase inaudível: "Abram... sua... Bíblia... em Atos 2.17... e... 18... e... vocês... irão... entender".

Rapidamente, apanhei minha Bíblia. Obrigado, Senhor! Pelo menos ele está dizendo alguma coisa das Escrituras. Meus dedos tremiam enquanto corriam as páginas do livro de Atos 2.17,18. Comecei então a ler o texto para o pequeno grupo que se reunia em torno do garoto:

> Nos últimos dias, diz Deus, derramarei do meu Espírito sobre todos os povos. Os seus filhos e as suas filhas profetizarão, os jovens terão visões, os velhos terão sonhos. Sobre os meus servos e as minhas servas derramarei do meu Espírito naqueles dias, e eles profetizarão.

Eu olhava atônito para aquelas palavras. Então, olhei para o garoto e voltei ao texto. Poderia tudo aquilo ser realmente obra de Deus? Seria o verdadeiro avivamento pelo qual estávamos orando e jejuando? Eu queria acreditar. Mas aquilo era contrário às nossas doutrinas. Sempre ensinamos que aquela passagem particular havia sido cumprida nos tempos bíblicos. Li o texto mais uma vez: "Nos últimos dias [...]".

"Irmão Derstine! Venha aqui. Connie está dizendo alguma coisa." Apressei-me a ir para o lado da garota que jazia caída ao chão. Também no rosto dela se via estampado um sorriso celestial, e ela estava falando algo. Ela se expressava com autoridade, uma palavra de cada vez, mencionando um "avivamento do final dos tempos" como o mundo nunca havia visto. Seus amigos, inclinados sobre ela, tentavam aproximar-se ao máximo para captar cada palavra. No rosto de cada um deles, havia um misto de confusão e alívio.

Por esse tempo, outros jovens que estavam prostrados ao chão, "falando em línguas" e com o corpo a tremer, finalmente se acalmaram e, um por um, começaram a falar. Alguns deles cantaram. Outros descreveram cenas celestiais com elaboradas descrições gestuais. Eles permaneceram caídos ao chão, olhos fechados, em transe. Havia profecias acerca de acontecimentos mundiais iminentes (isso particularmente me deixou espantado, pois estávamos interessados apenas num avivamento para nossa comunidade). Eram proferidas palavras de exortação e recitadas passagens das Escrituras. Assim que cada um concluía sua mensagem, invariavelmente dizia: "É meu corpo que você vê, é minha voz que você ouve, mas isto vem de Deus". Uma palavra de cada vez.

GERALD DERSTINE
Following the Fire [SEGUINDO O FOGO]

Ainda naquele ano, Derstine conheceu Henry Brunk, evangelista menonita fervoroso e cheio do Espírito Santo, vindo da Flórida, que liderava uma associação promotora de cruzadas evangelísticas. Em 1959, Derstine transferiu-se para a Flórida a fim de trabalhar com Brunk na associação Retiro Cristão, em Bradenton.[26]

A questão da presença dos dons do Espírito nas igrejas menonitas, no entanto, não começou com o caso de Derstine. Se examinarmos a história dos anabatistas e menonitas, veremos que ela está repleta de ocorrências de fenômenos carismáticos semelhantes aos de Minnesota.

A tradição menonita

Os menonitas surgiram do meio dos anabatistas do século XVI. Esses "rebatizadores", como eram chamados por seus inimigos, constituíam o mais radical dos movimentos da Reforma. Eles ensinavam o batismo dos crentes, assim como a separação de Igreja e Estado. Entre outras bandeiras anabatistas, estavam o pacifismo e a recusa em fazer juramento nos tribunais.

Iniciado em Zurique, o movimento dos anabatistas espalhou-se pela Alemanha e pela Holanda. Na Holanda, tinham um líder moderado, Menno Simons, ex-sacerdote católico romano, que em 1537 passara a ocupar uma posição de liderança entre os anabatistas. Com o passar do tempo, seus seguidores tornaram-se conhecidos como menonitas, cuja numerosa família incluía os *amishes* e os huteritas. Os modernos batistas também herdaram a mesma visão anabatista que os menonitas.

De acordo com o escritor menonita Terry Miller, os primeiros menonitas eram "carismáticos no melhor sentido da palavra". A história da igreja sob perseguição registra muitas ocorrências de profecias, sonhos, visões e até mesmo martírios. Os anabatistas e menonitas não se consideravam protestantes nem católicos, e assim eram perseguidos de ambos os lados. O propósito dos dois grupos não era apenas a reforma da Igreja, mas também a restauração do cristianismo dos primeiros tempos. Quanto aos dons do

---

[26] Cf. *Champion of the Faith*, Henry M. Brunk, 1895-1985 (Bradenton: Christian Retreat, 1985), p. 6.

Espírito, Menno Simons aceitava a presença de todos eles, porém insistia em que fossem testados pelas Escrituras.[27]

Menonitas carismáticos

Quatro séculos mais tarde, como todos os outros cristãos, os menonitas foram profundamente afetados pelos movimentos pentecostal e carismático. Em seu livro *My Personal Pentecost* [Meu Pentecoste pessoal], o líder carismático menonita Roy Koch descreve três fases da reação da Igreja Menonita ao pentecostalismo: "abominação (antes da década de 1950); tolerância (década de 1960); e propagação (década de 1970)". No primeiro estágio, os menonitas externavam sua oposição ao movimento pentecostal. Apesar de os menonitas do Oregon terem emitido em 1906 uma declaração conclamando a uma nova abertura ao batismo no Espírito Santo, a maioria dos menonitas juntou-se a outros cristãos para condenar os pentecostais. Não obstante essa atitude, muitos menonitas vivenciaram a experiência pentecostal durante aqueles anos, mas preferiram mantê-la em segredo.[28]

A experiência do bispo Nelson Litwiller foi típica de muitos de sua igreja. Trabalhando como missionário na América Latina nas décadas de 1920 e 1930, ele teve suas convicções abaladas pelo estilo e pelas crenças dos pentecostais que conheceu na Argentina. "Eles afirmavam que possuíam poder, e nós, não", ele conta. Litwiller também ficou impressionado pela assombrosa multiplicação dos pentecostais, em comparação com o crescimento mais vagaroso de outras igrejas evangelicais.

A rejeição a Derstine por parte dos líderes da igreja de Strawberry Lake também representava a reação da maioria dos menonitas durante aquele período. Contudo, nas décadas de 1960 e 1970, milhares de menonitas receberam o batismo no Espírito Santo. Eles foram mais influenciados pelo generalizado despertamento carismático nas denominações históricas que pela experiência de Derstine. A história de Litwiller é um caso à parte. Ele passou a aceitar o batismo no Espírito Santo por causa de alguns católicos romanos de South Band, Indiana, cheios do Espírito. Por influência de

---

[27] Terry MILLER, Renewing the Anabaptist Vision, *Empowered*, outono 1984, p. 8-9.
[28] Roy KOCH, *My Personal Pentecost* (Scottsdale: Herald Press, 1977), p. 15-35.

Kevin Ranaghan e outros, o venerável bispo e missionário foi transformado pelo Espírito Santo e tornou-se um líder nacional do movimento.

Outros importantes líderes menonitas varridos pelo movimento foram: Roy Koch, o bispo Elam Glick, Herb Minnich, Terry Miller, Allen Yoder, Dan Yutzy, George Brunk, Fred Augsburger e Harold Gingerich. Nessa fase de tolerância da década de 1960, a Igreja Menonita aceitava a ortodoxia e a legitimidade do ministério dos líderes carismáticos que primavam por expressar inflexível lealdade à denominação, não obstante a experiência pentecostal.

A fase de tolerância não tardou a levar os menonitas ao terceiro estágio de Koch, o da propagação, isto é, da promoção agressiva do movimento carismático dentro da denominação, com clara mas cautelosa aprovação dos líderes eclesiásticos. Esse período, iniciado na década de 1970, caracterizou-se pelos esforços organizados para levar a renovação carismática às igrejas menonitas.

Em 1971, um relatório foi aprovado pela Conferência de Lancaster, uma das maiores e mais tradicionais reuniões regionais do país. O relatório convocava à aceitação da "desimpedida manifestação da presença do Espírito por meio de uma vibrante expressão de louvor e da intrépida proclamação das boas-novas acerca das poderosas obras de Deus que estão acontecendo em nossos dias". O relatório motivou o principal estudo sobre o Espírito Santo e dons espirituais já realizado pela Igreja Metodista norte-americana. O documento, que foi aprovado pela assembleia geral realizada em julho de 1977, reconhecia os poderes e as fraquezas potenciais do movimento carismático dentro da igreja, considerando-se que os poderes predominavam sobre as fraquezas.[29] Entre os poderes, eram mencionados: "liberação de dons espirituais e de poder; ministério evangelístico poderoso e eficaz; grande unidade e amor entre irmãos; novas formas de comunidade e de vida na igreja local; milagres de cura; apoio eficaz e bem-sucedido a muitos jovens que de outra forma estariam perdidos para Deus e para a igreja; a redescoberta do dom de línguas; a palavra de conhecimento

---

[29] Kilian MCDONNELL, *Presence, Power, Praise: Documents on the Charismatic Renewal*, p. 285-7.

e outros dons espirituais; o compromisso de trabalhar nas igrejas existentes mais que de se separar delas; um grande amor por Jesus Cristo, nosso Senhor, e por sua Igreja, na condição de seu Corpo". Entre as fraquezas potenciais, mencionava-se a possibilidade de "arrogância religiosa" e "uso descuidado das Escrituras".

Vivendo esse novo clima de aceitação, os menonitas carismáticos organizaram grupos de trabalho para a realização de conferências de renovação nos Estados Unidos e no Canadá. Embora um conselho de líderes carismáticos tivesse sido formado em 1972, o braço mais poderoso do movimento de renovação se manifestou em 1975.

Serviços da Renovação Menonita

A instituição Serviços da Renovação Menonita surgiu como resultado de algumas cartas enviadas por Kevin Ranaghan a Litwiller e a Harold Bauman, convidando os menonitas a participar de uma grande conferência ecumênica em Kansas City, que seria realizada em 1977. Litwiller convidou então um grupo de líderes menonitas carismáticos para uma reunião em Youngstown, Ohio, a fim de avaliar o convite. A instituição Serviços da Renovação Menonita nasceu nessa reunião. Entre seus fundadores, estavam Nelson Litwiller, Dan Yutzy, Harold Bauman, Roy Koch, Herbert Minnich e Fred Augsburger. Desde aquela época até 1996, a organização foi o braço forte dos carismáticos na Igreja Menonita.[30]

A partir de 1977, quando menonitas e batistas se reuniram na Conferência Carismática de Kansas City, os menonitas passaram a desempenhar um papel de liderança no movimento carismático em geral nos Estados Unidos. Quando o bispo Nelson Litwiller morreu, aos 88 anos de idade, em 1986, era um respeitado ancião e conselheiro de muitos jovens líderes de várias denominações.

Entre os parceiros mais próximos dos menonitas, estavam os carismáticos de várias vertentes da Igreja dos Irmãos. A organização Serviços da Renovação dos Irmãos exerce um trabalho paralelo ao dos menonitas.

---

[30] Roy KOCH, entrevista concedida ao autor, Charlotte, 16 jan. 1986; Mennonite Renewal Services Formed, *Mennonite Renewal Newsletter*, fev. 1976, p. 1.

Durante alguns poucos anos, seus ministros eram identificados pelo nome Ministérios Autorizados. A revista *Empowered* [Autorizada] trazia as novidades sobre ambos os movimentos, que muitas vezes realizavam conferências em parceria.

O crescimento da renovação carismática entre os menonitas foi espetacular. Por volta de 2000, estimava-se que 20% de todos os clérigos e leigos menonitas dos Estados Unidos e Canadá já haviam recebido o batismo no Espírito Santo. Em algumas conferências, 35% das igrejas tinham participação ativa na renovação. Muitos menonitas concordavam com John Howard Yoder em que o pentecostalismo "é em nosso século o mais análogo ao anabatismo do século XVI".[31]

Ao longo das décadas de 1980 e 1990, algumas igrejas locais menonitas experimentaram crescimento extraordinário graças ao poder do Espírito Santo. O crescimento mais notável verificado numa igreja da comunidade menonita em tempos recentes foi o da Igreja Menonita de Hopewell, na Pensilvânia. Essa congregação, liderada pelo pastor carismático Merle Stoltzfus, cresceu de 50 para 2 mil membros em poucos anos.

Em retrospecto, pode-se dizer que as experiências dos jovens estudantes da escola bíblica de férias de Strawberry Lake não constituíram uma aberração temporária, mas houve uma continuidade intrínseca à fé e à prática da Igreja Menonita. Por enquanto, a renovação entre os menonitas continua sendo uma das maiores histórias de sucesso do movimento carismático.

Um sinal da aceitação dos carismáticos foi o fato de a Igreja Menonita, em 1977, "restaurar" oficialmente Gerald Derstine como ministro aprovado, encerrando seus vinte e dois anos de silêncio na igreja. O trabalho de Derstine não foi em vão. Hoje, quase todos os missionários menonitas do mundo já receberam o batismo no Espírito Santo, e os campos missionários a que pertencem são caracterizados por um poderoso trabalho de evangelização.[32]

---

[31] Terry MILLER, Renewing the Anabaptist Vision, p. 9.
[32] Gerald DERSTINE, entrevista concedida ao autor.

A renovação ortodoxa

A Igreja Ortodoxa Oriental constitui a terceira maior família de cristãos do mundo, somando em 2000 cerca de 175 milhões de membros por todo o Planeta. Mais de 60 milhões desses cristãos são membros da Igreja Ortodoxa Russa. Na Grécia, quase 9 milhões de pessoas abraçam a fé ortodoxa, abrangendo 98,1% da população. Milhões de outros ortodoxos vivem em países da Europa Oriental e do Oriente Médio dominados pelo Islã. Há séculos, a Igreja Ortodoxa tem-se caracterizado como mártir, com milhões de fiéis assassinados por professarem a fé em Cristo (calcula-se que mais de 30 milhões de cristãos ortodoxos foram martirizados de 1917 a 1953, somente na Rússia). Eles conservaram a fé em Jesus quando seu país se tornou uma terra estrangeira para eles.

Na América, a Igreja Ortodoxa conta cerca de 5 milhões de membros. Eles estão distribuídos em diversas jurisdições: grega, russa, antioquense, ucraniana e várias outras. Em 1965, a Igreja Ortodoxa nos Estados Unidos foi formada como entidade de governo próprio, com a bênção dos bispos russos. Ela reúne agora cerca de 1 milhão de membros de fala inglesa. A Igreja Ortodoxa nos Estados Unidos está abandonando rapidamente a condição de igreja imigrante para ocupar um lugar de destaque na vida religiosa do país.

A Igreja Ortodoxa sempre afirmou ser carismática em sua adoração e na piedade. Em nenhum momento de sua história, ela adotou a teoria da cessação dos dons do Espírito Santo. Sinais e maravilhas, profecias, cura divina e milagres são tradicionalmente aceitos como parte da herança da igreja.[33]

Não obstante essa tradição, entre os principais grupos cristãos do mundo os ortodoxos foram os menos afetados pelo movimento carismático das últimas décadas. Mesmo assim, contrariamente à resistência de muitos líderes eclesiásticos, um bom número de sacerdotes e leigos tenta com persistência plantar as sementes da renovação entre os ortodoxos.

---

[33] Athanasius F. S. EMMERT, Charismatic Developments in the Eastern Orthodox Church, in: Russell SPITTLER, *Perspectives on the New Pentecostalism* (Grand Rapids: Baker, 1976), p. 28-42.

Eusebius A. Stephanou

Um dos primeiros líderes da renovação carismática na Igreja Ortodoxa foi Eusebius A. Stephanou, de Fort Wayne, Indiana. Sacerdote celibatário descendente de uma longa linhagem de clérigos ortodoxos, Stephanou, apresentava credenciais impressionantes em sua função de líder carismático. Educado na Universidade de Michigan, na Escola de Teologia Santa Cruz e no Seminário Geral Episcopal, em Nova York, obteve ali diversas graduações, entre elas um doutorado em teologia. Ele foi professor de teologia e subdeão da Escola de Teologia Santa Cruz e mais tarde assumiu o cargo de professor na Universidade de Notre Dame.[34]

Em 1968, sentindo a necessidade de "alinhar a Igreja Ortodoxa com o evangelho de Cristo", Stephanou publicou uma revista intitulada *Logos*. Sua meta era a "reevangelização de nosso povo". As críticas de Stephanou à hierarquia da Igreja Ortodoxa, no entanto, logo lhe criaram problemas. Ele foi suspenso por seis meses do sacerdócio "por enfraquecer a autoridade da igreja". Nos anos seguintes, sua revista e seus insistentes apelos por uma reforma provaram ser uma fonte de controvérsias no âmbito da Igreja Ortodoxa.

Em 1972, Stephanou conheceu outro sacerdote ortodoxo, Athanasius Emmert, de Huntington, Virgínia Ocidental, que lhe falou do poder transformador do Espírito Santo. Emmert impôs as mãos sobre Stephanou e orou pela "liberação" do Espírito Santo (os cristãos ortodoxos oram pedindo para ser cheios do Espírito Santo quando são batizados — em geral quando crianças — e consideram a experiência carismática uma liberação de dons já recebidos). Stephanou ficou cheio do poder de Deus, começou a falar em línguas e por causa disso transformou a revista *Logos* num instrumento a serviço da renovação carismática na Igreja Ortodoxa.[35]

---

[34] Ed PLOWMAN, Mission in Orthodoxy: The Full Gospel, *Christianity Today*, 26 abr. 1974, p. 44-5; Eusebius STEPHANOU, *Charismatic Renewal in the Orthodox Church* (Fort Wayne: Logos Ministries for Orthodox Renewal, 1976).

[35] William HOLLAR, The Charismatic Renewal in the Eastern Orthodox Church in the United States of America with Emphasis on the Logos Ministry for Orthodox Renewal (dissertação de mestrado, Fort Wayne: Concordia Theological Seminary).

Renovação carismática ortodoxa

No ano seguinte, foi realizada a primeira Conferência Carismática Ortodoxa, em Ann Arbor, Michigan, da qual participaram cerca de cem pessoas. Na época, estimava-se haver cerca de mil carismáticos ortodoxos espalhados em duas dezenas de grupos de oração. Stephanou, Emmert e outros clérigos e leigos continuaram a obra da renovação por meio do Ministério Logos para a Renovação Ortodoxa.

Em razão de sua liderança na renovação, das críticas à hierarquia ortodoxa e do contínuo ativismo reformador, Stephanou foi alvo de diversas sanções disciplinares. Em julho de 1983, ele sofreu censura de seu bispo e de seu arcebispo, sendo suspenso por tempo indeterminado, a despeito das centenas de cartas de apoio enviadas por seus amigos carismáticos da Igreja Ortodoxa. Stephanou continuou como editor da revista *Logos* e se tornou um pregador requisitado em conferências carismáticas realizadas nos Estados Unidos e no exterior.

Em 1977, outro ministério carismático ortodoxo surgiu em cena: o Comitê de Serviço para a Renovação Carismática Ortodoxa. Esse comitê tinha o propósito de reunir líderes carismáticos de diversas jurisdições, visando a facilitar a administração, a coordenação e a comunicação dentro do movimento. Eles patrocinaram diversas conferências de renovação nos Estados Unidos e no Canadá e publicaram um boletim mensal: *Theosis*. Gerald Munk também atuou na direção do comitê, planejando os congressos de Nova Orleans sobre Espírito Santo e evangelização mundial, em 1986 e 1987.

A renovação na Igreja de Cristo Unida

A Igreja de Cristo Unida é uma das mais antigas denominações dos Estados Unidos, uma igreja que pode traçar sua linhagem até os pais peregrinos que aportaram em Plymouth Rock, em 1620. Eram puritanos que vieram para os Estados Unidos a fim de escapar à perseguição promovida pela igreja oficial da Inglaterra. Sua luta pela liberdade religiosa é parte da inestimável herança da liberdade norte-americana.

Por mais de dois séculos, a Igreja Puritana foi conhecida como Igreja Congregacional e era famosa por sua firme defesa da doutrina calvinista, pela autonomia de suas igrejas locais e pelo estilo de vida estritamente puritano. Na época, os congregacionalistas se espalharam da Nova Inglaterra para todas as partes dos Estados Unidos. A Igreja de Cristo Unida dos dias atuais representa a fusão de quatro denominações, num processo que se estendeu por vários anos. A Igreja Cristã Congregacional, com raízes na Virgínia do século XIX, fundiu-se com os congregacionalistas em 1931 para formar as igrejas cristãs congregacionais.

Em 1957, essa igreja incorporou-se à Igreja Evangelical e Reformada, sendo esta já uma fusão de duas igrejas germano-americanas sem nenhuma ligação com os congregacionalistas. Essas duas denominações, a Igreja Alemã Reformada e o Sínodo Alemão Evangelical da América do Norte, reuniram-se em 1934 para formar a Igreja Evangelical e Reformada nos Estados Unidos.

A denominação resultante dessas fusões adotou, em 1957, o nome Igreja de Cristo Unida. Tal fusão é singular, porque a Igreja Evangelical e Reformada tinha suas raízes no calvinismo alemão, enquanto a Igreja Congregacional era de origem inglesa. A forma de governo também era diferente. A Igreja Evangelical e Reformada tinha um governo bem mais centralizado, contrastando com a política congregacional evidenciada no próprio nome Igreja Congregacional. A Igreja de Cristo Unida é famosa também por sua teologia, razão pela qual é considerada a denominação mais liberal dos Estados Unidos. Essa abertura às ideias liberais tem raízes antigas na igreja, remontando à fundação do movimento unitariano na Nova Inglaterra. Os unitarianos, que negavam a Trindade, eram de tradição congregacional em sua maioria. A Igreja Unitariana foi implantada em 1825. Dentre os líderes liberais mais famosos do século XIX que permaneceram na igreja, podemos citar Horace Bushnell, Henry Ward Beecher e George Washington Gladden, um dos pais do movimento do evangelho social.[36]

---

[36] George ALLEN, The United Church of Christ: A Pluralistic Church or a Liberal One, *Focus Newsletter*, ago. 1982, p. 7-8.

Em tempos recentes, a Igreja de Cristo Unida tem-se envolvido na liderança de muitas causas sociais, o que seria inconcebível para os pais peregrinos. Essa situação resultou no declínio da igreja, que nos últimos anos registrou pesadas baixas em seu rol de membros. A despeito dessas tendências, ainda existem na denominação grupos de fiéis que trabalham e oram por um retorno à sólida fé evangelical, como no tempo dos pais peregrinos e dos reformadores alemães.

A FCC/UCC

A Comunhão dos Cristãos Carismáticos da Igreja de Cristo Unida (sigla em inglês: FCC/UCC) é a principal força no intento de consolidar a renovação carismática no âmbito da denominação. O grupo foi implantado no final da década de 1970, sob a liderança de J. Ray Thompson, pastor da congregação da Igreja de Cristo Unida em Reno, Nevada. Thompson foi batizado no Espírito Santo em 1972 e falou em línguas. Depois da experiência pentecostal, ele ficou ansioso por encontrar outros carismáticos na igreja com quem pudesse comungar. A oportunidade surgiu em 1977, quando a Conferência Carismática de Kansas City reuniu mais de 50 mil cristãos de quase todas as denominações.[37]

Por sugestão de Reuben Sheares II, líder denominacional, Thompson colocou um anúncio num periódico da igreja pedindo que os membros carismáticos se identificassem. Cerca de 40 pessoas responderam, e então ele lhes enviou um boletim sugerindo que os interessados em participar da conferência de Kansas City formassem um grupo na igreja. Como resultado, 73 pessoas se reuniram em Kansas City em 22 de julho de 1977 e implantaram a FCC/UCC. Uma comissão temporária, composta por 12 membros, foi designada para auxiliar Thompson, que fora eleito presidente.

O propósito da organização era ministrar aos carismáticos que viviam isolados na igreja, estabelecer uma voz dentro da denominação e consolidar o testemunho do movimento do Espírito Santo na Igreja de Cristo Unida.

---

[37] Robert K. ARAKAKI, The Holy Spirit and the United Church of Christ, *Focus Newsletter*, mai. 1983, p. 1-4. V. Vernon STOOP, *Fellowship of Charismatic Christians in the United Church of Christ* (Sassamansville: edição do autor, s.d.).

O pequeno e determinado grupo deixou Kansas City disposto a levar a renovação para a igreja por meio do poder e dos dons do Espírito Santo.

Em 1978, representantes da FCC/UCC reuniram-se com Avery Post, presidente da Igreja de Cristo Unida, para discutir os métodos e propósitos da comunhão. Dali em diante, os carismáticos passaram a ser reconhecidos como uma força da renovação no âmbito da Igreja de Cristo Unida. A natureza liberal da denominação facilitou a aceitação dos carismáticos, uma vez que ela costumava proporcionar a mesma abertura para muitas outras causas, algumas das quais caracterizadas por extremo liberalismo.

A FCC/UCC é ainda hoje uma organização ativa que patrocina diversos programas voltados para a renovação na igreja, entre eles as conferências Acts Alive [Atos vivo] — grupos que realizam eventos de fim de semana nas igrejas locais, nos quais se enfatizam os testemunhos de leigos, o batismo no Espírito Santo e os dons espirituais. Um segundo programa, o Ecclesia, promove cultos de avivamento nas congregações com ênfase na vida da igreja. Outro programa são os acampamentos Filhos do Rei, que conduzem centenas de jovens ao Senhor todos os verões.

Vernon Stoop. Desde 1979, quando foi reestruturada, a FCC/UCC já teve diversos líderes, entre eles David Emmons, Robert Welsh e Robert Weeden. O diretor de serviços é Vernon Stoop, pastor da Igreja de Cristo Unida Pastor das Colinas, em Bechtelsville, na Pensilvânia. Stoop é também editor do *Focus Newsletter* [Informativo Foco], um periódico que funciona como agente de informações acerca do movimento. Além dessas responsabilidades, Stoop é secretário do Comitê de Assuntos Carismáticos e do Comitê Norte-Americano de Serviços da Renovação, o qual planejou os congressos de Nova Orleans sobre Espírito Santo e evangelização mundial. Desde então, Stoop desempenha ainda um papel importantíssimo no Comitê Norte-Americano de Serviços da Renovação, no planejamento de congressos em Indianápolis (1990), Orlando (1995) e St. Louis (2000).

Seguindo adiante

Em tempos recentes, o método mais eficaz tem sido o fomento da renovação carismática em congregações antigas de uma maneira que promova a unidade e evite divisões. A Igreja de Cristo Unida Pastor das Colinas, em Bechtelsville, é um exemplo desse método. Essa congregação, com 150 anos de idade, é liderada pelo pastor sênior Vernon Stoop há mais de quatro décadas. Sua meta é "promover o casamento da congregação tradicional e não carismática com os elementos carismáticos que surjam dentro dela sem dividir a igreja". Até aqui, o método tem-se provado eficiente na congregação Pastor das Colinas.

Os carismáticos wesleyanos

Durante décadas, os termos "wesleyano" e "carismático" foram vistos como mutuamente excludentes. Nenhum ramo eclesiástico se mostrou mais avesso aos dons do Espírito, especialmente no que concerne às línguas, que os grupos *holiness* históricos, como a Igreja do Nazareno, a Igreja Wesleyana e a Igreja de Deus (Anderson, Indiana). Na melhor das hipóteses, as línguas eram vistas com suspeita, e na pior, tachadas de demoníacas.

Essa situação é notável diante do fato de que o movimento pentecostal, tanto na América quanto ao redor do mundo, teve origem entre os *holiness* wesleyanos. Na verdade, os primeiros pentecostais sustentavam a crença básica na santificação como segunda obra da graça e se consideravam integrantes do movimento de santidade. A única diferença era o acréscimo de uma "terceira bênção" — o batismo no Espírito Santo com a evidência inicial do falar em línguas.[38]

Com a organização das Assembleias de Deus em 1914, muitos pentecostais se desligaram dos wesleyanos, mas cerca de 50% dos pentecostais dos Estados Unidos nos dias de hoje ainda estão intimamente ligados à teologia arminiana-wesleyana. Existe o consenso de que os pentecostais clássicos e os crentes identificados com o movimento de santidade têm um ancestral comum e que ambos os movimentos apresentam mais pontos comuns que diferenças quando comparados um com o outro.

---

[38] Para conhecer a história da interação entre *holiness* e pentecostais, v. Vinson SYNAN, *The Holiness-Pentecostal Tradition: Charismatic Movements in the Twentieth Century*, p. 1-106.

A Igreja Pentecostal do Nazareno

As raízes comuns de ambos os movimentos podem ser vistas no fato de que o nome original da Igreja do Nazareno era Igreja Pentecostal do Nazareno. A palavra "Pentecostal", todavia, foi retirada do nome da igreja em 1919, para evitar confusão com os crentes que falavam em línguas e eram logo associados ao termo pentecostal. A postura nazarena em relação às línguas teve início quando o fundador da denominação, Phineas Bresee, considerou ilegítimas as manifestações da Rua Azusa. Seu ponto de vista era que o movimento pentecostal causava em Los Angeles o efeito de uma "rocha lançada no mar".[39]

Bresee e seu colega J. P. Widney estavam dispostos a aceitar qualquer diferença entre os primeiros nazarenos, nas questões que julgavam não essenciais à salvação. Seu lema era: "No essencial, unidade; no não essencial, liberdade; em todas as coisas, caridade". Após a morte de Bresee, no entanto, as línguas passaram a ser vistas como uma ameaça à igreja, já que muitos crentes *holiness* se separaram da igreja para formar as primeiras denominações pentecostais. A postura linha-dura contra os pentecostais por parte dos crentes *holiness* é apresentada em resumo no livro *Demons and Tongues* [Demônios e línguas], de Alma White, publicado em 1912, que atribui a glossolalia à influência demoníaca.

Outras igrejas de tradição holiness que rejeitaram o pentecostalismo foram: a Igreja Metodista Wesleyana, o Exército de Salvação, a Igreja Metodista Livre, a Igreja de Deus (Anderson, Indiana) e a Igreja Holiness Peregrina. Entre as igrejas holiness que aceitaram a mensagem pentecostal, podemos mencionar: a Igreja de Deus de Cleveland (Tennessee), a Igreja Holiness Pentecostal, a Igreja de Deus em Cristo, a Igreja Santa Unida e a Igreja Batista Pentecostal do Livre-Arbítrio. Essas foram as primeiras denominações pentecostais da América do Norte.

John L. Peters e Warren Black. Quando o movimento neopentecostal começou na década de 1960, era inevitável que alguns crentes *holiness*

---

[39] Timothy SMITH, *Called Unto Holiness* (Kansas City: Nazarene Publishing House, 1962), p. 118; Alma WHITE, *Demons and Tongues* (Bound Brook: Pentecostal Union, 1910); Charles Edwin JONES, *Perfectionist Persuasion*, p. 121, 173.

wesleyanos se envolvessem outra vez com as manifestações do Espírito Santo. Um dos primeiros neopentecostais foi John L. Peters, ex-secretário geral da Sociedade Nazarena dos Jovens e conhecido historiador do movimento de santidade. Embora tenha deixado a Igreja do Nazareno em 1948, Peters ainda exercia influência sobre muitos de seus amigos na igreja. Em 1962, ele recebeu o batismo no Espírito Santo e falou em línguas.[40]

Em 1963, após ouvir o testemunho de Peters num programa de rádio de John Osteen, Warren Black, inspetor da Nazarene Publishing House, em Kansas City, recebeu o batismo no Espírito Santo. Depois de muitos dias de oração e jejum em sua casa, Black traçou um círculo no assoalho e prometeu que buscaria Deus até ficar satisfeito. "Eu estava buscando Deus, não o dom de línguas", disse mais tarde. O que Black obteve, todavia, foi uma poderosa experiência pentecostal acompanhada do falar em línguas. Ao mesmo tempo, recebeu a cura de um problema crônico na fala.[41]

Embora a cura divina fosse ensinada pelos nazarenos, o dom de línguas continuava a ser considerado ou carnal ou demoníaco. Em 1971, por causa de seu testemunho diante dos alunos de uma escola bíblica da Igreja do Nazareno, Black foi expulso da igreja. Por acreditar que sua excomunhão havia sido ilegal, Black e outros nazarenos que pensavam como ele decidiram apresentar a questão aos delegados da mais alta instância da igreja: a Assembleia Geral. Eles se reuniram em Miami em 1972, e todos os delegados receberam um envelope pelo correio, com um documento que explicava a situação. Black foi auxiliado em sua ação por 25 membros da Igreja do Nazareno.

Também foram apresentados à assembleia quatro "memoriais" enviados pelos distritos nazarenos. Os documentos pediam a desaprovação do dom de línguas na igreja. Os apelos de Black "causaram furor" na assembleia. O desejo de muitos era encerrar logo o assunto, proibindo o dom de línguas

---

[40] John L. PETERS, entrevista concedida ao autor, Oklahoma City, 10 dez. 1986.
[41] Warren BLACK, entrevista concedida ao autor, Cincinnati, 29 set. 1986. V. tb. Warren BLACK, A New Dimension, in: *The Acts of the Holy Spirit Among the Nazarenes Today* (Los Angeles: Full Gospel Business Men, 1973), p. 23-9.

para sempre. Outros, liderados por Jack Ford, da Inglaterra, solicitavam uma comissão de estudo que pudesse tratar a questão de maneira menos desapaixonada. Ford lembrou aos membros da assembleia que a Igreja de Santidade do Calvário, denominação *holiness* da Inglaterra que se fundiu com a Igreja do Nazareno em 1955, permitia o dom de línguas na igreja, embora não incentivasse sua prática.

Os nazarenos assumem uma posição. A Assembleia Geral não tomou nenhuma decisão em 1972, mas, para surpresa de Black e de outros, soube-se que os superintendentes gerais haviam agido por conta própria no ano anterior, enquanto procediam à interpretação do *Manual*. Sua declaração, que carecia da autorização da Assembleia Geral, afirmava que "o falar em línguas, seja como evidência do batismo com o Espírito Santo, seja como linguagem extática de oração neopentecostal, é considerado ofensivo às doutrinas e às práticas das igrejas".[42]

Durante treze anos, a igreja operou em meio aos conflitos engendrados pela jurisprudência da Igreja de Santidade do Calvário na Inglaterra e pela interpretação dos superintendentes gerais. Com base nos precedentes ingleses, Dan Brady, pastor de Dayton, Ohio, que fora exonerado de suas funções por ter falado em línguas, pediu para ser reintegrado ao ministério da igreja. Em 1985, sua petição foi negada pela mais alta instância jurídica da igreja.

Essa situação levou a igreja a acrescentar uma declaração a respeito das línguas em seu *Manual*. Isso ocorreu na Assembleia Geral que se reuniu em Anaheim, na Califórnia, em 1985. A declaração foi inserida no "Apêndice" do *Manual* e permanece até hoje como política oficial da denominação. Depois de afirmar que a evidência bíblica do batismo no Espírito Santo é a "purificação do coração de todo o pecado" e o "fruto do Espírito", o artigo declara: "Afirmar que qualquer evidência física ou 'linguagem de oração' — mesmo uma especial — seja evidência do batismo com o Espírito Santo é contrário à posição bíblica e histórica da igreja".[43]

---

[42] V. *Journal of the Nineteenth General Assembly of the Church of the Nazarene*, p. 240; Kilian MCDONNELL, *Presence, Power, Praise: Documents on the Charismatic Renewal*, p. 220-1.

[43] V. Evidence of the Baptism with the Holy Spirit, in: *Manual 1985 Church of the Nazarene* (Kansas City: Nazarene Publishing House, 1985), p. 284.

Essa declaração, que, na verdade, não proíbe o dom de línguas, constitui um repúdio à teoria da evidência inicial proposta pelos pentecostais na parte inicial do século XX. Poucos carismáticos nas denominações históricas discordariam dessa posição em relação à glossolalia. Na verdade, a ideia dominante na igreja agora parece ser que as línguas são admissíveis nas devoções particulares, desde que sua prática não seja propagada de maneira que proporcione algum tipo de apoio à teoria da evidência inicial ou cause divisão nas igrejas. Fica implícito nesse entendimento que as línguas não devem ser manifestadas nas reuniões públicas de adoração.

Para muitos nazarenos, todavia, o efeito dessa declaração foi a marginalização das línguas na igreja. Um caso digno de nota é a experiência de Steve Gustin, pastor de uma congregação da Igreja do Nazareno em Azusa, na Califórnia. Por volta de 1986, cerca de 90% dos membros da igreja eram carismáticos, mas eles queriam permanecer na denominação. No entanto, depois que a Assembleia Geral tomou a resolução a respeito das línguas, em 1985, a congregação de Azusa foi desligada da denominação. Depois de deixar a Igreja do Nazareno, a congregação de Gustin adotou o nome de Centro Cristão Bereano. Quanto à maneira pela qual outros pastores e igrejas lidam com a questão, parece que tudo depende de como as autoridades da igreja local interpretam a declaração de 1985.

Outra igreja *holiness* se manifesta

Uma postura similar à dos nazarenos foi tomada em junho de 1986 pela Assembleia Geral da Igreja de Deus (Anderson, Indiana). Por muitos anos, as igrejas locais dessa denominação mantiveram o hábito de apor a expressão "não pentecostal" a seus anúncios e impressos, a fim de se distinguirem dos muitos grupos pentecostais que usavam variações do nome Igreja de Deus. Depois de um ano inteiro de estudos, a Assembleia Geral aprovou o relatório de uma comissão, o qual, em termos gerais, reafirmava a postura histórica da igreja de que as línguas não são a evidência inicial do batismo no Espírito Santo.

O relatório, no entanto, admitia que as línguas eram um dom autêntico do Espírito Santo e não desaprovava seu uso nas devoções particulares. À semelhança dos nazarenos, a Igreja de Deus parecia disposta a acatar os crentes que falavam em línguas, desde que eles não demonstrassem o dom publicamente nem promovessem a divisão na igreja.[44]

Apesar da rígida postura dessa e de outras igrejas *holiness*, muitos pastores e leigos falaram em línguas com o passar dos anos. Os líderes nessa situação geralmente eram destituídos de suas funções assim que as autoridades da igreja tomavam conhecimento de sua experiência. Entre os nazarenos que foram excomungados, podemos citar Wilbur Jackson, Merrill Bollender, Wayne Buchart, Jerry Love, Robert Mueller, Stan Pulliam, Jep Anderson e David Alsobrook. Ray Bringham, conhecido líder carismático da Igreja de Deus, lutou durante muitos anos para levar o movimento de renovação de volta à sua igreja.[45]

Wilbur Jackson e a Comunhão Carismática Wesleyana

Em anos recentes, muitos desses pastores têm-se reunido em conferências patrocinadas pela Comunhão de Fé Montanhas do Rei, de Wilbur Jackson, realizadas em Cincinnati, Ohio. Jackson, pastor da Igreja do Nazareno de Lockland, em Cincinnati, foi desligado da denominação em 1971, depois que sua experiência pentecostal se tornou pública. Ele ficou conhecido como um líder que desejava ver a renovação carismática na igreja.

Em 1979, num encontro de ministros de convicções semelhantes às suas, Jackson implantou a Comunhão Carismática Holiness-Wesleyana, cujo objetivo era atender a todos os que haviam sido rejeitados pela igreja. Em 1977, parte de seus membros se reuniu em Kansas City, a fim de decidir algumas estratégias para o futuro. Em 1985, a organização foi reestruturada e fortalecida. O mesmo grupo também promoveu sessões nos congressos de Nova Orleans sobre Espírito Santo e evangelização mundial em 1986 e 1987.[46]

---

[44] V. Report: Study Committee on Glossolalia (apresentado na Assembleia Geral da Igreja de Deus, 18 jun. 1986); Paul TANNER, entrevista concedida ao autor, Oklahoma City, 21 jul. 1986.
[45] V. *Acts of the Holy Spirit Among the Nazarenes Today*, p. 9-72.
[46] V. *Wesleyan Holiness Charismatic Fellowship Newsletter* (Athens: s.d.); Wilbur JACKSON, entrevista concedida ao autor.

Um sinal de reconciliação para o futuro foi a publicação, em 1986, de um livro de Howard Snyder, que constituía um apelo aos cristãos de tradição wesleyana para que abrissem suas igrejas aos dons do Espírito Santo. Nesse livro, Snyder argumenta que o próprio Wesley era carismático e que, na verdade, todas as igrejas são carismáticas por definição, do contrário não serão inteiramente cristãs. Ele sugere que as igrejas *holiness* iniciem um diálogo com o cristianismo carismático, uma vez que podem aprender mutuamente.[47]

Uma vez que a declaração dos nazarenos, de 1985, e a da Igreja de Deus, de 1986, não proíbem o dom de línguas, mas apenas rejeitam a doutrina das línguas como evidência inicial do batismo no Espírito Santo, as portas podem estar abertas para os nazarenos e outros wesleyanos que desejem orar em línguas e permanecer em suas respectivas denominações.

Leituras recomendadas

Dois livros contam a história dos fundamentos da tradição metodista, considerada por muitos a mãe da tradição pentecostal: *The Holiness-Pentecostal Tradition: Charismatic Movements in the Twentieth Century* [A tradição *holiness*-pentecostal: movimentos carismáticos no século XX] (Grand Rapids: Eerdmans, 1997), de Vinson Synan; e *The Theological Roots of Pentecostalism* [As raízes teológicas do pentecostalismo] (Grand Rapids: Francis Asbury Press, 1987), de Donald Dayton. Uma coleção anotada dos documentos oficiais sobre a renovação pode ser vista na obra de Kilian McDonnell, *Presence, Power, Praise* [Presença, poder, louvor], em 3 volumes (New York: Paulist Press, 1980). Um excelente panorama do movimento de renovação é apresentado por Russell Spittler em seu livro *Perspectives on the New Pentecostalism* (Grand Rapids: Baker, 1976).

A história da ligação de Oral Roberts com os carismáticos metodistas pode ser lida em *Oral Roberts: An American Life* [Oral Roberts: uma vida americana] (Bloomington: University of Indiana Press, 1985), de David Harrell.

---

[47] *The Divided Flame: Wesleyans and the Charismatic Renewal* (Grand Rapids: Francis Asbury Press, 1986).

O principal teólogo batista da renovação é Howard Ervin, da Universidade Oral Roberts. Seu livro *And Forbid Not to Speak in Tongues* [E não proibais o falar em línguas] (Plainfield: Logos International, 1971) é uma clássica defesa do pentecostalismo entre os batistas. A autobiografia de Pat Robertson, *Shout It from the Housetop* [Pregai-o sobre os telhados], com Jamie Buckingham (Plainfield: Logos International, 1972), proporciona um interessante relato sobre os programas carismáticos de televisão.

A história de Gerald Derstine é contada em *Following the Fire* [Seguindo o fogo] (Plainfield: Logos International, 1980). Outra fonte sobre a renovação entre os menonitas e os ortodoxos é o livro de Kilian McDonnell, *Charismatic Renewal and the Churches* [A renovação carismática e as igrejas] (New York: Seabury Press, 1976). Uma tentativa de construir uma ponte entre pentecostais e wesleyanos é a obra de Howard Snyder, *The Divided Flame: Wesleyans and the Charismatic Renewal* [A chama dividida: os wesleyanos e a renovação carismática] (Grand Rapids: Francis Asbury Press, 1986).

✳ 9 ✳

A Renovação Carismática Católica

Peter Hocken

Sábado, 18 de fevereiro de 1967, foi outro dia de Pentecoste. Foi escolha de Deus esse dia histórico para a Igreja Católica Romana. Naquela noite, o Espírito Santo desceu sobre um grupo de católicos romanos numa casa retirada ao norte de Pittsburgh, na Pensilvânia. A maioria era de estudantes da Universidade de Duquesne. Eles não haviam planejado nenhum culto na capela, e sim uma festa de aniversário de um dos participantes daquele retiro de fim de semana. Assim, de alguma maneira Deus conduziu aqueles 25 jovens para a capela, e ali eles depararam com a tangível presença do Espírito. Alguns riam e choravam, alguns caíram prostrados ao chão, e todos falaram em línguas. Eles oraram e cantaram até as primeiras horas da manhã. Esse foi o nascimento da renovação carismática na Igreja Católica Romana.

Uma estudante, Patty Gallagher Mansfield, assim descreve aquela reunião:

> Naquela noite, o Senhor levou todo o grupo para a capela. [...] Os professores então impuseram as mãos sobre alguns dos estudantes, porém a maioria recebeu o batismo no Espírito enquanto estava de joelhos

diante do bendito sacramento, em oração. Alguns de nós começaram a falar em línguas; outros receberam dons de discernimento, profecia e sabedoria.

No entanto, o mais importante foi o fruto de amor de toda a comunidade reunida. No Espírito do Senhor, encontramos uma unidade que havia muito tempo tentávamos encontrar por nós mesmos.[1]

Outro estudante, David Mangan, relata o que aconteceu quando ele entrou na sala:

Chorei alto como nunca havia chorado, mas não derramei uma lágrima. De repente, Jesus Cristo era tão real para mim e tão presente ali que eu podia senti-lo em toda parte. Eu estava dominado por um sentimento tal de amor que não consigo explicar.[2]

Esse evento, hoje conhecido como Fim de Semana de Duquesne, foi a primeira reunião de oração católica carismática e desencadeou uma sequência de eventos que logo se provou uma das principais vias do movimento carismático do século XX, algo que ninguém esperava. Afinal, quem imaginaria que um movimento oriundo do avivalismo protestante e vinculado ao pentecostalismo encontraria lugar para se desenvolver na Igreja Católica Romana?

Foi a primeira vez na história cristã que um movimento de origem protestante não somente adentrou a Igreja Católica Romana, como também foi recebido e aprovado pelas autoridades eclesiásticas. Esse fato notável por si só indica que a expressão católica do movimento carismático tem consequências significativas e um vasto potencial.

---

[1] *As By a New Pentecost: The Dramatic Beginning of the Catholic Charismatic Renewal* (Steubenville: Steubenville University Press, 1992, p. 5-29) [*Como um novo Pentecostes:* relato histórico e testemunhal do dramático início da renovação carismática católica, Rio de Janeiro: Louva-a-Deus, 1993].

[2] Vinson SYNAN, *In the Latter Days* (Ann Arbor: Servant Publications, 1984), p. 110-1.

LÍNGUAS NA UNIVERSIDADE DE DUQUESNE

Certa noite, numa reunião de oração, sentei-me perto de David Mangan, que já havia recebido o dom de línguas. Eu estava espantado de ouvir David orar num belo e fluente francês. As palavras soavam como a letra de um salmo de louvor à benignidade do Filho de Deus, exaltando as correntes de água viva. A cadência de seu francês era diferente, mas a pronúncia era perfeita. Depois da reunião, perguntei a David se ele sabia que havia falado francês. Ele disse que não. Eu estava impressionada com a autenticidade de seu dom carismático. Para mim, era um sinal de que Deus estava operando.

Logo comecei a ter o desejo de louvar mais a Deus, de exaltar sua bondade muito mais do que minha limitada capacidade permitia. Paulo aconselha: "Busquem com dedicação os dons espirituais" (1Coríntios 14.1). Pedi a Deus o dom de línguas, mas não percebi que eu precisava mover meus lábios e usar minha voz para que as línguas fossem produzidas. Eu pensava que a linguagem da oração abriria caminho se eu aguardasse em silêncio o tempo suficiente.

Em 13 de março de 1967, quando acordei, estava nervosa por causa de um som baixo que saía de minha garganta. Eu tinha esperança de que fosse o dom de línguas, mas tinha medo de que ele "se apossasse de mim" no meio da aula. Então, fugi da aula e fui para capela da universidade, dirigindo-me ao oratório, um de nossos lugares favoritos de oração naqueles dias. Eu estava determinada a ficar ali o tempo que fosse necessário até falar em línguas. Então, ajoelhei-me e abri a boca... esperando.

O som ficou mais alto. Minha boca iniciou um movimento, e comecei como que a grunhir. "Oh, não!", pensei. "Não me diga que o Senhor está me dando uma língua feia e gutural, depois de eu me formar em francês por causa da beleza do idioma!". No entanto, aquele som foi desaparecendo até que finalmente comecei a cantar em línguas, uma adorável canção que fluía das profundezas de meu ser. Era um belo idioma, diferente da língua em que oro agora. Embora eu não reconhecesse as palavras, em meu coração eu *sabia* que estava cantando o *Magnificat* — foi a letra que o Senhor me deu na noite em que fui batizada no Espírito Santo:

> Minha alma engrandece
>   ao Senhor
> e o meu espírito se alegra
>   em Deus,
> meu Salvador,
> pois atentou
>   para a humildade
>   da sua serva.
> De agora em diante,
>   todas as gerações
>   me chamarão
> bem-aventurada (Lucas 1.46-48).

PATTY GALLAGHER MANSFIELD
As By a New Pentecost [Por um novo Pentecoste]

Raízes da renovação católica

Poucos católicos haviam sido batizados com o Espírito Santo até 1967, por isso aquele fim de semana na casa de retiro A Arca e a Pomba, perto de Pittsburgh, em fevereiro de 1967, representou oficialmente o início do movimento de renovação carismática entre os católicos. Embora a teofania verificada em A Arca e a Pomba tenha sido um elemento inesperado, não há dúvida de que cristãos carismáticos de outras igrejas ajudaram a preparar o terreno para que ela acontecesse.[3]

Aquele fim de semana foi organizado por quatro católicos, membros do corpo docente da Universidade de Duquesne, que um mês antes haviam participado de um grupo carismático liderado por uma presbiteriana, Flo Dodge. Nessa ocasião, os professores Ralph Keifer e Bill Storey oraram pedindo o batismo no Espírito Santo. Os alunos haviam sido orientados a ler *A cruz e o punhal*, de David Wilkerson. Contudo, no Fim de Semana de Duquesne havia apenas católicos presentes.

A notícia da ocorrência desse Pentecoste chegou rapidamente aos ouvidos dos colegas da Universidade de Notre Dame, em South Bend, Indiana, e da Universidade Estadual de Michigan, em East Lansing, Michigan. Em South Bend, logo se formou um grupo em torno de Kevin e Dorothy Ranaghan, e eles estabeleceram uma comunicação com um leigo pentecostal, Ray Bullard, presidente do capítulo local da Adhonep. Em East Lansing, o interesse de Ralph Martin e Steve Clark já havia sido despertado pela leitura de *A cruz e o punhal*. South Bend e Ann Arbor, para onde Martin e Clark se transferiram em seguida, não demoraram a se transformar em centros de organização para o movimento católico, à medida que comunidades de estudantes eram constituídas e alunos recém-formados eram batizados no Espírito Santo.

As origens do movimento católico diferem em aspectos significativos das origens do movimento nas igrejas protestantes. Os primeiros líderes

---

[3] Por exemplo, padre Jos Biesbrouck, nos Países Baixos, em 1965, por meio do ministério de David du Plessis; Barbara Shlemon, na Igreja Episcopal da Trindade, em Wheaton, Illinois, em 1965; os católicos da região de Seattle, por meio do ministério da Igreja Episcopal de São Lucas, pastoreada por Dennis Bennett.

carismáticos católicos eram quase todos jovens universitários que não adotavam nenhuma postura anti-intelectual, como às vezes ocorria nos círculos pentecostais e carismáticos. Eram jovens profundamente comprometidos com a fé católica e já embalados pelo espírito do Concílio Vaticano II para a renovação da Igreja Católica Romana. Por essa razão, eles compreenderam imediatamente que a experiência carismática seria benéfica para toda a igreja e enxergaram no novo movimento uma resposta à oração do papa João XXIII por um novo Pentecoste.

Outros acontecimentos na Igreja Católica Romana ajudaram a preparar o caminho para a renovação. Um deles, o movimento bíblico, começou a conquistar terreno entre os católicos na década de 1940. Estudiosos do universo católico romano se dedicavam aos estudos bíblicos numa escala nunca vista nos tempos modernos. Os leigos católicos começaram a ser incentivados a ler a Bíblia. Depois que a renovação foi deflagrada, houve uma verdadeira corrida para as Escrituras por parte de carismáticos que desejavam entender o batismo no Espírito Santo e os dons espirituais que estavam despontando na igreja.

Outro importante precursor foi o movimento dos cursilhos da cristandade, que teve início na Espanha depois da Segunda Guerra Mundial. Da Espanha, os cursilhos se espalharam pelo mundo. Consistiam numa concentração de fim de semana, na qual católicos que já haviam recebido os sacramentos eram reevangelizados, com o objetivo de assumir compromisso e adotar práticas cristãs.

O progresso do movimento leigo também foi importante na preparação do caminho para a renovação carismática. Desde os dias do papa Pio X (1903-1914), começou-se a dar nova ênfase ao papel do leigo na igreja. No transcorrer do século XX, o leigo não era mais visto como "ministro tampão" na ausência do sacerdote, e sim como alguém que "desempenhava a função sacerdotal de oferecer adoração para a glória de Deus e salvação do homem". Uma vez que a Renovação Carismática Católica começou com os leigos e foi em grande parte liderada por eles, o movimento se revelou decisivo na abertura das portas aos leigos para papéis de liderança na renovação após 1967.

O movimento ecumênico, que experimentou crescimento durante a maior parte do século, constituiu um fator fundamental para o progresso da Renovação Carismática Católica. Kilian McDonnell observa: "Por trás de cada carismático do período inicial, está um pentecostal clássico". Líderes pentecostais como David Wilkerson, David du Plessis e Vinson Synan proporcionaram informações e orientações significativos para o incipiente movimento de renovação. Um importante instrumento na propagação da renovação carismática foi a Adhonep, implantada pelo leigo da Califórnia Demos Shakarian. Pelo fato de aceitar católicos como sócios e oradores, o grupo de Shakarian construiu uma importante plataforma para espalhar a renovação pelo mundo.[4]

Esse sumário deixa bem claro que a Renovação Carismática Católica teve seu início por meio de uma inesperada ação do Espírito Santo naquele Fim de Semana de Duquesne, seguindo as influências carismáticas protestantes de Pittsburgh e de outras, como a Adhonep e David Wilkerson. No entanto, desde o início os líderes do novo movimento o receberam como um dom da parte do Senhor para a Igreja Católica Romana e se apressaram em formar organizações e comitês a fim de promover a renovação na comunhão católica. Além disso, os líderes católicos interpretavam o significado do movimento à luz da visão renovada do Concílio Vaticano II e como fruto desse conclave, que foi a abertura das portas ao ecumenismo e à obra do Espírito Santo em outras igrejas.[5]

A Renovação Carismática Católica (RCC) foi, sem dúvida, uma das vertentes mais importantes do movimento carismático do século XX. Foi também a que apresentou também um dos crescimentos mais surpreendentes do ponto de vista do contexto do avivamento e da natureza do movimento carismático.

---

[4] Edward O'CONNOR, *The Pentecostal Movement in the Catholic Church* (Notre Dame: Ave Maria Press, 1971). V. tb. Edward O'CONNOR, The Hidden Roots of the Charismatic Renewal in the Catholic Church, in: Vinson SYNAN, *Aspects of Pentecostal-Charismatic Origins* (Plainfield: Logos International, 1975), p. 169-91.

[5] Durante um curto período de tempo, a nova realidade foi conhecida como movimento católico pentecostal, mas na década de 1970 recebeu o nome de "renovação carismática católica", designação que foi bem-aceita e permanece até hoje.

O PAPA LEÃO XIII E ELENA GUERRA

A mais óbvia e talvez mais importante preparação para a renovação carismática da Igreja Católica Romana foi a encíclica *Sobre o Espírito Santo*, publicada pelo papa Leão XIII, em 1897. Nesse documento, o papa lamenta o fato de o Espírito Santo ser pouco conhecido e conclama o povo a renovar sua devoção ao Espírito. A encíclica contém um sumário preciso e oficial (e não seria de outra forma notável) do ensino católico acerca do Espírito Santo. Menciona de modo geral os dons do Espírito, mas não diz nada de específico acerca dos *charismata*. Não obstante, o simples fato de os dons serem mencionados já é importante, um sinal de que a maior autoridade da igreja teve sua atenção atraída para a real importância desse artigo da fé cristã. Milhões de pessoas leram a encíclica ou tomaram conhecimento dela indiretamente, por meio de sermões, livros e outros instrumentos. Um número considerável de importantes estudos sobre o papel do Espírito Santo foi em grande parte inspirado pela ação do papa.

É natural que nos admiremos da disposição de Leão XIII em publicar essa encíclica, uma vez que escritos mais insignes, sobre a ordem social, a restauração do tomismo e a divisão entre os cristãos, eram ansiosamente aguardados. Esse parece ter sido, de fato, um dos gestos mais carismáticos da carreira desse notável pontífice. A encíclica foi resultado da sugestão de uma obscura italiana, Elena Guerra (1835-1914), que liderava um grupo de freiras dedicadas ao ensino cristão para crianças. A espiritualidade de Elena era caracterizada por uma devoção inabalável e irrestrita ao Espírito Santo, e a incomodava o fato de a maioria das pessoas o conhecerem tão pouco. Inspirada por uma prática que aprendera quando criança na paróquia de sua igreja, ela costumava recomendar que os dez dias entre as festas da Ascensão e de Pentecoste fossem dedicados à oração e à preparação para os dons do Espírito, uma imitação da atitude dos apóstolos no cenáculo. Mais tarde, ela teve a audácia de escrever ao papa Leão XIII, sugerindo que ele próprio incentivasse essa prática. Para espanto de muita gente que havia tentado dissuadi-la da ideia, o papa correspondeu prontamente com uma encíclica que endossava a ideia de Elena, de um "novo cenáculo". Embora jamais se tenha encontrado com Elena, o papa instruiu seus conselheiros a comunicar a ele qualquer outra inspiração que ela tivesse para o bem da igreja.

Com esse incentivo, Elena escreveu outra vez ao papa, pedindo-lhe que instituísse a prática na igreja como um "cenáculo permanente e universal". Ele fez isso seis meses depois, por meio da encíclica *Sobre o Espírito Santo*, a qual prescreve que cada católico se prepare para a festa de Pentecoste com uma novena de oração.

EDWARD O'CONNOR
NEW COVENANT [NOVA ALIANÇA]

Características da Renovação Carismática Católica

Os elementos carismáticos da RCC eram os mesmos presentes entre os protestantes: a experiência básica do batismo no Espírito Santo, a manifestação e o exercício dos dons espirituais de 1Coríntios 12.8-10, o louvor exuberante, a exaltação a Cristo como o Rei que vive, a evangelização, testemunhos e a atenção à voz do Senhor. No contexto católico, porém, havia significativas diferenças na forma, no estilo e no tempo de celebração.

CATÓLICOS E PENTECOSTAIS EM NOTRE DAME

Fomos para a casa de Ray na semana seguinte e nos reunimos no porão com 11 ministros pentecostais e suas esposas, todos vindos de Indiana. Eles passaram a noite tentando nos convencer de que, se você é batizado no Espírito Santo, tem de falar em línguas. Nós os fizemos saber que éramos receptivos à oração em línguas, porém mantivemos firme nossa convicção de que já havíamos sido batizados no Espírito Santo porque podíamos senti-lo em nossa vida. A questão foi decidida porque estávamos dispostos a falar em línguas se isso não fosse visto como uma exigência teológica para o recebimento do batismo no Espírito Santo. Dissemos que, até certo ponto, concordávamos em fazer uma tentativa, e um dos ministros nos explicou o que estava envolvido naquele ato. Já bem tarde, talvez por volta da meia-noite, lá naquele porão, os irmãos nos colocaram em linha num dos lados da sala e ficaram ministrando posicionados no lado oposto. Eles começaram a orar em línguas e caminharam em nossa direção com as mãos levantadas. Antes de chegarem aonde estávamos, muitos de nós já havíamos começado a orar e a cantar em línguas.

Depois de orarem em línguas por algum tempo, contou Ghezzi, os amigos pentecostais dos estudantes lhes perguntaram quando eles deixariam a Igreja Católica e se uniriam a uma igreja pentecostal.

A pergunta nos deixou um pouco chocados. Nossa resposta foi que não precisávamos deixar a Igreja Católica, que ser batizado com o Espírito Santo era perfeitamente compatível com nossa crença no catolicismo. Garantimos a nossos amigos que tínhamos grande respeito por eles e que conservaríamos nossa comunhão, mas que também permaneceríamos na Igreja Católica.

Nossos amigos pentecostais tinham visto alguns católicos se unir a igrejas pentecostais depois de receber o batismo no Espírito Santo. Foi por não fazermos a mesma coisa que a Renovação Carismática Católica se tornou possível.

BERTH GHEZZI

IN THE LATTER DAYS [NOS ÚLTIMOS DIAS]

Especialmente no período até 1980, a RCC tomou a forma de grupos de oração — em geral, promovendo reuniões semanais e vez por outra assumindo contornos ecumênicos — e comunidades de aliança. Eram poucas as paróquias que podiam ser consideradas carismáticas. Desde 1980, tem crescido o número de centros de renovação, os quais, nos Estados Unidos em particular, tendem a se estabelecer nas comunidades de aliança como ponto central para a promoção do avivamento.

Os católicos carismáticos demonstram interesse em integrar a dimensão carismática à vida litúrgica da igreja. Isso acontece especialmente por meio da celebração da eucaristia carismática, com uma criativa mistura de estruturação e espontaneidade. Liturgias carismáticas dessa espécie constituem uma característica marcante das conferências e retiros da RCC. Há também uma forte ligação entre as liturgias de cura sacramental e carismática — uma e outra com ministração de cura pela eucaristia ou pela unção sacramental do enfermo num contexto carismático. A RCC desenvolveu-se particularmente no ministério de cura interior, e hoje muitos sacerdotes, freiras e leigos se dedicam à cura divina em tempo integral. Desses religiosos, nos Estados Unidos, podemos citar: Francis MacNutt, os irmãos Linns, padre Ralph di Orio e padre Edward McDonough. No âmbito mundial, são católicos bem conhecidos no ministério de cura o padre Mathew Naickomparambil, de Kerala, Índia (1947-), e Briege McKenna (1946-), freira irlandesa radicada na Flórida.

Reações da igreja oficial

Para um movimento que começara fora da comunhão católica, a RCC foi recebida com notável equanimidade pelo Vaticano e pela hierarquia da igreja. Nessa aceitação, o cardeal Léon-Joseph Suenens, da Bélgica, desempenhou um papel de excepcional importância. Suenens entrou em contanto com a RCC em 1972, e desde 1973 se pronunciava como participante, incentivando sua aceitação e integração à vida da Igreja Católica Romana. A influência de Suenens era imensa — não por ele ser um cardeal, mas porque era respeitado como uma das mais importantes figuras do Concílio Vaticano II.

Os bispos dos Estados Unidos deram sua resposta muito cedo, já em 1969, com uma declaração positiva de um comitê episcopal de doutrina. O papa Paulo VI discursou em Roma na Primeira Conferência Internacional de Líderes, em 1973, mas o momento decisivo teve lugar na conferência internacional carismática da RCC realizada na mesma cidade em 1975. A natureza explosiva da renovação se evidenciou nas liturgias carismáticas ministradas na Basílica de São Pedro, quando 10 mil vozes elevaram a Deus um profuso louvor, e palavras proféticas foram pronunciadas diante do reverenciado altar de São Pedro. O papa, dirigindo-se ao grupo, declarou que "a igreja e o mundo precisam, mais do que nunca, de que o milagre do Pentecoste se repita continuamente na História". O pontífice declarou também que a renovação era "uma oportunidade" para a igreja e o mundo.

Paulo VI designou o cardeal Suenens como seu consultor especial, com a função de supervisionar a aceitação da RCC na vida da Igreja Católica Romana. Quando Suenens se aposentou, em 1982, João Paulo II designou um bispo alemão, Paul Cordes, como secretário do Pontifício Conselho para os Leigos, como seu representante pessoal para a RCC. Essa combinação deixou a RCC ainda mais integrada às estruturas do Vaticano, vínculo que permaneceu quando Cordes foi substituído em ambas as funções pelo bispo polonês Stanislaus Rylko.

Boa parte das autoridades eclesiásticas romanas se pronunciou oficialmente de maneira positiva em relação à RCC. Os documentos anteriores a 1980 foram incluídos na obra de Kilian McDonnell, *Presence, Power, Praise* [Presença, poder, louvor] publicada em três volumes. Essas declarações indicam que os bispos católicos, diferentemente de muitos líderes protestantes, não tiveram nenhum problema, a princípio, com o falar em línguas nem com os outros dons espirituais. A dificuldade da Igreja Católica Romana era ecumênica: questões espirituais compartilhadas com outros cristãos. A mais recente declaração dos bispos dos Estados Unidos, feita durante as comemorações do trigésimo aniversário da RCC (1977), é a mais contundente e diz: "É com imensa gratidão e entusiasmo que, na Renovação Carismática Católica e na graça do batismo no Espírito Santo, vemos Deus derramar um novo Pentecoste".

Mensurando a renovação católica

A RCC entregou-se mais rápida e regularmente à reflexão teológica e ao estudo da Palavra que os setores protestantes do movimento carismático. Numa reação diferente da dos protestantes, a atenção dos católicos não era tão concentrada na glossolalia. Um bom número de estudiosos e teólogos fazia parte da RCC, e os mais influentes eram: o padre jesuíta Francis Sullivan, professor na Pontifícia Universidade Gregoriana, em Roma; o padre George Montague, marista, e o padre Francis Martin, ambos estudiosos da Bíblia; Albert de Monléon, teólogo dominicano da comunidade Emanuel, na França, e mais tarde bispo; o padre René Laurentin, francês estudioso da Bíblia e teólogo; e o padre jesuíta Paul Lebeau, teólogo belga que se tornou conselheiro teológico do cardeal Suenens. Outra importante contribuição para a reflexão teológica da RCC veio do padre beneditino Kilian McDonnell, que captou o significado dos movimentos pentecostal e carismático.[6]

Em 1973, o cardeal Suenens reuniu um grupo de teólogos com o propósito de preparar diversos documentos sobre a RCC. Na verdade, entre os "documentos de Malines", como são chamados, apenas o primeiro foi obra do grupo: *Orientações teológicas e pastorais sobre a Renovação Carismática Católica* (São Paulo: Loyola, 1976). Outros cinco documentos foram elaborados entre 1978 e 1987, todos escritos pelo cardeal Suenens.[7]

O primeiro impulso do ensino teológico católico foi na direção do batismo no Espírito Santo e seu relacionamento com a iniciação sacramental. Todos os teólogos católicos tentavam estabelecer uma distinção entre o pensamento da Igreja Católica Romana e a doutrina pentecostal, insistindo em que o Espírito Santo era dado nos sacramentos de iniciação. A

---

[6] Outro religioso influente foi o padre Heribert Mühlen, de Paderborn, Alemanha, autor de importantes estudos sobre a teologia do Espírito Santo. O padre Mühlen foi ativo na promoção da renovação dos dons do Espírito em sua paróquia, ao mesmo tempo que contestava o padrão da RCC, que considerava pouco integrado à vida da paróquia.

[7] O terceiro documento, *Charismatic Renewal and Social Action: A Dialogue* (1979), foi escrito pelo cardeal Suenens com a colaboração do bispo brasileiro dom Hélder Câmara.

maioria, até mesmo o primeiro documento de Malines, via uma diferença entre a ideia vigente da concessão do Espírito nos sacramentos e a experimentação consciente do dom já recebido.

Na contramão dessa corrente de pensamento, o padre Sullivan entendia o batismo pentecostal como uma nova missão do Espírito Santo, que trazia de fato algo novo. Num estágio posterior, os padres Kilian McDonnell e George Montague trouxeram à luz um estudo bíblico e patrístico: *Iniciação cristã e batismo no Espírito Santo* (Rio de Janeiro: Louva-a-Deus, 1995). Esse estudo, divulgado mundialmente no âmbito da RCC, ajudou a demonstrar que o batismo no Espírito Santo era, em sua origem, um elemento integrado à iniciação cristã, havendo a expectativa da experiência com os carismas do Espírito no processo da iniciação sacramental e eclesiástica.

A teologia católica dedicou muito mais atenção que a protestante à criação e à ordem natural. A doutrina e a reflexão teológica da RCC se sentem desconfortáveis com a ideia de simplesmente ter de optar entre o Espírito Santo e a ação demoníaca, excluindo o papel das forças naturais, biológicas, psíquicas e socioculturais. Esse ponto de vista pode ser percebido principalmente nos documentos de Malines que versam sobre os assuntos mais controversos da RCC: *Renewal and Powers of Darkness* [Renovação e poderes das trevas] (1983) e *Resting in the Spirit* [Descansando no Espírito] (1987).

Fases do movimento

Sem dúvida, a RCC experimentou extraordinário crescimento, mas também conheceu notável declínio em alguns países, principalmente nos Estados Unidos, no Canadá e na Irlanda. Essa situação desencadeou muitas novas iniciativas, mais notadamente a partir das raízes do movimento. Embora seja difícil dividir seus mais de trinta anos de história em períodos bem definidos, ainda mais se considerarmos que o movimento é um fenômeno mundial, é possível identificar certas fases que nos ajudam a entender como ele evoluiu.

1970-1980. Foi um período de rápido crescimento nos Estados Unidos, marcado pelas conferências internacionais realizadas anualmente, a maior parte delas em Notre Dame, sempre atraindo grandes multidões, mais até do que se viu na gigantesca conferência intereclesiástica de Kansas City, realizada em 1977. Houve crescimento paralelo nas conferências regionais, sendo a maior a de Atlantic City, Nova Jersey. Também eram concorridas as conferências do sul da Califórnia. De muitas maneiras, as conferências da RCC constituíam um espetáculo assombroso, tanto para os católicos quanto para os protestantes. Vinson Synan registra seu deslumbramento diante de 10 mil católicos carismáticos que louvavam o Senhor e davam testemunho de sua experiência com o Espírito Santo. De mãos levantadas, ele chorou quando os viu "cantar nossos hinos" e "exercitar nossos dons".[8]

Nesse período, ocorreu também a implantação da RCC em outros países de língua inglesa (Inglaterra, 1970-1971; Austrália, 1970; Nova Zelândia, 1971), bem como na Europa Ocidental (França, 1971-1972; Bélgica, 1972; Alemanha, 1972; Itália, 1973; Espanha, 1973-1974; Portugal, 1974). No Leste Europeu aprisionado nas garras do comunismo ateísta, os movimentos espontâneos de fé eram proibidos, por isso o único país cujas raízes da RCC remontam a esse período é a Polônia (1976-1977). As origens da RCC na América Latina concentram-se no período de 1970 a 1974. Outras nações que conheceram a RCC na década de 1970 foram a Coreia (1971) e a Índia (1972).

Muitas das principais comunidades carismáticas foram implantadas nesse período. Três países particularmente viram florescer novas e importantes comunidades: Estados Unidos, França e Austrália. As comunidades norte-americanas e australianas, em sua maioria, tentavam firmar-se como ecumênicas, respeitando a fidelidade denominacional de seus membros, embora quase todos fossem católicos. Nas comunidades francesas, somente a Novo Caminho pode ser considerada ecumênica, na intenção e na prática.

As mais influentes comunidades eram: Palavra de Deus, Ann Arbor, Michigan; Povo do Louvor, South Bend, Indiana; Aleluia, Augusta, Geórgia; Emanuel, Brisbane, Austrália; Emanuel, Paris, França; Novo Caminho, Lyon, França; Leão de Judá (mais tarde renomeada Beatitudes), Cordes, França. As comunidades não demoraram a se tornar agências de serviços e centros de apoio da RCC, organizando as mais importantes conferências

---

[8] *Charismatic Bridges* (Ann Arbor: Word of Life, 1974), p. 25.

e publicando as revistas mais conhecidas, como *New Covenant* [Nova aliança] (Estados Unidos), *Il Est Vivant!* [Ele vive!] (França) e *Feu et Lumière* [Fogo e luz] (França).

Nesse período inicial, o cruzamento entre católicos e protestantes começou a dar frutos. Essa realidade era percebida na contribuição de mestres protestantes (especialmente líderes não denominacionais, como Bob Mumford e Charles Simpson) para revistas e conferências católicas, na venda de literatura patrocinada por católicos e ainda na disseminação de novas composições musicais. Essa contribuição é notória particularmente na revista de circulação mensal *Pastoral Renew* [Renovação pastoral], voltada para "pastores e líderes de todas as tradições cristãs" e lançada em Ann Arbor, no início de 1976. O impulso para a unidade e o rápido crescimento atingiram o ápice na conferência realizada em Kansas City, em julho de 1977, que versava sobre a renovação carismática nas igrejas e reuniu mais de 50 mil pessoas. O ponto alto talvez tenha sido o biênio 1977-1978, quando se realizaram as conferências de Kansas City (1977) e a última reunião da Costa Leste, em Atlantic City (1978).

Durante esse período, a RCC em outros países era bastante dependente do material e da inspiração do movimento numericamente maior e mais dinâmico, que era o dos Estados Unidos. Com exceção da França, onde as novas comunidades tinham condições de providenciar fundamentos mais sólidos, a RCC na década de 1970 era relativamente modesta.

1980-1990. Em geral, a década de 1980 foi marcada por esforços conscientes, da parte da RCC, de se integrar mais efetivamente à vida da Igreja Católica Romana. Ao mesmo tempo que era celebrada e incentivada pelos papas, havia o sentimento generalizado de que a RCC permanecia à margem da vida da igreja. Desde o início, os líderes acreditavam que a RCC tinha como propósito a renovação da igreja, e muitos ficaram frustrados quando o movimento foi aparentemente relegado à categoria de admissível, porém exótica espiritualidade.

Essa mudança de direção está representada na transferência, em 1981, do Escritório de Comunicação Internacional de Bruxelas para Roma e da mudança de seu nome para Escritório Internacional da Renovação Carismática Católica. Nessa época, as estruturas diocesanas da renovação estavam em desenvolvimento, quase sempre ligadas à representação do bispo local, que muitas vezes assumia um papel de liderança. Essas mudanças inevitavelmente representaram uma redução no ímpeto ecumênico da RCC.

Nesse período, também diminuiu a influência das comunidades de aliança, muitas das quais enfrentaram suas piores crises na década de 1980. As crises quase sempre giravam em torno do exercício da autoridade — alguns bispos diocesanos expressavam sua preocupação acerca dos padrões de autoridade, insistindo na liderança masculina — e da postura inadequada da liderança com relação à prestação de contas.

A contenda muitas vezes se estendia à dimensão ecumênica, que se mostrou mais complicada que o esperado, quando se tentou manter a firme dedicação à unidade da igreja e ao mesmo tempo estabelecer compromisso com uma comunidade missionária na qual as divisões eram comuns. A comunidade Palavra de Deus, de Ann Arbor, foi pioneira num modelo para comunhões denominacionais: uma aliança comunitária ecumênica que reunia católicos, luteranos, reformados e grupos não denominacionais. A presença de líderes de grupos eclesiásticos que não pertenciam à liderança principal criou algumas dificuldades. Outra dificuldade nos arraiais ecumênicos dizia respeito à formação e à identidade dos filhos cujos pais estavam comprometidos com essas comunidades.

A crise com efeitos mais abrangentes se deu na comunidade Palavra de Deus e em sua progênie, uma comunidade internacional conhecida como Espada do Espírito. Com o crescimento das tensões internas, ocorreu uma cisão na liderança, em 1990. Ralph Martin, que assumiu uma comunidade da Palavra de Deus menor e de estrutura mais modesta, separou-se de Steve Clark e de Bruce Yocum. Os dois deram continuidade à visão da comunidade de aliança Espada do Espírito, formando uma nova comunidade na região de Ann Arbor, chamada Comunidade de Aliança de Washtenaw. Por causa da divisão, a revista *New Covenant* teve de ser vendida a um editor católico, e a *Pastoral Renew* deixou de circular. O conflito em Ann Arbor enfraqueceu consideravelmente o modelo de comunidade de aliança, que exercera tanta influência nos primeiros anos da RCC.

Com a redução na influência das comunidades durante a década de 1980, um peso maior de responsabilidade recaiu sobre os líderes diocesanos e regionais. A troca ocorrida no Comitê Nacional de Serviço (sigla em inglês: NSC), em que líderes de comunidades importantes foram substituídos por líderes do movimento nas dioceses, alterou a natureza do movimento nos Estados Unidos. De organização baseada em comunidades e orientada por uma grande conferência nacional, a RCC transformou-se numa rede de Comitês de Serviços Diocesanos, com cerca de 40 conferências espalhadas pelos Estados.

Em 1984, o padre Ken Metz, de Milwaukee, tornou-se o primeiro presidente do NSC (1984-1987). Entre os membros do NSC com a visão de líderes diocesanos estavam o padre Sam Jacobs, a freira Nancy Kellar, David Thorp e o padre Chris Aridas. Eles começaram a trabalhar para fortalecer a renovação local, bem como o relacionamento na rede de grupos diocesanos — dos grupos entre si e com o NSC.

Percebeu-se que a renovação era mais forte onde houvesse um Centro Diocesano da Renovação, por isso o NSC logo tratou de promover reuniões com esses centros, com vistas a fortalecer os que já existiam e a incentivar a criação de novos centros. No final da década de 1980, havia cerca de 80 desses centros servindo à RCC em todas as regiões.

O clamor pelo treinamento de líderes por parte dos grupos locais foi atendido pelo NSC, que criou o programa Timóteo Itinerante. Esse programa consistia em enviar professores de Estado em Estado para dar formação às lideranças locais. A demanda tornou-se tão grande que o NSC produziu uma série de estudos em fitas de vídeo sobre formação de líderes, as quais podiam ser utilizadas não pelos católicos, mas também no âmbito episcopal do movimento de renovação.

Outra mudança significativa na influência das comunidades sobre a renovação católica nos Estados Unidos foi a transferência, na década de 1980, do escritório nacional de South Bend, Indiana, para a Virgínia, perto de Washington, D.C. A mudança para perto de Washington, D.C. (onde outros movimentos de renovação tinham escritórios) também refletia o desejo do NSC de transferir as conferências nacionais para as várias dioceses dos Estados Unidos, um esforço adicional para fortalecer os grupos locais de renovação e proporcionar maior visibilidade dos líderes nacionais nesses lugares.

Durante a década de 1980, a RCC cresceu com rapidez entre os grupos étnicos — hispânicos, haitianos, coreanos e filipinos. Na época, os líderes desses grupos se reuniam com o NSC, de língua inglesa, porém tinham "canais" em seus respectivos idiomas na conferência nacional. No início da década de 1990, eles já eram fortes o bastante para ter conferências e comitês nacionais organizados por eles próprios.

Uma significativa confirmação do apoio do papa João Paulo II ao movimento carismático nos Estados Unidos foi a nomeação a bispo diocesano, em 1989, do padre Sam Jacobs, que assumira a presidência do NSC em 1987. Havia na RCC outros bispos que eram ativos no movimento, destacando-se entre eles Joseph McKinney. O bispo Sam, no entanto, foi o primeiro sacerdote profundamente comprometido com a RCC a ser nomeado bispo.

OS PAPAS E A RENOVAÇÃO CARISMÁTICA CATÓLICA

Como poderia essa "renovação espiritual" não ser uma "oportunidade" para a igreja e o mundo? Como, nesse caso, alguém poderia deixar de se valer de todos os meios para conservá-la? É preciso renovar o mundo, dar-lhe outra vez uma espiritualidade, uma alma, um pensamento religioso. É preciso tornar a abrir os lábios cerrados para a oração e abrir a boca para cantar, regozijar-se, cantar hinos e testemunhar. Trata-se de algo extraordinário para nossos tempos, para nossos irmãos, a fim de que haja uma geração, sua geração de jovens, que proclame ao mundo as grandezas do Deus do Pentecoste.

PAPA PAULO VI, ROMA, 1975

O vigor e a abundância de frutos da Renovação confirmam, sem sombra de dúvida, a poderosa presença do Espírito Santo trabalhando na Igreja nestes anos que se seguem ao Concílio Vaticano II. É óbvio que o Espírito guiou a Igreja em cada época, produzindo grande variedade de dons entre os fiéis. Por causa do Espírito, a Igreja preserva sua vitalidade, e a Renovação Carismática é hoje uma eloquente manifestação dessa vitalidade, uma audaciosa declaração do que "o Espírito diz às igrejas" (Apocalipse 2.7), à medida que nos aproximamos do segundo milênio.

PAPA JOÃO PAULO II, ROMA, 1987

O fruto do trabalho do NSC na década de 1980 ficou evidenciado na Conferência Nacional de 25º Aniversário, em 1992. O tema "Return to the Upper Room" [Retorno ao cenáculo] trouxe 18 mil católicos de volta a Pittsburgh, onde aquela obra do Espírito Santo havia começado.

Paralelamente aos progressos do NSC na década de 1980, deu-se o crescimento das conexões nas redes diocesanas, com a designação de bispos para representar a RCC junto aos bispos locais, e de bispos locais para representar a RCC. As conexões organizavam conferências anuais próprias e também patrocinavam uma conferência anual teológica voltada para as questões mais importantes da RCC.

À medida que as comunidades de aliança tinham sua importância reduzida, outras instituições e configurações iam surgindo. Importante influência exerceu nesse período a Universidade de Steubenville, de Ohio, dirigida pelo padre Michael Scanlan. O padre Scanlan promoveu Steubenville como lugar de grandes conferências de verão para sacerdotes e a juventude. Ele transformou a universidade numa instituição educacional católica, integrando vida espiritual dinâmica e educação de qualidade.

Também surgiram nessa época algumas comunidades celibatárias, em particular as Companhias da Cruz, implantadas por volta de 1985 pelo padre Bob Bedard, em Ottawa, no Canadá, e os Frades Franciscanos da Renovação, comunidade organizada pelos padres Benedict Groeschel e Stan Fortuna, em Nova York, em 1987. As Companhias da Cruz são especializadas na evangelização, organizando missões paroquiais e retiros, com maior concentração em jovens, pobres e católicos "não praticantes". Os Frades Franciscanos da Renovação procuram restaurar as raízes da pobreza e da pregação em sua ordem, trabalhando mais especificamente com os sem-teto e os pobres e promovendo retiros para a juventude.

A redução no número de participantes da RCC recebeu diversas interpretações. Segundo a mais otimista, os católicos que costumavam afluir para as grandes conferências na década de 1970 agora estavam acomodados a uma nova vida carismática em suas paróquias. A interpretação mais pessimista é de que essa nova vida no Espírito não tinha raízes profundas, evaporando depois que o entusiasmo inicial arrefeceu. O motivo real pode estar entre as duas interpretações: ao mesmo tempo que alguns abandonaram o movimento, é notável nos Estados Unidos o número de leigos católicos dedicados em tempo integral à igreja graças à sua formação na RCC.

A Europa da década de 1980 viu crescer a influência das principais comunidades francesas (Emanuel, Novo Caminho, Beatitudes, Pão da Vida). Todas elas se espalharam por outros países da Europa e países africanos de língua francesa. De forma diversa das comunidades norte-americanas, que procuravam consolidar-se numa localidade principal, as comunidades francesas logo se desmembravam em várias outras, primeiro na França e depois no resto do mundo.

Esse padrão era facilitado pelo fato de serem oferecidos às novas comunidades antigos mosteiros e conventos que não eram mais ocupados pelas ordens religiosas. As comunidades francesas mantinham com o passado católico vínculos mais fortes que seus colegas norte-americanos, e muitas delas descobriram novas serventias para os lugares tradicionais de peregrinação. A comunidade Emanuel foi convidada a dirigir o santuário e a Basílica de Paray-le-Monial, o local histórico da origem da devoção católica ao Sagrado Coração de Jesus, que é agora o maior centro de conferências de verão voltadas para o ensino. A comunidade Novo Caminho mantém estreita conexões com o santuário de Ars, e a comunidade das Beatitudes comandou por alguns anos uma importante peregrinação a Lourdes.

Na Itália, a principal instituição oficial da renovação é conhecida como Renovação no Espírito (sigla em italiano: RnS). Sua conferência anual é realizada na primavera em Rimini, e em pouco tempo se tornou a maior reunião da RCC na Europa. É também da Itália um dos mais conceituados mestres da RCC, o padre Raniero Cantalamessa, sacerdote capuchinho e estudioso da Bíblia que, em 1984, foi escolhido pregador da Casa Pontifícia.

Durante a década de 1980, a RCC começou a dedicar maior atenção à evangelização. A evangelização foi incluída na agenda católica por causa da exortação apostólica *Evangelii Nuntiandi*, do papa Paulo VI, e os católicos carismáticos estavam entre os mais motivados a atender ao apelo papal. Uma das primeiras respostas dos católicos veio da Cidade do México, onde foi formada a Comunhão de Comunidades de Evangelização no

Espírito Santo, que logo se espalhou por outros países da América Latina com apoio da hierarquia católica.

Em Malta, a Comunidade de Aliança da Glória de Deus foi influenciada pelo modelo das Escolas de Treinamento e Discipulado da Jocum (Jovens com uma Missão). Isso levou à organização de uma escola católica de treinamento na área evangelística, da qual surgiu o Programa Católico Internacional de Evangelização (sigla em inglês: ICPE). Também no México o líder leigo José Prado Flores lançou, em 1985, o programa Kekako ("ke" de *kerigma*; "ka" de *karisma*; "ko" de *koinonia*).

Na última metade da década de 1980, os principais líderes da renovação demonstraram interesse em recuperar o dinamismo ecumênico dos primeiros anos. Por essa razão, foram criados novos grupos internacionais e continentais: o Comitê de Serviço da Renovação da América do Norte (sigla em inglês: NARSC, 1987); a Consulta Carismática Europeia (sigla em inglês: ECC, 1988); e a Consulta Carismática Internacional sobre Evangelização do Mundo (sigla em inglês: ICCOWE, 1988). A iniciativa da ICCOWE data de uma reunião realizada em 1983, da qual participou o padre Tom Forrest.[9]

Na década de 1980, o ímpeto de crescimento transferiu-se da América do Norte para o Terceiro Mundo. Enquanto retrocedia nos Estados Unidos, o movimento de renovação continuava a crescer na África, na Ásia e na América Latina. Nas regiões menos afluentes do mundo, a RCC não era apenas mais um item no mercado religioso, tampouco uma das muitas opções de baixa espiritualidade que competiam entre si.

Os bispos do Terceiro Mundo são próximos de seu povo, e muitos deles perceberam que Deus estava transformando a vida dos fiéis por meio da RCC. Um sinal dessa realidade foi o retiro internacional da RCC para sacerdotes realizado no Vaticano em 1984, que contou com a participação de significativa parcela da hierarquia eclesiástica das Filipinas. Na verdade, o crescimento da RCC nesse país foi pronunciado após a revolução política de

---

[9] Outros participantes foram: Michael Harper (anglicano) e Larry Christenson (luterano).

1986. Mais detalhes sobre o crescimento continuado da RCC no Terceiro Mundo são dados logo adiante.

1990-2000. A última década do século XX testemunhou uma importante mudança na percepção da RCC dentro da Igreja Católica Romana. Essa alteração teve duas razões principais: a definição do decênio de 1990 como a Década da Evangelização e o incentivo do papa João Paulo II a novos movimentos na Igreja Católica.

A ideia de tornar o decênio de 1990 a Década da Evangelização foi proposta ao papa pelo padre Tom Forrest e por um líder italiano de outro movimento. Como resultado, o escritório da Evangelização 2000 foi estabelecido em Roma, em 1986, tendo como diretor o padre Forrest. Uma das medidas que deu mais impulso a essa obra foi a criação das escolas católicas de evangelização. A Década da Evangelização deu novo ímpeto às iniciativas evangelísticas da década de 1980 e aumentou o destaque à responsabilidade da igreja diante do apelo do papa.

O ICPE teve um desenvolvimento estável, abrindo novos centros na Alemanha, em Gana, na Nova Zelândia, nas Filipinas e na Polônia. Em visita a Malta, um bispo nigeriano ficou impressionado com o trabalho do ICPE e implantou a Escola de Evangelização Emaús, como projeto-piloto para toda a Nigéria, que por sua vez influenciou os países vizinhos. Por volta de 1998, havia 300 escolas de evangelização do Kekako em 37 países.

Durante a década de 1990, José Prado Flores trabalhou certo tempo em parceria com a Koinonia João Batista, uma comunidade de origem italiana, implantada pelo padre argentino Ricardo Arganares, promovendo diversos cursos de formação, identificados com o nome de personagens bíblicas, por exemplo: Curso Filipe, Curso Paulo e Curso João.

A compreensão católica de evangelização enfatiza a necessidade da proclamação direta do evangelho e da conversão como ponto de partida para a transformação da sociedade e da cultura. Os melhores exemplos de católicos que vivem uma vida no Espírito e desenvolvem programas sociais efetivos vêm da Colômbia e das Filipinas. Na Colômbia, a comunidade O Minuto de Deus, liderada pelos padres Diego Jaramillo e Camillo Bernal, põe em prática a "opção preferencial pelos pobres" na dimensão carismática, pelo poder do Espírito Santo. Eles prestam serviço nas áreas de educação, saúde, desenvolvimento comunitário e assistência a vítimas de catástrofes, bem como na administração de uma estação de rádio para propagar a mensagem do evangelho.

Nas Filipinas, a comunidade Pequeninos de Deus, implantada e liderada pelo padre Bart Pastor, em Tacloban, elaborou um programa de 12 passos para a inserção do evangelho nas dimensões física, econômica, social, política, cultural e ambiental da vida humana. Na França, a comunidade Pão da Vida é fortemente orientada a cuidar dos pobres e marginalizados.[10]

O interesse da RCC em fazer da evangelização o principal objetivo da igreja na década de 1990 contribuiu para que o movimento fosse aceito mais integralmente como elemento inseparável da Igreja Católica Romana. Em especial na África, na Ásia e na América Latina, a RCC passou a ser vista como um dos instrumentos mais eficazes em ganhar o povo para Cristo.

Além disso, o papa João Paulo II era um incentivador dos "novos movimentos" na Igreja Católica Romana, alguns dos quais profundamente comprometidos com a evangelização, como o movimento comunhão e libertação, o movimento neocatecumenal e a Comunidade de Santo Egídio. Os líderes desses movimentos promovem reuniões em períodos regulares, com o objetivo de incentivar a colaboração e o respeito mútuo.

O desejo do papa de integrar totalmente os novos movimentos à Igreja Católica Romana resultou na elaboração de documentos oficiais enviados às autoridades da igreja para o devido reconhecimento. O estatuto foi aprovado em setembro de 1993, e a organização internacional da RCC teve o nome mudado para Renovação Carismática Católica Internacional (sigla em inglês: ICCRS). Charles Whitehead, da Inglaterra, era o presidente da ICCRS na época, e o padre Ken Metz, dos Estados Unidos, foi seu diretor de 1987 a 1994. Em 1994, a freira Nancy Keller foi eleita primeira mulher diretora da ICCRS.[11]

---

[10] Os 12 passos são: 1) conversão; 2) chamado; 3) pacto; 4) compromisso; 5) estruturas incorporadas; 6) catequese; 7) cuidado pastoral; 8) ministérios; 9) comunhão; 10) testemunho comunal; 11) renovação da igreja; 12) Vem, Senhor Jesus!

[11] ICCRS é a sigla de International Catholic Charismatic Renewal Services.

De modo semelhante, o Vaticano incentivava as novas comunidades da RCC a se unir em torno de uma única organização. Por essa razão, foi criada, em 1990, a Fraternidade Católica das Comunidades de Aliança e Vida (sigla em inglês: CFCCCF), que recebeu pleno *status* canônico e teve seu estatuto aprovado em novembro de 1990. As novas comunidades podem solicitar à CFCCCF um *status* de organização "em andamento". Nessa fase, são ajudadas e orientadas por comunidades maiores e mais experientes.

A grande reunião da festa de Pentecoste em Roma, em 1998, revestiu-se de especial importância quando o papa estendeu o convite a todos os participantes dos "novos movimentos". O pontífice fez um discurso significativo e declarou que, no Concílio Vaticano II, "a igreja redescobriu a dimensão carismática como essencial à sua identidade". Foi em razão dessa redescoberta que se verificou "notável aumento no número de movimentos eclesiais e novas comunidades". Disse ainda o papa: "Sinto necessidade de rogar que sejamos receptivos e submissos aos dons do Espírito". Ele ressaltou que o movimento havia passado no teste do tempo e agora entrava num novo estágio, o da "maturidade eclesial". Desse modo, o papa considerava os novos movimentos, entre eles a RCC, meios dos quais a igreja necessitava para poder cumprir sua missão. Foi uma declaração oficial de que a RCC e outros movimentos haviam atingido a maturidade.[12]

Uma consequência imediata desse evento em Roma foi a associação de alguns movimentos com a RCC. O papa insistia com os movimentos sobre a necessidade de aceitar e reconhecer a unidade dos dons espirituais. Por causa disso, desde o Pentecoste de 1998 foram promovidos vários encontros para integrar os líderes da RCC com a liderança do movimento dos focolares e a Comunidade de Santo Egídio.

Ao mesmo tempo que a ênfase do papa recaía sobre a necessária correlação entre o institucional e o carismático e sobre a comunhão e a cooperação

---

[12] Esse grande evento, que reuniu meio milhão de pessoas, foi precedido pelo Congresso Mundial de Movimentos Eclesiais e Novas Comunidades. Além da RCC e da RnS, muitos outros grupos participantes eram carismáticos, e as principais comunidades carismáticas foram convidadas a enviar representantes ao congresso.

mútua — entre os novos movimentos com os bispos e uns com os outros —, havia também tendências centralizadoras dentro do Vaticano e da hierarquia católica. O *Código de direito canônico* de 1983 reconhece pela primeira vez o direito de leigos católicos constituírem associações com a Igreja Católica Romana. Além disso, um bom número de comunidades da RCC optou por não se unir à CFCCCF, preferindo obter o reconhecimento dos bispos locais.

Na Itália, a maioria das novas comunidades carismáticas não era afiliada à RnS, a instituição-padrão da RCC naquele país, e em 1986 elas criaram uma entidade própria: a Iniciativa de Comunhão na Renovação Carismática. A legitimidade dessa iniciativa foi reconhecida pelas autoridades católicas e pela RnS, numa importante demonstração de saudável equilíbrio entre coordenação organizacional e diversidade estrutural.

O mais rápido crescimento da RCC na década de 1990 foi verificado na África, Ásia e América Latina. O avanço mais extraordinário ocorreu no Brasil e na Índia. Existem hoje no Brasil mais de 60 mil grupos de oração da RCC. Estima-se que 8 milhões de católicos brasileiros estão envolvidos com a RCC (eram 4 milhões em 1994). A radiodifusão da RCC predomina em mais de 180 estações de rádio católicas no Brasil, e os carismáticos possuem também seu centro de produção audiovisual, o Século XXI, em São Paulo, com quatro estúdios de televisão. O pregador com maior índice de audiência na década de 1990 foi um jovem sacerdote, o padre Marcelo Rossi. Na Índia, o crescimento também foi significativo, especialmente em Kerala, onde o Centro de Retiro Divino, em Muringoor, atraía grandes multidões, em média 15 mil pessoas por dia, que vinham para as campanhas de cura divina do padre Mathew Naickomparambil e sua equipe. Algumas convenções diocesanas da RCC atraíam mais de 10 mil pessoas.

No México, a RCC também tem ótimo desempenho, com várias comunidades novas e dinâmicas e grande aceitação entre os jovens: 14 mil deles compareceram ao Encontro Nacional da Juventude, em 1998. Nas Filipinas, há milhões de católicos carismáticos, e o movimento El Shaddai reúne centenas de milhares de pessoas em celebrações ao ar livre, em Manila, as quais são transmitidas pela televisão para todo o país. Outro movimento é o Casais para Cristo, que surgiu na RCC das Filipinas e se espalhou por vários países. As comunidades filipinas da RCC criaram uma instituição própria: a Federação das Comunidades de Aliança Transparoquiais.[13]

Na África de língua inglesa, as repúblicas de Gana, Tanzânia e Uganda são as que apresentam maior crescimento na RCC, contando com líderes em tempo integral. Entre as várias nações africanas de língua francesa devastadas pela guerra, a RCC cresceu mais rapidamente que nos países de língua inglesa, em razão do envolvimento das comunidades francesas, especialmente a Emanuel e a Novo Caminho. Na maioria dos países do Leste Europeu, a RCC, por ser um movimento católico, começou a se desenvolver depois da derrocada do comunismo. O bispo Cordes, no Vaticano, solicitou a algumas comunidades francesas que estabelecessem centros nos antigos países comunistas. A Lituânia e a Eslováquia são dois países em que a RCC recebeu muita ajuda de líderes dos Estados Unidos na fase inicial, particularmente de Ralph Martin, Peter Herbeck e Dave Nodar.

Durante a década de 1990, o movimento carismático como um todo assumiu contornos menos nítidos. Por causa de sua influência cada vez mais ampla no mundo eclesiástico, um número cada vez maior de pessoas tinha sua vida de fé transformada pela renovação, mas esses cristãos não se consideravam carismáticos. Essa tendência era mais pronunciada no segmento protestante influenciado por John Wimber e também pelo surgimento de ministérios de cura não identificados como carismáticos. Essa realidade ficou bem evidenciada na década de 1990 pela "bênção de Toronto" e depois pelo Curso Alfa.

A RCC parece ter sido um dos últimos segmentos carismáticos a ser afetado pelo fenômeno de Toronto, isto é, a onda de "renovação", também chamada "bênção do Pai" e "vinho novo", que era acompanhada por uma grande variedade de manifestações físicas. Entretanto, mesmo que tenham sido poucos os líderes católicos que se declararam influenciados pela espiritualidade de Toronto, a qual se espalhou a partir da Igreja Comunhão

---

[13] Alguns membros: Alegria do Senhor; Laço de Amor; Livre para Deus; Comunidade Elim; Comunidade Católica Cristo Ressuscitado; Amado Rebanho, o Rebanho do Senhor; Amor de Deus; El Shaddai.

da Videira do Aeroporto de Toronto, começando em janeiro de 1994, é provável ela tenha influenciado os participantes da RCC muito mais que seus líderes imaginam.[14]

Uma das razões para isso foi a disseminação de literatura carismática entusiasta, com abundantes informações dos últimos acontecimentos do mundo carismático. A consciência dessa realidade, sem dúvida, foi fator determinante na elaboração de um documento sobre o assunto, em 1995, por parte da comissão teológica da RCC na Alemanha. Um país em que a Igreja Católica Romana sofreu profundo impacto da "bênção do Pai" foi Uganda, sob a liderança de um missionário alemão chamado Ernst Sievers.[15]

O Curso Alfa teve origem numa paróquia evangelical anglicana de Londres, e logo atraiu o povo católico. Como resultado, o NSC inglês abriu um escritório católico para o Curso Alfa em St. Albans, em 1997, uma iniciativa logo imitada pelos Estados Unidos, com o escritório católico para o Curso Alfa sendo estabelecido em Baltimore. Embora o Curso Alfa se apresente como instrumento evangelístico para alcançar os que não frequentam a igreja, adequado para ser usado por todos os cristãos, ele contém um componente carismático. O Fim de Semana do Espírito Santo corresponde a cerca de um terço do tempo do curso. Nessa etapa, são ministrados ensinamentos a respeito dos dons espirituais, e os participantes são incentivados a buscar o dom de línguas. Assim, embora não se dedique a recrutar discípulos diretamente dos grupos carismáticos, o Curso Alfa é frequentado por muitos cristãos que tiveram a experiência carismática. Na Inglaterra, o Curso Alfa corresponde a um novo sopro de vida sobre a RCC, dando a muitos grupos de oração um novo senso de missão, e esse impulso pode ser observado em outros países, na vida dos católicos que participaram do curso.

---

[14] Entre aqueles líderes, estão Vincent Walsh (Filadélfia), Henri Lemay (membro da ICCRS de Quebec), padre Hal Cohen e Patti Mansfield Gallagher (Nova Orleans).
[15] Concerning Extraordinarily Bodily Phenomena in the Context of Spiritual Occurrences, *Pneuma* 18/1, 1996, p. 5-32.

O Curso Alfa pode ser considerado um símbolo do ressurgimento do componente ecumênico na renovação carismática. Todos os grupos carismáticos intereclesiásticos criados no final da década de 1980 apoiavam a Década da Evangelização. A evangelização também era o tema de suas maiores conferências: a do NARSC, em Indianápolis, e a da ECC, em Berna, na Suíça, ambas realizadas em 1990, e seguidas pela conferência da ICCOWE, que reuniu líderes de todo o mundo em Brighton, na Inglaterra, em 1991. O congresso de Orlando 95, organizado pelo NARSC, seguiu o padrão de Brighton, incluindo uma discussão teológica em meio aos temas populares da conferência. Todos esses eventos contaram com uma participação católica maciça, em números que às vezes correspondiam a 50% da audiência. A liderança internacional da RCC dava claro apoio ao ímpeto ecumênico do Espírito Santo, especialmente Charles Whitehead, presidente da ICCRS até o início de 2000, cuja esposa era anglicana, e o padre Raniero Cantalamessa, que costumava pregar a unidade cristã e cuja preleção em Brighton foi o ponto alto da conferência.

Enquanto os Estados Unidos, a Grã-Bretanha e os Países Baixos promoviam extensas reuniões anuais de líderes carismáticos, com participação católica, e a França seguia o processo comum nos meados da década de 1980, novos encontros começaram a ser realizados na Alemanha (1993) e Irlanda (1997), unindo católicos, protestantes históricos e líderes de novas igrejas (não denominacionais).

Na Itália, um forte incentivo à reconciliação ecumênica partiu de Matteo Calisi (católico) e Giovanni Traettino (pentecostal), que promoviam uma conferência católico-pentecostal a cada outono. Em 1995, Calisi e Traettino dirigiram uma cerimônia de lava-pés na conferência da RCC em Rimini, quando um cardeal africano e outros prelados lavaram os pés de Traettino. Calisi e Traettino também ministraram juntos na conferência da ICCOWE, em Praga, na República Checa. Com o tema "Construindo pontes, quebrando barreiras", essa conferência ajudou a disseminar o espírito de reconciliação intereclesiástica no Leste Europeu, onde as relações ecumênicas eram menos desenvolvidas e a RCC tinha poucos vínculos com a renovação em outras igrejas. Uma conferência intereclesiástica realizada em Nuremberg durante a festa de Pentecoste de 1999, mais uma vez com o padre Cantalamessa, renovou o interesse pelo ecumenismo na RCC da Alemanha.

Um gesto que representou significativo progresso espiritual para o movimento de renovação e para a unidade cristã foi uma declaração do papa, na qual ele expressou publicamente o arrependimento pelos pecados que a Igreja Católica Romana cometeu contra o amor e contra a unidade ao longo dos séculos. A liturgia do arrependimento, realizada na Basílica de São Pedro, Roma, em 12 de março de 2000, foi seguida pela histórica visita do papa a Israel, no final daquele mesmo mês, quando o pontífice renovou sua expressão de pesar pelos pecados cometidos contra o povo judeu. Ao que parece, a RCC não teve grande participação nesse processo, a despeito da sensibilidade espiritual em relação a Israel e ao povo judeu demonstrada em muitos círculos pentecostais e carismáticos. Vale lembrar também que a contribuição de líderes carismáticos protestantes, como John Dawson, despertou os ministérios de reconciliação por meio das "jornadas de oração de arrependimento". Além disso, a comunidade das Beatitudes, da França, tem feito mais que proporcionar profunda compreensão bíblica acerca de Israel e do amor pelo povo judeu. Em suas pregações, o padre Cantalamessa tem insistido quanto à necessidade de arrependimento pelos pecados cometidos contra os judeus e no relacionamento com eles para curar as feridas da cristandade dividida.

Conclusão

Não obstante algumas decepções e algumas áreas de declínio, a RCC tem uma inegável história de sucesso. Ela de fato exerceu muito mais influência sobre a Igreja Católica Romana que o percebido em sua jurisdição visível. A Igreja Católica Romana de 2000 tinha muito mais consciência da pessoa do Espírito Santo que a da década de 1960. Embora isso também se deva a diversos outros fatores, como a renovação bíblica e litúrgica, a maior influência foi, sem dúvida, a da RCC. Ela provavelmente foi o instrumento mais eficaz para conduzir o católico comum à leitura da Bíblia e ao amor pela Palavra de Deus. De muitas maneiras, a adoração católica tornou-se mais alegre, com larga utilização de canções de inspiração carismática, ainda que nem sempre de origem conhecida pelo povo.

A RCC por certo deixou uma marca indelével na Igreja Católica Romana, despertando-a para a evangelização, e muitos dos católicos que abraçam os ministérios de evangelização são oriundos das fileiras da RCC ou receberam treinamento nas escolas de evangelização dirigidas pelos carismáticos. Nos Estados Unidos, muitos dos jovens leigos que se tornaram diretores de educação religiosa ou assumiram cargos de liderança entre a juventude nas paróquias católicas são formados pela Universidade de Steubenville.

Outra área da vida católica que recebeu significativa influência da RCC foi a da cura divina. Embora a decisão do Concílio Vaticano II de fazer do sacramento da unção uma ministração também ao doente — e não apenas ao moribundo — não se deva a nenhuma influência pentecostal ou carismática, essa mudança despertou nos católicos uma nova apreciação pelo ministério de cura. A popularização da cura interior na RCC também introduziu um novo elemento no ministério da confissão exercido pelos sacerdotes católicos.

Finalmente, a RCC foi responsável por uma mudança importantíssima: a aceitação de cristãos de outras igrejas por parte dos católicos comuns. A renovação carismática é o primeiro movimento de massa a abarcar de fato todas as igrejas e tradições cristãs. Muitos leigos católicos tiveram sua primeira experiência com o ecumenismo na RCC, que tornou real no coração deles o que o Concílio Vaticano II havia declarado acerca do ecumenismo espiritual e da vontade do Senhor a respeito da unidade cristã. A RCC representa uma interessante mistura de reforma da herança católica e de abertura aos dons protestantes, tudo lançado no cadinho do Espírito Santo.

Leituras recomendadas

Kilian McDonnell foi um importante teólogo, historiador e conselheiro da RCC desde o início. Suas principais obras são: *Charismatic Renewal and the Churches* [A renovação carismática e as igrejas] (New York: Seabury Press, 1976); *Presence, Power, Praise* [Presença, poder, louvor] (Collegeville: Liturgical Press, 1980), em três volumes; e *Christian Initiation and Baptism in the Holy Spirit* [Iniciação cristã e o batismo no Espírito Santo] (Collegeville: Liturgical Press, 1991), com George Montague.

Estes são os principais livros sobre a história do movimento em seus primeiros anos: *Católicos pentecostais* (Pindamonhangaba: O. S. Boyer, 1972), organizado por Kevin & Dorothy Ranaghan; *The Pentecostal Movement in the Catholic Church* [O movimento pentecostal na Igreja Católica] (Notre Dame: Ave Maria Press, 1971), de Edward O'Connor. Uma obra histórica mais recente é o livro de Francis A. Sullivan, *Charisms and the Charismatic Renewal* [Os carismas e a renovação carismática] (Ann Arbor: Servant Publications, 1982). Um livro de extrema importância por seus esclarecimentos teológicos e eclesiásticos é *A New Pentecost?* [Um novo Pentecoste?] (New York: Seabury Press, 1975), de Léon-Joseph Suenens.

As declarações oficiais do papa sobre o movimento de renovação estão reunidas em *Then Peter Stood Up...: Collection of the popes' addresses to the CCR from its origin to the year 2000* [Então, se levantou Pedro...: coleção de discursos à RCC desde suas origens até 2000] (Rome: ICCRS, 2000). Um fonte contemporânea acerca do pensamento católico carismático da década de 1970 é *Theological and Pastoral Orientations on the Catholic Charismatic Renewal* [Orientações teológicas e pastorais sobre a Renovação Carismática Católica (Ann Arbor: Word of Life, 1974). Uma exposição completa do progresso da RCC no mundo é o artigo "Charismatic Movement" [Movimento carismático], de Peter Hocken, no *Dictionary of Pentecostal and Charismatic Movements* [Dicionário dos movimentos pentecostal e carismático] (Grand Rapids: Zondervan, 1988), organizado por Stanley M. Burgess e Gary McGee, p. 130-60.

✳ 10 ✳

Mulheres cheias do Espírito Santo

Susan C. Hyatt

Desde o primeiro dia da história do Pentecoste moderno, 1º de janeiro de 1901, as mulheres vêm desempenhando papéis de liderança fundamentais para o progresso do pentecostalismo. Naquele primeiro dia do século XX, foi uma mulher que abriu a porta do "século do Espírito Santo". O nome dela era Agnes Ozman, uma humilde pregadora *holiness* de 30 anos de idade. Seu batismo no Espírito Santo acompanhado do falar em línguas foi um dos marcos mais importantes da história da Igreja.

De acordo com J. Roswell Flower, secretário fundador das Assembleias de Deus, a experiência de Ozman "deu forma ao movimento pentecostal do século XX. A razão de Ozman ter sido contemplada com essa honra, ainda segundo Flower, é que ela foi a primeira pessoa na história a receber o batismo do Espírito Santo com a expectativa de que as línguas seriam a "evidência bíblica" da experiência. Muitos outros antes dela haviam clamado pelo batismo no Espírito Santo e muitos outros também haviam falado em línguas, mas foi a primeira vez em que os dois fenômenos estiveram ligados.

Seria mera coincidência ter sido uma mulher — Agnes Osman — a pessoa que inaugurou o "século do Espírito Santo"? Muitos escritores e estudiosos veem nesse fato o cumprimento da profecia bíblica, segundo a qual Deus derramaria seu Espírito "sobre toda a carne" (*ARA*) e que "os seus filhos e as suas filhas" iriam profetizar e dar testemunho dele. Outros acreditam ser o cumprimento da profecia de Joel (2.28,29), segundo a qual Deus derramaria seu Espírito "sobre os servos e as servas".

O ato protagonizado por Agnes Ozman foi o prenúncio de um século em que as mulheres ministrariam como nunca se viu na história da Igreja. Em certo sentido, ela é a conexão entre uma longa linhagem de mulheres pregadoras que a precederam, no século XIX, com uma sucessão de ministras pentecostais que assombrariam o mundo no século XX.

A fase preparatória dos séculos XVII e XVIII

Historicamente, a mulher sempre encontrou grande liberdade nos movimentos cristãos de renovação caracterizados pela ação do Espírito Santo, muito mais que nas instituições tradicionais. Nesses avivamentos, as mulheres que alcançavam a experiência e possuíam os dons do Espírito eram reconhecidas como líderes mais que os ministros autorizados pela instituição tradicional. Essa era a realidade, principalmente nos primeiros anos do avivamento pentecostal, explicada, em parte, pela presença dos ideais quacres e metodistas que permeavam a religião da América do Norte do século XIX, geralmente aperfeiçoados pelas mulheres. De fato, a proeminência das mulheres, especialmente na liderança do avivamento pentecostal incipiente, só pode ser compreendida a contento à luz de sua influência.

As mulheres entre os primeiros quacres

Os primeiros quacres (1650-1690), também conhecidos como Amigos, promoveram a mais significativa mudança histórica no que diz respeito às mulheres desde os tempos de Jesus. Tendo surgido na Inglaterra por volta de 1650, esse grupo de índole missionária, do qual faziam parte muitas mulheres, disseminou o evangelho, com grande risco da própria vida, desde a Turquia até as colônias do Novo Mundo. Por volta de 1660, constituíam o grupo que apresentava mais rápido crescimento do mundo ocidental. Esses crentes carismáticos desfrutavam as manifestações do

Espírito Santo, curas divinas e os dons espirituais e até cantavam no Espírito. Edward Burroughs, um dos primeiros membros da Sociedade dos Amigos, escreveu: "Nossa língua se soltou, e nossa boca se abriu, e falamos em outras línguas, conforme o Senhor nos concedia que falássemos".[1]

Os primeiros quacres valorizavam as Escrituras e a vida interior no Espírito, em contraposição às formas e aos rituais externos da igreja institucionalizada. Sua preocupação era com um estilo de vida cristã que refletisse a compaixão de Jesus e a renúncia a qualquer dependência de religiosidade externa. Esse ideal caracterizava seu conceito de ministério, o qual, para eles, era sinônimo de vida cristã. Homens e mulheres eram igualmente responsáveis pela caminhada individual em intimidade com o Senhor e demonstravam extremo respeito pelos outros. A dádiva do Espírito Santo era considerada um fator de qualificação para o trabalho de liderança, bem como para as atividades missionárias. Eles não reconheciam nenhuma classe clerical.

Por essa razão, mulheres quacres como Margaret Fell (1614-1702) estavam na linha de frente. Em 1666, presa por causa de sua fé, ela escreveu *Women Speaking Justified* [O discurso das mulheres reabilitado], o primeiro livro da autoria de uma mulher que refletia uma teologia baseada na Bíblia a favor da ministração pública por mulheres. Oriunda de uma nobre família anglicana, Fell prestou grande ajuda às mulheres no exercício de sua igualdade na sociedade da época. (Essa rica herança é uma das razões de as mulheres serem tão competentes na condução das mudanças sociais ocorridas nos Estados Unidos no século XIX.) É incalculável o número de mulheres quacres que fizeram significativa diferença no século XIX nesse país, preparando as mulheres de maneira que, no advento do avivamento pentecostal, elas estavam prontas para assumir funções de liderança.

Um importante fato relacionado ao movimento pentecostal e muitas vezes ignorado é a influência direta do pensamento quacre. O grande derramamento inicial ocorreu na Escola Bíblica Betel, em Topeka, Kansas, administrada por Charles Fox Parham (1873-1929). Embora a Escola Bíblica Betel seja em geral considerada uma instituição *holiness*, vale lembrar que

---

[1] George Fox, *The Works of George Fox* (New York: AMS Press, 1975), v. 3, p. 13.

Sarah Thistlethwaite (1873-1939) nasceu entre os Irmãos e jamais renunciou ao quacrismo, e que o próprio Parham passou muitas horas alterando sua teologia *holiness*-metodista em diálogos com o avô quacre de sua esposa. Enquanto a influência Parham-Thistlethwaite prevalecia, a igualdade de gênero, típica dos Amigos, caracterizou o avivamento. Teriam sido essa dignidade e essa igualdade a causa do excepcional dinamismo demonstrado por tantas mulheres nos primeiros anos do avivamento pentecostal?

As mulheres nos primórdios do metodismo

Outro importante elemento que conferiu proeminência à mulher no período inicial do avivamento foi o movimento de santidade, que teve sua origem no metodismo. O avivamento metodista da Inglaterra (1739-1760) era carismático por natureza, como entre os Amigos, no início. Havia também entre os metodistas uma importante inclusão das mulheres, que eram respeitadas e reconhecidas e tinham liberdade para ministrar. De fato, um estudioso observou: "A emancipação feminina começou com John Wesley".[2] Três elementos principais contribuíram para essa elevação da mulher: a teologia de Wesley, centrada na santidade; a ênfase de Wesley no "testemunho interior do Espírito Santo" ou no "coração aquecido"; a mãe de Wesley, Susanna.

O lema principal de Wesley era a santidade de vida. O texto bíblico em que ele se baseava era Hebreus 12.14: "Esforcem-se para viver em paz com todos e para serem santos; sem santidade ninguém verá o Senhor". Por acreditar que era responsabilidade de cada crente, ele rejeitava a ideia de que a santidade estava reservada à classe clerical, insistindo em que a santidade devia ser cultivada por todos os crentes. Esse era um elevado conceito social.

Uma das principais distinções no ensino do metodismo acerca da santidade nos primeiros tempos era a importância de dar testemunho público da experiência da santificação operada por Deus no coração do crente. Era uma responsabilidade que devia ser cumprida tanto por homens

---

[2] Robert WEARMOUTH, *Methodism and the Common People of the Eighteenth Century* (London: Epworth, 1945), p. 223.

quanto por mulheres. Assim, de maneira rápida, porém sutil, as seculares barreiras erguidas diante das mulheres foram abaladas por uma religião socialmente aceitável. Do testemunho para o ensino e a pregação foi um pequeno passo.

Depois da experiência de conversão-santificação em Aldersgate, na qual sentiu o coração "estranhamente aquecido", Wesley passou a enfatizar a importância do elemento empírico na fé. Por causa disso, as mulheres metodistas cujo coração também fora "estranhamente aquecido" pelo Espírito Santo começaram a conquistar espaço na igreja, e essa abertura acabou sancionando a prática da pregação por mulheres. Quando lhe perguntaram por que comissionava mulheres para pregar e liderar, Wesley respondeu: "Uma vez que o próprio Deus salvou a alma delas, quem sou eu para resistir a Deus?".[3]

Talvez a mulher metodista mais influente da história tenha sido a mãe de Wesley, Susanna Annesley Wesley (1669-1742). Na verdade, alguns estudiosos consideram Susanna a verdadeira fundadora do metodismo.[4] Essa mulher extremamente inteligente e autodidata estabeleceu um formato para a Igreja Metodista com seu sistema doméstico de devoção religiosa. Susanna, instruída na teologia de seu pai, a dos "não conformistas de St. Paul", acreditava que a ação do Espírito Santo na vida dos crentes era revestida de uma autoridade superior aos ditames da igreja institucionalizada.

A fase preparatória do século XIX

A proeminência da vida interior nas formulações teológicas dos Amigos e dos metodistas teve papel estratégico no longo processo de restauração bíblica da condição da mulher. Fundindo-se com outros elementos dos Estados Unidos do século XIX, eles perderam — e em muitos casos eliminaram — as restrições culturais impostas às mulheres havia séculos. Na verdade, durante esse período pessoas e movimentos operavam com a

---

[3] Susan C. Hyatt, *In the Spirit We're Equal: The Spirit, The Bible and Women — A Revival Perspective* (Dallas: Hyatt Press, 1998), p. 140.
[4] Benjamin St. James Fry, *Woman's Work in the Church* (New York: Hunt and Eaton, 1892), p. 1.

participação e a liderança de mulheres na igreja e na sociedade em geral. Nessa realidade, estão incluídos o avivalismo norte-americano e o senso comum de que Deus determinara que a escravidão teria de ser abolida nos Estados Unidos.

O avivalismo de Finney e de Mahan

O avivalismo de Charles Finney (1792-1875) e de Asa Mahan (1799-1889) enfatizava um revestimento subsequente com o poder do Espírito, que eles identificavam como o batismo do Espírito Santo. O sistema de crença de ambos, semelhante ao dos primeiros quacres e metodistas, precipitou reformas sociais que incluíram a projeção da mulher. De fato, um dos "novos métodos" mais controvertidos de Finney durante o Segundo Grande Avivamento (1800-1840) foi seu costume de permitir que as mulheres orassem em voz alta e dessem testemunhos em reuniões mistas. Além disso, Finney e Mahan implantaram a Faculdade de Oberlin (1833), a primeira faculdade coeducacional do mundo, para atender ao propósito de Finney, que era perpetuar "um misto de avivalismo e reforma". Mahan, que participou do movimento de Keswick com Hannah Whittal Smith, foi um grande defensor dos direitos da mulher. Ele sugeriu o seguinte epitáfio para sua sepultura: "O primeiro homem na história de sua raça a conduzir mulheres, em união com membros do sexo oposto, através de uma rota de educação liberal e que conferiu a elas elevada dignidade, que até agora era prerrogativa exclusiva de homens".

Uma percepção de predeterminação divina

A percepção especial da predeterminação divina nos Estados Unidos produziu uma consciência que clamava pelo fim dos pecados sociais, principalmente a escravidão. Esse sentimento levou ao movimento da abolição, que culminou na Guerra de Secessão (1861-1865). A abolição era um movimento importante, não apenas uma cultura de purificação do pecado da escravatura, mas também de inclusão da mulher na arena dos debates públicos com uma voz e uma causa. Essa situação contribuiu grandemente para aprimorar as habilidades oratórias das mulheres que tinham coragem de pregar, debater ou discursar a favor dos escravos. Dessa maneira, a ideia de papéis predeterminados com base na cor da pele começou a ser questionada, e a possibilidade de que Deus não havia predestinado papéis sociais com base na cor da pele ou sexo começou a ser considerada.

Essa conjuntura demandava uma leitura mais acurada do texto bíblico, visando à sua melhor interpretação, a fim de avançar na compreensão do lugar de igualdade da mulher na economia de Deus. Por esse método, provas textuais descontínuas perderam a credibilidade como meio de estabelecer doutrina. Em vez de se apoiar em textos isolados das Escrituras, os abolicionistas começaram a argumentar com base nos princípios bíblicos. Esse método requeria que as passagens bíblicas fossem consideradas apenas em seu legítimo contexto, e o ponto de partida teológico para a libertação dos escravos foi Gálatas 3.28. Esse texto estabelece que, em Cristo, "não há [...] escravo nem livre, homem nem mulher". Essa era uma boa notícia para os escravos e para as mulheres.

A fase preparatória do final do século XIX

Depois da Guerra de Secessão, vários movimentos interligados promoveram a ascensão feminina, mobilizando mais mulheres e ajudando muitas delas a desenvolver suas habilidades ministeriais e de liderança no avivamento que se seguiu. Das mobilizações dessa época, podemos citar: o movimento de santidade; a União Cristã Feminina da Temperança; o movimento missionário; o movimento pelo sufrágio feminino; e o movimento de cura. Além disso, a condição da mulher continuou a ser valorizada por meio do movimento de Keswick, e outras mudanças foram precipitadas pelo avivalismo de Finney e Mahan. Esses movimentos tinham base nas Escrituras e eram motivados pelo Espírito Santo. Enfatizavam a experiência interior do Espírito e um esforço visível e coletivo para incutir melhorias em determinados aspectos da vida da mulher. Juntos, esses movimentos proporcionaram considerável oportunidade para a participação das mulheres na liderança e no ministério público.

O movimento de santidade

Temas bíblicos. O movimento de santidade foi um empreendimento iniciado entre os metodistas com o propósito de experimentar o dinamismo espiritual da primeira geração do metodismo, que mais tarde se espalhou por todas as denominações dos Estados Unidos. O movimento de santidade trouxe à luz três importantes temas bíblicos que fortaleceram os direitos da mulher e sua influência pública.

1. *O tema da igualdade bíblica de Gálatas 3.28.* Esse texto tornou-se o grito de guerra pela libertação da mulher. Em 1891, William B. Godbey escreveu: "É direito determinado por Deus, privilégio comprado com sangue e dever sagrado da mulher, bem como do homem, pregar o evangelho".[5]

2. *O argumento da redenção a favor da igualdade bíblica.* A questão é: se as mulheres estão sob maldição por causa da Queda, agora, pela virtude da redenção, a maldição associada a esse acontecimento foi quebrada pela obra de Cristo.

3. *O lema pentecostal favorável à igualdade bíblica.* Esse lema, baseado em Joel 2.28 e Atos 2.17,18, destaca o derramamento do Espírito sobre homens e mulheres igualmente, capacitando ambos para o ministério do final dos tempos.

A influência de Phoebe Palmer. Uma das mais proeminentes líderes do movimento de santidade foi Phoebe Worrall Palmer (1807-1874). Sem nunca ter sido ordenada, Phoebe era uma pregadora relutante, porém muito capaz. Metodista devota na infância, casou-se com outro metodista, um médico de Nova York chamado Walter Clarke Palmer (1804-1883), que bondosamente patrocinava as muitas viagens ministeriais da esposa e às vezes até fechava sua clínica para "carregar suas malas". Ele também fundou uma editora, a fim de estender a influência de Phoebe por meio da palavra escrita.

A simples obediência ao chamado de Deus deu a Phoebe uma influência de longo alcance. Em sua teologia, ela destacava o batismo do Espírito Santo subsequente à conversão. Ela foi a mais notável professora bíblica e a evangelista mais proeminente do período anterior à Guerra de Secessão,

---

[5] *Woman Preacher* (s.l.: 1891), p. 1.

tendo registrado pelo menos 25 mil experiências de santificação em suas reuniões. Por meio de seus livros e do periódico *Guide to Holiness* [Guia para a santidade] (1864-1874], tornou-se também a escritora *holiness* mais influente. Um de seus livros, *Promise of the Father* [Promessa do Pai] (1859), com mais de 400 páginas, articula uma teologia bíblica que autentica o direito da mulher e a responsabilidade de obedecer ao chamado para o ministério público, tendo como ponto de partida para a discussão o texto de Atos 2.17,18. Outro livro, *The Way of Holiness* [O caminho da santidade] (1843), adapta a terminologia do movimento de santidade à linguagem pentecostal, e *Four Years in the Old World* [Quatro anos no Velho Mundo] (1867) registra as reuniões de avivamento que ela realizou na Inglaterra.

Não obstante seu bem-sucedido ministério, Phoebe sempre enfrentou críticas mordazes e foi ridicularizada por aqueles que se opunham ao ministério exercido por mulheres. Desembaraçada, Phoebe não poupava respostas duras aos seus críticos, contudo lamentava tal atitude para com as mulheres:

> A igreja é, em muitos aspectos, um "campo do oleiro", no qual os dons das mulheres, bem como de muitos forasteiros, são enterrados. Ó Senhor, quanto tempo mais até que os homens retirem a pedra e nos permitam ver a ressurreição?
>
> Filhas de Sião, desde o pó
> Levantai vossa cabeça,
> Confiai mais uma vez em vosso Redentor —
> Ele vos chama da morte.[6]

O exemplo de Phoebe inspirou muitas outras mulheres, entre elas Catherine Booth e Amanda Smith.

Catherine Mumford Booth (1829-1890) era "uma incansável, inflexível e determinada defensora dos direitos da mulher". Cofundadora do Exército

---

[6] *The Promise of the Father* (Boston: Henry V. Degen, 1859), p. 14, 341-7.

de Salvação com seu marido, William Booth (1829-1912), ela trabalhou incansavelmente pela igualdade de direitos, autoridade e responsabilidades para as mulheres com base na redenção e no Pentecoste. No que dizia respeito ao seu casamento, ela não admitia ser tratada com menos deferência que o marido. Catherine escreveu um tratado de 32 páginas intitulado *Female Ministry* [Ministério feminino], no qual deplora o tratamento diferenciado dado às mulheres, considerando-o um "notável artifício do Diabo", ao mesmo tempo que proclama: "O tempo da libertação delas está próximo".[7]

Amanda Matthews-Berry Smith (1837-1915) nasceu entre escravos no Estado de Maryland. Começou a pregar em 1870 e obteve tremendo sucesso, apesar do cruel racismo e do sexismo exacerbado. Embora tivesse frequentado a escola apenas três meses, Amanda era muito articulada e maravilhosamente ungida. O dom da palavra lhe conquistou espaço, e ela era respeitada em todas as áreas da sociedade. Ministrou com grande sucesso por todos os Estados Unidos, bem como nas Ilhas Britânicas, na Libéria, em Serra Leoa, na Birmânia e na Índia, onde recebeu aprovação do bispo Thoburn.

Hannah Whittal Smith

Uma mulher particular parece ter sido um denominador comum nos vários movimentos que culminaram no avivamento pentecostal. A marca da quacre da Filadélfia Hannah Whittal Smith (1832-1911) é visível em toda parte. Talvez sua influência no pentecostalismo tenha vindo mais diretamente do movimento de Keswick, cuja plataforma era defendida por ela e por líderes bem conhecidos, como Asa Mahan, William Boardman, e Amanda e Robert Pearsall Smith, entre outros.

A União Cristã Feminina da Temperança. Hannah também trabalhou em parceria com Frances Willard (1839-1898), a líder mais destacada na União Cristã Feminina da Temperança (sigla em inglês: WCTU). Graças ao dom administrativo de Willard e da dependência de Deus, esse

---

[7] F. Booth TUCKER, *The Life of Catherine Booth* (New York: Revel, 1892), v. 1, p. 123.

movimento de mulheres cristãs em defesa do lar não demorou a se tornar a maior organização feminina do mundo, operando em 50 nações. Nos Estados Unidos, suas instalações se tornaram o lugar favorito das reuniões pentecostais não denominacionais de Charles Parham.

Frances Willard foi criada no âmbito do avivalismo de Finney e experimentou a santificação numa das reuniões de Phoebe Palmer. Ela escreveu: "[Agora que] me aproximei de Jesus e seu sangue me fez nova criatura, estou pronta para essa obra tão abençoada e sublime". Willard convidou Hannah Whittal Smith para ser superintendente do Departamento Evangelístico e Katherine C. Bushnell (1855-1946) para ser a evangelista nacional da organização na luta a favor da pureza social.

Katherine Bushnell era uma mulher extremamente inteligente, cuja devoção ao evangelho a levou até a China, onde trabalhou como médica missionária da Igreja Metodista Episcopal. Mais tarde, ela foi para os campos de extração de madeira do Estado de Wisconsin, onde atuou como ativista na denúncia contra o tráfico de escravas sexuais. Talvez sua obra individual mais importante e sua contribuição mais efetiva para o movimento pentecostal e carismático seja seu livro *God's Word to Women* [Palavra de Deus às mulheres]. Lançado inicialmente como uma série de cem lições de estudo bíblico sobre o papel da mulher na economia divina, a obra foi publicada em forma de livro em 1923. Após permanecer na obscuridade por muitos anos, o livro foi descoberto e republicado pelo pregador pentecostal Ray B. Munson. A obra mais tarde caiu nas graças das mulheres cheias do Espírito e hoje é considerada um clássico.

Sufrágio feminino. O trabalho de Hannah Whittal Smith ultrapassou os limites de Keswick e a obra de ativistas como Willard e Bushnell. Fervorosa sufragista, ela era uma forte aliada de Susan B. Anthony (1820-1906), de muitas outras mulheres e também de homens que travaram uma árdua batalha pelo direito do voto feminino nos Estados Unidos. Ela entrou nessa arena "pelo caminho do evangelho", sabendo que "as mulheres foram feitas livres por obra dos princípios de Cristo, que havia declarado não haver nele nem macho nem fêmea".[8] Susan orava "sincera e constantemente por um abalo nas estruturas, que levasse as mulheres da nação a respeitar a si mesmas". Talvez o avivamento pentecostal tenha sido, pelo menos em parte, uma resposta positiva à sua oração.

As mulheres e o movimento missionário

O movimento missionário foi o que teve a maior participação de mulheres no século XIX. Isso significa que multidões de mulheres já estavam mobilizadas para o trabalho de missões quando o avivamento pentecostal entrou em cena. A obra missionária, naturalmente, era a alma do quacrismo em seus primeiros dias e também objeto de especial interesse dos cristãos *holiness* no alvorecer do século XX. No campo missionário, as mulheres eram livres para atuar em todas as áreas do ministério, enquanto em seu país de origem as sociedades missionárias femininas cuidavam da logística, providenciavam literatura e patrocinavam convenções e institutos. Grupos como a Aliança Cristã e Missionária, de A. B. Simpson, treinavam e sustentavam mulheres em atividades missionárias, e muitas treinadas nessa instituição estavam entre os líderes dos primeiros anos do avivamento pentecostal. Seguramente, a consagração e a mobilização de mulheres missionárias constituíram um importante canal para a propagação da mensagem pentecostal ao redor do mundo.

As mulheres e o movimento de cura divina

O movimento de cura divina foi outra importante área na qual as mulheres alcançaram proeminência antes do avivamento pentecostal. Por volta de 1887, a prática da cura divina e o conceito das "casas de fé" se tornaram tão populares nos Estados Unidos que havia mais de 30 casas desse tipo em operação. A figura mais destacada nesse movimento foi Charles Cullis, um médico da cidade de Boston. A combinação dos movimentos de cura com outros grupos que valorizavam a mulher é evidente. Em 1862, por exemplo,

---

[8] Carol D. SPENCER, Evangelism, Feminism, and Social Reform: The Quaker Woman Minister and the Holiness Revival, *Quaker History: The Bulletin of the Friends Historical Society*, 80, n. 1, primavera 1991, p. 39.

Cullis recebeu sua experiência de santificação por meio do ministério de Phoebe Palmer. Entre seus amigos mais chegados, estavam Hannah Whittal Smith, A. B. Simpson e o doutor A. J. Gordon. O doutor Gordon (1836-1895), pastor na cidade de Boston, um *holiness* de grande estatura intelectual e espiritual, era um entusiasmado defensor e patrocinador das ações pelos direitos da mulher. Seu livro *The Ministry of Women* [O ministério das mulheres], publicado em 1894, até hoje é considerado uma importante declaração de apoio às mulheres. Gordon e Simpson contribuíram para o surgimento de fortes lideranças femininas, as quais exerceram forte influência nos primeiros anos do movimento pentecostal.

Carrie Judd Montgomery (1848-1946) foi a primeira mulher a cruzar os Estados Unidos como itinerante. Colega de ministério de A. B. Simpson, Carrie tornou-se ativa no movimento de cura depois que ela mesma foi curada, em 1879, por meio do ministério de Elizabeth Mix. Na década de 1880, ela trabalhou na Cabana de Repouso da Fé, uma casa de cura em Buffalo, Nova York. Em 1890, casou-se com George Montgomery e mudou-se para Oakland, na Califórnia, onde em 1893 o casal implantou a Casa da Paz, a primeira casa de cura da Costa Oeste. Em 1908, ela foi batizada no Espírito Santo e em 1914 tornou-se membro autorizado das Assembleias de Deus. Não obstante, manteve os laços estreitos com seus amigos não pentecostais em grupos como A Aliança Cristã e Missionária, da qual havia sido um dos membros fundadores em 1887.

Maria Woodworth-Etter (1844-1924), evangelista *holiness* itinerante, começou a pregar no início da década de 1880. Por volta de 1885, atraía multidões de 25 mil pessoas, e a cada semana 5 mil assumiam compromisso com Cristo. Impressionantes sinais e maravilhas caracterizavam essas reuniões. Muitos eram curados, outros caíam no Espírito, outros ainda tinham visões que se estendiam por longos períodos. Em 1912, ela se juntou ao movimento pentecostal graças aos esforços de F. F. Bosworth. Os pentecostais acolheram-na com grande entusiasmo.

O avivamento pentecostal no início do século XX

O Espírito Santo, trabalhando nos vários movimentos entrelaçados do século XIX, promoveu avanços significativos com respeito à mulher. Na virada do século, elas estavam em condições de receber a capacitação do Espírito Santo para qualquer obra divina. O palco foi armado para que homens e mulheres, juntos, promovessem o avivamento pentecostal ao redor do mundo no novo século.

O fator Thistlethwaite-Parham

Os Parhams, Charles e Sarah, e a irmã de Sarah, Lillian, criaram uma mistura singular, composta com base em diversas influências: *holiness*, metodista, quacre, movimento missionário e movimento de cura. As irmãs Thistlethwaites haviam tido a "experiência de conversão no já antiquado 'banco dos aflitos'", durante um trabalho evangelístico de verão realizado por Charles Fox Parham, que na época era ainda um estudante (1889-1893) na Faculdade Sudoeste. De 1893 a 1895, enquanto Parham pastoreava a Igreja Metodista de Eudora, no Kansas, ele também dirigia reuniões em Tonganoxie, nas manhãs de domingo. Ao que parece, Charles havia adotado parte da ideologia dos Amigos, pois recusou a oportunidade de crescer dentro do metodismo ao renunciar o pastorado, após muita reflexão, oração e jejum. Em 1896, ele e Sarah, a quem afetuosamente chamava Nellie, casaram-se numa cerimônia quacre, um rito baseado na mutualidade e igualdade.

Após um breve período de ministério evangelístico nos moldes do movimento *holiness*, Charles, Sarah e Lillian implantaram a Casa Betel em Topeka, em 1898. Ali, prestaram serviços sociais de atendimento aos necessitados, cuidado com os doentes e moribundos, ensino bíblico e publicação de um periódico bimestral: a revista *Apostolic Faith*. Ansioso pela chegada do avivamento do Espírito Santo que culminaria na evangelização do mundo, Charles inaugurou a Faculdade Bíblica Betel, na região limítrofe de Topeka, e foi ali que o avivamento pentecostal do século XX começou, no culto de vigília da véspera do ano-novo de 1901. Durante os cinco anos seguintes, os pioneiros do movimento pentecostal eram todos discípulos de Parham, direta ou indiretamente.

Mulheres da era Parham. Além das irmãs Thistlethwaites, muitas mulheres dinâmicas ministraram e exerceram funções de liderança nos primeiros anos do avivamento pentecostal (1901-1907). Agnes Ozman (1870-1937), naturalmente, continuou seu ministério. Maude e Howard Stanley, também presentes na reunião do derramamento do Espírito em Betel, tornaram-se conhecidos nas Assembleias de Deus.[9]

Nas reuniões dirigidas por Parham em Lawrence, Kansas, em 1901, a senhora Waldron recebeu o poder e a mensagem pentecostal. Foi provavelmente a primeira pessoa a levar a mensagem pentecostal à igreja de Dowie, em Zion City, Illinois. Embora a maioria da igreja de Zion City tenha rejeitado a nova doutrina, houve quem demonstrasse profundo interesse por ela, como John G. Lake. Sem dúvida, o trabalho da senhora Waldron lançou os fundamentos para o marcante avivamento promovido por Parham na cidade em 1906 e 1907. Como resultado desse avivamento, pelo menos 5 mil consagrados obreiros, homens e mulheres cheios de ardor missionário e revestidos com o poder do Espírito, levaram a obra avante, nos Estados Unidos e no mundo. A vasta infusão dos pentecostais de Zion ainda nos anos iniciais do avivamento garantiu a integração da doutrina da cura divina à estrutura do pentecostalismo.

Gordon P. Gardiner, na excelente série de artigos "Out of Zion... into all the World" [De Zion... para todo o mundo], publicada na revista *Bread of Life* [Pão da vida], de outubro de 1981 a outubro de 1985, conta a história de muitos pioneiros pentecostais de Zion. Martha Wing Robinson (1874-1938) implantou a conceituada Casa da Fé de Zion. Marie Burgess Brown (1880-1971), batizada no Espírito Santo na mesma ocasião que F. F. Bosworth e John G. Lake, em 18 de outubro de 1906, num dos pontos de reunião de Parham, em Zion City, implantou mais tarde o Tabernáculo Alegres Novas, em Nova York. Em 1961, o tabernáculo pastoreado por ela foi considerado "a igreja com maior orçamento missionário nas missionárias Assembleias de Deus".[10] Jean Campbell Hall Mason, batizada no Espírito Santo em 18 de outubro de 1906, exerceu um poderoso ministério por todo o Canadá e nos Estados Unidos até sua morte, em 1964. Berenice

---

[9] Talvez o melhor registro desses fatos seja *The Life of Charles F. Parham* (Joplin: Tri-State Publishing, 1929).

[10] Cari BRUMBACK, *A Sound from Heaven* (Springfield: Gospel Publishing House, 1977), p. 73.

C. Lee, batizada no Espírito Santo em 30 de outubro de 1906, foi para a Índia, onde estabeleceu diversas igrejas locais e treinou centenas de líderes nativos. A doutora Lillian B. Yeomans, médica canadense, foi missionária e escritora. Suas obras são lidas até hoje, entre elas *Healing from Heaven* [Cura que vem do céu] e *Balm of Gileade* [Bálsamo de Gileade]. A doutora Yeomans passou os últimos anos de sua vida como professora na Escola Bíblica LIFE, de Aimee Semple McPherson.

Antes de chegar a Zion City, porém, os Thistlethwaites-Parhams promoveram cruzadas de cura divina no Estado de Nevada e em El Dorado Springs, no Missouri, em 1903. Muita gente ouviu a mensagem, e muitos foram salvos, curados e batizados no Espírito Santo. Sarah Parham escreveu: "Nossa casa estava o tempo todo cheia de doentes e sofredores que vinham em busca de cura, e Deus manifestava seu poder".[11] Essas pessoas devem ser contadas entre o crescente número de homens e mulheres que contribuíram para espalhar o testemunho pentecostal pela terra. Nesse grupo, estava Mary Arthur, de Galena, no Kansas.

Por influência de Mary Arthur, os Thistlethwaites-Parhams chegaram a Galena em 1904 e promoveram o primeiro avivamento pentecostal em larga escala dos tempos modernos. O avivamento alcançou todas as classes sociais da região, e num período de três meses mais de 800 pessoas foram salvas, 500 tiveram a experiência de santificação e 250 receberam o batismo no Espírito Santo. Houve centenas de curas. À parte desse influente avivamento, Mary Arthur e Francene Dobson implantaram a primeira missão como resultado direto da pregação pentecostal.[12]

Em 1905, os Parhams promoveram reuniões em Houston e nas vizinhanças da cidade, bem como uma escola bíblica temporária em 1906. Os grupos de obreiros que ministravam com os Parhams nessas cruzadas eram compostos de homens e mulheres, sem distinção. Entre os colaboradores, não havia segundo escalão nem subordinados. O nome de duas mulheres aparece com muita frequência: Mabel Smith e Lucy Farrow. Ambas foram

---

[11] *The Life of Charles Fox Parham*, p. 87.
[12] Edith Blumhofer, *Pentecost in My Soul* (Springfield: Gospel Publishing House, 1989), p. 121.

enviadas por Parham, a pedido de William J. Seymour, para ajudar a obra na fase inicial do avivamento da Rua Azusa. Mabel também trabalhou no avivamento de Zion City, e seu nome aparece com regularidade nos primeiros relatórios pentecostais.

Lucy Farrow merece menção especial. Nascida entre escravos na Virgínia, ela trabalhava como pastora *holiness* em Houston na época em que Parham chegou à cidade, em 1905. Ela desenvolveu um trabalho em estreita relação com os Parhams. Foi governanta dos filhos deles e pregava e ministrava nas reuniões.[13] Farrow foi apresentada a Parham e a Seymour nessa época e incentivou Seymour a criar uma escola bíblica. Embora Seymour seja universalmente aclamado como a figura mais proeminente do avivamento da Rua Azusa (abril de 1906-1909), Emma "Mother" Cotton informa que "ninguém experimentou o batismo pentecostal até Lucy chegar e começar a orar para que o povo o recebesse".[14]

Em agosto de 1906, ela pregou no acampamento de Charles Parham, em Houston, e, de acordo com um dos participantes, demonstrou "poder incomum ao impor as mãos sobre o povo para que recebesse o Espírito Santo".[15] Mais tarde, naquele mesmo mês, ela liderou um avivamento pentecostal em Portsmouth, na Virgínia, no qual 200 pessoas foram salvas e 150 batizadas no Espírito Santo. Dali, ela partiu para a África Ocidental, sendo uma das primeiras missionárias pentecostais a chegar à Libéria.

As mulheres também foram figuras proeminentes nas tarefas administrativas em torno do avivamento. Perto do final de 1905, quando o contingente de batizados no Espírito Santo já era significativo e pelo menos 50 obreiros, homens e mulheres, trabalhavam em tempo integral, Parham começou a ser pressionado para organizar o avivamento. Assim, o movimento que ele havia criado de maneira informal, conhecido como "movimento da fé apostólica", foi oficializado em maio de 1906, com uma representação igualitária de homens e mulheres. Dos quatro principais colaboradores de

---

[13] Ethel E. Goss, The Story of the Early Pentecostal Days (1901-1914), in: *The Life of Howard A. Goss* (New York: Comet, 1958), p. 56.
[14] Message of the "Apostolic Faith", 1939, p. i.
[15] B. F. Lawrence, *The Apostolic Faith Restored* (St. Louis: Gospel Publishing, 1916), p. 66.

Parham, dois eram mulheres: Rilda Cole, diretora para o Kansas, e Lillian Thistlethwaite, secretária geral. Todos os obreiros e evangelistas, homens e mulheres, eram igualmente credenciados, e muitos deles ajudaram a formar o núcleo das Assembleias de Deus, em 1914.

As mulheres e o avivamento da Rua Azusa

Em importantes aspectos, as mulheres desempenharam papel crucial no famoso avivamento da Rua Azusa. Depois de uma visita à escola bíblica de Parham, em Houston, uma mulher chamada Neely Terry, ao retornar à sua igreja, em Los Angeles, sugeriu que William Seymour fosse convidado para pastoreá-la. Contudo, a liderança não aceitou a mensagem pregada por Seymour, por isso Richard e Ruth Asberry convidaram-no a dirigir reuniões na casa deles, na Rua Bonnie Brae. Com a assistência e o entusiasmo em ascensão, Parham, a pedido de Seymour, enviou Lucy Farrow para auxiliá-lo. Ao chegar, ela começou a orar com o povo, e imediatamente eles foram batizados no Espírito Santo com a evidência inicial do falar em línguas. O avivamento estava a caminho.

Jennie Evans Moore (1883-1936) foi a primeira mulher a ser batizada no Espírito Santo na Rua Bonnie Brae, por meio do ministério de Lucy Farrow. Após realizar um trabalho itinerante como evangelista pentecostal, Jennie retornou a Los Angeles e casou-se com Seymour, em 13 de maio de 1908. Depois da morte dele, em 1922, ela continuou a pastorear a Missão da Rua Azusa até morrer, em 1936.

Muitas outras mulheres exerceram cargos de liderança na Rua Azusa. Quando Seymour decidiu formar um conselho de anciãos para deliberar sobre os negócios da Missão da Rua Azusa, ele escolheu sete mulheres e quatro homens. São elas: Jennie Evans Moore, Irmã Price, senhora G. W. Evans, Clara Lum, Phoebe Sargent, Rachel Sizelove e Florence Crawford. Como editora do periódico *Apostolic Faith*, Clara Lum espalhou até muito longe as empolgantes notícias do derramamento do Espírito. Florence Crawford (1872-1936) foi ungida para pregar, fato que era óbvio pelo tremendo público que afluía às reuniões dirigidas por ela no noroeste dos Estados Unidos e no Canadá, entre agosto e dezembro de 1906. Com o senhor e a senhora Evans e Clara Lum, ela deixou a Rua Azusa e mudou-se para Portland, onde estabeleceu a Igreja da Fé Apostólica. De Portland, com a lista da mala direta de milhares de pessoas em mãos, ela continuou a publicar o *Apostolic Faith*, para consternação de Seymour e dos fiéis da Rua Azusa.

As mulheres do período inicial do pentecostalismo eram capacitadas experimental e teologicamente para as atividades de liderança. Todavia, à medida que os anos passavam e o avivamento se espalhava, o apoio e a confiança das mulheres foram diminuindo. Embora a unção e a experiência continuassem a ser motivos de promoção, a fundamentação teológica enfraqueceu e foi substituída por teologias menos favoráveis. Essa atitude, manifesta ou sutil, impôs algumas limitações às mulheres e a homens que lideravam mulheres. Não obstante, em vários campos de trabalho as mulheres mantiveram por um tempo sua proeminência. Elas implantaram novas denominações, expandiram o labor missionário e estabeleceram a primeira escola bíblica permanente do movimento pentecostal.

As mulheres e as primeiras escolas bíblicas pentecostais

Professores e escolas bíblicas desempenharam um papel importantíssimo nos primeiros anos do avivamento pentecostal. Foi numa escola bíblica que nasceu o avivamento. As escolas bíblicas davam formação aos futuros líderes e também constituíam um ambiente propício para efusões espirituais que injetavam nova vida no movimento.

As mulheres implantaram as primeiras escolas bíblicas pentecostais permanentes. Nessas escolas, exerciam funções em todas as áreas, até mesmo na administração e no ensino. Não poucas vezes elas serviram como catalisadoras anônimas do avivamento e fiéis habilitadoras de homens que se tornaram líderes do movimento.

As irmãs Duncans. Em novembro de 1894, Elizabeth Duncan Baker (c. 1849-1915) e suas quatro irmãs implantaram uma "missão da fé" em Rochester, Nova York. Seu marcante ministério girava em torno da Casa da Fé Elim (implantada em 1895), da Elim Publishing House, da Igreja do Tabernáculo Elim e da Escola Bíblica de Treinamento Elim, que funcionou de 1906 a 1924. Na convenção de junho de 1907, a igreja experimentou o avivamento pentecostal, e sua escola de treinamento tornou-se a primeira escola bíblica permanente do avivamento pentecostal do século XX.

Elizabeth foi a pessoa mais influente nessa obra. De formação metodista e com uma experiência de cura divina, ela recebeu forte dose de encorajamento ao se associar à União Cristã Feminina da Temperança. Inspirada em George Mueller e influenciada pelo doutor A. J. Gordon, em Boston, ela passou a dar ênfase a uma "vida espiritual profunda e [...] à cura do corpo", por influência de sua grande amiga Elizabeth Sisson (1843-1934), missionária, escritora, evangelista e fundadora de igrejas que mais tarde se mudou para a Califórnia, a fim de trabalhar com Carrie Judd Montgomery.

As irmãs Duncans tinham o coração voltado de maneira especial para a obra missionária. De 1888 a 1890, Elizabeth trabalhou na Índia, conhecendo ali Pandita Ramabai (1858-1920). Elizabeth tornou-se muito amiga de Pandita e prestou-lhe auxílio inestimável no estabelecimento de uma missão entre as prostitutas cultuais. Também arrecadou dinheiro na Inglaterra e nos Estados Unidos para sustentar seu ministério na Índia.

Mother Moss. Virginia E. "Mother" Moss (1875-1919) foi educadora e pastora. Representante da terceira geração de mulheres no ministério, foi batizada no Espírito Santo no avivamento de 1907, ocorrido no Centro de Treinamento Missionário de Nyack, em Nova York, implantado por A. B. Simpson. Em 1910, passou a exercer seu ministério em North Bergen, Nova Jersey, onde realizou a fusão de sua missão e da casa de cura para criar a Assembleia de Beulah Heights. Ardorosa patrocinadora de missões, ela percebeu a necessidade de preparar os obreiros que seriam enviados ao campo missionário. Por isso, criou em 1912 a Escola de Treinamento Bíblico e Missionário Beulah Heights.

Minnie Tingley Draper. Minnie Tingley Draper (1858-1921) foi outra educadora dos primórdios do avivamento pentecostal na costa leste dos Estados Unidos. Minnie exerceu um poderoso ministério evangelístico e de cura divina, e como executiva da Aliança Cristã e Missionária trabalhou com A. B. Simpson. Implantou a Assembleia Pentecostal Betel, em Newark, Nova Jersey, em 1907. Em 1910, instituiu o Conselho Executivo da Assembleia Pentecostal Betel. Presidiu a primeira agência missionária pentecostal dos Estados Unidos, que se tornou conhecida como Missão Pentecostal para o Centro-Sul Africano. Publicou o *South and Central African Pentecostal Herald* [Arauto pentecostal do centro-sul africano], que mais tarde adotou o nome *Full Gospel Missionary Herald* [Arauto missionário do evangelho pleno]. Em 1916, Draper criou a Escola de Treinamento Bíblico Betel como parte do centro ministerial de Newark.

Aimee Semple McPherson (1890-1944), cuja biografia é uma história de tragédia e bravura, nasceu em Ingersoll, Ontário, no Canadá. Seu pai era metodista, e sua mãe servia no Exército de Salvação. Ela se casou com o evangelista pentecostal Robert Semple em 12 de agosto de 1908. O marido morreu na China, de malária, exatamente dois anos depois. No mês seguinte, sua filha nasceu em Hong Kong, e então ela retornou aos Estados Unidos, confusa e magoada, sendo ainda vista como um exemplo de fracasso por seus amigos pentecostais.

Apenas um ano mais tarde, ela se casou com Harold McPherson e mudou-se para Rhode Island, onde seu filho Rolf nasceu. A consciência do chamado divino sobrepujou sua necessidade de segurança terrena, por isso ela retornou ao Canadá a fim de reingressar no ministério. O marido a acompanhou por um tempo em suas atividades ministeriais, mas o estilo de vida adotado por ela exigia um alto preço de ambos, e ele acabou retornando a Rhode Island. O casal divorciou-se em 1921.

Nesse meio-tempo, o ministério de Aimee floresceu. Em 1917, ela lançou um periódico mensal, *Bridal Call* [Convite de casamento]. Em 1919, recebeu as credenciais de evangelista das Assembleias de Deus. No entanto, ela as devolveu em janeiro de 1922. Seu divórcio e a construção e propriedade do Templo Angelus precipitaram a incompatibilidade de relacionamento com aquela organização. No primeiro dia de janeiro de 1923, ela inaugurou o Templo Angelus, com capacidade para 5.300 pessoas sentadas. Nos três anos seguintes, Aimee pregou ali todas as noites e três vezes aos domingos, para uma plateia de 5 mil pessoas ou mais. Em 1925, inaugurou a Escola Bíblica LIFE (Lighthouse International Foursquare Evangelism), "um centro de treinamento para preparar homens e mulheres que se tornarão evangelistas, missionários, pastores e professores, tão desesperadamente necessários para levar as pessoas a Cristo e aprimorar sua fé na Palavra de Deus". Em 1924, ela pôs em funcionamento uma rádio de sua propriedade, a KFSG, em Los Angeles. Em 1927, abriu as portas da intendência do Angelus e no mesmo ano oficializou a Igreja Internacional do Evangelho

Quadrangular. A despeito de uma vida pessoal conturbada, Aimee continuou a exercer um ministério produtivo até sua morte, em 26 de setembro de 1944. Irmã Aimee, como era carinhosamente chamada, foi sepultada no Cemitério Forest Lawn, em Glendale, na Califórnia, em 9 de outubro de 1944, um dos funerais mais concorridos da história de Los Angeles. Alguns acreditam que ela representou a liderança feminina mais importante do pentecostalismo.

Christine Amelia Eckman (1879-1955) nasceu na Guiana Inglesa, onde se converteu, aos 21 anos de idade. Ela e sua irmã Alice filiaram-se à Missão do Evangelho Pleno, e após dois anos de um bem-sucedido trabalho missionário em sua terra natal, Christine foi acometida por malária. No final de 1905, ela aceitou um convite para descansar nos Estados Unidos, e ali se envolveu no ministério da Casa da Fé Holiness, em East Providence, Rhode Island. Graças à ajuda de amigos, pôde participar de uma conferência missionária na Escola Bíblica de Deus, em Cincinnati, Ohio, de onde iniciou uma jornada de pregações por várias Igrejas do Meio-Oeste, na esperança de conseguir com as ofertas o suficiente para regressar à Guiana Inglesa, porém sem obter êxito.

AIMEE SEMPLE MCPHERSON

Aimee Semple McPherson nasceu em outubro de 1890, de James e Minnie Kennedy, um metodista e uma devota do Exército de Salvação, em Ontário, no Canadá. Ainda adolescente, Aimee conheceu o pentecostalismo por meio da pregação de Robert Semple. Para espanto dos pais, ela começou a orar pelo batismo do Espírito Santo.

Suas orações foram ouvidas, e ela abandonou a escola secundária para dedicar mais tempo à missão pentecostal local. Quando Robert a pediu em casamento, ela imediatamente aceitou. Aimee tinha 17 anos de idade quando eles se casaram, porém dois anos depois, em Hong Kong, quando o casal iniciava sua carreira missionária, Robert morreu.

Aimee retornou aos Estados Unidos, juntou-se à sua mãe e vestiu o uniforme do Exército de Salvação. Casou-se novamente, agora com um homem de negócios chamado Harold McPherson, que a amava o bastante para tentar acompanhá-la após sua experiência no hospital. Durante alguns anos, eles sobreviveram de maneira precária. Nessa época, viviam num carro "decorado" com versículos bíblicos e *slogans* "Onde você passará a eternidade?" e "Jesus salva" e carregado de artigos religiosos.

No verão de 1917, Aimee começou a publicar *Bridal Call*, uma revista mensal que mobilizou seguidores espalhados pelo território norte-americano a formar uma rede de patrocinadores, chamando a atenção da imprensa.

No entanto, nem a multidão de admiradores nem a imprensa favorável conseguiram curar uma ferida que se mostrava cada vez maior no relacionamento conjugal. Após uma rápida incursão no ministério, Harold McPherson discretamente pediu o divórcio.

Aimee, contudo, continuou em ascensão. Em 1918, aceitou um convite para pregar na outra extremidade dos Estados Unidos. A viagem de automóvel até Los Angeles foi uma aventura que somente algumas mulheres intrépidas haviam arriscado até então. Durante todo o caminho, ela pregou, distribuiu folhetos e visitou pequenas congregações.

De Los Angeles, em 1919, McPherson promoveu uma série de reuniões que a catapultaram para a fama. Um ano depois, os maiores auditórios das maiores cidades dos Estados Unidos já não podiam conter a multidão que se aglomerava para ouvi-la. Atendendo ao apelo popular, ela começou a orar pelos enfermos, e o "Dia da maca" tornou-se a marca registrada de suas campanhas.

Os repórteres ficavam admirados com sua oratória: "Jamais ouvi tal linguagem de um ser humano. Sem um único momento de intervalo, ela é capaz de falar de uma hora a uma hora e meia e manter sua plateia fascinada". Pastores de muitas denominações estenderam seu apoio às campanhas de Aimee muito além dos limites da cidade. Em 1922, seu ministério a levou à Austrália, a primeira de suas muitas viagens ao exterior.

Pastorado maternal

Em primeiro de janeiro de 1923, Aimee inaugurou o Templo Angelus, com capacidade para 5.300 adoradores. A cerimônia foi animada por centenas de ciganas de roupas coloridas (que a chamavam "nossa rainha"), uma lista de proeminentes pregadores protestantes e milhares de deslumbrados admiradores. Com um púlpito permanente, novas possibilidades rapidamente se tornaram reais: uma rádio de propriedade da igreja foi inaugurada em 1924, e sua escola bíblica adquiriu instalações próprias em 1925.

A Irmã (como era afetuosamente chamada) era uma cidadã de destaque numa cidade em pleno desenvolvimento. O Templo Angelus era premiado na Parada das Rosas,[16] e ele próprio tornou-se uma atração turística. As idas e vindas pela estrada

---

[16] Essa parada foi inaugurada em 1º de janeiro de 1890, em Pasadena, Califórnia, a treze quilômetros a noroeste do centro de Los Angeles. Enraizado na tradição, o desfile é transmitido por várias redes televisivas, assistido por mais de 1 milhão de espectadores ao longo da via, e visto por milhões de pessoas pela televisão. [N. do E.]

Sermões chamativos e bem ilustrados proporcionavam ao fiel que desejava manter distância dos entretenimentos de Hollywood uma sensação de teatro. Paradas, uniformes, bandas de alto nível, música atraente e programas para todas as idades garantiam a participação do povo. Ambiciosos programas para alimentar os famintos e prestar auxílio em situações de desastres naturais ganhavam a simpatia do povo.

O apelo popular logo dominou Aimee. O povo costumava passar cerca de quatro horas nos assentos da igreja. Uma sala de oração ficava aberta dia e noite, e os cultos durante o dia acomodavam aqueles que desejavam "esperar" o batismo no Espírito Santo.

Sequestrada?

No entanto, uma série de problemas fez ruir essa colorida fachada. Alguns se queixavam do controle exagerado de Minnie Kennedy sobre as finanças de Aimee. Outros reprovavam sua teologia, mais ecumênica que pentecostal. A tempestade que lhe causou danos permanentes, contudo, aconteceu em maio de 1926.

Segundo o relato posterior da própria Irmã, ela foi raptada certa manhã de terça-feira, em uma praia perto de Santa Monica, e, forçada a entrar numa cabana, foi mantida prisioneira.

Naquela noite, Minnie Kennedy substituiu a Irmã no templo, conduzindo o alegre louvor e apresentando uma seção de *slides*. Só no final do culto, ela informou que a Irmã saíra para nadar e ainda não retornara, tendo provavelmente se afogado. "A Irmã se foi", ela concluiu e acrescentou: "Sabemos que ela está com Jesus".

Nos dias que se seguiram, não se falava em outra coisa em Los Angeles. Milhares de pessoas caminhavam sem rumo pela praia na qual a Irmã fora vista pela última vez. A polícia teve de elaborar um plano de emergência para controlar a multidão caso o corpo de Aimee fosse encontrado. Um pomposo culto em memória da Irmã foi realizado em 20 de junho.

Três dias depois, a Irmã reapareceu, em Douglas, Arizona, com a história de que escapara de um sequestro. As multidões que haviam chorado sua perda prepararam-lhe uma recepção de boas-vindas. No sábado, 26 de junho, 150 mil pessoas ocuparam as ruas no trajeto da estação de trem até o Templo Angelus, aplaudindo e saudando a chegada da Irmã.

No entanto, alguns oficiais de polícia não acreditaram na história do rapto. Acusações e contra-acusações foram trocadas até dezembro, quando o representante do distrito de Los Angeles concluiu que não tinha uma acusação sólida contra McPherson. Em seu programa de rádio, ela se apresentou como vítima — dos sequestradores, do sistema legal corrupto, da imprensa e das lideranças religiosas hostis.

Popular, mesmo em declínio

A Irmã continuou seu ministério, porém agora seu apelo era menos universal e mais restrito à sua versão do pentecostalismo. Alguns membros descontentes da

> igreja recorreram ao litígio, e essas disputas foram transformadas em espetáculo midiático pela imprensa local. Aimee emprestou seu nome a vários empreendimentos do mundo dos negócios que resultaram em fracasso. Durante a maior parte da década de 1930, sua saúde esteve seriamente comprometida. Um desastroso terceiro casamento durou menos de dois anos.
>
> O feito mais notável da Irmã na década de 1930 foi um programa social. A intendência do Angelus fornecia alimentos, roupas e outros artigos às famílias necessitadas — sem fazer nenhuma pergunta. Com o advento da Grande Depressão, Aimee organizou um refeitório onde foram servidas mais de 80 mil refeições nos dois primeiros meses de operação. (Hoje, o Angelus abriga congregações da Igreja do Evangelho Quadrangular de cinco etnias, e a intendência do templo continua a distribuir refeições gratuitamente.)
>
> Na década de 1940, os espetáculos recomeçaram no Templo Angelus, embora a Irmã continuasse lutando contra a doença. Em setembro de 1944, ela parecia bem ao falar a 10 mil pessoas no Auditório Cívico de Oakland. Na manhã seguinte, foi encontrada inconsciente em seu quarto. Pouco antes do meio-dia, a Irmã morreu de complicações causadas por uma mistura de comprimidos que lhe haviam sido receitados. O funeral aconteceu no dia de seu quinquagésimo quinto aniversário, 9 de outubro de 1944. Embora sua popularidade tivesse diminuído significativamente desde a década de 1920, no dia anterior ao seu sepultamento 50 mil pessoas passaram diante de seu esquife.
>
> EDITH BLUMHOFER
> CHRISTIAN HISTORY [HISTÓRIA CRISTÃ]

Em 1907, a notícia do avivamento pentecostal chegou aos ouvidos de Irmã Eckman, enquanto ela pastoreava a Igreja do Primogênito, em East Providence. Convencida de sua autenticidade, ela convocou o povo para uma semana de reuniões de oração, e a maioria da igreja teve a experiência do avivamento. A própria Christine recebeu o batismo do Espírito Santo durante uma visita a Elizabeth Baker e às irmãs Duncans, em Rochester, Nova York.

Em 1910, ela se casou com Reuben A. Gibson, ministro da Aliança Cristã e Missionária. Eles foram parceiros de ministério até a morte dele, em 1924. Irmã Gibson inaugurou sua Escola de Profetas, mas o projeto não vingou. Em 1936, ela mudou o nome da escola para Instituto Bíblico Sião. O sucessor de Gibson foi Leonard Heroo, seguido por Mary Campbell Wilson, outra influente educadora pentecostal. Irmã Esther Rollins foi uma fiel pioneira pentecostal que ensinou no Instituto Bíblico Sião durante cinquenta anos e formou centenas de pastores e missionários pentecostais. Em 1985, o doutor Benjamin Crandall assumiu as rédeas da instituição, sendo ele mesmo formado pelo instituto e filho de uma pioneira pentecostal da cidade de Nova York, Mary Crandall.

Nora Chambers. Talvez ainda não seja bem conhecida uma ligação estratégica entre avanço do pentecostalismo e o papel das mulheres como educadoras. Nora I. Chambers, por exemplo, foi uma das primeiras evangelistas, estudiosas da Bíblia e professoras a inspirar futuros líderes, principalmente na Igreja de Deus de Cleveland. Charles Conn, superintendente e historiador da Igreja de Deus, define Nora como "uma mulher de rara inteligência, habilidade e — para a época — educação". Essa notável mulher foi a primeira professora da escola hoje conhecida como Faculdade Lee.

As oportunidades para as mulheres após a Segunda Guerra Mundial

Com o fim da Segunda Guerra Mundial, o avivamento dos últimos dias e o movimento de cura divina ganharam novo ímpeto para as mulheres cheias do Espírito. Enquanto o primeiro avivamento reinstituiu o dom profético no enfraquecido pentecostalismo, o segundo fez reviver o interesse pela cura divina. A profecia e a cura integravam o pentecostalismo nos primeiros tempos, mas ao longo dos séculos esses dons quase desapareceram. As décadas de 1930 e 1940 têm sido apontadas como a época em que "a profundidade da adoração e a operação dos dons do Espírito, tão evidenciados nas primeiras décadas, já não eram proeminentes".[17] Com o novo avivamento, destacou-se a vida interior do Espírito e a unção como critério para trabalhar na obra de Deus, assim como o ressurgimento das mulheres em funções de maior influência. Além disso, em razão de o novo avivamento ter ocorrido fora do âmbito das denominações pentecostais estabelecidas, as mulheres agora estavam livres das restrições institucionais. Todavia, uma vez que as questões sociais e os elementos teológicos desenvolvidos pelas mulheres da virada do século já não recebiam tanta atenção ou haviam desaparecido totalmente, as mulheres dessa vez não alcançaram tanta proeminência quanto nas duas primeiras décadas do pentecostalismo.

---

[17] Cari BRUMBACK, *A Sound from Heaven*, p. 331.

As mulheres e o avivamento da "chuva serôdia". O avivamento da "chuva serôdia" começou na Escola Bíblica Sharon, em North Battleford, Saskatchewan, no Canadá, como resultado de um anseio espiritual que brotou no meio do corpo docente depois que os professores assistiram às cruzadas de cura de William Branham, em Vancouver, no outono de 1947. Por volta de fevereiro de 1948, os céus se abriram, e um poderoso avivamento começou ali. Desde o início, a profecia era a principal característica do avivamento. Na vanguarda do movimento, estava Myrtle D. Beall (1896-1979), pastora do Templo Missionário Betesda, em Detroit, que em 1948 se tornou o centro do novo avivamento. Com a senhora Beall, estavam Ivan e Minnie Spencer, que introduziram no movimento o Instituto Bíblico Elim, em Lima, Nova York. Como resultado do avivamento, centenas de mulheres ungidas e com liberdade para ministrar pelo Espírito Santo tomaram mais uma vez a dianteira, algumas pregando e ensinando o evangelho em tendas próprias. Quando o avivamento declinou, muitas dessas mulheres passaram à obscuridade.

As mulheres e o avivamento da cura divina. O avivamento da cura divina também trouxe as mulheres para o centro do palco, ainda que em menor escala. De início, o despertamento acontecia em torno do fenomenal ministério de cura de William Branham e era orquestrado por Gordon Lindsay, por meio da organização A Voz da Cura. Quando o avivamento declinou, o interesse pela obra missionária veio à tona, e o nome foi alterado para Cristo para as Nações. Em 1973, quando Lindsay morreu, a viúva, Freda Lindsay (n. 1914), assumiu a direção do ministério. Ela se manteve como uma das mulheres mais influentes e cheias do Espírito da segunda metade do século XX, supervisora de uma das maiores organizações missionárias do mundo. Outra figura estratégica, envolvida por muitos anos no ministério de ensino do Instituto Cristo para as Nações, foi Pauline E. Parham (n. 1909), nora de Charles e Sarah Parham.

T. L. e Daisy Osborn. Um proeminente casal de ministros que esteve na liderança desse avivamento foi T. L. e Daisy Osborn. Embora T. L. fosse a figura dominante da equipe nos primeiros vinte e cinco anos, Daisy era peça-chave na administração e promoção do ministério. Ela organizou enormes cruzadas em mais de 70 países e apresentava filmes missionários como ferramenta para ensinar missões aos pentecostais norte-americanos.

Em meados da década de 1970, Daisy declarou que as mulheres já não estavam mais tão envolvidas no ministério e na liderança, como em outros tempos. Por causa disso, como administradora e pregadora ungida, ela empreendeu esforços pioneiros para melhorar a condição da mulher por meio da interpretação de algumas passagens difíceis da Bíblia. Com o apoio entusiasmado do marido, a doutora Daisy passou a proclamar a "mensagem de Jesus" em cruzadas nacionais e internacionais pela África, Ásia e América do Norte e do Sul, até sua morte em 1995. Durante esse período, ela também escreveu *Woman Without Limits* [Mulher sem limites], *The Woman Believer* [A mulher crente] e *5 Choices for Women Who Win* [5 escolhas para mulheres vencedoras].

Por causa de seu exemplo e incentivo às mulheres de nações emergentes, Daisy trouxe à cena outra vez, por todo o mundo, as mulheres cheias do Espírito. Entre elas, Margaret Idahosa, de Benin City, na Nigéria, que presidiu a Comunhão Internacional de Mulheres Cristãs, uma das maiores associações de mulheres cheias do Espírito em todo o mundo cuja função é mobilizar mulheres para o ministério.

As mulheres e a renovação carismática

A evidência de um avivamento orientado pelo Espírito Santo se tornou cada vez mais evidente no final da década de 1960 e durante a década de 1970. Esse avivamento despertou grande interesse pelas coisas do Espírito nas principais denominações protestantes, proporcionou nova dinâmica aos católicos romanos e deu novo fôlego ao esmorecido movimento pentecostal. A Conferência de Kansas City de 1977 forneceu algumas indicações de que as mulheres estavam sendo novamente aceitas em determinadas áreas da liderança. Entre as que fizeram uso da palavra no plenário das sessões, estava a doutora Pauline E. Parham. Pode-se dizer, contudo, que a proeminência desfrutada pelas mulheres nas primeiras décadas do pentecostalismo nunca foi recuperada.

Essa relativa ausência de mulheres em cargos estratégicos de liderança teve como causa diversos fatores. Os carismáticos em geral vinham de denominações históricas que nos duzentos e cinquenta anos anteriores não abrira nenhum espaço para a mulher no campo da liderança. Não obstante, algumas mulheres foram aceitas, porque era evidente a unção do Espírito em sua vida e em seu ministério. A maioria continuava relegada ao laicato, contudo, trabalhando sob a supervisão das estruturas patriarcais, talvez porque na maioria dos avivamentos a nova e revitalizante experiência com o Espírito Santo era simplesmente uma adição às perspectivas teológicas existentes. Nas estruturas do cristianismo tradicional, as mulheres simplesmente não eram promovidas. Um elemento adicional para a restrição à liderança feminina era a proposta teológica do movimento de apascentamento/discipulado, que defendia a ideia da "cobertura" de autoridade do homem como "cabeça" e a estrita submissão e subordinação da mulher.

Apesar disso, verdadeiras hostes de mulheres cheias do Espírito invadiram como uma onda o movimento carismático. As mulheres contribuíram para o crescimento de igrejas controladas por lideranças masculinas, com algumas organizações femininas incipientes. Em alguns casos, a unção era poderosa o bastante para romper a barreira das restrições e habilitá-las para ministrar ao povo em geral. Em outros casos, mulheres maduras oriundas do movimento pentecostal desfrutavam confortáveis posições de liderança ao mesmo tempo que consolidavam seu ministério e conquistavam respeito.

O doutor Cho e seu encontro com Deus

A maior igreja do mundo no final do século XX era a Igreja do Evangelho Pleno de Yoido, pastoreada por Yonggi Cho, em Seul, Coreia do Sul. Após a devastação causada pela guerra da década de 1950, irrompeu naquele país um avivamento que trouxe ao povo esperança e prosperidade. Quando a igreja de Cho começou a crescer, ele quis saber do Senhor como iria administrá-la. O diálogo que teve com Deus mudou para sempre sua atitude para com as mulheres. Ele escreveu:

> O Senhor começou a falar comigo:
> — Yonggi Cho, de quem eu nasci?
> — De uma mulher, Senhor — respondi.
> — E de quem eram os seios que me amamentaram?

— De uma mulher, Senhor.

— E quem me seguiu durante todo o meu ministério e ajudou a satisfazer minhas necessidades?

— As mulheres — disse eu.

— Quem ficou comigo até os últimos minutos de minha crucificação?

— As mulheres.

— E quem veio ungir meu corpo para o sepultamento?

— As mulheres.

— Quem foi a primeira testemunha de minha ressurreição?

— Maria Madalena, uma mulher.

— A todas as minhas perguntas você respondeu com referência a mulheres. Então, por que você tem medo das mulheres? Durante meu ministério terreno, vivi cercado de mulheres queridas e maravilhosas. Então, por que não poderia meu Corpo, a Igreja, estar rodeada e ser auxiliada por mulheres também?

O que eu poderia fazer? O Senhor deixou muito claro para mim que era sua vontade que as mulheres trabalhassem na igreja.[18]

Assim, para sua surpresa e assombro dos homens da congregação, Cho anunciou que incumbiria as mulheres de liderar os grupos familiares. Essa foi a fagulha que resultou numa fenomenal explosão. No final do século, 90% dos líderes dos mais de 50 mil grupos familiares de Cho eram mulheres, e os grupos familiares foram os responsáveis diretos por 90% do extraordinário crescimento daquela igreja.

As mulheres e o movimento de oração

Além dos grupos familiares que abriram a porta para o trabalho das mulheres, o ministério de Cho trouxe à luz o movimento de oração, no encerrar do século XX. Devemos, na verdade, dar o crédito à sogra de Cho, Jashil Choi, que concebeu o agora popular conceito do "monte da oração". Seu centro de retiros para oração e jejum na zona neutra entre as Coreias

---

[18] *Successful Home Cell Groups* (Plainfield: Logos International, 1981), p. 28. [**Grupos familiares e o crescimento da igreja**, São Paulo, Editora Vida, 1987.]

do Norte e do Sul constituiu não apenas uma fortaleza de oração, mas também um protótipo de ministérios similares ao redor do mundo.

O movimento de oração na década de 1990 encontrou muitas líderes entre as mulheres cheias do Espírito. A professora e escritora Billie Brim, por exemplo, administrou um "monte da oração" perto de Branson, no Missouri. Cindy Jacobs, outra proeminente líder de oração, é cofundadora, com seu marido, do ministério Generais da Intercessão, em Colorado Springs, no Colorado. Ela é também coordenadora da Rede de Batalha Espiritual, de C. Peter Wagner.

A Aglow — Fraternidade Internacional de Mulheres

Na era carismática, foram implantados muitos grupos por mulheres dotadas de dons espirituais. Nesses grupos, as mulheres incentivavam e fortaleciam umas às outras na fé. Talvez o grupo mais conhecido seja a Aglow — Fraternidade Internacional de Mulheres —, que começou em 1967 como uma "versão feminina da Adhonep". De acordo com a literatura da Aglow, seu propósito é conduzir mulheres a Jesus Cristo e dar à mulher cristã oportunidade de crescer na fé e no ministério ao próximo. Por respeito à doutrina dominante da autoridade do homem como "cabeça", a Aglow desenvolveu uma estrutura que concede liberdade à mulher sob a direção de conselheiros homens. A proposta da Aglow caiu nas graças de igrejas e líderes carismáticos e ao mesmo tempo deu às mulheres oportunidade de exercer funções de liderança. De acordo com sua presidenta, Jane Hansen, na última década do século XX "Deus deu à organização três incumbências: reconciliação, alcance do mundo islâmico e evangelização urbana".[19]

As mulheres no ministério de cura divina

Algumas mulheres cheias do Espírito foram dotadas na era carismática de inquestionável e poderosa unção para o ministério público e de habilidades administrativas que ajudavam a desenvolver esse ministério. Uma das mais

---

[19] Maureen EHA, Aglow with the Love of Jesus, *Charisma*, dez. 1977, p. 43-7.

renomadas ministras da época foi Kathryn Kuhlman (1907-1976), cujas cruzadas de cura divina lotavam estádios, principalmente depois de 1965.

Outra mulher ungida que alcançou proeminência com um ministério público de cura divina durante a renovação carismática foi Vicki Jamison--Peterson (n. 1936). Tendo por base a palavra da fé e abençoada com uma unção evangelística, ela continua a produzir notáveis resultados em promover avivamentos, especialmente no "solo duro" da Nova Inglaterra. Ali, as reuniões dirigidas por ela têm levado ao estabelecimento de muitas congregações.

Mulheres de visão e experiência

Notáveis lideranças femininas com raízes em várias vertentes do pentecostalismo clássico experimentaram novo ímpeto durante a era carismática. Desde então, sua influência tem aumentado, em parte por causa dos seus dons e talentos. Sua influência tem deixado marcas profundas nas nações.

Gwen Shaw. A mais influente dessas mulheres é Irmã Gwen Shaw (n. 1924), fundadora da organização Servos e Servas do Final dos Tempos (1973) e a primeira mulher a pregar na famosa Igreja Batista de Moscou, em 1966. Irmã Gwen, como é carinhosamente chamada, nasceu no Canadá, criou-se na Igreja Menonita e teve a experiência pentecostal em 1942. Em janeiro de 1944, Deus a chamou para trabalhar na China enquanto ela estudava na Faculdade Bíblica Pentecostal do Leste, em Toronto, no Canadá. Por volta de 1947, ela ministrou na Mongólia Interior ao seu "primeiro amor": o povo chinês. Depois de fugir das forças comunistas da revolução, Gwen continuou a exercer seu ministério no Oriente por mais vinte e três anos, estabelecendo sua base em Hong Kong. Deus usou essa humilde notável, mulher de fé e compaixão para acender o fogo do avivamento em várias nações. No início de 1973, ela sentiu um forte impulso da parte do Senhor para incentivar as mulheres que tinham um chamado de Deus. Ela clamou a Deus em oração por 10 mil mulheres que fossem totalmente dedicadas a ele e dispostas a alcançar o mundo para Cristo pelo poder do Espírito Santo. Como resultado, sua convenção anual de verão contou com a presença de milhares de homens e mulheres de diversas nações. Irmã Gwen tem boa formação e é escritora prolífica, editora, compositora de hinos e pregadora. Ela continua a percorrer o mundo, tendo sua base de operações em Engeltal, Jasper, no Arkansas.

KATHRYN KUHLMAN (1907-1976)

A EVANGELISTA MAIS CONHECIDA DO MUNDO APÓS A SEGUNDA GUERRA MUNDIAL

Após concluir o ensino básico — tudo o que era oferecido na época —, Kathryn Kuhlman começou seu ministério, aos 16 anos de idade, como assistente de sua irmã e de seu cunhado. Não demorou para ela exercer um ministério próprio, um trabalho itinerante por Idaho, Utah e Colorado. Por fim, ela se estabeleceu em Denver, com seu Tabernáculo do Avivamento. Por volta de 1935, construiu o Tabernáculo do Avivamento de Denver, com 2 mil assentos. Ela usava a mídia com eficácia e desenvolveu um influente ministério radiofônico. Kathryn casou-se com um evangelista que se divorciara da mulher apenas para se casar com ela. Isso destruiu seu ministério em Denver. O casal continuou o trabalho de evangelização, mas, ao que parece, após seis anos — ela silencia sobre o assunto — Kathryn deixou o marido e começou a trabalhar sozinha outra vez.

Em 1946, em Franklin, na Pensilvânia, uma mulher foi curada de um tumor durante uma das reuniões dirigidas por Kathryn. Foi o início do que culminou com o "culto de milagres". Kathryn era capaz de revelar um problema específico que estava ocorrendo em determinado local da plateia, e a pessoa recebia a cura. Ela voltou a estabelecer um ministério radiofônico, com um programa diário. Em 1948, mudou-se para Pittsburgh, onde instalou seu quartel-general, realizando cultos no Carnegie Hall e na Primeira Igreja Presbiteriana. Kathryn alcançou fama nacional depois de um artigo de sete páginas publicado na revista *Redbook* [Livro de registro].

Em 1965, chegou da Califórnia um insistente convite da parte de Ralph Wilkerson, do Centro Cristão de Anaheim (mais tarde Melodyland). Ela começou a realizar as reuniões no Auditório Shrine de Los Angeles. Durante dez anos seguidos, lotou regularmente os 7 mil lugares do auditório. Continuou com as reuniões de Pittsburgh, enquanto expandia seu ministério para a televisão, produzindo mais de 500 programas para a CBS. Em 1972, recebeu da Universidade Oral Roberts o título de doutora *honoris causa*.

Somente em meados da década de 1960, Kathryn passou a se identificar com o movimento carismático. Os antigos pentecostais expulsos da tradição *holiness* tinham duas restrições ao seu ministério: ela era divorciada, e em seu ministério não havia testemunhos da experiência pessoal do falar em línguas. Ela não permitia a manifestação do dom de línguas em seus cultos de milagres.

Kathryn fazia objeção ao apelo da 'fé que cura" e dava todo o crédito ao poder do Espírito Santo. Acreditava que o dom da cura era dado ao doente, e os únicos dons que ela buscava eram o da "fé" e o da "palavra de conhecimento" (1Coríntios 12:8,9). Ela não explicava por que algumas pessoas eram curadas e outras não, mas ressaltava que o maior milagre era a regeneração do novo nascimento. Kathryn sempre se referia a si mesma como evangelista.

> Além dos casos de cura bem documentados, outro fenômeno associado a Kathryn era semelhante ao "cair no Espírito", que acontecia quando ela orava pelo povo. Às vezes, dezenas e até mesmo centenas de pessoas tinham a experiência simultaneamente.
>
> Kathryn era uma trabalhadora infatigável e nos cultos dava atenção aos mínimos detalhes: tudo tinha de ser de primeira classe. Na direção das reuniões, ela às vezes ficava de pé de quatro a cinco horas, sem interrupção. Uma ruiva muito alta, que se vestia com elegância, Kathryn era dramática na gesticulação e conscientemente ponderada no discurso. Seu amigo e biógrafo Jamie Buckingham revela: "Ela gostava de roupas caras, joias preciosas, hotéis de luxo e viagens de primeira classe". Foi uma estrela até a época de sua morte, pouco antes de completar 70 anos.
>
> D. J. WILSON
DICTIONARY OF PENTECOSTAL AND CHARISMATIC MOVEMENTS
[DICIONÁRIO DOS MOVIMENTOS PENTECOSTAL E CARISMÁTICO]

Fuschia Pickett. O afluxo de novos crentes desprovidos de conhecimento bíblico durante a renovação carismática proporcionou ilimitadas oportunidades aos mestres pentecostais e carismáticos. Entre eles, estavam mulheres maduras e capacitadas, de vasta experiência e grande conhecimento, habituadas a ensinar e a escrever. Um notável exemplo é a doutora Fuschia Pickett (1918-2004), teóloga, administradora, professora e escritora com 30 livros publicados. No auge da renovação carismática, a doutora Pickett implantou a Igreja (1971) e Faculdade Bíblica Porta da Fonte (1974), em Plano, no Texas. Em 1988, ela passou a direção ao doutor Sam Sasser e começou a viajar pelo mundo na condição de "mãe de Israel", prestando auxílio a igrejas e ministérios. A doutora Pickett exerceu um papel de liderança cristã em larga escala por meio de escolas bíblicas já existentes, de seus escritos e do envolvimento com a Strang Comunicações. Ela colaborou com essa renomada editora carismática na publicação da revista *Spirit Led Women* [Mulheres conduzidas pelo Espírito], perto da virada do século.

As mulheres cheias do Espírito e a mídia

Rádio. Talvez nenhum outro fator tenha contribuído para a proeminência conquistada pelas mulheres cheias do Espírito no século XX quanto a mídia, especialmente o rádio, a televisão e a tecnologia via satélite. A primeira licença para o funcionamento de uma rádio cristã foi concedida pela Comissão Federal de Comunicações, em 1924, a Aimee Semple McPherson e sua KFSG (Los Angeles). De repente, uma voz feminina estava pregando o evangelho em público e na privacidade dos lares. Foi um pequeno mas significativo começo para o trabalho das mulheres cristãs na mídia.

Televisão. Mulheres como Tammy Fay Bakker (n. 1940), da rede de televisão PTL (1974), e Jan Crouch, cofundadora da TBN (1973), foram pioneiras nesse campo. Outras conceituadas líderes que conquistaram fama internacional por meio da televisão foram Marilyn Hickey (n. 1931) e Joyce Meyer. Além de seus programas televisivos diários, elas também vendem milhares de livros e de outros materiais de ensino. Marilyn implantou a Faculdade Palavra para o Mundo, em Denver, em 1981. Ela viaja regularmente pelo mundo ministrando às massas e a chefes de Estado. Joyce, que tem a base de seu ministério em Fenton, no Missouri, costuma ministrar em igrejas e em grandes conferências nas maiores cidades dos Estados Unidos.

Vídeo e satélite. A revolução tecnológica que se tornou popular na década de 1980 abriu um novo caminho e proporcionou maior alcance para o ensino. A Faculdade Bíblica Palavra da Fé (1979), em Dallas, no Texas, foi pioneira no ensino teológico por meio de vídeos. Ao gravar em vídeo as lições para que os alunos estudassem em casa, a escola foi capaz de reproduzir e distribuir um currículo compacto para igrejas locais que de outra forma não teriam condições de oferecer um ensino bíblico de qualidade, em base regular, a seus membros famintos de conhecimento. A primeira e única mulher a participar regularmente como professora de Bíblia dessa escola foi Valarie Owen. Com esse tipo de mídia, ela ensinou milhares de alunos em centenas de escolas ao redor do mundo. Quando a escola mudou o método para a comunicação ao vivo por satélite, em 1983, Valarie foi a primeira e única mulher a ensinar a Bíblia regularmente via satélite para os Estados Unidos e o Canadá.

As mulheres no final do século XX

A internet

Quando a internet se tornou o principal meio de comunicação no final da década de 1990, as mulheres já estavam preparadas. Muitas mulheres e grupos femininos isolados pela geografia aproveitaram a ilimitada liberdade de ensinar por meio de *web sites*, salas de bate-papo e *e-mails*, sem restrição de tempo e espaço. Digno de nota é o *site* www.godswordtowomen.org, administrado por três mulheres do Texas, que incentivam e ensinam mulheres ao redor do mundo no nível pessoal. Barbara Collins (n. 1935), ex-deã para assuntos dos corpos discente e docente da Faculdade Bíblica Porta da Fonte, da doutora Pickett, uniu suas forças com Patricia Joyce (n. 1938) e Gay Anderson (n. 1933) para criar uma conexão com mulheres cheias do Espírito por meio de uma comunicação acessível e pessoal. Esse *site* inovador tem seu nome inspirado na proposta teológica do livro da doutora Katherine Bushnell, *God's Word to Women* [Palavra de Deus para as mulheres]. Em razão dessa iniciativa, a obra clássica da doutora Bushnell é agora conhecida em muitas nações.

As mulheres e o avivamento de fogo

Quando a "terceira onda" de avivamento varreu o mundo na última década do século XX, o Espírito Santo mais uma vez conduziu as mulheres à proeminência. O avivamento irrompeu em janeiro de 1994 na Igreja Comunhão da Videira, de John e Carol Arnott, em Toronto, no Canadá. Conhecidas como a "bênção de Toronto", as reuniões de avivamento logo se tornaram a principal atração turística da cidade, e quase de imediato a "bênção" se espalhou pelo mundo. Nesse avivamento, Carol Arnott atuou em condições de igualdade com seu marido e era igualmente respeitada pelos adeptos do movimento. O respeito às mulheres também é notado em outros aspectos do avivamento. Fred Wright, coordenador internacional dos Parceiros na Colheita, o braço ministerial livre da Igreja Comunhão da Videira do Aeroporto de Toronto, pediu publicamente desculpas às mulheres participantes do avivamento pelos maus-tratos recebidos das denominações históricas através dos séculos. A diretora do Departamento

Feminino e fundadora dos Ministérios Libertadores de Vida, Mary Audrey Raycroft, exerce agora um ministério de ensino ao redor do mundo. Ela está ajudando a formar um confiável, saudável e bíblico exército de mulheres avivadas em várias nações do mundo.

Acadêmicas cheias do Espírito Santo

Na última década do século XX, as mulheres começaram a frequentar e concluir seminários em número recorde. Mulheres cheias do Espírito encontraram as portas abertas em instituições renomadas, como a Universidade Oral Roberts, a Universidade Regent, o Seminário Teológico das Assembleias de Deus, a Escola de Teologia da Igreja de Deus e o Seminário Teológico Fuller. Entre as líderes acadêmicas, podemos mencionar as doutoras Edith Blumhofer, Cheryl Bridges-Johns, Rebecca Patten e Priscilla Benham, que também desempenharam papéis de liderança na Sociedade de Estudos Pentecostais. Outra associação acadêmica que não só incentivou a formação das mulheres, como também lutou contra as situações de abuso doméstico nos lares cristãos, é a Cristãos para a Igualdade Bíblica. Embora seja em essência uma sociedade evangelical, grande número de mulheres pentecostais e carismáticas filiou-se a essa organização no final do século.

Mulheres cheias do Espírito: problemas e soluções

Na última década do século XX, muitas mulheres cheias do Espírito Santo depararam com a discrepância entre a experiência do chamado espiritual para a liderança e os elementos restritivos das estruturas existentes. Em consequência, muitas dessas mulheres com formação acadêmica começaram a descobrir a atividade do Espírito Santo na História, o qual repetida e sistematicamente conduziu mulheres à liberdade, à igualdade e à confiança em Cristo. Outras se dedicaram ao estudo das Escrituras e da cultura dos tempos do Novo Testamento a fim de obter uma versão mais acurada de passagens de difícil interpretação, numa tentativa de harmonizar sua experiência com o Espírito e sua interpretação da Palavra de Deus. Elas acreditavam que a Palavra, interpretada de maneira criteriosa, concordaria com a atividade do Espírito Santo. Com isso, parece que o ciclo de mulheres cheias do Espírito se completa no período de um século: elas se encontraram tentando recuperar, em 1999, o que já possuíam em 1901.

Mulheres de Deus

Em épocas estratégicas da história da salvação, Deus sempre escolheu mulheres e as capacitou com o poder do Espírito Santo para fazer cumprir sua vontade de maneira extraordinária. Ele escolheu Maria para dar à luz o Salvador. Escolheu outra Maria para ser a primeira pessoa a proclamar as boas-novas da ressurreição. Escolheu mulheres na igreja primitiva para pastorear, ensinar e proclamar o evangelho. Mulheres foram cooperadoras do apóstolo Paulo e coerdeiras com Cristo e seus irmãos na fé. No maior avivamento desde o dia de Pentecoste, Deus concedeu a uma humilde mulher — Agnes Ozman — o privilégio e a responsabilidade de ser a primeira pessoa a experimentar e proclamar o batismo pentecostal do Espírito Santo no século XX. No decorrer do século, ele chamou e capacitou incontáveis mulheres para realizar tarefas humildes e também de grande importância. No século XX, mulheres cheias do Espírito Santo começaram a descobrir que não eram exceção no plano de Deus, mas, em vez disso, verdadeiros protótipos da mulher de Deus.

Leituras recomendadas

Um bom ponto de partida para o estudo da participação da mulher na tradição pentecostal é *Pentecost in My Soul* [Pentecoste em minha alma] (Springfield: Gospel Publishing House, 1989), de Edith Blumhofer. Um trabalho mais abrangente é *In the Spirit We're Equal: The Spirit, The Bible and Women — A Revival Perspective* [No Espírito somos iguais: o Espírito, a Bíblia e a mulher — uma perspectiva do avivamento (Dallas: Hyatt Press, 1998), de Susan C. Hyatts. Para saber sobre o período inicial da teologia *holiness* em relação à mulher no ministério, consulte *The Promise of the Father* [A promessa do Pai] (Boston: Henry V. Degen, 1859), de Phoebe Palmer.

O perfil de muitas mulheres pode ser encontrado em *New International Dictionary of Pentecostal and Charismatic Movements* [Novo dicionário dos movimentos pentecostal e carismático] (Grand Rapids: Zondervan, 2001), organizado por Stanley M. Burgess e Eduard van der Maas. Entre as obras históricas sobre o ministério de mulheres pentecostais, podemos citar: *A Sound from Heaven* [Um som vindo do céu] (Springfield: Gospel Publishing House, 1977), de Cari Brumback; *The Assemblies of God: A Chapter in the Story of American Pentecostalism* [As Assembleias de Deus: um capítulo na história do pentecostalismo norte-americano] (Springfield: Gospel Publishing House, 1989), de Edith Blumhofer, publicada em dois volumes; e *The Holiness-Pentecostal Tradition: Charismatic Movements in the Twentieth Century* [A tradição *holiness*-pentecostal: movimentos carismáticos no século XX] (Grand Rapids: Eerdmans, 1997), de Vinson Synan.

Entre os livros sobre a vida de Aimee Semple McPherson, recomendamos: *Aimee Semple McPherson: Everybody's Sister* [Aimee Semple McPherson: irmã de todos] (Grand Rapids: Eerdmans, 1993), de Edith Blumhofer; e *Sister Aimee: The Life of Aimee Semple McPherson* [Irmã Aimee: a vida de Aimee Semple McPherson] (New York: Harcourt Brace Jovanovich, 1993), de David Epstein. Um livro simpático a Kathryn Kuhlman foi escrito por Jamie Buckingham: *Daughter of Destiny: Kathryn Kuhlman... Her Story* [Filha do destino: Kathryn Kuhlman... sua vida] (Plainfield: Logos International, 1976) [*Kathryn Kulman: uma biografia*. Rio de Janeiro: Danprewan Editora]. Uma biografia mais equilibrada foi escrita por Wayne Warner: *Kathryn Kuhlman: The Woman Behind the Miracles* [Kathryn Kuhlman: a mulher por trás do milagre] (Minneapolis: Fortress Press, 1994).

✵ 11 ✵

PENTECOSTALISMO AFRO-AMERICANO NO SÉCULO XX

David Daniels III

No decorrer do século XX, o pentecostalismo negro teve uma participação fundamental no movimento pentecostal e no cristianismo norte-americano. Seu papel foi crucial na apresentação de novas opções na música religiosa, na ética social, na comunidade ministerial, na pregação e na teologia. Tradicionalmente, são reconhecidas três fases dessa vertente do pentecostalismo. Ele irrompeu como um movimento de renovação vinculado ao movimento de santidade com a intenção de reformar a igreja negra. A fase inicial foi seguida pela marginalização do pentecostalismo no interior da igreja negra, e o pentecostalismo negro atraiu adeptos das comunidades marginalizadas de negros pobres e da classe trabalhadora.

No último quartel do século XX, o pentecostalismo negro alcançou proeminência depois de cair nas graças dos membros de classe média da igreja. Era também evidente que esses pentecostais sustentavam uma imagem popular de espiritualidade vigorosa e um estilo de adoração interessante. Em todo o país, as congregações negras pentecostais estavam entre as maiores igrejas, bem como entre as mais numerosas, uma verdadeira miríade de comunidades suburbanas e interioranas. O pentecostalismo negro entrou em seu segundo século como a principal tradição dentro da igreja afro-americana e do cristianismo norte-americano.

O pentecostalismo negro conta com denominações e comunidades cuja liderança é caracterizada por grupos representativos na política, na cultura religiosa, na relação entre os gêneros, na teologia e no ministério. Essa vertente do pentecostalismo é constituída por sua diversidade, produto de movimentos afro-americanos que participaram da construção do próprio pentecostalismo. Essas diferentes trajetórias intersectaram no pentecostalismo negro e levaram à criação de diversas correntes denominacionais que têm em comum o foco sobre as Escrituras, a conversão, o batismo no Espírito Santo e outros temas. Uma vez que a diversidade do pentecostalismo negro encerra muitas variações, examinamos neste capítulo, em benefício da brevidade, apenas as duas principais.

O pentecostalismo emergiu no século XX como a principal presença no ambiente da comunidade afro-americana, criou uma verdadeira hoste de congregações e denominações e transformou a vida religiosa das denominações negras históricas. O pentecostalismo conserva sua distinção entre os movimentos cristãos dos Estados Unidos por ser a principal comunidade na qual movimentos cristãos afro-americanos se ligaram a movimentos de cristãos brancos, hispânicos e outros. Assim se construiu o pentecostalismo como tradição religiosa. Desde suas origens, o pentecostalismo se destaca como expressão inter-racial e multicultural do cristianismo.

O movimento de santidade na igreja negra

O pentecostalismo afro-americano dos Estados Unidos começou basicamente com a versão negra do movimento de santidade, que seguia paralela ao movimento principal (branco) e às vezes se conectava com ele. Líderes negros *holiness*, grupos de estudo bíblico e de oração e congregações *holiness* constituíam esse ramo do movimento de santidade logo após o fim da Guerra de Secessão. Os precursores do movimento eram líderes que esposavam a doutrina e a experiência *holiness* no advento do século XIX. Jarena Lee, membro da congregação de Richard Allen e pregadora pioneira dos metodistas africanos, testemunhou ter recebido a experiência de santificação já em 1808. Ela apontou William Scott, um negro, como a pessoa que lhe apresentou a doutrina *holiness*. Outras pregadoras negras do período anterior à Guerra de Secessão foram Zilpha Elaw, Julia Foote e Sojourner Truth, a abolicionista. Daniel Alexander Paine, Joseph C. Price e Isaac Lane distinguiam-se entre os clérigos afro-americanos, e Amanda Berry Smith destacava-se entre as mulheres evangelistas.[1]

O braço negro do movimento de santidade consistia em movimentos regionais agrupados que se concentravam na Virgínia, na Pensilvânia, no Missouri, nas Carolinas do Norte e do Sul, no Centro-Sul (Mississippi, Tennessee, Arkansas, Alabama) e na região de Michigan-Ohio. Esses movimentos regionais atraíam adeptos das igrejas batista e metodista. Os metodistas levaram o movimento para o Norte e o Sudeste, enquanto os batistas dominavam o movimento no Centro-Sul.

O surgimento de muitas congregações não denominacionais no universo da igreja negra se deve aos líderes afro-americanos da Igreja de Deus (Anderson), um movimento de santidade birracial liderado por Daniel Warner. Os negros começaram a implantar denominações *holiness* em 1867, com o estabelecimento da Igreja Apostólica da União de Sião, na Virgínia, sob a liderança de James R. Howell, ministro da Igreja Episcopal Metodista Africana de Sião (sigla em inglês: AMEZ).[2]

O avivamento ocorrido na Filadélfia em 1877 garantiu um lugar para o movimento de santidade afro-americano na igreja negra do século XIX. Esse avivamento começou na Igreja Episcopal Metodista Africana Betel, o histórico púlpito de Richard Allen, durante o pastorado de George C.

---

[1] William A. ANDREWS (Org.), *Sisters of the Spirit: Three Black Women's Autobiography of the Nineteenth Century* (Bloomington: Indiana Univ. Press, 1986); Paul R. GRIFFEN, *Black Theology As the Foundation of Three Methodist Colleges: The Educational Views and Labors of David Payne, Joseph Price, and Isaac Lane* (Lanham: University Press of America, 1984); Amanda Berry SMITH, *An Autobiography: The Story of the Lord's Dealings with Mrs. Amanda Smith, The Colored Evangelist* (Chicago: Meyer & Brother, 1893); Adrienne M. ISRAEL, *Amanda Berry Smith: From Washerwoman to Evangelist* (Lanham: Scarecrow Press, 1998).

[2] *General Rules and Discipline of the Reformed Zion Union Apostolic Church* (Norfolk: Creecy's Good-Will Printery, 1966); Wardell J. PAYNE (Org.), *Directory of African American Religious Bodies* (Washington: Howard University Press, 1991), p. 110.

Whitfield. George C. Whitfield começou a pastorear essa igreja em junho de 1877, pregando sermões sobre santidade e dedicando o vigésimo dia de cada mês para conferências sobre o tema. Esse dia especial representava a tendência do avivamento da Filadélfia, caracterizado como birracial, interdenominacional e favorável à liderança religiosa feminina.

Nessas conferências, estavam representados os afro-americanos das igrejas episcopal, batista, presbiteriana e metodista. Whitfield convidava os mais proeminentes pregadores negros locais, como Redding B. Johns, pastor da Primeira Igreja Presbiteriana Africana, e Theophilus Gould, ex-pastor da Igreja Episcopal Metodista Africana Betel.

Líderes *holiness* brancos de renome nacional também eram convocados, como John S. Inskip, presidente da Associação Nacional dos Acampamentos para a Promoção da Santidade, E. I. D. Pepper, editor do *Christian Standard* [Padrão cristão], e William MacDonald. Além da Igreja Betel, as principais igrejas participantes eram a Primeira Igreja Presbiteriana Africana, pastoreada por Redding B. Johns, e a Igreja Episcopal Metodista Americana da União, pastoreada por Lorenzo D. Blackstone.[3]

Entre os ministros da Igreja Episcopal Metodista Africana (sigla em inglês: AMEC) das vizinhanças da Filadélfia, o ensino sobre a santidade se tornou norma. Na sessão de agosto de 1877 da Associação de Pregadores da AMEC local, a experiência de santificação foi o tema dos debates. Cada um dos 12 ministros presentes se definiu como seguidor da doutrina *holiness*. Entre esses ministros, estavam alguns dos principais líderes da AMEC nacional, como Jabez P. Campbell, Benjamin Tanner, Henry McNeal Turner e Levi Coppin. Nove ministros testemunharam ter recebido a experiência de santificação: R. Barney, Jabez P. Campbell, W. H. Davis, Theophilus Gould, H. H. Lewis, L. Patterson, W. H. Stiles, Benjamin Tanner e J. S. Thompson. Os dois ministros que destoavam do grupo eram Henry McNeal Turner e Levi Coppin. C. C. Felts declarou que estava buscando a experiência. Turner entendia a experiência de santificação como uma "obra progressiva", contrariando a maioria, que

---

[3] *Christian Recorder*, Philadelphia, 9 set. 1880, p. 2; *Christian Recorder*, Philadelphia, 28 jun. 1877, p. 2.

a definia como instantânea. Coppin reconhecia apenas a experiência da conversão e "nada mais".

O envolvimento de Campbell, Tanner e Whitfield conferiu ao movimento forte apoio institucional dentro da AMEC da Filadélfia, em razão do *status* de bispo desfrutado por Campbell, da influência de Tanner como editor do semanário *Christian Recorder* [Indicador cristão] e da posição de Whitfield como pastor da histórica Igreja Betel. Encontros de santidade eram realizados na congregações da AMEC em Chester, Germantown, e em outros lugares da Filadélfia, bem como na Pensilvânia Ocidental.[4]

O avivamento da Filadélfia durou de 1877 a 1879, ano em que George C. Whitfield morreu. Além da morte de Whitfield, a liderança do movimento de santidade da Filadélfia sofreu com a remoção de Blackstone do pastorado e a renúncia de Johns. Os encontros de santidade patrocinados por essas congregações cessaram tão abruptamente quanto haviam começado. Até mesmo os encontros da Igreja Betel foram descontinuados, depois de proibidos pelos oficiais da congregação. Os encontros continuaram na Filadélfia somente nos lares e nas reuniões ao ar livre, sendo a liderança de proeminentes pastores substituída por cristãos leigos.

Mais tarde, os encontros de santidade começaram a reaparecer nas igrejas e em outros locais. O sucessor de Whitfield, Levi Coppin, permitiu que as reuniões fossem realizadas outra vez na Igreja Betel. A AMEC Wesley de Sião começou a realizar seus encontros de santidade de dois em dois meses. Havia também encontros semanais, realizados num auditório público, o Benezeb Hall. O avivamento de 1877 da Filadélfia insuflara o movimento de santidade na AMEC mais que qualquer outro acontecimento.[5]

O segundo acontecimento mais importante ocorreu durante o bispado de T. M. D. Ward. A Conferência da AMEC do Norte do Missouri, por volta de 1881, "resolveu adotar e pregar o evangelho da santidade". Além de Ward, os líderes empenhados nessa campanha foram James Taylor e A. W. Talbert. O reverendo James W. Taylor e o bispo T. M. D. Ward introduziram o movimento de santidade na AMEC do Missouri por volta

---

[4] *Christian Recorder*, Philadelphia, 9 ago. 1877, p. 2; 12 set. 1878, p. 37.
[5] *Christian Recorder*, Philadelphia, 9 set. 1880, p. 3.

de 1881. Taylor recebeu a experiência de santificação num acampamento, em 1877, e Ward anunciou publicamente seu apoio à doutrina *holiness* em 1880. A. W. Talbert pastoreou uma congregação em Washington, na região do Missouri.

Enquanto George C. Whitfield foi o mais proeminente pastor da AMEC a promover a santidade, Amanda Berry Smith foi quem mais cultivou o interesse pela santidade na denominação. Seu ministério a fez viajar pelo mundo. Ela pregou na Europa, na Ásia e na África, além do ministério nos Estados Unidos no final do século XIX.

Outras mulheres que exerceram papéis de liderança foram Irmã Callund, Emma Williams e Emily Calkins. Irmã Callund, que frequentou a escola na AMEC Betel e pregava a doutrina *holiness* na congregação, empreendeu em 1878 uma turnê evangelística pelo oeste dos Estados Unidos. Emma Williams, pregadora *holiness* da AMEC, transferiu-se do Norte para o Sul e depois retornou ao Norte a fim de angariar fundos para construir um templo no Sul. Ela conseguiu levar a cabo três projetos de construção. Dessa forma, o ministério dessas mulheres estava interligado com o movimento da Filadélfia. Emily Calkins Stevens, nascida em Nova Jersey, começou seu ministério como evangelista da AMEC nas Carolinas do Norte e do Sul, em 1882. Ela recebeu a experiência de santificação em 1853 e começou a pregar em 1868.[6]

A doutrina *holiness* também se espalhou pelas congregações negras da Virgínia e da Carolina do Norte durante a década de 1880. O Instituto Boydton, de Boydton, na Virgínia, cidade perto da fronteira com a Carolina do Norte, funcionou como base para o trabalho de promoção da santidade. Em 1881, quase todo o contingente de 104 alunos negros buscava a experiência de santificação, e muitos deles a receberam. Esses alunos tornaram-se professores e ministros naquela região.

No final da década de 1880 e início da década de 1890, surgiram várias congregações negras *holiness* na Carolina do Norte, em Raleigh, Wilmington, Durham e Clinton. De acordo com Henry Fisher, membro tardio do

---

6   *Christian Recorder*, Philadelphia, 3 set. 1882, p. 1; 29 jul. 1880, p. 3; 14 ago. 1878, p. 3; 26 ago. 1880, p. 3.

movimento, em 1886 o avivamento *holiness* começou numa casa em Method, localidade próxima de Raleigh. Um pequeno mas dedicado grupo de afro-americanos abraçou a doutrina *holiness*. Em Wilmington, durante o mês de novembro de 1892, Elijah Lowney, ex-ministro metodista de Cleveland, Ohio, liderou um avivamento na Primeira Igreja Batista. Lowney atraiu seguidores brancos e negros de diversas denominações.

O avivamento *holiness* tornou-se grande demais para o templo da igreja batista e se transferiu para o Tabernáculo Sam Jones, com capacidade para cerca de 4 mil pessoas. Desse avivamento, surgiu mais uma congregação negra *holiness*. Nesse lugar, um pregador local da AMEC recebeu a experiência de santificação e se tornou líder. Em 1895, C. J. Wilcox, membro da equipe de Lowney, implantou outra congregação negra *holiness* na mesma região. Poucos anos depois, W. H. Fulford, que pertencia a uma congregação birracial da Igreja Holiness Batizada com Fogo, liderou um bem-sucedido avivamento *holiness* em Wilmington, para um público também composto de negros e brancos. No decorrer da década de 1890, outras congregações negras *holiness* surgiram no condado de Sampson, situado na área de Clinton e Turkey. Em outubro de 1894, o grupo de Raleigh uniu-se com o de Durham, a fim de realizarem uma assembleia.[7]

Em setembro de 1900, C. J. Wilcox, Joseph Silver e John Scott, ministros *holiness* da área de Wilmington, organizaram a Convenção da União Holiness. Nesse mesmo mês, P. N. Marable, de Clinton, e W. C. Carlton, de Turkey, ambos clérigos e professores naquela região, organizaram a Associação Holiness Big Kahara. Todavia, alguns membros dos círculos *holiness* permaneciam em suas congregações de origem, opondo-se à formação de novas igrejas. Em 13 de outubro de 1900, os grupos de Raleigh e Durham se uniram para organizar uma nova denominação *holiness*: a Igreja Santa da Carolina do Norte. Em 15 de outubro de 1900, os grupos *holiness* concentrados na região de Raleigh, Wilmington e Durham se uniram para criar a Igreja Santa da Carolina do Norte e da Virgínia. W. H. Fulford foi seu presidente de 1901 a 1916.

---

[7] Chester W. Gregory, *The History of the United Holy Church of America, Inc., 1886-1986* (Baltimore: Gateway Press, 1986), p. 30-46.

Nas congregações da Igreja Metodista Episcopal Negra (mais tarde chamada Igreja Metodista Episcopal Cristã — sigla em inglês: CME), o bispo Lucius Holsey e outros ministros pregavam sermões sobre o tema da santidade no final do século XIX. Em 1897, algumas instituições do Missouri, do Kentucky e do Arkansas promoveram debates sobre a experiência da santificação. Em 1903, dois grupos saíram da CME. Um deles implantou uma associação, e o outro, uma congregação. Em West Lake, na Louisiana, uma facção organizou a Igreja Santa e Santificada de Cristo. Em Jackson, no Tennessee, outro grupo se separou, liderado por Robert E. Hart, ex-pastor da CME Templo da Liberdade, a igreja-mãe da CME. Na AMEZ, o bispo Alexander Walters pregou a doutrina *holiness* durante a década de 1890 e participou da Associação Cristã Holiness. D. J. Young, ministro da AMEZ, ingressou no movimento de santidade no início da década de 1890 e participou de eventos patrocinados pela Sarça Ardente, oficialmente conhecida como Associação Cristã Metropolitana.[8]

Comunidades *holiness* independentes e restauracionismo negro

O historiador Charles Edwin Brown registra que em 1886 Jane Williams e outros afro-americanos adotaram a doutrina holiness em Charleston, na Carolina do Sul. O papel deles foi fundamental na apresentação da doutrina holiness, sob os auspícios da Igreja de Deus (Anderson), aos negros de outras regiões do Estado e também em Michigan e no Alabama. Charles Oglesby, pregador negro holiness, ordenou Beatrice Saap ao ministério de evangelista da Igreja de Deus em 1881. Beatrice mudou-se mais tarde para o Alabama e ali implantou congregações holiness nas comunidades negras do Estado. Em 1895, ela pastoreou uma pequena congregação de 35 membros em Bessemer.[9]

---

[8] David D. DANIELS III, *The Cultural Renewal of Slave Religion: Charles Price Jones and the Emergence of the Holiness Movement in Mississippi* (tese de Ph.D., Union Theological Seminary in New York, 1992), p. 6-7.

[9] Charles BROWN, *When the Trumpet Sounded* (Anderson: Warner Press, 1951), p. 269; James Earl MASSEY, *An Introduction to the Negro Churches in the Church of God Reformation Movement* (New York: Shining Light Survey Press, 1957), p. 51.

No final da década de 1890, William E. Fuller também organizou congregações negras *holiness* na Carolina do Sul. Fuller fez parte do comitê executivo da birracial Igreja Holiness Batizada com Fogo, a qual foi organizada em Anderson, em 1898, na Carolina do Sul, por Benjamim H. Irwin.[10]

Em 1902, uma facção dissidente da principal comunidade negra restauracionista, a Igreja do Deus Vivo (Associação Cristã para Obreiros Cristãos), implantada por William Christian, criou a Igreja do Deus Vivo (Igreja Apostólica). Em 1903, outro grupo, liderado por Magdalena Tate, separou-se de William Christian e organizou em Nashville, no Tennessee, a Igreja do Deus Vivo, Coluna e Fundamento da Verdade. William Christian, ordenado pastor da Igreja Batista em 1875, foi líder de uma congregação batista em Ft. Smith, no Arkansas, e estabeleceu em 1888 a Igreja do Deus Vivo (Associação Cristã para Obreiros Cristãos), perto de Wrightsville.

Em 1888, Christian recebeu uma revelação segundo a qual "ele estava pregando a doutrina dos homens, e não Cristo". Depois disso, ele abraçou a causa restauracionista de Alexander Campbell. Essa revelação transformou a teologia e a pregação de Christian. Ele se pôs a partir daí a avaliar a fé e a prática batistas, usando como critério as Escrituras, e começou a criticar o protestantismo denominacional e a religião corrompida. Christian concluiu que nomes de igrejas, como batista, presbiteriana e metodista eram antibíblicos. Para ele, todos os nomes de igrejas tinham de ser selecionados das Escrituras. Ele criticava o processo de conversão nas igrejas reavivalistas, que propunham a substituição do arrependimento bíblico por tristeza santa e "devoção religiosa". Christian deixou a Igreja Batista para organizar uma comunidade com base nas Escrituras, que por volta de 1898 contava com aproximadamente 90 congregações e ministérios em 11 Estados norte-americanos, até mesmo no território de Indiana.[11]

---

[10] Vinson SYNAN, *The Holiness-Pentecostal Tradition: Charismatic Movements in the Twentieth Century* (Grand Rapids: Eerdmans, 1997), p. 55, 176.

[11] Lowell BARKS SR. et alii, *Glorious Heritage: The Gold Book, Documentary — Historical, Church of the Living God, Motto: (CWF) 1899-1964* (s.l.: s.n., 1967), p. 22; William CHRISTIAN, *Poor Pilgrim's Work* (Texarkana: s.n., 1896), p. 14.

A nova pregação bíblica de Christian abrangia também a consciência racial. Em resposta à teoria de que os africanos descendiam de animais, e não do Adão bíblico, Christian defendeu a humanidade do povo africano com base nos textos bíblicos. Ele ensinava que o pai dos hebreus, e portanto todo o povo hebreu, era descendente de povos negros e que era desses povos que Jesus descendia. Argumentava que os europeus e os asiáticos eram humanos, porém oriundos de outro momento da criação. Christian também advogava uma oposição implícita ao capitalismo. Alegava que a terra pertence a Deus e por essa razão deveria ser de uso comum, sob o controle do governo, o qual seria responsável pela concessão de terras aos seus cidadãos.[12]

No Kentucky e no Tennessee, George e Laura Goings foram de importância fundamental na propagação da doutrina *holiness* entre os negros desses Estados. Os Goingses, uma equipe pastoral afro-americana associada aos *holiness* da Califórnia, começaram seu ministério na região em 1897, em Slaughterville, no Kentucky. Ali, eles descobriram um movimento de santidade que enfatizava a comunhão eclesial e, portanto, se opunha à formação de novas denominações. Também descobriram uma pequena congregação negra *holiness* em Slaughterville que havia sido implantada por quatro negros, em 1892, e era pastoreada por James A. Biglow.[13]

A teologia *holiness* de George Goings incluía certa dimensão social. Ele era avesso aos ministérios voltados para os afro-americanos que amenizavam a devastação causada pela escravatura e as injustiças percebidas na experiência contemporânea. Argumentava que as estruturas sociais minavam de modo sistemático todos os esforços de soerguimento da raça negra. Além disso, do seu ponto de vista, o terrorismo praticado pelos norte-americanos brancos para manter os negros sob controle aprofundava a crise. A escassez dos recursos liberados, que deveriam melhorar a

---

[12] Lowell BARKS SR. et alii, *Glorious Heritage: The Gold Book, Documentary — Historical, Church of the Living God, Motto: (CWF) 1899-1964*, p. 17; William CHRISTIAN, *Poor Pilgrim's Work*, p. 4.

[13] Josephine WASHBURN, *History and Reminiscences of the Holiness Church in Southern California and Arizona* (s.l.: s.n., 1911), p. 88, 238, 18.

situação, expunha a falta de compromisso da sociedade com o progresso da população negra.[14]

O movimento de santidade e os negros das igrejas batistas

O movimento de santidade predominante entre os negros do Centro-Sul surgiu nos meados da década de 1890, sob a liderança de Charles Price Jones e Charles Harrison Mason. O movimento desdobrou-se numa variedade de formas institucionais: conferências, avivamentos, publicações, evangelistas itinerantes, congregações *holiness* e associações de igrejas e clérigos. Mason era um evangelista itinerante da Igreja Batista quando abraçou a doutrina *holiness*, enquanto Jones já era um pastor batista experiente, havendo atuado no Arkansas e no Alabama. Jones começou seu pastorado em 1895, na Igreja Batista de Mt. Helm, em Jackson, no Mississippi, pregando sermões sobre o tema da santidade e liderando avivamentos. Ele promoveu a primeira convenção *holiness* em junho de 1896, em Mt. Helm. Por volta de 1897, a conferência atraiu grande contingente de cristãos da região, com participantes vindos do Mississippi, do Arkansas, da Louisiana, do Tennessee, do Alabama, do Missouri, de Illinois, da Carolina do Norte e da Geórgia.[15]

Várias congregações batistas aderiram ao movimento no final da década de 1890. De início, duas igrejas já estabelecidas uniram-se ao movimento. A mais proeminente congregação a abraçar a doutrina *holiness* foi a Igreja Batista de Mt. Helm. Outra importante adesão foi a da Igreja Batista Damasco, de Hazelhurst, no Mississippi, pastoreada por Walter S. Pleasant. As outras congregações associadas ao movimento já haviam sido implantadas como igrejas *holiness*. Por volta de 1905, dez congregações batistas já estabelecidas juntaram-se a outras 29 igrejas em desenvolvimento para uma associação regional com congregações espalhadas por todo o Centro-Sul.

---

[14] Josephine WASHBURN, *History and Reminiscences of the Holiness Church in Southern California and Arizona*, p. 91-2.

[15] David D. DANIELS III, The Cultural Renewal of Slave Religion: Charles Price Jones and the Emergence of the Holiness Movement in Mississippi, p. 247-8.

Nas igrejas estabelecidas, não eram incomuns as disputas internas. Em outubro de 1901, Charles Price Jones e o grupo majoritário de Mt. Helm perderam o direito de propriedade da igreja para uma facção anti-*holiness* que levou a congregação aos tribunais. A derrota jurídica, entretanto, não encerrou o ministério de Jones. Confirmada a perda, Jones organizou o Templo de Cristo como congregação independente. Por volta de 1906, o Templo de Cristo construiu um edifício com capacidade para 2 mil pessoas. Nessa época, cerca de mil pessoas se reuniam na igreja para o culto de adoração todos os domingos.[16]

O movimento de santidade afro-americano adentrou o século XX com cerca de 200 congregações espalhadas pelos Estados Unidos. Além dessas congregações, o movimento contava com importantes adesões individuais, como a evangelista da AMEC Amanda Berry Smith, a missionária doméstica Virginia Broughton e o bispo da AMEZ Alexander Walters, que eram líderes do movimento, mas continuavam em suas respectivas denominações.

O movimento de santidade afro-americano constituía o cerne do pentecostalismo negro, e suas sete maiores famílias denominacionais tinham suas origens nas comunidades e denominações negras *holiness* do final do século XIX. Em sua maior parte, as primeiras denominações negras pentecostais podem ser classificadas em sete famílias denominacionais:

1. Igreja Santa Unida da América
2. Igreja do Deus Vivo
3. Igreja de Deus em Cristo
4. Igreja de Deus (Apostólica)
5. Igreja Holiness Batizada com Fogo das Américas
6. Igreja de Deus da Fé Apostólica
7. Assembleias Pentecostais do Mundo

Somente as duas últimas famílias pentecostais são hoje minoria, remontando suas origens ao avivamento da Rua Azusa. O movimento de santidade

---

[16] David D. DANIELS III, The Cultural Renewal of Slave Religion: Charles Price Jones and the Emergence of the Holiness Movement in Mississippi, p. 263-6.

afro-americano participou da construção do pentecostalismo norte-americano e foi o berço principal do pentecostalismo negro.[17]

William J. Seymour e o avivamento da Rua Azusa

Numa congregação não associada ao movimento de santidade afro-americano, irrompeu o avivamento da Rua Azusa, de onde emergiu o pentecostalismo como movimento nacional e internacional. Em 1906, uma pequena congregação negra *holiness* liderada por Julia Hutchins patrocinou um avivamento conduzido por William J. Seymour, e foi com esse avivamento que o movimento de santidade afro-americano começou a participar da construção do pentecostalismo e que o pentecostalismo começou a adquirir feições de movimento internacional. Hutchins convidou Seymour, que estava em Houston, para ir a Los Angeles, depois de ele ter sido recomendado por Lucy Farrow, sobrinha de Frederick Douglass. De acordo com o historiador Cecil R. Robeck, Hutchins e outros membros implantaram uma congregação depois que a Segunda Igreja Batista (negra) se recusou a adotar a doutrina *holiness*.

Após ouvir Seymour, Hutchins barrou-lhe o púlpito, por causa da interpretação pentecostal que ele dava à doutrina *holiness*. Todavia, outros membros da congregação, primeiro Edward Lee e depois Richard Asberry, convidaram Seymour a dar prosseguimento à pregação em suas respectivas

---

[17] Da família da Igreja Santa Unida da América, fazem parte as seguintes igrejas: Igreja Santa Unida da América; Igreja Santa Monte Sinai; Igreja Santa Monte Calvário; Igreja Pentecostal Monte Sião; Igreja Santa Unida da América Original. Da família da Igreja do Deus Vivo, fazem parte as seguintes igrejas: Igreja do Deus Vivo, Coluna e Fundamento da Verdade; Igreja do Deus Vivo do Primogênito; a Casa de Deus, a Qual É a Igreja do Deus Vivo, a Coluna e Fundamento da Verdade. Da família da Igreja de Deus em Cristo, fazem parte as seguintes igrejas: Igreja de Deus em Cristo, Inc.; Igreja de Deus em Cristo, Congregacional; Igreja de Deus em Cristo Internacional. Da família da Igreja de Deus (Apostólica), fazem parte as seguintes igrejas: Igreja de Deus (Apostólica); Igreja Apostólica de Cristo; Igreja Apostólica de Deus em Cristo. Da família da Igreja Holiness Batizada com Fogo das Américas, fazem parte as seguintes igrejas: Igreja de Deus Holiness Batizada com Fogo das Américas; Igreja Pentecostal Universal. Da família da Igreja de Deus da Fé Apostólica, faz parte a Igreja de Deus da Fé Apostólica.

casas. A audiência extrapolou as acomodações das casas até Seymour garantir um espaço melhor na Rua Azusa, 312, que fora um santuário provisório da AMEC de St. Stephen (mais tarde chamada Primeira Igreja Metodista Episcopal Africana). As reuniões de Seymour na Rua Azusa, a Missão da Fé Apostólica, atraíram a atenção de brancos, negros e latinos, especialmente dos que já participavam de alguma comunidade *holiness*. Em pouco tempo, representantes de grupos *holiness* de todo o território norte-americano acorriam à Rua Azusa a fim de tomar conhecimento do novo ensino.[18]

Num período de doze meses, o avivamento da Rua Azusa se firmou como movimento internacional e passou a publicar um periódico mensal, *Apostolic Faith*. De 1906 a 1908, Seymour, a Missão da Fé Apostólica e o *Apostolic Faith* davam ao movimento um ponto de referência e uma liderança. À semelhança de seu correspondente *holiness*, o movimento pentecostal era basicamente local e regional, com lideranças tanto de homens quanto de mulheres. Em vários lugares, o pentecostalismo absorveu congregações e instituições inteiras dos *holiness* afro-americanos. O avivamento da Rua Azusa definiu o pentecostalismo nacional e mundialmente, moldando as relações inter-raciais e dando-lhe caráter multirracial.[19]

Seymour foi apresentado à interpretação pentecostal da doutrina *holiness* por Charles Parham, o qual popularizou a relação entre a glossolalia e o episódio bíblico do Pentecoste, registrado em Atos 2, e declarou que essa experiência é o batismo do Espírito Santo, subsequente à experiência de santificação. Ele começou a pregar a nova doutrina em 1901, nos círculos *holiness* do meio-oeste dos Estados Unidos. Em 1905, William J. Seymour "matriculou-se" na escola de Parham, em Houston, embora o ambiente

---

[18] Vinson SYNAN, *The Holiness-Pentecostal Tradition: Charismatic Movements in the Twentieth Century*, p. 96-8; Cecil M. ROBECK, Azusa Street Revival, in: Stanley M. BURGESS, Patrick ALEXANDER & Gary MCGEE (Orgs.), *Dictionary of Pentecostal and Charismatic Movements* (Grand Rapids: Zondervan, 1988), p. 33.

[19] Vinson SYNAN, *The Holiness-Pentecostal Tradition: Charismatic Movements in the Twentieth Century*, p. 98, 104-5.

de segregação o impedisse de sentar-se com os outros alunos. Em 1906, Seymour levou a nova doutrina para Los Angeles.[20]

WILLIAM JOSEPH SEYMOUR

De todos os destacados líderes religiosos negros dos Estados Unidos no século XX, um dos que obtiveram menos reconhecimento foi William Joseph Seymour, o obscuro pastor da Missão da Rua Azusa, em Los Angeles, e catalisador do movimento pentecostal. Somente nas últimas décadas, alguns estudiosos tomaram consciência de sua importância. Ao que parece, a conscientização começou com o historiador Sidney Ahlstrom, da Universidade de Yale, o qual afirmou que Seymour personificava a piedade negra e "exerceu a maior influência direta sobre a história religiosa da América", situando seu impacto acima da influência de figuras como W. E. B. Dubois e Martin Luther King Jr.

William Joseph Seymour nasceu em Centerville, na Louisiana, em 2 de maio de 1870. Filho dos ex-escravos Simon e Phyllis Seymour, e criado na Igreja Batista, Seymour era dado a sonhos e visões quando jovem. Aos 25 anos de idade, mudou-se para Indianápolis, onde trabalhou como funcionário de uma estrada de ferro e depois num restaurante. Nessa época, contraiu varíola e ficou cego de um olho.

Em 1900, ele se mudou para Cincinnati, onde se afiliou à Igreja de Deus (Anderson), também conhecida como Santos da Luz do Alvorecer. Ali, mergulhou numa teologia *holiness* radical, que ensinava a segunda bênção da santificação plena (isto é, a santificação como experiência pós-conversão que resulta numa santidade completa), a cura divina, o pré-milenarismo e a promessa de um derramamento universal do Espírito Santo antes do arrebatamento da Igreja.

Em 1903, Seymour foi para Houston, no Texas, à procura de sua família. Ali, ele se filiou a uma pequena igreja *holiness* pastoreada por uma negra, Lucy Farrow, que logo o colocou em contato com Charles Fox Parham, professor *holiness* cujo ministério havia possibilitado que uma aluna falasse em línguas (glossolalia) dois anos antes. Para Parham, as línguas eram a "evidência bíblica" do batismo no Espírito Santo. Depois de implantar uma escola bíblica para treinar discípulos na Fé Apostólica, ele convidou Seymour a frequentá-la.

Uma vez que a lei do Texas proibia que os negros se sentassem nas salas de aula com os brancos, Parham sugeriu que Seymour ficasse no corredor e assistisse às aulas pelo vão da porta. Foi assim que Seymour veio a concordar com a premissa de Parham

---

[20] Vinson SYNAN, *The Holiness-Pentecostal Tradition: Charismatic Movements in the Twentieth Century*, p. 89, 92-4; Douglas NELSON, For Such a Time as This: The Story of Bishop William J. Seymour and the Azusa Street Revival (tese de Ph.D., University of Birmingham, 1981), p. 9-54.

sobre a "terceira bênção" do batismo no Espírito Santo evidenciada pelo falar em línguas. Embora Seymour nunca tivesse falado em línguas, em algumas ocasiões ele ensinou essa doutrina, juntamente com Parham, nas igrejas de Houston.

No início de 1906, Seymour foi convidado a auxiliar Julia Hutchins no pastorado de uma igreja *holiness* de Los Angeles. Com o apoio de Parham, Seymour viajou para a Califórnia, onde pregou a doutrina pentecostal com base no texto de Atos 2.4. Hutchins, no entanto, rejeitou o ensino de Seymour acerca do dom de línguas e fechou as portas para ele e sua mensagem.

Seymour foi então convidado a ficar na casa de Richard Asberry, no número 214 da Rua Bonnie Brae, onde um mês depois, em 9 de abril, após intensas orações e jejuns, Seymour e vários outros cristãos falaram em línguas. A notícia dos estranhos acontecimentos da Rua Bonnie Brae espalhou-se com rapidez e atraiu tanta gente que Seymour foi obrigado a pregar no alpendre da porta da frente para o povo que se aglomerava na rua. Em determinado momento, a pressão do povo que se acotovelava foi tanta que o assoalho do alpendre cedeu.

Seymour saiu a procurar em Los Angeles um lugar mais apropriado para as reuniões. Encontrou um edifício abandonado na Rua Azusa, que abrigara a Igreja Metodista Episcopal Africana e recentemente fora usado como armazém e estábulo. Embora as instalações fossem precárias, Seymour e seu pequeno grupo de lavadeiras, criadas e operários limparam o edifício, improvisaram assentos e fizeram um púlpito com caixas de madeira, usadas para acondicionar sapatos. As reuniões começaram em meados de abril, e a igreja foi chamada Missão da Fé Apostólica.

O que aconteceu na Rua Azusa nos três anos seguintes mudou o curso da história da Igreja. Embora o edifício tivesse uma pequena estrutura e o espaço destinado aos cultos fosse de cerca de 180 metros quadrados, algo em torno de 600 pessoas se amontoavam lá dentro, enquanto centenas de outras tentavam assistir às reuniões pelas janelas. A principal atração eram as línguas, além do tradicional estilo de adoração dos negros, caracterizado por gritos, transes e danças santas. Não havia nenhuma ordem predeterminada no culto, uma vez que "o Espírito Santo estava no controle". Não se pediam ofertas, embora um quadro colocado sobre uma caixa aberta anunciasse: "Acerte as contas com o Senhor". Os obreiros do altar oravam com entusiasmo por aqueles que buscavam a cobiçada experiência do falar em línguas. Era um lugar barulhento, e os cultos avançavam noite adentro.

Em setembro, Seymour começou a publicar um periódico, o *Apostolic Faith*, que em sua época áurea era distribuído gratuitamente aos 50 mil assinantes espalhados pelo mundo.

Depois dos "anos de glória" (1906-1909), a Missão da Rua Azusa tornou-se uma pequena igreja negra pastoreada por Seymour até sua morte, em 28 de setembro de 1922, e a partir de então por sua esposa, Jennie, até 1936, ano de seu falecimento. O edifício foi vendido mais tarde para pagar impostos atrasados e acabou demolido. Hoje, o lugar é ocupado pelo Centro Cultural Japonês.

> Por volta de 2000, os herdeiros espirituais de Seymour, pentecostais e carismáticos, ultrapassavam o número de 500 milhões, formando a segunda maior família cristã do mundo. Hoje, praticamente todos os movimentos pentecostais e carismáticos têm suas raízes, direta ou indiretamente, na humilde Missão da Rua Azusa e em seu pastor.
>
> VINSON SYNAN
> CHRISTIAN HISTORY [HISTÓRIA CRISTÃ]

Entre os líderes *holiness* afro-americanos que abraçaram o pentecostalismo, com todas as congregações a eles associados, estão William Fuller, W. H. Fulford, Magdalena Tate, Charles Harrison Mason, Thomas J. Cox e F. W. Williams. Entre os líderes *holiness* das igrejas negras que se opuseram ao pentecostalismo, estão Amanda Berry Smith, o bispo Alexander Walters, George e Laura Goings, William Christian, Charles Price Jones e Virginia Broughton. Enquanto alguns desses líderes romperam relações com os novos líderes pentecostais negros, outros continuaram a ser colegas de ministério.

O ideal inter-racial

A Missão da Fé Apostólica de Seymour serviu de modelo para as relações raciais. De 1906 a 1908, negros, brancos, latinos e asiáticos adoravam juntos na missão. Líderes pentecostais brancos, como Florence Crawford, Glenn Cook, R. J. Scott e Clara Lum, trabalharam com o pastor Seymour, e algumas líderes negras, como Jennie Evans Moore, Lucy Farrow e Ophelia Wiley. O pentecostalismo nascente teve de encarar sua identidade racial numa época em que a maioria das instituições e movimentos cristãos e sociais dos Estados Unidos esposava a segregação racial. Frank Bartleman, que participou do avivamento da Rua Azusa, expressa sua admiração: "A segregação racial foi apagada pelo sangue de Jesus".

Enquanto batistas, metodistas, presbiterianos e comunhões *holiness*, no período de 1865 a 1910, tendiam à segregação racial em suas congregações, associações e estruturas denominacionais, brancos e negros pentecostais pastorearam, pregaram, comungaram e adoraram juntos de 1906 a 1914.

Em geral, antes de 1914, os ministros pentecostais brancos independentes recusavam filiar-se a emergentes denominações pentecostais de tendências segregacionistas, embora muitos deles fossem membros do grupo pentecostal *holiness* de maioria negra, a Igreja de Deus em Cristo. A liderança pentecostal condenava com veemência as atividades da Ku Klux Klan, e muitas vezes foi alvo do terrorismo dessa organização, por causa da ética inter-racial do pentecostalismo. Parham demonstrava um comportamento racista e uma atitude arrogante em relação a seus colegas negros, especialmente Seymour.

Em 1908, os negros deixaram a Igreja Holiness Batizada com Fogo (mais tarde denominada Igreja Holiness Pentecostal). Em 1913, a Igreja Holiness Pentecostal permitiu que as congregações negras remanescentes formassem uma denominação separada. Em 1914, grande número de brancos deixou a Igreja de Deus em Cristo. Em 1924, a maioria dos brancos que compunham as Assembleias Pentecostais do Mundo, formada por brancos e negros, deixou a denominação. Embora a segregação racial seguisse os padrões do protestantismo norte-americano vigentes após a Guerra de Secessão, havia exceções. Nem todos os brancos deixaram a Igreja de Deus em Cristo ou as Assembleias Pentecostais do Mundo. Negros e brancos continuaram lutando para manter seu relacionamento inter-racial no auge da segregação nos Estados Unidos.[21]

O pentecostalismo negro se empenhava em consolidar um relacionamento inter-racial construtivo. Em 1924, a Igreja de Deus em Cristo adotou o modelo protestante e estabeleceu uma conferência da minoria branca com o propósito de unir as congregações norte-americanas que pertenciam a denominações de maioria negra. Esse desdobramento era uma resposta ao argumento do clero que questionava a anomalia da existência de congregações brancas em denominações negras. Era uma minoria racial participante de um amplo sistema, mas que buscava maximizar sua presença

---

[21] David D. DANIELS, "Everybody Bids You Welcome": A Multicultural Approach to North American Pentecostalism, in: Murray W. DEMPSTER et alii (Org.), *The Globalization of Pentecostalism: A Religion Made to Travel* (Oxford/ Irvine: Regnum Books International, 1999), p. 227-31.

pela união, sob uma unidade administrativa. A conferência existiu até o início da década de 1930, quando a liderança, de maioria negra, decretou sua extinção, alegando que outra denominação estava sendo formada.

De 1919 a 1924, as Assembleias Pentecostais do Mundo eram uma denominação inter-racial. Contudo, experimentaram drástico crescimento de convertidos negros depois que Garfield Thomas Haywood, ministro negro, foi eleito secretário geral por essa denominação, em 1919, e vice-presidente executivo, em 1922. Entre 1924 e 1937, a denominação, após perder grande número de membros brancos, fundiu-se com outro grupo de brancos e depois se reorganizou como denominação de maioria negra com representantes da minoria branca em todos os níveis de sua estrutura.[22]

Controvérsias políticas e teológicas

Durante a década de 1910, o movimento pentecostal dividiu-se em dois campos teológicos — trinitariano e apostólico (unicista) — sobre a interpretação da doutrina da Divindade. A doutrina unicista criticava a clássica doutrina cristã da Trindade, por julgá-la politeísta. Os apostólicos, como eles chamavam a si mesmos, alegavam que o monoteísmo sólido demandava a existência de um único Deus, não de três pessoas em uma, como ensinava a doutrina da Trindade. Eles argumentavam que Jesus era o nome de Deus e que, embora Deus expressasse a Divindade na forma do Pai, do Filho e do Espírito Santo, essas expressões eram "títulos" de Deus, não pessoas distintas. No entanto, a maioria das denominações pentecostais negras estabelecidas no final do século XIX manteve a doutrina trinitariana, entre elas: a Igreja Santa Unida; a Igreja do Deus Vivo, Coluna e Fundamento da Verdade; a Igreja Holiness Batizada com Fogo da América; e a Igreja de Deus em Cristo.

Apenas a Igreja de Deus (Apostólica) e as Assembleias Pentecostais do Mundo abraçaram a doutrina unicista. As congregações pentecostais negras

---

[22] David D. DANIELS, "Everybody Bids You Welcome": A Multicultural Approach to North American Pentecostalism, p. 229-30.

do círculo de Garfield Thomas Haywood no meio-oeste norte-americano constituíam a maioria que formava o núcleo dos apostólicos negros das Assembleias Pentecostais do Mundo. A maioria dessas congregações esposava a doutrina da santificação progressiva, em vez da santificação instantânea defendida pela vertente *holiness* do pentecostalismo negro.[23]

A denominação de Garfield Thomas Haywood, as Assembleias Pentecostais do Mundo, é a célula-mãe da maior denominação apostólica negra dos Estados Unidos. Um importante líder negro do movimento unicista que pertenceu às Assembleias Pentecostais do Mundo foi Robert C. Lawson, o qual organizou a Igreja de Nosso Senhor Jesus Cristo da Fé Apostólica em 1919. Da denominação de Lawson, emergiram alguns ministros apostólicos proeminentes: Sherrod C. Johnson, que implantou a Igreja do Senhor Jesus Cristo da Fé Apostólica, em 1930; e Smallwood Williams, que implantou as Igrejas de Nosso Senhor Jesus Cristo Mundiais do Caminho Bíblico, em 1957. Uma trajetória independente iniciada pela Igreja de Deus (Apostólica) trouxe ao mundo outro conglomerado de denominações apostólicas. O movimento unicista negro tornou-se a maior vertente dentro do pentecostalismo afro-americano e em algumas cidades constitui as congregações pentecostais negras mais influentes.[24]

No final da década de 1910, alguns proeminentes líderes pentecostais negros condenaram a entrada dos Estados Unidos na Primeira Guerra Mundial, adotando o pacifismo e engajando-se numa campanha antibelicista. De acordo com o historiador Theodore Kornweibel Jr., a Igreja de Deus em Cristo e as Assembleias Pentecostais do Mundo declararam sua oposição à guerra. O pentecostal pacifista mais proeminente foi Charles Harrison Mason.

De acordo com um agente federal, Mason saiu a pregar por todo o território norte-americano, dizendo que a Primeira Guerra Mundial "era uma guerra de homens ricos e uma luta de homens pobres". Mason baseava sua objeção à guerra no mandamento bíblico: "Quem derramar sangue do homem, pelo homem seu sangue será derramado". Depois que o Congresso

---

[23] James C. RICHARDSON, *With Water and Spirit* (Washington: Spirit Press, 1980).
[24] Idem, ibidem.

aprovou o alistamento obrigatório, Mason orientou os crentes a assumir uma postura de objeção consciente em relação aos homens aptos ao serviço militar. Os agentes federais mantinham Mason e outros membros da igreja sob vigilância, e muitos, em vários Estados, foram presos por obstrução ao alistamento e em razão de suas atividades pacifistas.[25]

Na mesma época, o nacionalismo negro religioso do final do século XIX, esposado por líderes *holiness* como William Christian, George Goings e Alexander Walters, encontraram expressão no movimento pan-africanista de Marcus Garvey e na Associação Universal para o Progresso Negro (sigla em inglês: UNIA). Entre os líderes negros pentecostais que apoiavam a UNIA, estavam: E. R. Driver, da Igreja de Deus em Cristo; Sidney Solomon, da Igreja Pentecostal; e Elias Dempsey Smith, da denominação Triunfo da Igreja e do Reino de Deus em Cristo. Em 1919, Elias Dempsey Smith convidou Marcos Garvey para a assembleia nacional de sua denominação.

O nacionalismo religioso dentro do pentecostalismo negro também moldou as tendências do movimento em relação à obra missionária. A Libéria foi o campo missionário de muitos obreiros oriundos da Missão da Fé Apostólica de Seymour. J. R. Ledbetters representou as Assembleias Pentecostais do Mundo na Libéria de 1914 a 1924. Em 1918, a Igreja Santa Unida começou a arrecadar fundos para financiar seus primeiros missionários no exterior, Isaac e Annie Williams, que foram designados para a Libéria. Em 1919, um grupo negro organizou o Concílio das Assembleias de Deus Pentecostais Unidas para dar apoio ao trabalho missionário na Libéria. Seus primeiros missionários, o reverendo Alexander e Margaret Howard, chegaram à Libéria em 1920. Na década de 1920, os membros da Igreja de Deus em Cristo enviaram missionários para países predominantemente negros: Ms. January para a Libéria, no início dos anos 1920; Mattie McCauley para Trinidad, em 1927; e Joseph Paulceus, haitiano, para o Haiti, em 1929.

---

[25] Theodore KORNWEIBEL JR., Bishop C. H. Mason and the Church of God in Christ During World War I: The Perils of Conscientious Objection, *Southern Studies: An Interdisciplinary Journal of the South* 26, n. 4, inverno 1987, p. 277.

Pentecostais negros mudam os rumos do movimento de santidade afro-americano

Em sua primeira década de existência, os pentecostais negros excediam em número os adeptos do movimento de santidade afro-americano. Embora se posicionassem na ala oposta a esse movimento, os líderes pentecostais negros expandiram suas fronteiras para incluir cristãos *holiness* não pentecostais e pentecostais. Esses líderes se referiam às suas igrejas mais como congregações *holiness* (ou "santificadas") que como igrejas pentecostais. Assim, a identidade *holiness* abarcava a experiência pentecostal.

Esses líderes pentecostais também esposavam o conceito e o sentimento da "Igreja contra o mundo". Sua orientação e prática cristãs refletiam substancialmente o *ethos* religioso do final do século XIX e início do século XX. Ir ao altar tornou-se a contrapartida do "banco dos aflitos" batista, pois ambos definiam a experiência da fé cristã. No altar, numa forma de oração contemplativa, os pentecostais negros tinham a experiência da conversão, da santificação e do batismo do Espírito pelos ditames da soberania de Deus. O altar tornou-se o arcabouço sobre o qual repousa a cultura pentecostal negra, com sua música e sua prática de adoração: canções e arranjos responsivos, estilo improvisado, desfiles de instrumentos musicais, sons ritmados e batidas fortes, dança religiosa, cânticos de louvor e adoração caracterizada por expressões como "Aleluia!", "Glória a Deus!", "Louvado seja o Senhor!", "Obrigado!" e "Amém, Senhor!".

Às suas "igrejas santificadas", os pentecostais negros incorporaram elementos característicos dos movimentos de cura e de oração do final do século XIX. Por influência de Elizabeth Mix, a primeira negra a atuar como evangelista em tempo integral, durante as décadas de 1880 e 1890, no movimento de santidade afro-americano, o movimento de cura tornou-se também característico do pentecostalismo negro. Charles Harrison Mason, W. H. Fulford, Lucy Smith, Rosa Artemus Horne e Saint Samuel constituíram ministérios evangelísticos de cura. Em Chicago, Mattie e Charles Poole implantaram um núcleo de congregações modelado conforme seu Templo de Cura Belém, que enfatizava a cura divina.

Os ministérios de oração em geral serviam como contexto para os ministérios de cura por meio da oração intercessória. Charles Harrison Mason, Elizabeth Dabney, Samuel Crouch e Elsie Shaw eram conhecidos pelo compromisso que tinham com a oração. Orações ao longo da madrugada, chamadas "vigílias", e consagrações, encontros de oração de três a quatro horas e jejuns duas vezes por semana — com jejuns periódicos de quarenta dias — eram os elementos fundamentais dos ministérios de oração. Vital para esses ministérios de oração era a prática de um trabalho de preparação, uma cerimônia de oração que preparava os indivíduos para a conversão, a santificação e o batismo no Espírito Santo. A tradição de oração e cura era uma força unificadora no pentecostalismo negro, contrabalançando a terrível força desagregadora dos conflitos interdenominacionais e das controvérsias doutrinárias.[26]

Os debates sobre a ordenação das mulheres e seu ministério dentro do movimento de santidade afro-americano, comuns no final do século XIX, moldaram as decisões sobre a ordenação de mulheres entre os pentecostais negros. Enquanto a Igreja de Deus em Cristo aprovava mulheres evangelistas, mas ordenava apenas homens ao ministério, a Igreja do Deus Vivo e a Igreja Santa Unida ordenavam mulheres. Apesar de muitas denominações ordenarem mulheres, as pastoras sofriam ataques verbais constantes de todas as partes, sob a alegação de estarem "usurpando a autoridade masculina". A despeito dessa tendência, em várias cidades as mulheres pastoreavam ou lideravam as únicas congregações pentecostais existentes.

Essas congregações quase sempre evoluíam de grupos de oração femininos. No Brooklyn, a única congregação existente era a Santa Igreja de São Marcos, de Eva Lambert, até meados dos anos 1920. No Harlem, mulheres pastorearam as igrejas pentecostais do bairro até a chegada de Robert Clarence Lawson, em 1919. A Igreja Santa Unida e as Assembleias Pentecostais do Mundo ordenavam mulheres ao ministério pastoral, porém lhes vetavam o bispado. Consequentemente, as mulheres pentecostais negras adotaram o modelo estabelecido em 1903 por Magdalena Tate, fundando

---

[26] Ithiel C. CLEMMONS, *Bishop C. H. Mason and the Roots of the Church of God in Christ* (Bakersfield: Pneuma Life Publishing, 1996), p. 68-70.

e liderando denominações que promoviam completa igualdade entre homens e mulheres na igreja.

Um caso típico foi o de Ida Robinson, que em 1924 retirou sua congregação da Igreja Santa Unida porque esta negava às mulheres o cargo de bispa; ela implantou a Igreja Santa do Monte Sinai para corrigir a desigualdade. Em 1944, Beulah Counts, pastora da congregação do Brooklyn, pertencente à Igreja Santa do Monte Sinai, desligou-se da denominação e organizou a Igreja Pentecostal Maravilhosa Sião da América. No mesmo ano, Magdalene Mabe Phillips, pastora de uma congregação da Igreja Santa Unida em Baltimore, desligou-se de sua denominação para organizar a Igreja Pentecostal Alfa e Ômega.

Em 1947, Mozella Cook demitiu-se da Igreja de Deus em Cristo e implantou a Igreja de Deus em Cristo e Casa Espiritual de Oração em Brunswick, na Geórgia. No ano seguinte, Florine Reed implantou o Templo de Deus, com sua primeira congregação em Boston, Massachussetts. A Casa do Senhor, implantada por Alonzo Austin Daughtry em 1930 em Augusta, Geórgia, era uma das poucas denominações não organizadas por mulheres que elegeram uma episcopisa e presidenta. Inez Conroy sucedeu a Daughtry em 1952 e serviu até 1960. Até mesmo em denominações dominadas por homens, as mulheres negras pentecostais exerciam cargos elevados e estratégicos nos departamentos femininos.[27]

Negras e negros pentecostais foram também úteis como precursores da música *gospel*, chamada na época "música santificada". A música santificada tornou-se o principal canal da música popular negra religiosa associada à escravidão e à cultura da África Ocidental, notável por suas harmonias diatônicas, improvisadas, polirrítmicas e interativas (entre cantor e ouvinte). De acordo com Anthony Heilbut, historiador de música *gospel*, o movimento pentecostal negro foi crítico para o desenvolvimento desse tipo de música. Sallie Martin e Thomas Dorsey, um batista reconhecido como o pai do movimento da música *gospel*, viajaram pelo país, juntos e individualmente,

---

[27] David D. DANIELS III, 'Everybody Bids You Welcome, p. 235; Cheryl J. SANDERS, *Saints in Exile: The Holiness-Pentecostal Experience* (Oxford University Press), p. 32-3.

organizando coros em congregações negras. Sallie Martin participou de convenções pentecostais negras para apresentar novas canções.

Artistas reconhecidos no pentecostalismo negro, como Sallie Sanders, Ford McGee e Arizona Dranes acrescentaram novas canções *gospel* ao seu repertório. Nas gravações da década de 1920, os artistas pentecostais negros apresentaram à comunidade *gospel* mais ampla sua cultura musical, que incorporava o *jazz* ao estilo de Nova Orleans e o acompanhamento de piano sincopado e era insensível às distinções entre a música sagrada e a secular. Essa cultura musical preparou a comunidade religiosa negra para as composições de Dorsey para solo e coro, que ele começou a distribuir no final da década de 1920. Finalmente, durante a década de 1930, as estações de rádio de Eva Lambert, em Nova York, e de Lucy Smith e William Roberts, em Chicago, apresentaram as novas composições a milhares de lares.[28]

Durante a década de 1950, o movimento pentecostal negro enfrentou seu primeiro grande desafio interno com o avanço do movimento de libertação dos negros com foco no exorcismo e milagres, popularizado por William M. Branham e A. A. Allen. Os ministérios de libertação eram vistos como grupos que mantinham contato mais direto com o poder de Deus que as congregações pentecostais negras comuns. A maioria desses ministérios reforçava a identidade santificada da igreja com seu incentivo à consagração, às expressões de júbilo e à dança religiosa. Em 1956, Arturo Skinner foi uma figura-chave do movimento, com a fundação dos Centros Evangelísticos de Libertação, cuja sede ficava em Newark, Nova Jersey.

Enquanto ministérios de libertação surgiam em congregações pentecostais tradicionais, como a Igreja de Deus em Cristo Templo da Fé, em Chicago, liderada por Harry Willis Goldsberry, e a Igreja de Deus em Cristo dos Efésios, de Berkeley, liderada por E. E. Cleveland, novas congregações independentes brotavam nos centros urbanos, as quais competiam com o pentecostalismo negro clássico, entre elas o Centro Evangelístico de Libertação, na Filadélfia, implantado por Benjamin Smith em 1960, e o Centro

---

[28] Cheryl J. SANDERS, *Saints in Exile: The Holiness-Pentecostal Experience*, p. 71-8, 86-90.

Evangelístico Monumento da Fé, implantado por Richard Henton, em Chicago, em 1963. O movimento de libertação da década de 1930 e início da década de 1960 foi o primeiro experimento nacional inter-racial dentro do pentecostalismo norte-americano desde as experiências inter-raciais da fase inicial do pentecostalismo, encerradas por volta da década de 1930.[29]

Ecumenismo negro e testemunho social

As congregações pentecostais negras urbanas da década de 1930 começaram a cooperar com as organizações ecumênicas negras nacionais e locais. As denominações pentecostais negras, de acordo com a historiadora Mary Sawyer, lentamente se juntaram ao Conselho Fraternal Nacional de Igrejas Negras. O conselho foi o maior impulso ecumênico entre as denominações negras do início do século XX. Foi implantado em 1934, por iniciativa de um clérigo da AMEC, Reverdy Ransom, e composto por várias denominações negras, entre elas a Igreja Episcopal Metodista Africana; a AMEZ; a Convenção Batista Nacional; e a Igreja Episcopal Metodista da União Americana. Havia também representantes das comunidades congregacional e *holiness* e das congregações metodistas episcopais. As denominações pentecostais negras que se filiaram ao conselho foram a Igreja de Deus em Cristo, a Igreja de Nosso Senhor Jesus Cristo da Fé Apostólica e a Igreja Pentecostal.

Infelizmente, quando os pentecostais brancos organizaram a Sociedade Pentecostal da América do Norte, em 1948, negaram a filiação aos pentecostais negros. Mesmo assim, em nível global, as denominações pentecostais negras participaram, em 1947, da criação da Conferência Pentecostal Mundial, uma assembleia internacional, multirracial e trienal. Em anos mais recentes, a Igreja de Deus em Cristo tornou-se importante membro do Congresso de Igrejas Negras Nacionais, a maior organização ecumênica negra do final do século XX.

Pentecostais negros, como William Bentley e George McKinney, eram membros ativos da Associação Nacional de Evangelicais e também da

---

[29] Arturo SKINNER, *Deliverance* (Newark: Deliverance Evangelistic Centers, 1969).

Associação Nacional de Evangelicais Negros. Durante a década de 1980, J. O. Patterson Sr., sob os auspícios da Igreja de Deus em Cristo, convocou a primeira assembleia nacional de denominações pentecostais negras, a fim de iniciar o processo de cooperação entre os pentecostais negros. Finalmente, em 1994, líderes de denominações brancas e negras organizaram as Igrejas Pentecostais e Carismáticas da América do Norte, o primeiro conselho nacional inter-racial ecumênico formado por pentecostais.[30]

Líderes pentecostais negros também se integraram aos ativistas sociais cristãos que participaram de campanhas por melhoria das relações entre as raças e progresso racial dos afro-americanos. William Roberts, membro da delegação do Conselho Fraternal Nacional de Igrejas Negras, foi a Washington, D.C., em 1941 exigir justiça econômica para os afro-americanos. Robert Clarence Lawson juntou-se ao pastor batista Adam Clayton Powell Jr. e a outros clérigos do Harlem em campanhas de trabalho para negros. Arenia C. Mallory, líder da Igreja de Deus em Cristo, era um membro do Escritório das Mulheres Negras, de Eleanor Roosevelt, que aconselhava a primeira dama em assuntos da perspectiva das mulheres negras.

Na década de 1950, Smallwood Williams liderou uma batalha legal contra as escolas públicas segregacionistas em Washington, D.C., e J. Q. Patterson Sr. participou da campanha de direitos civis em Memphis, no Tennessee. Durante a década de 1960, Arthur Brazier e Louis Henry Ford eram ativos na luta pelos direitos civis em Chicago, enquanto Ithiel Clemmons e Herbert Daughtry estavam envolvidos em campanhas semelhantes em Nova York. Entre as igrejas que foram bombardeadas durante o movimento dos direitos civis, estavam as seguintes congregações pentecostais negras: Winnsboro, Louisiana; DeKalb, Mississippi; e Plainview, Texas.[31]

---

[30] Mary SAWYER, The Fraternal Council of Negro Churches, 1934-1964, *Church History*, v. 59, mar. 1990, p. 51-64; C. Eric LINCOLN & Lawrence H. MAMIYA, *The Black Church in the African American Experience* (Durham/London: Duke University Press, 1990), p. 191-4; Vinson SYNAN, *The Holiness-Pentecostal Tradition: Charismatic Movements in the Twentieth Century*, p. 186.

[31] Smallwood E. WILLIAMS, *This Is My Story: A Significant Life Struggle: Autobiography of Smallwood Edmonds Williams* (Washington: Wm. Willoughby Publishers, 1981); Arthur BRAZIER, *Black Self-Determination: The Story of the Woodlawn Organization* (Grand Rapids: Eerdmans, 1969).

A transformação da identidade da igreja santificada para a nova igreja pentecostal negra

Uma liderança pentecostal negra emergente anunciou então uma nova era no pentecostalismo negro. Ela apresentou uma nova imagem do pentecostalismo negro para substituir sua representação como igreja santificada que carregava havia meio século. Líderes pentecostais negros progressistas surgiram ao longo da trajetória do pentecostalismo negro e promoviam educação, ecumenismo e justiça social. Eles desafiavam o paroquialismo, procurando uma dupla identificação: com a igreja negra e com o pentecostalismo norte-americano. Rejeitavam abertamente seu passado paroquialista e tentavam construir um contexto eclesial mais relevante para os pentecostais negros. A dupla identificação contribuiu para a separação do pentecostalismo negro de seu paroquialismo, em razão de sua marginalização e isolamento em relação aos círculos protestantes norte-americanos, principais e secundários.

Enquanto a igreja santificada carece de visibilidade diante do público e de reconhecimento significativo fora dos círculos negros e pobres, o pentecostalismo branco de classe média ganhava visibilidade por meio de figuras nacionais como Oral Roberts e Kathryn Kuhlman, e de movimentos como a renovação carismática e o povo de Jesus. A igreja negra ganhou proeminência e acumulou capital moral graças ao importante papel que desempenhou no movimento pelos direitos civis. Ela projetou uma unidade entre os cristãos afro-americanos que foi além das fronteiras denominacionais e teológicas.[32]

A liderança emergente iniciou um debate para decidir se a identificação com a igreja negra teria precedência sobre a identificação com o pentecostalismo branco. A situação era complicada por causa da identificação do pentecostalismo branco com a corrente principal do evangelicalismo. Alguns líderes argumentavam que o protestantismo afro-americano, com sua agenda social e teológica, era mais compatível com o ministério pentecostal negro que o evangelicalismo. Esses líderes propunham uma redefinição das

---

[32] Cheryl J. SANDERS, *Saints in Exile: The Holiness-Pentecostal Experience.*

denominações pentecostais negras: seriam igrejas negras com uma perspectiva pentecostal, em vez de se tornarem evangelicais negras com uma experiência pentecostal.

Na década de 1970, vários teólogos pentecostais negros iniciaram conversações com o movimento teológico negro associado a James Cone, Jacquelyn Grant e Gayraud Wilmore, que dominaram a cena teológica no âmbito da igreja negra. Diferentes escritores começaram a empregar a teologia negra de uma perspectiva pentecostal. William Bentley e Bennie Goodwin Jr. tentaram incorporar a crítica social da teologia negra ao pentecostalismo negro e administrar a teologia negra com espiritualidade e temas evangelicais. Leonard Lovett, James Orbes e James Tinney procuraram inserir a agenda liberal da teologia negra no pentecostalismo negro. Nesse quadrante, os pentecostais negros participaram de um importante diálogo com teólogos da teologia da libertação. Nas décadas que se seguiram, os teólogos pentecostais negros e neopentecostais, como Robert Franklin, William Turner, Anthea Butler, Alonzo Johnson e H. Dean Trulear, continuaram o diálogo no exercício de sua função de professores de faculdades e de seminários teológicos.[33]

Durante a década de 1970, o movimento palavra da fé integrou-se ao pentecostalismo negro e impulsionou o rompimento da tradição de igreja santificada. Frederick K. C. Price surgiu em 1973 como o pioneiro desse movimento entre os cristãos negros após estabelecer o Centro Cristão Crenshaw, em Los Angeles. Tal movimento rejeitava o antimaterialismo da igreja santificada e interpretava a prosperidade financeira como direito inato do cristão, tanto quanto a salvação e a cura. Esses líderes também apresentaram uma nova forma de pregação, que ia de encontro às regras da homilética da igreja santificada, a qual buscava instrução, em vez de

---

[33] Cheryl J. SANDERS, *Saints in Exile: The Holiness-Pentecostal Experience*, p. 118-21; William H. BENTLEY, Bible Believers in the Black Community, in: D. F. WELLS (Org.), *The Evangelicals* (Nashville: Abingdon Press, 1975), p. 108-21; Bennie GOODWIN, Social Implications of Pentecostal Power, *Spirit*, 1:1, 1977, p. 31-5; Leonard LOVETT, Conditional Liberation: An Emergent Pentecostal Perspective, *Spirit* 1:2, 1977, p. 24-30; James A. FORBES JR., Shall We Call This Dream Progressive Pentecostalism, *Spirit* 1:1, 1977, p. 12-5.

inspiração. Embora os pentecostais negros buscassem instrução cristã por meio de estudos bíblicos durante a semana, o sermão visava a um alvo diferente. Os pregadores da palavra da fé se especializaram em explicar ao seu público como receber as promessas divinas de riqueza e saúde.

A explosão do neopentecostalismo negro

Nesta era da igreja pós-santificada, o pentecostalismo atraiu o clericato e os membros de denominações negras históricas, especialmente a Igreja Episcopal Metodista Africana e a Igreja Batista. Na década de 1970, alguns ministros neopentecostais começaram a pastorear congregações da Igreja Episcopal Metodista Africana. O alvo do movimento no início da década de 1970 era a AMEC de São Paulo em Cambridge, Massachussetts, pastoreada por John Bryant. Na década de 1980, as congregações neopentecostais da AMEC estavam entre as maiores na denominação: São Paulo, em Cambridge; Betel, em Baltimore; Templo Allen, no Queens (Nova York); Ward, em Los Angeles. Dois neopentecostais, Vernon Byrd e John Bryant, foram eleitos bispos dessa denominação.

Nas décadas de 1980 e 1990, John A. Cherry e sua congregação estavam no centro da AMEZ do Evangelho Pleno, em Temple Hills, Maryland, subúrbio de Washington, D.C. Em 1999, Cherry desligou-se da AMEZ e implantou uma nova denominação nomeada Ministérios da Macedônia.

Os principais pontos de referência do neopentecostalismo entre os batistas negros eram Roy Brown e sua Catedral Batista Peregrina, no Brooklyn, e a Igreja Batista do Evangelho Pleno de Santo Estêvão, de Paul Morton, em Nova Orleans. Durante a década de 1980, Brown organizou as Assembleias Peregrinas, e Morton liderou uma associação neopentecostal batista, a Sociedade Batista do Evangelho Pleno.[34]

---

[34] Stephen STRANG, The Ever-Increasing Faith of Fred Price, *Charisma* 10:10, mai. 1985, p. 20-6; C. Eric LINCOLN & Lawrence H. MAMIYA, The Black Church in the African American Experience, p. 385-8; Vinson SYNAN, Paul Morton Organizes Full Gospel Baptist Fellowship, *Timelines*, primavera 1993, p. 1-4.

EPISCOPISA IDA BELL ROBINSON
Fundadora da Santa Igreja Monte Sinai, inc.

Ida Bell Robinson nasceu em 3 de agosto de 1891, em Hazelhurst, na Geórgia. Consagrou-se a Cristo já em 1903, aos 12 anos de idade. Em 1908, com 17 anos, enquanto participava de um avivamento ao ar livre em Pensacola, na Flórida, conduzido por membros da Igreja de Deus, a futura bispa aceitou o chamado para uma vida de santidade. Atendendo ao chamado de Deus, Ida assumiu a liderança de reuniões de oração que aconteciam em sua casa e começou a testemunhar nas ruas de Pensacola. Ela pregou em muitas "congregações" formadas por quem quer que se aglomerasse ao seu redor à beira da estrada.

Ida Bell casou-se com Oliver Robinson em 1910, e em 1917 o casal se mudou para a Filadélfia em busca de novas oportunidades. Ela considerava seu casamento sagrado e solene, dando ao marido, que atuava como seu motorista no exercício de seu ministério, o respeito que ele merecia. Ida nunca deu à luz um filho, mas durante sua vida muitos a chamaram de "mãe" espiritual. Ela até adotou a filha de seu irmão, também Ida, que recebeu esse nome por causa dela. Oliver Robinson sempre enalteceu a esposa, reconhecendo que ela dedicava suas excepcionais habilidades e talentos à obra de Deus. Ele sempre a apoiava em suas atividades espirituais.

Em 1917, na época em que mudaram para a Filadélfia, muitas mulheres tinham permissão para pregar e pastorear, por causa da ampla aceitação que desfrutavam nos movimentos pentecostal e de santidade. Nesses movimentos, o chamado de Deus e a rendição ao Espírito Santo para receber a unção que concedia a habilidade de pregar eram mais importantes que a educação formal.

Na Filadélfia, Ida uniu-se a uma pequena congregação da Igreja de Deus e às vezes substituía o pastor Benjamin Smith. Não há certeza de que essa igreja fosse uma filial de uma denominação específica da Igreja de Deus ou uma das muitas Igrejas de Deus independentes que pontilhavam o terreno religioso da época. A popularidade de Ida aumentou rapidamente entre os membros por seu excelente desempenho na pregação e no cântico. O incidente ocorrido na igreja em que Irmã Robinson atuou como pregadora auxiliar nunca foi esclarecido, mas é certo que se criou uma situação desconfortável entre a jovem senhora e o pastor, por isso Ida Robinson procurou outra igreja.

Depois de deixar a Igreja de Deus, Ida se filiou à Igreja Santa Unida da América. Nessa denominação afro-americana relativamente nova, foi ordenada ao ministério. Sua ordenação ocorreu numa cerimônia pública celebrada pelo bispo Henry L. Fisher. O ministério dela foi reconhecido pelos outros oficiais da denominação, e em pouco tempo ela se tornou uma pregadora bastante conhecida.

Então, em 1919, Ida foi escolhida para liderar um pequeno grupo de santos e assim aceitou o pastorado de uma missão da Igreja Santa Unida, na 7ª Avenida, 505. Cinco anos depois, começou a sentir que Deus lhe preparava algo especial. Procurando uma revelação divina que lhe esclarecesse a natureza dessa obra, Ida iniciou um jejum de dez dias. Seu marido, Oliver Robinson, teve certeza de que ela recebeu uma mensagem de Deus durante aqueles dias de jejum. A mensagem foi esta: "Venha para o monte Sinai". Consequentemente, em 20 de maio de 1924, a Igreja Santa do Monte Sinai da América, Inc. fez uma requisição e recebeu do Estado da Pensilvânia uma licença especial. Assim, Robinson tornou-se episcopisa e presidenta da igreja. Dessa época até os dias de hoje, a Igreja Santa do Monte Sinai da América, Inc., mantém uma liderança feminina.

ROSALEE OWENS

BISPO T. D. JAKES

De onde veio Thomas D. Jakes? Ele nasceu em 1957 em Charleston, na Virgínia Ocidental, filho de Ernest e Odith Jakes. Seu pai foi proprietário de uma empresa de zeladoria, e sua mãe era professora. Aos 10 anos de idade, ele viu seu pai ser acometido por uma doença renal que o matou lentamente. Em vez de rejeitar a Deus por causa do sofrimento de seu pai, Jakes buscou o Senhor: "Procurei conforto e respostas na Bíblia. Jamais poderei esquecer de onde vim. O sentido da vida e do tempo que passam é a propensão oculta de minhas mensagens". Criado como batista, ele se tornou pentecostal, membro primeiramente da Igreja Apostólica, e mais tarde filiou-se às Assembleias do Patamar Superior. Aos 22 anos de idade, já pastoreava pequenas igrejas e em 1990 mudou-se para South Charleston, na Virgínia Ocidental, onde sua igreja cresceu de 100 para 300 membros.

Em 1992, Jakes ministrou um ensino sob o tema "Woman, Thou Art Loosed!" [Mulher, você está livre! — no prelo] a uma classe de escola dominical de sua igreja. Esperava ser criticado por trazer à luz assuntos dolorosos, isto é, o abuso contra os filhos e a esposa. Em vez disso, as mulheres pediram que ele falasse mais. Pouco tempo depois, Jakes estava viajando e pregando sua mensagem em outras igrejas e auditórios do país. Ele foi o orador da Conferência Azusa, em Tulsa, sob o patrocínio do reverendo Carlton Pearson, em 1993. A partir daí, iniciou um ministério televisivo na TBN, a convite de Paul Crouch. Jakes rapidamente extrapolou os limites de sua base na Virgínia Ocidental (seus assistentes lembram que as pessoas que participavam de suas conferências precisavam alojar-se em quatro Estados diferentes). Por isso, Jakes mudou-se em 1996 para Dallas, no Texas, onde, com sua família e 50 membros de sua equipe ministerial, implantou a Casa do Oleiro, uma igreja local que em quatro anos chegou a 26 mil membros.

> Jakes não demorou a exercer um ministério televisivo substancial na Europa e na África. Após uma reunião em Soweto, na África do Sul, ele se comprometeu a ampliar seu campo ministerial no exterior. Viajou dezenas de vezes para dirigir reuniões e dar palestras. Em 2000, eram comuns as viagens para Londres, Inglaterra e Lagos, na Nigéria.
>
> Enquanto isso, Jakes começou a expandir agressivamente sua base de operações no sul de Dallas, dedicando um novo templo de 35 milhões de dólares, em outubro de 2000, com capacidade para mais de 8 mil pessoas. Depois iniciou um empreendimento comunitário avaliado em 135,2 milhões de dólares, o Projeto 2000. A ideia era criar um complexo com escola de ensino fundamental e médio, instalações para recreação, um centro de artes dramáticas e musicais, um serviço de estímulo a negócios de pequenas empresas, um centro de retiros para executivos, um campo de golfe, prédios de escritório, um mercado e muito mais, tudo planejado para melhorar a qualidade de vida de uma parte da cidade vitimada pela decadência urbana.
>
> Muito mais pode ser dito de Jakes: ele publicou 24 livros, e suas fitas de mensagens são muito requisitadas. Três vezes por ano, os Ministérios de T. D. Jakes promovem grandes conferências: Mulher, você está livre!; Força de Trabalho; Pastor & Liderança. Ele ainda mantém laços com pastores a quem auxilia com supervisão e incentivo.
>
> Especula-se sobre quem serão os sucessores dos famosos pregadores do século XX que saírem de cena. O *New York Times* publicou um artigo apontando Jakes como candidato ao papel de líder espiritual do século XXI. O tempo dirá qual será o alcance de seu ministério.
>
> DOUTOR HUGH MORKEN
> UNIVERSIDADE REGENT

Na década de 1980, de acordo com Horace Boyer e Anthony Heilbut, pentecostais negros como Andrae Crouch, Edwin Hawkias, Walter Hawkins, Shirley Caesar, as irmãs Clarks e os Winans dominarão o movimento da música *gospel*. Na década de 1960, pentecostais negros criaram um novo som dentro da música religiosa, que mais tarde veio a ser a música *gospel* contemporânea, em contraste com a música *gospel* tradicional, associada a Thomas Dorsey, Sallie Martin e seus sucessores, James Cleveland e Roberta Martin.

A geração mais recente de músicos pentecostais negros utiliza-se livremente da música *soul* da década de 1960, um estilo originariamente influenciado pela música *gospel* tradicional. Andrae Crouch compôs baladas e incorporou melodias das músicas *soul* e popular, enquanto Edwin

Hawkins compôs música de coro *gospel*, que utiliza sons de uma variedade de jazz e som calipso. Indiferentes às distinções entre música sacra e secular, à semelhança de seus predecessores pentecostais, Crouch e Hawkins inauguraram uma nova fase da música religiosa e da igreja negra. Na década de 1990, pentecostais negros como Ron Kenoly moldaram o estilo de música de adoração com sons que derivam da cultura musical do pentecostalismo negro, introduzindo sons da música afro-americana nos círculos pentecostais de todas as raças.

O ministério das mulheres e os ministérios nacionais assumiram características dos pentecostais negros nas duas últimas décadas do século XX. Ernestine Cleveland Reems serviu como modelo de pregadora feminina negra para milhares de afro-americanas que faziam parte do clero. Seu ministério patrocinou uma grande conferência de mulheres cristãs que reuniu líderes negras de todo o país. Outras líderes negras de grande projeção no pentecostalismo e no neopentecostalismo de reputação nacional foram Juanita Bynum, Claudette Copeland, Barbara Amos e Jackie McCollough.

Na década de 1990, homens negros pentecostais e neopentecostais também alcançaram proeminência na liderança de ministérios nacionais. O mais extraordinário foi T. D. Jakes, pastor da Igreja Casa do Oleiro, em Dallas, no Texas. Jakes criou um novo momento no pentecostalismo negro, com seu ministério multifacetado de conferências, livros, fitas, músicas, filmes e peças. Além de Jakes, podemos citar os seguintes líderes de ministérios nacionais: Frederick K. C. Price, Creflo Dollar e Gilbert E. Patterson.

O pentecostalismo negro do final do século

Em 2000, o pentecostalismo negro deixou a periferia religiosa e passou a ocupar o centro do protestantismo norte-americano. Pentecostais negros juntaram-se ao metodismo e à Igreja Batista como uma das três forças tradicionais dominantes da igreja negra. Em várias comunidades da nação, pastores e líderes pentecostais negros agiram como porta-vozes e líderes de comunidades estratégicas. Embora ainda existissem dentro do pentecostalismo negro grupos que mantinham compromisso com o caráter distintivo da igreja santificada, o pentecostalismo negro em geral entrava numa nova era. Um dos mais significativos feitos do pentecostalismo negro foi sua participação na renovação da espiritualidade e do ministério dentro da igreja negra por meio do movimento neopentecostal negro.

A diversidade no âmbito do pentecostalismo negro durante o século XX apontava para a força da tradição. Enquanto se expandia com rapidez nas últimas décadas do século, a diversidade criou espaço para que o pentecostalismo negro operasse a transição do período paroquial para sua fase mais ecumênica. Embora através das décadas tenha experimentado mudanças em sua perspectiva teológica, no estilo de adoração, na orientação de classes e na perspectiva política, o pentecostalismo manteve seu forte compromisso com as Escrituras, a conversão, o batismo do Espírito, o evangelismo, a cura divina e a oração, e sua herança africana.

Leituras recomendadas

Fragmentos da história do pentecostalismo negro podem ser encontrados na obra organizada por Stanley M. Burgess e Eduard van der Maas: *New International Dictionary of Pentecostal and Charismatic Movements* [Novo dicionário dos movimentos pentecostal e carismático] (Grand Rapids: Zondervan, 2001). Uma fonte exaustiva é a obra de Charles Jones, *Guide to the Study of the Pentecostal Movement* [Guia para o estudo do movimento pentecostal] (Metuchen: Scarecrow Press, 1983), publicada em dois volumes, e também, do mesmo autor, *Black Holiness: A Guide to the Study of Black Participation in Wesleyan Perfectionistic and Glossolalic Pentecostal Movement* [*Holiness* negros: um guia para o estudo da participação negra no perfeccionismo wesleyano e no movimento pentecostal glossolálico] (Metuchen: Scarecrow Press, 1987). A principal fonte de pesquisa para conhecer todas as igrejas negras dos Estados Unidos é a *Encyclopedia of African American Religions* [Enciclopédia de religiões afro-americanas] (New York: Garland Reference Library of Social Science, 1993), organizada por J. Gordon Melton e Gary Ward.

Um livro organizado por Otho B. Cobbins, *History of the Church of Christ (Holiness) USA* [História da Igreja de Cristo (Holiness) USA] (New

York: Vantage Press, 1966), conta a história de C. P. Jones. A obra mais abrangente sobre a história da Igreja de Deus em Cristo é *Bishop C. H. Mason and the Roots of the Church of God in Christ* [Bispo C. H. Mason e as raízes da Igreja de Deus em Cristo] (Bakersfield: Pneuma Life Publishing, 1996), de Ithiel Clemmons. Para uma visão da fase inicial do pentecostalismo negro, consulte *The Holiness-Pentecostal Tradition: Charismatic Movements in the Twentieth Century* [A tradição *holiness*-pentecostal: movimentos carismáticos no século XX] (Grand Rapids: Eerdmans, 1997), de Vinson Synan, p. 167-86. A história da Igreja Santa Unida é contada por Chester Gregory no livro *The History of the United Holy Church of America, Inc.; 1886-1986* [A história da Igreja Santa Unida da América: 1886-1986] (Baltimore: Gateway Press, 1986).

A história das mulheres negras no ministério é contada no livro *Sisters of the Spirit: Three Black Women's Autobiography of the Nineteenth Century* [Irmãs do Espírito: autobiografia de três mulheres negras do século XIX] (Bloomington: Indiana Univ. Press, 1986), organizado por William A. Andrews. As mulheres negras também são estudadas na obra de Cheryl J. Sanders, *Saints in Exile: The Holiness-Pentecostal Experience* [Santos no exílio: a experiência *holiness*-pentecostal] (New York: Oxford University Press 1996).

A única biografia de William J. Seymour é a tese de Ph.D. de Douglas Nelson: "For Such a Time as This: The Story of Bishop William J. Seymour and the Azusa Street Revival" [A história do bispo William J. Seymour e do avivamento da Rua Azusa] (University of Birmingham, 1981). Um bom relato do avivamento da Rua Azusa é *Speak to the Rock*: *The Azusa Street Revival: Its Roots and Message* [Falando à rocha: o avivamento da Rua Azusa: suas raízes e mensagem] (Lanham: University Press of America, 1998), de Robert Owens.

✳ 12 ✳

Pentecostalismo hispânico nas Américas

Pablo A. Deiros e Everett A. Wilson

O crescimento do pentecostalismo entre os povos de língua portuguesa e espanhola das Américas do Sul e do Norte foi fenomenal, especialmente na América Latina, a região que desesperou os missionários protestantes, antes chamada "continente esquecido". Esse desenvolvimento inesperado atraiu a atenção até mesmo dos estudiosos seculares preocupados em registrar as mudanças na sociedade, levando David Stoll a dar à sua pesquisa sobre os cristãos evangelicais da América Latina o seguinte título: *Is Latin America Turning Protestant?*[1] [Está a América Latina se tornando protestante?]. O sociólogo britânico David Martin fez um estudo semelhante e intitulou-o *Tongues of Fire: The Explosion of Protestantism in Latin America*[2] [Línguas de fogo: a explosão do protestantismo na América Latina]. Esses e outros estudiosos da América Latina se perguntaram o que poderia ter gerado tamanha onda de entusiasmo religioso entre os cidadãos comuns dessa região do mundo, geralmente negligenciados e sem voz na

---

[1] *Is the Latin America Turning Protestant? The Politics of Evangelical Growth* (Berkeley: University of California Press, 1990).
[2] Cambridge: Basil Blackwell, Inc., 1990.

sociedade. Em razão da grande estatura e vitalidade do movimento, seu florescimento requer uma explicação.

É inegável que o pentecostalismo se espalhou mais rapidamente entre as pessoas que enfrentavam situações extremas de transição social. Seus adeptos são quase sempre pessoas que deixam para trás tradições consagradas pelo tempo nos pequenos povoados para adotar os perturbadores conceitos da vida urbana. Assim, o pentecostalismo funciona como uma ponte social e espiritual para milhões de homens e mulheres, segundo a terminologia de alguns escritores. O pentecostalismo é um "veículo de sobrevivência". David Martin refere-se a ele como uma "cápsula social de proteção" que renova os laços rompidos da família, da comunidade e da religião numa atmosfera de agradável expectativa.

> Uma nova fé é capaz de implantar novas disciplinas, reorganizar prioridades, combater a corrupção e o destrutivo machismo e reverter as hierarquias indiferentes e prejudiciais do mundo exterior. No interior da fortaleza impenetrável da fé, uma fraternidade pode ser instituída sob uma liderança firme, que proporcione libertação, reciprocidade e conforto.[3]

O pentecostalismo revitalizou muitas nações desanimadas. Ele se adapta culturalmente ao gosto popular de seus devotos e ameniza a pressão das necessidades culturais e espirituais do povo comum. Alguns críticos reclamam que os pentecostais são reacionários, pois evitam os embates políticos enquanto pregam uma religião que promete salvação pessoal, mas não redenção social.[4] Muitos observadores concordam com Martin, no entanto veem o pentecostalismo sob uma luz positiva, como um esforço assertivo por parte dos pobres de tomar o controle da própria vida.

Jeffrey Gros, católico romano ecumênico, reconhecendo que os pentecostais de fato tardam em se juntar à luta por reformas políticas, comentou que "os pentecostais não *têm* programas sociais; eles *são* os programas

---

[3] David MARTIN, *Tongues of Fire: The Explosion of Protestantism in Latin America*, p. 284.
[4] Cf. Brian H. SMITH, *Religious Politics in Latin America: Pentecostal v. Catholic* (South Bend: University of Notre Dame Press, 1998), p. 3-9.

sociais".[5] De modo semelhante, Elizabeth Brusco, socióloga que estudou as mulheres pentecostais em Bogotá, Colômbia, surpreendeu o mundo acadêmico com a conclusão de que essa forma de cristianismo evangelical está conseguindo minar de forma eficaz as bases do machismo, o código moral que denigre as mulheres e destrói famílias.[6]

Nos últimos tempos, apesar da eficácia em mobilizar as massas e dar esperança a elas, o pentecostalismo tem sido essencialmente uma questão individual e subjetiva, uma experiência pessoal que proporciona recursos espirituais, uma comunidade de fé e confiança diante de um futuro incerto. Alguns escritores percebem no movimento raízes profundas no misticismo católico medieval, e também o desejo de libertação e restauração dos africanos e dos nativos americanos, enquanto outros veem um auxílio à classe média emergente, que se sente espiritualmente desorientada, frustrada e rejeitada.[7] O movimento é obviamente heterogêneo e versátil. Apesar das muitas características comuns aos pentecostais de todos os lugares, o pentecostalismo é adaptável a qualquer contexto em que se encontre. Assim, encontramos várias subespécies de pentecostalismo latino-americano, cada um baseado na cultura do próprio país, grupo étnico, região, classe social ou faixa etária. A despeito das semelhanças genéticas, existem variedades brasileiras, argentinas, mexicanas e porto-riquenhas, além das que foram adotadas entre os hispânicos norte-americanos.

A primeira parte deste capítulo trata do surgimento do pentecostalismo entre os povos hispânicos dos Estados Unidos e de Porto Rico. A segunda parte é um panorama do pentecostalismo na América Latina, nas 16 repúblicas de idioma espanhol (excluindo o espanhol caribenho), no México, na América Central e no país de língua portuguesa, o Brasil. A grande barreira cultural que separava a América do Norte de língua inglesa (incluindo

---

[5] Confessing the Apostolic Faith from the Perspective of the Pentecostal Churches, *Journal for the Society of Pentecostal Studies*, n. 9, primavera 1987, p. 12.
[6] *The Reformation of Machismo: Evangelical Conversion and Gender in Colombia* (Austin: University of Texas Press, 1995).
[7] Thomas WEYR, *Hispanic USA: Breaking the Melting Pot* (New York: Harper and Row, 1988), p. 193.

Estados Unidos, Canadá e algumas ilhas do Caribe) da América Latina (desde o México até a América do Sul), está aos poucos desmoronando. Embora o pentecostalismo seja apenas parte desse drama, sem dúvida desempenha um papel importante nesse processo.

Pentecostalismo hispânico norte-americano

Ainda que intimamente ligado ao movimento desenvolvido na América Latina, o pentecostalismo hispânico nos Estados Unidos tem história e características próprias. Enquanto os pentecostais da América Latina recebem pouco apoio do sistema social, em contraste com o tratamento preferencial dispensado à Igreja Católica Romana, os grupos pentecostais hispânicos dos Estados Unidos desenvolveram-se numa sociedade em que os valores protestantes tinham a primazia. Além disso, muitos dos grandes grupos pentecostais da América Latina não estão ligados a nenhuma organização multinacional, enquanto os pentecostais hispânicos nos Estados Unidos, em sua maioria, surgiram como parte de uma denominação maior de língua inglesa. De igual modo, enquanto os pentecostais latino-americanos em geral despontam nos setores sociais mais pobres e tradicionais e no meio de grupos étnicos à margem da vida nacional, muitos pentecostais hispânicos dos Estados Unidos aderem às igrejas pentecostais movidos pelo anseio de fazer parte da última tendência norte-americana. Esses vários movimentos norte-americanos, entretanto, assim como sua contrapartida na América Latina, são expressivos, agressivos e geralmente audaciosos, a despeito dos desafios enfrentados, que em geral são distintos. Juntos, eles formam o que a revista *Time* denominou "a igreja de mais rápido crescimento do hemisfério".[8]

Assim como seus correspondentes latino-americanos, os pentecostais hispânicos da América do Norte tendem a formar pequenas congregações de formato familiar, nas quais os indivíduos são reconhecidos e aceitos e geralmente recebem alguma responsabilidade. As congregações são essencialmente formadas por duas ou três famílias que podem estar relacionadas

---

[8] *Time*, 2 nov. 1963, p. 56.

entre si por meio do casamento, ou provêm do mesmo país ou região na América Latina, ou ainda são pessoas leais a um mesmo líder. Portanto, a congregação pentecostal não é meramente uma instituição passiva na qual os adoradores se reúnem, e sim um organismo dinâmico com o qual todos os membros contribuem de maneira concreta. Apoio financeiro, fiel compromisso com as cerimônias e participação ativa nas muitas atividades do grupo, quase sempre refletindo um evangelismo agressivo, são práticas incentivadas, implicando até mesmo a negligência de certos membros diante de outras obrigações sociais.

O observador consegue perceber também o aspecto estratégico, levado a efeito por líderes fortes e pelo estilo de vida distinto dos pentecostais. O doutor Eugene Nida, antropólogo da Sociedade Bíblica Norte-Americana, acredita que boa parte da força do movimento reside na identificação de uma "elite natural" formada por homens e mulheres sem muita formação educacional, mas que nasceram líderes. Eles têm carisma, ou pelo menos capacidade de persuasão, inspiram confiança e demonstram julgamento maduro. Pelo fato de terem poucas oportunidades de exercer sua influência em outros lugares, esses pentecostais, de acordo com essa linha de raciocínio, beneficiam-se quando surge alguém com o dom de liderança.[9]

Além disso, participar de uma congregação pentecostal impõe uma visão clara da fé e dos valores do crente, que os sociólogos chamam "manutenção de barreiras". Em pequenas comunidades ou bairros nos quais todos observam o comportamento uns dos outros, as regras são legalistas, e os membros que cometem faltas sofrem disciplina. Esse tipo de organização intimista, exigente e de formato celular se manteve como padrão universal nas igrejas latinas por muitos anos. Apenas recentemente, a partir da década de 1980, surgiram igrejas com formatos diferenciados. A discussão sobre os grupos neopentecostais, que às vezes formam megaigrejas e acolhem a maior parte da sociedade, aparece na seção sobre a América Latina.

---

[9] The Indigenous Churches in Latin America, in: *Understanding Latin Americans* (Pasadena: William Carey Library, 1974), p. 137-48.

Origens

Assim como todos os outros movimentos, as igrejas pentecostais norte-americanas têm seu berço no avivamento da Rua Azusa, ocorrido em 1906. Embora os primeiros missionários pentecostais tenham levado a mensagem a outras nações — e alguns até sua terra natal quando foram deportados —, as comunidades pentecostais de língua espanhola foram influenciadas diretamente pela humilde missão da cidade de Los Angeles, na qual se registrou a presença de "etíopes, chineses, indianos, mexicanos e outras nacionalidades", que se reuniam para adorar. Rapidamente, as congregações começaram a tomar forma, quase sempre seguindo uma rede de famílias expandidas e associadas aos campos de trabalho e às missões urbanas. Há informações de que por volta de 1912 já existiam congregações mexicanas em várias cidades da Califórnia: San Diego, Colton, San Bernardino, Riverside, Los Angeles e Watts.[10] Alice Luce, pioneira do esforço pentecostal hispânico, em 1918 declarou:

> A temporada de verão oferecia uma oportunidade especial para a "disseminação", pois os mexicanos deste Estado percorrem os diversos pontos de colheita de frutas. No caso de nossas famílias cristãs, acreditamos ser verdadeiro que "os que estão viajando pregam a Palavra em todo lugar". Eles com certeza estão dando testemunho de Jesus aonde quer que cheguem, distribuindo muitos evangelhos e folhetos. De certa localidade, solicitaram-me alguns hinários, pois iriam realizar reuniões ali.[11]

Sem ninguém para as guiar, algumas comunidades de pentecostais pertinazes e dedicados subsistiam com os recursos que tinham à disposição. O doutor Manuel J. Gaxiola descreveu esse processo: "Não havia credenciais de ministro, e qualquer um que se sentisse chamado podia iniciar uma igreja na própria residência ou na casa de outra família".[12] As igrejas de

---

[10] Clifton L. HOLLAND, *The Religious Dimensions in Hispanic Los Angeles: A Protestant Case Study* (Pasadena: William Carey Library, 1974), p. 356.
[11] *Pentecostal Evangel*, 14 dez. 1918.
[12] Manuel J. GAXIOLA, *La Serpiente y la Paloma* (Pasadena: William Carey Library, 1970), p. 157.

língua espanhola surgiram no norte da Califórnia em San Jose, Niles e San Francisco. A leste, próximo da fronteira mexicana, o trabalho se expandiu até Houston, Pasadena, San Antonio e, por volta de 1917, estava presente num total de ao menos 17 cidades do Texas.

A compatibilidade das crenças pentecostais com a cultura latina era evidente na época do surgimento dessas igrejas. Os hispânicos deportados eram geralmente muito religiosos e ligados à família, inclinados à hospitalidade, ao trabalho árduo e a sonhos para o futuro. Os que tinham algum senso de vocação religiosa no início da vida, aparentemente o renovaram com a experiência pentecostal. Um dos primeiros relatos da formação de uma igreja pentecostal é o de um homem convertido no Texas que retornou ao seu lugar de origem, abaixo da fronteira, e implantou uma próspera congregação. Sem treinamento extensivo, apoio externo ou muita orientação doutrinária, o jovem e inexperiente pastor enviou um pedido de ajuda, pois desejava batizar e doutrinar seu rebanho. Esse tipo de iniciativa, se não era a regra geral, foi repetido tantas vezes que pode ser considerado a fórmula básica para o sucesso do pentecostalismo hispânico.[13]

Contudo, o movimento começou a criar raízes num solo instável e financeiramente inseguro. Muitos convertidos eram trabalhadores imigrantes, muitas vezes forçados a se mudar pelas circunstâncias financeiras. Alguns acabavam retornando ao seu país de origem. As congregações tinham poucos recursos para sustentar um pastor, que em geral também mantinha um emprego, e os recursos eram insuficientes para adquirir uma propriedade que lhes proporcionasse um lugar adequado para a adoração. Além disso, eles se sentiam isolados tanto por sua comunidade étnica original ligada à Igreja Católica Romana quanto pela sociedade de origem e fala inglesa. Os esforços persistentes, e às vezes heroicos, para compartilhar a fé com as famílias, amigos e colegas de trabalho constituem um importante capítulo dessa história.

Um perfil do pentecostalismo nos Estados Unidos e no Caribe

A extensão das igrejas hispânicas geralmente seguia a distribuição regional das populações de língua espanhola, e as novas igrejas refletiam a comunidade

---
[13] Alice E. Luce, *Pentecostal Evangel*, 17 jul. 1917.

local em relação às concentrações e origens nacionais. No início, os mexicanos predominavam na Califórnia e no sudeste dos Estados Unidos; os porto-riquenhos, na Nova York metropolitana e nas regiões urbanas adjacentes; e os cubanos, desde 1959, no sul da Flórida. Na década de 1980, centenas de milhares centro-americanos — guatemaltecos, salvadorenhos e nicaraguenses — entraram nos Estados Unidos. Em alguns casos, os imigrantes traziam consigo o núcleo de uma congregação, porém o mais comum era representarem uma oportunidade para os pentecostais hispânicos ganharem novos convertidos entre pessoas afastadas de suas origens.

Nesse ínterim, houve crescimento notável do pentecostalismo em Porto Rico. Havia 350 mil crentes pentecostais na ilha, número igual à soma de todos os hispânicos associados às igrejas pentecostais do continente. Entre essas denominações, havia organizações religiosas formadas dentro de outras igrejas que depois se separaram e se tornaram administrativamente independentes. A maioria dos evangélicos não pentecostais de Porto Rico chegou a absorver os estilos e muitas das práticas dos pentecostais. Em qualquer evento na ilha, a iniciativa, a liderança, os recursos e os métodos eram hispânicos, assim como no continente.

O crescimento dos grupos pentecostais hispânicos teve certo reflexo no aumento da população latina, tanto pelos meios naturais quanto pela imigração. Um recenseamento apontou quase 2 milhões de hispânicos nos Estados Unidos no fim da Segunda Guerra Mundial (embora estimativas de imigrantes sem documentos acrescentem meio milhão a esse número) e 3,8 milhões de hispânicos nos Estados Unidos em 1960, quase metade deles nascidos na América Latina. Por volta de 1970, o número aumentou para quase 5,5 milhões antes de subir drasticamente para 22 milhões em 1990, com um aumento de 30% na década de 1990, até ultrapassar incríveis 30 milhões. Acredita-se que esse número chegará a 40 milhões em 2010. Os latinos já constituem 12% da população nacional e em breve formarão o maior grupo minoritário da nação. A essa taxa de crescimento, de cada quatro pessoas nos Estados Unidos, uma será hispânica até 2050.[14]

---

[14] *Mercury*, San Jose, 9 jan. 2000.

Pelo fato de a conversão religiosa acontecer com mais frequência entre pessoas que vivem uma transição, especialmente os jovens, é notável que um terço de todos os hispânicos tenha menos de 18 anos de idade. Enquanto a idade média da população branca é de 38 anos e entre os afro-americanos, 30 anos, a idade média dos hispânicos é de 27 anos. Quase todos os cidadãos brancos e afro-americanos que vivem nos Estados Unidos nasceram ali, mas cerca de 40% dos mexicanos e porto-riquenhos são estrangeiros, e dois terços dos cubanos e outros latinos nasceram fora dos Estados Unidos. Quase 50% de todos os latinos vivem em apenas seis áreas metropolitanas, três delas na Califórnia: Los Angeles, San Francisco e San Jose; além de Nova York, Miami e Chicago. Dez Estados abrigam 85% dos hispânicos: Califórnia (34%), Texas (19%), Nova York (9%), Flórida (7%), Illinois (4%), Novo México (3%), Arizona (3%), Nova Jersey (3%), Colorado (2%) e Massachussetts (1%).

Compreensivelmente, as origens e as concentrações das igrejas pentecostais hispânicas no presente estão nesses Estados. Todavia, as igrejas pentecostais latinas podem ser encontradas agora em praticamente todas as partes do país: Pocatello, Idaho; Ogden, Utah; Laramie, Wyoming, no Oeste; Boston, Hartford e Providence, na Nova Inglaterra. Uma grande população de centro-americanos se concentra no Arkansas. Recrutados pela indústria de aves domésticas, eles têm suas igrejas pentecostais, assim como os porto-riquenhos no Havaí e os latino-americanos nas várias regiões de Washington, D.C.

Um índice da assimilação da vida norte-americana pelos hispânicos é oferecido pela porção que se sente confortável em falar espanhol. De acordo com as pesquisas, cerca de 60% têm essa preferência, caindo drasticamente em relação à década de 1980, quando o índice era de 90%. Cerca de 20% declararam ter facilidade para falar os dois idiomas.[15] Essa marginalidade cultural reflete a relativa pobreza e a queda no nível de ensino de muitos latinos. Enquanto um terço das famílias americanas tem renda anual abaixo dos 25 mil dólares, as estatísticas apontam que entre os latinos o índice é de 50%. Por outro lado, 60% dos norte-americanos

---

[15] *Newsweek*, 12 jul. 1999.

brancos têm pelo menos um curso superior incompleto, mas, entre os hispânicos, a porcentagem é de apenas 34%. Da população branca, 30% completaram o bacharelado ou uma pós-graduação, ao passo que apenas 11% dos latinos têm diploma universitário ou bacharelado.

Estudos mostram que os hispânicos têm maior interesse pela religião que a população norte-americana em geral. Eles são mais tradicionais em seus valores, demonstram mais respeito pelos anciãos e consideram a religião importante em sua vida. Os latinos têm sido alvo do proselitismo das Testemunhas de Jeová e dos mórmons, e acredita-se que são os responsáveis por dar nova vida à Igreja Católica Romana nos Estados Unidos, apesar da pequena quantidade de padres que falam espanhol. Como outras populações imigrantes, entretanto, suas crenças religiosas e práticas são formadas não somente por sua herança cultural, mas também pela experiência adquirida em seu novo lar.

Dentre todas as denominações pentecostais, as congregações hispânicas apresentam características comuns a todas elas. Onde há concentrações de latinos, as igrejas pentecostais assimilam famílias de indivíduos ou criam departamentos de língua espanhola para alcançá-las. Embora essas igrejas sejam às vezes paternalistas, geralmente oferecem um ambiente propício a relacionamentos construtivos e amigáveis. Igrejas hispânicas, por sua vez, deram nova vida às congregações que estavam perdendo membros e introduziram populações completamente novas no pentecostalismo. Experimentando a transição dos próprios membros, especialmente a perda dos jovens latinos para as congregações de fala inglesa, a mutualidade dos dois grupos étnicos é menos assimétrica do que possa parecer a princípio. Os hispânicos não somente criaram um método de aproximação e estilos de liderança próprios, como encontram neles iniciativa, energia e visão indispensáveis. Além disso, as congregações de fala inglesa estão contratando latinos para o corpo de obreiros e reservando espaço para cultos no idioma espanhol em sua programação, enquanto as congregações hispânicas conduzem cultos bilíngues ou inteiramente em inglês. Para muitos pentecostais hispânicos, a participação na igreja é mais uma questão de preferência cultural que uma necessidade linguística.

As denominações pentecostais: sua origem e características

O relativo sucesso dos pentecostais hispânicos norte-americanos pode ser demonstrado se compararmos seus esforços com o das denominações protestantes históricas. Um estudo publicado em 1930, quando a população hispânica era inferior a 2 milhões nos Estados Unidos, revelou uma participação de 28 mil membros distribuídos em 14 denominações protestantes. O maior agrupamento, os metodistas, somava 10 mil membros, e os batistas e presbiterianos juntos totalizavam 13 mil. Thomas Coakley, autor do estudo, concluiu que o setor hispânico era "religiosa e socialmente negligenciado; uma área praticamente intocada".[16] Victor de Leon, historiador da maior das denominações pentecostais, as Assembleias de Deus, intitulou assim sua tese de ciências humanas, de 1979: "The Silent Pentecostals" [Os pentecostais silenciosos], porque eles foram negligenciados durante muito tempo por outros pentecostais e pela comunidade hispânica.[17]

Apesar disso, as igrejas pentecostais latinas já tinham obtido uma base firme antes de 1930, com organizações, propriedades, uma rede de associações e escolas de treinamento no Texas e na Califórnia. As igrejas hispânicas das Assembleias de Deus criaram raízes ao longo da fronteira do Texas, onde se fazia pouca distinção entre os pentecostais mexicanos e os de fala inglesa. De acordo com Robert Anderson, os primeiros pentecostais recorreram aos latinos quando ficou claro que não seriam bem recebidos pela cultura predominante. "O Senhor nos disse: 'Os brancos rejeitaram o evangelho, então usarei os mexicanos' ", relata um evangelista.[18]

A liderança desse trabalho foi dada ao jovem Henry Ball, em 1914, quando, como aspirante a ministro metodista, estabeleceu uma modesta missão em Ricardo, no Texas. Ball recebeu incentivo de muitos pastores vizinhos, e a ajuda de vários associados, até mesmo, durante algum tempo, de Alice Luce, ex-missionária anglicana, de origem britânica, na Índia, e de

---

[16] Protestant Home Missions Among Catholic Immigrants, *Commonweal*, n. 28, 18 ago. 1933, p. 386.
[17] *The Silent Pentecostals: A Biographical History of the Pentecostal Movement among the Hispanics in the Twentieth Century*.
[18] *Vision of the Disinherited: The Making of American Pentecostalism* (New York: Oxford University Press, 1979), p. 126.

sua companheira, Florence Murcutt, médica que teve a visão de alcançar o México com o evangelho. Quatro anos depois que as Assembleias de Deus foram organizadas, em 1914, o grupo relatou a existência de igrejas hispânicas em 15 cidades. Em 1922, quando os ministros latinos lideraram sua Quarta Convenção Mexicana Anual, em Dallas, foram registradas 50 congregações com 1.500 membros.[19]

Depois de tentar sem sucesso estabelecer uma missão em Monterrey, no México, em 1918, Luce, Murcutt e uma companheira, Sunshine Marshall, retornaram para continuar o trabalho entre os mexicanos nos Estados Unidos. Marshall casou-se com Henry Ball, que por quase quarenta anos se manteve como uma importante figura das Assembleias de Deus hispânicas. Seu colega mais jovem, Demetrio Bazán, sucedeu-o como superintendente das Assembleias de Deus do Distrito Latino-Americano, em 1939.[20]

Luce e Murcutt, nesse ínterim, retornaram para a Califórnia, onde em 1923 Luce organizou uma escola de treinamento ministerial, em San Diego, e ajudou na difusão das igrejas pentecostais pelo Estado. Depois de uma viagem à sua terra natal, ela relatou que a igreja de Los Angeles triplicara de tamanho durante sua ausência. No ano seguinte, apesar de um conflito interno que reduziu drasticamente a amplitude do trabalho, a Sétima Convenção Anual das Igrejas (Assembleias de Deus) Pentecostais Latino-Americanas relatou a existência de 40 congregações.[21] Em 1935, havia 2 mil ministros na lista de obreiros, e o número de igrejas em 1929 totalizava 170, com mais 125 no México.[22]

As escolas organizadas em 1923 contribuíram de maneira significativa para a formação da igreja. O Instituto Bíblico Latino-Americano do Texas (sigla em inglês: LABI) produziu vários líderes excelentes, entre eles muitos superintendentes da denominação no México, que era totalmente independente em 1929, bem como muitos líderes do Distrito Latino-Americano

---

[19] Alice E. LUCE, *Pentecostal Evangel*, 21 abr. 1923.
[20] Nellie BAZÁN, *Enviados de Dios* (Miami: Editorial Vida, 1987).
[21] Alice E. LUCE, *Pentecostal Evangel*, 9 fev. 1924.
[22] Alice E. LUCE, Pentecost on the Mexican Border, *Pentecostal Evangel*, 11 nov. 1939.

dos Estados Unidos. A figura política Reyes Tijerina, que empreendeu uma campanha para resgatar as terras tradicionais aos hispânicos no Novo México, foi aluno do IBLA. Uma filial do IBLA no sul da Califórnia ajudou na formação do evangelista Robert Fierro, convertido no Desafio Jovem, de Nick Cruz, e Sonny Arguizoni, fundador da Superação da Vitória.

Quando Demetrio Bazán foi nomeado superintendente das Assembleias de Deus, em 1939, o distrito administrativo que cobria todas as igrejas de Porto Rico até a Califórnia foi dividido em dois. O Distrito Latino-Americano cuidaria das igrejas dos Estados da Região Oeste, e o Distrito Espanhol, dos Estados do Leste. Reorganizações subsequentes criaram um total de oito distritos, entre eles o de Porto Rico, com um total de 140 mil adeptos e 1.300 igrejas.

Assim como ocorrera em 1923, entretanto, a obra das Assembleias hispânicas perdeu seu maior líder e criou uma nova organização: a Assembleia de Igrejas Cristãs, criação de Francisco Olazábal. Por não se adaptar à forte liderança dos mexicanos, as Assembleias mantiveram o trabalho hispânico sob sua tutela até perder não somente Olazábal, mas, em 1953, quase toda a igreja porto-riquenha. As Assembleias de Deus se organizaram em Porto Rico como a Igreja de Deus Pentecostal, evitando o termo "assembleia", que tem conotação política. Embora as Assembleias de Deus ainda existam ali, a Igreja de Deus Pentecostal é a maior organização pentecostal de Porto Rico. Enquanto isso, as congregações da Igreja de Deus Pentecostal de Nova York e dos Estados vizinhos se tornaram independentes das Assembleias de Deus, adotando nomes de igrejas cristãs em espanhol.

Francisco Olazábal era um metodista treinado no México que se tornou pentecostal por meio de sua associação com George e Carrie Judd Montgomery. Homem de negócios de Oakland, Califórnia, Montgomery operou algumas minas no Estado mexicano de Sonora, entre outros empreendimentos de sucesso. Casou-se com Carrie Judd, protegida de A. B. Simpson, e o casal levou o ministério de cura para o arraial dos pentecostais. Olazábal associou-se a Henry Ball, no Texas, em 1918, e a Alice Luce quando organizou uma reunião para ela em Los Angeles. "Deus usou as mensagens de fé de Olazábal para trazer a luz do Pentecoste sobre muitos", escreveu Luce, "especialmente para aqueles que o conheceram antes, na missionária Igreja Metodista Episcopal, quando costumava criticar e perseguir 'este caminho' ".[23]

Em 1923, Olazábal incitou um grupo de pastores mexicanos a formar uma denominação hispânica própria, a Assembleia de Igrejas Cristãs, a qual, sob a liderança de Olazábal, prosperou no decorrer das décadas de 1920 e 1930. A morte precoce de Olazábal num acidente automobilístico, em 1938, foi um pesado golpe para a organização, que rapidamente se dividiu em movimentos pelo Texas e pela Califórnia, na costa leste dos Estados Unidos, e também em Porto Rico. Líder extremamente capaz e bem-educado, Olazábal foi aclamado como a maior figura pentecostal a emergir do movimento hispânico. Conta-se que, por ocasião de sua morte, 50 mil pessoas participaram das cerimônias em sua honra, realizadas em várias cidades. As igrejas de Porto Rico e o trabalho na Costa Leste continuam significativos.[24]

Outra corrente de igrejas pentecostais hispânicas começou com as congregações pentecostais mexicanas independentes que nunca estiveram sob a liderança de nenhum grupo de língua inglesa. De acordo com Clifton Holland, esses grupos adotaram a doutrina unitarista mesmo diante da doutrina aceita por muitos pentecostais na época do encontro no acampamento de Arroyo Seco, em 1913.[25] Em 1949, o grupo adquiriu um centro próprio de treinamento, em Hayward, na Califórnia, e em 1970 organizou as igrejas da América do Norte em 13 distritos, cada um administrado por um bispo.

---

[23] *Pentecostal Evangel*, 15 jun. 1918.
[24] Gastón Espinosa, El Azteca: Francisco Olazábal and Latino Pentecostal Charisma, Power, and Faith Healing in the Borderlands, *Journal of the American Academy of Religion* 67, set. 1999, p. 597-616.
[25] *The Religious Dimensions in Hispanic Los Angeles: A Protestant Case Study*, p. 356.

FRANCISCO OLAZÁBAL

Olazábal converteu-se na Califórnia, na virada do século, após receber um folheto de George Montgomery. George e sua esposa, Carrie Judd Montgomery, ensinaram-lhe as doutrinas cristãs básicas. Olazábal sentiu o chamado de Deus em sua vida e regressou ao México a fim de preparar-se para o ministério metodista. Após um breve pastorado em El Paso, matriculou-se no Instituto Bíblico Moody. Em 1917, reatou os laços pessoais com os Montgomerys na Califórnia. Ficou chocado ao descobrir que eles se haviam tornado pentecostais e falavam em línguas. Então, participou de uma reunião de oração na casa deles, com Alice E. Luce (que contribuiu de forma significativa para o ministério hispânico na fase inicial) e outros, onde foi batizado no Espírito. Como resultado, tornou-se pregador pentecostal credenciado pelas Assembleias de Deus.

O novo ministério de Olazábal logo deu frutos, com a colaboração de jovens batizados no Espírito que serviam no ministério em tempo integral, muitos dos quais se juntaram às Assembleias de Deus. Em 1918, ele se mudou para El Paso, no Texas, ficando ali tempo suficiente para criar uma igreja antes de viajar através dos Estados Unidos realizando campanhas de avivamento. À medida que pessoas de fala espanhola se convertiam e se uniam ao grupo dos pentecostais, mais de seus ministros se filiavam à Convenção Latino-Americana das Assembleias de Deus, implantada em 1918 sob a liderança de Henry C. Ball.

Em 1923, Olazábal e outros ministros se reuniram em Houston, no Texas, e formaram o Conselho Latino-Americano de Igrejas Cristãs. Embora possuísse credenciais das Assembleias de Deus válidas por apenas cinco anos, seu trabalho contribuiu para o crescimento das congregações hispânicas no Conselho.

Considerado o ministro hispânico pentecostal mais eficaz da época, Olazábal foi chamado de "o grande asteca" por um biógrafo contemporâneo. Seu trabalho em Nova York e em Chicago e suas campanhas em Los Angeles e Porto Rico resultaram no estabelecimento de muitas igrejas. Sua ênfase no evangelismo e no ministério de cura combinava com o cuidado em relação às necessidades sociais da comunidade hispânica. No final da década de 1930, sua organização contava com 50 igrejas e algo em torno de 50 mil membros associados. Olazábal estava aparentemente no ápice de seu ministério quando morreu num acidente de carro no Texas, em 1937.

Efraim Espinoza
The Pentecostal Evangel [O evangelho pentecostal]

Com uma hierarquia episcopal, uma denominação irmã no México e uma estrutura conservadora e autoritária, que proibia a ordenação de mulheres ao ministério, a Assembleia Apostólica da Fé em Cristo Jesus aparentemente se manteve próximo o suficiente da maioria dos grupos pentecostais para preservar as atitudes e práticas da cultura mexicana tradicional. O sociólogo Leo Grebler considera esse grupo a "facção pentecostal mexicano-americana predominante", tendo como princípio a autossuficiência administrada por mexicanos norte-americanos. Todos esses grupos pentecostais, de acordo com Grebler, apresentam uma característica familiar distintiva:

> A atmosfera é de total aceitação: problemas pessoais e familiares são expostos a fim de que se receba o auxílio da igreja por meio da oração. Esse clima implica que os vizinhos de banco no final do culto intensifiquem a sensação de uma comunidade aconchegante e abrangente. Os grupos pentecostais vão além das congregações clássicas para alcançarem o que é difícil conseguir de modo significativo.[26]

Todas as denominações e muitas congregações independentes possuem praticamente as mesmas características. Um crescimento substancial tem sido registrado por denominações pentecostais maiores, entre elas a Igreja de Deus de Cleveland, cujas igrejas eram organizadas em distritos regionais administrativos, perfazendo um total de 640 congregações e 45 mil membros. O maior grupo era o do Nordeste, constituído principalmente de porto-riquenhos, porém acrescido de muitos centro-americanos e povos de toda a América Latina. Para todos os grupos denominacionais, o Sudeste é essencialmente cubano, embora existam também muitos centro-americanos. Até mesmo o Sudoeste e a Califórnia, antes marcadamente mexicanos, possuem congregações formadas por centro-americanos.

---

[26] Protestants and Mexicans, in: Leo Grebler et alii (Org.), *The Mexican-American People: The Nation's Second Largest Minority* (New York: Free Press, 1973), p. 505.

OS PENTECOSTAIS SILENCIOSOS

Desde o início, os latinos acorriam à Rua Azusa em busca do Deus transcendental e de uma vida melhor. Por motivos não inteiramente claros, o desenfreado entusiasmo e o desejo de testemunhar do grupo levaram o líder a "esmagar cruelmente" os latinos em 1909.

Esse conflito gerou o movimento pentecostal latino, à medida que muitos deixavam a missão e começavam a pregar a mensagem pentecostal nos bairros e campos das fazendas dos Estados Unidos, do México e de Porto Rico. Em 1912, os latinos organizaram as igrejas autônomas e independentes na Califórnia, no Texas e no Havaí.

Tal qual um museu de cera, a história do pentecostalismo latino é cheia de personagens marcantes, como Chonita Morgan Howard, que pregou a mensagem pentecostal montada a cavalo no sul do México e no Arizona. Domingo Cruz, homem esquentado, iletrado e perneta, tornou-se lendário por sua pregação persuasiva aos imigrantes nas fazendas do sul da Califórnia. Outras personagens, como Robert Fierro, vulgo Irlandês Queimado, e A. C. Valdez, eletrizaram milhares de latinos e norte-americanos com poderosos cultos evangelísticos através do país.

A obra pioneira desses pentecostais silenciosos (a história deles raramente é contada), anterior à Segunda Guerra Mundial, espalha-se como fogo através dos Estados Unidos e da América Latina hoje. Embora os templos e *iglesias* pentecostais tenham em média apenas de 60 a 100 membros, entre 30 mil e 40 mil latinos já foram atraídos do catolicismo romano.

"O ministro deles", diz um estudante do pentecostalismo latino, "provavelmente trabalha numa fábrica, confiando na crença pentecostal de que um homem de Deus com a Bíblia na mão já possui treinamento suficiente". Muitos pentecostais vão à igreja toda noite para participar de um culto de duas horas. Leituras bíblicas em voz alta e testemunhos espontâneos fazem parte do culto, marcado por gritos de *Aleluia* e *Gracias a Dios* (Graças a Deus). O ritmo dos hinos é marcado com palmas, quase sempre acompanhado de violão, bateria, pandeiros, baixo, piano e qualquer outra pequena combinação de instrumentos".

O chamado deles para "nascer de novo" e ter uma vida cheia do Espírito infelizmente criou um tremendo conflito e perseguição nas famílias e nos bairros, onde eles são apelidados de "aleluias".

O movimento pentecostal, a exemplo de muitas outras religiões, está quebrando o estereótipo de que o latino deve ser católico romano. Estima-se que hoje 1 milhão de latinos pertença ao movimento pentecostal/carismático e participe de uma das 10 mil congregações e grupos de oração em 40 tradições pentecostais/carismáticas nos Estados Unidos e em Porto Rico.

GASTÓN ESPINOSA
CHRISTIAN HISTORY [HISTÓRIA CRISTÃ]

De modo semelhante, a denominação Holiness Pentecostal, a Igreja do Evangelho Quadrangular e a Igreja de Deus da Profecia contam agora com um número substancial de congregações hispânicas. Cada vez mais, os quadros relativos a esses grupos apontam números crescentes de hispânicos em congregações de língua inglesa, indício da tendência de se adaptarem rapidamente à cultura dominante. Contudo, renovadas pela recente imigração e até mesmo por uma liderança importada da América Latina, essas igrejas ainda têm uma vida com características próprias. Elas mantêm programas autênticos, alcançam suas comunidades e resolvem os problemas internos. Seu compromisso as levou a lidar com os problemas da violência das gangues, e sua imperceptível mas significativa assistência aos que têm necessidades emocionais e financeiras, juntamente com a preocupação com os ilegais que frequentam suas igrejas, indica que, contrariamente a alguns julgamentos, elas de fato possuem programas sociais.

Qual o futuro desses grupos? No presente, seu crescimento rápido os faz importantes para as comunidades latinas e para as muitas denominações às quais estão afiliados. Em alguns casos, conquistaram posições de poder dentro dessas denominações, nas quais desfrutam cada vez mais reconhecimento e respeito. Uma conferência recente nos Estados Unidos providenciou tradução simultânea para os participantes que não falavam inglês. Mesmo assim, a pregação de cada um dos oradores principais era interpretada diretamente em espanhol (dobrando o tempo necessário para a apresentação), em deferência aos hispânicos da denominação.

As igrejas hispânicas compostas de jovens e mesmo de adultos que se sentem à vontade falando inglês como se fosse espanhol enfrentam sérias dificuldades para manter sua identidade. Enquanto o crescente número de imigrantes recentes mantém viva a preferência pela adoração em espanhol e a nostalgia e a conveniência transformem as congregações de língua espanhola em meios efetivos de preservar a cultura hispânica, a utilização cada vez menor do idioma espanhol e o abandono de algumas tradições parecem inevitáveis. As igrejas maiores, principalmente, empregam todos os métodos contemporâneos de seus correspondentes de língua inglesa, e as razões para a manutenção de congregações distintivamente étnicas parecem dissipar-se.

No entanto, o dia em que as congregações de língua espanhola perderão sua importância pode demorar a chegar. As igrejas pentecostais da América Latina continuam em acelerado crescimento, as economias do mundo ainda estão adaptando-se à globalização, e a popularidade de artistas latinos e da cozinha mexicana permanecem inalteradas. Isso ajuda a estreitar o abismo cultural que por muito tempo dividiu os povos do hemisfério. À medida que músicos, compositores, evangelistas, professores e especialistas em crescimento de igrejas exercem sua influência com igual facilidade nos dois lados da fronteira, e conforme grupos pentecostais brasileiros estabelecem filiais em muitas cidades norte-americanas, novos níveis de cooperação hemisférica serão alcançados. Thomas Weyr está entre esses observadores que acreditam que os latinos norte-americanos se mostram mais propensos a renovar suas instituições religiosas, católicas e protestantes, que restaurar outras instituições sociais. Se ele estiver certo, o pentecostalismo hispânico desempenhará um papel muito mais importante nos anos que estão por vir entre aqueles que olham esperançosos para o futuro.[27]

O pentecostalismo na América Latina

De todas as manifestações do protestantismo latino-americano, o pentecostalismo foi a que desenvolveu com mais eficácia um modelo nativo. Durante o século XX, o pentecostalismo experimentou um crescimento inesperado no continente. Em geral, é o movimento cristão que mais cresce na América Latina, fato atribuído em parte à atitude de seus adeptos de dar testemunho constante de sua fé e a uma militância religiosa que se traduz no zelo por ganhar almas.[28] O pentecostalismo latino-americano

---

[27] *Hispanic USA: Breaking the Melting Pot*, p. 218.
[28] Para uma bibliografia do pentecostalismo latino-americano, v. Walter J. HOLLENWEGER, *The Pentecostals* (Peabody: Hendrikson Publishers, 1972); Charles Edwin JONES, *Guide to the Study of the Pentecostal Movement* (Metuchen: Scarecrow Press, 1983), 2 v. V. tb. David MARTIN, *Tongues of Fire: The Explosion of Protestantism in Latin America* (Cambridge: Basil Blackwell, 1990); David STOLL, *Is Latin America Turning Protestant? The Politics of Evangelical Growth* (Berkeley: University of California Press, 1990); Cecil M. ROBECK JR., Select Bibliography on Latin American Pentecostalism, *PNEUMA, The Journal of the Society of Pentecostal Studies*, v. 13, n. 1, 1991, p. 193-7.

representa uma combinação muito rica de vertentes pentecostais independentes que emergiram das denominações históricas evangelicais e de movimentos originados no trabalho missionário dos pentecostais norte-americanos e europeus, nas primeiras décadas do século XX. Nesse sentido, o pentecostalismo emergiu de diversas fontes e assume contornos variados na América Latina.

Um desdobramento recente dentro do pentecostalismo latino-americano mais amplo é notado no uso dos termos "movimento carismático" ou "movimento de renovação carismática", que têm atraído membros do pentecostalismo clássico, bem como das igrejas históricas missionárias. A renovação carismática é na verdade distinta da expressão pentecostal clássica, em razão de sua adaptabilidade e da disposição para acolher cristãos de diferentes convicções doutrinais e eclesiais.

Diferentemente do pentecostalismo clássico, muitas dessas igrejas, por várias razões, permitiram uma abertura para o diálogo ecumênico e por causa disso exercem poderosa influência intereclesiástica. Por trás de sua impressionante heterogeneidade, o pentecostalismo latino-americano apresenta tendências significativas e traços comuns a todas as suas expressões. Embora seja muito difícil traçar uma linha única e precisa de identidade que demonstre as dinâmicas da realidade religiosa e eclesiástica, podemos distinguir importantes denominadores comuns.

A maioria dos grupos pentecostais é caracterizada por um tipo de comportamento religioso e por uma fé expressos no termo genérico "evangelical".[29] Desconsiderando-se a distintiva compreensão de alguns aspectos da doutrina do Espírito Santo, os pentecostais latino-americanos ostentam as mesmas convicções doutrinárias e éticas de seus correspondentes não pentecostais e, mais importante, o senso permanente de significado e da necessidade de uma experiência pessoal de redenção.

---

[29] "Evangelical" equivale a *evangélico*, a designação popular de muitos grupos cristãos da América Latina identificados com o protestantismo. Samuel Escobar, Identidad, misión y futuro del protestantismo latinoamericano, *Boletín Teológico*, n. 3-4, 1977, p. 2; Orlando E. Costas, *Theology of the Crossroads in Contemporary Latin America* (Amsterdã: Rodopi, 1976), p. 48, nota 65.

O catolicismo romano continua a ser o pano de fundo religioso e o fator mais influente na definição da cultura latino-americana. Antes da chegada de qualquer testemunho pentecostal, o continente esteve sob a dominação exclusiva da Igreja Católica Romana, como expressão única da fé cristã. Com a chegada do pentecostalismo, surgiu uma nova maneira de compreender a vida e a fé cristãs. Desde então, no campo religioso, as igrejas pentecostais travam uma batalha contra a Igreja Católica Romana pela alma da América Latina.

O pentecostalismo latino-americano pertence ao ramo do cristianismo que considera a experiência pessoal com o Espírito Santo um sinal necessário do ser cristão. Enquanto os católicos acreditam que o Espírito Santo opera por meio dos sacerdotes e dos sacramentos e os protestantes em geral veem sua manifestação por meio da compreensão e da exposição da Palavra, os pentecostais expressam a ação do Espírito de forma direta, na experiência pessoal do cristão. Os princípios doutrinários da maioria dos pentecostais na América Latina são modelados de acordo com a tradição cristã histórica. Um ponto essencial de suas convicções é a crença no batismo no Espírito Santo, que a maioria entende ser acompanhado com o sinal característico do dom de línguas. O evangelismo pelo dom de cura também constitui um elemento-chave na expansão pentecostal pela América Latina. Sua adoração é entusiasta, com um profundo sentimento de alegria e esperança.

Diversas denominações pentecostais apresentam crescimento fenomenal. Em 1984, Penny Lernoux observou que, "a cada hora, 400 latino-americanos se convertem a uma igreja pentecostal, fundamentalista ou evangelical". Ela também previu que, ao final da década de 1990, nos países mais suscetíveis à atividade missionária pentecostal, como a Guatemala, metade da população pertenceria às igrejas pentecostais.[30] Suas previsões se cumpriram.

Provavelmente, a maior presença missionária na América Latina é representada pelas Assembleias de Deus, sediadas em Springfield, no Missouri.

---

[30] Penny LERNOUX, The Fundamentalist Surge in Latin America, *Christian Century*, 20 jan. 1988, p. 51.

Em 1980, essa grande comunidade cristã disseminava sua visão evangelical de mundo por meio de 67.375 pastores servindo em 81.836 igrejas, enquanto mais 25.715 alunos se preparavam para o ministério em 145 escolas bíblicas. Com 10 milhões de membros em 1984 (6 milhões no Brasil), um em cada quatro evangelicais na América Latina era membro das Assembleias de Deus.[31] Em meio ao solo improdutivo da violência de El Salvador, a presença das Assembleias de Deus cresceu na década de 1980. A estimativa era de 100 mil membros em igrejas missionárias e nacionais, ou quase metade da população protestante. Em apenas cinco anos (1980-1985), o número de igrejas assembleianas passou de 20 mil para 80 mil.[32]

Nas décadas de 1980 e 1990, diversas organizações pentecostais se dedicaram ao evangelismo em tempo integral em toda a região centro-americana. A Guatemala é um exemplo característico, pois foi o primeiro país a ter pelo menos metade da população evangelical. No período de um ano, as Assembleias de Deus da Guatemala cresceram 44%. Nos últimos vinte e oito anos, a Igreja de Deus de Cleveland implantou em média uma igreja a cada cinco anos na Guatemala e faz o mesmo na Costa Rica há mais de vinte anos.[33]

As igrejas pentecostais são um fenômeno do século XX na América Latina. A proporção estimada da comunidade pentecostal no continente hoje é de 35% dos pentecostais do mundo. Em 1995, somente no Brasil, as Assembleias de Deus contabilizavam 13 milhões de membros; a Igreja Universal do Reino de Deus, 7 milhões; a Igreja Cristã, 3,4 milhões; Deus É Amor, 3,2 milhões; e O Brasil para Cristo, 2,6 milhões. Isso significa que, em 1995, quase 20% da população desse país era pentecostal — uma em cada cinco pessoas. Os mais de 30 milhões de pentecostais no Brasil atualmente representam 80% dos pentecostais da América Latina. Esses dados podem ser contemplados de uma perspectiva ainda mais impressionante: o

---

[31] ASSEMBLIES OF GOD DIVISION OF FOREIGN MISSIONS, *1984 Annual Report*; idem, *1985 Annual Report*.
[32] Gary PARKER, Evangelicals Blossom Brightly Amid El Salvador's Wasteland of Violence, *Christianity Today*, n. 25, 8 mai. 1981, p. 34.
[33] C. Peter WAGNER, *Spiritual Power and Church Growth*, p. 29. V. tb. *Estudios Teológicos*, n. 7, jan.-jun., 1980, p. 1-157.

Brasil tem a maior população católica do mundo (150 milhões), ao mesmo tempo que é a maior população pentecostal do Planeta (30 milhões).

Início e desenvolvimento

A origem do pentecostalismo na América Latina é quase tão antiga quanto seu início nos Estados Unidos e na Europa. Isso significa que o pentecostalismo latino-americano começou no início da história do movimento no mundo. Ele se espalhou por todas as repúblicas da América Latina e pelo Caribe, tornando-se a expressão mais influente do testemunho cristão fora da Igreja Católica Romana. Seu desenvolvimento foi impressionante, principalmente no Chile, onde se configurou como movimento autônomo desde o princípio; no México, com missionários dos Estados Unidos; e no Brasil, onde grandes avanços foram realizados graças ao crescimento independente progressivo e às iniciativas missionárias.

Chile. A pequena comunidade metodista de Valparaíso foi o ponto de partida de um movimento pentecostal pioneiro nesse país católico, o primeiro na América Latina.[34] Um poderoso avivamento espiritual começou em 1902, sob a liderança de Willis C. Hoover (1856-1936), missionário metodista de Chicago. Com métodos versáteis, ele tinha ciência dos avivamentos recentes em outras partes do mundo, até mesmo da importância da cura para os avivalistas de sua época. Em 1895, Hoover visitou a comunidade *holiness* em Chicago, liderada por William H. Durham. Ficou impressionado, principalmente com a história de um avivamento na Índia, no qual o dom de línguas se manifestara numa escola de moças. Contudo, Hoover só entrou em contato com a doutrina pentecostal em 1907, ao se corresponder com pentecostais de diversas partes do mundo. Após diversas vigílias de oração iniciadas em 1907, Hoover e seu grupo receberam o "batismo do Espírito Santo" em 1909.

---

[34] Cf. Christian Lalive D'Epinay, Reflexiones a propósito del pentecostalismo chileno, *Concilium*, n. 19, jan., p. 87-105; Ignacio Vergara, *El protestantismo en Chile* (Santiago: Editorial del Pacifico, 1962); Edward L. Cleary & Juan Sepulveda, Chilean Pentecostalism: Coming of Age, in: Edward L. Cleary & Hannah W. Steward-Gambino (Orgs.), *Power, Politics, and Pentecostals in Latin America* (Boulder: Westview Press, 1998), cap. 6.

Espiritualmente sensível e pragmático, esse pastor metodista foi o pai de um fenômeno quase único no continente, realizado por pessoas comuns para o povo comum. Quando o fenômeno pentecostal surgiu em seus cultos, em 1909, ele permitiu manifestações espirituais que os críticos consideravam inconvenientes e carentes de fundamentação bíblica. Por causa de suas experiências espirituais e convicções pentecostais, Hoover separou-se da Igreja Metodista em 1910. Os motivos alegados tinham caráter principalmente doutrinário.[35]

Impulsionado pela migração urbana e pela deterioração social, o movimento logo alcançou Santiago. Em 1910, Hoover e seus seguidores organizaram a Igreja Metodista Pentecostal, que começou com apenas três congregações formadas por pentecostais rejeitados pelos metodistas. O crescimento foi rápido. Em 1911, existiam dez igrejas; em 1929, eram 22. Hoover, com o título de bispo, era o líder incontestável dessas congregações, até ocorrer um cisma em 1932. Na época, Manuel Umaña, que representava os sentimentos nacionalistas contra o "estrangeiro" Hoover, assumiu a liderança da igreja em Santiago. Essa congregação, denominada Jotabeche (por causa do nome da rua onde estava situada), continuou a funcionar com o nome Igreja Metodista Pentecostal. Hoover e seus partidários (entre eles Víctor Pavez) criaram a Igreja Evangélica Pentecostal. Essas duas igrejas tornaram-se as maiores comunidades do Chile. A partir delas, surgiram mais de 30 grupos diferentes, a maioria durante esse período.[36]

A Igreja Metodista Pentecostal levou vinte anos para atingir 10 mil membros. Contudo, mesmo quando as estatísticas não eram precisas, estima-se que nos meados do século passado a Igreja Metodista Pentecostal contava pelo menos 200 mil membros. A Igreja Evangélica Pentecostal tinha 150 mil membros na época, além de missões na Argentina, Bolívia, Peru e Uruguai. Em 1929, os pentecostais chilenos constituíam um terço da comunidade protestante de 62 mil membros.[37] Em 1961, acredita-se que as

---

[35] Willis C. HOOVER, *Historia del avivamiento pentecostal en Chile* (Santiago: Imprenta Excelsior, 1948).
[36] J. B. A. KESSLER, *A study of the Protestant missions in Peru and Chile*, p. 288-330.
[37] Ignacio VERGARA, *El protestantismo en Chile*, p. 246.

igrejas pentecostais eram quatro vezes maiores que as demais comunidades protestantes no Chile, com 400 mil a 800 mil membros. Isso significa que entre 1929 e 1961 a comunidade pentecostal chilena aumentou cerca de 24 vezes.

O pentecostalismo chileno era caracterizado por pastorados de longa duração e líderes muito populares. O próprio Hoover foi pastor de uma congregação por mais de vinte e cinco anos. Esse pentecostalismo também se distinguia por herdar o poder episcopal metodista, a liderança autoritária, a ampla participação dos leigos, a autonomia em relação ao controle estrangeiro da obra, a atitude populista herdada do catolicismo romano e extraordinária motivação para evangelizar as massas. Graças a todos esses fatores, na década de 1960 a congregação Jotabeche, com cerca de 40 mil membros, foi reconhecida como a maior igreja protestante do mundo.

Desde o princípio e marcado por uma tendência a se dividir, característica permanente do pentecostalismo chileno, o movimento cresceu e se reproduziu de maneira maravilhosa. Em 1946, a Igreja Metodista Pentecostal enfrentou mais uma divisão, quando P. Enrique Chávez implantou a Igreja Pentecostal do Chile. Surgiram também outras ramificações do movimento pentecostal em consequência da atividade missionária norte-americana, como as Assembleias de Deus, depois de 1941.

No entanto, em 2000, cerca de 50% dos pentecostais chilenos faziam parte da Igreja Metodista Pentecostal, enquanto 38% pertenciam à Igreja Evangélica Pentecostal. O restante, em sua maioria, fazia parte de outras expressões do pentecostalismo no país. Os pentecostais do Chile criaram diversas organizações, das quais participava um quinto da população. O movimento mostrou-se divisível e dinâmico, apelando principalmente às classes mais baixas da população. Hoje, é autossuficiente e maduro no trabalho missionário, mantendo um crescimento estável.

Brasil. No Brasil, o movimento pentecostal surgiu quase simultaneamente entre as comunidades presbiterianas e metodistas locais. Em 1910, o ítalo-americano Luigi Francescon (1866-1964) chegou a São Paulo. Ele era oleiro e implantou a primeira igreja presbiteriana italiana de Chicago em 1892, a Assembleia Cristã. Em suas muitas viagens, criou uma versão latino-americana de seu movimento norte-americano, que chamou de

Congregação Cristã. Até 1930, a igreja era quase inteiramente italiana, mas a partir de então passou a falar português.[38]

O crescimento dessa denominação durante a década de 1930 foi impressionante e chegou ao ápice após a década de 1950. Em 1936, a Congregação Cristã tinha 36.600 membros e, em 1962, o total era de 264 mil. A igreja aumentou para 305 congregações em 1940, 815 em 1951 e quase 2.500 antes da morte de seu fundador.

Em 1910, Francescon declarou ter recebido uma revelação especial de Deus e compartilhou-a com um pequeno grupo de cristãos de São Paulo. O Senhor lhe revelara que haveria uma grande colheita de pessoas na capital e por todo o Brasil se os crentes permanecessem fiéis e humildes. Essa profecia se cumpriu. Em apenas cinquenta anos, a igreja aumentou para mais de 250 mil adeptos. Hoje, é uma das maiores denominações do país.

Outra importante comunidade brasileira são as Assembleias de Deus.[39] Essa denominação começou com a obra de dois norte-americanos de origem sueca: Daniel Berg (1884-1963) e A. Gunnar Vingren (1879-1933). Eles se conheceram numa conferência em Chicago, e a ambos foi entregue uma profecia segundo a qual seriam missionários num lugar chamado Pará. Na biblioteca local, eles descobriram que se tratava de um Estado do norte do Brasil. Após um culto de confirmação dirigido por William H. Durham de Chicago, os dois missionários começaram a trabalhar em Belém, capital do Pará, em 1910. Os primeiros cultos foram dirigidos com a ajuda da congregação batista local.

Depois de serem rejeitados pelo pastor local, foram autorizados a realizar cultos de oração no porão da capela batista. Ali, jejuavam e oravam, pedindo o avivamento. Em 1911, após cinco anos de oração, Celina Albuquerque foi batizada no Espírito Santo. Outros membros do pequeno

---

[38] Louis FRANCESCON, *Resumo de uma ramificação da obra de Deus, pelo Espírito Santo, no século actual* (1942, 1953, 1958). Uma autobiografia sem título de Francescon foi publicada in: G. BONGIOVANNI, *Pioneers of the Faith* (1971). V. tb. Walter HOLLENWEGER, *The Pentecostals*.

[39] Cf. Emílio G. CONDE, *História das Assembleias de Deus no Brasil: Belém 1911-1961* (Rio de Janeiro: CPAD, 1960); Abraão de ALMEIDA (Org.), *História das Assembleias de Deus no Brasil* (Rio de Janeiro: CPAD, 1982).

grupo começaram a falar em línguas como evidência do batismo no Espírito Santo. Isso gerou controvérsia entre os missionários batistas, e eles foram desligados da congregação por causa da doutrina pentecostal.

Com 17 membros adultos e seus filhos, eles se mudaram para a residência de Celina Albuquerque, onde, segundo Berg, o grupo se reuniu para a "realização oficial do primeiro culto pentecostal no Brasil". A primeira igreja brasileira das Assembleias de Deus brasileira foi implantada em 18 de junho de 1911. Depois de mais de sete anos de trabalho, a nova congregação foi oficialmente registrada como Assembleia de Deus.[40] De Belém, eles se mudaram para a região amazônica. Em 1913, começaram a enviar missionários para Portugal, Madagáscar e França. De 1930 a 1931, foram para o sudeste e para o sul do país, onde implantaram grandes congregações no Rio de Janeiro, São Paulo, Porto Alegre e outras cidades.[41]

Atualmente, as Assembleias de Deus são a maior igreja protestante do Brasil e da América Latina. Seu crescimento foi gradual nos primeiros vinte anos. Em 1930, havia 14 mil membros. Num segundo período de crescimento, de 1930 a 1950, o número de membros chegou a 120 mil. Durante esse período surgiu uma liderança nacional mais bem preparada. O crescimento foi surpreendente a partir de 1950. As igrejas assembleianas espalharam-se por todo o País com grandes e pequenas congregações. De 1949 a 1962, o número de membros quintuplicou. Em 1965, havia mais de 950 mil membros batizados. Atualmente, a Assembleia de Deus é a maior igreja pentecostal do Brasil.[42]

Uma terceira expressão do pentecostalismo brasileiro foi a igreja O Brasil para Cristo, implantada pelo missionário Manoel de Mello. Esse pregador começou seu ministério como evangelista no final da década de 1940, em Pernambuco e São Paulo. Por volta de 1950, Mello mudou-se para pregar e pastorear na Tenda Divina, onde trabalhou com missionários americanos da Igreja do Evangelho Quadrangular. Mello atraía multidões

---

[40] V. autobiografia de Daniel BERG, *Enviado por Deus:* memórias de Daniel Berg (Rio de Janeiro: CPAD, 1973).
[41] Cf. Ivar VINGREN, *O diário do pioneiro Gunnar Vingren* (Rio de Janeiro: CPAD, 2000).
[42] William R. READ, *New Patterns of Church Growth in Brazil*, p. 119-21.

para suas cruzadas. Por causa de seu estilo peculiar de liderança e de sua popularidade, gerou muita controvérsia. Contudo, sua influência continuou crescendo com o passar dos anos, especialmente por causa de seus programas de rádio e contatos políticos.

A partir de 1955, o movimento ganhou o nome O Brasil para Cristo e desde então cresceu de forma impressionante. Em 1965, a denominação tinha cerca de 1.100 igrejas organizadas no Brasil, com mais de 1.600 pastores ordenados e candidatos à ordenação em processo de treinamento. Havia 87 templos em construção em diferentes lugares do país. Em 1963, Mello calculou que O Brasil para Cristo tinha mais de 500 mil adeptos e havia um aumento médio anual de 80 mil novos membros. Em 2000, era a quinta maior denominação pentecostal do Brasil, com mais de 2,6 milhões de membros.

México. O pentecostalismo nesse país começou no início do século XX. O primeiro missionário pentecostal a chegar ao México foi Cesareo Burciaga. Convertido em Houston, Texas, em 1918, Burciaga implantou a primeira Assembleia de Deus em Musquiz, em 1921. Na década de 1930, a igreja foi registrada e experimentou grande crescimento, principalmente na década de 1940.[43]

Contudo, o pentecostalismo mexicano viveu um de seus momentos mais importantes em 1932, quando María W. Rivera Atkinson (1879-1963) foi indicada como missionária da Igreja de Deus de Cleveland e lançou os fundamentos da denominação em Obregón e Hermosillo. María Atkinson teve uma profunda experiência espiritual em 1907, quando ainda era católica romana, e entre 1915 e 1920 implantou diversos grupos de oração em Sonora, México. Em 1924, foi curada do câncer e batizada no Espírito Santo. Depois, tornou-se pregadora das Assembleias de Deus, ministrando no Arizona e no México. A partir de 1926, passou a residir no México permanentemente.[44]

---

[43] Roberto DOMÍNGUEZ, *Pioneros de Pentecostes en el mundo de habla hispana*: *México y Centroamérica* (Hialeah: Literatura Evangélica, 1975), v. 2, p. 25-9.
[44] Peggy HUMPHREY, *María Atkinson: la Madre de México* (1967).

A Igreja Holiness Pentecostal iniciou a obra missionária hispano-americana e mexicana em 1931. Sob a liderança de Esteban Lopez, de Weslaco, Texas, com a Igreja Santa de Pentecoste. A denominação aumentou de 32 para 400 congregações de língua espanhola nos Estados Unidos e no México em 2000.

O pentecostalismo mexicano é bastante dividido, porém é a maior expressão protestante no país. Uma das igrejas mais poderosas é a Igreja Cristã Pentecostal Independente. Sua fundação remonta a Andrés Ornelas Martínez, um minerador que se converteu ao ler uma cópia de Provérbios quando estava em Miami. Ao voltar para seu país, interessou-se em ler o Novo Testamento e em 1920 voltou a Miami para comprar uma Bíblia. Em 1922, foi batizado por um missionário metodista que lhe apresentou a doutrina do batismo no Espírito Santo e com quem implantou uma igreja pentecostal. Da união das duas igrejas, surgiu uma nova igreja. Em 1941, Ornelas separou-se dos missionários estrangeiros. Em 1953, conseguiu unir 200 comunidades sob uma organização, a Igreja Cristã Pentecostal Independente. Em pouco tempo, enviaram missionários para Porto Rico e Colômbia e desenvolveram um autêntico pentecostalismo nacional.

Características do pentecostalismo latino-americano

Um movimento popular. As interpretações do pentecostalismo latino-americano divergem, mas parecem concordar com o fato de que surgiu uma nova classe social de pessoas marginalizadas, produzida pela migração, principalmente de áreas rurais para as cidades. Esses milhares de trabalhadores migrantes, no México e nos Estados Unidos, formaram o solo para o crescimento do pentecostalismo. O pentecostalismo latino-americano brotou entre as classes populares, ainda que seus componentes ostentassem os valores da classe média ou aspirassem a eles. Sociologicamente, alguns pesquisadores veem aí uma forma de ocidentalizar a cultura nativa; outros, o produto da transição entre a sociedade tradicional e a modernidade; outros, ainda, uma necessidade de identidade sociológica numa sociedade de massas.

A partir da década de 1960, as igrejas pentecostais passaram a se identificar como as verdadeiras "igrejas dos desfavorecidos". Diferentemente das igrejas históricas, as igrejas pentecostais são organizações baseadas em classes e muitas vezes protestam contra o sistema de classes vigente. Tais "refúgios das massas" entram em desacordo com a estrutura social em termos de regras organizacionais e símbolos tradicionais, que consideram pertencer às classes mais altas. Esses grupos se recusam a adotar os valores políticos e sociais latino-americanos.

Além disso, os pentecostais latino-americanos surgiram em lugares de rápida mudança cultural, na vida incerta das áreas urbanas e nas zonas rurais, onde a mudança econômica resultou na perturbação dos relacionamentos tradicionais. Os avanços pentecostais, na maioria das vezes, acontecem entre os trabalhadores das classes mais baixas — principalmente em áreas ou grupos de perceptível deslocamento social. Nessas circunstâncias, o pentecostalismo tem surgido como um "movimento de solidariedade às classes mais baixas".

Um movimento cultural latino. O pentecostalismo foi bem-aceito na América Latina, em parte porque se compara favoravelmente às classes mais pobres, bem como ao catolicismo tradicional e ao protestantismo histórico. Muitos já escreveram sobre o "caráter latino-americano" constituído por hospitalidade inata, renúncia em face das calamidades naturais periódicas, flexibilidade de espírito que gera tolerância, fascinação por personalidades carismáticas, individualismo e mudança do emocionalismo para o misticismo. Essas características encontram canais de expressão particularmente no pentecostalismo.

Comparado ao estilo de culto pentecostal, as reuniões das igrejas protestantes históricas são criticadas por serem monótonas, sem graça, entediantes. No lugar da linguagem técnico-teológica da Igreja Católica Romana, que apenas os clérigos entendem, os pentecostais possuem um sistema de comunicação muito sugestivo. Todos podem receber o dom de línguas — uma experiência mais extasiante que recitar as frases abstratas de uma linguagem especializada. Grande parte da dança litúrgica pentecostal e da participação em grupos de louvor são formas de manifestações populares.

Os pentecostais não oferecem uma hóstia milagrosa ao público, mas podem prometer a cura milagrosa, e não apenas como dom de Deus, mas como prova de fé e do fato de que Deus atende o que recorre a ele. Há grande incentivo à participação de grupos na oração e no louvor. A pregação costuma acompanhar o nível intelectual do povo, com muitas oportunidades de interação não apenas verbais, mas também pelos sinais da presença do Espírito.

Um movimento socialmente motivador. A maioria dos convertidos das igrejas pentecostais latino-americanas é oriunda de uma subcultura alienada e sem raízes, de um povo cuja extensa rede familiar se desintegrou a caminho da cidade e que, portanto, perdeu grande parte da infraestrutura necessária à sobrevivência no hostil ambiente urbano. Os sociólogos dizem que os pentecostais encontram na fé uma espécie de compensação pela alienação social.

Um exemplo dessas tendências é o crescimento das igrejas pentecostais no nordeste do Brasil. Seus seguidores fazem parte de um povo desprivilegiado, muitos deles ex-católicos, cuja situação socioeconômica os tornou receptivos à mensagem dos pregadores locais. A mensagem invariavelmente contém a promessa de uma vida melhor, atribuída à conversão imediata. Às vezes, implica um estilo de vida ascético.

Tomados de exaltação emocional e expectativas messiânicas, eles se mostram ansiosos para proclamar seu renascimento espiritual, adotando formas de comportamento que repudiam a fraqueza e os pecados da vida anterior. Os membros dessas igrejas provaram ser capazes de reordenar sua vida social e econômica. Os pastores das igrejas pentecostais locais facilitam a transformação pessoal e social, muitas vezes agindo como representantes públicos dos desempregados que procuram um trabalho honesto.

Um movimento anti-intelectual. O anti-intelectualismo de alguns segmentos do pentecostalismo latino-americano é uma expressão do anti-elitismo invasivo e fundamentalista. Muitas vezes, trata-se de uma reação contra o aprendizado das elites no governo e na religião. A razão contrasta com a revelação, e as questões enigmáticas da ciência moderna se justapõem às claras verdades bíblicas. No Chile, por exemplo, a educação formal mais elevada, tanto no ministério quanto na vida secular, é vista com maus olhos. Em algumas denominações, ocorreram separações quando alguns membros tentaram criar escolas bíblicas. A preferência pelo pobre, ignorante e sem instrução é comum nas igrejas pentecostais do Chile. Qualquer tipo de aprendizado além dos textos bíblicos é malvisto, e membros mais estudados que demonstrem interesse ou ambições intelectuais são observados com suspeita. Há na América Latina a impressão geral de que, para ser um ministro bom e santo, não é preciso ter educação teológica e de que o pastor intelectual não pode ser santo. Além disso, por causa da atitude geral de retirar-se do "mundo", os pentecostais tornaram-se indiferentes às questões sociais e se opuseram ao envolvimento político até bem pouco tempo. Contudo, como em qualquer movimento religioso, há exceções. Nas décadas de 1980 e 1990, houve sinais de mudança entre a liderança mais jovem do pentecostalismo latino-americano.

CARLOS ANNACONDIA

Depois de observar o ministério de Carlos Annacondia durante anos, preparei-me para apresentar uma hipótese: Annacondia talvez seja o mais eficaz evangelista de cruzadas interdenominacionais de todos os tempos. Se isso for verdade, seu método para ganhar as massas urbanas para Cristo merece ser examinado de perto.

Annacondia era um cristão fiel, dono de uma fábrica de porcas e parafusos em Quilmes, nas cercanias de Buenos Aires, quando foi chamado ao ministério evangelístico. Provavelmente, não foi coincidência que o dia em que ele realizou sua primeira cruzada foi o mesmo em que os britânicos afundaram o navio argentino General Belgrano, na Guerra das Malvinas, em 1982. Ele tinha 37 anos de idade naquela ocasião.

Quando uso a palavra "eficaz", sigo a trilha de Donald McGravran e do movimento de crescimento da igreja, segundo o qual a evangelização bíblica consiste em levar o não crente a um compromisso simultâneo com Cristo e com o corpo de Cristo. Fazer discípulos implica conduzir homens e mulheres à fé em Jesus e à responsabilidade para com a igreja local.

Carlos Annacondia consegue fazer isso muito bem. Numa recente visita à Argentina, trabalhei com pastores de quatro cidades. Sem fazer perguntas, nas quatro cidades ouvi de líderes cristãos referências a "antes de Annacondia" e "depois de Annacondia". Em mais de vinte anos de estudo sobre o evangelismo de cruzadas urbano, nunca ouvi testemunhos tão coerentes sobre um evangelista. Algumas instâncias de cruzadas evangelísticas eficazes, como as de Tommy Hicks em Buenos Aires e de Stanley Mooneyham em Phnom Penh, são memoráveis, porém o ministério de Annacondia é único.

Muitos pastores me mostraram novos santuários construídos para acomodar o crescimento após a cruzada de Annacondia em suas cidades. Um deles me mostrou um estádio de basquete alugado havia seis anos. Outra igreja fazia 17 cultos por semana em cinco teatros alugados. Outro pastor relata uma "notável mudança de atitude entre o povo de nossa cidade como consequência do ministério de Annacondia".

Qual a diferença?

O que Carlos Annacondia faz que os outros evangelistas não fazem? Ele tem algo em comum com os grandes evangelistas tradicionais. Prega uma mensagem simples, faz o apelo para as pessoas aceitarem Jesus, presenteia-as com livros, anota nomes e endereços e as convida a frequentar a igreja local.

Como Billy Graham e Luis Palau, Annacondia sustenta uma ampla base de apoio interdenominacional a pastores e outros líderes cristãos regionais. Como Dwight Moody e Billy Sunday, ele não teve treinamento teológico formal. Como Reinhard Bonnke e T. L. Osborn, em suas cruzadas ocorrem milagres, curas e libertação de espíritos malignos. Ele não é o tipo de ministro que só prega ao ar livre: também dirige cultos de três horas e mantém um grupo de intercessores orando pelo ministério *in loco*. Se não me engano, a principal diferença é sua abordagem intencional e premeditada de batalha espiritual.

Uma característica constante nas cruzadas de Annacondia é o que deve ser o ministério de libertação mais sofisticado dirigido às massas. Sob a direção de Paolo Bottari, um sábio e maduro servo de Deus, literalmente milhares de pessoas são libertas de demônios em cada uma das 30 a 50 noites consecutivas de cruzada. As tendas de 45 metros, levantadas atrás da plataforma do pregador, funcionam das 8 da noite às 4 da madrugada, sem interrupção. Equipes treinadas por Bottari fazem a imposição de mãos.

Nunca observei um evangelista de cruzadas publicamente tão agressivo quanto Annacondia. Com um desafio em tom muito alto, enérgico e prolongado, ele literalmente provoca os espíritos até que se manifestem. Para o não iniciado, a cena pode parecer uma confusão, mas para os que estão familiarizados com o ministério de Annacondia é apenas mais uma noite em que o poder de Jesus Cristo sobre as forças demoníacas é demonstrado a todos. Acontecem muitos milagres, almas são salvas e o poder espiritual é tão grande que os pedestres que passam diante do local às vezes caem pelo poder do Espírito Santo.

C. Peter Wagner
The Awesome Argentina Revival [O impressionante avivamento na Argentina]

O MINISTÉRIO DO REVERENDO CLAUDIO FREIDZON

O ano de 1992 foi marcado por uma nova etapa no ministério do pastor Claudio Freidzon, quando um amigo muito respeitado, o pastor Werner Kniesel, lhe fez uma visita. Kniesel é o pastor da maior congregação europeia, o Centro Cristão Buchegg, em Zurique, na Suíça. Kniesel conhecia Claudio desde os tempos de seminário. Quando Claudio lhe falou de suas muitas atividades ministeriais, Kniesel perguntou: "Quanto tempo você reserva para ouvir o Espírito Santo?".

Foi durante essa visita que Kniesel lhe falou do livro *Bom dia, Espírito Santo*, escrito pelo pastor Benny Hinn. Claudio sentiu que o livro fora escrito para ele:

> Deus me abençoou grandemente quando li o livro do pastor Benny Hinn, então decidi visitar os Estados Unidos a fim de conhecê-lo pessoalmente e orar com ele. O testemunho desse pastor e seu relacionamento com o Espírito Santo foram uma grande inspiração para minha vida.

Durante essa busca, o Espírito Santo se revelou a Claudio de maneira extraordinária. Uma atmosfera gloriosa encheu os cultos, e a presença de Deus começou a se manifestar como nunca em sua igreja.

Sem que ele convidasse ninguém ou promovesse algum evento, espalharam-se as notícias de que algo estava acontecendo na Igreja Rei dos Reis. Os pastores vinham por conta própria para receber uma nova unção, que transformava a vida deles e os conduzia de volta ao primeiro amor. O Espírito Santo operava com tanto poder que alguns caíam e permaneciam no chão durante horas, na presença de Deus. Alguns eram dominados pelo "riso santo"; outros choravam de maneira quebrantada; outros, ainda, agiam como se estivessem "bêbados" na presença de Deus.

Deus mostrou ao reverendo Claudio Freidzon que era sua mão operando soberanamente, produzindo frutos em muitas vidas e renovando os crentes. A obra de evangelismo e edificação chegou ao rádio e à TV. Durante certo tempo, centenas de pastores visitaram a Igreja Rei dos Reis para receber nova unção do Espírito Santo.

Muitos trouxeram a congregação inteira. Em algumas ocasiões, havia filas de centenas de pessoas esperando para entrar na igreja. Pessoas de lugares distantes alugavam ônibus para receber mais de Deus.

Uma das maiores cruzadas da Argentina, com mais de 65 mil pessoas, lotou o estádio de futebol Velez Sarfield. Irmãos e irmãs de todas as denominações e de diferentes lugares do país vieram buscar a face de Deus numa sexta-feira memorável. O ministério do reverendo Claudio Freidzon começou a ultrapassar as fronteiras da Argentina. Pastores e líderes cristãos do mundo inteiro começaram a receber o toque de Deus em sua vida.

Depois que o Senhor revolucionou a vida e o ministério de Claudio Freidzon, ele começou a trabalhar extensivamente, recebendo convites de várias partes do mundo para dirigir grandes cruzadas. Essas cruzadas eram caracterizadas pela união dos pastores de cada cidade anfitriã, pelos frutos evangelísticos e pela renovação espiritual das igrejas.

> Em 1998, Claudio realizou uma cruzada no Equador. O evento aconteceu no estádio de Guayaquil, cuja capacidade é de 50 mil pessoas, que ficou lotado todas as noites. Cerca de 1.500 pastores e líderes cristãos se uniram para organizar esse importante evento. O poder de Deus causou impacto à vida de milhares de pessoas. Vidas transformadas, milagres de cura e libertação e uma profunda renovação foram o resultado dessa poderosa manifestação divina. Cerca de 160 mil pessoas participaram dos encontros, o que causou grande impacto à sociedade equatoriana.
>
> O pastor Freidzon escreveu um livro chamado *Espírito Santo, tenho fome de ti*, que foi traduzido em nove idiomas. Cristãos do mundo inteiro têm-se inspirado nesse livro para desenvolver um relacionamento mais profundo e pessoal com o Espírito Santo.
>
> Mais de 3,5 milhões de pessoas estiveram em contato com esse ministério de forma pessoal, por meio de cruzadas, eventos especiais e cultos em igrejas.
>
> Nos lugares em que Claudio Freidzon passou, há testemunhos de avivamento, crescimento e vidas transformadas graças à nova unção do Espírito Santo.
>
> SAM RODRIGUEZ

Um movimento urbano. A expansão do pentecostalismo durante esses anos aconteceu em áreas urbanas em desenvolvimento. A velocidade do crescimento urbano na América Latina foi realmente explosiva. A taxa de crescimento demográfico anual estava acima de 3%. Em 1950, três quartos da população viviam em cidades com menos de 20 mil habitantes, mas em 1975 metade da população latino-americana era urbana. Em 1960, apenas seis ou sete cidades tinham mais de 500 mil habitantes. Uma década depois, já havia 36 cidades com essa população.

Esse fenômeno aconteceu por causa do crescimento demográfico e da migração das áreas rurais para as cidades. Os que se mudavam para as grandes cidades tinham de encarar o vazio social marcado pela falta de normas e valores sociais. Em geral, esse é o fator que possibilita a mudança religiosa. O enfraquecimento dos controles sociais tradicionais numa situação de poucas perspectivas, característica da vida urbana moderna, favorece o desenvolvimento de uma crise aguda na identidade dos que migram para os centros urbanos. Isso explica por que muitos abandonam a fé católica tradicional e suas práticas e se tornam pentecostais. Na América Latina, existe uma relação estreita entre os processos de industrialização e urbanização e o crescimento do pentecostalismo nas cidades.[45]

Um movimento multiforme. O pentecostalismo latino-americano surgiu em diversos contextos e assume formas diferentes em muitos lugares. Os pentecostais brasileiros e mexicanos identificam o avivamento da Rua Azusa em 1906 como a raiz da obra pentecostal nesses países. No entanto, em pouco tempo, todos os países latino-americanos tinham suas denominações pentecostais. Algumas resultaram de desdobramentos de grupos norte-americanos, porém muitas eram movimentos nacionais autônomos desde o princípio. A maior parte desses grupos apresentava grandes diferenças das expressões clássicas norte-americanas, em relação à capacidade de adaptação e à disposição para receber cristãos de diferentes vertentes doutrinárias e eclesiásticas. Além disso, como movimento independente ou com rara dependência de apoio missionário estrangeiro, o pentecostalismo latino-americano é caracterizado pela diversidade.

Existem pelo menos três tipos de pentecostalismo na América Latina. O primeiro grupo são os chamados pentecostais clássicos, com origem no início do século XX. Eles constituem as próprias denominações e alcançaram um nível superior de institucionalização eclesiástica. Estão ligados às grandes denominações pentecostais na Europa e na América do Norte. O segundo grupo, e provavelmente o mais dinâmico e de maior crescimento, é o dos pentecostais "renovados", que, com outros carismáticos, criticam o pentecostalismo tradicional e institucionalizado.

As igrejas que crescem mais rapidamente na América Latina hoje pertencem a esse tipo de pentecostalismo independente. A terceira expressão é o que chamo "pentecostalismo popular". São grupos herdeiros do pentecostalismo clássico, mas que adquiriram traços da religiosidade popular. Alguns são expressões limítrofes da fé cristã, misturadas a elementos do pentecostalismo.

É possível distinguir diversas correntes teológicas no movimento pentecostal latino-americano. No entanto, existem os pentecostais que, teoló-

---

[45] Emilio WILLEMS, *Followers of the New Faith*, p. 86-9.

gica, ecumênica e sociopoliticamente, são conservadores. Embora tenham dado um importante salto religioso ao aceitar e integrar suas tradições religiosas à experiência pentecostal, esses pentecostais mantêm as doutrinas teológicas do fundamentalismo clássico. Basicamente, esse arcabouço doutrinário consiste em uma escatologia pré-milenarista e um literalismo bíblico aliado à crença na inerrância das Escrituras. Eles também repelem qualquer aproximação entre católicos e protestantes e apoiam uma ideologia de direita.

Existem, contudo, pentecostais abertos aos relacionamentos interdenominacionais e ecumênicos. Eles são mais inclinados às correntes progressistas teológicas e sociopolíticas. Por fim, há um grupo no setor pentecostal latino-americano que, apesar de se identificar com o pentecostalismo, mantém uma atitude crítica em relação às suas conclusões teológicas, sua visão de mundo e sua visão sociocultural.

Um movimento de líderes fortes. No pentecostalismo latino-americano, o líder carismático não está preso a estruturas eclesiásticas e dirige com facilidade um grupo de entusiásticos seguidores. O individualismo também encontra plenitude na compreensão teológica da fé cristã. Em muitas igrejas pentecostais, no topo da estrutura eclesiástica existe apenas um grupo ou uma pessoa de personalidade forte, que domina a igreja. A força dessa estrutura, contudo, reside na plena participação de quase todo o povo e numa classificação que depende da função, e não da experiência. Como os membros em geral são oriundos da mesma classe socioeconômica, não existe a tendência de os ricos e intelectuais oprimirem os mais humildes, como acontece em muitas denominações históricas.

Um movimento crescente. Os pentecostais correspondem a 75% da população evangelical da América Latina. Em alguns países, o número cresce para 90% do total de não católicos, uma verdadeira explosão estatística. Isso significa que eles são a força evangelical mais visível no subcontinente. São muitos os motivos para o crescimento pentecostal. Entre eles, podemos citar: fatores espirituais (a liberdade de ação do Espírito); razões antropológicas (anseio por Deus); elementos sociológicos (sensação de abrigo, segurança, identidade e comunhão no mundo hostil); metodologia pastoral (participação leiga); fatores psicológicos e culturais (liberdade de adoração e emoção, música popular e instrumentos musicais). Segundo Mortimer e Esther Arias, "o fato é que são igrejas grandes, autônomas e que se multiplicam sozinhas, com raízes nas camadas mais pobres, enquanto as igrejas protestantes históricas estão confinadas à classe média. Os pentecostais têm problemas de liderança, educação, divisão e alienação social, mas não há dúvida de que ocupam um lugar de destaque em relação ao futuro do cristianismo na América Latina".[46]

Os pentecostais continuarão crescendo em número e influência na América Latina, pois essas igrejas estão provando que são capazes de atender às necessidades imediatas das classes mais baixas. O mesmo se verifica na atividade contínua de missionários e no crescimento das igrejas pentecostais independentes. Nesse sentido, alguns prognósticos realizados no passado continuam valendo. Lalive d'Epinay disse, há alguns anos, que, "se as possibilidades da participação aberta das classes populares forem reduzidas, as oportunidades de difusão do pentecostalismo crescerão na mesma proporção".[47]

O cientista social holandês Juan Tennekes chegou à mesma conclusão em seu estudo sobre o pentecostalismo chileno após o golpe de Estado de 1973:

> Agora que toda a oposição foi proscrita, a única via aberta é a do protesto religioso; agora que não existem mais organizações que possam operar como comunidades, a busca pela comunidade religiosa será maior do que nunca. O pentecostalismo, portanto, será fortalecido [...]. Para o povo chileno, oprimido em fogo e sangue pelas próprias forças armadas, a religião se tornará a única forma legalmente aceita de expressar problemas, dúvidas e esperanças.[48]

Leituras recomendadas

Os principais estudos recentes do pentecostalismo latino-americano são: *Is Latin America Turning Protestant?* [A América Latina está tornando-se

---

[46] *The Cry of My People: Out of Captivity in Latin America* (New York: Friendship Press, 1980), p. 8.
[47] Reflexiones a propósito del pentecostalismo chileno, p. 104.
[48] *La nueva vida: el movimiento pentecostal en la sociedad chilena* (Amsterdã: 1973), p. 130.

protestante?], de David Stoll (Berkeley: University of California Press); *Tongues of Fire: The Explosion of Protestantism in Latin America* [Línguas de fogo: a explosão do protestantismo na América Latina], de David Martin (Cambridge: Basil Blackwell, Inc., 1990). Muita informação sobre o pentecostalismo latino pode ser encontrada em *New International Dictionary of Pentecostal and Charismatic Movements* [Novo dicionário internacional dos movimentos pentecostal e carismático] (Grand Rapids: Zondervan, 2001), obra organizada por Stanley Burgess e Eduard M. van de Maas.

Questões relacionadas aos católicos romanos e pentecostais são discutidas em *Religious Politics in Latin America: Pentecostal v. Catholic* [Políticos religiosos na América Latina: pentecostais *versus* católicos] (South Bend: University of Notre Dame, 1998), de Brian H. Smith, p. 3-9.

Um livro importante sobre o pentecostalismo norte-americano é *The Silent Pentecostals: A Biographical History of the Pentecostal Movement among the Hispanics in the Twentieth Century* [Os pentecostais silenciosos: uma história biográfica do movimento pentecostal entre os hispânicos no século XX] (publicação independente). Um bom estudo sobre o pentecostalismo unicista no México pode ser encontrado em *La Serpiente e la Paloma* [A serpente e a pomba] (Pasadena: William Carey Library, 1970), de Manuel J. Gaxiola.

Um relato em primeira mão sobre o nascimento do pentecostalismo chileno é *History of the Pentecostal Revival in Chile* [História do avivamento pentecostal no Chile] (trad. Mario Hoover, Santiago: Imprenta Eben-Ezer, 2000), de Willis C. Hoover. Trata-se de uma tradução da edição espanhola original de 1936. A história do pentecostalismo brasileiro pode ser lida na autobiografia de Daniel Berg, *Enviado por Deus:* memórias de Daniel Berg, 3. ed. (Rio de Janeiro: CPAD, 1963).

✳ 13 ✳

Ministros de cura e televangelistas após a Segunda Guerra Mundial

David E. Harrell Jr.

Um poderoso avivamento irrompeu na subcultura pentecostal norte-americana imediatamente após o término da Segunda Guerra Mundial. Foi liderado por um grupo de evangelistas da cura que implantaram grandes ministérios independentes. No final das décadas de 1940 e 1950, esses evangelistas realizaram milhares de curas em avivamentos, deixando um legado de centenas de milhares de testemunhos de curas miraculosas e outras ocorrências sobrenaturais. As grandes multidões que participavam desses avivamentos proporcionaram uma base de suporte financeiro para os evangelistas, possibilitando construir ministérios independentes que passaram a rivalizar com as denominações pentecostais em tamanho e influência no mundo.[1]

O pentecostalismo norte-americano havia sido balançado por um novo avivamento que viera na esteira da Segunda Guerra Mundial. Uma nova

---

[1] Uma visão geral do avivamento do ministério de cura até meados da década de 1990 pode ser encontrada no livro de David Edwin HARRELL JR., *All Things Are Possible: The Healing and Charismatic Revivals in Modern America* (Bloomington: Indiana University Press, 1975).

geração de líderes de denominações queria deixar para trás a contenda doutrinal que fragmentara o pentecostalismo no início do século XX. Eles queriam derrubar as barreiras que separavam aqueles que compartilhavam o batismo com o Espírito Santo. Esse novo espírito pacífico foi institucionalizado em 1948, com a fundação da Comunhão Pentecostal da América do Norte, uma união das oito maiores denominações pentecostais do continente. O ato também abriu caminho para a erupção de avivamentos panpentecostais que envolviam cidades inteiras, o que não seria possível alguns anos antes. Além disso, as igrejas pentecostais no final da guerra estavam lotadas de uma nova geração que pedia uma manifestação própria e milagrosa do Espírito Santo. Enlevados pelas histórias da Rua Azusa e pelos milagres de anos passados, eles ansiavam por testemunhar o poder de Deus em sua época.[2]

Líderes do avivamento do ministério de cura dos tempos modernos

O avivamento do ministério de cura do pós-guerra nos Estados Unidos data de uma série de reuniões realizadas em 1946 por Willian Branham, pregador místico e enigmático que pastoreava uma pequena igreja batista independente. Em Jeffersonville, Indiana,[3] Branham começou um ministério de profecia e cura após participar de uma reunião num acampamento unicista, na época da Depressão. No início de junho de 1946, Branham pregou e orou pelos doentes numa pequena igreja pentecostal em St. Louis, e relatos de milagres assombrosos começaram a circular. Notícias de milagres espalharam-se como fogo, e no final de 1946 Branham foi convidado a dirigir algumas reuniões no Arkansas. À medida que ele viajava de cidade em cidade, enormes multidões eram atraídas, e notícias de ressurreições de mortos e outras maravilhas ecoaram pela subcultura pentecostal. Em

---

[2] Para uma boa visão do pentecostalismo norte-americano, v. Vinson SYNAN, *The Holiness-Pentecostal Tradition: Charismatic Movements in the Twentieth Century*, 2. ed. (Grand Rapids: Eerdmans, 1997).

[3] A melhor biografia de Willian Branham é a obra de C. Douglas WEAVER, *The Healer-Prophet, William Marrion Branham* (Macon: Indiana University Press, 1987).

suas reuniões, Branham demonstrava o extraordinário dom da "palavra de sabedoria", que se tornou a marca registrada de sua carreira evangelística subsequente. Declarando que ministrava com um anjo a seu lado, ele impressionava os espectadores ao discernir as doenças das pessoas na plateia.

Aos olhos dos devotos, Branham era um "visionário, como os profetas do Antigo Testamento".[4] Branham tornou-se uma figura lendária no avivamento dos meados da década de 1950, embora sua palavra tenha se tornado cada vez mais extremista. Por volta de 1950, sua popularidade foi turvada por outros evangelistas do ministério de cura. Depois que ele morreu num acidente de carro em 1965, passou a ser uma figura sem grande importância entre os pentecostais.

Procurando estender a influência de Branham além das barreiras da comunidade do pentecostalismo unicista, os agentes de Branham contrataram em 1947 um respeitado pastor das Assembleias de Deus do Oregon, Gordon Lindsay, para organizar a agenda do ministério.[5] Sentindo que algo extraordinário estava para acontecer, Lindsay rapidamente se mostrou um talentoso organizador e agente de publicidade. Em 1947, publicou a revista a *Voice of Healing* [Voz de cura], que primeiro relatou as atividades de William Branham e depois as reuniões de um círculo social de outros evangelistas que tinham lançado ministérios de cura independentes.

No início da década de 1950, muitos evangelistas do ministério de cura lotavam tendas e auditórios por todo o território norte-americano, atraindo dezenas de milhares de pessoas, relatando milhares de curas e outros milagres e arrecadando milhões de dólares em contribuições de patrocinadores. Quase todos os primeiros evangelistas trabalhavam sob a proteção da organização A Voz da Cura. Dentre os mais celebrados evangelistas do início da década de 1950, estava o corajoso e extravagante Jack Coe e o excêntrico e sensacionalista Amos Alonzo Allen, que levaram a proclamação da cura divina aos lugares mais distantes. A revista de Lindsay também

---

[4] The Gifts of Healing Plus, *Voice of Healing*, mar. 1950, p. 10.
[5] Cf. Gordon LINDSAY, *The Gordon Lindsay Story* (Dallas: Voice of Healing, s.d.). V. tb. David Edwin HARRELL JR., *All Things Are Possible: The Healing and Charismatic Revivals in Modern America*, p. 53-8.

publicava relatos da extraordinária quantidade de avivamentos estrangeiros liderados por evangelistas como Tommy Hicks e Tommy L. Osborn. Poucos ministros de cura se especializaram em evangelismo estrangeiro, mas todos os ministros independentes da década de 1950 realizaram cruzadas fora dos Estados Unidos, atraindo centenas de milhares aos avivamentos de cura divina na América Latina, África e Ásia.[6]

A organização evangelística A Voz da Cura era o mais coerente centro de avivamento de cura, porém alguns dos evangelistas mais bem-sucedidos no ministério de cura não eram associados da organização de Lindsay. Kathryn Kuhlman, por exemplo, estabeleceu um notável ministério de cura na Pensilvânia, na década de 1950, que pouco ficou devendo aos que criaram o avivamento pentecostal do ministério de cura. Durante sua longa carreira na televisão, ela tanto utilizou como contribuiu para técnicas televisivas utilizadas por outros evangelistas, porém manteve discreta distância dos outros ministérios. De maneira geral, ela se identificava com a onda de avivamento do ministério de cura e mais tarde iniciou uma parceria com o evangelista Oral Roberts, porém sua história, assim como a de muitos ministros de cura desse período, desenvolveu-se paralelamente ao avivamento, e não como parte dele.[7]

Oral Roberts, que também nunca se associou oficialmente ao grupo A Voz da Cura, tornou-se o mais proeminente líder do avivamento de cura da década de 1950.[8] Roberts foi ministro na Igreja Holiness Pentecostal, como seu pai antes dele. Em 1947, Roberts tomou uma decisão audaciosa: desistiu de seu pastorado em Enid, Oklahoma, para lançar um ministério de cura independente. Talentoso, de boa aparência e versado nas nuanças da teologia pentecostal, Roberts respeitava o meio dos ministros de cura,

---

[6] Um bom panorama do antigo espírito missionário do pentecostalismo é apresentado em James R. GOFF JR., *Fields White Unto Harvest* (Fayetteville: University of Arkansas Press, 1988).

[7] Cf. Deborah Vansau MCCAULEY, Kathryn Kuhlman, in: Charles H. LIPPY (Org.), *Twentieth-Century Shapers of American Popular Religion* (New York: Greenwood Press, 1989), p. 225-32.

[8] Cf. David Edwin HARRELL JR., *Oral Roberts: An American Life* (Bloomington: Indiana University Press, 1985).

particularmente William Branham, porém manteve sua independência e logo se tornou a maior celebridade daquele avivamento em expansão. As cruzadas de Roberts apresentaram uma linha de ministração em que o evangelista impunha as mãos sobre o doente e orava por ele. Roberts pessoalmente impôs as mãos a cerca de 1 milhão de pessoas antes de interromper as cruzadas, em 1968. Ao mesmo tempo, suas reuniões eram modelo de decoro (o falar em línguas era desencorajado), e seus longos e interessantes sermões exalavam ortodoxia.

A moderação de Roberts fez dele o favorito dos líderes de denominações pentecostais, pois a maioria dos líderes aceitava com cautela a explosão de avivamento em 1947. Eles, assim como os membros de suas igrejas, eram atraídos pelo ministério de cura e pelos relatos milagrosos. Simbolizando a importância do avivamento e sua reputação entre os líderes de denominações pentecostais, Oral Roberts foi convidado a realizar o discurso de encerramento na abertura da Comunhão Pentecostal da América do Norte, realizada em Des Moines, Iowa, em outubro de 1948.

Os líderes das igrejas pentecostais finalmente se tranquilizaram em relação ao avivamento de cura. Eles se preocupavam com as alegações exageradas dos ministros de cura e reprovavam seu insaciável apetite por dinheiro.[9] Uma vez que a maioria dos ministros de cura tentava manter relações pacíficas com as denominações pentecostais nos primeiros anos do avivamento, por volta de 1950 eles criaram uma rede de instituições independentes da supervisão e da disciplina das denominações, na verdade independentes de qualquer supervisão. Nos meados de 1950, a maior parte dos evangelistas independentes que possuía credenciais de ministro das Assembleias de Deus saiu da denominação ou foi desligada. Alguns, entre eles Jack Coe e A. A. Allen, tinham graves e declarados conflitos com a denominação.

---

[9] Cf. David Edwin HARRELL JR., *Oral Roberts: An American Life*, p. 140-4.

ORAL ROBERTS

Granville Oral Roberts, o mais destacado evangelista do ministério de cura, nasceu no condado de Pontotoc, Oklahoma. Roberts cresceu em miserável pobreza, filho de um pregador *holiness* pentecostal. Aos 17 anos de idade, foi diagnosticado com tuberculose e ficou de cama por mais de cinco meses. Em julho de 1935, no ministério do evangelista George W. Moncey, foi curado de tuberculose e gagueira. Nos dois anos que se seguiram, ele começou a aprender os segredos da liderança no ministério evangelístico de seu pai. Consagrado pela Igreja Holiness Pentecostal em 1936, logo se destacou no ministério da denominação. Entre 1941 e 1947, serviu em quatro pastorados.

Em 1947, Roberts iniciou um ministério de cura com sua primeira campanha local em Enid. No mesmo ano, publicou seu primeiro livro sobre o ministério de cura: *Se você precisa de cura divina — faça estas coisas* (Vida Nova, 1947). Ele levou a mensagem de cura para as ondas do rádio, publicou uma revista mensal, *Healing Waters* [Águas que curam], e estabeleceu a base de seu ministério em Tulsa, Oklahoma. No ano seguinte, cruzou os Estados Unidos com a maior tenda portátil já usada na promoção do evangelho. Sua "catedral de lona" abrigou plateias de mais de 12.500 pessoas.

O sucesso de Roberts no ministério de cura levou-o à liderança de uma geração de dinâmicos simpatizantes do avivamento, que espalharam a mensagem de cura divina por todo o mundo depois de 1947. Suas cruzadas ecumênicas foram o instrumento de revitalização do pentecostalismo após a Segunda Guerra Mundial. Ele também foi influente na formação da Adhonep, em 1951, e uma figura proeminente no assentamento dos alicerces do moderno movimento carismático.

O impacto mais significativo de Roberts sobre o cristianismo norte-americano ocorreu em 1955, quando ele inaugurou um programa de televisão semanal que levava suas cruzadas de cura para os lares de milhões de pessoas que nunca haviam tido acesso à mensagem da cura divina. Por meio desse programa, a mensagem de cura foi resgatada da subcultura pentecostal do cristianismo norte-americano e apresentada ao maior número de espectadores da História. Por volta de 1980, uma pesquisa do Instituto Gallup revelou que o nome de Roberts era conhecido por incríveis 84% do público norte-americano. O historiador Vinson Synan observa que Roberts era considerado o pentecostal mais proeminente do mundo.

Entre 1947 e 1968, Roberts liderou mais de 3 mil cruzadas de grande porte, orando pessoalmente por milhões de pessoas. Nos meados de 1950, sua mensagem de cura era anunciada em mais de cinco estações de rádio, e por quase trinta anos seu programa dominical foi o programa religioso número um em audiência. Sua revista mensal, renomeada *Abundant Life* [Vida abundante] em 1956, alcançou uma tiragem de mais de 1 milhão de exemplares, enquanto sua revista devocional *Daily Blessing* [Bênção diária] chegou a ter mais de 250 mil assinantes. A coluna mensal que Roberts escrevia era publicada em 674 jornais. Por volta de 1980, havia mais de 15 milhões de cópias de seus 88 livros em circulação, e ele recebia mais de 5 milhões de cartas por ano de pessoas simpatizantes de seu ministério.

> Uma mostra de sua crescente aceitação pelas principais denominações é que Roberts foi convidado em 1966 para participar do Congresso Mundial de Evangelismo, realizado em Berlim por Billy Graham. Ele transferiu sua afiliação religiosa para a Igreja Metodista Unida em 1968 e iniciou uma ambiciosa ofensiva televisiva em 1969 com programas de variedades no horário nobre. O sucesso de sua programação no horário nobre foi memorável, alcançando 64 milhões de telespectadores. Isso levou Edward Fiske, editor religioso do *New York Times*, a declarar que Roberts possuía mais lealdade pessoal na década de 1970 que qualquer outro ministro nos Estados Unidos.
>
> Em 1965, Roberts inaugurou uma universidade coeducacional de artes em Tulsa. Recebendo autorização regional num tempo recorde de seis anos, a Universidade Oral Roberts atingiu a maioridade quando sete faculdades foram acrescentadas, entre 1975 e 1978: medicina, enfermagem, odontologia, direito, comércio, pedagogia e teologia. A universidade de 250 milhões de dólares, com sua arquitetura ultramoderna e suas dependências, tinha em média 5 mil alunos matriculados. A universidade foi dedicada em 1967 por Billy Graham. Ao lado da universidade, Roberts criou uma casa de repouso para 450 residentes.
>
> O ápice do ministério de Roberts veio com a inauguração, em 1981, de um complexo hospitalar que recebeu o nome de Cidade da Fé, ao custo de 250 milhões de dólares. O complexo consistia em um hospital de 30 andares, um centro médico de 60 andares e um instituto de pesquisa de 20 andares. A filosofia do complexo era juntar oração com medicina, o sobrenatural com o natural, no tratamento do indivíduo. Infelizmente, a Cidade da Fé nunca atraiu o número de pessoas que Roberts esperava. Foi fechada em 1990.
>
> Teologicamente, Roberts é um pentecostal clássico, que sustenta que o falar em línguas é normativo para todos os crentes. Sua marca registrada, entretanto, foi uma mensagem de esperança. A tese de seu ministério é que Deus é bom e por isso deve curar e fazer seu povo prosperar.
>
> PAUL CHAPPELL
> *DICTIONARY OF PENTECOSTAL AND CHARISMATIC MOVEMENTS*
> [DICIONÁRIO DOS MOVIMENTOS PENTECOSTAL E CARISMÁTICO]

Apesar de perder o apoio dos líderes da denominação, Coe, Allen e muitos outros evangelistas do ministério de cura continuaram a atrair milhares de pessoas para suas reuniões em tendas e auditórios. Coe morreu em 1957, e na década seguinte os holofotes incidiram sobre o meteórico A. A. Allen, que foi forçado a se desligar das Assembleias de Deus e da organização A Voz da Cura após ser multado por dirigir embriagado durante um avivamento, em 1955, em Knoxville, no Tennessee. Allen enfrentou várias crises e se manteve popular até sua morte, em 1970. Vários ministros de cura menos conhecidos continuaram a atrair grandes multidões às suas reuniões, entre eles dois assistentes e protegidos de Allen: Robert W. Schambach e Don Stewart.

Oral Roberts foi a superestrela do avivamento de cura nas décadas de 1950 e 1960, mantendo um relacionamento cordial, ainda que precário, com as denominações pentecostais, até deixar de realizar campanhas. No período de 1947 a 1967, Roberts liderou centenas de avivamentos nos Estados Unidos e no exterior. Foi um talentoso organizador e administrador, dotado de um intelecto ágil e criativo. Com o aumento da família de "parceiros" de ministério, Roberts foi pioneiro no uso de correio computadorizado. Ele contratou o antigo editor da *Pentecostal Holiness Advocate* [Defensor *holiness*-pentecostal], G. H. Montgomery, para que este o ajudasse a criar uma sofisticada produção literária, incluindo uma revista a ser enviada pelo correio a mais de 1 milhão de simpatizantes. No início da década de 1950, Roberts montou uma rede de rádios com mais de 400 estações.

A influência de Roberts permeou o mundo pentecostal. Seu apoio foi crítico para a fundação da Adhonep, em 1951, criação do produtor de laticínios Demos Shakarian.[10] A Adhonep se tornou um importante local de promoção da mensagem dos ministros de cura, pois nas primeiras reuniões da entidade eram eles os oradores. Shakarian e Roberts foram amigos íntimos por muitos anos, ajudando-se mutuamente em seus respectivos ministérios.

Televisão e evangelismo estrangeiro

Mais que qualquer coisa, a televisão mudou a face do avivamento do ministério de cura no final da década de 1950. Durante uma cruzada numa

---

[10] Cf. David Edwin HARRELL JR., *Oral Roberts: An American Life*, p. 153-5. Uma boa história sobre a Adhonep é Vinson SYNAN, *Under His Banner: History of the Full Gospel Business Men's Fellowship International* (Costa Mesa: Gift Publications, 1992).

tenda de Oral Roberts, em 1954, realizada em Akron, Ohio, Rex Humbard convenceu Roberts a filmar três de seus cultos noturnos para a televisão. A filmagem passou por problemas técnicos em razão da iluminação precária dentro da tenda, mas Roberts ficou muito satisfeito com os resultados. Os programas não apresentavam apenas o sermão, mas também os "apelos ao altar, as filas para receber cura, milagres verdadeiros, as idas e vindas da multidão e a reação da congregação".[11] Roberts acreditava ter encontrado uma maneira de introduzir a nação ao avivamento de cura, e causou agitação na subcultura pentecostal. Ele unificou uma rede de televisão nos meados da década de 1950, e, por volta de 1957, seu programa era apresentado em 135 das 500 estações nacionais de TV, alcançando 80% da audiência da televisão norte-americana.

A cada tentativa, Roberts enfrentava resistência às suas aspirações de um ministério televisivo. Quando seu programa foi ao ar pela primeira vez, em Nova York, o colunista do *New York Times* Jack Gould protestou: "Se o irmão Roberts deseja explorar a histeria e a ignorância, impondo as mãos e gritando 'Cura!' é problema dele. Mas não parece ser do interesse público, nem conveniente, nem necessário à indústria televisiva concordar com ele".[12] O *Christian Century* [Século cristão] advertia que "esse tipo de coisa de Oral Roberts" poderia prejudicar a "causa da religião vital". Em 1956, o Conselho Nacional de Igrejas pediu ao Congresso que aprovasse uma lei banindo a venda de horários de televisão para propósitos religiosos. Enquanto esses esforços fracassavam, Roberts tinha dificuldades para convencer as estações locais a colocar seu programa no ar.[13]

Produzir um programa nacional de televisão era muito caro, mas as recompensas eram tentadoras. O correio de Roberts quase dobrou após um mês na televisão. Sua lista de correspondentes continha mais de 1

---

[11] Lee BRAXTON, Millions See the First Oral Roberts Telecast, *America's Healing Magazine*, mar. 1955, p. 22. V. tb. Oral ROBERTS, A Call to Action, *America's Healing Magazine*, jun. 1954, p. 12.
[12] Preacher's Timely TV Miracles Raise Questions of Station's Standards, *New York Times* (destaque sem data no álbum de recortes dos arquivos da Universidade Oral Roberts).
[13] Oklahoma Faith Healer Draws a Following, *Christian Century*, 29 jun. 1955.

milhão de nomes no final da década de 1950. Nessa época, todo evangelista sonhava em lançar um programa nacional de televisão para ampliar seu ministério evangelístico. "Os que estão no rádio e televisão", dizia o veterano W. V. Grant, "são os que conquistam as multidões".[14] No entanto, a maioria dos evangelistas que oravam sob a lona das tendas não tinha as habilidades técnicas nem o apoio financeiro necessários para criar um império televisivo que rivalizasse com a rede de Oral Roberts.

Por volta de 1960, o avivamento de cura nos Estados Unidos passava por mudanças e aos poucos reduzia a velocidade. Havia abundância de ministros de cura, fazendo repetidas visitas a quase todas as cidades e vilarejos, porém agora as multidões eram menores em entusiasmo e em número. Alguns veteranos continuavam a arrastar grandes multidões. Até sua morte, em 1970, A. A. Allen reunia milhares de pessoas em sua tenda e tinha limitada exposição à TV. Após sua morte, seu jovem assistente, Don Stewart, conseguiu manter vivo o ministério durante algum tempo, e na década de 1990 ainda aparecia na televisão. Outros evangelistas, como Ernest Angley, realizaram grandes avivamentos de cura e foram celebridades regionais. O veterano H. Richard Hall, de Cleveland, no Tennessee, e muitos outros continuaram a ministrar a cura em tendas modestas, em quase todas as pequenas cidades dos Estados Unidos. Talvez o mais obstinado sobrevivente do avivamento de cura original tenha sido Robert W. Schambach, um dos primeiros assistentes de Allen, que renunciou à bênção de seu mentor em 1959 para estabelecer um ministério próprio. Schambach continuava a viajar pelo país com uma grande tenda na década de 1990, resguardando pequena parte do clima e do espírito daquele avivamento. Pregador dinâmico e talentoso, que mantinha sua reputação e seu ministério livres de qualquer mancha ou escândalo, Schambach era uma das celebridades favoritas da TBN na década de 1990, unindo o antigo movimento ao esplendoroso avivamento de cura promovido pela mídia no final do século.

Igualmente importante no longo prazo, embora menos visível para a maioria dos norte-americanos da década de 1950, foi o impacto que o

---

[14] Entrevista gravada com W. V. Grani, Dallas, 15 dez. 1973.

avivamento de cura teve fora dos Estados Unidos. A maioria dos ministros de cura norte-americanos também realizou enormes cruzadas no exterior. No que foi talvez a mais famosa cruzada do período, em 1934 o evangelista Tommy Hicks pregou numa noite para uma plateia de 400 mil pessoas, num estádio de Buenos Aires, na Argentina. Durante o avivamento, Hicks relatou que o presidente Juan Domingos Perón e sua esposa o visitaram no hotel e que "os dois estavam salvos".[15]

À medida que o campo evangelístico se ampliava, muitos ministros independentes concentraram sua atenção e seus apelos em recursos financeiros, a fim de que pudessem estender o avivamento do ministério de cura para todo o mundo. Dois ministros exerceram uma influência dramática e duradoura em campos estrangeiros: T. L. Osborn, com seu Evangelismo Mundial, e Gordon Lindsay, com a organização Cristo para as Nações. Osborn e sua talentosa esposa, Daisy, realizaram centenas de campanhas na Ásia, África e América do Sul, deixando para trás relatos de milhares de milagres e uma geração de evangelistas locais que ansiavam construir ministérios semelhantes. Na década de 1960, Lindsay trocou o nome de sua organização, A Voz da Cura, por Cristo para as Nações e começou a enfatizar a construção de igrejas locais por todo o mundo. Esses promotores do avivamento de cura eram celebridades no mundo pentecostal, mas, diferentemente dos ministros da televisão, possuíam pouca visibilidade fora da subcultura que os apoiava.

T. L. e Daisy Osborn passaram um ano desanimador como missionários na Índia, em 1946, e retornaram para os Estados Unidos na época em que o avivamento de cura explodia. Eles se convenceram de que a cura e os milagres podiam ser a chave para levar o evangelho às "massas pagãs que em todo lugar estavam morrendo sem Cristo".[16] Incentivado por outros evangelistas e por líderes de denominações pentecostais, Osborn realizou uma série de impressionantes cruzadas pelo mundo. Ele relatou milhares

---

[15] 400,000 in Single Service, *Voice of Healing*, ago. 1954, p. 19. Cf. Thomas R. NICKEL, The Greatest Revival in All History, *Voice of Healing* fev.-mar. 1955, p. 4-7; But What About Hicks?, *Christian Century*, 7 jul. 1954, p. 814-5.
[16] T. L. OSBORN, World Missions' Crusade, *Voice of Healing*, jul. 1953, p. 10-1.

de curas e outros milagres, e seus feitos eram amplamente divulgados nos Estados Unidos. Osborn era sustentado financeiramente por outros ministros independentes, como Oral Roberts, porém logo criou uma eficiente organização e se tornou perito em angariar fundos por correspondência. Nos meados da década de 1950, lançou uma revista para promover seu trabalho: *Faith Digest* [Sumário da fé]. Na década de 1960, a tiragem alcançou 670 mil exemplares. As organizações de Osborn se tornaram modelo de eficiência dentro do avivamento de cura. "Ganhamos uma alma para cada 10 a 24 centavos investidos", declarou Osborn orgulhosamente em 1961.[17]

Osborn também formulou uma filosofia de missões surpreendentemente sofisticada. Buscando uma maneira de acompanhar os enormes avivamentos que ele e outros ministros de cura conduziam no exterior, Osborn convenceu-se de que "os nativos [...] seriam os melhores missionários [...]. Eles falam o idioma, não precisam de licença, não precisam de comida, não ficam doentes".[18] Em 1953, ele formou a Associação para Evangelização Local, com o objetivo de incentivar o estabelecimento de igrejas nativas. O conselho da associação inicialmente contava com representantes das Assembleias de Deus, da Igreja de Deus e da Igreja do Evangelho Quadrangular, mas Osborn nunca permitiu que as denominações pentecostais controlassem a associação, e as igrejas pentecostais passaram a apoiá-lo cada vez menos em relação às suas atividades.[19] Osborn, porém, seguiu seu caminho de forma independente, convencido de que o sucesso nas missões não viria para "aqueles que aguardam a sanção institucional", e sim "para os corajosos homens e mulheres de fé que vão em frente com bravura, em nome de Deus".[20] Em 1958, Osborn iniciou um programa de "coevangelismo", apoiando essencialmente os evangelistas locais que usavam seus filmes e distribuíam sua literatura.[21]

O ministério de Osborn floresceu na década de 1960. No final da década, Osborn liderou cruzadas em mais de 40 países, e suas organizações

---

[17] T. L. OSBORN, World Missions' Crusade, *Voice of Healing*, jul. 1953, p. 10-1.
[18] Entrevista gravada com Daisy e T. L. Osborn, Tulsa, 6 set. 1991.
[19] Cf. T. L. OSBORN, World Missions' Crusade, *Voice of Healing*, jul. 1953, p. 12-3.
[20] Concerning Our Association with the Voice of Healing, *Faith Digest*, jun. 1956, p. 17.
[21] William CAMPBELL, God Has Spoken Again, *Faith Digest*, nov. 1959, p. 2-3.

haviam "inscrito mais de 12 mil missionários locais". Durante a década de 1960, Osborn gastava aproximadamente 50 mil dólares por mês no sustento de missionários autóctones. O costume era sustentar os missionários por apenas um mês, treinando-os para criar congregações autossustentáveis. Esses missionários, dizia orgulhosamente Daisy Osborn, "levavam o evangelho a quase 50 mil vilas e adjacências". Ela relatou que, em 1971, mais de uma igreja era aberta por dia e se tornava autossustentável por esse método, chegando a um número de "mais de 400 por ano".[22] Além disso, Osborn fornecia *vans*, caixas de som e outros equipamentos para os missionários autóctones e transportava diariamente mais de uma tonelada de material impresso e filmes para o campo missionário. Suas mensagens e livretos foram traduzidos em 77 línguas. Em 1992, os Osborns estimaram ter treinado e apoiado mais de 30 mil pregadores autóctones.[23]

Uma segunda importante organização de missões independentes produzida pelo avivamento de cura foi a Cristo para as Nações, que tinha sua base em Dallas, no Texas. Até o avivamento do ministério de cura começar a perder a coerência na década de 1960, Gordon Lindsay se manteve firme em sua organização.

Cristo para as Nações foi inicialmente um programa de "construção de igrejas autóctones". Os cristãos autóctones seguiam a trilha deixada por milhares de cruzadas de cura, particularmente os que não eram afiliados a nenhuma denominação pentecostal, recorrendo à organização de Lindsay para obter fundos e assim construir templos para suas igrejas. Nas décadas de 1950 e 1960, doações de 250 dólares foram feitas para a construção de prédios simples nas Filipinas e na Coreia. Anos mais tarde, as contribuições da Cristo para as Nações chegavam a 20 mil dólares. A revista mensal de Lindsay mostrava imagens das singelas construções patrocinadas pela organização. Por volta de 1991, a Cristo para as Nações já havia ajudado na edificação de 8.716 igrejas em 120 países.[24]

---

[22] Daisy M. Osborn, Magnificent Revolution, *Faith Digest*, set. 1971, p. 10-1.
[23] Entrevista com T. L. Osborn.
[24] Entrevista gravada com Freda Lindsay, Dallas, 25 mar. 1991 e 7 dez. 1973; com Gordon Lindsay, 27 jul. 1972.

Após a morte de Gordon Lindsay, em 1973, a organização Cristo para as Nações passou a ser administrada por sua esposa, Freda Lindsay. Sob sua liderança, a organização aumentou em escopo e em tamanho, enquanto mantinha seu interesse em evangelismo no exterior. Os livros de Gordon Lindsay e de outros escritores pentecostais foram traduzidos para 72 idiomas, e a organização distribuiu mais de 40 milhões de livros no exterior. O Instituto Cristo para as Nações, estabelecido em Dallas em 1970 para treinar evangelistas, abrigou até o final do século 26 mil alunos, oriundos de quase todos os países do mundo. Em 1990, o Instituto Cristo para as Nações possuía filiais em seis países, ajudou a implantar escolas bíblicas com características semelhantes em 21 outras nações e estava afiliado a 30 escolas bíblicas espalhadas pelo mundo.[25]

Novos ministérios e novos rumos

A situação começou a mudar no início da década de 1960, quando alguns dos ministérios criados pelo avivamento alcançaram outro patamar e direções surpreendentes. A inesperada erupção do falar em línguas no ramo principal do protestantismo e do catolicismo romano na década de 1960 criou amplas e novas oportunidades para ministros independentes que fossem flexíveis e inovadores o bastante para levar o Espírito Santo àquela enorme, nova e ansiosa plateia.

Ninguém foi mais bem-sucedido que Oral Roberts em realizar essa transição da subcultura pentecostal para o novo e livre movimento carismático da década de 1960. Roberts sabia que as multidões que compareciam às suas cruzadas e faziam fila para receber a cura eram, em grande parte, membros de igrejas históricas, e teve o cuidado de se posicionar diante da nova onda a fim de influenciar o que ele avistava no horizonte. Em 1962, Roberts anunciou a criação de uma universidade. A Universidade Oral Roberts, inaugurada em 1965, influenciou milhares de jovens pentecostais

---

[25] Christ for the Nations in Dallas Celebrates 50 Years of Ministry, *Charisma*, 4 set. 2000.

e carismáticos. Em 2000, a quantidade de alunos ultrapassou 5 mil, e a instituição adquiriu sólida reputação dentro e fora dos círculos religiosos.

A mais importante força na remodelação do evangelismo pentecostal e carismático independente na década de 1960 foram as mudanças na comunicação religiosa televisiva, algumas delas influenciadas pela tecnologia. Na época, proliferaram as estações UHF independentes, e empresários esforçados estavam dispostos a conceder tempo aos religiosos por um custo mais baixo. Uma dessas estações, a WYAH, foi uma operação de baixo investimento iniciada pelo jovem Pat Robertson. Em 1961, tornou-se a primeira estação de TV religiosa dos Estados Unidos. A Rede Cristã de Radiodifusão (CBN) quase não sobreviveu ao início da década de 1960, mas por volta de 1968 construiu um novo prédio e começou a experimentar um crescimento que competia com o sucesso secular de Ted Turnes.[26]

À medida que a tecnologia abria novas portas para a religião, os evangelistas mais criativos experimentaram novas maneiras de usar esse instrumento. A CBN contribuiu bastante para a transformação da televisão religiosa. Robertson começou fazendo campanhas para arrecadação de fundos em 1961, porém a mais importante inovação foi a revisão do formato do programa *700 Club*, em 1965. O jovem Jim Bakker juntou-se à CBN nesse ano e começou a apresentar um programa de entrevistas baseado no *Tonight Show* [Show da noite], que se tornou o *700 Club*. O formato do programa de entrevistas provou ser capaz de atrair um público muito diferente daquele que participava dos trabalhos das cruzadas.[27]

Roberts continuou a anunciar suas cruzadas evangelísticas no início da década de 1960, mas estava cada vez mais insatisfeito com os resultados. A audiência havia caído, e ele tinha consciência de que a tenda de avivamento era um fenômeno em declínio. A televisão resultou em grande crescimento

---

[26] Para uma visão geral do ministério de Robertson, v. a obra de David Edwin Harrell Jr., *Pat Robertson: A Personal, Political and Religious Portrait* (San Francisco: Harper & Row, 1987).

[27] Dois livros sobre a ascensão do televangelismo são: Quentin J. SCHULTZE, *Televangelism and American Culture* (Grand Rapids: Baker, 1991); Jeffrey K. HADDEN & Anson SHUPE, *Televangelism: Power & Politics on God's Frontier* (New York: Henry Holt and Company, 1988).

para seu ministério na década de 1950, mas nos anos seguintes o crescimento estagnou. Talvez mais que qualquer outro ministro de cura, Roberts sabia que um novo e incontido interesse pelo Espírito Santo se espalhava pelas igrejas protestantes tradicionais e também pela Igreja Católica Romana. Em 1967 e 1968, Roberts tomou algumas decisões drásticas. Cancelou o programa de televisão, encerrou seu ministério de cruzadas e deixou a Igreja Holiness Pentecostal para se unir aos metodistas.

Oral Roberts tinha um plano, uma estratégia que influenciaria poderosamente o curso da televisão religiosa moderna. Perto do outono de 1968, ele se preparava para retornar à televisão em especiais de horário nobre que apresentariam os talentosos alunos cantores da Universidade Oral Roberts e estrelas de Hollywood. O tema era uma aposta alta — "tirar a religião do gueto que é a manhã de domingo". Roberts levou ao ar quatro especiais no horário nobre em 1969, ao custo de 3 milhões de dólares. O grupo artístico contratado para os programas era liderado por Ralph Carmichael, talentoso compositor musical, e Dick Ross, que produziu especiais para Billy Graham e Kathryn Kuhlman, bem como alguns artistas seculares. Os primeiros programas tiveram audiência estimada em 10 milhões de telespectadores (um especial de 1973 teve uma audiência estimada em 37 milhões), e, após cada programa, o ministro recebia cerca de meio milhão de cartas. A aposta de Robertson na mídia rendeu bons frutos.

O mais importante legado de Oral Roberts na revolução da mídia do final da década de 1960 foi a introdução de técnicas profissionais de produção e conteúdo com o objetivo de competir com a programação secular. Numa conversa com Merv Griffin no final de 1974, Roberts refletiu sobre sua decisão: "Merv, quando fomos para a televisão, há cerca de sete anos, tínhamos métodos de coreografia, e isso não agradava os membros da igreja, mas agora há 111 programas religiosos na TV, e a maioria adota muitos de nossos métodos".[28] De muitas maneiras, a moderna igreja eletrônica nasceu com o lançamento do primeiro especial em horário nobre de Roberts, em março de 1969.

---

[28] Transcrição, 14 out. 1974, arquivo de Oral Roberts, p. 18.

Uma nova geração de evangelistas de televisão foi às alturas na década de 1970, e todos deviam muito ao pioneirismo de Robertson e Roberts. Kathryn Kuhlman começou a transmitir seus programas em 1967, tendo Dick Ross como produtor. O primeiro programa de Robert Schuller foi ao ar em 1970, e o de Jimmy Swaggart estreou em 1972. Na década de 1970, a explosiva CBN de Robertson uniu-se à TBN, formada no final da década de 1960 por Jim Bakker e Paul Crouch, e ao PTL, rede criada por Jim Bakker em Charlotte, na Carolina do Norte, em 1974, após romper com Paul Crouch. Embora alguns evangelistas não pentecostais/carismáticos utilizassem a televisão com eficácia, mais notadamente Billy Graham e Jerry Falwell, na década de 1970 o meio foi dominado por pentecostais e carismáticos.

As razões eram em parte organizacionais. O avivamento de cura das décadas de 1950 e 1960 deixou para trás uma profusão de ministérios independentes grandes o suficiente para sustentar um programa televisivo, porém o meio em si fez muito para determinar quem vencia e quem fracassava. Os evangelistas pentecostais estavam em vantagem no novo mundo da comunicação em massa. Para começar, muitos eram talentosos músicos com raízes profundas na música popular. Eles estavam dispostos a se tornar astros do mundo do entretenimento. Os evangelistas pentecostais também apresentavam uma teologia simples e clara a um meio de comunicação que exigia uma mensagem concisa. Os bordões teológicos de Oral Roberts — "Deus é bom"; "Algo bom acontecerá com você"; "Espere um milagre" — se tornaram memoráveis na televisão. Além disso, a encorajadora mensagem de esperança, sucesso e prosperidade pregada pelos evangelistas apelava às aspirações de milhões de pessoas. Centenas de talentosos e audaciosos evangelistas ouviram a voz de Deus ordenando-lhes que alcançassem o mundo por meio de milagres mostrados na televisão. Poucos conseguiram, mas os que obtiveram sucesso conquistaram grandes riquezas e influência.[29]

---

[29] Para conhecer melhor as razões do sucesso dos evangelistas carismáticos na televisão, v. David Edwin HARRELL JR., Oral Roberts: Media Pioneer, in: Leonard SWEET (Org.), *Communication and Change in American Religious History* (Grand Rapids: Eerdmans, 1994), p. 320-34.

A ascensão dos ministérios de ensino

O movimento carismático em ascensão e a mudança na natureza da programação religiosa televisiva contribuíram para o crescimento de uma geração de professores como líderes do movimento, substituindo os ministros de cura do início da década de 1950. Os ministros de cura continuaram a pregar e anunciar milagres em seus auditórios e tendas na década de 1990, porém muitas pessoas desejavam agora uma compreensão mais profunda da mensagem do Espírito Santo. Na década de 1970, muitos professores talentosos, como Kenneth Copeland e Kenneth Hagin Sr., implantaram grandes ministérios independentes baseados no ensino, em vez de em obras de avivamento. Hagin e Copeland participaram dos primeiros estágios do avivamento do ministério de cura, mas alcançaram fama como professores, enfatizando que o poder milagroso está à disposição de qualquer cristão por meio da fé. Ambos eram competentes professores e comunicavam sua mensagem com um agradável sotaque texano. Hagin e Copeland levaram a mensagem de cura, salientando também a promessa de Deus de dar prosperidade a todos os seus filhos, indo além das filas formadas pelos que buscavam um milagre nas tendas na década de 1950. Copeland criou um grande ministério televisivo na década de 1980 e se manteve como figura importante no mundo do avivamento independente no final do século.

Kenneth Hagin Sr. estabeleceu um ministério independente em 1963, porém sua fama como professor aumentou na década de 1970. Ele e seu filho, Kenneth Hagin Jr., conquistaram grande número de seguidores como pregadores de rádio na década de 1970. Os Hagins publicaram mais de 125 livros, que no final do século haviam vendido mais de 30 milhões de exemplares. Em 1974, Hagin implantou o Centro de Treinamento Bíblico Rhema, agora em Broken Arrow. A escola treinou milhares de ministros e obreiros de todas as partes do mundo na mensagem da fé ensinada por Hagin. O enorme Acampamento Rhema, realizado no Centro de Convenções de Tulsa todo mês de julho, atrai milhares de pessoas para celebrar a mensagem da fé. Na década de 1980, os Hagins implantaram o Centro de Treinamento Bíblico Rhema na África do Sul e na Austrália e em 1999 anunciaram a fundação de 11 novas filiais na Europa, América do Sul e Ásia.[30]

KENNETH COPELAND (1937-)

Kenneth Copeland converteu-se em 1962, juntamente com sua esposa Gloria. Meses depois, o casal entrou em contato com a mensagem carismática. Foram cheios do Espírito Santo e falaram em línguas. Entretanto, de acordo com Gloria, nos cinco anos seguintes eles apenas "caminharam penosamente ao lado da espiritualidade, sem saber como usar a fé". Em 1967, a família Copeland mudou-se para Tulsa, a fim de que Kenneth pudesse participar da Universidade Oral Roberts. Ali, ele acabou se tornando copiloto de Roberts, que lhe apresentou as doutrinas da palavra da fé, de Kenneth Hagin. Copeland recebeu várias das fitas de Hagin. Depois de ouvi-las todas durante um mês em sua garagem, ele se tornou "um homem transformado".

A família Copeland retornou a Fort Worth um ano depois de Kenneth ter estabelecido seu ministério. Em 1973, ele publicou um jornal, *Believer's Voice of Victory* [A voz vitoriosa do crente], que hoje circula por todo o mundo. Por meio da pregação no rádio, do ministério televisivo e da comunicação por satélite, a influência de Copeland foi literalmente mundial. Ele mantém escritórios na América do Norte, Europa, África, Ásia e Austrália.

Geir Lie

O apogeu dos ministérios televisivos

Durante as décadas de 1970 e 1980, a televisão pareceu abrir as portas para o crescimento sem limites dos ministérios independentes. Oral Roberts continuava a ser a força dominante na programação religiosa. Nos meados de 1970, ele anunciou uma ampla expansão da Universidade Oral Roberts, com cursos de bacharelado, entre eles o de medicina. O curso de medicina foi aberto em 1978, depois de Roberts anunciar a construção de um grande complexo médico no *campus*, incluindo um hospital com 777 leitos. Dezenas de milhões de dólares foram enviados a Tulsa para cobrir os gastos

---

[30] Por certo, a melhor maneira de encontrar informações atualizadas sobre os principais ministérios independentes é acessando sua página na internet. Este é o site de Kenneth Hagin: http://www.rhema.org.

desse investimento, provando mais uma vez o extraordinário alcance financeiro dos ministérios televisivos.

Muitos outros evangelistas criaram na década de 1980 ministérios televisivos que vieram a rivalizar com ou superar o de Roberts em movimento de caixa. Entre os novatos, estava Robert Tilton, um audacioso "professor de fé" cujo ministério em 1990 gerou mais de 1 milhão de dólares por semana em contribuições. Contudo, o televangelista mais influente e de maior sucesso da década de 1980 foi Jimmy Swaggart, de Baton Rouge, Louisiana.

Nos meados da década de 1980, Jimmy Swaggart era provavelmente o protestante mais conhecido no mundo. Músico de extraordinário talento e formidável pregador, Swaggart era um membro leal das Assembleias de Deus que cultivava um íntimo relacionamento com os líderes da denominação. O crescente número de membros das congregações das Assembleias de Deus nos Estados Unidos constituía uma base de apoio para as campanhas de Swaggart. Em troca, ele contribuía generosamente com os projetos missionários da denominação. Pela primeira vez desde o rompimento com os ministros de cura do avivamento da década de 1950, o ministério de Swaggart diminuiu as tensões entre os ministérios independentes e uma denominação pentecostal importante. Nos meados da década de 1980, as reuniões de Swaggart atingiram altíssimo nível de popularidade. De 10 a 50 milhões de pessoas assistiam ao seu programa nos Estados Unidos, e estima-se que somassem 300 milhões em todo o mundo. Sua rede de 3.200 estações em 145 países era maior que as três maiores redes norte-americanas juntas. Seu ministério arrecadava mais de 150 milhões de dólares por ano. Com esse dinheiro, Swaggart construiu o enorme Centro de Adoração da Família e Escola Bíblica em Baton Rouge, implantou um abrangente trabalho de assistência a crianças no exterior, sustentou mais de 600 missionários em 117 países, fez doações a 110 escolas bíblicas de países em desenvolvimento e investiu mais de 6 milhões de dólares por ano em programas das Assembleias de Deus. Além disso, Swaggart realizou muitas cruzadas pelo mundo, as quais foram exibidas em seus programas de televisão.[31]

As décadas de 1970 e 1980 também testemunharam o contínuo crescimento de redes de televisão religiosas. A CBN, conduzida pelas habilidades administrativas de Robertson, tornou-se um dos mais espetaculares sucessos de mídia na última metade do século XX. Ao mesmo tempo, passou por uma série de transformações que a fizeram parecer cada vez menos religiosa. No final da década de 1980, foi renomeada Canal da Família e continuou a apresentar o *700 Club* de Robertson, que não renunciou ao compromisso pessoal de manter o avivamento pentecostal/carismático. Em 1978, ele começou a construir a Universidade Regent, de bacharelado, em Virginia Beach, na Virgínia. A Universidade Regent tornou-se um campo de treinamento para a nova geração de especialistas do movimento carismático. Num ato simbólico, em 2000, Robertson reafirmou seus votos de ordenação como ministro do evangelho numa cerimônia presidida por vários líderes cristãos proeminentes.[32] Ele havia renunciado à sua ordenação da Igreja Batista do Sul na época de sua corrida pela presidência dos Estados Unidos, em 1988.

Além do império televisivo de Robertson, surgiu a TBN, lançada em 1969, na Califórnia, por Jim Bakker e Paul Crouch. Crouch era um empreendedor cauteloso, por isso em 1973 Bakker mudou-se para Charlotte, na Carolina do Norte, onde inaugurou uma rede de grande sucesso, o PTL. Apresentando um programa de entrevistas estrelado por ele mesmo e pela esposa, Tammy Faye, Bakker mostrou extraordinária criatividade e um talento aparentemente infalível para arrecadar dinheiro. Com ótimo saldo em caixa, Bakker anunciou planos de criar a Herança EUA, que incluiria um estúdio de televisão de última geração, um hotel, área de

---

[31] Entrevista com Jim Woolsey, diretor de missões dos Ministérios Jimmy Swaggart, Baton Rouge, 31 mar. 1991; Paul G. CHAPPELL, Jimmy Swaggart, in: Charles H. LIPPY (Org.), *Twentieth-Century Shapers of American Popular Religion*, p. 417-24; Jamie BUCKINGHAM, He Points 'Em to Heaven, *Logos*, set. 1987, p. 16-20.

[32] Cf. Liz SZABO, Robertson Recommits to Ministry, *Norfolk Virginian-Pilot*, 23 mar. 2000.

acampamento, condomínios e um parque aquático. Em 1986, o Herança EUA recebeu mais de 6 milhões de visitantes.[33]

Na década de 1980, o mundo do pentecostalismo independente diferia muito dos ministérios de cura da década de 1950. Embora o ministério de cura ainda fosse parte especial dos mais importantes ministérios televisivos da década de 1980, a mensagem e o estilo dos programas de televisão pareciam mais concentrados no sucesso e no entretenimento. No início de 1987, a aparentemente inevitável expansão do televangelismo sofreu alguns reveses. Tudo começou com um escândalo sexual e financeiro que levou o PTL à bancarrota e resultou na prisão de Jim Bakker e outros executivos da organização. Por volta de 1988, houve uma exploração frenética do caso por parte da mídia. Ao fiasco de Bakker, seguiu-se outro escândalo sexual, também muito explorado, agora envolvendo Jimmy Swaggart. O ministério de Swaggart sobreviveu, mas em condições precárias. Ele foi forçado a deixar as Assembleias de Deus, e sua influência mundial logo evaporou. Além disso, nos meados da década de 1980 Oral Roberts viu o fracasso de seu projeto de educação médica. Suas técnicas de arrecadação de fundos o tornaram mais uma vez alvo de escárnio da mídia.[34]

PAT ROBERTSON (1930-)

Apresentador de televisão religioso, político, homem de negócios e fundador da CBN. Nascido em 22 de março de 1930, em Lexington, na Virgínia, Pat Robertson é filho do falecido senador A. Willis Robertson e da falecida Gladys Churchill Robertson. Ele se formou na Universidade Washington e Lee (bacharel em artes, 1950), pela Universidade de Direito de Yale (*juris doctor*, 1955) e pelo Seminário Teológico de Nova York (mestre em Divindade, 1959). Serviu como primeiro sargento dos Fuzileiros Navais dos Estados Unidos (1950-1952) e casou-se com Adelia (Dede) Elmer em 1954. Eles tiveram quatro filhos: Timothy, Elizabeth, Gordon e Ann. Foi ordenado pastor da Igreja Batista do Sul (1961-1987).

---

[33] Cf. Charles E. Shepard, *Forgiven* (New York: Atlantic Monthly Press, 1989); Cecile Holmes White, Jim and Tammy Bakker, in: Charles H. Lippy (Org.), *Twentieth-Century Shapers of American Popular Religion*, p. 14-20.

[34] Para uma descrição detalhada do escândalo de Bakker, v. Charles E. Shepard, *Forgiven*.

A reviravolta na vida de Robertson, de acordo com seu testemunho, foi um dia em Nova York, quando ele aceitou Jesus Cristo como seu Salvador ("Passei da morte para a vida"). Mais tarde, enquanto cursava o seminário, Robertson foi batizado no Espírito Santo e trabalhou por um tempo como associado de Harald Bredesen, pastor carismático da Igreja Reformada de Mont Vernon, Nova York.

Robertson mudou de Nova York para Portsmouth, na Virgínia, em 1959, e com um capital inicial de 70 dólares comprou uma estação de TV UHF desativada. A partir daí, Robertson chegou à mundial CBN. Sua principal atração da programação semanal, o *700 Club*, tem ido ao ar continuamente desde 1966, e é assistido diariamente por cerca de 1 milhão de pessoas. Atualmente, esse programa vai ao ar três vezes por dia no canal Fox Family da TV a cabo. Com um ano de existência, os telespectadores do *700 Club* faziam cerca de 2,4 milhões de ligações (mais de 56 milhões em 2000). Uma equipe de 225 conselheiros ora via telefone por aqueles que ligam pedindo oração. Desde 1982, a CBN está no Oriente Médio, no sul do Líbano, e sua programação diária alcança Israel e os países vizinhos. Estima-se que mais de 90 países sintonizam a CBN regularmente, que é agora um vasto complexo de edifícios ao estilo de Williamsburg, ocupando cerca de 700 acres em Virginia Beach e Chesapeake, com um capital ativo de mais de 200 milhões de dólares e mais de mil funcionários espalhados pelo mundo.

Em 1988, Pat Robertson fundou a Universidade CBN (agora chamada Regent) no *campus* da CBN. Iniciando com o bacharelado em comunicações, a universidade agora oferece cursos de pedagogia, administração, consultoria, comércio, teologia, comunicação e direito, e o Centro de Estudos de Liderança Regent recebeu total crédito pela Associação de Universidades e Escolas do Sul. A missão que a universidade declarava é trazer a verdade bíblica a todas as disciplinas, em todas as áreas da vida.

Outro avanço da CBN é a Operação Bênção Internacional (sigla em inglês: OBI). Implantada em 1978, tornou-se uma das maiores organizações norte-americanas privadas de ajuda aos necessitados. A OBI providencia auxílio médico e comida e presta socorro em casos de desastres e assistência a pessoas economicamente necessitadas nos Estados Unidos e no exterior.

Em setembro de 1986, Robertson anunciou a intenção de se candidatar à presidência dos Estados Unidos, se 3 milhões de eleitores assinassem petições até setembro de 1987 em apoio à sua candidatura, contribuindo financeiramente e com orações. Esse plano se concretizou em 1988, mas Roberts não conseguiu a nomeação pelo Partido Republicano. Em razão de sua candidatura à presidência, Robertson desistiu de sua ordenação, a fim de evitar possíveis conflitos entre Igreja e Estado. Foi reordenado em 2000, como sinal de seu total comprometimento com as atividades religiosas.

Robertson é autor de dez livros, entre eles *The Turning Tide* [A mudança da maré], *The New Millennium* [O novo milênio], *The New World Order* [A nova ordem mundial], e seu mais recente lançamento, um livro de ficção, *The End of Age* [O fim dos tempos]. *The Secret Kingdom* [O reino secreto] esteve na lista dos mais vendidos do *New York Times*

> em 1983 e, de acordo com a revista *Time*, era o livro religioso número um nos Estados Unidos em 1984. Robertson é ex-presidente do prestigiado Conselho sobre Diplomacia Nacional. Em 1982, ele colaborou com uma força-tarefa sobre vítimas de crimes, durante o governo de Ronald Reagan.
>
> A missão internacional da CBN é disseminar o evangelho em todo o mundo por meio da mídia de massas, acima de tudo pelas transmissões televisivas. O projeto mais recente da CBN, o Alcance Mundial, foi criado no outono de 1995. O objetivo do Alcance Mundial da CBN era ver 500 milhões de novos fiéis no Reino de Deus quando entrássemos no novo milênio.
>
> J. RODMAN WILLIAMS
> NEW INTERNATIONAL DICTIONARY OF PENTECOSTAL AND CHARISMATIC MOVEMENTS
> [NOVO DICIONÁRIO DOS MOVIMENTOS PENTECOSTAL E CARISMÁTICO]

Antigos e novos ministérios na era pós-escândalo

Muitas instituições sobreviveram aos escândalos sem grandes sequelas, mas talvez nenhuma obteve tanto sucesso quanto a Universidade Oral Roberts. Embora o plano ambicioso de Roberts de criar uma escola de medicina tenha sido frustrado em 1990, a universidade continuou a prosperar e tornou-se símbolo de sucesso no mundo do pentecostalismo independente. Richard Roberts sucedeu seu pai na presidência da universidade, em 1993, e provou ser um administrador capaz e respeitável. Em 1999, a universidade celebrou seu trigésimo quinto aniversário com um número recorde de matrículas, mais de 4.200 alunos, e a escola era amplamente aclamada pela qualidade do ensino oferecida. Richard Roberts manteve um ministério televisivo e evangelístico de sucesso, e a Associação Evangelística Oral Roberts patrocinou uma Conferência Internacional de Ministros Bíblicos Carismáticos, que atraiu grande assistência e foi realizada nos moldes de Oral, Richard e outros evangelistas independentes, como Kenneth Copeland, Creflo Dollar, Benny Hinn, Marilyn Hickey e Joyce Meyer.

O colapso do PTL e a mudança de foco da CBN abriram as portas para Paul Crouch conduzir sua TBN à mais impressionante história de sucesso da última década do século XX. Reorganizada por Paul e Jan Crouch em 1973 e utilizando estúdios alugados em Santa Ana, na Califórnia, até o final do século, a TBN tornou-se uma empresa bilionária com mais de 800 pontos de transmissão por satélite e via cabo. O ministério de Crouch contava com uma base em Costa Mesa, na Califórnia, um centro de produção de última geração em Irving, no Texas, e a Cidade Musical da Trindade, em Nashville, um complexo com um auditório de 2 mil lugares e um cinema em realidade virtual. Crouch tem profundas raízes no avivamento de cura divina, e a TBN providenciou uma alternativa para os evangelistas, com pregações sobre os temas antigos desse avivamento e também sobre prosperidade.

Entre os mais visíveis promotores da rede na década de 1990, estava R. W. Schambach. Sua presença e seu estilo ligaram a rede às glórias do avivamento anterior. O programa de Crouch, *Praise the Lord* [Louve ao Senhor], era de essência claramente pentecostal, incluindo o falar em línguas. A rede também promoveu a obra da nova geração de evangelistas de cura, como Benny Hinn. No final do século, o vasto império da mídia de Crouch estava avaliado em centenas de milhões de dólares (Crouch afirma que lhe ofereceram 2 bilhões de dólares pela rede) e declarou doações de cerca de 80 milhões de dólares por ano. No início de sua carreira, Crouch era ministro das Assembleias de Deus, mas, à medida que seu ministério independente cresceu, ele se desligou da denominação e em 1990 rompeu relações com a Associação Nacional de Pregadores Religiosos, sinalizando sua identificação com os ministros independentes que trabalhavam fora dos muros da religião organizada.[35]

Os escândalos divulgados em 1987 e 1988 criaram obstáculos à expansão do caótico mundo dos ministros independentes e, durante certo tempo, reduziu de forma drástica o dinheiro que entrava nos cofres dos ministérios independentes, mas a publicidade adversa não impediu o avivamento iniciado na década de 1950. Muitos evangelistas de gerações mais antigas continuaram a exercer ministérios televisivos de sucesso, entre eles Kenneth Copeland; John Osteen, pastor e evangelista de Houston de muito sucesso; Fred Price, o primeiro televangelista negro, de Los Angeles;

---

[35] V. Satellites and Scripture, *Orange County Register*, 31 mai. 1998. Site da TBN: http://www.tbn.org.

e uma mulher amplamente respeitada e professora do movimento da fé, Marilyn Hickey.

Os escândalos também abriram caminho para novos evangelistas fazerem valer seus direitos a uma parte da audiência televisiva. Robert Tilton cresceu em proeminência no final da década de 1980 e início dos anos 1990. Atingindo o ápice em 1992, o programa de Tilton, *Success-N-Life* [Sucesso-e-vida] era transmitido por 235 estações de televisão, e seu ministério gerou um rendimento declarado de 100 milhões de dólares por ano. Iniciado em 1992, o ministério televisivo de Tilton e sua Igreja Palavra da Fé, em Farmers Branch, no Texas, sofreu terrível declínio após uma matéria da rede ABC que o acusava de fraude postal. Ao mesmo tempo, o evangelista passou por dois divórcios problemáticos num período de poucos meses. Tilton tentou, sem sucesso, recuperar-se no final da década de 1990. Ele e outros antigos ministros de cura, como Peter Popoff e Don Stewart, compraram horários numa rede de entretenimento negra, a BET (Black Entertainment Network), num esforço de restaurar seu ministério.[36]

Outros televangelistas famosos emergiram na década de 1990. Talvez o mais destacado tenha sido Benny Hinn.[37] O audacioso Hinn começou seu trabalho liderando campanhas de cura em 1977. No estilo e no comportamento, ele lembrava o início do avivamento de cura. Em suas reuniões, os doentes formavam filas para serem curados, e os testemunhos de milagres se comparavam aos de décadas passadas. Em 1999, Hinn anunciou que estava transferindo sua base de Orlando (onde ele construiu uma imensa igreja, com 12 mil membros) para Dallas. Num gesto repleto de simbolismo, Hinn foi recebido em Dallas por Freda Lindsay (então com 81 anos de idade), cujo marido fora o coordenador do avivamento de cura da década de 1950. "Benny Hinn é o tipo de cristão que uma pessoa deve desejar ser", disse a senhora Lindsay a um repórter local.[38] Em 1999, Hinn inaugurou uma grande rede de televisão, e era um dos mais cobiçados astros da TBN.

---

[36] Um relato interessante desse período é Hanna ROSIN, White Preachers Born Again on Black Network, *Washington Post*, 3 set. 1998, p. Al.
[37] *Site* de Benny Hinn: http://www.benny-hinn.org.
[38] Deborah Kovach CALDWELL, TV Evangelist Will Move Growing Empire to Area, *Dallas Morning News*, 4 jun. 1999, p. 37A.

Além disso, Hinn realizou grandes cruzadas no exterior. Em 1999, declarou ter pregado para plateias de mais de 1 milhão de pessoas no Quênia e nas Filipinas. Num culto à noite durante a campanha no Quênia, Hinn relatou que 250 mil pessoas "assinaram papéis dizendo que estavam pela primeira vez entregando a vida a Jesus Cristo.[39] No final do século, Benny Hinn era a principal personalidade norte-americana no avivamento de cura.

Outra brilhante estrela da década de 1990 foi Joyce Meyer. Franca, audaciosa e bem-humorada, Meyer tinha uma presença poderosa na televisão. Ela atingiu a fama na década de 1990. No final da década, Meyer administrava um ministério independente multimilionário. Seus programas de televisão eram transmitidos por cerca de 330 estações, com potencial de alcance de 1 bilhão de pessoas em 150 países, por meio de redes internacionais, terrestres e via satélite. No final da década de 1990, Meyer acrescentava cerca de 15 mil nomes por mês à sua lista de correspondência. Os Ministérios Joyce Meyer construíram bases em Fenton, no Missouri, a um custo de mais de 20 milhões de dólares. Ela vendia milhões de livros, fitas e vídeos anualmente e era uma das principais presenças em conferências carismáticas.[40]

Igualmente notável no final da década de 1990 foi o crescimento de uma geração de pregadores negros na televisão. O primeiro televangelista negro foi Fred Price. Ele começou seu ministério pastoreando uma pequena igreja da Aliança Cristã e Missionária, em Los Angeles, em 1973, antes de lançar seu ministério independente no final daquela década. Inspirado pelo ensinamento "da fé", de Kenneth Hagin Sr., Price criou no final do século o Centro Cristão de Crenshaw, em Los Angeles, uma igreja com mais de 17 mil membros. Os Ministérios da Fé Sempre Crescente, de Price, contavam com um programa de televisão muito assistido e um grande ministério de publicações. No final da década de 1990, Price pregou uma

---

[39] Bill SHERMAN, Hinn Crusade Calls for Steady Rise in Holiness, *Tulsa World*, 7 ago. 2000, p. 1.
[40] *Site* de Joyce Meyer no Brasil: http://www.joycemeyer.com.br/jmbrasil/engine.php. Cf. Ken WALKER, The Preacher Who Tells It Like It Is, *Charisma*, set. 2000.

série de mensagens controversas amplamente divulgadas em 66 fitas, que criticavam a Igreja pelo fato de ela não ter lutado contra a escravidão e contra o racismo, contribuindo assim para "as condições que afetam os norte-americanos negros hoje".[41]

Na esteira do sucesso pioneiro de Fred Price, outros televangelistas negros se destacaram na década de 1990. Creflo A. Dollar Jr., que pastoreou uma igreja com mais de 20 mil membros em Atlanta, também foi educado segundo a palavra da fé por Kenneth Hagin Sr. e Kenneth Copeland. Na década de 1990, ele conquistou grande audiência na televisão e criou um ministério multimilionário.[42]

Outro televangelista negro famoso foi T. D. Jakes, de Dallas. Sua igreja Casa do Oleiro anunciou ter mais de 20 mil membros, e seu programa de televisão foi ao ar pelas redes TBN e BET. Especialistas de crescimento de igreja declararam que a igreja de Jakes, em Dallas, era a "igreja norte-americana de maior crescimento do século". Dollar e Jakes estavam entre os mais requisitados conferencistas e eram pregadores conhecidos em todo o território norte-americano no final do século.[43]

Finalmente, de muitas maneiras, a última palavra do avivamento de cura no final do século estava fora dos Estados Unidos. O legado das campanhas de décadas anteriores no exterior deu ímpeto ao explosivo crescimento de igrejas pentecostais nativas e ao surgimento de uma nova geração de ministros de cura que se espelhavam nos evangelistas da década de 1950. Os maiores avivamentos de cura do mundo no final do século XX foram conduzidos por evangelistas como Reinhard Bonnke, de Wiesbaden, Alemanha; Yonggi Cho de Seul, Coreia do Sul, fundador da imensa Igreja do Evangelho Pleno de Yoido, que contava 730 mil membros em 2000; D. S. Dinakaran, de Madras, Índia. Todos esses evangelistas devem muito ao avivamento norte-americano. O ministério Jesus Chama, de Dinakaran, promoveu grandes cruzadas pelo continente asiático, atraindo multidões

---

[41] *Site* de Fred Price: http://www.faithdome.org.
[42] *Site* de Creflo Dollar: http://www.worldchangers.org. Cf. John BLAKE, Dollar and the Gospel, *Atlanta Journal and the Atlanta Constitution*, 5 mar. 2000, p. G1.
[43] *Site* de T. D. Jakes: http://www.tdjakes.org.

de mais de 100 mil pessoas para ouvir a mensagem da cura divina. Inspirado numa campanha que T. L. Osborn realizou na Índia em 1956, o ministério Jesus Chama se parecia muito com o movimento de cura norte-americano da década de 1950.[44]

Conclusão

O avivamento de cura espontâneo que emergiu da subcultura pentecostal norte-americana após a Segunda Guerra Mundial exerceu dramática influência sobre o cristianismo ao redor do mundo. Embora nenhuma força possa, isoladamente, ser considerada responsável pelo crescimento do pentecostalismo no século XX, os milhares de cruzadas de cura divina realizadas pelos evangelistas norte-americanos contribuíram, sem dúvida, para o fenômeno. Além disso, os poderosos ministérios independentes resultantes desse avivamento foram os maiores responsáveis pela revisão da programação religiosa televisiva moderna.

Os muitos ministérios independentes surgidos no rastro do avivamento de cura mudaram drasticamente na última metade do século XX, entrando na cadência da transformação do pentecostalismo em si e dos rápidos avanços nas tecnologias de comunicação. Ao mesmo tempo, na televisão e em auditórios nos Estados Unidos e em todo o mundo, o legado do avivamento de cura é ainda visível a todos os que testemunharam seu início após a Segunda Guerra Mundial.

Leituras recomendadas

O único livro que relata com riqueza de detalhes a história dos ministros de cura do pós-guerra é *All Things Are Possible: The Healing and Charismatic Revivals in Modern America* [Todas as coisas são possíveis: os avivamentos carismático e de cura na América moderna] (Bloomington: Indiana University Press, 1975), de David Edwin Harrell Jr. Informações sobre evangelistas de tempos mais recentes podem ser encontradas na obra *New*

---

[44] Para um conciso panorama do ministério de Dinakaran, v. 41 Years with the Lord Jesus, *Jesus Calls*, fev. 1996, p. 10-7.

International Dictionary of Pentecostal and Charismatic Movements [Novo dicionário dos movimentos pentecostal e carismático] (Grand Rapids: Zondervan, 2001), de Stanley M. Burgess e Eduard van der Maas. Sobre as relações entre os ministros de cura e a Adhonep, consulte *Under His Banner: History of the Full Gospel Business Men's Fellowship International* [Sob sua bandeira: a história da Associação de Homens de Negócios do Evangelho Pleno] (Costa Mesa, Gift Publications, 1992), de Vinson Synan.

Ótimas biografias foram escritas sobre os principais ministros de cura. Uma boa biografia de William Branham é *The Healer-Prophet, William Marrion Branham* [O profeta e ministro de cura William Marrion Branham (Macon: Mercer University Press, 1987), de C. Douglas Weaver. Lindsay escreveu uma autobiografia: *Gordon Lindsay Story* [A história de Gordon Lindsay] (Dallas: Voice of Healing Publishing Co., s.d.).

A biografia definitiva de Oral Roberts é o excelente *Oral Roberts: An American Life* [Oral Roberts: uma vida americana] (Bloomington: Indiana University Press, 1985). A última e mais completa autobiografia de Oral Roberts é *Expect a Miracle: My Life and Ministry* [Espere um milagre: minha vida e ministério] (Nashville: Thomas Nelson, 1995). A melhor biografia de Pat Robertson é *Pat Robertson: A Personal, Political and Religious Portrait* [Pat Robertson: um retrato pessoal, político e religioso] (San Francisco: Harper & Row, 1987), de David Edwin Harrell Jr. A história de Robertson até 1972 é contada em seu livro autobiográfico, com Jamie Buckingham, *Shout It from the Housetops* [Proclamem dos telhados] (Plainfield: Logos International, 1971).

Para informações sobre a vida de televangelistas como Jimmy Swaggart, Jim e Tammy Bakker, Bob Tilton e Fred Price, consulte *Televangelism and American Culture* [Televangelismo e cultura norte-americana] (Grand Rapids: Baker, 1991), de Quentin J. Schultze. Veja também *Televangelism: Power & Politics on God's Frontier* [Televangelismo: poder e política nas fronteiras de Deus] (New York: Henry Holt and Company, 1988), de Jeffrey K. Hadden e Anson Shupe.

✳ 14 ✳
Correntes de avivamento no final do século

Vinson Synan

No decorrer do século XX, a Igreja mundial testemunhou tantas vertentes da renovação carismática fluindo em várias direções que é quase impossível listar todas. Em relação ao grande movimento que atingiu quase todas as igrejas cristãs, o padre Tom Forrest referiu-se à renovação carismática como "uma vertente que flui por toda parte". No final do século, era evidente que algumas vertentes haviam chegado ao ápice e entravam em decadência, enquanto outras continuavam a crescer com rapidez. Além disso, surgiam novas correntes, contribuindo para um crescimento ainda maior e para a expansão mundial.

O contraste entre os movimentos de renovação carismática mais antigos da Europa e dos Estados Unidos e os movimentos mais vigorosos nos países em desenvolvimento ficou mais evidente no final do século. Embora as igrejas pentecostais clássicas continuassem crescendo rapidamente, muitas das principais organizações e conferências carismáticas começaram a receber menos inscrições e menos recursos financeiros. Esse fato reflete a dispersão e a regionalização dos movimentos carismáticos nos Estados Unidos e na Europa. Na década de 1970 e no início da década de 1980, existiam poucos eventos nacionais nos Estados Unidos. Em 1990, havia centenas de conferências regionais espalhadas pelo país. A renovação episcopal, por exemplo, passou de uma conferência anual para mais de 40 conferências regionais em 1995. O mesmo aconteceu com a renovação católica. Em vez de uma grande conferência em Notre Dame, como acontecia no início da década de 1970, mais de cem conferências regionais na década de 1990 atraíam multidões nos Estados Unidos. Algumas conferências anuais, como as hispânicas e anglo-americanas em Los Angeles, recebiam mais de 20 mil participantes.

A novidade e a curiosidade causadas nos primeiros anos se tornaram obsoletas na década de 1990. Na década de 1960, católicos falando em línguas viravam manchete; na década de 1990, o fenômeno estava ultrapassado e já não era digno de nota. A regionalização do avivamento significou que a renovação estava mais próxima do povo e com maior controle local. Também houve muitas reviravoltas internas nos diversos movimentos, o que às vezes levava ao crescimento e outras vezes à divisão e ao declínio.

À medida que o movimento se aproximava do centenário, planejou-se uma conferência em Los Angeles, em 2001, na qual o movimento chamou a atenção do mundo para o fenômeno da Rua Azusa, em 1906. Durante os preparativos, pentecostais e carismáticos do mundo inteiro foram convidados a participar de uma grande comemoração programada para acontecer no Centro Cristão Crenshaw, liderado pelo famoso evangelista afro-americano Fred Price. Enquanto o movimento estava para completar seu primeiro século, a situação dos diversos grupos era a descrita nas seções a seguir.

Pentecostais clássicos

A vertente pentecostal que começou como um pequeno grupo de párias religiosos amadureceu durante o século e se tornou a maior família protestante no mundo, com mais de 200 milhões de participantes nas diversas igrejas ocidentais e pentecostais nativas que surgiram durante o século. Nos Estados Unidos, o movimento foi perseguido e rejeitado, mas acabou conquistando respeito no cenário religioso.

Parte da busca pela respeitabilidade foi o que alguns estudiosos chamaram "evangelicalização" do movimento pentecostal após 1948, quando os pentecostais uniram esforços com a Associação Nacional de Evangélicos (sigla em inglês: NAE). Apesar de alguns evangelicais, como Carl McIntire e Donald Gray Barnhouse, rejeitarem a inclusão dos pentecostais, outros, como John Ockenga, eram receptivos. Após sua aceitação, os pentecostais chegaram a representar mais de 50% dos membros da organização.

Muitos estudiosos, historiadores e teólogos pentecostais sentiram que os pentecostais pagaram um preço exorbitante para se aproximar das principais denominações. Para ganhar aceitação, eles mudaram sua base teológica original, acrescentando características que não faziam parte de sua cultura teológica nem da tradição pentecostal. Por consequência, houve um pequeno declínio na manifestação dos dons do Espírito em diversas igrejas pentecostais e uma ligação maior com posturas políticas que defendiam os direitos dos cristãos. No entanto, em 1990 parecia haver uma "pentecostalização" paralela nas principais denominações evangélicas, enquanto a adoração carismática era cada vez mais aceita em todas as igrejas.

Os pentecostais também se organizaram para consolidar suas relações após a Segunda Guerra Mundial. Depois de se juntarem à NAE, os pentecostais norte-americanos redescobriram uns aos outros. Antigas divisões do passado foram superadas quando os pentecostais organizaram a Comunhão Pentecostal da América do Norte (sigla em inglês: PFNA) em Des Moines, em 1948. Esse esforço do pentecostalismo ecumênico se limitava às congregações brancas e trinitárias, deixando para trás as igrejas predominantemente negras e as unicistas. Essa situação persistiu até 1994, quando as igrejas pentecostais brancas e negras se reuniram em Memphis para criar uma comunidade nova e racialmente inclusiva. No evento, que ficou conhecido como o "milagre de Memphis", a antiga PFNA de brancos foi substituída por uma organização racionalmente inclusiva chamada Igrejas Pentecostais e Carismáticas da América do Norte (sigla em inglês: PCCNA). O primeiro presidente do novo grupo foi o bispo Ithiel Clemmons, da Igreja de Deus em Cristo, auxiliado pelo bispo Bernard Underwood da Igreja Holiness Pentecostal. As antigas divisões entre igrejas pentecostais trinitárias e unicistas continuaram até 1994, e mais estudos serão necessários para um possível diálogo no futuro.[1]

Pentecostais não denominacionais

No decorrer do século, o pentecostalismo deu origem a centenas de congregações independentes e não denominacionais nos Estados Unidos e outros países. Um princípio básico era que para cada denominação pentecostal local pelo menos uma congregação se separava da igreja original com o passar dos anos. Como resultado, em 2000 havia nos Estados Unidos mais de 100 mil igrejas pentecostais autônomas que não estavam incluídas nas estatísticas das denominações pentecostais.

Com a explosão do movimento carismático na década de 1960, surgiram outros milhares de igrejas em praticamente todas as comunidades dos Estados Unidos e da Europa, principalmente na Grã-Bretanha. Essas igrejas muitas vezes se identificavam como "carismáticas", o que deu origem a certa confusão com o emprego da palavra. Na década de 1960, o adjetivo "carismático" era utilizado pelos adeptos da renovação carismática das denominações históricas e da Igreja Católica Romana para se distinguirem dos pentecostais clássicos. Em 1980, o termo acumulara vários significados, pois começou a ser utilizado também em igrejas independentes. Em consequência, grupos de denominações da renovação carismática, entre eles presbiterianos, metodistas, batistas e anglicanos, começaram a retirar a palavra "carismática" do nome da igreja. O único grande movimento que continuou utilizando o termo foi o da Renovação Carismática Católica.

Adhonep

Um dos movimentos não denominacionais mais influentes durante a segunda metade do século foi a Associação de Homens de Negócios do Evangelho Pleno (Adhonep), implantada por Demos Shakarian em 1952,

---

[1] Vinson SYNAN, *The Holiness-Pentecostal Tradition: Charismatic Movements in the Twentieth Century* (Grand Rapids: Eerdmans, 1997), p. 186-211.

em Los Angeles, Califórnia. Shakarian, um rico produtor de laticínios descendente de armênios, sentiu a necessidade de começar um ministério com homens de negócios que relutavam em fazer parte das igrejas pentecostais. Com a ajuda de Oral Roberts, William Branham, Tommy Hicks e outros ministros de cura, Shakarian conseguiu transformar a Adhonep numa grande força religiosa nos Estados Unidos e em outros países nas últimas décadas do século. Dessa forma, os "empresários da salvação" do Evangelho Pleno pregavam mensalmente para 4 milhões de homens de negócios em hotéis, restaurantes e cafeterias, observando-se que mulheres e líderes religiosos não podiam participar como membros votantes.

A Adhonep já organizou mais de 3 mil encontros em 117 países, nos quais homens de negócios se reúnem para cantar hinos, comer boa comida, falar em línguas e evangelizar os amigos. Os encontros dos capítulos são compostos por testemunhos de homens bem-sucedidos, pregações de pastores e evangelistas e cânticos ministrados por músicos cheios do Espírito. As conferências internacionais que acontecem anualmente reúnem milhares de pessoas do mundo inteiro. Por meio do que Oral Roberts chama de "salão de baile dos santos de Deus", os membros da Adhonep apresentaram a experiência pentecostal a milhões de homens que se tornaram núcleos de diversos movimentos de renovação nas principais denominações.[2]

Aglow – Fraternidade Internacional de Mulheres

Seguindo os passos da Adhonep, foi criada uma organização similar para ministrar às necessidades particulares das mulheres do movimento de renovação. Em Seattle, Washington, em 1967, um pequeno grupo de mulheres cheias do Espírito se reuniu para ouvir Rita Bennett falar sobre as necessidades específicas do ministério feminino. O grupo passou a se reunir semanalmente para orar, almoçar e confraternizar sob a direção de Ellen Olson, de Seattle. Com o passar do tempo, a organização cresceu e se tornou uma força mundial. O grupo aumentou exponencialmente

---

[2] Para mais informações sobre a Adhonep, v. Vinson SYNAN, *Under His Banner: History of the Full Gospel Business Men's Fellowship International* (Costa Mesa: Gift Publications, 1992).

depois que Jane Hansen se tornou presidenta, em 1980. Em 1990, havia 1.700 filiais nos Estados Unidos, com outras 900 filiais em 103 países. Nessa época, mais de 50 mil mulheres se reuniam mensalmente nos encontros da Aglow. A revista mensal da organização, *Aglow*, ajudou a arrecadar fundos para distribuição de Bíblias e material de leitura que eram enviados por todo o mundo.

Os propósitos da Aglow são: adorar em comunhão, testemunhar de Cristo, trabalhar pela união entre os cristãos, nutrir a comunhão e incentivar mulheres a participar plenamente da igreja local.[3]

O movimento do apascentamento/discipulado

Talvez o movimento mais controverso de toda a renovação tenha ocorrido sob a égide de um ministério não denominacional em Fort Lauderdale, na Flórida, conhecido como Ministério de Crescimento Cristão (sigla em inglês: CGM). Os cinco líderes — Bob Mumford, Charles Simpson, Derek Prince, Don Basham e Ern Baxter — eram professores que organizavam seminários e encontros evangelísticos por todo o território norte-americano, destacando o "discipulado" e o "apascentamento". O público era composto de carismáticos católicos e protestantes que buscavam orientação espiritual na década de 1970, época em que o movimento crescia massivamente. Baseado na tradição dos "orientadores espirituais" da Igreja Católica, os professores de Fort Lauderdale instruíam os cristãos a ter um conselheiro espiritual.

O movimento popularizou-se com a revista mensal *New Wine* [Vinho novo], editada por Don Basham. Por meio da revista e de milhões de livros, malas diretas e fitas de áudio com ensinamentos, o grupo divulgou a mensagem básica do movimento, afirmando que todos deveriam estar unidos a um líder e, por sua vez, discipular outras pessoas. Esse sistema de "apascentamento" foi considerado uma resposta a milhares de carismáticos que passavam de conferência em conferência e às vezes questionavam

---

[3] Vinson SYNAN & Ralph RATH, *Launching the Decade* (South Bend: North American Renewal Service Committee), p. 101-2.

as pregações. Para essas massas inconstantes e sem raízes, os professores de Fort Lauderdale forneciam "pactos de relacionamento" (ou "cobertura"), orientando a vida espiritual de seus "discípulos". À medida que o movimento criava uma pirâmide de autoridade, ficou evidente que os pastores de Fort Lauderdale teriam controle sobre a vida e o destino de milhares de pessoas que estavam sob sua influência. As críticas vieram, inevitavelmente.

Em 1975, a mensagem do movimento já era alvo de grande rejeição por líderes influentes, como Demos Shakarian e Pat Robertson. Em pouco tempo, os professores do movimento foram proibidos de pregar nas reuniões da Adhonep e de participar do programa *700 Club*, apresentado por Robertson. A famosa televangelista Kathryn Kuhlman foi além, chamando-os de "hereges". Robertson acusou-os de controlar a vida de seus seguidores com o uso exagerado da autoridade espiritual. Um encontro entre esses professores e seus críticos, ocorrido em Minneapolis, em agosto de 1975, não resolveu a questão. Apesar do impasse, o movimento continuou a crescer. Na grande conferência carismática do Kansas em 1977, a área de registro do apascentamento atraiu 12 mil inscrições, perdendo apenas para a delegação carismática católica.

Depois de 1977, o movimento começou a perder força, pois os movimentos de renovação carismática organizavam programas próprios de treinamento e discipulado. Em 1983, Derek Prince desligou-se dos outros líderes. Com o fechamento da *New Wine*, em 1986, o movimento praticamente se extinguiu. A controvérsia terminou simbolicamente em 1989, quando Bob Mumford pediu publicamente desculpas pelo seu papel no movimento.[4]

---

[4] David MOORE, The Shepherding Movement in Historic Perspective (dissertação não publicada, Regent University, 1999); Harold HUNTER, The Shepherding Movement, in: Stanley M. BURGESS, Patrick ALEXANDER & Gary MCGEE (Orgs.), *Dictionary of Pentecostal and Charismatic Movements* (Grand Rapids: Zondervan, 1988), p. 783-4.

A CONTROVÉRSIA DO APASCENTAMENTO/DISCIPULADO

O patriarca carismático Dennis Bennet, o apresentador Pat Robertson e 27 outros líderes de setores católicos, protestantes e independentes da renovação carismática se reuniram em agosto de 1975 para discutir a controvérsia mais importante do movimento neopentecostal. Numa sala de conferência pequena e mal iluminada, em Minneapolis, eles se encontraram para discutir os ensinamentos do "apascentamento/discipulado". A disputa ameaçou dividir a renovação, reconhecida por seu caráter ecumênico. A "reunião de cúpula", que ficou conhecida como "tiro do Hotel Curtis", não conseguiu acalmar a tempestade. Os ânimos se exaltaram, acusações foram trocadas e quase todos saíram frustrados da reunião. Os meios de comunicação logo noticiaram a controvérsia, e as manchetes apenas aumentaram as tensões em torno dos ensinamentos do criticado movimento.

O movimento foi uma expressão influente e controversa da renovação carismática nos Estados Unidos que despontou como um movimento não denominacional, em 1974. Desenvolveu-se como resultado da crescente independência de muitos cristãos carismáticos que deixavam suas denominações para participar de igrejas independentes. O discipulado ensinava que todo cristão precisava submeter-se a um "pastor" ou líder pastoral. Esse relacionamento era considerado imprescindível para a maturidade espiritual e exigia um compromisso definitivo com o pastor. O movimento também ensinava que todos os pastores e líderes precisavam estar submetidos a outro líder, a quem deveriam prestar contas. Os críticos viam essas características como uma tentativa de "controlar" os carismáticos independentes, por meio de uma pirâmide de comando cujo topo era ocupado pelos líderes do movimento, acusação que estes sempre negaram.

O movimento surgiu em outubro de 1970 como fruto da associação de quatro conceituados professores carismáticos: Don Basham, Bob Mumford, Derek Prince e Charles Simpson. O pentecostal canadense Ern Baxter juntou-se a eles em 1974. Os cinco professores de Bíblia estavam envolvidos com a revista *New Wine*, que se tornou a publicação carismática de maior circulação nos Estados Unidos. Os cinco frequentavam conferências nacionais e internacionais de ensino, que eram bastante comuns durante a explosão neopentecostal das décadas de 1960 e 1970. Eles também fizeram parte da "revolução da fita cassete", caracterizada pela multiplicação de fitas com ensinamentos de líderes carismáticos reconhecidos.

Três conferências anuais dos "pastores de homens", de 1973 a 1975, insuflaram o movimento, que se transformou em uma rede de igrejas sob a liderança dos cinco professores. As igrejas nessa rede não eram estruturadas da forma tradicional, mas pelo método de células ou igrejas nas casas. Essas células eram lideradas por leigos.

> A popularidade dos cinco professores e a ampla influência da revista *New Wine* sobre a renovação carismática deram origem em 1975 e 1976 a uma acalorada controvérsia relacionada aos ensinamentos acerca de autoridade, submissão e cuidados pastorais. Embora não tenha terminado completamente, a controvérsia se aquietou em 1980. O movimento do discipulado cresceu e se consolidou até atingir o ápice, em 1982, com 100 mil participantes e 500 igrejas associadas. Brigas internas e pressões externas resultaram na dissolução do movimento em 1986, coincidindo com o fechamento da revista *New Wine*. Hoje, ainda existe um grupo menor, chamado "movimento da aliança", em parte associado à liderança de Charles Simpson.
>
> DAVID MOORE

As comunidades carismáticas

Ligado aos líderes do apascentamento, havia um movimento de criação de comunidades carismáticas em que os iniciados podiam separar-se do mundo e viver numa "comunidade de aliança" liderada por pessoas cheias do Espírito e capazes de conduzir seus membros a uma vida de devoção e separação do mundo. As primeiras comunidades desse tipo foram organizadas em 1965 pela paróquia do pastor Graham Pulkingham da Igreja Episcopal do Santo Redentor, em Houston, no Texas. Em 1967, Ralph Martin e Steve Clark organizaram a Comunidade Palavra de Deus, implantada em Ann Harbor, Michigan. Era uma comunidade ecumênica com liderança e membros predominantemente católicos, a qual, com o tempo, veio a ser a mais importante entre as primeiras comunidades. A maioria dos livros, músicas e materiais de ensino dos católicos carismáticos era produzida por membros dessa comunidade, que também publicavam a revista *New Covenant*, principal publicação da renovação católica.

A Comunidade Palavra de Deus era organizada em "casas" de vários tipos. Por exemplo, havia casas com alojamentos para estudantes universitários, para casais casados, para homens solteiros e para mulheres solteiras. O cotidiano era organizado com base em cultos de oração, estudos bíblicos e louvor. Eram realizados cultos públicos para atrair novos convertidos, enquanto cultos de elevação social se destinavam aos pobres e desprivilegiados. Os líderes avaliavam e aprovavam as grandes decisões relativas ao estilo de vida, como emprego, namoro, casamento e ministério.

A Comunidade Palavra de Deus logo se uniu à Comunidade Povo do Louvor em South Bend, Indiana, sob a liderança de Kevin Ranaghan e Paul DeCelles. Ela ganhou notoriedade graças às grandes conferências católicas carismáticas sediadas no *campus* da Universidade de Notre Dame no início da década de 1970. Para realizar essas conferências, os membros da Comunidade Povo do Louvor organizaram os Serviços da Renovação Carismática, corporação criada principalmente para administrar conferências carismáticas. Em 1973, mais de 3 mil católicos se reuniram no estádio de futebol da Universidade de Notre Dame, numa demonstração de força do movimento.

Outras comunidades norte-americanas foram organizadas nesse período, entre elas: a Comunidade Mãe de Deus, em Gaithersburg, Maryland, liderada por Judith Tydings e Edith Difato; a Comunidade de Jesus, em Cape Cod, Massachussetts, liderada por Peter Marshall Jr.; e a Comunidade Aleluia, em Augusta, na Geórgia, liderada por Bill Beatty. Havia ainda outros grupos, como: a Comunidade Servos da Luz, em Minneapolis, liderada por Virgil Vogt; uma comunidade batista em Chula Vista, na Califórnia, liderada por Ken Pagard; e a Comunidade Nova Aliança, de Jim Ferry, em Nova Jersey.

O movimento de comunidades criou raízes na Europa na mesma época. A França foi a primeira a organizar comunidades carismáticas. A Comunidade Católica Emanuel, em Paris, criada em 1972, era especializada em evangelismo ao ar livre, enquanto a Novo Caminho, em Lyon, praticava o relacionamento ecumênico. Entre outras comunidades no mundo, havia a Comunidade Maranata, em Bruxelas, e a Comunidade Emanuel, em Brisbane, na Austrália.

Nos meados da década de 1970, houve um interesse crescente em unir essas comunidades numa aliança que compartilhasse experiência e visão. Dessa forma, criou-se em 1975 uma "associação de comunidades", que no entanto foi logo extinta por causa da falta de objetivos comuns. Ela foi sucedida por uma nova associação ecumênica liderada pela Comunidade Palavra de Deus, em Ann Harbor, chamada Espada do Espírito. Em 1987, o grupo possuía 12 "filiais", 25 "grupos afiliados" e 6 comunidades "associadas" em diversos países. Depois disso, a Povo do Louvor, de South

Bend, organizou outra união de comunidades organizada ainda mais livremente que o grupo Palavra do Espírito. Havia ainda outra organização chamada Fraternidade Internacional de Comunidades, organizada em 1983 pela Comunidade Deleite de Deus, em Dallas, no Texas, e liderada por Bobby Cavnar.

Uma das grandes contribuições das comunidades carismáticas foi o treinamento de voluntários dedicados a trabalhar na renovação. Membros disciplinados das comunidades Palavra de Deus e Povo do Louvor trabalharam como "tropas de choque" e como voluntários para ajudar nas grandes conferências católicas sediadas em Kansas City (1977), Nova Orleans (1987) e Indianápolis (1990). As comunidades também forneciam hospedagem para pesquisadores e líderes carismáticos. Isto acontecia principalmente na Comunidade Mãe de Deus, em Gaithersburg, Maryland, lar de estudiosos católicos como Francis Martin e Peter Hocken.

No final da década de 1980, controvérsias e divisões começaram a solapar a união das comunidades nos Estados Unidos e das afiliadas pelo mundo. A maior divisão foi entre as comunidades Espada do Espírito, Palavra de Deus e Povo do Louvor. Algumas comunidades também foram investigadas por autoridades da Igreja Católica por serem muito exclusivistas e restritivas sobre a vida dos membros.[5]

Igrejas da "fé"

À medida que o movimento carismático crescia nas principais igrejas, um movimento chamado "da fé", também conhecido por teologia da confissão positiva, começou a crescer entre os pentecostais independentes. As raízes desse movimento estão no pentecostalismo clássico e nas cruzadas de cura da década de 1950. Essek William Kenyon é visto como o precursor do movimento, e suas teorias da "obra consumada" influenciaram alguns dos primeiros teólogos das Assembleias de Deus. O ensino da "fé" destacava

---

[5] Peter HOCKEN, Charismatic Communities, in: Stanley M. BURGESS, Patrick ALEXANDER & Gary MCGEE (Orgs.), *Dictionary of Pentecostal and Charismatic Movements*, p. 127-30.

principalmente a confissão positiva como forma de "trazer à existência o que proferimos com os lábios, pois a fé é uma confissão". Isso ficou popularmente conhecido como o evangelho da prosperidade, que oferecia aos seguidores saúde e prosperidade em resposta à oração da "fé".

Grande parte da mensagem da "fé" foi prognosticada no ministério de Oral Roberts em suas cruzadas de cura, na década de 1950, e nos ensinamentos de Demos Shakarian e da Adhonep. Ao contrário da pobreza geral da maioria dos pentecostais, a pregação da "fé" e da "prosperidade" construiu um novo "evangelho de riqueza" para os pentecostais que se identificavam com os ensinamentos protestantes sobre prosperidade nos "anos dourados" — os últimos vinte e cinco anos do século XIX. Com o ingresso de novos pentecostais e carismáticos prósperos na classe média, esse tipo de ensino exerce uma atração irresistível.

A mensagem da "fé" foi reconhecida como movimento no final da década de 1970, sob a liderança de Kenneth Hagin, Kenneth Copeland, Fred Price e Charles Capps. Com uma teologia que distinguia a "Palavra Logos" (as Escrituras imutáveis) da "Palavra Rhema" (línguas, profecias etc.), os pregadores ministravam aos seus seguidores cura física, cura interior, libertação da opressão demoníaca e prosperidade, como resultado da "palavra da fé", que muitas vezes era uma confissão verbal de frases bíblicas, as quais o Senhor estaria obrigado a honrar. Com o passar do tempo, os críticos passaram a chamar a mensagem da "fé" de pregação "nomeie e exija", que ignorava a inevitabilidade das doenças e da pobreza no mundo. Às vezes, alegavam os críticos, pessoas doentes se diziam curadas, embora os "sintomas" permanecessem. Outras se recusavam a tomar remédios, com resultados catastróficos para a saúde. Muitos eram enganados pelos pregadores da "fé" com o argumento de que os cristãos eram "pequenos deuses", pois eram "filhos renascidos de Deus".

Apesar das controvérsias teológicas, o movimento da fé cresceu exponencialmente durante as décadas de 1980 e 1990. Em 1974, Kenneth Hagin criou o Centro de Treinamento Bíblico Rhema, em Broken Arrow, Oklahoma (próximo a Tulsa), e inaugurou um ministério mundial de radiodifusão chamado Seminário Radiofônico da Fé, transmitido por 180 estações. Em 1988, mais de 10 mil alunos haviam se formado na escola bíblica. Os ministérios de televisão e de cruzadas de Kenneth Copeland e Frederick Price levaram a mensagem da "fé" às salas de estar dos Estados Unidos.

Uma das razões para o crescimento do movimento da fé foi a ampla aceitação de seus professores entre os carismáticos de todas as igrejas. Na década de 1970, Hagin era um dos pregadores preferidos nas reuniões da Adhonep, assim como nas conferências carismáticas católicas. Sua influência também se espalhou mundialmente por meio dos ministérios de Reinhard Bonnke e Ray McCauley, na África do Sul, e de Ulf Eckman, na Suécia.[6]

O Espírito Santo e as denominações históricas

Em 1983, C. Peter Wagner, professor de crescimento da igreja do Seminário Teológico Fuller, propôs a existência de uma "terceira onda do Espírito Santo", que estaria invadindo indiscriminadamente as igrejas evangelicais históricas. Segundo ele, a primeira onda fora a dos pentecostais, enquanto a segunda incluía os carismáticos nas igrejas históricas. Usando a si mesmo como paradigma desse movimento, ele declarou: "Não me vejo como carismático ou pentecostal". Apesar de falar em línguas e defender os sinais e maravilhas, Wagner explicou: "Eu mesmo tenho muitas objeções à teologia dos pentecostais e carismáticos, o que não impede algum tipo de ministério mútuo, mas não permitem que eu me considere carismático". Ele também observou que a década de 1980 foi um tempo de abertura para que "evangelicais radicais e outros cristãos conhecessem a obra do Espírito Santo experimentada por pentecostais e carismáticos, sem se tornarem carismáticos ou pentecostais".

---

[6] Leonard LOVETT, Positive Confession Theology, in: Stanley M. BURGESS, Patrick ALEXANDER & Gary McGEE (Orgs.), *Dictionary of Pentecostal and Charismatic Movements*, p. 718-20.

KENNETH ERWIN HAGIN (1917-)

Hagin nasceu e foi criado entre os batistas, em McKinney, no Texas, mas dizem que de 1936 a 1938 ele pastoreou uma igreja interconfessional numa cidade do interior próxima a Roland. No entanto, um ano antes de seu primeiro pastorado, ele conheceu as práticas pentecostais nas tendas pentecostais de McKinney, nos cultos dirigidos pelo pastor Albert Ott, das Assembleias de Deus. Dois anos depois, Hagin recebeu o batismo do Espírito. Mesmo com cinco pastorados nas Assembleias de Deus, de 1938 a 1949, Hagin só foi ordenado ministro assembleiano em 1942.

Após renunciar a seu último cargo de pastor, em 1949, Hagin atravessou os Estados Unidos como evangelista itinerante. Ele se inspirou nos evangelistas de cura do pós-guerra, mas só conheceu o coordenador do movimento, Gordon Lindsay em 1953. Dois anos depois, Hagin entrou para a associação de evangelistas A Voz da Cura. Com a ajuda de Lindsay, Hagin escreveu seu primeiro livreto, *Redimidos da miséria, da enfermidade e da morte*, publicado em 1960. Nesse período, o avivamento de cura estava em decadência e foi sucedido pelo avivamento carismático.

Por meio das convenções da Adhonep, de Demos Shakarian, as pregações de Hagin sobre cura divina passaram a ser bem recebidas entre os carismáticos não pentecostais. Durante esse mesmo período, as relações formais entre Hagin e as Assembleias de Deus foram rompidas quando ele criou a Associação Evangelística E. Hagin, em 1962.

Em 1966, Hagin mudou-se de Garland, no Texas, para Tulsa, Oklahoma, onde começou o primeiro Seminário Radiofônico da Fé. Dois anos depois, Hagin produziu um informativo, o jornal *Palavra da Fé*. Em 1974, fundou o Centro de Treinamento Bíblico Rhema, perto de Broken Arrow, tendo formado mais de 10 mil alunos. Estes, por sua vez, implantaram outras congregações da "fé" dentro e fora dos Estados Unidos. Por meio da Associação Internacional Ministerial Rhema, criada em 1985, mil congregações locais se ligaram oficialmente ao ministério de Hagin. Além disso, líderes influentes, como Ken e Gloria Copeland, Jerry Savelle, Norvel Hayes e Frederick K. C. Price, consideram Hagin seu mentor.

Geir Lie

Embora a "terceira onda" não fosse um movimento organizado ou muito definido, a proposta de Wagner encaixou-se com perfeição no pensamento de milhares de pastores e congregações do mundo inteiro. Na década de 1990, o estilo pentecostal de adoração tinha adentrado muitas das igrejas históricas: havia nos cultos música contemporânea, mãos levantadas e oração pelos enfermos. Os visitantes podiam encontrar dificuldade para distinguir aquela adoração de um culto pentecostal. Na verdade, muitas dessas igrejas experimentaram não apenas as línguas e a interpretação, mas também o "riso santo", o "cair no Espírito", a dança na presença de Deus e os cânticos espirituais.

Enquanto o movimento se difundia de igreja para igreja, surgiam conflitos entre os tradicionalistas e aqueles que ansiavam por cultos mais poderosos e com maior satisfação emocional. À medida que algumas igrejas tradicionais rejeitavam o novo estilo de adoração, os membros migravam para as congregações pentecostais e carismáticas independentes, a fim de satisfazer seus anseios. Essa atitude muitas vezes gerava acusações de proselitismo ou "roubo de ovelhas". Em 2000, David Barrett e outros chamavam de "neocarismáticos" os membros da "terceira onda" e assinalavam grande número de seguidores. Na verdade, em 2000 Barrett estimou a existência de 295 milhões de pessoas no mundo que se enquadravam no conceito de "terceira onda" proposta por Wagner.[7]

Correntes ecumênicas

Sem querer, o movimento pentecostal/carismático se tornou a maior e mais dinâmica força ecumênica popular no mundo cristão nas últimas décadas do século XX. Os primeiros pentecostais não eram ecumênicos pelo fato de terem sido rejeitados pelas grandes denominações e pela sociedade em geral. A penetração do pentecostalismo nas igrejas históricas não foi planejada pelos pentecostais, mas aconteceu à medida que as pessoas eram batizadas individualmente com o Espírito Santo. Kilian McDonnel observa: "Por trás de todo neopententecostal, havia um pentecostal clássico". De fato, os pentecostais mal haviam começado a trocar experiências quando o movimento carismático trouxe à cena uma nova geração de cristãos cheios do Espírito nas igrejas históricas. Antes que os pentecostais pudessem adaptar-se ao fato de que os protestantes das igrejas mais tradicionais

---

[7] Para saber mais sobre a "terceira onda", v. C. Peter WAGNER, *The Third Wave of the Holy Spirit: Encountering the Power of Signs and Wonders Today* (Ann Arbor: Servant Publications, 1988).

estavam falando em línguas, a Renovação Carismática Católica começou e trouxe consigo uma série de problemas ecumênicos.

O primeiro pentecostal a levantar a bandeira branca foi David du Plessis, que mais tarde recebeu o apelido de Sr. Pentecoste. Em seus primeiros anos como oficial da Missão da Fé Apostólica (sigla em inglês: AFM), uma grande denominação pentecostal na África do Sul, Du Plessis se sentiu incumbido de levar o pentecostalismo a todas as igrejas. Esse sentimento foi confirmado por uma profecia pessoal entregue por Smith Wigglesworth, em 1936, que dizia: "Você levará a mensagem do Pentecoste a todas as igrejas". Depois disso, du Plessis conseguiu organizar a primeira conferência pentecostal em Zurique, na Suíça, em 1947. Atuando como secretário organizador da Conferência Mundial Pentecostal, de 1949 a 1958, ele trabalhou incansavelmente para reunir todos os pentecostais numa fraternidade mundial.

Du Plessis deixou sua terra natal, a África do Sul, e chegou aos Estados Unidos em 1948. Lecionou na Faculdade Lee, em Cleveland, Tennessee, até ingressar nas Assembleias de Deus, embora mantivesse suas funções ministeriais na AFM da África do Sul. Em 1951, enquanto pastoreava uma Assembleia de Deus em Stanford, Connecticut, entrou em contato com o Conselho Nacional de Igrejas da cidade de Nova York. A amizade com Alexander Mackay, presidente da Universidade de Princeton, e com W. A. Visser't Hooft, do Conselho Mundial de Igrejas, abriram as portas para que Du Plessis representasse os pentecostais em círculos ecumênicos. Dessa forma, ele se tornou o único pentecostal a dialogar abertamente com os conselhos Nacional e Mundial de Igrejas. Foi convidado a representar os pentecostais na assembleia do Conselho Mundial de Igrejas, em Evanston, Illinois, em 1954. Além disso, foi o único participante pentecostal nas sessões do Concílio Vaticano II, em Roma (1962-1965), embora sem a aprovação oficial das igrejas pentecostais.[8]

---

[8] David du PLESSIS, *The Spirit Bade Me Go*, ed. rev. e ampl. (Plainfield: Logos International, 1970).

DAVID DU PLESSIS: O SR. PENTECOSTE

A única pessoa que, acima de todas as outras, serviu como incentivador e pregador dos pentecostais após a Segunda Guerra Mundial foi David J. du Plessis, sul-africano descendente de huguenotes franceses exilados que se converteram a uma igreja pentecostal da África do Sul conhecida como Missão da Fé Apostólica. De acordo com o testemunho de Du Plessis, a inspiração para a obra ecumênica à qual ele estava destinado veio na forma de profecia, em 1936, por meio do evangelista Smith Wigglesworth. Certa manhã, por volta das 7 horas, Wigglesworth entrou no escritório de Du Plessis e

> colocando as mãos nos ombros dele, empurrou-o contra a parede e começou a profetizar: "Você passou tempo demais em 'Jerusalém'. [...] Eu o enviarei aos lugares mais distantes da terra. [...] Você levará a mensagem do Pentecoste a todas as igrejas [...] você viajará mais que qualquer evangelista. [...] Deus reavivará as igrejas nos últimos dias e, por meio delas, virará o mundo de cabeça para baixo. Até o movimento pentecostal se tornará uma piada comparado ao avivamento que Deus trará às igrejas.

Essa palavra profética não se cumpriu nos dez anos seguintes, até que o final da Segunda Guerra Mundial permitiu que Du Plessis viajasse pelo mundo. Em 1947, foi-lhe designada a importante missão de organizar a primeira Conferência Mundial Pentecostal, em Zurique, Suíça. Em 1949, trabalhou algum tempo como secretário geral da Conferência. Seu interesse pelo ecumenismo, porém, logo lhe custou o emprego.

Apesar de sofrer com a rejeição dos líderes pentecostais, Du Plessis ainda era consumido pela visão profética de Wigglesworth. Em 1951, quando pastoreava uma congregação da Assembleias de Deus em Connecticut, sentiu-se inspirado a entrar em contato com o Conselho Mundial de Igrejas (CMI), cujo escritório ficava perto de Nova York. Embora fosse rigorosamente contrário ao CMI em sua composição inicial, passou a ver as igrejas históricas como uma oportunidade evangelística. Na visita à sede do Conselho Nacional de Igrejas (sigla em inglês: NCC), ele ficou maravilhado com a "recepção calorosa" que teve ali. Uma reunião com John Mackay, presidente do Seminário Teológico de Princeton, convenceu-o de que as denominações históricas estavam muito interessadas em se relacionar com as igrejas pentecostais. Após ingressar no NCC como membro individual em 1954, Du Plessis foi empossado como representante não oficial das igrejas pentecostais na segunda plenária do CMI, que se reuniu em Evanston, Illinois. Essa ação e o fato de ele ter participado do Concílio Vaticano II como o único observador pentecostal atraíram o furor dos líderes de sua denominação. Ele foi excluído das Assembleias de Deus em 1962, cujo líder via nele um dissidente sem ministério.

> Pouco tempo depois, Du Plessis tornou-se a principal personagem na introdução do movimento carismático nas igrejas tradicionais. Sua obra como presidente da equipe do Diálogo Católico Romano-Pentecostal e líder de centenas de encontros pentecostais/carismáticos ao redor do mundo lhe renderam o apelido de Sr. Pentecoste. Em 1974, um grupo de repórteres citou Du Plessis como um dos 11 "teólogos mais notáveis do século XX". Além disso, por sua obra no diálogo e por outras contribuições ao movimento católico carismático, ele recebeu em 1983 a medalha de ouro "Benemerenti" das mãos do papa João Paulo II, pelo "excelente serviço prestado a todo o cristianismo". Ele foi o primeiro não católico da História a receber essa honraria. Embora seu trabalho tenha sido controverso, Du Plessis é considerado um dos pentecostais mais importantes da História. Sua influência foi crucial na formação do movimento carismático nas igrejas históricas.
>
> VINSON SYNAN
> THE HOLINESS PENTECOSTAL TRADITION [A TRADIÇÃO PENTECOSTAL-HOLINESS]

Essa intensa atividade ecumênica desagradou os líderes pentecostais norte-americanos, que suspeitavam do liberalismo do movimento conciliatório e da expansão do movimento carismático entre os católicos romanos. Por consequência, Du Plessis foi expulso das Assembleias de Deus em 1962. Desde então, até seu restabelecimento em 1980, ele ministrou como pregador na Primeira Assembleia de Deus de Oakland, na Califórnia. Até o fim de sua vida, em 1987, Du Plessis trabalhou como "embaixador" das grandes denominações cristãs do mundo. Nesse propósito, viajou pelo mundo em numerosas missões, visitando igrejas e participando de conferências e encontros, de todos os tamanhos, para contar a história do movimento pentecostal.[9]

Uma de suas maiores façanhas foi estabelecer um diálogo entre os pentecostais e a Igreja Católica Romana. Trabalhando com o padre e estudioso católico Kilian McDonnell, da Universidade St. John, de Collegeville, Minnesota, Du Plessis liderou equipes pentecostais e carismáticas de 1972 a 1982 em sessões anuais nas quais as áreas de interesse de cada um eram amplamente discutidas. Trabalhando com ele nas equipes pentecostais/

---

[9] Bob SLOSSER, *A Man Called Mr. Pentecost: David du Plessis* (Plainfield: Logos International, 1977).

carismáticas estavam estudiosos como o doutor J. Rodman Williams, o doutor Russell Spittler, o doutor Vinson Synan e o doutor Cecil Robeck.

Desde o princípio, os cristãos pentecostais e carismáticos têm ignorado as barreiras denominacionais para compartilhar doutrinas, adoração e comunhão. Assim, em 1980 estávamos diante do maior movimento popular ecumênico da história do cristianismo. Nas grandes cruzadas de cura de Oral Roberts e Kathryn Kuhlman, católicos e protestantes, negros e brancos, homens e mulheres, jovens e idosos misturavam-se na multidão sem se preocupar com as bases teológicas e culturais dos variados grupos. Com o tempo, era comum ver um padre católico, um pastor anglicano e um evangelista pentecostal dividindo a mesma plataforma nos jantares da Adhonep ou em milhares de outras conferências, avivamentos, cruzadas e missões patrocinados por uma multidão de igrejas e organizações paraecleciásticas.

O primeiro grupo ecumênico permanente da renovação surgiu das paixões incentivadas pela controvérsia do apascentamento/discipulado no final da década de 1970. À medida que aumentava a tensão entre os professores de Fort Lauderdale e outras figuras nacionalmente conhecidas, diversos líderes foram convocados para uma reunião em Minneapolis, numa tentativa de reconciliação. Mumford, Prince, Basham, Simpson e Baxter, do grupo de Fort Lauderdale, participaram da reunião, enquanto do outro lado estavam os críticos do grupo, como Pat Robertson, Dennis Bennett e outros. Brick Bradford e Jamie Buckingham tentavam agir como moderadores. Embora o "tiro do Hotel Curtis" não tenha resolvido problema algum, deu origem, no longo prazo, a uma reunião informal de líderes que procuravam intermediar e resolver possíveis problemas futuros. O encontro ficou conhecido como "reunião de Glencoe", pois muitas das sessões aconteceram no Centro de Retiro Marianista, próximo à cidade de Glencoe.

Os primeiros líderes de Glencoe foram Larry Christenson e Kevin Ranaghan, que convidaram líderes das demais correntes da renovação a se reunir em encontros informais e discretos de verão para melhor servir ao movimento e manter os líderes em contato uns com os outros. Muitos problemas foram resolvidos nessas reuniões. Por exemplo, as críticas dirigidas a Prince e outros ministros quando eles começaram a expulsar demônios em público. O exorcismo muitas vezes era desorganizado, levando muitos a desaprovar os métodos de "libertação" praticados por esses líderes. Depois de algum diálogo, chegou-se a um acordo: todos abandonariam a prática do exorcismo em público, substituindo-as por sessões particulares de libertação individual, conforme a necessidade. Os exorcismos seriam realizados discretamente, longe dos olhos do público, com base na confiança e no respeito mútuos.

Nos meados da década de 1970, conforme o movimento chegava ao norte dos Estados Unidos, surgiu o desejo de reunir todos os pentecostais e carismáticos para que dessem testemunho de suas experiências. Nessa época, os católicos reuniam mais de 30 mil pessoas nas conferências anuais de South Bend, enquanto os luteranos atraíam mais de 20 mil para suas conferências em Minneapolis, o maior ajuntamento de luteranos dos Estados Unidos. Outros carismáticos, como os anglicanos e os presbiterianos, reuniam públicos cada vez maiores em seus eventos. A Adhonep parecia capaz de lotar qualquer auditório ou estádio reservado para seus eventos. A agência responsável pelas convenções registrara que as reuniões da Adhonep enchiam regularmente mais quartos de hotel que qualquer outra organização norte-americana.[10]

Na reunião anual de Glencoe, em 1974, Vinson Synan e outros sugeriram que era hora de todos esses grupos se unirem para uma "conferência das conferências" que reunisse todos os elementos da renovação ao mesmo tempo e no mesmo lugar. Um artigo da revista *New Covenant*, escrito por Ralph Martin, identificou três correntes da renovação que precisavam manter algum diálogo: os pentecostais, os protestantes históricos e os católicos carismáticos. A ideia de uma conferência ecumênica geral logo se espalhou pelo continente. Em pouco tempo, os católicos carismáticos em South Bend ofereceram-se para organizar a conferência, com a ajuda do Serviços da Renovação Carismática, que fornecia capital inicial e liderança. Em diversas sessões preliminares, foi criado um comitê de planejamento

---

[10] MOORE, "The Shepherding Movement".

para representar as correntes da renovação, sob a liderança de Kevin Ranaghan.

A cidade escolhida para sediar a primeira Conferência Geral sobre a Renovação Carismática foi Kansas City, às margens do rio Missouri. O formato sugeria que cada movimento dirigisse a própria "trilha denominacional" pela manhã, seguida de adoração comum à tarde. À noite, todos se reuniriam no estádio Arrowhead, originariamente construído para o time de futebol Kansas City Chiefs. Foi grande a animação dos 50 mil pentecostais e carismáticos de várias vertentes reunidos no estádio para um "acampamento carismático" à moda antiga. Durante quatro noites, os pregadores falaram à multidão sobre as ações do Espírito que pareciam explodir em todos os lugares. Línguas, curas e profecias ocorriam numa "unidade com dom da palavra", sob a cuidadosa orientação dos poucos participantes que tinham acesso ao microfone. O louvor inspirava dezenas de milhares de cristãos cheios do Espírito, que cantavam novos cânticos, dançavam perante o Senhor e gritavam de alegria.

Um dos destaques da conferência foi a pregação de Bob Mumford, resultando numa ovação de louvor de vinte minutos que parecia não ter fim. O momento mais solene aconteceu quando uma profecia lamentou as divisões no Corpo de Cristo. Muitos choraram em voz alta ao ouvir as palavras:

> Venham a mim, com o coração quebrantado e o espírito contrito,
> Pois o corpo do meu Filho está partido.
> Venham perante mim com lágrimas e lamentações.
> A luz está turva, meu povo está disperso,
> O corpo do meu Filho está dividido.
> Dei tudo que tinha no corpo e no sangue do meu Filho,
> E ele se derramou pela terra.
> O corpo do meu Filho está dividido,
> Renunciem ao pecado de seus pais
> E andem nos caminhos do meu Filho.
> Voltem ao plano de seu Pai.
> Voltem ao propósito de Deus.

O corpo do meu Filho está dividido.
O Senhor diz a vocês: permaneçam unidos uns aos outros,
E que nada os separe,
E que de forma alguma se separem uns dos outros,
Por causa da amargura,
Ou de preferências pessoais,
Mas apeguem-se uns aos outros,
Pois estou prestes a permitir que passem
Por um período de provação severa,
E vocês precisarão estar unidos uns com os outros.
Mas também digo a vocês:
Eu sou Jesus, o Rei vitorioso,
E prometi vitória a vocês.[11]

Um grupo incomum ocupava a plataforma: o reverendo Thomas Zimmerman, superintendente geral das Assembleias de Deus Americanas; Cardeal Léon-Joseph Suenens, primaz católico romano da Bélgica; o bispo J. O. Patterson, presidente da predominantemente negra Igreja de Deus em Cristo; e o arcebispo anglicano Bill Burnett, da África do Sul. Na noite em que Forbes e Burnett falaram, uma das profecias mais marcantes dos tempos atuais foi entregue pelo luterano Larry Christenson. Falava do futuro da luta racial na África do Sul, que terminaria numa paz milagrosa, sem derramamento de sangue, quando "brancos e negros" estenderiam as mãos uns aos outros em Jesus Cristo, reunindo a nação e evitando a guerra racial. Essa profecia se cumpriu anos antes de ouvirmos falar em Nelson Mandela ou no presidente F. W. de Klerk. A libertação de Mandela da prisão, sua eleição e a incrível transferência pacífica de poder dos brancos para os negros, em 1994, parecia ser cumprimento direto da profecia de Kansas City.

Os repórteres que estavam na cidade ficaram confusos com o que viram. Incapazes de descrever os acontecimentos em termos convencionais,

---

[11] Vinson SYNAN, *In the Latter Days* (Altamonte Springs: Creation House, 1991), p. 126-30.

uma matéria na revista *Time* relatou simplesmente que "todos tiveram um momento carismático". Nos anos seguintes, muitos dos que estiveram em Kansas City sentiram que a conferência fora um divisor de águas na renovação dos Estados Unidos.[12]

Durante anos, o movimento carismático continuou a se desenvolver nos Estados Unidos dentro de correntes separadas, com poder cada vez maior. Em 1978, a Adhonep sediou sua maior conferência anual, com mais de 25 mil participantes. Grandes multidões continuavam frequentando as conferências de Notre Dame e Minneapolis. Parecia que qualquer um podia anunciar uma conferência em qualquer parte do país, com qualquer lista de palestrantes, e as multidões chegavam de avião, de carro ou de carona para participar. Quando não havia quartos de hotel suficientes, muitos jovens carismáticos pegavam suas mochilas e sacos de dormir e se acomodavam onde podiam.

> **BILLY GRAHAM SOBRE A RENOVAÇÃO CARISMÁTICA**
>
> Regozijo-me com os objetivos de nosso Congresso Norte-Americano sobre o Espírito Santo e a Evangelização Mundial, e agradeço a Deus a função vital que esse movimento desempenha ao trazer um despertamento espiritual a este país.
>
> Hoje, é animador ver o Espírito Santo agindo em sua Igreja por toda a América do Norte e em outras partes do mundo, com o objetivo de levar outras pessoas ao conhecimento do Salvador Jesus Cristo.
>
> BILLY GRAHAM

Em 1984, havia crescente pressão para a realização de uma nova conferência como a de Kansas City, a fim de manter viva a chama do ecumenismo carismático. Na conferência de líderes de Glencoe, Vinson Synan e Vernon Stoop foram escolhidos líderes, e logo a ideia de uma nova "conferência de Kansas City" absorveu o grupo. Com o objetivo de planejar as conferências seguintes, foi criada em 1985 uma nova entidade, chamada Comitê

---

[12] David MANUEL, *Like a Mighty River: A Personal Account of the Charismatic Conference of 1977* (Orleans: Rock Harbor Press, 1977).

de Serviço da Renovação da América do Norte (sigla em inglês: NARSC), presidida por Vinson Synan. O novo comitê representava mais de 50 denominações pentecostais, grupos das principais denominações protestantes e outras organizações paraeclesiásticas. Rapidamente, foi agendada para 1986 uma grande conferência de líderes em Nova Orleans. Por sugestão de John Wimber, a conferência destacou o tema "O Espírito Santo e a Evangelização Mundial". Mais de 7 mil líderes de todas as correntes se reuniram no Superdome, em Nova Orleans, para ouvir pregadores como o doutor Paul Yonggi Cho, Oral Roberts, David du Plessis, Demos Shakarian e o padre Tom Forrest.

A conferência de líderes foi seguida no ano subsequente por um grande Congresso Geral, que se reuniu novamente no Superdome. Cerca de 40 mil participantes ouviram Tom Forrest chamar 1990 de a "Década da Evangelização Mundial", com o objetivo de ganhar mais da metade da população do mundo para Cristo até 2000. Um dos destaques do congresso foi o ministério de cura do evangelista alemão Reinhard Bonnke. Ele demonstrou a dinâmica de seu ministério, o qual resultava em milhões de novos convertidos por meio de suas cruzadas na África. A conferência apresentou 25 blocos de desfile na segunda maior parada de Nova Orleans, perdendo apenas para a de Mardi Grass.

O Congresso de Nova Orleans foi seguido por diversos congressos semelhantes: Indianápolis em 1990 (25 mil pessoas); Orlando em 1995 (10 mil pessoas); St. Louis em 2000 (15 mil pessoas). Em todos esses congressos, os carismáticos eram incentivados a testemunhar a vizinhos e amigos em todas as partes do mundo. De acordo com Synan, esses congressos "trouxeram a evangelização mundial à renovação carismática". Também originaram diversas organizações carismáticas, como o movimento metodista de Aldersgate, que deu um poderoso testemunho à Igreja Metodista Unida.[13]

Entre outros grandes encontros da época, estavam os comícios Washington para Jesus, que se reuniam no Parque Nacional de Washington. Em 1988, John Geminez, pastor latino da Igreja da Rocha, em Virginia Beach, na Virgínia, convocou um grande encontro para orar pela eleição presidencial.

---

[13] Vinson SYNAN & Ralph RATH, *Launching the Decade*.

Uma multidão estimada em 5 mil pessoas encheu o parque, na maior reunião cristã já realizada em Washington até então. Quando a eleição terminou e Ronald Reagan ganhou a Casa Branca, Geminez e seus amigos reivindicaram crédito pela mudança de curso da política nacional.

Organizações ecumênicas internacionais

À medida que o movimento carismático se espalhava pelo mundo, encontros ecumênicos se tornaram comuns após a conferência de Kansas City, realizada em 1977. O crescimento acelerado do movimento carismático entre os católicos e luteranos na Alemanha e os avivamentos que estouravam na Irlanda e na França fizeram os líderes europeus convocar uma conferência carismática ecumênica continental, realizada em Estrasburgo, na França, em 1982. Mais de 20 mil pessoas participaram da conferência, que tinha como tema "Pentecoste sobre a Europa" e foi seguida por outra grande reunião, em Birmingham, na Inglaterra, quatro anos depois, denominada Atos 1986. Os líderes dessas iniciativas eram Thomas Roberts, pentecostal francês, e o carismático anglicano Michael Harper.

Após os encontros de Estrasburgo e Berlim, formou-se um comitê ecumênico europeu sob a liderança de Harper. Esse grupo logo sugeriu que se constituísse uma organização global que permeasse, na medida do possível, todos os movimentos pentecostais e carismáticos do mundo. Isso resultou na criação do Consulta Carismática Internacional sobre Evangelização do Mundo (sigla em inglês: ICCOWE), sob a liderança de Harper e de um corpo nacional de diretores oriundos de muitas correntes da renovação. Em 1989, um encontro de líderes foi organizado em Jerusalém para planejar uma estratégia de evangelização mundial. Isso resultou numa grande conferência em Brighton, na Inglaterra, em 1991, que atraiu 4 mil líderes carismáticos de diversas vertentes. A conferência foi dirigida pelo recém-eleito arcebispo de Cantuária, George Carey, um carismático anglicano cuja vida e ministério foram transformados pela renovação.[14]

---

[14] Vinson SYNAN, *The Holiness-Pentecostal Tradition: Charismatic Movements in the Twentieth Century*, p. 267-70.

Avivamento político nos Estados Unidos

À medida que o movimento pentecostal/carismático crescia nos Estados Unidos, o engajamento político se tornava inevitável dados os números absolutos de eleitores envolvidos. Uma pesquisa do Instituto Gallup, encomendada em 1979 pela revista evangelical *Christianity Today*, indicou que cerca de 29 milhões de adultos norte-americanos se consideravam "cristãos pentecostais ou carismáticos". Isso acontecia principalmente nas maiores denominações: cerca de 20% dos católicos, luteranos, batistas, anglicanos e metodistas se declararam de alguma forma envolvidos com o movimento. Além da publicidade engendrada pelo cristianismo "renascido", destacado durante a posse do presidente Jimmy Carter, havia um bloco de eleitores que não era apenas "renascido", mas também batizado com o Espírito Santo.

É quase certo que os carismáticos influenciaram a eleição de Ronald Reagan, em 1980 e em 1984. Na verdade, o primeiro pentecostal a trabalhar no gabinete presidencial foi James Watt, membro das Assembleias de Deus, que foi o principal secretário do Interior do governo Reagan. Encerrados os mandatos de Reagan na Casa Branca, a eleição de 1988 indicava que a "direita religiosa" deveria escolher entre apoiar o vice-presidente Bush ou um candidato de escolha própria. Quando Pat Robertson entrou na disputa pela nomeação republicana, em 1988, os cristãos conservadores foram apresentados como uma opção viável para ocupar a Casa Branca.

Robertson deixou suas atividades de apresentador do popular *700 Club* e passou a se dedicar à campanha política. Por consequência, o vice-presidente Bush convocou líderes evangelicais e carismáticos a sua casa em busca de apoio. Quando as primárias da corrida presidencial esquentaram em 1988, Robertson surpreendeu as autoridades ao vencer as convenções de Iowa, representando um grande desafio para Bush. No entanto, após perder a prévia da Carolina do Sul, a campanha de Robertson chegou a um fim repentino. Mesmo assim, ele foi a primeira pessoa "cheia do Espírito" (que fala em línguas, por exemplo) a concorrer ao maior cargo político dos Estados Unidos.

Nos anos seguintes, Robertson organizou a Coalizão Cristã, um movimento de cidadãos comprometidos que apoiavam as ideias dos candidatos da direita religiosa. Além desse movimento, Robertson criou em 1990 o Centro Americano para Lei e Justiça (sigla em inglês: ACLJ) em contraposição às ações e influência da liberal União Americana pelas Liberdades Civis (sigla em inglês: ACLU). Por meio de ações judiciais e batalhas nos tribunais, os advogados na ACLJ pugnaram por questões legais caras aos cristãos conservadores e venceram alguns casos na Suprema Corte. Na época da eleição presidencial, em 2000, Robertson e sua Coalizão Cristã atuaram como o bloco decisivo que ajudou a nomear George W. Bush candidato republicano. Em vez de rei, Robertson tornou-se um fabricante de reis.[15]

O Espírito Santo no fim do século

Os pentecostais e carismáticos enfrentaram grande revés no final da década de 1980, com os escândalos provocados por alguns televangelistas, entre 1986 e 1990. Os envolvidos foram: Jim e Tammy Bakker, do PTL, em Charlotte, na Carolina do Norte; Jimmy Swaggart, o extravagante evangelista de Baton Rouge, na Louisiana; e, em menor escala, Oral Roberts, de Tulsa, Oklahoma. Durante certo tempo, esses três ministérios arrecadaram milhões de dólares de contribuições dos telespectadores. A influência deles atraía multidões de curiosos para igrejas pentecostais e carismáticas independentes.

A queda de Bakker e de Swaggart, em 1987, que ocupou as manchetes meses a fio, resultou de escândalos que envolviam dinheiro e sexo. Além disso, os meios de comunicação atacavam Oral Roberts por suas técnicas de arrecadação de fundos para apoiar seu novo centro médico, em Tulsa, conhecido como Cidade da Fé. Outro grande televangelista, Pat Robertson, nunca se envolveu nas controvérsias que giravam em torno dos três. Tanto Roberts quanto Robertson passaram a concentrar sua visão e suas energias na construção de universidades que seriam seu legado para as gerações futuras.

---

[15] Pat ROBERTSON & Jamie Buckingham, *Shout It from the Housetops* (Plainfield: Logos International, 1972); J. R. WILLIAMS, Marion Gordon Robertson, in: Stanley M. BURGESS, Patrick ALEXANDER & Gary McGEE (Orgs.), *Dictionary of Pentecostal and Charismatic Movements*, p. 761-2.

Em 1965, Roberts inaugurou a Universidade Oral Roberts, em Tulsa, onde seriam destacadas em todas as aulas "o ensino, a pregação e a cura". Em 1978, Robertson inaugurou as primeiras classes na Universidade da Rede Cristã de Radiodifusão (sigla em inglês: CBNU), uma escola de comunicações. Ao final do século, a escola crescia rapidamente e ganhava o respeito de intelectuais de todo o país. Em 1990, a CBNU mudou o nome para Universidade Regent. Planejava-se transformá-la na "universidade cristã mais proeminente" do mundo.[16]

Crescimento no final do século

Apesar dos inconvenientes sofridos pelos pentecostais e carismáticos nos meios de comunicação na década de 1980, em razão dos escândalos com televangelistas, a tendência de crescimento mundial se manteve, e um tratamento mais positivo foi dispensado pela imprensa. Em 2000, muitas das grandes publicações dos Estados Unidos anunciaram o crescimento constante do movimento. Por exemplo, em junho de 1998, a revista *Christian History* [História cristã], que pertence à *Christianity Today*, publicou uma edição especial com o título "O surgimento do pentecostalismo", relatando que o pentecostalismo era "o movimento cristão mais explosivo do século XX". Além disso, a matéria se referia ao avivamento da Rua Azusa como o "Pentecoste norte-americano" e "o acontecimento mais fenomenal do cristianismo no século XX".[17]

Ainda em junho, o *Los Angeles Times* e o *Philadelphia Enquirer* [Investigador da Filadélfia] publicaram uma grande reportagem de Mary Rourke, intitulada "Redefinindo a religião na América", a qual afirmava que, "com pouca ostentação, os Estados Unidos passam pela maior transformação religiosa deste século". As religiões que cresciam mais rapidamente eram o budismo, o hinduísmo e o islamismo. Entre os cristãos, porém, o fenômeno da "megaigreja" sem filiação é "o maior assunto da década de 1990". Foi dito que "nenhuma invenção representa nem desafia tanto a

---

[16] Cf. David Edwin HARRELL, *Oral Roberts: An American Life* (Bloomington: Indiana Univ. Press, 1985).
[17] The Rise of Pentecostalism, *Christian History*, ed. 58, v. XVII, n. 2.

religião protestante oficial quanto a megaigreja sem denominação". O artigo diz ainda: " 'Religião' é uma palavra que eles odeiam. [...] Eles preferem 'espiritualidade' porque representa algo que a cultura tomou deles". Esse movimento significa a "reinvenção do protestantismo". Antes, o pentecostalismo era visto como "uma subcultura da igreja protestante", mas agora inclui milhões de adeptos das principais denominações protestantes e da Igreja Católica Romana.[18]

Um fato da imprensa ainda mais impressionante foi a matéria de capa da revista *Newsweek* de 13 de abril de 1998, escrito por Kenneth Woodward, com o título "Vivendo no Espírito Santo". A reportagem tratava do avivamento de Brownsville, em Pensacola, na Flórida. Ali, como em qualquer lugar, "a adoração espiritual é uma experiência que move o corpo e agita a alma de milhões de fiéis carismáticos". Numa pesquisa da *Newsweek* de 1998, 47% dos cristãos afirmaram ter vivido uma experiência pessoal com o Espírito Santo. Entre os evangelicais protestantes, o total era de 75%. Também naquele ano, as plateias ficaram impressionadas com a atuação de Robert Duvall no papel de um pastor pentecostal no celebrado e igualmente criticado filme *O apóstolo*.[19]

As tendências do ano 2000

O grande crescimento continua

Todos os estudos e os meios de comunicação continuam a comentar o crescimento explosivo do pentecostalismo ao redor do mundo. Em estudos demográficos contínuos, o doutor David Barrett, da Universidade Regent, relatou um crescimento ainda maior que o estimado pelos especialistas. Atualmente, ele trabalha em uma nova edição da aclamada *World Christian Encyclopedia*. Baseado em estimativas relativas a 1999 e em minha própria pesquisa, apresento os seguintes números do mundo cristão na virada do milênio:

---

[18] Mary ROURKE, Redefining Religion in America, *Los Angeles Times*, 21 jun. 1998, A1-A30.
[19] Cf. Vinson SYNAN, The Apostle, *Journal of Southern Religion* v. 1, n. 1, jan.-jun., 1998.

População mundial em 2000

	6.010.779.000
Cristãos	1.990.018.000
Católicos romanos	1.040.020.000
Pentecostais/carismáticos	530.000.000
Anglicanos	73.200.000
Batistas	59.600.000
Luteranos	57.700.000
Presbiterianos	49.800.000
Assembleianos de Deus	35.000.000
Metodistas	33.000.000

Pentecostais/carismáticos

Pentecostais denominacionais	215.000.000
Católicos carismáticos	92.000.000
Protestantes carismáticos	71.000.000
Membros da "terceira onda" das igrejas históricas	110.000.000
Pentecostais chineses	52.000.000
Total de cristãos pentecostais e carismáticos em 1999	530.000.000[20]

O crescimento explosivo e contínuo do pentecostalismo indica que a renovação continuará crescendo com força neste milênio. Não apenas com as megaigrejas, mas também com dezenas de milhares de pequenas igrejas locais inauguradas todos os anos em grandes cidades e vilarejos remotos ao redor do mundo. Essa realidade se evidencia quando comparamos, por exemplo, o crescimento de uma grande missão batista com o das missões das Assembleias de Deus na Indonésia após a Segunda Guerra Mundial. Como a Indonésia é predominantemente muçulmana, é um campo muito difícil. Os missionários batistas e assembleianos chegaram à Indonésia no mesmo período (meados da década de 1950) com equipes de tamanho semelhante.

A partir de então, a igreja batista passou por um sólido crescimento, chegando a mais de 30 mil membros em 1998. As Assembleias de Deus,

---

[20] David BARRETT, entrevista concedida ao autor, 28 ago. 1998.

porém, cresceram dez vezes mais: tinham cerca de 300 mil membros em 1998. Os missionários das denominações históricas comentam que, onde quer que inaugurem uma igreja, em qualquer lugar do país, não importa o tamanho da cidade, já encontram ali uma igreja pentecostal. Não se sabe como os pentecostais chegaram lá, mas os números do pentecostalismo no século XX podem muito bem atingir 1 milhão de igrejas implantadas em quase todas as cidades e vilarejos do mundo.

Adoração mais carismática

Na última década do século, o estilo pentecostal de adoração invadiu as principais igrejas cristãs não pentecostais do mundo. Muitas dessas igrejas se dizem "carismáticas", enquanto outras se denominam da "terceira onda" — igrejas que incentivam e têm experiências com o Espírito Santo sem se classificarem como "pentecostais" ou "carismáticas". Nessas igrejas, os cânticos espirituais inspirados pelos pentecostais são entoados com o acompanhamento dos "ministros de música" e de vários instrumentos. Palmas, mãos levantadas e danças perante o Senhor caracterizam a adoração nessas igrejas.

Muitos cantam "hinos espirituais" (em línguas), profetizam, impõem as mãos sobre os doentes e expulsam demônios. Outros experimentam o fenômeno da "bênção de Toronto", caindo, gritando, emitindo sons estranhos, e por aí vai. Mesmo assim, insistem em não ser pentecostais nem carismáticos, descrevendo-se apenas como "evangélicos". No entanto, para o observador externo, eles se assemelham muito ao tipo de pentecostalismo mais radical e tradicional.

O surgimento das megaigrejas

Nos últimos anos, as megaigrejas foram as que cresceram com mais rapidez no mundo. Embora algumas não sejam carismáticas, como a Willow Creek, de Bill Hybels, perto de Chicago, a maioria é pentecostal ou, como muitos observadores chamam, "carismáticas independentes", apesar de uma alta porcentagem dos fundadores dessas igrejas ser composta de pastores pentecostais. A maioria se aprofunda no movimento de células, de acordo com os ensinamentos de David Yonggi Cho e Ralph Neighbour. Muitas delas fazem parte de denominações pentecostais clássicas, como a Igreja de Deus em Cristo, as Assembleias de Deus, a Igreja de Deus, a Igreja Holiness Pentecostal e a Igreja do Evangelho Quadrangular. Apesar de serem leais às suas respectivas denominações, operam como igrejas independentes e, em alguns casos, como minicongregações.

Nos Estados Unidos, entre as igrejas "carismáticas independentes" estão: a Igreja Pedra Angular, de John Hagee, em San Antonio, Texas (16 mil membros); a Igreja Casa do Oleiro, de T. D. Jakes, em Dallas, Texas (25 mil membros); a Igreja de Lakewood, de John Osteen, em Houston, Texas (10 mil membros); o Centro Cristão da Vitória, de Billy Joe Daugherty, em Tulsa, Oklahoma (10 mil membros); o Centro Cristão Crenshaw, de Fred Price, em Los Angeles (15 mil membros); e a Igreja Colheita Mundial, de Rod Parsley, em Akron, Ohio (8 mil membros).

Entre as megaigrejas pentecostais clássicas, estão: a Igreja do Caminho, de Jack Hayford, em Van Nuys, Califórnia (Quadrangular, 10 mil membros); a Primeira Assembleia de Deus, de Tommy Barnett, em Phoenix, Arizona (12 mil membros); a Igreja de Deus Monte Pará, de Paul Walker, em Atlanta (12 mil membros); a Igreja de Deus em Cristo de West Los Angeles, do bispo Charles Blake (15 mil membros); e a Catedral do Louvor, em Oklahoma City (Holiness Pentecostal, 5 mil membros). De acordo com John Vaughn, a igreja de mais rápido crescimento dos Estados Unidos no século XX provavelmente é a de T. D. Jakes, em Dallas. Em apenas três anos, ela passou de zero para 25 mil membros.[21]

Em todo o mundo, a maioria das grandes congregações é pentecostal na doutrina e no estilo de adoração. Segundo o especialista em megaigrejas John Vaughn, as quatro maiores igrejas do mundo em 1998 eram:

Igreja — Cidade — Pastor — Membros

1. Igreja do Evangelho Pleno de Yoido — Seul, Coreia do Sul — David Yonggi Cho — 730 mil

---

[21] Dados fornecidos por John Vaughan.

2. Igreja Metodista Pentecostal Jotabeche — Santiago, Chile — Javier Vasquez — 350 mil
3. Assembleia de Deus de Anyang — Seul, Coreia dos Sul — Yong Mok Cho — 150 mil
4. Igreja Bíblica Vida Profunda — Lagos, Nigéria — William Kumuyi — 145 mil[22]

Acomodação cultural

São muitos os questionamentos sobre essas igrejas gigantes. Os pentecostais estão baixando o nível de santidade para atrair mais seguidores? Essas igrejas estão arrebanhando membros de outras igrejas, ou ganhando novas almas no grande mar da população pagã? Elas estão mudando o mundo, ou é o mundo que as está mudando?

Embora algumas igrejas e pastores dos Estados Unidos e da Europa possam ter amenizado os padrões em relação a temas como filmes e consumo de tabaco e álcool, quase todas continuam defendendo os padrões bíblicos em questões como aborto, pornografia, drogas ilegais e homossexualidade. As igrejas cristãs mais jovens nos países em desenvolvimento estão atormentadas com algumas igrejas ocidentais não pentecostais que querem permitir a homossexualidade e realizar casamentos de pessoas do mesmo sexo. Até onde sei, não há igrejas pentecostais no mundo que tolerem tais ultrajes contra o cristianismo bíblico.

Nos Estados Unidos, existe forte tendência contracultural de reconciliar as históricas e escandalosas divisões raciais entre as igrejas brancas e negras. Na América do Norte, os pentecostais mostram o caminho desde 1994, quando o "milagre de Memphis" reuniu igrejas norte-americanas negras e brancas numa nova organização chamada Igrejas Pentecostais e Carismáticas da América do Norte (em inglês: PCCNA). Em julho de 1998, a PCCNA lançou seu periódico oficial, *Reconciliation* [Reconciliação], editado por Mel Robeck e Harold Hunter.[23]

---

[22] Dados fornecidos por John Vaughan e Peter Wagner.
[23] Harold HUNTER, Reconciliation Pentecostal Style, *Reconciliation*, n. 1, verão 1998, p. 2.

Movimento de convergência

Durante décadas, os líderes da Igreja reconhecem que o pentecostalismo se tornou um dos três grandes grupos do cristianismo. A ideia foi mencionada primeiramente por Lesslie Newbigin, do sul da Índia. O bispo Lesslie Newbigin descreve três vertentes do cristianismo.

A primeira foi a tradição católica, que enfatizava a continuidade, a ortodoxia e a importância dos sacramentos para a vida da igreja. Já a tradição protestante destacava a centralidade da Bíblia e a importância de proclamar a Palavra de Deus. Os pentecostais acrescentaram a essas duas expressões históricas da fé o destaque à ação presente do Espírito na igreja por meio dos dons do Espírito Santo. De acordo com Newbigin, a igreja precisaria das três vertentes para ser uma força poderosa no mundo moderno.[24]

Michael Harper trata do mesmo tema num livro publicado em 1979. Um dos primeiros líderes do movimento carismático anglicano na Inglaterra, Harper escreve que "uma irmã (evangelical) me ensinou que a base da vida cristã é um relacionamento pessoal com Jesus Cristo. A segunda (pentecostal) me ajudou a sentir a força espiritual do Espírito Santo. A última (católica) me introduziu num mundo novo, no qual comecei a ver as implicações da comunidade cristã.[25]

Em 1992, um grupo de líderes anglicanos criou a primeira denominação norte-americana a usar a palavra "carismática" no nome. A Igreja Episcopal Carismática foi implantada pelo bispo Randy Adler, ex-pastor pentecostal que queria unir o "cristianismo carismático a uma igreja de alto estilo". Em 1996, a Igreja Episcopal Carismática já contabilizava 180 congregações, muitas delas transferidas da Igreja Episcopal tradicional.[26]

Também chamaram a atenção casos de congregações pentecostais que migraram em massa para a Igreja Episcopal. O caso mais célebre aconteceu quando 5 mil membros da Igreja Assembleia de Deus do Evangelho, de

---

[24] *The Household of God* (New York: Friendship Press, 1954); Henry P. Van Dusen, The Third Force, *Life*, p. 113-24.
[25] *Three Sisters* (Wheaton: Tyndale, 1979), p. 9-15.
[26] J. Lee GRADY, Denomination Blends Charismatic Spirituality with High Church Style, *Charisma*, set. 1996, p. 25-7.

Valdosta, Geórgia, em 1990 seguiram seu pastor, Stan White, e se afiliaram à Igreja Episcopal. White, que era filho e neto de pastores das Assembleias de Deus, disse que o "pentecostalismo, apesar de sua insistência nos dons do Espírito de Atos dos Apóstolos, não se apropriara da riqueza da adoração da igreja primitiva".[27]

Os exemplos da Igreja Episcopal Carismática e da congregação de Valdosta indicavam um fenômeno crescente na década de 1990: igrejas pentecostais retornando às igrejas históricas em busca de "raízes" cristãs mais profundas e de um senso de ritual e decoro do qual muitos crentes sentiam falta na adoração livre de suas antigas igrejas. Em 1990, pastores com a mesma mentalidade participavam do chamado "movimento de convergência", projetado para reunir as três vertentes numa nova e poderosa configuração espiritual.

Ainda mais impressionantes foram os casos de pastores, padres e congregações carismáticas que voltaram às fileiras da ortodoxia. Em 1993, o pastor Charles Bell levou sua Comunidade Videira Cristã, de San Jose, Califórnia, para a Missão Ortodoxa Evangelical Antioquena. Como igreja ortodoxa, a congregação mudou de nome para Igreja Ortodoxa de Santo Estêvão, enquanto seu pastor passou a ser "padre Seraphim Bell". Em pouco tempo, "a música *rock*, a profecia pública e as línguas deram lugar a leitura litúrgica, velas acesas e retratos beijados da Virgem Maria". Bell foi influenciado por Franky Schaeffer e Peter Gillquist, que implantou um movimento de evangelicais e carismáticos em direção à ortodoxia.[28]

Enquanto isso, na Inglaterra, Michael Harper, notável carismático anglicano, entrou para a Igreja Ortodoxa Grega Antioquena em 1995, levando consigo não menos que nove bispos anglicanos numa "jornada pela

---

[27] Calmetta COLEMAN, A Charismatic Church Deals with a Preacher Who Finds New Faith, *Wall Street Journal*, 14 jun. 1996, p. 1-7. Para conhecer o outro lado da história, v. Charles Bell, *Discovering the Rich Heritage of Orthodoxy* (Minneapolis: Life and Light Publications, 1994), p. 1-7, 86-90. V. tb. Peter GILLQUIST, *Becoming Orthodox: A Journey to the Ancient Christian Faith* (Ben Lamond: Conciliar Press, 1992).

[28] Cf. Randall BALMER, Why the Bishops Went to Valdosta, *Christianity Today*, 24 set. 1990, p. 19-24; Robert LIBBY, Newest Episcopalians are a Spirited Group, *Episcopal Life*, jun. 1990, p. 6.

ortodoxia". A ação de Harper foi insuflada pela votação anglicana sobre a ordenação de mulheres em 1992. Isso aconteceu apesar de o arcebispo de Cantuária George Carey ter sido um reconhecido carismático que exercera influência sobre o ministério de Harper.[29]

O movimento da "nova igreja apostólica"

Em maio de 1996, C. Peter Wagner organizou uma conferência no Seminário Teológico Fuller, em Pasadena, na Califórnia, com o intrigante título de Simpósio Nacional sobre a Igreja Pós-Denominacional. Depois de estudar durante anos o crescimento da Igreja na era "pós-moderna", Wagner concluiu que a era da denominação estava chegando ao fim e que surgiria uma nova geração de igrejas "pós-denominacionais". Contudo, mesmo antes da conferência, muitos críticos da ideia, como Jack Hayford, fizeram Wagner escolher outro nome para o evento. Por fim, ele utilizou o termo "novas igrejas apostólicas" para explicar o "modelo neotestamentário de liderança", os "odres novos" para a nova era da Igreja.

Essas novas igrejas, que muitos acreditam ser, na verdade, movimentos "pré-denominacionais", apresentam "novas" características:

1. Novo nome ("Nova Reforma Apostólica")
2. Novas estruturas de autoridade (os líderes são chamados "apóstolos")
3. Novo treinamento de autoridade (sem seminários, equipes voluntárias, faculdades bíblicas locais etc.)
4. Novo foco ministerial ("guiados pela visão" [voltados para o futuro], em vez de "guiados pela herança" [voltados para o passado])
5. Novo estilo de adoração (teclados, grupos de louvor, mãos levantadas, louvor em voz alta, projetores)
6. Novas formas de oração (oração de pacto, cânticos espirituais etc.)

---

[29] Cf. Michael HARPER, *Equal But Different* (London: Hodder and Stoughton, 1993), p. 131, 171, 213. Carta de Michael Harper a Vinson Synan, 17 mar. 1995.

7. Novas finanças ("as finanças são abundantes, a oferta é esperada, benéfica, alegre")
8. Novos objetivos (implantação de igrejas, compaixão pelos pobres etc.)
9. Nova orientação de poder (abertura ao Espírito Santo e aos dons do Espírito, curas, libertação, profecia etc.)[30]

No livro que descreve este movimento, *The New Apostolic Churches* [As novas igrejas apostólicas], Wagner lista 18 pastores (ou "apóstolos") que representam o novo movimento. Entre eles, apenas três, Bill Hybels, Michael Fletcher e David Kim, não apresentam base pentecostal ou carismática. A maioria, como Billy Joe Daugherty, Roberts Liardon e William Kumuyi, é pentecostal/carismática. Claramente, a maioria das "igrejas apostólicas" tem suas raízes no pentecostalismo clássico, e suas características distintivas foram criadas pelos pentecostais ao longo dos anos.

É interessante que o primeiro nome adotado por Charles Parham e os primeiros pentecostais, em 1901, tenha sido Fé Apostólica. Só o tempo dirá se a tentativa de Wagner de estabelecer uma via secundária para o batismo com o Espírito Santo e a importância das línguas para os pentecostais como parte essencial da experiência mudará a perspectiva do movimento pentecostal mundial. No mínimo, quase todas as características do movimento da "nova igreja apostólica" apontadas por Wagner são também consideradas intrínsecas ao Corpo de Cristo pelos pentecostais e carismáticos.

Explosão jovem

No decorrer do século, os jovens foram os maiores entusiastas do movimento pentecostal/carismático. Começando com o ministério Desafio Jovem, de David Wilkerson, em 1958, até a Revolução de Jesus na Califórnia, sob a liderança de Chuck Smith, os jovens deixaram as igrejas convencionais para se juntar a outras forças de jovens libertos da cultura das drogas. Pouco tempo depois, surgiu o ministério estudantil Maranata, liderando por Bob Weiner, que levou uma poderosa versão do pentecostalismo

---

[30] C. Peter WAGNER, *The New Apostolic Churches* (Ventura: Regai Press, 1998), p. 13-25.

aos *campi* de faculdades e universidades norte-americanas. A maior parte desses ministérios para jovens apresentava soluções cristãs a jovens perdidos, como militantes políticos radicais e usuários de drogas.

A maioria da "galera de Jesus" falou em línguas em algum momento da odisseia entre a criança rebelde e o renascimento em Cristo. Quando o movimento carismático se iniciou entre os católicos, no final da década de 1960 e início da década de 1970, muitos dos primeiros convertidos eram refugiados da rebelde cultura *hippie*. Quando o movimento carismático chegou ao ápice, a característica que mais chamava a atenção era a idade de seus líderes. Por exemplo, os grandes líderes do início do movimento carismático católico eram jovens recém-saídos da faculdade, a maioria com pouco mais de 20 anos

Quem aproveitou a onda jovem do avivamento foi Loren Cunningham, que em 1961 formou uma organização missionária mundial de jovens chamada Jovens com uma Missão (Jocum). Membro das Assembleias de Deus, Cunningham recebia jovens de todas as igrejas em seu grupo. Na década de 1990, a Jocum contava com mais de 6 mil obreiros em tempo integral que coordenavam as atividades missionárias de nada menos que 50 mil missionários.

Na década de 1970, surgiu um novo estilo de música cristã contemporânea. Artistas cristãos como Larry Norman, Barry McGuire, Keith Green e 2nd Chapter of Acts levaram o *rock* para as igrejas. A indústria relativamente pequena da música cristã começou a estourar.

No final da década de 1980, a cultura jovem carismática havia produzido uma nova geração de música cristã, para extremo desconforto das gerações mais velhas. Estrelas da música cristã contemporânea como Michael W. Smith, Amy Grant, Carman e DC Talk lotavam os maiores estádios do país. Seus *shows* atraíam multidões de jovens com a estrondosa música apresentada nos palcos.

Durante a década de 1990, os limites musicais da nova geração foram ampliados, e chegou-se à música de louvor e adoração. O novo estilo de louvor e adoração produziu muitos álbuns, grande parte gravada ao vivo em cultos e conferências de adoração. Ao retornar a suas igrejas, os jovens exigiram uma música mais animada que aquela que os mais velhos estavam dispostos a tolerar.

A empresa Hosanna-Integrity assumiu a liderança nessa nova era da música evangelical, produzindo milhões de álbuns que influenciaram a música popular cristã ao redor do mundo. Por fim, o novo gênero de música evangelical criou um estilo revolucionário de adoração carismática que desafiava os hinários conservadores das igrejas mais tradicionais.

Manifestações do avivamento

Talvez o avivamento pentecostal mais surpreendente dos últimos cinquenta anos tenha acontecido na última década do século. Ondas de avivamento com "manifestações" atingiram o mundo inteiro a partir de 1992. A primeira foi o "avivamento do riso", liderado pelo evangelista pentecostal sul-africano Rodney Howard-Browne. O "riso santo" aconteceu entre os cristãos *holiness* e pentecostais no acampamento de Cane Ridge de 1800-1801. Esse fenômeno influenciou o avivamento da "bênção de Toronto", liderado pelo pastor da Comunhão da Videira, John Arnott, em 1993. Em Toronto, além do "riso santo", muitos caíam no Espírito, e havia outras manifestações exóticas, como sons de animais. Esse movimento logo se espalhou pela Inglaterra, onde manifestações semelhantes ocorreram na Igreja da Santa Trindade de Brompton (anglicana), em Londres. Em 1996, porém, John Wimber expulsou a Comunhão da Videira de Toronto de seu movimento e criou uma regra que proibia as bênçãos "exóticas" verificadas naquela igreja.

Nesse ínterim, aconteceu outro avivamento na Assembleia de Deus de Brownsville, em Pensacola, Flórida, sob a liderança do pastor John Kilpatrick e do evangelista Steve Hill. Aqui a característica não estava nas manifestações estranhas, e sim no arrependimento dos pecados à moda antiga e nos fortes apelos à libertação e à santidade. Apesar de o batismo com o Espírito Santo e as línguas não serem tão destacados em Brownsville, a onda do avivamento refletia a intensidade dos primeiros avivamentos pentecostais no início do século.

Ao contrário do que aconteceu em Toronto, a liderança das Assembleias de Deus proporcionou orientação e apoio ao avivamento de Brownsville. Na última contagem (27 de agosto de 1998), o número de pessoas que havia frequentado os cultos em Brownsville era de 2.425.203. Destas, 135.447 haviam aceitado Jesus. Em menor escala, cultos de avivamento semelhantes impressionavam a pequena Smithton, no Missouri, em cultos que também viraram manchete.[31]

As reuniões de Toronto e Brownsville foram grandes exemplos ocidentais de avivamento, mas havia inúmeros outros acontecendo em cidades do mundo inteiro. Na verdade, em muitos países do Terceiro Mundo houve milhares de avivamentos carismáticos que transformaram comunidades e, algumas vezes, nações inteiras. Em 2000, evangelistas como Reinhard Bonnke e Benny Hinn atraíam multidões com mais de 1 milhão de pessoas em suas cruzadas de cura na África, na Índia e em outras partes do mundo.

No final do século do Espírito Santo, surgiram novas "ruas Azusas", grandes movimentos do Espírito em diversos países. Apesar de não virarem notícia na imprensa ocidental, são movimentos tão importantes e exercem tamanha influência na cultura quanto os que chegam às manchetes dos principais meios de comunicação.

De fato, chegado o fim do "século do Espírito Santo", tudo indica que os próximos mil anos serão o "milênio do Espírito Santo".

---

[31] Guy CHEVREAU, *Catch the Fire: The Toronto Blessing: an Experience of Renewal and Revival* (Toronto: Marshall Pickering, 1994); John ARNOTT, *The Father's Blessing* (Orlando: Creation House, 1996).

✳ 15 ✳

O AVIVAMENTO MUNDIAL DO ESPÍRITO SANTO

David B. Barrett

O avivamento espiritual pentecostal/carismático do século XX não adentrou o cenário mundial numa ocasião isolada, nem mesmo de maneira gradual ao longo de cem anos. Ele chegou em três ondas — ou explosões — suficientemente distintas para serem classificadas como *primeira onda* (renovação pentecostal), *segunda onda* (renovação carismática) e *terceira onda* (renovação neocarismática). As três ondas compartilham a mesma experiência do poder do Espírito Santo, a terceira pessoa da Santíssima Trindade. O Espírito entrou e transformou não só a vida de um pequeno número de heróis e comunidades dispersas (como aconteceu durante os vinte séculos do cristianismo na História), mas milhões de cristãos no mundo atual.

As três ondas da renovação

As duas tabelas neste capítulo (p. 511-5) traçam a expansão do movimento durante dez décadas e dois séculos em sete continentes e no mundo inteiro. Historicamente, pode-se considerar o início da renovação em três grandes ondas, cujas origens são traçadas na Tabela 1 nas décadas de 1886, 1907 e 1949, respectivamente. A primeira onda é conhecida atualmente como pentecostalismo ou avivamento pentecostal (linha 1); a segunda onda, como movimento carismático ou renovação carismática (linha 9), seguida pela terceira onda, não pentecostal e não carismática, porém neocarismática (linha 18). (As referências são para as linhas numeradas nas tabelas mais os números relacionados nas notas de rodapé.) Os pentecostais, carismáticos e neocarismáticos que construíram essa renovação representam, em 2000, 27,7% do cristianismo global organizado. Estão classificados em 60 categorias (8 relacionadas aos pentecostais; 9, aos carismáticos; e 18, aos neocarismáticos).

A renovação é inovadora e amplamente retratada na forma de imagens. As três ondas são exaustivamente ilustradas por fotógrafos em obras como a *World Christian Encyclopedia 2000* [Enciclopédia cristã mundial] e o *New Dictionary of Pentecostal and Charismatic Movements* [Novo Dicionário dos movimentos pentecostal e carismático]. Os leitores que desejarem uma documentação completa, com a lista das denominações envolvidas em 238 países, devem consultar essas obras.

As ondas são simultâneas

Vamos fazer uma analogia: você está na praia, diante do mar. De repente, três grandes ondas se aproximam, porém você percebe que elas não chegam à praia ao mesmo tempo. A primeira quebra na praia, depois vem a segunda e, em seguida, a terceira. No entanto, se você observar o que acontece mar adentro, verá que as três ondas claramente se formam e seguem juntas em direção à praia, cada vez maiores. É exatamente isso o que tem acontecido no movimento de renovação (para datas importantes, v. coluna 3 da Tabela 1).

A nova onda faz a última parecer menor

As três ondas surgiram no cenário cristão mundial com força explosiva. A primeira onda se difundiu rapidamente por todo o mundo missionário, resultando em 65 milhões de pentecostais hoje, dos quais 63 milhões são pentecostais clássicos. A segunda onda arrastou as grandes denominações não pentecostais, alcançando 175 milhões de carismáticos hoje. Já a terceira onda, maior que as duas anteriores juntas, alcançou até o momento da publicação deste livro 295 milhões de neocarismáticos.

Ondas separadas em uma grande maré

Retomando a analogia da praia, fica claro que todas as ondas são constituídas da mesma massa de água e atingem a mesma praia. De igual modo, as três ondas são diferentes, mas estão relacionadas. Na verdade, são apenas manifestações distintas ligadas à renovação do Espírito Santo. Mesmo com 3 ondas e 60 categorias, o movimento é permeado pela unidade. Essa análise vê a renovação no Espírito Santo como um único movimento coeso do qual participam todos os tipos de indivíduos, comunidades, culturas e línguas, num grande conjunto de diferentes circunstâncias. Isso explica a imensa e confusa diversidade evidente hoje em dia.

Multiplicidade e diversidade

Esses cristãos estão distribuídos em 740 denominações pentecostais, 6.530 denominações predominantemente não pentecostais com amplos movimentos carismáticos organizados internamente e 18.810 denominações e redes neocarismáticas independentes. Hoje, os carismáticos são encontrados por todo o espectro do cristianismo. Estão em todas as 150 famílias, tradições e confissões eclesiásticas não pentecostais. Os pentecostais/carismáticos (utilizamos esse termo genérico para o fenômeno das três ondas) são encontrados em 9 mil culturas etnolinguísticas, falando 8 mil idiomas que cobrem 95% da população mundial.

A absoluta magnitude e a diversidade dos números envolvidos esgotam os recursos da imaginação. A Tabela 1 e as notas de rodapé mostram que em 2000 o total de membros afiliados às igrejas era de 523 milhões (linha 37). As tendências no longo prazo indicam que por volta de 2035 esse número chegará a 811 milhões. Desses, 97 milhões serão pentecostais (93 milhões pentecostais clássicos), 274 milhões serão carismáticos e 460 milhões serão neocarismáticos.

Atualmente, 29% de todos os membros são brancos e 71% pertencem a outras raças. Hoje, existem mais membros urbanos que rurais, mais mulheres que homens, mais crianças e adolescentes (menores de 18 anos) que adultos, mais habitantes do Terceiro Mundo (66%) que do mundo ocidental (32%), mais pessoas vivendo na pobreza (87%) que na abundância (13%), mais pessoas com família que individualistas.

795 milhões de fiéis desde 1900

Esse total de fiéis, contudo, não conta a história toda, pois os números não incluem os fiéis que faleceram ontem, no mês passado, no ano passado ou no início do século XX. Uma contagem completa de todos os fiéis que pertenceram ao avivamento do século deve, portanto, acrescentar os 175 milhões de fiéis pentecostais/carismáticos/neocarismáticos que já não estão entre nós. Dessa forma, o total de fiéis da renovação do século XX, contados desde 1900, pode ser calculado em 795 milhões (v. linhas 52 e 53 nas Tabelas 1 e 2, bem como as respectivas notas de rodapé).

Perseguição e martírio

Os membros da renovação são mais atormentados, perseguidos, maltratados e martirizados que talvez qualquer outra tradição cristãos na história recente. Eles estão até certo ponto protegidos porque suas múltiplas culturas e sua vasta diversidade impossibilitam que os ditadores, tiranos, arqui-inimigos e regimes totalitários os localizem e os capturem.

Quando registramos os nomes e números dos fiéis pentecostais/carismáticos que foram assassinados por causa da fé em Cristo, a magnitude e o horror nos impressionam. O total é o seguinte: nas três ondas de renovação, nada menos que 8 milhões de pentecostais/carismáticos/neocarismáticos foram martirizados. (Para mais detalhes e nomes, v. *World Christian Encyclopedia 2000*, parte 4.)

100 variedades, uma única renovação

A incrível diversidade nessa renovação pode ser percebida no fato de que, para se fazer jus a uma variedade, precisamos criar uma ampla quantidade de neologismos e novas categorias estatísticas. As categorias apresentadas nas tabelas incluem: pré-pentecostais, semipentecostais, pentecostais nativos, pentecostais étnicos, pentecostais num raio isolado, pós-pentecostais, não cristãos que acreditam em Cristo, pós-denominacionalistas, neoapostólicos, apostólicos unicistas, carismáticos nativos, pentecostais étnicos, neocarismáticos comuns, pós-carismáticos, criptocarismáticos, carismáticos de rádio e TV, e carismáticos independentes. Dessas 16 categorias, apenas as duas últimas são universalmente reconhecidas como pentecostais carismáticos genuínos. Nessa pesquisa, sustentamos a ideia de que todas essas categorias precisam ser reconhecidas e citadas como parte de uma grande renovação.

A maré continua cheia

Todas as três ondas continuam movendo-se. Ainda ocorre uma grande expansão de 9 milhões de novos membros todos os anos, ou seja, mais de 25 mil por dia. Dois terços desse número são puramente demográficos (nascimentos menos mortes na comunidade pentecostal/carismática), e um terço é composto de novos convertidos e novos membros. No início das três ondas, as taxas anuais de crescimento eram enormes, mas decaíram gradualmente até os dias de hoje, com 2,7% ao ano para os pentecostais, 2,4% para os carismáticos, 3% para os neocarismáticos e 2,1% para os renovados como um todo (linha 53). Esses números ocultam diversas situações de saturação, algumas esferas em decadência e muitas situações de crescimento explosivo e incontrolável.

Os carismáticos ultrapassam em muito os pentecostais em números e conversões anuais. Contudo, há uma tendência crescente entre os carismáticos das principais igrejas protestantes e católicas não pentecostais: eles se envolvem com o movimento durante dois ou três anos e, depois de frequentarem assiduamente os cultos durante esse período, tornam-se frequentadores irregulares ou ausentes, justificando o termo "pós-carismáticos" (linha 12). Essa síndrome de entra-e-sai resulta num problema sério que ainda não é reconhecido nem investigado de maneira adequada.

Expansão do cristianismo global

As linhas 39-45 da Tabela 1 mostram o avanço geográfico do avivamento hoje. Os números são significativos em todos os continentes e abrangem

236 países. A tabela sugere o motivo pelo qual a Europa sempre apresenta a menor reação de todos os continentes ao pentecostalismo (menos de 1%). Os europeus desprezaram a primeira onda porque ainda não estavam preparados para deixar as grandes igrejas estabelecidas e aderir ao pentecostalismo. A partir de 1970, porém, houve grande reação carismática *dentro* dessas igrejas. Com 21 milhões de carismáticos e 24 milhões de neocarismáticos, a Europa possui hoje o maior índice (6,6%) de carismáticos/pentecostais de todos os continentes.

Outro exemplo de continente que passou da rejeição à aceitação é a Ásia, com grande parte dos cristãos se tornando pentecostal (linha 41). Isso se deve principalmente ao avanço fenomenal do avivamento na Coreia, na Índia, nas Filipinas, na Indonésia e sobretudo na China.

Todas as igrejas estatais e denominações nacionais, com suas miríades de agências e instituições, agora estão permeadas de elementos carismáticos. Além disso, cerca de 14% dos carismáticos nessas principais igrejas se separaram ou se tornaram independentes todos os anos a partir de 1970. No geral, as igrejas carismáticas independentes somam 100 mil, agrupadas em cerca de 3.700 denominações ou redes em 210 países (linha 33). Essa deve ser uma das maiores explosões em toda a história das missões estrangeiras.

Renovação como força global massiva

A enorme força da renovação pode ser observada de muitas formas. Uma delas é que a maioria das 50 (ou mais) megaigrejas — as maiores congregações do mundo, com mais de 50 mil membros cada — é pentecostal/carismática/neocarismática.

Outra indicação dessa força é a entrada desproporcionalmente grande de pentecostais/carismáticos nos meios de comunicação (v. nota da linha 63). Os carismáticos costumam aproveitar bem as oportunidades globais do rádio, da televisão, de filmes, áudio, vídeo, publicações, literatura e revistas, campanhas evangelísticas urbanas (800 por ano), e assim por diante. Praticamente, todas as variedades de ministério comprometido com o cristianismo institucionalizado são agora invadidas pelo vigor da renovação.

Finanças, economia e ofertas também evoluíram bastante na média cristã global (linhas 54-66). Durante o avivamento, a receita anual dos membros da igreja aumentou de 157 bilhões em 1970 para 1,55 trilhão em 2000 (linha 60). Desse valor, 30 bilhões são doados para causas cristãs (linha 61). Isso significa que os integrantes do avivamento não precisam de mais exortações a respeito das finanças, pois seus membros laicos estão fazendo tudo que podem e um pouco mais. Existe, porém, uma falha quase universal por parte dos líderes da renovação: eles não reservam nem administram quantias significativas para missões e ministérios em âmbito mundial. Por consequência, a oferta semanal dos membros destinada para missões estrangeiras não passa de insignificantes 15 centavos de dólar.

Eis outro exemplo da expansão do cristianismo global: o imenso número de pastores, padres, ministros, bispos e outros líderes ordenados envolvidos (linhas 64-66). Mais de um terço dos obreiros cristãos em tempo integral são pentecostais/carismáticos/neocarismáticos.

Invadindo o mundo

Durante toda a história do avivamento, líderes têm convocado os membros para a tarefa de evangelização. Um dos temas favoritos é a frase de Jesus: "Os campos estão maduros para a colheita". Os frutos que não foram colhidos nem alcançados somam hoje (2000) 1,6 bilhão de pessoas não evangelizadas, isto é, pessoas que nunca ouviram falar de Jesus Cristo (linha 72), em 5.700 segmentos populacionais (cidades, povos, países) não evangelizados. Isso inclui 4 mil povos etnolinguísticos, 175 megapovos (com mais de 1 milhão de pessoas) que ainda não foram alcançados, 140 megacidades e 300 metrópoles islâmicas não evangelizadas. O contingente de trabalhadores da seara, dos ceifeiros prontos para colher, consiste em 5,5 milhões de obreiros cristãos em tempo integral. Entre eles, existem 2,1 milhões de pentecostais/carismáticos/neocarismáticos (38%; linha 64).

Os planos da renovação para alcançar o mundo

Eis outro indicador da magnitude desse envolvimento com a população mundial: planos globais para a evangelização do mundo (linha 73). Dos

1.500 planos elaborados desde o ano 30 de nossa era, 12% são pentecostais/carismáticos. Provavelmente, 20% ao todo — 300 planos — tiveram alguma participação carismática importante. Nos últimos vinte anos, essa porcentagem aumentou acentuadamente. Dos 24 megaplanos lançados a partir de 1960, 16 (67%) são pentecostais/carismáticos. Existem também nove (64%) gigaplanos — planos globais de evangelizar o mundo ao custo de 1 bilhão de dólares cada — lançados a partir de 1960.

A maré varre o Planeta

Além disso, novos organismos emergem continuamente. Criaram-se mais de 100 novas agências de missões carismáticas no mundo ocidental e mais de 300 agências neocarismáticas no Terceiro Mundo. Muitas delas estão aceitando o desafio dos segmentos da população não evangelizada em países com acesso restrito, por meio do trabalho de missionários não residentes.

Podemos resumir esse fenômeno extraordinário da seguinte maneira. Com pentecostais/carismáticos/neocarismáticos hoje ativos em 80% das 3.300 grandes metrópoles do mundo — todas em processo de implementação de uma rede e em cooperação com cristãos de todas as confissões da Grande Comissão —, parece que estamos a caminho de uma nova era das missões mundiais.

Notas metodológicas das Tabelas 1 e 2

As Tabelas 1 e 2 representam uma pesquisa descritiva do fenômeno mais conhecido como avivamento pentecostal/carismático ou, como preferem seus adeptos, o avivamento do Espírito Santo. Elas demonstram que o movimento expandiu suas fronteiras e chegou a lugares cuja existência só agora os líderes reconhecem. Ao mesmo tempo, o avivamento admite a existência e a realidade de grande número de outras ramificações ou segmentos do cristianismo global relacionados a graus variáveis de proximidade. Isso significa que as tabelas não pretendem descrever uma tradição do cristianismo distinta das outras tradições, mas, sim, um movimento contemporâneo que se sobrepõe ao restante do mundo cristão em larga escala (6% em 1970, aumentando para 27% em 2000). Em 1985, de fato, o avivamento havia penetrado — e assegurado representação — em todas as 156 confissões, tradições e famílias cristãs do mundo. Em 2000, já havia 250 tradições. As tabelas enumeram o progresso de todos os segmentos do avivamento ao longo dos anos, com projeções de 2000 a 2025, baseadas nas tendências de longo prazo.

O avivamento mundial do Espírito Santo

Tabela 1 — A expansão global do avivamento pentecostal/carismático/neocarismático no Espírito Santo, 1900-2025

Ref.	Categoria	Início	Países	Denominações	1900	1970	2000	2025
1		2	3	4	5	6	7	8	9
1.	**PRIMEIRA ONDA: AVIVAMENTO PENTECOSTAL**							
2.	Pentecostais	1886	225	740	20.000	15.382.330	65.832.970	97.876.000
3.	Pentecostais denominacionais	1910	225	740	20.000	15.382.330	65.832.970	97.876.000
4.	Pentecostais clássicos	1906	220	660	20.000	14.443.480	63.064.620	93.583.000
5.	Pentecostais *holiness*	1886	170	240	15.000	2.322.430	6.315.790	9.644.000
6.	Pentecostais "batistícos"	1906	210	390	5.000	11.415.390	54.973.310	81.272.000
7.	Pentecostais apostólicos	1904	29	30	0	705.660	1.775.520	2.667.000
8.	Pentecostais unicistas	1914	130	80	0	938.850	2.768.350	4.293.000
9.	**SEGUNDA ONDA: AVIVAMENTO CARISMÁTICO**							
10.	Carismáticos	1907	235	6.530	12.000	3.349.400	175.856.690	274.934.000
11.	Principal linha de carismáticos ativos	1960	225	6.990	12.000	3.349.400	114.029.250	179.969.000
12.	Principais pós-carismáticos	1973	150	3.540	0	0	61.827.440	94.965.000
13.	Carismáticos anglicanos	1907	163	130	1.000	509.900	17.562.110	25.470.000
14.	Católicos carismáticos	1967	234	236	10.000	2.000.000	119.912.200	194.973.000
15.	Protestantes carismáticos	1959	231	6.460	1.000	824.100	35.200.000	50.156.000
16.	Carismáticos ortodoxos	1970	25	140	0	15.200	3.167.380	4.295.000
17.	Carismáticos marginais	1980	15	130	0	200	15.000	40.000
18.	**TERCEIRA ONDA: AVIVAMENTO NEOCARISMÁTICO**							
19.	Neocarismáticos (independentes, pós-denominacionalistas)	1549	225	18.810	949.400	53.490.560	295.405.240	460.798.000
20.	(a) Duas vertentes da terceira onda	1656	220	17.125	949.300	36.854.370	253.936.540	401.173.000
21.	Neocarismáticos nativos não brancos	1783	210	13.425	919.300	29.379.360	203.270.400	327.515.000
22.	Pentecostais/carismáticos nativos africanos	1864	60	9.300	890.000	12.569.300	65.310.530	99.263.000
23.	Pentecostais/carismáticos negros americanos	1889	20	90	15.000	2.820.540	7.634.850	11.647.000
24.	Unicistas apostólicos negros americanos	1886	10	150	0	559.120	2.960.900	4.962.000
25.	Neocarismáticos comuns brasileiros/portugueses	1656	20	460	0	2.512.200	23.022.770	39.115.000
26.	Pentecostais/carismáticos filipinos nativos	1913	25	380	0	1.818.020	6.776.800	10.909.000
27.	Pentecostais/carismáticos chineses da dinastia han nativos	1905	58	180	2.000	310.240	49.749.200	82.948.000

28.	Pentecostais/carismáticos indianos nativos	1911	25	580	1.000	1.421.310	16.613.400	29.274.000
29.	Pentecostais indonésios nativos	1920	5	170	0	2.649.780	6.761.240	10.187.000
30.	Pentecostais/carismáticos coreanos nativos	1910	30	170	500	100.700	3.338.700	6.037.000
31.	Crentes comuns latino-hispânicos	1909	24	990	0	2.988.090	11.915.560	17.355.000
32.	Outros neocarismáticos nativos	1948	40	130	100	153.050	1.153.050	1.986.000
33.	Pós-denominacionalistas brancos independentes	1805	210	3.700	30.000	7.475.010	50.666.140	73.658.000
34.	(b) Percentual de sete grupos não pertencentes à terceira onda	1549	200	925	100	16.636.190	41.468.700	59.625.000
35.	Neocarismáticos independentes	1925	80	30	0	10.000	1.716.000	2.321.000
36.	Igrejas repetidas das três ondas (v. nota 36)							
37.	Afiliados pentecostais/carismáticos/neocarismáticos		236	21.080	981.400	72.223.000	523.767.390	811.551.600
38.	**MEMBROS DO AVIVAMENTO NOS SETE CONTINENTES**							
39.	Membros do avivamento na África	1830	60	9.990	901.000	17.049.020	126.010.200	227.819.720
40.	Membros do avivamento na Antártida	1980	1	0	2	0	400	600
41.	Membros do avivamento na Ásia	1870	50	2.690	4.300	10.144.120	134.889.530	217.550.600
42.	Membros do avivamento na Europa	1805	48	1.870	20.000	8.018.180	37.568.700	47.179.500
43.	Membros do avivamento na América Latina	1783	46	2.680	10.000	12.621.450	141.432.880	202.277.880
44.	Membros do avivamento na América do Norte	1889	5	3.520	46.100	24.151.910	79.600.160	110.204.580
45.	Membros do avivamento na Oceania	1917	28	330	0	238.240	4.265.520	6.519.300
46.	Percentual dos membros do avivamento em relação aos membros da igreja como um todo	-	238	-	0,2	6,4	27,7	32,5
47.	**CRENTES PERIFÉRICOS**							
48.	Semipentecostais (pré-pentecostais, pós-pentecostais)	1739	110	2.700	2.500.000	4.824.000	17.800.000	51.800.000
49.	Crentes não afiliados que professam o avivamento	1950	230	2.000	210.000	5.300.000	78.327.510	120.000.000
50.	**NÚMEROS MAIS AMPLOS DO AVIVAMENTO**							
51.	Total de membros do avivamento na metade do período		236	26.565	3.691.400	82.346.270	619.894.900	961.000.000
52.	Fiéis do avivamento que faleceram a partir de 1900		236	11.565	-	34.657.900	175.728.800	270.000.000
53.	Total de novos crentes a partir de 1900		236	29.500	3.691.400	117.004.170	795.623.700	1.231.000.000
54.	**IGREJAS, FINANÇAS, AGÊNCIAS, OBREIROS**							
55.	Igrejas e congregações pentecostais (primeira onda)		225	740	10	94.200	480.000	1.080.000
56.	Principais grupos de oração carismáticos (segunda onda)		235	4.450	0	35.000	550.000	1.450.000
57.	Grupos de oração semanais católicos carismáticos		234	239	0	2.185	160.000	245.000
58.	Grupos de oração semanais anglicanos e protestantes		231	3.700	0	32.815	250.000	500.000

59.	Congregações independentes, igrejas domésticas (terceira onda)	-	15.000	591.000	1.296.000
60.	Receita anual de membros do avivamento, em dólares	-	250 milhões	1,55 trilhão	2,4 trilhões
61.	Ofertas anuais de membros para todas as causas cristãs, em dólares	-	7 milhões	30 bilhões	46 bilhões
62.	Agências de serviço do avivamento.	-	20	4.000	7.000
63.	Instituições do avivamento	-	100	1300	19.000
64.	Todos os obreiros pentecostais em tempo integral	-	2.010	240.790	4.300.000
65.	Em território nacional: pastores, clérigos, evangelistas etc.	-	2.000	237.000	3.900.000
66.	No exterior: missionários estrangeiros	-	100	3.790	400.000
67.	**CONTEXTO DA EVANGELIZAÇÃO MUNDIAL**				
68.	População mundial	238	1.619.626.000	6.055.049.000	7.823.703.000
69.	Cristãos (todos os tipos)	238	558.132.000	1.999.564.000	2.616.670.000
70.	Membros de igrejas (batizados)	238	521.576.500	1.888.439.000	2.490.958.000
71.	Não cristãos	238	1.061.494.000	4.055.485.000	5.207.033.000
72.	Povos não alcançados	230	879.672.000	1.629.375.000	1.845.406.000
73.	Planos de evangelização mundial a partir de 30 d.C.	160	250	1.500	3.000

Tabela 2 — Códigos e características de cada uma das 95 categorias e ministérios pentecostais/carismáticos/neocarismáticos

Ref. Coluna 1	Categoria 2	Definições, características e exemplos de instituições mais importantes 5	Principal país 6
	PRIMEIRA ONDA: AVIVAMENTO PENTECOSTAL	Parte mais antiga do avivamento, invocando nome, história, experiências e teologia do pentecostalismo	EUA
1.	Pentecostais	Igrejas de origem branca (hoje com 70% não brancos), requerem provas iniciais do dom de línguas	Brasil
2.	Pentecostais denominacionais	Membros das maiores, mais antigas e mais tradicionais denominações	Canadá
3.	Pentecostais clássicos	Autodesignação das denominações brancas mais antigas, geralmente excluindo os pentecostais negros	EUA
4.	Pentecostais *holiness*	Aqueles que seguem a experiência wesleyana de conversão, santificação e batismo no Espírito Santo: Igreja Holiness Pentecostal	Chile
5.	Pentecostais "batistas"	Enfatizam a experiência pentecostal de conversão e batismo no Espírito Santo: Assembleias de Deus, Igreja de Deus, Igreja do Evangelho Quadrangular	Argentina
6.	Pentecostais apostólicos	Denominações que enfatizam o governo da igreja pentecostal por apóstolos vivos: Igreja Apostólica de Deus	Gana
7.	Pentecostais unicistas	Denominações que enfatizam o batismo somente em nome de Jesus, antitrinitariana: Igreja Pentecostal Unida	Colômbia
8.			Itália
9.	**SEGUNDA ONDA: AVIVAMENTO CARISMÁTICO**	Todos os que tiveram a experiência do batismo no Espírito Santo, mas continuam em igrejas não pentecostais que experimentam o fenômeno pentecostal	México
10.	Carismáticos	Membros das maiores igrejas não pentecostais que experimentam o fenômeno pentecostal	Filipinas
11.	Principal linha de carismáticos ativos	Membros de igrejas não pentecostais que participam regularmente de atividades do avivamento	França
12.	Principais pós-carismáticos	Carismáticos que não participam mais das atividades do avivamento, porém ainda se consideram carismáticos	Grã-Bretanha
13.	Carismáticos anglicanos	Total de anglicanos no avivamento, antigos e atuais, incluindo crianças e bebês	Brasil
14.	Católicos carismáticos	Total de católicos romanos batizados da Renovação Carismática Católica (RCC), antigos e atuais, incluindo crianças e bebês	Austrália
15.	Protestantes carismáticos	Total de protestantes no avivamento, antigos e atuais, incluindo crianças e bebês	Armênia
16.	Carismáticos ortodoxos	Total de ortodoxos no avivamento, antigos e atuais, incluindo crianças e bebês	EUA
17.	Carismáticos marginais	Total de carismáticos marginais do avivamento, antigos e atuais, incluindo crianças e bebês	China
18.	**TERCEIRA ONDA: AVIVAMENTO NEOCARISMÁTICO**	Independentes que rejeitam o denominacionalismo pentecostal/carismático	
19.	Neocarismáticos (independentes, pós-denominacionalistas)	Todos os batizados no Espírito Santo nas novas igrejas independentes do cristianismo histórico	
20.	(a) Duas vertentes da terceira onda	(1) Neocarismáticos não brancos e (2) brancos nas igrejas/redes da terceira onda	
21.	Neocarismáticos nativos não brancos	Não brancos batizados no Espírito Santo em 26 tipos de igrejas nativas, independentes e apostólicas	Zimbábue
22.	Pentecostais/carismáticos nativos africanos	A maioria das igrejas africanas independentes são sionistas, apostólicas, espirituais: Igreja Cristã de Sião (ZCC), CCC, AICN, DLBC, Igreja Apostólica Africana de Johane Maranke (AACJM) e Igreja de Jesus Cristo de Simon Kimbangu (EJCSK)	EUA
23.	Pentecostais/carismáticos negros americanos	Pentecostalismo negro: Igreja de Deus em Cristo, Igreja Santa Unida da América, Igreja Católica do Evangelho Pleno	EUA
24.	Unicistas apostólicos negros americanos	Assembleias Pentecostais do Mundo, Comunhão Cristã Apostólica Mundial, Igrejas de Nosso Senhor Jesus Cristo Mundiais do Caminho Bíblico, Igreja de Nosso Senhor Jesus Cristo da Fé Apostólica	
25.	Neocarismáticos comuns brasileiros/portugueses	O Brasil Para Cristo, Igreja Universal do Reino de Deus, Congregação Cristã no Brasil, Igreja Pentecostal Filadélfia, Igreja Pentecostal Deus É Amor	Brasil
26.	Pentecostais/carismáticos filipinos nativos	Comunidade Jesus É Senhor, Christ Dependent Community Church (CDCC), Marcha da Fé e Ecclesiae Dei	Filipinas
27.	Pentecostais/carismáticos chineses da dinastia han nativos	Verdadeira Igreja de Jesus, NBM/BAM, Salão de Assembleia da Igreja (Igreja Local), igrejas domésticas han	China
28.	Pentecostais/carismáticos indianos nativos	Igreja Indiana Pentecostal de Deus, fiéis das igrejas da Índia, grupos cristãos, Assembleias Pentecostais da Índia (IPA), MFGCM	Índia
29.	Pentecostais indonésios nativos	Igreja Pentecostal da Indonésia (GPI), Igreja Betel na Indonésia(GBI), Igreja Betel do Evangelho Pleno (GBIS), Igreja Pentecostal do Centro Surabaya (GPPS), Templo Maior de Betel (GBT), Igreja da Missão Pentecostal (GUP)	Indonésia
30.	Pentecostais/carismáticos coreanos nativos	Igreja do Evangelho Pleno de Yoido, Igreja Graça e Verdade, FGIGM, Igrejas Coreanas do Evangelho Pleno da América	Coreia
31.	Crentes comuns latino-hispânicos	Igrejas nativas (GR), IMPC, IPP, IOAP, IEMP, Igreja da Comunidade Internacional (ICC)	México
32.	Outros neocarismáticos nativos	Outras igrejas asiáticas: Igrejas Esperança de Deus (Tailândia), Igreja da Chuva Serôdia (Malásia)	Tailândia
33.	Pós-denominacionalistas brancos independentes	Brancos batizados no Espírito Santo em redes apostólicas não pentecostais/carismáticas	Grã-Bretanha

514

34.	(b) percentual de sete tipos de denominação não pertencentes à terceira onda	Neocarismáticos em denominações não pentecostais/carismáticas (até mesmo antirrenovação)	Grã-Bretanha
35.	Neocarismáticos independentes	Neocarismáticos em grupos anglicanos independentes não pentecostais/carismáticos	Grã-Bretanha
36.	Igrejas repetidas das três ondas (v. nota 36)	Neocarismáticos que acompanham os grupos pentecostais; carismáticos que se tornam neocarismáticos	Coréia
37.	Afiliados pentecostais/carismáticos/neocarismáticos	Total de membros de todas as igrejas do avivamento pentecostal/carismático/neocarismático	
	MEMBROS DO AVIVAMENTO NOS SETE CONTINENTES	O avivamento (que representa 28% do globo) é formado por: 12% pentecostais, 33% carismáticos, 55% neocarismáticos	
38.	Membros do avivamento na África	12% pentecostais, 25% carismáticos, 63% neocarismáticos	
39.	Membros do avivamento na Antártida	1% pentecostais, 95% carismáticos, 4% neocarismáticos	
40.	Membros do avivamento na Ásia	5% pentecostais, 16% carismáticos, 79% neocarismáticos	
41.	Membros do avivamento na Europa	8% pentecostais, 56% carismáticos, 36% neocarismáticos	
42.	Membros do avivamento na América Latina	23% pentecostais, 52% carismáticos, 24% neocarismáticos	
43.	Membros do avivamento na América do Norte	7% pentecostais, 28% carismáticos, 65% neocarismáticos	
44.	Membros do avivamento na Oceania	14% pentecostais, 63% carismáticos, 24% neocarismáticos	
45.	Percentual dos membros do avivamento em relação aos membros da igreja como um todo	Cresce rapidamente para 6% em 1970 e para 28% em 2000	
46.	**CRENTES PERIFÉRICOS**		
47.	Semipentecostais (pré-pentecostais, pós-pentecostais)	Definidos anteriormente nas linhas 2 e 3, não incluídos aqui como membros do avivamento, mas como crentes do avivamento	
48.	Crentes não afiliados que professam o avivamento	Crentes que experimentaram individualmente os dons do Espírito Santo, mas não estão ligados ao movimento	
	NÚMEROS MAIS AMPLOS DO AVIVAMENTO		
50.	Total de membros do avivamento na metade do período	Total das linhas 66, 77 e 78	
51.	Fiéis do avivamento que faleceram a partir de 1900	Ex-membros do avivamento que faleceram no ano indicado	
52.	Total de novos crentes a partir de 1900	Total das linhas 80 e 81	
53.	**IGREJAS, FINANÇAS, AGÊNCIAS, OBREIROS**		
54.	Igrejas e congregações pentecostais (primeira onda)	Principalmente imóveis e propriedades das Assembleias de Deus	
55.	Principais grupos de oração carismáticos (segunda onda)	Os frequentadores assíduos desses grupos semanais eram conhecidos como a "tropa de choque" do avivamento	
57.	Grupos de oração semanais católicos carismáticos	Crescimento massivo desde o princípio, em 1967, para 2.185 grupos (1970), 12 mil (1980), 90 mil (1990), 160 mil (2000)	
58.	Grupos de oração semanais anglicanos e protestantes	Liderança de leigos e clérigos em larga escala de 1960 em diante	
59.	Congregações independentes, igrejas domésticas (terceira onda)	Mais de 500 mil pequenos grupos domésticos	
60.	Receita anual de membros do avivamento, em dólares	Enorme riqueza, mas nenhuma organização financeira ou conta bancária	
61.	Ofertas anuais de membros para todas as causas cristãs, em dólares	Abaixo de 2% da receita destinados a causas cristãs, porém acima das taxas cristãs globais	
62.	Agências de serviço do avivamento	Grande número de agências (listadas na nota correspondente)	
63.	Instituições do avivamento	Ampla variedade (listadas na nota correspondente)	
64.	Todos os obreiros pentecostais em tempo integral	Obreiros pentecostais de todos os tipos: total das próximas duas linhas, 94 e 95	
65.	Em território nacional: pastores, clérigos, evangelistas etc.	Registrado principalmente nas grandes redes e denominações	
66.	No exterior: missionários estrangeiros	Números elevados e em rápido crescimento, servindo no exterior curto ou longo prazos	
67.	**CONTEXTO DA EVANGELIZAÇÃO MUNDIAL**		
68.	População mundial	População na metade (30 de junho) dos anos: 1970, 1995, 2000, 2025	
69.	Cristãos (todos os tipos)	Declarados e criptocristãos; afiliados e não afiliados; Grande Comissão e cristãos latentes	
70.	Membros de igrejas (batizados)	Batizados ou outros membros de todas as igrejas	
71.	Não-cristãos	Atualmente, mais de 4 bilhões, em crescimento acelerado	
72.	Povos não alcançados	Todas as pessoas que não conhecem a cristandade, Cristo e/ou o evangelho	
73.	Planos de evangelização mundial a partir de 30 d.C.	Planos e propósitos distintos para completar a evangelização mundial	

Definições e dados adicionais

(Referências às linhas enumeradas.) Cada linha das tabelas 1 e 2 se refere à situação global (total, mundial), estando os pentecostais/carismáticos presentes em 99% do total de 238 países do mundo (nos quais residem 99% da população mundial). Os tópicos são apresentados na coluna da esquerda, com divisões e subdivisões ou elementos listados logo abaixo, com recuo. Todos os títulos com recuo, portanto estão incluídos nas categorias sem recuo ou na categoria de recuo menor imediatamente acima delas. Dados básicos e bibliografias sobre o avivamento pentecostal/carismático podem ser encontrados nos livros de C. E. Jones: *A Guide to the Study of Pentecostalism* [Um guia para o estudo do pentecostalismo] (1983), em dois volumes e com 9.883 verbetes, e *Black Holiness: A Guide to the Study of Black Participation in Wesleyan Perfectionism and Glossolalic Pentecostal Movements* [*Holiness* negros: um guia para o estudo da participação do negro nos movimentos do perfeccionismo wesleyano e pentecostal glossolálico] (1987). Consulte também a obra *Pentecostal Research in Europe: Problems, Promises and People* [Pesquisa pentecostal na Europa: problemas, promessas e povo], de 1986, organizada por W. J. Hollenweger, e a obra magna de Hollenweger, *Pentecostalism: Origins and Developments Worldwide* [Pentecostalismo: origem e progresso em âmbito mundial], de 1997.

Colunas 1-10 da Tabela 1

1. Número de referência das linhas (o mesmo da Tabela 2).
2. Terminologia mais comum para os principais componentes e categorias do avivamento.
3. Ano em que começaram as primeiras manifestações.
4. Número de países em que a categoria era evidente em 2000.
5. Número de denominações distintas (incluindo redes, denominações equivalentes, quase denominações) em 2000.
6-9. Número de participantes (total da comunidade ou de afiliados) em 1900, 1970 e 2000, com projeções para 2025 baseadas nas tendências atuais.

Colunas 1-4 da Tabela 2

1. Número de referência das linhas (o mesmo da Tabela 1).
2. Terminologia mais comum para os principais componentes e categorias do avivamento (idênticos aos listados na Tabela 1).
3. Definições, características e exemplos de grupos mais importantes em cada categoria.
4. Principal país em que cada categoria está presente.

O avivamento como movimento único

As tabelas anteriores veem o avivamento do século XX como um movimento coeso e singular, para o qual um amplo e crescente número de pessoas e de comunidades tem sido atraído a um grupo coeso e reunido em diferentes circunstâncias num período de quatrocentos e cinquenta anos. Pentecostais, carismáticos e membros da terceira onda compartilham a mesma experiência básica. A contribuição desses grupos para o cristianismo é uma nova noção dos dons espirituais na condição de ministério para a vida da Igreja. O estudo de caso para essa tese pode ser feito com base na listagem de dados históricos, missiológicos, teológicos e sociológicos, entre outros. Também podemos atentar para o fato de que durante os avivamentos de 1900, 1904 e 1906 as notícias desses eventos levavam dias e até semanas para percorrer o mundo (por trem, navio e telégrafo). Hoje, notícias de eventos semelhantes — conversões, bênçãos, curas, movimentos — viajam o mundo em poucos segundos, por telefone, rádio, televisão, correio eletrônico, páginas da internet e outros meios. A comunicação veloz através do tempo e do espaço e toda variedade do avivamento reforçam essa unidade.

A análise estatística do avivamento como movimento singular interconectado pode, contudo, ser melhorada se considerarmos o modo pelo qual o movimento começa e como se espalha em qualquer área, desde os primeiros dias do pentecostalismo até a época dos carismáticos e membros da terceira onda.

O início do movimento, onde quer que fosse, sempre se mostrou um acontecimento inesperado ou imprevisível, nunca resultado de planejamento ou organização humana. Primeiro indivíduos (espalhados pelas diversas igrejas existentes), depois grupos e, em seguida, grandes contingentes organizados em movimentos se tornam cheios do Espírito e mergulham na experiência carismática. Todos eles podem ser, em sua origem, coletiva e corretamente chamados "carismáticos". Esses carismáticos fazem parte das principais igrejas e congregações. Assim, ao longo dos últimos duzentos anos eles foram designados ou rotulados como carismáticos, avivalistas, entusiastas, espirituais ou pentecostais e muitas vezes considerados excêntricos, fanáticos, hereges, cismáticos ou coisa pior, e por isso foram rejeitados. Contudo, todos tentam inicialmente permanecer e trabalhar em sua igreja de origem. Não demora, porém, para começarem as evasões, retiradas e divisões em vários graus. De início, várias pessoas, depois grupos e, em seguida, movimentos inteiros são forçados ao cisma ou optam por ele, ocorrendo assim a cisão das estruturas eclesiásticas e o surgimento de novas denominações.

Dessa forma, considerado desde o princípio, o avivamento se expandiu em três grandes ondas. Podemos ainda dividir essas ondas numa tipologia de nove etapas.

Essas novas etapas e categorias são aproximadas e descritivas, mas não estanques nem restritas. Por exemplo, como resultado da pandemia global de gripe em 1918, muitos negros das igrejas anglicanas da África (Nigéria, Quênia, Uganda, África do Sul) se tornaram carismáticos e formaram grupos carismáticos de oração nas paróquias anglicanas. A maioria, contudo, logo evadiu — e assim aparecem nas Tabelas 1 e 2, tornando-se o que nos referimos como negros pentecostais. Somente uma minoria (10%) permaneceu no anglicanismo como carismáticos, no que ficou conhecido como avivamento carismático anglicano.

Tendo estabelecido o avivamento como um único movimento, descreveremos seus elementos.

UMA TIPOLOGIA DA EVOLUÇÃO DOS CARISMÁTICOS DENTRO DAS IGREJAS

Notas sobre as nove colunas a seguir:
1 = etapa de novos desdobramentos carismáticos
2 = primeiro ano de início da nova etapa
3 = etnias majoritárias envolvidas na etapa (brancas e não brancas)
4 = evasão de carismáticos de suas igrejas originais
5 = percentual de carismáticos que evadiram de suas igrejas originais
6 = percentual de carismáticos que voluntariamente romperam com suas igrejas originais
7 = percentual de carismáticos perdidos pelas igrejas originais (= colunas 5 + 6)
8 = percentual restante nas igrejas originais (-100 — coluna 7)
9 = novas organizações ou desdobramentos resultantes

Fase	Início	Etnia	História dos carismáticos		Evasão, %			Organizações resultantes
1	2	3	4	5	6	7	8	9
PRIMEIRA ONDA: Rejeição, evasão, secessão, novas denominações/comunhões = AVIVAMENTO PENTECOSTAL
1.	1741	Não brancos	Evasão imediata	100	0	100	0	Denominações negras/não brancas
2.	1900	Brancos	Divisão consequente	90	6	96	4	Denominações predominantemente brancas
SEGUNDA ONDA: atrito, tolerância, paróquias renovadas, grupos principais = AVIVAMENTO CARISMÁTICO
3.	1783	Não brancos	Evasão majoritária	80	10	90	10	Grupos de oração isolados
4.	1907	Brancos	Evasão minoritária	40	30	70	30	Ministérios de cura isolados
5.	1940	Brancos	Evasão parcial	10	15	25	75	Redes em larga escala
6.	1960	Brancos	Poucas evasões	4	10	14	86	Agências carismáticas denominacionais
TERCEIRA ONDA: Poder evangelizador, novas estruturas, redes, novas igrejas = AVIVAMENTO NEOCARISMÁTICO
7.	1980	Brancos	Evasões esporádicas	2	8	10	90	Estruturas pós-denominacionais
8.	1990	Não brancos	Raras evasões	1	1	2	98	Novas denominações e comunhões
9.	2000	Não brancos	Sem evasões	0	0	0	100	Nova missão global

As três ondas do avivamento do século XX

As tabelas classificam os diversos movimentos e categorias sob as seguintes ondas consecutivas do avivamento no Espírito Santo, definindo os três elementos-chave a seguir.

1. Pentecostais. São definidos como cristãos membros das denominações mais explicitamente pentecostais dentro do pentecostalismo (ou movimento pentecostal, ou avivamento pentecostal), cuja maior característica é a descoberta de uma nova experiência sobrenatural com um ministério poderoso e renovador do Espírito Santo na esfera dos milagres, que a maioria dos outros cristãos considera bastante incomum.

Isso é interpretado como uma redescoberta dos dons espirituais do Novo Testamento e sua restauração na vida cristã comum e no ministério. O pentecostalismo provavelmente surgiu nos Estados Unidos, em 1901 (embora a presente pesquisa mostre a origem em 1886). Durante breve período, foi um avivamento carismático que pretendia permanecer como movimento interdenominacional, ou seja, restrito às igrejas existentes, sem o aparecimento de novas denominações. Contudo, a partir de 1909, os pentecostais foram aos poucos sendo excluídos da vida da denominação a que pertenciam e acabaram forçados a organizar novas denominações. (Cf. nota explanatória 1, "Primeira onda: avivamento pentecostal".)

As denominações pentecostais defendem o ensinamento distintivo de que todos os cristãos devem buscar uma experiência pós-conversão religiosa chamada batismo no Espírito Santo e que o crente batizado no Espírito Santo deve receber um ou mais dons sobrenaturais conhecidos pela igreja primitiva: santificação instantânea, capacidade de profetizar, praticar a cura divina por meio da oração, falar em línguas (glossolalia), interpretar línguas, cantar em línguas, cânticos espirituais, danças espirituais, orar com as mãos levantadas, sonhos, visões, discernimento de espírito, palavra de sabedoria, palavra de conhecimento, ênfase nos milagres, encontros de poder, exorcismo (expulsão de demônios), ressurreições, libertações, sinais e maravilhas. De 1906 em diante, das denominações explicitamente pentecostais, em comparação com as denominações *holiness*/perfeccionistas, o único acréscimo foi o falar em línguas como "evidência inicial" do recebimento do batismo do Espírito Santo, embora a pessoa pudesse ou não exercer frequentemente o dom de línguas. A maior parte das denominações pentecostais prega que todos os membros precisam falar em línguas, mas na prática apenas 5% a 35% dos membros praticam esse dom, seja como uma experiência inicial, seja como uma experiência contínua. As denominações pentecostais proclamam um evangelho "pleno", "quadrangular" ou "quíntuplo" de Cristo como aquele que salva, santifica, batiza com o Espírito Santo, cura e é o Rei que voltará. Coletivamente, o conjunto de todas as denominações pentecostais é às vezes considerado a primeira onda de um movimento de renovação único do século XX relacionado ao Espírito Santo. Nos Estados Unidos, os pentecostais geralmente referem-se a todo o conjunto de denominações implantadas antes de 1940 com o termo "pentecostais clássicos", para distingui-lo dos subsequentes "carismáticos" e "neopentecostais" das denominações não pentecostais.

2. Carismáticos. São definidos como cristãos afiliados a denominações não pentecostais (anglicanos, protestantes, católicos, ortodoxos) que tiveram as experiências citadas anteriormente no que se tornou o movimento conhecido como carismático, cujas raízes remontam a 1907 e 1912, mas com uma rápida expansão a partir de 1950 (mais tarde chamado "renovação carismática"). Em geral, eles se consideram renovados no Espírito, afirmam experimentar o poder sobrenatural, milagroso e renovador do Espírito e permanecem na denominação de origem, preferindo formar grupos de avivamento organizados, em vez de deixar sua igreja para se unir a alguma denominação pentecostal. Eles demonstram alguns ou todos os *charismata pneumatika* ("dons do Espírito", no Novo Testamento grego), até mesmo sinais e maravilhas, mas a glossolalia é vista como opcional. O movimento, como um todo, é às vezes considerado a segunda onda do avivamento do século XX. A respeito da palavra-chave, note que "no sentido técnico paulino, *charismata* (dons) denota poderes extraordinários, distinguindo e capacitando certos cristãos a servir à Igreja de Cristo, a recepção de algo devido ao poder da graça divina que opera na alma pelo Espírito Santo".[1]

---

[1] *Thayer's Greek-English Lexicon of the New Testament* (1886, 1997), p. 667.

3. Neocarismáticos (ou membros da terceira onda). A partir de 1945, milhares de cismáticos e outras igrejas carismáticas independentes começaram a deixar o movimento carismático. Esses cristãos independentes contabilizam, de 1900 a 2000, mais membros que as duas outras ondas juntas. Consistem em evangelicais e outros cristãos que não fazem parte do avivamento pentecostal nem do avivamento carismático, foram cheios ou receberam o poder do Espírito e vivenciaram a experiência sobrenatural e o ministério de milagres (embora geralmente não reconheçam um batismo no Espírito Santo separado da conversão). Eles exercem os dons do Espírito (com muito menos ênfase nas línguas, que são opcionais ou mesmo ausentes e desnecessárias) e enfatizam sinais e maravilhas, milagres e encontros de poder. Esses cristãos também abandonam suas igrejas de origem (não pentecostais), porém não se identificam como pentecostais nem como carismáticos. Em alguns países, vivenciam o fenômeno pentecostal e carismático, mas rejeitam a terminologia pentecostal. Esses fiéis são identificados por sua liderança como independentes, pós-denominacionalistas, restauracionistas, radicais, neoapostólicos — a terceira onda do avivamento do século XX. O termo "terceira onda" foi criado por um participante do movimento, C. Peter Wagner, em 1983.[2] Por constituírem uma nova força revigoradora, também nos referimos a esse movimento na tabela como avivamento neocarismático.

Esquema das linhas abaixo. As notas explanatórias a seguir apresentam números que fazem referência às Tabelas 1 e 2. Eles correspondem a cada título de linha da segunda coluna na Tabela 1 que aparece em negrito.

Notas sobre as linhas 1-36

Apresentam o total de cristãos que pertencem ao rol de membros das denominações, igrejas e grupos, incluindo os membros batizados, seus filhos, catecúmenos, pesquisadores, frequentadores, mas excluindo os frequentadores não cristãos, casuais, visitantes etc. Muitas denominações pentecostais

---

[2] Cf. A Third Wave?, *Pastoral Renewal* v. 8, n. 1, jul.-ago. 1983, p. 1-5; The Third Wave, *Christian Life*, set. 1984, p. 90. V. tb. seu livro *The Third Wave of the Holy Spirit: Encountering the Power of Signs and Wonders Today* (1988).

contam as crianças e os bebês, e algumas batizam crianças. A maioria, porém, ignora as crianças em suas estatísticas, o que corresponde a um sério desvio nos números da difusão do avivamento. Como as estatísticas dos membros da igreja são comparadas com o total da população (que quase sempre inclui as crianças e os bebês), as pesquisas sobre o avivamento também deveriam considerar as crianças. Devemos comparar os equivalentes.

1. Primeira onda: avivamento pentecostal

Os pentecostais são definidos aqui como todos os associados às denominações explicitamente pentecostais e que se identificam como tais (v. a definição de *pentecostais* na parte inicial desta seção de notas) ou com outras denominações que, como um todo, são fenomenologicamente pentecostais no ensino e na prática. O procedimento comum nos Estados Unidos é analisar o fenômeno como se fosse basicamente um movimento norte-americano distinto do neopentecostalismo (movimento carismático) e assim rotular todo o pentecostalismo denominacional do mundo pelo termo paralelo ou sinônimo "pentecostalismo clássico". Nessa tabela, porém, estamos mais preocupados em ver o fenômeno inteiro como algo global, o que exige uma série de termos descritivos diferentes. Portanto, dividimos o movimento em duas correntes principais: o pentecostalismo clássico e o grande movimento pentecostal entre negros, não brancos e nativos do Terceiro Mundo, que não está relacionado ao pentecostalismo clássico ocidental (ver notas abaixo sobre as linhas 3-8). Contudo, para evitar a repetição excessiva desses termos, usamos o adjetivo "pentecostal" para denotar o todo. Historicamente, a primeira onda surgiu no meio de escravos negros nos Estados Unidos; do avivamento evangelical (wesleyano) de 1738, na Grã-Bretanha; do movimento *holiness* (perfeccionista), que alcançou projeção universal com a grande difusão de línguas e de outros fenômenos pentecostais. Outros estudiosos citam 1904 (avivamento galês) e 1906 (Rua Azusa) pelos mesmos motivos.

2. Pentecostais

(Essas estatísticas são computadas como a soma das linhas 4-8.) Esses totais de associados às denominações explicitamente pentecostais, conforme detalhado anteriormente, derivam das Country Tables 2 [Tabelas de países 2], da *World Christian Encyclopedia 2000*.

3. Pentecostais denominacionais

Nas 740 denominações pentecostais reconhecidas na teologia e prática pentecostal, divididas em denominações para pentecostais distintos, estão incluídas diversas denominações menores, de 225 países. (Essa linha é semelhante à linha 2.)

4. Pentecostais clássicos

Como já foi dito, na classificação global consideramos essa expressão um termo genérico para todas as denominações ocidentais relacionadas que se identificam explicitamente como pentecostais — quase todos brancos originários dos Estados Unidos, mas agora com fiéis de todas as etnias, presentes em 220 países (soma das linhas 5-7). Os estudiosos norte-americanos utilizam uma definição mais ampla, que identifica os "pentecostais clássicos" (termo que data de 1970) com todos os pentecostais denominacionais, em contraste com os neopentecostais (carismáticos). Eles incluem nesse termo as principais denominações pentecostais negras dos Estados Unidos, notadamente a Igreja de Deus em Cristo, com cerca de 6 milhões de membros atualmente. Em essência, nosso procedimento diz que todo o fenômeno do pentecostalismo denominacional é mais bem compreendido quando classificado nas duas subdivisões: a) pentecostalismo de origem negra; b) pentecostalismo de origem branca. Por ser uma forma mais organizada e articulada, a categoria "b" leva o mérito do título "pentecostalismo clássico".

Há algumas linhas divisórias não muito nítidas entre os movimentos pentecostal e carismático. Dessa forma, em 1948 surgiu o "movimento chuva serôdia" (Nova Ordem da Chuva Serôdia) entre os pentecostais clássicos de Saskatchewan, no Canadá, que se espalhou rapidamente pela Europa, pelos Estados Unidos e por todo o mundo. O movimento enfatizava a imposição de mãos com profecia e o governo por uma ordem de apóstolos vivos. Começou como Missões Globais de Radiodifusão, mesclando-se a partir de 1965 ao movimento carismático.

5. Pentecostais *holiness*

Também conhecidos como pentecostais wesleyanos ou pentecostais metodistas, era a forma pentecostal universal até a mudança de 1910, no norte dos Estados Unidos, e continua sendo a principal forma no Sul. Hoje, estão presentes em 240 denominações do mundo, pregando as três experiências dramáticas (conversão, santificação, batismo no Espírito Santo). As primeiras manifestações de glossolalia foram: 1896, na Igreja Holiness Batizada com Fogo; 1907, na Igreja de Deus em Cristo; 1908, na Igreja de Deus de Cleveland. Total de países envolvidos: 170.

6. Pentecostais "batísticos"

Os principais pentecostais clássicos, que pregam a "obra consumada" ou duas experiências dramáticas (conversão e batismo no Espírito Santo), estão em 390 denominações de 210 países. Diversas denominações pentecostais traçam sua origem entre 1906 e 1909, durante o avivamento da Rua Azusa, em Los Angeles, nos Estados Unidos, liderado pelo bispo W. J. Seymour, quando milhares de pessoas falaram em línguas pela primeira vez. Contudo, a doutrina da "obra consumada" — que mistura conversão com santificação, a "segunda bênção" — de W. H. Durham, de 1910, fizeram que muitos pentecostais do norte dos Estados Unidos que pregavam as três experiências dramáticas wesleyanas passassem a adotar a ideia das duas experiências dramáticas, conhecida como pentecostalismo "batístico". As Assembleias de Deus, implantadas em 1914, foram a primeira denominação a defender essa ideia. Essa igreja, com sua missão internacional, trabalha em 118 países e é de longe a maior denominação pentecostal. Suas meticulosas estatísticas anuais sobre a situação de cada país formam o conjunto de dados estatísticos mais sólido do pentecostalismo e, portanto, a principal documentação sobre o fenomenal crescimento da renovação.

7. Pentecostais apostólicos

O avivamento galês de 1904, sob a liderança de Evan Roberts, citado por escritores europeus como a origem do movimento pentecostal no mundo, preparou o caminho para o pentecostalismo britânico, principalmente o ensinamento apostólico que resultou, em 1908, na Igreja da Fé Apostólica (Bournemouth), da qual foi formada a Igreja Apostólica — com sede em Gales. Hoje, os apostólicos são encontrados em 30 denominações, enfatizando a complexa hierarquia de apóstolos, profetas e outros líderes carismáticos.

8. Pentecostais unicistas

Em 80 denominações de 130 países, conhecidos como pentecostais unitarianos ou "só Jesus", eles se autodenominam pentecostais unicistas ou pentecostais "do nome de Jesus". Batizam somente em nome de Jesus e são reconhecidos eclesiasticamente como evangelicais, mas teologicamente como monarquistas. Desde 1920, correspondem a 25% dos pentecostais nos Estados Unidos. A principal denominação é a Igreja Pentecostal Unida, criada em 1945 com a união das Assembleias Pentecostais de Jesus Cristo (1913) e da Igreja Pentecostal (1916). Essa tendência do pentecostalismo denominacional não se verificou no movimento carismático, que permaneceu explicitamente trinitariano.

Muitas denominações da terceira onda (Verdadeira Igreja de Jesus etc.) defendem teologias unicistas, mas não estão listadas aqui, e sim abaixo das linhas 22-32 à medida que surgiram.

9. Segunda onda: avivamento carismático

Os carismáticos (ou, até recentemente, neopentecostais) são definidos como aqueles que foram batizados ou renovados no Espírito Santo dentro de uma linha de denominações não pentecostais, desde a primeira ocorrência, em 1918, na África, até a grande expansão do movimento carismático (inicialmente chamado "neopentecostalismo" para distingui-lo do pentecostalismo clássico), iniciada em 1950 e que continua nas principais denominações não pentecostais. Mais tarde, o movimento foi chamado "avivamento carismático". A definição exata usada aqui está quase no início das notas. Observe que muitos cristãos de igrejas históricas já haviam recebido o batismo no Espírito Santo, sem alarde, muitos anos antes das datas consideradas iniciais — 1900, 1907, 1924, 1950, 1959, 1962, 1967 etc.

Observe também que a coluna 5, "Denominações", no avivamento carismático representa o total de grupos não carismáticos e não pentecostais com ocorrências de avivamento: 6.530 denominações em 235 países.

10. Carismáticos

(Esta linha de estatística de membros é computada como a soma das linhas 11-12 ou 13-17.) O total dos que estão explicitamente associados ao avivamento carismático nas principais denominações não pentecostais provém de pesquisas detalhadas resumidas nas Tabelas de Países 1 e 2 da *World Christian Encyclopedia 2000* e aparecem completas no banco de dados dessa publicação.

11. Principal linha de carismáticos ativos

São os membros regularmente ativos (semanal, mensal ou anualmente, incluindo as crianças), envolvidos em grupos de oração dentro do avivamento carismático nas denominações mais antigas. Entre 1906 e 1950, milhares de clérigos e centenas de milhares de leigos receberam a experiência pentecostal e falaram em línguas, porém muitos foram excluídos e se afiliaram a denominações pentecostais. Em 2000, o avivamento havia atingido 250 confissões eclesiásticas, tradições e famílias do mundo cristão, havendo carismáticos em cada tradição e em 6.530 denominações.

12. Principais pós-carismáticos

São cristãos autodenominados "carismáticos" dentro de uma linha de denominações não pentecostais não mais regularmente ativas no avivamento carismático, mas que se mudaram para outras esferas de testemunho e serviço em suas igrejas. Existem três grandes categorias aqui. 1) Os protestantes pós-carismáticos são carismáticos antes envolvidos no avivamento, mas agora inativos em relação a ministérios maiores. O número desses inativos é bem menor que o dos católicos inativos, em razão de um desenvolvimento maior nas áreas de ensino, cuidado pastoral e oportunidades de ministério propiciado por cerca de dez comunidades de avivamento organizadas em denominações nos Estados Unidos e partes da Europa. Uma indicação da rápida rotatividade entre os membros é o fato de que 25% dos 12 mil frequentadores das conferências luteranas anuais em Minneapolis em geral participam pela primeira vez, o que implica uma média de quatro anos de rotatividade. 2) Os católicos pós-carismáticos são carismáticos outrora ativos no avivamento católico carismático — pelo período de rotatividade de dois ou três anos de envolvimento em grupos de oração reconhecidos oficialmente —, mas agora envolvidos em ministérios mais amplos, definidos, de maneira inexata, como "diplomados" ou "alunos" do avivamento. Nos Estados Unidos, existem 4,6 milhões de inativos a mais que católicos carismáticos ativos, incluindo crianças. Somado aos membros ativos, significa que em 1985 havia 63,5 milhões de católicos carismáticos no mundo (7,3% de toda a Igreja Católica Romana, aumentando para 11,3% em 2000). Muitos teólogos católicos acreditam que o batismo do Espírito é tão irreversível quanto o batismo nas águas. 3) Os pós-carismáticos anglicanos são carismáticos antes ativos no avivamento carismático anglicano, principalmente até 1953, mas que hoje não estão ativamente envolvidos em missões estrangeiras nem em outras missões.

13. Carismáticos anglicanos

Os pentecostais anglicanos surgiram no início em 1907 com o clérigo A. A. Boddy (Sunderland, Inglaterra). Depois de 1918, por causa da epidemia de gripe, apareceram diversos grupos de oração e de cura nas igrejas anglicanas da Nigéria e do Quênia. Em 1925, surgiu o "movimento do Espírito" (Aladura), que foi banido e dividido entre as igrejas nativas africanas (com um total de 50 milhões, enumerados na linha 22). Subsequentemente, diversos clérigos e grupos isolados de vários países aderiram ao ministério de cura de Agnes Sanford, em 1953, além dos padres R. Winkler em 1956 e D. Bennet em 1959, a Sociedade Bendita Trindade em 1961, e o clérigo anglicano M. C. Harper em 1962 (o qual implantou a Fonte Verdadeira em 1964). De 18 países em 1978, o movimento expandiu-se para 95 em 1987, com 850 mil adeptos no Reino Unido servindo pelos Ministérios Episcopais para o Avivamento (sigla em inglês: ARM). Os 520 mil adeptos (18% dos membros da igreja anglicana) nos Estados Unidos serviam nos ARM, com departamentos também em outros países. Houve rápido crescimento, e em 2000 havia 17,5 milhões de adeptos em 130 denominações de 163 países. Boa parte dessa expansão aconteceu graças a um ministério carismático internacional estruturado de maneira única, o Compartilhamento de Ministérios no Exterior (sigla em inglês: SOMA), implantado em 1979 e que hoje cobre 27 das 37 províncias anglicanas no mundo, atuando parcialmente em 70 países em 1987.

14. Católicos carismáticos

Conhecidos como os primeiros católicos pentecostais ou neopentecostais e depois como o avivamento católico carismático, iniciou com pequenos focos em países do Terceiro Mundo (África e América Latina) e, de forma definitiva, em 1967, nos Estados Unidos. Em 1985, eram 60 mil grupos de oração em 140 países (nos Estados Unidos, diversos grupos usando os idiomas inglês, vietnamita, coreano, filipino, espanhol, francês e muitos outros), aumentando para 143 mil em 1995. Desde 1978, os Comitês Nacionais de Serviço unem os católicos carismáticos em mais de 120 países. Há diversas correntes nos Estados Unidos e em muitos outros países: a) a primeira é centrada na Comunidade Palavra de Deus (Ministérios do Servo, Universidade da Superação Cristã, revista *New Covenant*, em Ann Harbor, no Michigan, com comunidades internacionais e obras na Bélgica, Honduras, Hong Kong, Índia, Indonésia, Líbano, Nicarágua, Irlanda do Norte, Filipinas, África do Sul, Sri Lanka) e lideranças coesas e autoritárias que deram origem ao Escritório Internacional da Renovação Carismática Católica (sigla em inglês: ICCRO), em Bruxelas, Bélgica; b) a outra é centrada na Comunidade Povo do Louvor (South Bend, Indiana, Estados Unidos). Além do ICCRO, após sua transferência para a Cidade do Vaticano, em 1987, surgiu uma ampla rede internacional de comunidades, com estrutura e estilo de liderança menos autoritários. A partir de 1974, cerca de 4% dos padres dos Estados Unidos estavam ativos no avivamento, entre eles 2% pós-carismáticos. Os padres em todo o mundo (hoje, 9.470) são menos envolvidos que os bispos (hoje, 450). Os missionários estrangeiros são mais envolvidos que os clérigos locais.

A *World Christian Encyclopedia 2000* apresenta uma interpretação completa da metodologia dessa pesquisa sobre o avivamento católico carismático.

15. Protestantes carismáticos

Origens: 1909, grupos luteranos de oração em igrejas estatais (Alemanha); 1918, carismáticos em países africanos evadiram ou se separaram para formar as Igrejas Nativas Africanas (sigla em inglês: AIC); 1931, informação da existência de grupos reformados pela União de Priere (sul da França); 1932, avivamento carismático na igreja metodista (sul da Rodésia), resultando num grande cisma da Igreja Apostólica Africana de Johane Maranke (sigla em inglês: AACJM); 1945, Irmãs de Maria de Darmstadt (Alemanha); 1950, Igreja Holandesa Reformada (Holanda); 1950, origens dos neopentecostais protestantes nos Estados Unidos; 1958, movimentos neopentecostais em larga escala nas igrejas protestantes do Brasil (renovação); em 38 países em 1978, em 130 em 1987 e em 6.460 denominações em 231 países em 2000. Alguns números representativos: Alemanha Oriental, 500 mil participantes (7% dos membros) na igreja luterana.

16. Ortodoxos carismáticos

São sucessores contemporâneos de vários movimentos carismáticos na Igreja Ortodoxa Russa, que datam desde os Cristãos Espirituais (1650); também carismáticos na Igreja Ortodoxa Grega, na Grécia, e na Igreja Ortodoxa Oriental, nos Estados Unidos (1967, padre A. Emmert, que em 1987 se converteu ao catolicismo melquita), Canadá, Austrália, Líbano, Uganda, Quênia, Tanzânia, Egito e outros 30 países. Agência: Comitê de Serviço para a Renovação Carismática Ortodoxa. Um desdobramento significativo recente é a rápida difusão da Fraternidade do Amor, um avivamento carismático dentro da Igreja Apostólica da Armênia, na antiga União Soviética. Apesar de todo esse progresso, as autoridades ortodoxas muitas vezes hostilizavam os carismáticos implacavelmente. O motivo desse antagonismo era a asserção ortodoxa de que eles nunca perderiam o Espírito nem os *charismata*.

17. Carismáticos marginais

Sempre existiram pequenos núcleos de carismáticos praticantes dentro das várias organizações ortodoxas no megabloco cristão marginal.

18. Terceira onda: avivamento neocarismático

Esses termos identificam uma nova onda do avivamento espiritual do século XX e compreendem o período entre as décadas de 1960 e 1990, sem afiliação direta ao avivamento pentecostal ou carismático. Vale observar que muitos carismáticos (na Coreia, Alemanha Oriental, Polônia etc.) não se identificam como pentecostais ou carismáticos e rejeitam a terminologia pentecostal.

19. Neocarismáticos (independentes, pós-denominacionalistas)

São membros das principais denominações não pentecostais recentemente cheios do poder do Espírito Santo, mas sem falar em línguas, os quais não se identificam como pentecostais nem como carismáticos. Por causa das manifestações dos *charismata* e do fenômeno do pentecostalismo, também são classificados — por observadores externos — como semicarismáticos. Números de 2000: 295.405.240 membros em 18.810 denominações ou redes de 225 países. Os neocarismáticos podem ser divididos em duas categorias: a) os que estão inteiramente conectados (100%) e os neocarismáticos (v. linha 20); b) os membros neocarismáticos em denominações independentes e não pentecostais/carismáticas (v. linha 34).

20(a). Duas vertentes da terceira onda

Esse grupos 100% neocarismáticos contabilizam 253.936.000 membros em 17.125 denominações/redes de 220 países.

21. Neocarismáticos nativos não brancos

São membros pentecostais ou semipentecostais não brancos do antigo movimento de duzentos e cinquenta anos de igrejas cristãs nativas ao redor do mundo, que começou sem referência para o cristianismo ocidental. Estima-se que em 1970 eram 60% — aumentando para 75% em 1985 — dos membros das mil denominações nativas de não brancos ou do Terceiro Mundo que, embora não explicitamente pentecostais, mantêm as características fenomenológicas do pentecostalismo — espiritualidade carismática, liturgia oral, testemunho e teologia narrativos, sonhos e visões, ênfase no Espírito Santo, cura por meio da oração, comunicação atmosférica (orações simultâneas audíveis), comunhão emotiva etc. Em 2000, essas denominações estavam presentes em 210 países de todos os continentes, perfazendo o total de 13.425, com 203.270.000 pessoas. A pesquisa sobre os participantes desses movimentos como pentecostais foi feita por W. J. Hollenweger.[3] O termo "nativo" é usado aqui em referência à origem desses movimentos, iniciados entre os não brancos sem o apoio ocidental ou de ministérios brancos.

Essa categoria pode ser dividida em várias subcategorias. Pentecostais *holiness* nativos são encontrados em 60 denominações de 35 países. Eles ensinam as três experiências dramáticas (conversão, santificação e batismo no Espírito Santo). Existem pentecostais "batísticos" nativos em 70 denominações, ensinando a doutrina das duas experiências dramáticas (conversão e batismo no Espírito Santo) em 45 países. Os pentecostais unicistas nativos estão espalhados em 60 denominações, praticando o batismo somente em nome de Jesus. A principal organização com missões é a Verdadeira Igreja de Jesus (originada na China, em 1917). A primeira denominação nova, um cisma das (predominantemente brancas) Assembleias de Deus (Estados Unidos), foram as Assembleias Pentecostais de Deus (1916). Hoje, essa igreja está em 38 países. Os pentecostais apostólicos nativos estão distribuídos em mais de 60 denominações de 18 países. Há ênfase na complexa hierarquia de apóstolos vivos, profetas e outros líderes carismáticos. Os pentecostais radicais nativos estão distribuídos em mais de 100 denominações de 40 países, e se espalham rapidamente. A maioria das igrejas jovens, acomodadas em hotéis, teatros, cinemas, lojas e ao ar livre, surgem como parte dessa categoria, também conhecida como pentecostais perfeccionistas, pentecostais livres, pentecostais de libertação, pentecostais avivalistas. Elas ensinam a experiência de quatro experiências dramáticas (incluindo libertação e confissão extática, ascensão, perfeccionismo e profecia) em mais de 40 denominações e estão presentes em mais de 30 países, expandindo-se rapidamente.

---

[3] After Twenty Years' Research on Pentecostalism, *International Review of Mission*, abr. 1986; *Pentecostalism* (1997).

22. Pentecostais/carismáticos africanos nativos

Estão em 60 países e 9.300 denominações, com 65 milhões de membros, 92 conselhos nacionais de AICs e na continental Organização das Igrejas Africanas Reconhecidas (antes independentes), com sede em Nairóbi, no Quênia. Início: 1864.

Uma observação histórica importante deve ser acrescentada aqui. Em 1900, as principais organizações missionárias da África (católicas, anglicanas, protestantes) chamavam a esses seguidores, na melhor das hipóteses, cristãos "nominais" ou "não afiliados", e é dessa forma que eles aparecem na Tabela de Países 1 (para Nigéria, África do Sul etc.) da *World Christian Encyclopedia 2000*. Hoje, eles são considerados, como classificado aqui, neocarismáticos independentes.

23. Pentecostais/carismáticos negros norte-americanos

São cristãos negros de denominações explicitamente pentecostais, presentes em 20 países, formados por não brancos que no início não contavam com assistência nem o apoio de missionários ocidentais ou brancos. A maior denominação é a Igreja de Deus em Cristo (implantada em 1895). A maioria dos estudiosos pentecostais nos Estados Unidos define essa variação como uma parte do pentecostalismo clássico, embora na tabela tenhamos dado uma definição mais restrita a esse termo (v. linha 4). Nosso raciocínio é que, de uma perspectiva global, essa variação fica mais bem posicionada como o arquétipo do pentecostalismo global não branco. Além disso, muitos pentecostais negros relacionam os termos "pentecostal" e "carismático" à origem branca e tradicionalmente preferem o termo "santificado". Denominações: 100, com 9 milhões de membros.

24. Unicistas apostólicos negros norte-americanos

São cerca de 150 denominações em 10 países, com 3 milhões de membros. A maioria pertence à Comunhão Cristã Apostólica Mundial (150 denominações).

25. Neocarismáticos comuns brasileiros/portugueses

Houve diversos movimentos precoces na África Portuguesa (Angola). Dois movimentos proféticos, Nkimba e Kimpasi, surgiram das missões jesuítas em 1656; anos depois, a profetisa Fumaria; Donna Beatrice tenta implantar uma igreja católica independente, o que a levou a ser queimada viva pelo rei Pedro IV, em 1706; 1872, Kiyoka; 1904, Epikilipikili etc. Em 2000, grupos pentecostais independentes em países de língua portuguesa em cinco continentes somavam 460 denominações e 23 milhões de membros em 20 países, entre elas: Igreja Universal do Reino de Deus, O Brasil Para Cristo, Congregação Cristã no Brasil, Igreja Pentecostal Deus É Amor, Movimento Carismático (Portugal).

26. Pentecostais/carismáticos filipinos nativos

São 6,7 milhões de membros de 380 denominações em 25 países; iniciou em 1913.

27. Pentecostais/carismáticos chineses da dinastia han nativos

Uma forte tradição que começou em 1905 e se expandiu em 1955, alcançando rapidamente a China continental em 1982. Em 1985, quase 25% dos protestantes falavam em línguas. A estimativa da proporção de cristãos chineses fenomenologicamente pentecostais/carismáticos varia de 50% a 84% num grande número de igrejas pentecostais ou carismáticas independentes. Total: 49 milhões de membros em 180 denominações de 58 países.

28. Pentecostais/carismáticos indianos nativos

São 16,6 milhões de membros em 580 denominações de 25 países, incluindo a Europa e os Estados Unidos.

29. Pentecostais indonésios nativos

São 6,7 milhões de membros em 170 grandes denominações, em cinco países, incluindo a Holanda.

30. Pentecostais/carismáticos coreanos nativos

Iniciado em 1910, o movimentos agora possui 170 denominações com 3,3 milhões de membros em 30 países.

31. Crentes comuns latino-hispânicos

Existem 11,9 milhões de crentes em 990 denominações ou grupos de denominações em 24 países.

32. Outros neocarismáticos nativos

São 1,1 milhão de crentes em 130 denominações de 40 países (Tailândia, Malásia, Vietnã, Caribe Africano, Japão, Pacífico, ameríndios, judeus messiânicos etc.)

33. Pós-denominacionalistas brancos independentes

São igrejas carismáticas e neocarismáticas independentes que ou estão separadas do movimento carismático, nas principais denominações (embora 50% dos carismáticos presbiterianos dos Estados Unidos tenham saído de uma denominação para participar dessas igrejas), ou foram implantadas independentemente (apesar de pertencerem à mesma região). São independentes ou participam de grupos de igrejas liberais, compostas predominantemente por membros brancos (europeus, norte-americanos) ou lideradas por eles. Total: 50 milhões de membros em 3.700 denominações de 210 países. Exemplos: movimentos de igrejas domésticas na Inglaterra (Restauração, entre outros cinco principais), Escócia, Noruega, Suécia (muitas, incluindo a Comunidade Rhema), Dinamarca, Hungria, Polônia, França (diversas comunidades), Suíça, Espanha, Holanda (muitas), Nova Zelândia, África do Sul (muitas, incluindo a Comunhão Internacional de Igrejas Carismáticas, com 300 igrejas, o Centro Cristão Hatfield, com 162 igrejas etc.), a ex-União Soviética (Rússia Central, norte da Rússia, Ucrânia, países bálticos, Geórgia etc.) e os Estados Unidos — 60 mil igrejas implantadas recentemente dentro de grupos ou redes maiores, com alguma sobreposição; Comunhão Internacional de Ministros da Fé (2 mil igrejas), Convenção Internacional de Igrejas e Ministros da Fé (495 igrejas em Tulsa), Comunhão International da

Fé Cristã (2 mil ministros ordenados), Centro Cristão de Melodyland, Povo do Destino, Comunhão Internacional da Igreja Carismática (antigos pentecostais clássicos, rede que cresceu mais rapidamente em 1988), Rede de Ministros Cristãos (ênfase na chuva serôdia), Associação de Assembleias Cristãs (101 igrejas), Igrejas Cristãs Maranata (57 igrejas), Comunidade de Aliança Ministros & Igrejas (250 igrejas), Igrejas Associação da Videira (200 igrejas implantadas por John Wimber; ele e essas igrejas se consideram membros da terceira onda, e não carismáticos, embora muitos observadores afirmem o contrário), Conferência Nacional de Líderes, Ministérios Bíblicos Carismáticos (1.500 ministérios), Ministério Palavra da Fé, Ministério Internacional do Calvário (200 igrejas), Igrejas da Aliança Local (Apascentamento), Associação Ministerial Rhema (525 igrejas), Fórum Internacional de Ministros (500 igrejas), Capelania do Evangelho Pleno (3 milhões de carismáticos independentes), Cristo para as Nações (600 igrejas), Igrejas da Comunidade Vida Abundante (25 igrejas) etc. Essa categoria também inclui as redes semidenominacionais como a Comunhão Internacional de Igrejas e Ministros do Evangelho Pleno (início em 1962, 425 igrejas). Existem, porém, movimentos similares, relacionados ou não, em 84% dos países do mundo.

34(b). Percentual de sete grupos de denominações não pertencentes à terceira onda

Essa categoria reúne os neocarismáticos de denominações ou redes independentes que não são pentecostais nem carismáticas, nem antipentecostais/anticarismáticas. Como demonstrado no banco de dados *Christian World*, a cada grupo é atribuída uma porcentagem estimada de membros neocarismáticos. Total em 2000: 41.468.700 em 925 denominações de 200 países.

35. Neocarismáticos independentes

Essa linha se refere a números relativamente pequenos de neocarismáticos em denominações independentes sem interesse ou hostilidade a qualquer vínculo com o cristianismo histórico. Esses neocarismáticos somam 1,7 milhão em 30 denominações de 80 países, a partir de 1925, todos negando raízes ou relação com os quatro megablocos históricos: anglicano, ortodoxo, protestante e católico romano.

36. Igrejas repetidas das três ondas

Essa categoria, que reúne alguns milhões de pessoas, é difícil de avaliar por causa das diferenças de procedimentos para definição e contagem. Pode-se obter uma estimativa a partir da soma das linhas 1-35, subtraindo a linha 37. A categoria enumera o crescimento de membros e congregações contados tanto como pentecostais (primeira onda) quanto como carismáticos (segunda onda), mas também chamados ou autointitulados "neocarismáticos da terceira onda". É o caso de igrejas como a Metodista, a Batista, as Assembleias de Deus e outras congregações que aparecem duas vezes em nossa contagem. O total da linha 36, portanto, seria mais corretamente demonstrado em números negativos, se quisermos chegar a estatísticas mais precisas. Os exemplos incluem muitos crentes da África, Ásia e América Latina. A categoria também inclui muitas igrejas e congregações de porte e bem conhecidas no Terceiro Mundo, que pertencem a missões não pentecostais implantadas por não pentecostais, ou mesmo por antipentecostais da Europa e da América do Norte. Entre as congregações mais proeminentes nesse grupo, quatro são da Coreia: Igreja Batista Sung Rak, em Seul (com 25 mil membros, a maior congregação do mundo relacionada à Igreja Batista, até sua divisão em setembro de 1987); Igreja Holiness Evangelical Central, em Seul (com 6 mil membros, a maior congregação *holiness* do mundo); e as duas maiores congregações metodistas do mundo, localizadas em Inchon e Seul (25 mil membros cada). Todas essas congregações demonstram o fenômeno pentecostal e carismático.

37. Afiliados pentecostais/carismáticos/neocarismáticos

Soma das linhas 2, 10 e 19 menos a linha 36 (as três ondas do avivamento).

38. Membros do avivamento nos sete continentes

Ordenados por tamanho: 1) América Latina; 2) Ásia; 3) África; 4) América do Norte; 5) Europa; 6) Oceania; 7) Antártida.

39. Membros do avivamento na África

Total: 126 milhões — 12% pentecostais, 25% carismáticos e 63% neocarismáticos.

40. Membros do avivamento na Antártida

Total: 400 — 50% católicos e 30% protestantes.

41. Membros do avivamento na Ásia

Total: 134.890.000 — 5% pentecostais, 16% carismáticos e 79% neocarismáticos.

42. Membros do avivamento na Europa

Total: 37.569.000 — 8% pentecostais, 56% carismáticos e 36% neocarismáticos.

43. Membros do avivamento na América Latina

Total: 141.433.000 — 23% pentecostais, 52% carismáticos e 24% neocarismáticos.

44. Membros do avivamento na América do Norte

Total: 79.600.000 — 7% pentecostais, 28% carismáticos e 65% neocarismáticos.

45. Membros do avivamento na Oceania

Total: 4.266.000 — 14% pentecostais, 63% carismáticos e 24% neocarismáticos.

46. Percentual dos membros do avivamento em relação aos membros da igreja como um todo

Calculado da seguinte forma: linha 53 dividida pela linha 69, vezes 100.

47. Crentes periféricos

Não contabilizados como membros do avivamento, mas claramente relacionados ou próximos para formar outras duas categorias.

48. Semipentecostais (pré-pentecostais, pós-pentecostais)

A primeira categoria compreende os pré-pentecostais (da qual John Wesley é o arquétipo), notadamente o Exército de Salvação e os pós-pentecostais (ex-membros de denominações pentecostais que as deixaram para participar dos principais grupos não pentecostais, como o anglicanismo, o catolicismo, o luteranismo etc.).

49. Crentes não afiliados que professam o avivamento

O termo "crentes" diz respeito a pessoas com dons ou experiências pentecostais que afirmam ser pentecostais/carismáticas, mas não pertencem a igrejas, grupos, comunidades ou denominações pentecostais, carismáticas ou neopentecostais. Muitas delas se tornaram pentecostais ou carismáticas por meio da experiência pessoal, e ficaram nessa condição por semanas, meses e anos, até encontrarem uma igreja ou um grupo e ingressarem no rol de membros. Esse número pode ser estimado, como foi feito aqui, comparando-se cuidadosamente o número dos que professam o avivamento com o número de afiliados.

50. Números mais amplos do avivamento

Pessoas vivas associadas com o avivamento, constando na a) coluna 37 e b) nas colunas 50 e 49.

51. Total de membros do avivamento na metade do período

É importante lembrar que potencialmente todas as estatísticas de pentecostais, carismáticos e neocarismáticos coletadas, publicadas ou citadas por membros ou observadores são apenas de crentes vivos. Não fazem parte crentes que faleceram ou foram martirizados. Para equilibrar esse desvio, a linha 52 foi posicionada aqui.

52. Fiéis do avivamento que faleceram a partir de 1900

Esse número nos dá uma visão mais real das dimensões do avivamento, se quisermos considerar o século XX como um todo. A fórmula utilizada é: crentes falecidos = taxa de mortalidade [média de 1% ao ano/100 x (P2-P1)/P2/P1] 1/1 2-42-1, e que P1 = total de crentes vivos inicialmente no ano t1, e P2 = total de crentes vivos no final do ano t2.

53. Total de novos crentes a partir de 1900

Calculado pela soma das colunas 51 e 52. Nos meados de 2000, esse total ultrapassou 795 milhões.

54. Igrejas, finanças, agências, obreiros

Todas as congregações, centros de adoração, paróquias, comunidades ou qualquer tipo de agrupamento explicitamente identificado ou vinculado ao avivamento. Megaigrejas: a maioria das cerca de 150 megaigrejas (as maiores congregações do mundo, com mais de 50 mil membros cada) é pentecostal/carismática. A maior igreja protestante é a Igreja do Evangelho Pleno, em Seul, Coreia, com 600 mil membros em 1988 e 800 mil em 1998.

55. Igrejas e congregações pentecostais (primeira onda)

Maior agrupamento, Assembleias de Deus: igrejas excluindo os postos em locais remotos (1985) 77.976; (1986) 92.355 (aumento de 15,6% ao ano). Todas as denominações: 480 mil congregações.

56. Principais grupos de oração carismáticos (segunda onda)

Crescimento de grupos semanais: 10 mil em 1960, aumentando para 550 mil em 2000.

57. Grupos de oração semanais católicos carismáticos

Crescimento dos grupos semanais: 2.185 (1970); 12 mil (1980); 90 mil (1990); 160 mil (2000).

58. Grupos de oração semanais anglicanos e protestantes
Cerca de 250 mil grupos de oração regulares se reuniam em 2000.

59. Congregações independentes, igrejas domésticas (terceira onda)
Eram 591 mil em 2000.

60. Receita anual de membros do avivamento
Definida conforme o artigo "Silver and Gold Have I None" [Não tenho prata nem ouro].[4] Em 2000, a contribuição pessoal de todos os membros do avivamento era de 1,55 bilhão de dólares ao ano.

61. Ofertas anuais de membros para todas as causas cristãs
Em 2000, essa quantia era de pelo menos 30 bilhões de dólares ao ano.

62. Agências de serviço do avivamento
Consistem em grupos, organizações paraeclesiásticas e agências nacionais, regionais e internacionais que dão assistência ou servem as igrejas, mas não são denominações nem grupos missionários. Entre as categorias mais importantes, estão: a) agências pentecostais (missões, evangelismo, divulgação etc.); b) agências carismáticas denominacionais: Ministérios de Renovação Anglicana (Reino Unido), Ministérios da Renovação Episcopal (Estados Unidos), Serviços Internacionais da Renovação Carismática Católica (Cidade do Vaticano), comitês nacionais da Renovação Carismática Católica (em mais de 120 países) e mais uma centena de organizações do gênero; c) agências de missão global: SOMA, Advance, Associação de Serviços para Missões Internacionais (sigla em inglês: AIMS) e outras organizações missionárias que servem ao avivamento carismático; d) agências missionárias do Terceiro Mundo: mais de 500 organizações carismáticas de envio de missionários. Um dos modelos de agência do avivamento que mais cresceu

---

[4] *International Bulletin of Missionary Research*, out. 1983, p. 150.

foram as organizações de produção de TV, que somavam 500 em 1987 e mil em 2000. Total em 2000: 4 mil agências.

63. Instituições do avivamento

São as principais instituições, de todos os tipos, pentecostais/carismáticas ligadas a uma igreja. Por exemplo: centros fixos com espaço determinado, estrutura física e equipe permanente — excluindo templos de igrejas, centros de adoração, sedes ou escritórios de igrejas; incluindo colégios, faculdades, universidades, centros médicos, hospitais, clínicas, livrarias, bibliotecas, estações e estúdios de rádio e TV, centros de conferência, centros de pesquisa, seminários, comunidades religiosas (mosteiros, abadias, conventos, residências) etc. Muitos desses centros têm origem em organizações pentecostais, e um número cada vez maior de carismáticos e uma explosão de novas instituições começaram com as igrejas e grupos de igrejas da terceira onda. Contudo, nos países em que novas iniciativas foram proibidas ou reprimidas (por exemplo, antes de 1989 na Alemanha Oriental e na Polônia), milhares de instituições tradicionalmente cristãs foram invadidas e praticamente dominadas por carismáticos.

Comunidades de pactos carismáticos: a partir de 1958 (Comunidade de Jesus, Cape Cod, Massachussetts, hoje com 900 membros) e 1965 (Igreja Episcopal do Redentor, Houston, Texas), comunidades domésticas comprometidas com o trabalho, as missões e a vida carismática coletiva, principalmente ecumênicas ou interdenominacionais, com casais casados e famílias, bem como celibatários, chegaram a 50 países ao redor do mundo. O tamanho dessas comunidades varia de 20 pessoas a 4 mil membros (Comunidade Emanuel, Paris, França, iniciada em 1972). Total de comunidades em 1987: cerca de 2 mil, com mais de 250 mil membros; chegou ao triplo em 1998.[5] Total em 2000: 14 mil.

64. Todos os obreiros pentecostais em tempo integral

São obreiros, pastores, clérigos, ministros, evangelistas, missionários, executivos, administradores, bispos, moderadores, líderes de igreja, entre

---

[5] P. HOCKEN, The Significance of Charismatic Communities, in: P. ELBERT (Org.), *Charismatic Renewal in the Churches* (1990).

outros, que trabalham em tempo integral. Essa linha é a soma das duas seguintes, 65 e 66. Total em 2000: 2,1 milhões.

65. Em território nacional: pastores, clérigos, evangelistas etc.

Algumas estatísticas representativas: 1) Avivamento pentecostal — ministros credenciados das Assembleias de Deus: 11.788 (1985), 121.425 (1986), aumento anual de 8%. 2) Avivamento carismático — percentual de carismáticos entre os clérigos (alguns dados representativos): Igreja luterana (Alemanha Oriental), 500 pastores (10% da liderança) são carismáticos. Igreja anglicana (Reino Unido), 25% dos 17 mil líderes. Igreja episcopal (Estados Unidos), 21% dos 14.111 clérigos envolvidos, e 64% recebem periódicos dos Ministros Episcopais Renovados (sigla em inglês: ERM). Sínodo da Igreja Luterana do Missouri: 400 de 6 mil clérigos são carismáticos; muitos clérigos foram destituídos a partir de 1970. Muitas agências paraeclesiásticas ecumênicas e evangelicais contêm de 20% a 60% de carismáticos em seus quadros. Nas 2 mil agências pentecostais, provavelmente toda a equipe é pentecostal. Total em 2000: 1.933.000.

66. No exterior: missionários estrangeiros

Essa linha inclui os pentecostais e a seguinte variedade de carismáticos e neocarismáticos (renovados no Espírito Santo): 25% de todos os missionários anglicanos estrangeiros (1985), 20% dos católicos romanos, 40% dos protestantes (60% da AMEM, 42% dos Ministros Interinos das Igrejas Batistas Americanas — sigla em inglês: ABCIM, etc.); em 2000, esses números chegaram a pelo menos 50% dos anglicanos, 25% dos católicos romanos, 50% dos protestantes e 90% dos missionários do Terceiro Mundo. Total em 2000: 167 mil.

67. Contexto da evangelização mundial

Essa seção foi adicionada para ilustrar o que tem sido o foco e o objetivo do avivamento como um todo.

68. População mundial
Nos meados de 2000: 6.055.049.000.

69. Cristãos (todos os tipos)
Nos meados de 2000: 1.999.564.000.

70. Membros de igrejas (batizados)
Pessoas (adultos e crianças) no rol das igrejas e afins do cristianismo organizado: 1.888.439.000 nos meados de 2000.

71. Não cristãos
Nos meados de 2000: 4.055.485.000

72. Povos não alcançados
Total de pessoas no mundo que nunca ouviram falar no nome de Jesus Cristo e permanecem inconscientes em relação ao cristianismo, a Cristo e ao evangelho. Nos meados de 2000: 1.629.375.000.

73. Planos de evangelização mundial a partir de 30 d.C.
Total geral de todos os planos e propósitos distintos para evangelizar o mundo, elaborados por cristãos a partir do ano 30 de nossa era. A maioria desses planos está relacionada na *World Christian Encyclopedia 2000*.[6]

---

[6] Parte 24, GeoStrategies, com o contexto histórico na Parte 2, CosmoCronology. Todos os 770 planos globais de 1987, que chegaram a 1.500 no ano 2000, estão enumerados, descritos, analisados e interpretados também na Parte 24.

※ Apêndice ※

CRONOLOGIA DOS MOVIMENTOS DE RENOVAÇÃO DO ESPÍRITO SANTO

David B. Barrett

O Espírito traz poder à era bíblica

2000 a.C. O Antigo Testamento faz diversas referências às atividades do Espírito Santo ("Espírito Santo" ou "Santo Espírito" aparece três vezes na NVI; "Espírito de Deus, 13 vezes; "Espírito do SENHOR", 19 vezes; "meu Espírito", 27 vezes); frequentemente representado como um vento ou força poderosos.

1225 a.C. Após a morte de Josué, Israel é governado durante cento e oitenta e cinco anos por juízes (militares carismáticos ou guerreiros/heróis/profetas civis): 1200, Otoniel e Eúde; 1150, Sangar, Débora e Baraque (1125, Batalha de Megido); 1100, Gideão (quarenta anos); 1075, Abimeleque (três anos); Tolá (vinte e três anos); Jair (vinte e dois anos); 1050, Jefté (seis anos); Ibsã (sete anos); Elom (dez anos); Abdom (oito anos); Sansão (vinte anos); Eli (quarenta anos); Samuel (trinta anos); Joel e Abias, até a instituição da monarquia em 1030 a.C.

33 d.C.	O Novo Testamento se refere muitas vezes às atividades do Espírito Santo (Evangelhos, 48 vezes; Atos, 58 vezes, na *English New Revised Standard Version Bible*).
33 d.C.	Dia de Pentecoste, em Jerusalém: o Espírito inaugura a Igreja, o Corpo de Cristo, quando 3 mil pessoas se convertem entre judeus da Diáspora e gentios "de todas as nações do mundo", do norte da África até a Pérsia.
33 d.C.	O apóstolo Pedro e os Onze proclamam às multidões de Jerusalém: "Arrependam-se [...] e receberão o dom do Espírito Santo". Repentinamente, acontecem manifestações em larga escala como conversões, línguas (glossolalia), milagres, exorcismos, sinais e maravilhas.
35 d.C.	Proliferação de "sinais e maravilhas" entre os primeiros cristãos (que aparece nove vezes em Atos) — na época, os milagres e as curas acontecem todos os dias e são parte essencial da proclamação do evangelho; "evangelismo de poder" é então um dos tipos comuns de evangelismo na igreja primitiva.

O Espírito renova grupos dispersos
ao longo de dezoito séculos

70 d.C.	Depois da era apostólica, acontecem muitas restaurações e avivamentos, com registros de cristão carismáticos isolados (muitas vezes em mosteiros), mas nenhuma renovação até o século XX.
79 d.C.	Os "sinais e maravilhas" (milagres que demonstram o Reino de Deus) não se encerram com o fim da era apostólica nem com o fechamento do cânon do Novo Testamento, mas continuam ao longo da história da Igreja em ondas menores de profecias, curas, libertação e línguas.
c. 100	A diminuição dos milagres e a morte do último dos Doze dão origem a uma convicção cada vez maior de que o exercício dos dons carismáticos cessou após a era apostólica.

c. 150 Justino Mártir (c. 100-165) funda uma escola de treinamento de discípulos numa casa romana — documentos registram "sinais e maravilhas" (exorcismo, curas e profecias) — e escreve: "Os primeiros apóstolos, 12 em número, pelo poder saíram e proclamaram Cristo a toda raça humana"; "Não há um só povo, seja bárbaro seja grego, ou como quer que possa ser chamado, nômade ou errante, ou pastores que habitam em tendas, em meio ao qual não sejam feitas orações e impetradas ações de graças em o nome de Jesus crucificado"; ensina que todos os cristãos ortodoxos acreditam na ressurreição da carne e no milênio da nova Jerusalém; martirizado em Roma.

c. 155 Outros apologistas influentes escrevem extensivamente acerca do Espírito Santo: Taciano, Atenágoras, Teófilo de Antioquia, Ireneu (130-202), Tertuliano, Clemente de Alexandria (155-215), Orígenes (185-254), Cipriano (200-258) e Hipólito de Roma.

c. 156 Frígia: surgimento do montanismo implantado pelo recém-convertido Montano (c. 120-c. 175), movimento puritano, profético, carismático, milenar e apocalíptico que alega ser uma nova era do Espírito Santo; 156, os cristãos são convocados para ir à Frígia e ali esperar a segunda vinda de Cristo; no vilarejo de Ardabau, Montano, juntamente com Priscila e Maximila, começa a profetizar que em breve a Jerusalém celestial descerá à terra em Pepuza, cidade da Frígia, e assim será inaugurado o Reino de Deus; 206, Tertuliano se une ao grupo; 230, o movimento é excomungado pelo Sínodo de Icônio; continua clandestino até o ano 880.

c. 251 Novaciano (c. 200-258), primeiro teólogo romano a aprender a escrever em latim, surge como o segundo antipapa da História, ocasionando o cisma novaciano (oposição aos *lapsi*[1]); documentos registram dons carismáticos contemporâneos (profecias, línguas, curas, milagres, poderes); martirizado em

---

[1] Pessoas que haviam abandonado temporariamente a Igreja. [N. do T.]

	258, sua seita se espalhou por todo império e permaneceu pelo menos até o ano 600.
c. 270	Surgimento do monasticismo no Egito, como desafio direto ao estilo de vida dos ricos: 1) eremita (Antão do Egito, c. 251-356); 2) cenobita (Pacômio, c. 287-346); expansão ao longo dos dois séculos seguintes, com o registro de diversas curas, exorcismos, milagres, sinais e maravilhas; monges egípcios fazem grandes viagens, evangelizando pela Europa, Grã-Bretanha, Irlanda etc.
328	Muitos pais pós-nicenos gregos publicam explicações a respeito do Espírito Santo: Eusébio de Cesareia (265-339), Cirilo de Jerusalém (310-386), Atanásio (296-373), João Crisóstomo (347-407), Basílio e Gregório de Nissa.
328	O monge asceta egípcio Hilário de Gaza (291-371), missionário dos pagãos idólatras da Palestina, introduz o monasticismo e funda o primeiro mosteiro, dirigindo um ministério amplamente comprovado de sinais e maravilhas (curas, exorcismos).
374	Um leigo, Ambrósio de Milão (c. 339-397) é aclamado bispo pelas multidões; em seus escritos, registra curas e glossolalia; mais tarde, prega que a Segunda Vinda será precedida pela destruição de Roma e pela aparição do anticristo na terra.
378	Jerônimo (c. 345-419) escreve: "Da Índia à Grã-Bretanha, todas as nações ressoam a morte e a ressurreição de Cristo" (*Isaiam cliv, Epistol. xiii ad Paulinum*); estima-se que 1,9 milhão de cristãos tenham sido martirizados desde o ano 33 (de um total de 120 milhões, ou seja, 1,6% ou 1/60); registros de "sinais e maravilhas" (curas, exorcismos, milagres).
380	Teólogos latinos escrevem expondo a doutrina do Espírito Santo: Hilário de Poitiers, Ambrósio (339-397) e Agostinho.
381	Concílio de Constantinopla I (Segundo Concílio Ecumênico); o *Credo niceno* é reafirmado; macedonianismo e apolinarismo condenados; a divindade do Espírito Santo é esclarecida.

426   Agostinho (354-430), bispo de Hipona, completa em treze anos o tratado *Cidade de Deus* (*De Civitate Dei*), contra a invasão de Roma pelos visigodos; propõe o milenarismo alegórico, mas também prega que o futuro anticristo surgirá como o Nero redivivo; opõe-se com a teoria do encerramento dos dons carismáticos aos excessos do montanismo, entre outros, ensinando que os milagres e os exorcismos carismáticos foram extintos com o fim da era apostólica; registros de numerosos milagres, exorcismos, curas e ressurreições.

431   O messias judeu Moisés aparece em Creta para liderar o remanescente dos israelitas de pés enxutos rumo à terra de Israel; em 440, muitos acreditavam na última vinda do Messias; nos mil e quinhentos anos seguinte, surgem novos judeus dizendo-se carismáticos, atraindo grande número de seguidores fanáticos e gerando violência e martírios, principalmente em 1087, 1117, 1127, 1160, 1172, 1295, 1502, 1528, 1648.

O Espírito manifesto na Idade Média

500   Durante a Idade Média (395-1500), alguns apologistas, teólogos, místicos e bispos publicam explanações sobre a pessoa e obra do Espírito Santo: Gregório, o Grande, Beda (673-735), Anselmo (1033-1109), Pedro Abelardo (1079-1142), Bernardo de Claraval (1090-1153), Boaventura (1217-1274) e Tomás de Aquino (1225-1274).

540   Pérsia: reavivamento do monasticismo cristão por meio do Império Persa, liderado pelo monge Abraão de Cascar (c. 491-586), que funda o Grande Mosteiro em Monte Izla; discípulos de Dadyeshu e Babhai criam ou controlam 60 mosteiros por todo o império; diversos mosteiros e missões são implantados, tendo uma preocupação especial com as necessidades físicas e espirituais do povo; por meio da perseguição, espalha-se da Ásia ao Iêmen, sul da Índia, Ceilão [hoje Siri Lanka], Samarcanda e China.

541	Avivamento monofisista na Síria e no Oriente: Jacob Baradai (c. 500-578), bispo missionário de Edessa, organiza a Igreja Síria Ocidental (jacobita) e torna-se apóstolo monofisista na Ásia; por trinta e cinco anos (542-578), ilude soldados e espias do império, mantém-se constantemente em ação, implanta trilhas de igrejas entre a Ásia e a Índia, ordena 100 mil clérigos, 27 bispos, dois patriarcas (entre eles Sérgio de Antioquia), envia evangelistas leigos pela Ásia; rápida expansão da ortodoxia síria.
544	Sexto Sínodo Geral da Igreja Oriental (Sínodo de Mar Aba), convocado pelo patriarca Mar Aba, o Grande; o sínodo começa providenciando a reorganização da igreja, a extensão da educação teológica, o avivamento moral e espiritual, o avivamento do monasticismo e a obra de reconciliação.
c. 580	O escritor, historiador e bispo Gregório de Tours (c. 538-594) narra muitos casos de milagres, curas e exorcismos contemporâneos.
594	O papa romano Gregório, o Grande (540-604), inicia uma reforma na liturgia e na administração da Igreja; aumenta o poder e o prestígio do papado; publica *Diálogos*, com histórias de milagres, visões, profecias, conhecimento sobrenatural e outros dons espirituais dos cristãos contemporâneos; estabelece um plano detalhado de missões organizadas a todos os pagãos como um de seus maiores objetivos, tendo em vista o iminente juízo final.
c. 650	Samuel, o Confessor, eremita copta e profeta do fim dos tempos, antevê o avivamento da vocação monástica com grande número de jovens reunindo-se para entrar em mosteiros.
926	Avivamento do monasticismo ocidental liderado por Odo (879-942), abade de Cluny, França.
1096	O teólogo islâmico Abu Hamid Mohammed al-Ghazali (1058-1111) começa a escrever o livro *O avivamento das ciências re-*

ligiosas, que ajuda a incorporar o misticismo sufi à ortodoxia islâmica; alguns paralelos com o misticismo cristão.

1112   O ex-monge peregrino Tanquelme começa a pregar pelos Países Baixos, alegando ter o Espírito Santo e ser Deus como Cristo o foi; anuncia o novo Reino dos Santos, ataca a Igreja e o clero; ataca uma multidão de seguidores, promove magníficos banquetes, imitando o banquete do Apocalipse.

1122   O prelado oriental chamado João visita Roma, discursa sobre a ocorrência anual de milagres na Índia durante a festa de São Tomé; vinte anos depois, circulam rumores sobre um rei cristão na Índia, chamado João, que dizem ter infligido grande derrota aos líderes muçulmanos.

1150   Algumas mulheres católicas místicas ou carismáticas escrevem exaustivamente sobre o Espírito Santo: Hildegarda de Bingen (1098-1179), Gertrude de Helfta (1256-1301), Brígida da Suécia (1302-1373), Catarina de Siena (1347-1380), Juliana de Norwich (1342-1420).

1151   O movimento valdense começa a seguir os "homens pobres de Lyon", e o reformador Pedro Valdo desenvolve ministérios evangelísticos e carismáticos (visões, profecias, curas, exorcismos).

c. 1180   Joaquim de Fiore (c. 1130-1202), abade e místico cisterciense da Itália, divide toda a História em três eras ou períodos (Antigo Testamento, Novo Testamento, idade futura), escreve *Vaticini Del Vangelo Eterno* [Profecias do evangelho eterno] e *Expositio in Apocalypsim* [Exposição do Apocalipse], no qual prevê iminentes crises do mal, símbolos apocalípticos do anticristo e a terceira ou a última era do Espírito (amor), que viria em 1260, após a era do Pai (Lei) e da era do Filho (graça), para os homens espirituais em peregrinação, e grande tribulação sobre uma Igreja joanina espiritualizada, que substituiria a Igreja petrina carnal; o joaquinismo se difunde amplamente durante os três séculos seguintes.

1209	Francisco de Assis (1182-1226) funda a ordem dos franciscanos, a maior ordem mendicante; registro de numerosas curas, sinais e milagres; 1270, missionários em quase todas as partes do mundo conhecido; por volta de 1400, missões da Lapônia ao Congo e dos Açores à China; por volta de 1400, atinge-se a marca medieval de 60 mil franciscanos; 77 mil em 1768; caindo para 14 mil em 1900; e subindo para 40 mil em 1970; em 2000, 35.200 padres e irmãos e 57.300 irmãs (freiras).
1254	A sensacional *Introdução ao evangelho eterno*, do abade Joaquim, publicada pelo ardente espiritualista Gerardo de Borgo San Donnino, na qual alega que as profecias do livro foram cumpridas pela ordem dos franciscanos e insiste em que a era do Espírito começará em 1260.
1282	Morre a freira estigmática Guglielma de Milão; seguidores a identificam como a terceira pessoa da Trindade e esperam que ela retorne em 1300 para supervisionar uma conversão pentecostal por todo o mundo, por meio da Igreja do Espírito Santo; três seguidores são executados em 1302, e os restos mortais da freira são exumados e incinerados.
1340	O místico alemão da ordem dos dominicanos Johann Tauler (1300-1361), dos Amigos de Deus (Gottesfreunde), inicia grande avivamento no vale do Reno, cuja influência perdura até 1450.
1399	O pregador nômade Vincent Ferrer (c. 1350-1419), catalão da ordem dos dominicanos, reevangeliza e transforma a cristandade pela Europa; reúne judeus para o diálogo, converte 25 mil pessoas por toda a Europa; faz 6 mil sermões apocalípticos, cada um com três horas de duração, acompanhados de glossolalia, curas e milagres relatados por diversas pessoas; escreve sobre a vinda futura do anticristo; prediz que o mundo acabará após mais 2.537 anos, em 3936 d.C. (baseado no número de versículos do livro de Salmos); continua a incitar a tortura e a forçar a conversão de judeus; 1403, alega que o anticristo nasceu nesse ano.

O Espírito em ação durante as reformas europeias

1517 Três grandes reformas têm início, com ensinamentos claros sobre o Espírito Santo — a) reformadores protestantes: Martinho Lutero (1483-1546), Ulrico Zuínglio (1484-1531) e João Calvino (1509-1564); b) reformadores católicos: Inácio de Loyola (1491-1556) e João da Cruz (1542-1591); c) reformadores radicais: Thomas Muntzer (1488-1525) e Menno Simons (1496-1561).

1523 Avivamento do milenarismo pela ala esquerdista dos protestantes anabatistas, boêmios, irmãos morávios, profetas de Zwickau etc.

1557 França: são considerados protestantes 33% da população (conhecidos como huguenotes); 1559, surge a Igreja Reformada (73 congregações, 400 mil adeptos); amplas manifestações de glossolalia, transes, profecias etc.

1628 Avivamento na Irlanda, liderado por Blair e Livingstone.

1689 Avivamento de estudantes em Leipzig, Alemanha.

1700 Movimento espiritual de Wittgenstein, Alemanha (até 1750).

1703 Espiritanos (CCSp — Congregação do Espírito Santo), implantados por Claude François Poullart des Places (1679-1709) para "evangelização dos infiéis"; em 1983, 857 casas e 3.671 missionários.

1716 O educador irlandês presbiteriano William Tennent (1673-1746) evangeliza em colônias norte-americanas; 1735, treina homens para o ministério avivalista no seminário "Log College"; 1741, durante o cisma "lado antigo/lado novo", ele apoia o lado novo.

O Espírito em ação enquanto o avivamento cresce

1717 A. H. Francke, luterano e professor de hebraico, influencia avivamentos e campanhas evangelísticas na Alemanha, baseado em Halle.

1720	Origens do Grande Avivamento nos Estados Unidos: o evangelista alemão T. J. Frelinghuysen (1692-1747) traz o pietismo europeu para as igrejas holandesas reformadas em Nova Jersey; 1726, orienta o ministro irlandês da Igreja Presbiteriana e avivalista G. Tennent (1703-1764) e outros no ministério de avivamento entre os irlandeses e escoceses na Filadélfia, Nova Jersey e adjacências.
c. 1720	Os camisardos profetizam em transes estáticos e falam em línguas prevendo uma iminente destruição da igreja católica romana na França; mais tarde, fogem para a Inglaterra e para os Estados Unidos como predecessores dos *shakers* ("tremedores").
1723	Cisma de Utrecht: a Pequena Igreja de Utrecht (ou Igreja Jansenista da Holanda) se separa de Roma; a *Declaração de Utrecht*, de 1889, desconsidera o Concílio de Trento; a União de Utrecht reúne a igreja com as antigas igrejas católicas da Alemanha e da Suíça; a visão de mundo jansenista defende a difusão dos "sinais e maravilhas" (milagres, curas, sinais).
1725	O Grande Avivamento se espalha pela Nova Inglaterra e pelas Treze Colônias; conversões em grande escala dos povos europeus descristianizados na América do Norte, lideradas pelo avivalista Jonathan Edwards (1703-1758), que prega o milenarismo progressivo (mais tarde chamado "pós-milenarismo"), prevendo o estabelecimento do reino milenar de Cristo na terra por volta de 1990, com o segundo advento no final do milênio; Edwards promove "pactos de oração" para o avivamento mundial; o Avivamento dura até 1770.
1738	Conversão de John Wesley (1703-1791) em Aldersgate (Reino Unido); início do Avivamento Evangelical e surgimento do metodismo, liderado pelos irmãos Wesley; amplo alcance de cidades, preocupação com as necessidades dos pobres, iletrados, desempregados, órfãos etc.
c. 1750	Gales: avivamento liderado por Howell Harris (1714-1773), Daniel Rowland (c. 1713-1790), William Williams (1717-1791).

1773	Virgínia: o avivamento aparece como primeira instância de um avivamento religioso nos padrões pentecostais; experiência repetida em 1787.
1781	Estados Unidos: o avivamento invade diversas faculdades, entre elas: 1781, Dartmouth; 1783, Princeton e Yale, além de Williams, Hampden-Sydney; 1785, "avivamento de 1800" em escala nacional determina o padrão da vida denominacional e permanece até 1812.
1782	Pactos de oração (por avivamento e missões mundiais), conforme idealizados por Jonathan Edwards; espalham-se pela Grã-Bretanha e, em 1790, pelos Estados Unidos.
1783	Igreja Batista Nativa, primeiro movimento jamaicano afro-cristão, liderado pelo ex-escravo George Lisle; a igreja cumpre importante papel nos oitenta anos seguintes; precursor da renovação espiritual que aconteceu anos depois ao redor do mundo.
1785	Despertamentos evangelicais (avivamentos) são difundidos no País de Gales: 1785, Brynengan; 1786, Trecastle; 1791, Bala; 1805, Aberystwyth; 1810, Llangeitho; 1817, Beddgelert; 1821, Denbighshire; 1822, Anglesey; 1828, Carmarthenshire; 1832, Caernavonshire; 1840, Merionethshire; 1849, sul de Gales e outros.
1788	Avivamento de Allgauer entre os católicos bávaros, liderado por Johann Sailer (1751-1832), Michael Feneberg, Martin Boos (1762-1825), Johannes Goszner (1773-1858), Ignatius Lindl (1774-1834).
1796	Avivamento norueguês, liderado por Hans Nielsen Hage.
1800	Princípio de despertamentos (avivamentos) na Escócia: Lewis, Harris e Perthshire.
1800	Nos Estados Unidos, começa a propagação dos cultos campais evangelísticos; avivamento em Kentucky reúne multidões de

	até 25 mil pessoas e varre os Estados de Kentucky, Tennessee, Carolina do Sul e Carolina do Norte.
1806	Grã-Bretanha: avivamentos se separam do metodismo; 1806, metodistas independentes; 1810, metodistas dos cultos campais, aliando-se em 1812 aos primeiros metodistas.
1810	Despertamentos (avivamentos) evangelicais na Suíça (Robert Haldane, 1764-1842), França, Países Baixos e Alemanha.
1810	Avivamento na Igreja Ortodoxa Russa; 1813, fundação da Sociedade Bíblica Russa, que imprimiu Bíblias em 30 idiomas (17 novos), num total de 600 mil exemplares; desfeita em 1827.
c. 1810	País de Gales: avivamento sob a liderança de Christmas Evans (1766-1838) e John Elias (1774-1841).
1815	*The Spirit of British Missions* [O espírito das missões britânicas] (Londres: por um clérigo anglicano da Sociedade Missionária da Igreja) apela por trabalhadores: "A disponibilidade de trabalhadores para a grande obra da evangelização mundial é o tópico mais importante".
1816	Avivamentos de Elberfeld, Alemanha Ocidental: 1816, primeiro avivamento; 1820, segundo.
1820	Avivamento na Pomerânia, Alemanha.
1826	Renovação missionária na Sibéria Ocidental, sob a liderança de Eugene Kazancev, metropolitano de Tobolski; começa a melhor fase missionária da Igreja Ortodoxa Russa.
1827	Avivamento de Siegen-Dillkreis, Alemanha Ocidental.
c. 1830	França: avivamento liderado por F. Monod (1794-1863) e A. Monod (1802-1856).
c. 1830	Suíça: avivamento liderado por Robert Haldane, C. Malan (1787-1864), F. Gaussen (1790-1863), J. H. M. D'Aubigne (1794-1872).
1832	Igreja Apostólica Católica implantada em Londres, por Edward Irving; manifestações carismáticas.

1835	Finlândia: o Osterbottenvackelse, avivamento evangelical do Oeste, mantém-se ativo durante quinze anos; outro avivamento liderado pelo pastor luterano L. L. Laestadius (1800-1861).
1837	A Junta de Missões Estrangeiras da Igreja Presbiteriana nos Estados Unidos propõe-se a "ajudar na conversão do mundo [...] cada membro desta igreja é para sempre um membro da dita sociedade e limitado a fazer tudo que puder para atingir seu objetivo"; 1958, torna-se Comissão de Missões e Relações Ecumênicas, pela qual "o alvo supremo e regulador da missão cristã no mundo é fazer Cristo conhecido por todos os homens [...] em que cristãos de todos os lugares contribuam evangelizando o mundo e permeando todo o ser com o espírito e a verdade de Cristo".
1837	Grande Avivamento no Havaí, um despertamento marcante com conversões em massa até 1843; 27 mil protestantes adultos são convertidos (20% da população).
1838	Turquia: avivamentos em pequena escala entre os armênios em Nicomédia e (1841) Adabazar, por meio da ABCMF; e depois em Aintab e Aleppo.
1842	O avivamento chega à igreja estatal da Noruega; funda-se a Sociedade Missionária Norueguesa (Stavanger).
1843	Avivamento de Hermannsburg, Alemanha Ocidental.
1844	Pérsia: avivamento entre nestorianos próximo à estação Urumiah, pela ABCMF; outros avivamentos, em 1849 e 1850.
c. 1860	Holanda: avivamento liderado por G. van Prinsterer (c. 1800-1867), A. Kuyper (1837-1920).
c. 1860	Avivamento na África do Sul eclode sob a liderança do moderador holandês reformado Andrew Murray (1828-1917), varrendo todas as igrejas africânderes.
1860	Avivamento na Ucrânia; 1884-1904, perseguição contra os evangelicais.

1861	Avivamentos na Cornualha, Grã-Bretanha, durante dois anos.
1861	Grande Avivamento Cristão na Jamaica, resultando em rápida expansão da Igreja Batista Nativa, agora chamada Avivamento Sião; danças frenéticas, transes.
1863	Apóstolos e o clero da Igreja Apostólica Católica entram em declínio, mas não são permitidas substituições.
1863	A Igreja Católica Universal (mais tarde renomeada Nova Igreja Apostólica) é implantada na Alemanha pelo profeta alemão excomungado H. Geyer, da Igreja Apostólica Católica (Reino Unido), enfatizando um apostolado próspero, sujeito a um apóstolo chefe com poderes quase papais, dons do Espírito Santo (profecia, línguas, curas milagrosas, sacramentos), hierarquia de 48 apóstolos; em 1988, conta 1,7 milhão de membros (a maioria alemães) em 45 países; discreto, não coopera com nenhuma outra igreja; 1995, repentinamente revela detalhes completos da igreja pela rede mundial de computadores; em 2000, o número de membros sobe rapidamente para 9,6 milhões em 180 países.
1865	Implantada no Reino Unido a Associação do Avivamento Cristão (1878, renomeada Exército de Salvação) pelo metodista William Booth, visando ao alcance social e o evangelismo de rua; 1985, 4.226.900 salvacionistas em 75 países, com vastos serviços sociais, atividades evangelísticas e instituições; maior prioridade definida em 1987 pelo general do Exército de Salvação: "Enfatizar a supremacia do evangelismo de cumprir a Grande Comissão do Senhor [...]. Trabalhar até o fim para que todo homem, toda mulher e toda criança tenham a oportunidade de ouvir as boas-novas do evangelho".
1870	Punjab: movimento de massa iniciado com metade de uma missão presbiteriana dos Estados Unidos entre os sudras (hindus), em Sialkot; o avivamento continua até 1912.

1871	Avivamentos no Japão, também em 1883, seguidos por ondas de perseguição em 1865, 1867 e 1868, finalizando em 1872 com o decreto da liberdade religiosa.
1875	Implantada em Nova York a Sociedade Teosófica pela escritora anticristã Helena Blavatsky (1831-1891), misturando gnosticismo, misticismo e ocultismo do Egito, da Índia e da China; 1909, o jovem brâmane Jiddu Krishnamurti (1895-1996) é aclamado Mestre Ascendido, Cristo Cósmico, Buda Reencarnado, Espírito Instrutor do Mundo.
1876	Guiné (França): primeira missão (sacerdotes franceses do Espírito Santo).
1880	Trinta anos de avivamento na Alemanha (até 1910); algumas centenas de milhares são convertidos nas igrejas institucionalizadas.
1883	Segunda Conferência Geral de Missionários Protestantes do Japão; diversos avivamentos; "O Japão agora abraça o cristianismo com uma rapidez incomparável, desde os tempos de Constantino [...] será predominantemente cristão em vinte anos."
1883	O missionário indiano Swami Vivekananda (1862-1902), líder do avivamento hindu na Índia, ganha muitos ocidentais para a filosofia vedanta.
1886	A Igreja Santa Unida é implantada em Method, Carolina do Norte. A União Cristã é organizada no Tennessee por R. J. Spurling.
1890	Linchamentos de negros no sul dos Estados Unidos em média três vezes por semana durante a década; muitos são pastores pentecostais.
1894	Avivamento de Soatanana começa entre as igrejas luteranas e a Sociedade Missionária de Londres, em Madagáscar, permanecendo durante cem anos (Fifohazana, reavivalistas).
1895	Formada a Associação das Igrejas Pentecostais da América (1919, renomeada Igreja do Nazareno); 1897, começam as

missões estrangeiras; em 1987, a Divisão de Missão Mundial tem 617 missionários em 84 países, com dois programas para 2000: Impulso para as Cidades ("maximizando o evangelho nas principais cidades") e Dois Milhões de Adesões em 1995.

1895   Implantada nos Estados Unidos a Igreja de Deus em Cristo; mais tarde, tornam-se negros pentecostais.

1895   Igreja Holiness Batizada com Fogo, liderada por B. H. Irwin, ensina a "terceira bênção", outro "batismo com o Espírito Santo e fogo" subsequente à conversão e à santificação, porém desconectado da glossolalia ou dos *charismata*.

1897   Encíclica *Sobre o Espírito Santo*, publicada pelo papa Leão XIII, concentrada nos sete dons do Espírito (segundo Isaías 11.2) e promovendo uma novena (nove dias de oração) universal ao Espírito Santo antes do Domingo de Pentecoste; milhões são influenciados.

1899   No final do século, a maioria dos 960 mil pentecostais/carismáticos se encontra na África negra, principalmente em igrejas independentes no sul e oeste da África; são rejeitados pelas principais vertentes missionárias, pelos católicos e pelos protestantes e considerados por eles, na melhor das hipóteses, criptocristãos semipagãos não afiliados e, na pior, separatistas, sincretistas, hereges e cismáticos.

1899   Renovação iconográfica do século XX: ícones ortodoxos como arte litúrgica expressando a verdade cristológica.

O Espírito concede poder ao avivamento pentecostal

1900   Começa um grande derramamento do Espírito Santo em todo o mundo.

1900   Na Inglaterra, J. H. Smyth-Pigott, comovido com a morte de H. J. Prince, mensageiro do Espírito Santo, autoproclama-se o Cristo que regressou.

1900	Origens do pentecostalismo nos Estados Unidos: o pregador *holiness* anglo-israelita Charles F. Parham (1873-1929, metodista) inaugura a Escola Bíblica Betel nas imediações de Topeka, Kansas, com 40 alunos; 1901, alunos recebem o batismo do Espírito Santo; 1903, o avivamento se estende por todo o Kansas; 1905, chega a Houston; 1906, alcança Los Angeles e dali se expande para todo o mundo (1906, Noruega; 1907, Chile; 1908, China; 1909, Coreia; 1910, Brasil, e assim por diante).
1901	Ensinamentos da "chuva serôdia": após mil e oitocentos anos de aparente interrupção do movimento carismático em grande escala e cem anos de expectativas e ensinamentos nos Estados Unidos sobre os dons do Espírito Santo, começa a "restauração de todas as coisas", iniciada com o batismo do Espírito e a glossolalia; o poder pentecostal é restaurado na Igreja; milhares de pessoas que o buscam viajam até os centros de avivamento dos Estados Unidos, Europa, Ásia e América do Sul.[2]
1904	Avivamento galês por meio do ministério de Evan Roberts (1878-1951), em Glamorganshire, Anglesey, Caernavonshire, com 100 mil conversões em seis meses no País de Gales; durou pouco (1904-1906), mas literalmente invadiu o mundo; divulgação mundial na imprensa; conduz a um movimento mundial de Pentecoste: 1905, Suíça e Alemanha; 1907, Inglaterra.
1905	Índia: avivamento pentecostal na Missão Mukti, Poona, liderado pela professora anglicana Pandita Ramabai (1858-1922).
1906	C. F. Parham ensina que basta aos missionários receber o batismo com o Espírito Santo, para que possam, por meio do dom da glossolalia, ser imediatamente compreendidos nos idiomas nativos dos locais mais remotos do mundo; contudo, os missionários no exterior relatam fracassos.

---

[2] D. W. MYLAND, *The Latter Rain Pentecost* (1910).

1906   Primeiro encontro pentecostal registrado na Europa continental; o profeta metodista T. B. Barratt (1862-1940), da Cornualha, prega para mil pessoas em Christiana (Oslo); por volta de 1910, a Itália é invadida pelas igrejas pentecostais; 1911, o Império Russo é alcançado em Helsinki; 1914, São Petersburgo; 1915, Moscou.

1906   Evolução de conceitos da teologia do evangelho pleno quadrangular e quíntuplo; 1906, a Missão da Rua Azusa divulga que os passos (ou estágios) na vida cristã são cinco: 1) salvação (conversão); 2) santificação plena (padrão *holiness* wesleyano); 3) batismo no Espírito Santo com a evidência inicial do falar em línguas; 4) envolvimento com a cura divina; 5) expectativa da segunda vinda de Cristo, antes do Milênio; 1914, as Assembleias de Deus são formadas, resumindo as propostas anteriores a um evangelho quadrangular, com a "obra consumada" de Cristo na cruz cobrindo os passos 1 e 2 e combinando-os num só passo; 1914, surgimento do movimento unicista, que adota os passos 1 a 4, até mesmo a evidência inicial das línguas, e inaugura a primeira fase do batismo em água no nome de Jesus.

1906   Estados Unidos: o pentecostalismo é conhecido em todo o país graças ao pregador *holiness* W. J. Seymour (1870-1922) e ao avivamento da Rua Azusa, em Los Angeles, que dura de 1906 a 1909; milhares de pessoas que buscavam o avivamento chegam da Europa em busca do Pentecoste pessoal com glossolalia; 1906-1908, todo o movimento pentecostal nos Estados Unidos prega os três estágios da salvação.

1907   Primeiro movimento pentecostal dentro da Igreja Anglicana, na paróquia de Sunderland, sob a liderança do clérigo A. A. Boddy (1854-1930).

1907   Avivamento massivo na Coreia, iniciando em Pyongyang; protestantes se multiplicam em 1914 e chegam ao número de 196.389 (73% presbiterianos e 27% metodistas); crescimento fenomenal de igrejas, espalhando-se também pela Manchúria e pela China.

1907   Estados Unidos: primeiro grande arrastão do pentecostalismo confere poder ao movimento *holiness* sulista; num encontro de um mês em Dunn, Carolina do Norte ("Rua Azusa do Leste"), centenas recebem o batismo no Espírito Santo evidenciado com línguas; diversas denominações se tornam pentecostais.

1908   Avivamento na Manchúria, em Changte, sob a liderança de Jonathan Goforth (1859-1936).

1908   Estados Unidos: primeiros cismas, quando os pentecostais negros se separam dos outros pentecostais, retirando-se ou sendo expulsos da Missão da Fé Apostólica (Rua Azusa), majoritariamente negra; os brancos conceituam a salvação em duas fases e em 1914 criam as Assembleias de Deus.

1909   *Declaração de Berlim* pelos evangelicais alemães rejeita a alegação pentecostal da restauração carismática e condena todo o pentecostalismo, tachando-o de manifestação diabólica; como resultado, o pentecostalismo se difunde lentamente pelos países de língua alemã.

1909   Movimento pentecostal organizado no Chile; o missionário metodista estadunidense W. C. Hoover e 37 carismáticos são excomungados e criam a Igreja Metodista Pentecostal.

1909   Primeiros grupos carismáticos de oração são formados nas principais denominações da Europa: o líder pentecostal alemão J. A. A. B. Paul (1853-1931) permanece como ministro luterano até sua morte.

1914   Uganda: avivamento em massa; a Sociedade do Deus Único e Todo-Poderoso (ou Igreja Melquita) sucede a ex-Sociedade Missionária da Igreja com 91.740 adeptos gandas em 1921.

1915   A doutrina antitrinitária ("só Jesus") é introduzida nos Estados Unidos por F. J. Ewart.

1915	A Aliança Elim do Evangelho Quadrangular e o Partido do Avivamento se iniciam na Grã-Bretanha por obra do ministro de cura pentecostal G. Jeffreys (1889-1962); 1935, fundação da Cruzada Mundial de Avivamento.
1917	Aparição da Virgem Maria em Fátima, Portugal, reforçando o conservadorismo da igreja católica romana portuguesa; a "terceira profecia de Fátima" (publicada pelo Vaticano apenas em 14 de maio de 2000) prediz o holocausto global e a aniquilação da Igreja.
1917	A Verdadeira Igreja de Jesus (Chen Ye-Su Chiao Hui) é implantada em Pequim, um cisma carismático do antigo movimento da fé apostólica; 1975, uma missão chinesa mundial com missionários envia obreiros para Hong Kong, Índia, Indonésia, Japão, Coreia, Malásia, Singapura e Estados Unidos.
1918	Surge uma controvérsia fundamentalista/modernista no protestantismo norte-americano, até 1931, dividindo as principais denominações; agora o pré-milenarismo é um dos temas principais das pregações avivalistas.
1918	O Evangelismo Mundial, projeto da evangelista pentecostal Aimee S. McPherson (1890-1944), transmite em 1922 o primeiro sermão pelo rádio e inaugura em 1923 o Templo Angelus, em Los Angeles, assim como a Igreja Internacional do Evangelho Quadrangular.
1920	Estados Unidos: cunhado o termo "fundamentalista" para identificar o evangelical conservador e militante, a maioria dispensacionalista/pré-milenarista; depois de 1925, os fundamentalistas têm dificuldade para ganhar a atenção nacional; em 1930, o fundamentalismo perde a proeminência inicial dentro das principais igrejas protestantes e começa a se fragmentar em pequenas denominações; na década de 1960, o termo se refere a separatistas eclesiásticos; agora quase todos são batistas dispensasionalistas; o termo exclui os *holiness* e os pentecostais.

1921	O Concílio Geral das Assembleias de Deus nos Estados Unidos designa um comitê de cooperação mundial para "convocar uma conferência com o propósito de formar uma união ecumênica dos pentecostais para uma evangelização mundial mais perfeita e ágil"; o comitê não consegue organizar a conferência e é extinto em 1923.
1921	A Conferência Pentecostal Internacional é sediada em Amsterdã, apesar da oposição.
1921	Origens da igreja eletrônica global: primeira transmissão de um culto (Igreja Episcopal do Calvário, Pittsburgh, Estados Unidos), primeira transmissão batista; 1922, primeira transmissão pentecostal (Aimee S. McPherson); em 1988, ouvintes/telespectadores de programas cristãos totalizam 1,2 bilhão de pessoas (24% da população mundial).
1921	Grupo de Oxford formado na Grã-Bretanha (1921-1938), mais tarde renomeado Rearmamento Moral (sigla em inglês: MRA); com o avivamento evangelical concentrado na devoção pessoal a Cristo, nos quatro absolutos, no evangelismo pessoal e no "evangelismo de sala de visitas", espalha-se rapidamente nas maiores denominações e pelo mundo; em 1950, não existe mais o cristocentrismo apenas, abarcando o avivamento entre budistas, hindus etc.
1921	Simon Kimbangu (1889-1951) prega o avivamento carismático no Baixo Congo, resultando em conversões em grande escala, perseguições, prisões, deportações e, em 1960, numa grande igreja nativa (Igreja de Jesus Cristo de Simon Kimbangu, sigla em francês: EJCSK); em 2000, são 9 milhões os membros batizados no Espírito Santo.
1922	União Soviética: pentecostalismo introduzido por I. E. Voronaev (1892-1943), que em poucos meses atinge 20 mil pessoas somente na Ucrânia; funda 350 congregações em 1929; em 1932, é preso; em 1943, morre em Leningrado [hoje São Petersburgo].

1923 Depois de transmitir o primeiro sermão pelo rádio, em 1922, a evangelista pentecostal Aimee Semple McPherson (1890-1944) atrai milhões para o Templo Angelus, com 5 mil lugares, em Los Angeles, de 1923 a 1944; funda a Igreja do Evangelho Quadrangular e suas missões.

1924 Estados Unidos: pastores brancos se desligam das inter-raciais Assembleias Pentecostais do Mundo (pentecostais unicistas) para formar uma denominação branca separada, alegando que "a mistura das raças atrapalha a evangelização mundial eficaz"; tem início a Igreja Pentecostal, Inc.

1925 Período de grandes campanhas evangelísticas na Europa e nos Estados Unidos, organizadas pela primeira geração de evangelistas pentecostais, entre eles Smith Wigglesworth (1859-1947), que prega para grandes multidões em quase todas as capitais do mundo.

O Espírito concede poder à renovação carismática

1925 Surge o "movimento do Espírito" (Aladura) na Nigéria; avivamentos carismáticos na Igreja Anglicana resultam em grandes igrejas nativas: Querubim e Serafim, Igreja Apostólica de Cristo, Igreja do Senhor (Aladura).

1927 China: continua a rápida expansão de dois grupos carismáticos nativos — o Pequeno Rebanho, de Watchman Nee, e os grupos de comunhão de John Sung (Song Shangje).

1927 Avivamento na África Oriental (Balokole, "Os salvos") inicia em Ruanda e avança rapidamente por Uganda, África Oriental, Zaire, mais tarde Sudão e Malaui, com células na Europa e nos Estados Unidos; de 1931 a 1985, acontecem cerca de 80 convenções por toda a África Oriental, entre elas: 1931, Gahini; 1936, Mukono (Uganda); 1937, Kabete (Quênia); 1939, Katoke Otanganyika; 1945, Kabale ("Jesus satisfaz"); 1949, Kabete (15 mil pessoas); 1964, Mombasa (20 mil pessoas); 1970, Thogoto (40 mil pessoas); 1978, Tumutumu (45 mil pessoas); 1979, Thogoto (50 mil pessoas); e irregularmente até 1997, Mbarara (Uganda).

1927 Origens da subsequente chuva de avivamento e retorno ao pentecostalismo dos primeiros tempos na África do Sul (Blourokkies) e (c. 1930) Alemanha.

1928 Pentecostalismo formalmente rejeitado pela Associação Fundamentalista Mundial por ser considerado "fanático e antibíblico"; 1944, rejeitado também pelo Concílio Americano de Igrejas Cristãs, que classifica a glossolalia como "um dos grandes sinais da apostasia".

1931 Começa a renovação carismática nas igrejas reformadas da França; seu teólogo, L. Dalliere (1897-1976), estabelece o diálogo com as Igrejas Católica e Ortodoxa e também com os judeus.

1932 Avivamento carismático entre ex-metodistas norte-americanos no sul da Rodésia [hoje Zimbábue], liderado por Johane Maranke, que forma uma grande igreja nativa: a AACJM, com 1,4 milhão de seguidores por toda a África tropical.

1933 Alemanha: renovação bíblica católica resulta na criação da Associação Bíblica Católica [sigla em alemão: KBW], em Stuttgart; por volta de 1980, são mais de 30 mil membros catequistas, professores, padres e estudiosos.

1933 O pregador pentecostal W. M. Branham (1909-1965) ofende as maiores denominações pentecostais ao profetizar que a era da igreja de Laodiceia seria o período de 1906 a 1977, seguida imediatamente por uma grande apostasia, pelo segundo advento de Cristo e pelo Milênio, em 1977; branhamitas (seguidores) alegam que ele é o último profeta com atributos messiânicos.

1933 União Soviética: intensiva coletivização forçada e fome resultante matam 10 milhões de kulaks e camponeses, principalmente cristãos da Ucrânia; dezenas de milhões de camponeses são brutalmente coletivizados por meio do terror policial; pentecostais sionistas e outras denominações são literalmente liquidadas.

1934   A Sociedade de Pesquisa Bíblica publica sete volumes de *Messianic Series* de D. L. Cooper, imprimindo 6 milhões de exemplares, distribuídos por meio de 150 filiais aos judeus do mundo inteiro; "Estes livros permanecerão até depois do arrebatamento e serão lidos durante a tribulação pelos 144 mil evangelistas judeus de Apocalipse 7, que irão conduzir o avivamento mundial".

1935   O líder pentecostal G. Jeffreys funda a Cruzada Mundial de Avivamento.

1936   Visão recebida pelo presbiteriano da Coreia Sun Myung Moon para iniciar a Associação do Espírito Santo para a Unificação do Cristianismo Mundial (T'ongil Kyohoe); 1954, iniciada a Igreja da Unificação como um movimento nativo da Coreia; em 1970, o movimento se torna heterodoxo em sua postura de querer suplantar o cristianismo, como este suplantou o judaísmo.

1937   Etiópia: após a expulsão dos missionários pelos invasores italianos, um grande avivamento se espalha entre as igrejas protestantes do Sul.

O Espírito concede poder à renovação neocarismática

1937   Embora as primeiras manifestações da terceira onda tenham surgido em 1656 e 1783, um grande número de igrejas neocarismáticas é formado todos os anos ao redor do mundo.

1937   A maior igreja nativa cristã do Japão, Espírito de Jesus, é criada por um grupo dissidente das Assembleias de Deus.

1938   O apologista anglicano C. S. Lewis (1898-1963) escreve uma trilogia: *Além do planeta silencioso* (a Terra é banida porque seu espírito governador, Satanás, tornou-se maligno; Marte é um

	planeta perfeito sem o pecado original); *Perelandra* (1943: Vênus prepara-se para a invasão de Satanás); *Aquela força medonha* (1947: Satanás manipula cientistas para criar distopia na Terra).
1939	A Conferência Pentecostal Europeia organizada em Estocolmo (Suécia) tem em Donald Gee seu principal proponente; primeira tentativa de reunir representantes de toda a variedade do pentecostalismo europeu para discutir questões doutrinárias e teológicas; os escandinavos provam que são veementemente contrários a toda e qualquer organização denominacional ou centralizada.
1939	Estados Unidos: *Old Fashioned Revival Hour* [Hora do avivamento à moda antiga], comandado por C. E. Fuller, é transmitido por 152 estações de rádio para 12 milhões de ouvintes por semana, aumentando para 20 milhões em 1960; renomeado *Joyful Sound* [Som alegre].
1941	Abrangente avivamento de massa nas igrejas ortodoxas na União Soviética ocupada por alemães.
1942	Estados Unidos: organizada a Associação Nacional de Evangelicais; convida muitas denominações pentecostais a filiar-se à sua convenção de 1943.
1943	Timor: intenso movimento espiritual adventista durante a repressiva ocupação japonesa; principalmente perto de Nunkolo, no território dos atonis, sob a liderança da profetisa Juliana Mnao; 1965, avivamento similar.
1944	Estados Unidos: as Assembleias de Deus começam a transmitir o programa de rádio *Sermons in Song* [Sermões na música]; 1954, renomeado *Revivaltime* [Tempo de avivamento], transmitido por mais de 600 estações nos Estados e outras 100 no resto do mundo.
1945	A Igreja Pentecostal Unida Internacional é implantada nos Estados Unidos; em 1985, a Divisão de Missões Estrangeiras tem 212 missionários em 50 países.

1947	Primeira Conferência Mundial Pentecostal, em Zurique, Suíça; 250 líderes presentes, de 23 países; primeira tentativa de implantar uma Comunhão Pentecostal Mundial (maio).
1947	Nagaland, Índia: surgem dois grandes movimentos: 1) de 1947 a 1952; 2) a partir de 1976, que durou vinte anos; os resultados foram hostilidade e perseguição militar.
1947	Criada a Associação Evangelística Oral Roberts (Tulsa, Oklahoma, Estados Unidos), com um programa próprio de missões estrangeiras; 1953, inicia a pregação pentecostal televisionada; torna-se um grande ministério com cruzadas mundiais de cura. Universidade Oral Roberts, Cidade da Fé, Ministérios Bíblicos Carismáticos.
1947	O papa Pio XII declara em Roma: "Hoje, o espírito maligno foi desacorrentado".
1947	Implantada a Liga de Oração do Avivamento Mundial (Liga Nacional de Oração de Mulheres Cristãs), com sede em Tóquio, Japão.
1948	Avivamento da "chuva serôdia" (Nova Ordem da Chuva Serôdia) surge entre os pentecostais clássicos em Saskatchewan, Canadá, espalha-se rapidamente pela Europa, Estados Unidos e resto do mundo; enfatiza a imposição de mãos com profecias, governo pela ordem de apóstolos vivos; tem início a Radiodifusão de Missões Globais; a partir de 1965, mistura-se ao movimento carismático.
1949	Segunda Conferência Mundial Pentecostal, em Paris; planeja formar a Comunhão Pentecostal Mundial, impedida pelos pentecostais escandinavos.
1949	Começam os Cursilhos da Cristandade, na Espanha, com o bispo católico romano J. Hervas: retiros com três dias de duração para renovar a fé dos católicos; na década de 1950, espalha-se pela América Latina, depois para os Estados Unidos;

	1961, avança pela Grã-Bretanha e depois globalmente; mais tarde, muitos líderes se tornam católicos carismáticos.
1950	Implantada nos Estados Unidos a Adhonep, ministério do magnata dos laticínios D. Shakarian, após uma visão sobre o povo de cada continente; pregadores e mulheres não estão incluídos; cresce rapidamente em 1970, para 300 mil membros em 700 capítulos por todo o mundo; em 1986, são 700 mil no mundo todo, distribuídos por 3 mil capítulos (1.715 nos Estados Unidos) de 95 países, incluindo a União Soviética, Checoslováquia, Arábia Saudita e outros países fechados.
1952	Movimento do Avivamento Mundial inaugurado na Irlanda por W. E. Allen; uma editora, a Revival Publishing Company [Editora do Avivamento] (Lisburn) promove o tema: "O avivamento é a chave da evangelização mundial".
1953	Índia: crescimento massivo do pentecostalismo manifesto, especialmente no Sul.
1953	Estados Unidos: batistas do Sul implementam o primeiro avivamento (campanha evangelística) simultâneo em âmbito nacional, com 361.835 batismos registrados durante o ano.
1954	Argentina: o evangelista pentecostal dos Estados Unidos Tommy Hicks viaja por Buenos Aires sem ser convidado; sem publicidade ou ajuda financeira, com rádio estatal gratuita e cobertura da imprensa, conduz sozinho a maior cruzada evangelística do mundo; em 52 dias, o público chega a 2 milhões de pessoas (mais de 200 mil no culto de encerramento); 1956, campanha de Oswald Smith (25 mil ouvintes); 1962, cruzadas de Billy Graham em três cidades.
1955	Quarta Conferência Mundial Pentecostal em Estocolmo, Suécia; tema: "O chamado e a comissão do movimento pentecostal: a reavaliação".
1955	O pentecostalismo se espalha rapidamente pelo povo cigano na Europa, especialmente na França, Itália, Espanha e Portugal.

1955	Rádio IBRA (pentecostal sueca) inaugurada em Tangier, transmitindo em 20 idiomas.
1956	O bispo católico L. J. Suenens publica *O evangelho a toda criatura*; considerável influência no Concílio Vaticano II; torna-se o maior defensor dos católicos carismáticos.
1956	Inaugurada a Comunhão Cristã Pentecostal, da Nigéria; 1987, sedia a primeira convenção; unindo-se à Igreja Apostólica de Cristo, a Igreja Apostólica torna-se o maior poder nesse bloco religioso nigeriano; 1990, segunda convenção, em Ibadan, acompanhada também pela Igreja Apostólica do Salvador.
1956	Estados Unidos: avivamento carismático (neopentecostal) começa entre as igrejas episcopais e protestantes; a primeira é a Igreja Episcopal da Trindade, de Wheaton, Illinois; cresce rapidamente até representar 10% de todo o clero e ter 1 milhão de leigos em 1970; 1,6 milhão de carismáticos batizados no Espírito Santo em 1980; ao longo dessas décadas, vasta proliferação de "sinais, maravilhas e curas" acompanha a expansão mundial do movimento carismático.
1957	Projeto Noites de Oração para o Avivamento Mundial lançado em Londres pelo leigo anglicano e missionário na Índia G. S. Ingram (c. 1881-1969); continua até sua morte.
1958	Quinta Conferência Mundial Pentecostal, em Toronto, Canadá; tema: "O propósito de Deus no movimento pentecostal para esta hora".
1958	Brasil: avivamento neopentecostal (carismático), chamado de "renovação", é iniciado entre os pastores batistas.
1958	América Latina: movimento de renovação carismática se espalha entre grandes denominações protestantes; grandes confrontos levam a cismas.
1960	O romance de P. J. Farmer *Flesh Projects Revival of Ancient Vegetation Religions in the Far Future* [Projetos de ressuscitação do corpo de antigas religiões vegetativas num futuro distante];

a religião agora é interpretada como a forma mais primitiva de ficção científica.

1960   O avivamento carismático espalha-se na Igreja Episcopal sob a liderança do padre D. Bennet.

1960   Criado o Plano Mundial de Assistência Missionária (Califórnia, Estados Unidos), uma agência de serviços interdenominacional, evangelical e carismática; inaugurados os Seminários de Renovação da Liderança Espiritual "para criar renovação espiritual entre todos os líderes eclesiásticos do mundo a fim de levar a mudança a todas as nações, a partir da evangelização mundial, a ser completada em 2000"; em 1987, alcançam 60% desse objetivo.

1960   É criada a organização Jovens com uma Missão (Jocum), agência evangelical carismática de envio de obreiros, expandindo-se com o movimento de Jesus nos Estados Unidos; de início, consciência de pequenas igrejas; 1977, equipam o navio evangelístico *Anastasis*, de 10 mil toneladas, para discipulado e ministérios de socorro; em 1983, a maior agência evangelística com 14 mil jovens enviados em missão de curto prazo a outros continentes a cada ano, em 56 países; em 1987, 50 mil; meta: enviar ao campo 100 mil por ano a partir de 2000.

1961   Sexta Conferência Mundial Pentecostal, em Jerusalém, com o tema "Pentecoste em Jerusalém — antes e agora".

1961   Evangelismo Mundial implantado nos Estados Unidos pelo evangelista pentecostal Morris Cerullo; 1967, Sociedade de Evangelismo Mundial, na Grã-Bretanha.

A renovação carismática expande-se no anglicanismo

1961   Quênia: movimento carismático Legião de Maria da África se separa da diocese católica de Kisii com 90 mil aliados (em 1980, 248 mil em nove dioceses); a maior secessão da Igreja Católica Romana na África até essa data.

1962	Avivamento carismático na Igreja Anglicana recomeça (havia decaído após 1907); rápido crescimento dos carismáticos anglicanos: atingem 1,7 milhão em 30 países em 1985, e 14 milhões em 2000.
1964	Sétima Conferência Mundial Pentecostal, em Helsinki, Finlândia, com o tema "Evangelismo mundial" (junho).
1964	Alemanha: avivamento neopentecostal incendeia igrejas protestantes alemãs durante a visita do carismático luterano L. Christenson.
1965	Indonésia: o partido comunista (17 milhões de membros) planeja massacrar milhões de cristãos e missionários; detidos pelo exército, 500 mil comunistas e simpatizantes são massacrados; início de avivamentos em massa, com a conversão de 2,5 milhões de pessoas ao protestantismo ou ao catolicismo em 15 meses.
1965	Timor: avivamento espiritual entre os atonis, perto de Amanuban, durante uma terrível fome; mais de cem equipes de jovens evangelistas, homens e mulheres.
1966	O teólogo anglicano A. H. Dammers publica "A.D. 1980: a study in Christian unity: mission and renewal" [1980 d.C.: um estudo na unidade cristã: missão e renovação], que pressupõe a união orgânica de todas as igrejas na Grã-Bretanha em 1980, mas houve bem pouco progresso, mesmo já perto de 2000.
1966	Formada a Comunhão Pentecostal Europeia, em Roma; 1969, formada a Conferência Europeia Pentecostal, na Suécia; 1987, ambas são unidas para formar a Comunhão Europeia Pentecostal; 1978, formada a Associação Teológica Pentecostal Europeia; 1980, realizada as conferências de Estudos Pentecostais e Carismáticos na Europa (Leuven, 1980 e 1981; Birmingham, Reino Unido, 1984; Gwatt, Suíça, 1987).

1966　　　Estados Unidos: surgem novas organizações carismáticas: 1967, Consulta sobre a Renovação Carismática, primeiro encontro nacional dos PRRM, em Austin, Texas; seguidos nos onze anos subsequentes pelos católicos romanos, luteranos, episcopais, batistas norte-americanos, menonitas, ortodoxos gregos, Igreja Unida de Cristo, metodistas e outros grupos.

A renovação carismática expande-se no catolicismo

1966　　　Convenção Nacional dos Cursilhos, em Pittsburgh (Estados Unidos); alunos da Universidade de Duquesne se interessam pela renovação carismática um ano depois que o Vaticano II encerra com oração por um novo Pentecoste.

1967　　　Renovação carismática católica eclode repentinamente nos Estados Unidos, primeiro na Universidade de Duquesne, Pittsburgh (liderada por sacerdotes do Espírito Santo); também em Bogotá, Colômbia; espalha-se pela Universidade de Notre Dame, em South Bend (capital intelectual do catolicismo norte-americano); católicos carismáticos ativos chegam a 7,5 milhões em 1985, em 80 países, com 50 milhões de católicos associados ou envolvidos; 120 milhões por volta de 2000.

1967　　　Oitava Conferência Mundial Pentecostal, no Rio de Janeiro; tema: "O Espírito Santo glorificando a Cristo".

1967　　　Ministério Logos para a Renovação Ortodoxa é criado pelos gregos e outros ortodoxos carismáticos.

1967　　　Coreia do Sul: grandes campanhas evangelísticas: 1965, com 17 denominações, o protestantismo faz 80 anos (20 mil profissões de fé); 1967, Cruzada Mundial de Avivamento (30 mil pessoas numa noite), ligada à organização implantada em 1965 na Grã-Bretanha; 1973, cruzada em Seul (3.210.000 presentes, 275 mil investigadores); 1974, conferência de treinamento em evangelismo e discipulado: EXPLO 74 (323.419 obreiros de 78 países); 1977, Cruzada Nacional de Evangelização; 1978, Eis a Vida, Coreia; 1980, 16,5 milhões participam dos quatro dias da Cruzada de Evangelização Mundial em Seul etc.

1968   Primeira Assembleia Pentecostal Ecumênica (Kirchentag) em Augsburgo, Alemanha; os católicos se juntam oficialmente aos protestantes no Pentecoste; por isso, a Kirchentag dos protestantes se torna bienal (30% de católicos), alternando com a assembleia dos católicos (liturgias, procissões, números expressivos).

1968   Austrália: primeira conferência sob o tema "Redescobrindo o Espírito Santo", em Sidney, com o evangelista Alan Walker (junho); 1970, eclode a renovação carismática.

1968   O evangelista pentecostal Jimmy Swaggart dá início ao ministério no rádio; começa o ministério na televisão em 1972; em 1987, os programas de Jimmy Swaggart são transmitidos semanalmente por mais de 3.200 estações de TV em 145 países, arrecadando 150 milhões de dólares em doações todos os anos; ele afirma que "esse meio de comunicação é o método mais conveniente que o mundo já conheceu para divulgar o evangelho. Temos uma ordem de Deus para transmitir a Grande Comissão por esses meios"; 1988, colapso por causa de um escândalo sexual.

1970   Situação global: existem 15.382.000 pentecostais, 3.349.000 carismáticos e 53.490.000 neocarismáticos; total de membros vivos durante o avivamento: 72.223.000; total de fiéis do avivamento até 1900: 117.004.000.

1970   Estados Unidos: avanço do povo de Jesus na Califórnia, um avivamento nacional de jovens.

1970   Sociedade de Estudos Pentecostais (sigla em inglês: SPS) formada para coordenar pesquisas sobre os carismáticos; implantada nos Estados Unidos para promover encontros anuais, cada um deles com 10 a 30 artigos técnicos; 1982, XII Encontro Anual da SPS em Pasadena, Califórnia, com 12 artigos apresentados (18-29 de novembro); 1996, XXV

Encontro Anual da SPS, na Faculdade Wycliffe, em Toronto (7-9 de março).

1970 Nona Conferência Mundial Pentecostal, em Dallas, Estados Unidos (novembro).

1971 Criado o Avanço Final para a Tradução das Escrituras, lançado com a cooperação da Tradutores Bíblicos de Wycliffe/Instituto de Verão de Linguística como uma versão computadorizada para finalmente completar a tarefa de traduzir a Bíblia para todos os idiomas; grande propósito de estimular as agências denominacionais de tradução da Bíblia (batistas, pentecostais, católicas etc.), mas termina em 1983, apesar dos 5 mil idiomas ainda sem tradução.

1971 Segundo Encontro Ecumênico Pentecostal em Augsburgo, Alemanha, para católicos e protestantes, no Pentecoste (2-5 de junho).

1972 Escritório Internacional da Renovação Carismática Católica (sigla em inglês: ICCRO), implantado como Escritório de Comunicação Internacional, em Ann Harbor (Estados Unidos); aqui acontecem as duas primeiras edições da Conferência Internacional de Líderes (1973 e 1975); 1976, o escritório é transferido para Bruxelas; 1981, transferido como ICCRO para Roma; organiza cinco conferências mundiais de líderes (quatro em Roma e uma em Dublin), representando 63,5 milhões de católicos pentecostais em mais de 160 países; 1996, o nome muda para Renovação Carismática Católica Internacional (sigla em inglês: ICCRS), em 2000, com 119 milhões de católicos carismáticos em 230 países.

1972 Origem da Conferência Europeia de Líderes Carismáticos (protestantes, pentecostais, católicos) em Schloss Craheim, Alemanha, após as primeiras visitas de David du Plessis e Rodman Williams; conferências em 1973 e 1975; depois na Bélgica, a convite do primaz católico, cardeal Léon-Joseph Suenens, em 1976 e 1978; 1982, conferência em Estrasburgo, com 25 mil participantes; 1982, em Paris; 1984, em Zurique; 1986, em Birmingham (Acts '86); 1988, formada a ECC); 1989, em Dissentis, Suécia; 1990 (Bern '90); 1991, ECC se organiza para reuniões anuais.

1972   Sri Lanka: campanha carismática de Morris Cerullo (14 mil presentes, 80% budistas).

1972   O editor da *World Pentecost* [Pentecoste Mundial], Donald Gee, escreve o artigo "World Evangelization" [Evangelização mundial]; muito citado durante o movimento pentecostal.

1973   Décima Conferência Mundial Pentecostal, em Seul, Coreia; tema: "Ungidos para pregar"; 3 mil delegados.

1973   Encontro Carismático Latino-Americano (ECCLA), que pretende ser o primeiro de uma série organizada pela Renovação Carismática Católica.

1973   O executivo de missões pentecostais D. A. Womack escreve *Breaking the Stained-Glass Barrier* [Quebrando a barreira do vitral], exortando a Igreja a "abandonar seus santuários seguros e retornar à estratégia evangelística do apóstolo Paulo (o método efésio de evangelismo espontâneo)"; propõe uma fórmula matemática para dimensionar o evangelismo.

1973   Criada a TBN no sul da Califórnia, uma estação de TV pentecostal "para levar o evangelho a todo ser humano que viva no planeta Terra" até Jesus voltar; 1986, a TBN possui 55 estações de TV nos Estados Unidos, com 26 afiliadas, além de estações na Guatemala, em St. Kitt-Nevis, na Itália e em Ciskei.

1974   O avivamento católico carismático agora possui 2.400 grupos de oração ao redor do mundo, com 350 mil participantes adultos ativos (total da comunidade carismática: 1.540.000); 30 mil participantes nas conferências internacionais dos Estados Unidos, em Notre Dame, South Bend.

1974   Missão Equipes da Renovação, por Bryant B. Goheen e pelo Seminário Teológico Fuller, Pasadena — equipes de seminaristas que ensinam em igrejas locais por meio do livro *Ten Steps for World Evangelism* [Dez passos para o evangelismo mundial]; extinto em 1979.

1975 Irlanda: Segunda Conferência Nacional sobre a Renovação Carismática, em Dublin, liderada pelo cardeal Léon-Joseph Suenens, 190 padres e 5 mil leigos carismáticos; na Conferência Internacional de 1978, em Dublin, Suenens concelebra na TV com 127 bispos e 1.500 padres, na presença de 20 mil leigos.

1975 Início da Vida Nova Internacional, agência de serviços evangelical carismática envolvida com literatura e pesquisa; 1984, renomeada Visão da Evangelização Mundial Total (Fresno, Califórnia), em 8 países.

1975 Terceiro ECCLA; 250 delegados de 25 países, incluindo 8 bispos, em Aguas Buenas, Porto Rico — onde existem 40 mil católicos pentecostais (janeiro).

1975 Congresso sobre Evangelização Mundial de Nagaland, em Dimapur (nordeste da Índia), seguindo o Primeiro Congresso de Lausanne, para estudar o avivamento e as missões (1-9 de março).

1975 Conferência Internacional Carismática Católica, em Roma, na festa do Pentecoste: 10 mil peregrinos ouvem o papa Paulo VI, na Basílica de São Pedro (maio).

1975 Conferência Internacional para o Avivamento, em Nairóbi, com o tema "Unidade em Cristo"; primeira de uma série de conferências africanas para carismáticos (agosto).

1976 Estabelecida a Associação de Missões Mundiais do Evangelho Pleno (1º de abril) em Seul, Coreia, organização de apoio para 8 igrejas e 22 missionários coreanos; em 1985, 145 missionários em 21 países.

1976 Décima Primeira Conferência Mundial Pentecostal, em Albert Hall, Londres: "O Espírito da Verdade".

1976	Grupo Consultivo de Intercessão de Lausanne, implantado após o primeiro Congresso Internacional sobre Evangelização Mundial (sigla em inglês: ICOWE); organiza a conferência e o dia anual de oração pela evangelização mundial (Domingo de Pentecoste).
1977	Primeira Conferência Carismática Nacional dos Batistas do Sul (21-23 de julho), nos Estados Unidos.
1977	Grécia: carismáticos ortodoxos organizam a Cruzada por Cristo, em Atenas.
1977	Quinto ECCLA, em Caracas, Venezuela; líderes de quase todos os países latino-americanos (janeiro).
1977	Primeira Conferência sobre a Renovação Carismática nas Igrejas Cristãs; ecumênico, finalmente englobando todas as tradições pentecostais; tema: "Jesus é Senhor"; em Kansas, Estados Unidos; 59 mil presentes (julho); mas após um clímax ecumênico, as conferências carismáticas se tornam monodenominacionais ou monoconfessionais (15 mil luteranos carismáticos por ano em Minneapolis, 10 mil católicos romanos em Notre Dame etc.).
1977	500 milhões de pessoas ouvem ou assistem à transmissão do culto evangelical na véspera de Natal em setes idiomas simultaneamente (pregador pentecostal Rex Humbard).
1978	Quarta Conferência Protestante da América Latina, em Oaxtepec, México; decisão de criar o conselho ecumênico CLAI (Conselho Latino-Americano de Igrejas) com cem denominações e agências (algumas pentecostais); evangelicais conservadores organizam a rival CONELA (Confraternidade Evangélica Latino-Americana), com 20 milhões de evangelicais de 84 denominações (incluindo o Concílio Evangelical da Venezuela — CEV), principalmente as Assembleias de Deus (Brasil).
1978	Conferência Internacional sobre a Renovação Carismática na Igreja Católica, em Dublin; tema: "Sereis minhas testemunhas";

10 mil participantes, liderados por L. J. Suenens, cardeal primaz da Bélgica (junho).

1979 Implantada a agência anglicana de renovação SOMA, "dedicada a promover a renovação no Espírito Santo no mundo a fim de capacitar e preparar a igreja para cumprir a Grande Comissão de Jesus Cristo e proclamar o Reino de Deus e o ministério de poder do Espírito Santo"; promove conferências internacionais: 1981, Singapura; 1983, Nairóbi; 1984, Fiji; em 1987, sua obra em 50 países abrange 26 das 31 províncias anglicanas no mundo.

Novas formas de avivamento se multiplicam pelo mundo

1979 Inglaterra: Curso Alfa, braço do anglicanismo, iniciado na Igreja da Santa Trindade de Brompton; 1990, 100 participantes regulares para cultos domésticos em 15 sessões; 1993, transforma-se num poderoso meio de evangelismo; 1994, é criado o Alfa Jovem, para jovens de 11 a 18 anos de idade; 1998, cresce para 100 mil o número de cursos Alfa, com 11 semanas de duração em 77 países e na maioria das cidades do mundo, operados por igrejas protestantes, católicas e anglicanas de centenas de denominações; o número de participantes aumenta de 600, em 1991, para 4.500 em 1993; 30 mil (1994); 100 mil (1995); 250 mil (1996); 500 mil (1997); e então 1 milhão (1999).

1979 Mais de 10 mil peregrinos participam da Peregrinação Carismática Internacional a Lourdes, no aniversário de 100 anos do santuário (julho).

1979 Décima Segunda Conferência Mundial Pentecostal, em Vancouver, Canadá; tema: "O Espírito Santo nos últimos dias" (outubro).

1980 Primeira Conferência de Líderes Asiáticos (ICCRO), em Manila; tema: "Apascenta minhas ovelhas".

1980	Uma grande igreja carismática africana — Ministérios das Cruzadas Evangelicais Mundiais em Cristo (Benin, Nigéria) — inicia o projeto A Operação Mundial Começa Aqui; outras denominações africanas seguem com projetos semelhantes.
1980	A terceira onda do avivamento do século XX inicia em 40 grandes igrejas evangelicais, enfatizando o evangelismo de poder, reuniões de poder, curas etc.
1980	Estados Unidos: nova geração de evangelistas carismáticos na televisão, entre eles Oral Roberts — que deu origem à pregação pentecostal televisionada, em 1953 —, seu filho Richard, Pat Robertson, Rex Humbard, Jimmy Swaggart, James Robinson, Kenneth Copeland, Paul Crouch, Jim Bakker etc.
1981	Oitavo Concílio Mundial da Associação Cristã de Moços, em Estes Park; tema: "Cristo: renovação e esperança".
1981	Conferência Internacional de Líderes (ICCRO), com discurso do papa João Paulo II (maio).
1982	Segunda Conferência de Líderes Asiáticos (ICCRO), em Cingapura; tema: "Evangelizar a Ásia por Cristo".
1982	Criado o Instituto para Evangelismo Mundial, em Atlanta, Geórgia (Estados Unidos), uma grande conquista de longo alcance do Comitê de Evangelismo Mundial, do Conselho Metodista Mundial; o terceiro Seminário Internacional, em 1987, em Atlanta, com o tema "O Espírito Santo e a evangelização mundial", atrai mais de 100 delegados de 33 países; o autêntico evangelismo wesleyano — com testemunho em duas partes, salvação pessoal e redenção social — trouxe mais credibilidade e aceitação ao metodismo mundial.
1982	Primeiro Congresso Carismático Pan-Europeu, "Pentecoste sobre a Europa", Estrasburgo '82 (Domingo de Pentecoste); 25 mil participantes, 80% católicos romanos, também organizado por católicos romanos; debatido o escândalo das divisões

cristãs; 1998, Segundo Encontro Carismático Ecumênico, em Paris, com 12 mil participantes.

1982   Conferência Asiática sobre o Avivamento da Igreja, Seul, Coreia (18-22 de agosto); resulta na inauguração da Comunhão Evangélica da Ásia (sigla em inglês: EFA), em Hong Kong, julho de 1983, com 12 grupos de membros (sendo 8 comunidades nacionais).

1982   Décima Terceira Conferência Mundial Pentecostal, Nairóbi, Quênia; tema: "Vivos no Espírito em nosso mundo"; maior plateia: 18 mil (setembro).

1982   O Comitê sobre o Espírito Santo e Missões de Fronteira (sigla em inglês: CHSFM) é formado a partir da conjunção com o Centro de Missões de Fronteira dos Estados Unidos (sigla em inglês: USCWM) para envolver os carismáticos nas missões de fronteira entre os povos escondidos; extinto em 1985.

1983   Conferência Pan-Americana do SOMA para Líderes Anglófonos da Renovação Carismática, em Nairóbi, Quênia (outubro).

1984   Argentina: avivamento em larga escala, com dois anos de duração, iniciado com o evangelista Carlos Annacondia, das Assembleias de Deus, resultando em 2 milhões de conversões.

1984   Grã-Bretanha: grande evento ecumênico "Estrangeiros não, peregrinos sim", envolvendo mais de 30 denominações, entre católicos romanos, anglicanos e pentecostais negros; objetivo: formular uma política ecumênica para o futuro.

1984   Quinta Conferência Internacional de Líderes (ICCRO), em Roma, à qual compareceu o papa João Paulo II (maio); também o Retiro Mundial de Padres (ICCRO), no Vaticano, com mais de 6 mil padres e 60 bispos e cardeais (outubro); 1990, Segundo Retiro Mundial de Padres, em Roma (14-18 de setembro).

1984	Décima Terceira Conferência Luterana Internacional sobre o Espírito Santo (sigla em inglês: ILCOHS), em Minneapolis; 12 mil participantes (15-19 de agosto).
1984	Oitava Conferência Europeia de Líderes Carismáticos, Nidelbad, Suíça (19 de setembro).
1984	México: Segunda Conferência Nacional da Juventude, da RCC, com 18 mil jovens, em Guadalajara (novembro).
1985	Colômbia: durante o Ano Internacional da Juventude, a RCC se compromete a anunciar Jesus a um quinto de toda a juventude colombiana; cada diocese católica assume grandes metas.
1985	R. Stark e W. S. Bainbridge escrevem *The Future of Religion: Secularization, Revival and Cult Formation* [O futuro da religião: secularização, avivamento e surgimento de seitas].
1985	África do Sul: Consulta sobre Oração para o Avivamento e Envio de Missionários Andrew Murray; 800 participantes, em Cape Town e Pretória.
1985	O líder carismático/neocarismático John Wimber escreve *Power Evangelism: Signs and Wonders Today* [Evangelismo de poder: sinais e maravilhas hoje]; *Power Healing* [Poder da cura], em 1987; *Power Encounters Among Christians in the Western World* [Encontros de poder entre cristãos no mundo ocidental], em 1988.
1985	Estados Unidos: a Associação Norte-Americana de Missões do Evangelho Pleno é criada para promover missões nas igrejas carismáticas; o nome muda três vezes, finalmente para AIMS (Associação de Serviços para Missões Internacionais), com o lema: "Unidos no Espírito para a evangelização mundial"; 75 agências associadas.
1985	Índia: Sexta Convenção Nacional da Renovação Carismática, com 15 mil participantes, bispos, 600 padres católicos, 1.500 obreiros religiosos, em Madras (janeiro).

1985	A igreja presbiteriana (Estados Unidos) patrocina o Congresso sobre Renovação (carismática) em Dallas, Texas, com mais de 5 mil participantes.
1985	Primeira Assembleia Geral da EFA (implantada em 1983), em Manila (Filipinas): tema: "O Espírito Santo e a Igreja" (30 de janeiro a 2 de fevereiro).
1985	Décima Quinta Conferência da Comunhão Pentecostal Europeia, Nápoles, Itália (19-21 de março).
1985	Itália: Oitava Conferência Carismática Nacional, em Rimini; 12 mil participantes, entre eles muitos bispos e 500 padres (25-28 de abril).
1985	Terceira Conferência Escandinava da Renovação Carismática Católica, em Estocolmo, com 150 delegados (16-19 de maio).
1985	Décima Primeira Sessão do diálogo teológico entre católicos romanos e pentecostais clássicos (iniciado em 1972); tema: "Comunhão dos santos"; em Riano, Roma (21-26 de maio); 1986, Décima Segunda Sessão, nos Estados Unidos (24-31 de maio).
1985	Retiro Carismático de Padres (Conferência de Bispos Poloneses e RCC), em Czestochowa, Polônia (junho).
1985	Nono ECCLA (RCC), para 200 líderes, na Costa Rica (julho).
1985	Décima Quarta Conferência Pentecostal Mundial, em Zurique, organizada pela Conferência Mundial de Igrejas Pentecostais; tema: "Jesus Cristo — a esperança do mundo"; 10 mil participantes de 100 países (2-7 de julho).
1985	Uganda: Conferência Nacional de Líderes Carismáticos Católicos, com 130 líderes (22-27 de agosto).
1985	Consulta Anglicana de Líderes da Renovação, patrocinado pelo SOMA, em Chorleywood, Reino Unido, com 90 líderes (setembro).

1985	Grã-Bretanha: Quinta Conferência Nacional para Clérigos e Líderes (patrocinada pelos Ministérios da Renovação Anglicana), em Swanwick (23-26 de setembro).
1985	Primeira Conferência Pan-Africana de Líderes Francófonos (ICCRO); tema; "Um povo santo", com 100 dirigentes, Kinshasa, Zaire (4-9 de outubro).
1985	Primeira Consulta Internacional de Líderes da Juventude (ICCRO), sediada em Roma, com 500 participantes de 100 países (15-19 out.).
1985	Terceira Conferência de Líderes Asiáticos (ICCRO); tema: "Discipulado no Espírito Santo", com 100 líderes, em Bangalore, Índia (9-12 de setembro).
1986	Consulta sobre a Obra do Espírito Santo e Evangelização, em Oslo, Noruega; mais de 70 participantes de 30 países (maio); resultados publicados no livro *God the Evangelist* [Deus, o evangelista].
1986	Criada a Rede Intercontinental de Radiodifusão (sigla em inglês: IBN), em Virginia Beach, Estados Unidos, por carismáticos independentes associados a seus pares europeus.
1986	Boas-Novas para o Mundo (Operação Mundo/Distribuição massiva de Bíblias), plano global anunciado pelo Conselho da Escola Dominical Batista do Sul, em Nashville, Tennessee; propósito: "Colocar as Escrituras nas mãos de todas as pessoas do mundo em 1994, como preparação para o avivamento mundial de 1995".
1986	Austrália: Jubileu da Convenção Carismática Unida, em Adelaide; mais de 3 mil delegados, 10 mil participantes (7-10 de janeiro).
1986	Austrália: Primeira Convenção Nacional sobre o Espírito Santo (Conselho Metodista Mundial), em Sydney (fevereiro); seguida por conferências regionais e depois, em 1987, pela Segunda Convenção Nacional.

1986   Conferência de Evangelistas do Avivamento para o Interior da África (promovido pelo ministério Cristo para Todas as Nações [CFAN]), em Harare, Zimbábue (abril).

1986   Primeiro *Rally* Evangelístico Carismático Católico FIRE, Providence (transmitido via satélite para 17 cidades); tema: "Vim trazer fogo à terra" (5 de abril).

1986   Estados Unidos: Conferência Internacional de Preparação de Evangelistas (pentecostais carismáticos), em Sacramento, Califórnia, "treinando milhares de evangelistas a fim de preparar milhões de cristãos para alcançar bilhões de incrédulos" (5-9 de maio).

1986   Conferência Escandinava Oásis (Oase; Renovação Carismática Luterana), em Oslo, com 500 pastores e 10 mil outros participantes (julho).

1986   Segundo Congresso Carismático Pan-Europeu — Acts '86 (Festival Europeu da Fé), congresso carismático para toda a Europa; tema: "Evangelismo no poder do Espírito Santo", em Birmingham, Reino Unido; 20 mil participantes católicos, protestantes, anglicanos e ortodoxos do Leste e Oeste (100 da Europa Oriental), mas sem participação formal dos católicos (23-27 de julho).

1986   Décimo quarto ILCOHS, Minneapolis; 12 mil participantes (5-8 de agosto).

1986   Estados Unidos: Aldersgate '86, Sétima Conferência Nacional sobre o Espírito Santo (UMRSF), em Savannah, Geórgia; tema: "Cristo em você, esperança de glória" (7-10 de agosto).

1986   Terceiro Congresso Chinês sobre Evangelização Mundial (CCWOE '86), promovido pela CCCOWE em Taipei (Taiwan); tema: "Renovação, ruptura e crescimento"; 1900 líderes de igrejas chinesas de mais de 20 países (6-13 de agosto); a CCCOWE realiza uma pesquisa de seis volumes em chinês (dois volumes em inglês) de toda a diáspora chinesa ao redor do mundo.

1986   Coreia: Décimo Seminário Internacional sobre Crescimento da Igreja (P. Y. Cho e Igreja do Evangelho Pleno), em Seul e Osaka (Japão), com 3 mil participantes (setembro); o total, a partir de 1976, é de 70 mil pastores e líderes de 30 países; anunciada a meta de ganhar 10 milhões de japoneses para Cristo em 2000.

1986   Congresso de Líderes Norte-Americanos sobre o Espírito Santo e a Evangelização Mundial (avivamento carismático católico/protestante), em Nova Orleans, com mais de 7.500 pastores e líderes e 4 mil outros participantes (outubro); cresce o número de conferências e seminários regionais e denominacionais.

1986   Primeira Convenção de Libertação da África, carismáticos patrocinados pela Fundação Cristã Missionária (sigla em inglês: CMF), criada em 1982 em Ibadan (Nigéria); acontecia anualmente.

1987   Ministérios Advance: Alcançando os Não Alcançados, agência de envio de missionários que presta serviço a 60 mil igrejas carismáticas independentes nos Estados Unidos; criada com apoio dos menonitas.

1987   Austrália: Primeira Conferência Nacional Carismática Batista.

1987   O pastor carismático D. Shibley escreve *Let's Pray in the Harvest* [Vamos orar pela colheita] sobre como descobrir o elemento que falta na evangelização mundial.

1987   Sexta Conferência Anual da Renovação de Toda a Índia (carismática), em Kerala, com 300 líderes de igrejas e 2 mil participantes (27-30 de janeiro).

1987   Consulta sobre a Evangelização Mundial, em Cingapura, com 31 líderes do avivamento — católicos, luteranos, anglicanos etc. (9-12 de fevereiro).

1987	Conferência Nacional de Líderes Carismáticos (Comitê Norte-Americano de Serviços da Renovação), relacionada com as principais denominações da renovação carismática (100 milhões de cristãos, com 60 mil missionários em campo), em Glencoe, Missouri (Estados Unidos); designa o Comitê de Estratégia para a Evangelização Mundial, com metas para 2000 (4-8 de maio).
1987	Sexta Conferência Internacional de Líderes (ICCRO), em Roma; tema: "O Espírito do Senhor está sobre mim"; dirigida pelo papa João Paulo II (11-16 de maio).
1987	Pentecoste '87: Celebração Nacional de Evangelização Católica via satélite, nos Estados Unidos: evento televisionado para todo o país, com sete horas de duração (Sábado de Pentecoste, 6 de junho) pela Associação Nacional Paulina de Evangelização Católica; treinados 60 mil leigos, religiosos e clérigos evangelizadores em 200 auditórios; a ser repetido todos os sábados de Pentecoste até 2000.
1987	Congresso Geral Norte-Americano sobre o Espírito Santo e Evangelização Mundial, em Nova Orleans (sucessor do *Rally* Carismático Ecumênico do Kansas, de 1977); mais de 50 mil participantes (Renovação Carismática Católica/protestante), 51% católicos; tema: "Evangelismo de poder" (22-26 de julho); lançamento da revista *AD 2000 Together*, com o lema: "Conduzir a maioria da raça humana a Jesus Cristo até o fim do século".
1987	Conferência Pentecostal Europeia, em Lisboa (22-26 de julho).
1987	Conferência Internacional de Missões (Dallas I) promovida por R. K. Parks, presidente da FMB Batista do Sul, com 20 agências de missões presentes (17-18 de setembro); acordos sobre 1) oração e jejum todos os fins de semana de Pentecoste até 2000, com "intercessão concentrada na evangelização mundial" e 2) compartilhamento de dados, planos e estratégias; 1988, Dallas II (fevereiro), seguido por teleconferências.

1987   Equador: Conferência Internacional do SOMA, em Quito; tema: "Evangelismo no poder do Espírito Santo na América Latina", para bispos, clérigos e líderes leigos anglicanos (8-11 de outubro).

1987   Primeiro Congresso Missionário Ibero-Americano (COMIBAM '87), em São Paulo (Brasil), com 3.500 representantes evangelicais (70% pentecostais/carismáticos) de toda a América Latina, precedido por uma série de consultas nacionais sobre missões em 23 países; objetivo de evangelização mundial, com 10 mil novas vocações de missionários para o estrangeiro (23-28 de novembro).

1988   Conferências sobre evangelização: desde 1945, foram promovidas cerca de 5.510 conferências sobre missões e evangelismo (internacionais, continentais, regionais ou nacionais), por cinco grupos: 1.050 por agências católicas; 1.100 por agências do movimento ecumênico; 2.100 por agências missionárias protestantes e anglicanas; 840 por agências missionárias evangelicais; 420 por agências de renovação carismática.

1988   Conferência Europeia de Líderes Carismáticos, em Berlim, com 150 participantes de 18 países; organiza a Consulta Carismática Europeia.

1988   O evangelista N. Krupp escreve *The Church Triumphant at the End of the Age* [A Igreja triunfante no fim dos tempos], caracterizado pela renovação, restauração, unidade, evangelização mundial e perseguição; defende a ideia de que a Grande Comissão só poderá ser cumprida com o auxílio dos meios sobrenaturais do avivamento mundial dos últimos tempos.

1988   Campanhas evangelísticas de massa: centenas de campanhas multidenominacionais — sob a liderança de Billy Graham, Luis Palau e outros — e cerca de 3 mil campanhas denominacionais acontecem em 1.300 metrópoles e cidades do mundo cada ano; além de centenas de megaencontros (mais de 100 mil participantes) promovidos pelo CFAN e muitas outras agências carismáticas, com o lema: "A Grande Comissão para cada geração".

1988 Crescimento explosivo da participação de igrejas, denominações e agências missionárias carismáticas, evangelicais e fundamentalistas na televisão; as redes de igrejas em casa se espalham por todos os países nos quais existem grandes denominações.

1988 Cruzada de Evangelização Mundial, Coreia, liderada por carismáticos (metodistas e presbiterianos) e pentecostais.

1988 Terceira Conferência Internacional sobre a Vida e a Arte Litúrgica Ortodoxa Russa, em Leningrado; trata da iconografia da renovação, ícones como janelas para a eternidade (31 de janeiro a 5 de fevereiro).

1988 Segunda Consulta sobre a Evangelização Mundial, em Cingapura, com 65 líderes da renovação carismática do mundo inteiro; organizada pelos Carismáticos Unidos pela Evangelização Mundial (sigla em inglês: CUWE), com um novo lema: "A Igreja inteira trazendo o Cristo inteiro ao mundo inteiro [...] para pensar na contribuição distintiva que a renovação carismática pode proporcionar ao disseminar o evangelho cristão nos próximos anos até 2000" (fevereiro).

1988 Segundo Congresso Cristão Sionista Internacional, em Jerusalém, promovido pela Embaixada Cristã em Jerusalém, pelos carismáticos europeus (Estados Unidos, Escandinávia, Holanda, Alemanha, Reino Unido), por dispensacionistas pré-milenaristas, pela direita religiosa dos Estados Unidos e pelos oficiais do governo de Israel (abril).

1988 Cantuária '88: Conferência da Renovação Espiritual Anglicana, Cantuária (Reino Unido), organizado pelo SOMA, para líderes; tema: "A Igreja no vale da decisão"; 350 participantes, muitos bispos (3-7 de julho).

1988	A Décima Quinta Conferência Mundial Pentecostal deveria acontecer em Kuala Lumpur, Malásia (5-9 de outubro), mas foi cancelada por causa da oposição muçulmana.
1989	Conferência de Estudos Pentecostais e Carismáticos, na Europa, na Universidade de Utrech; relatórios publicados em *Experiences of the Spirit* [Experiências do Espírito].
1989	Surgem novas religiões baseadas nos estados de consciência alterados: êxtases, transes, dissociações, possessão por espíritos, perda de alma, projeções astrais, curandeirismo, misticismo, glossolalia, ocultismo, experiências fora do corpo e outros.
1989	Terceira Conferência de Igrejas do Golfo, em Lamaca (Chipre), com 50 representantes de 11 confissões: anglicanos, unidos (Escolas Internacionais Cristãs — sigla em inglês: CSI, CoPAK), luteranos, ortodoxos coptas, ortodoxos sírios, pentecostais, Igreja Mar Thoma, reformados/presbiterianos, católicos romanos (27 de fevereiro a 4 de março).
1989	Encontro de Líderes Carismáticos de Jerusalém (Pentecoste 89), convocado por 120 líderes do avivamento, para tratar de intercessão de poder, evangelismo de poder, evangelização mundial; em Jerusalém, após o Pentecoste (7-14 de maio).
1989	Acontece finalmente a Décima Quinta Conferência Mundial Pentecostal, em Cingapura; tema: "Verás a glória do Senhor"; mais de 6 mil delegados de 100 países, 30 mil participantes; ênfase na estratégia para a evangelização mundial (27 de setembro a 1º de outubro).
1989	Paquistão: Terceira Conferência Carismática Católica, em Karachi, com 500 participantes; tema: "Nova evangelização" (5-6 de outubro).
1989	Conferência de Líderes de Igrejas do Nordeste da Ásia (NACLC-1), em Hakone (Japão), com 50 participantes; tema: "Ministério no poder da Palavra de Deus"; 1991, NACLC-2, em Sorak (Coreia, 28-31 de outubro); 1995, NACLC-3, em Kyoto (Japão),

com 70 participantes e o tema "O poder do Espírito Santo no ministério"; 1997, NACLC-4.

1990 Quinta Assembleia Geral do Concílio de Igrejas do Oriente Médio (hoje com 26 igrejas participantes e 14 milhões de cristãos, incluindo sete organizações católicas), em Chipre; tema: "Conservar a unidade do Espírito pelo vínculo da paz" (Efésios 4.3).

1990 Congresso Mundial sobre o Espírito Santo e Evangelização Mundial, em Indianápolis; tema: "Evangelismo de poder"; mais de 25 mil participantes (Renovação Carismática Católica/protestante).

1990 Décima Terceira Convenção Nacional para a Renovação no Espírito, em Rimini (Itália), com 50 mil católicos (28 de abril a 1º de maio).

1990 Terceira Consulta Carismática Europeia (megacongresso ecumênico católico/protestante); tema: "A esperança de Jesus para a Europa", em Berna (Suíça), com 4 mil participantes de 30 nações da Europa (2 mil de países ex-comunistas; 50% católicos romanos; 50% com menos de 35 anos); a Marcha do Louvor pela cidade solta 4 mil balões de hélio com um cartão de cada participante amarrado (24-28 de julho).

Início da década de evangelização global

1991 Crescimento repentino e explosão mundial de igrejas jovens inteiramente fora do controle das denominações; igrejas organizadas livremente implantadas e coordenadas por carismáticos com menos de 25 anos, com cultos na hora do almoço em hotéis, teatros, cinemas, lojas, barracos, qualquer lugar; grande número de convertidos.

1991 Décimo Quarto Congresso da Igreja Protestante Alemã (Kirchentag), organizado em quatro cidades de Ruhr (Dortmund, Essen, Bochum, Gelsenkirchen), com 125 mil

	participantes (10 mil da antiga Alemanha Oriental); tema: "O Espírito de Deus libera vida" (5-9 de junho).
1991	Consulta Carismática Internacional sobre Evangelização do Mundo (ICCOWE), em Brighton (Reino Unido), para profetizar uma década de evangelização antes de 2000; 4 mil líderes do avivamento (8-14 de julho).
1992	Segunda Conferência Pan-Africana da Renovação Carismática Católica, em Brazaville, Congo.
1992	Décima Sétima Sessão do Diálogo Internacional Católico Romano-Pentecostal reúne-se fora de Roma; tema: "Evangelismo e cultura".
1992	Criação da Comunhão Carismática da Ásia (sigla em inglês: CFA) e da Associação Teológica Carismática da Ásia (sigla em inglês: ACTA).
1992	Simpósio sobre o Pentecostalismo Unicista (promovido pela Igreja Pentecostal Unida Internacional), em St. Louis, Missouri (Estados Unidos, 8-10 de janeiro).
1992	Primeiro Encontro Latino-Americano de Mulheres Pentecostais, na Costa Rica (11-14 de agosto).
1992	Décima Sexta Conferência Mundial Pentecostal, convocada em Oslo, o maior encontro religioso da história da Noruega, com 12.500 presentes nos cultos noturnos; tema: "Pelo meu Espírito/Esperança para mudar o mundo" (9-13 de outubro).
1992	Encontro Pentecostal Latino-Americano, sediado no Brasil e promovido pelo CMI e pelo CLAI (22-28 de novembro).
1993	A ACTA se reúne em Cingapura (12-14 de abril).
1993	Retiro Internacional de Líderes da ICCRO em Assis, Itália, com 1.200 participantes (13-17 de setembro).
1994	Terceira Conferência Anual da Associação de Faculdades Bíblicas Pentecostais e Carismáticas da Austrália (sigla em inglês: PCBC).

1994	A última década do século XX provou ser a mais importante da história cristã por causa dos sinais e maravilhas, milagres, conversões, evangelismo e evangelização, sendo o maior sinal ou maravilha o amor e a união dos cristãos em toda parte.
1994	Líbano: grande Conferência da Renovação Carismática Católica (e uma segunda em 1995), com 30 mil participantes e cobertura ao vivo, assistida por mais de 1 milhão de telespectadores.
1994	Avivamento do Riso Santo, em Toronto: 250 mil pastores e outros visitantes do mundo inteiro (por exemplo, um grupo de 116 pessoas vindo da Indonésia) visitam a Igreja Comunhão da Videira do Aeroporto de Toronto para experimentar esse fenômeno do Espírito Santo; espalha-se por mais de 10 mil igrejas em 50 países no período de um ano; grande volume de informação é disponibilizado na internet.
1994	Conferência Mundial do Espírito Santo, em Seul (Coreia), com 30 mil participantes em seis reuniões.
1994	Consulta Carismática Malásia '94, promovida pela ICCOWE, em Port Dickson, Kuala Lumpur; 200 líderes de grupos carismáticos; tema: "Cooperação em tempos de oportunidade inigualável", com ênfase na unidade cristã (março).
1994	A Associação Teológica Pentecostal Europeia (sigla em inglês: EPTA) se reúne em Portugal (26-30 de julho).
1994	A Associação Teológica Pentecostal Asiática (sigla em inglês: APTA) se reúne em Seul, Coreia (setembro).
1994	O "milagre de Memphis", em Memphis, Tennessee, é testemunhado por mais de 4 mil participantes, finalmente reconciliando os pentecostais brancos dos Estados Unidos (Comunhão Pentecostal da América do Norte) com os pentecostais negros (Igreja de Deus em Cristo), após cem anos de desavença, para formar a organização multirracial Igrejas

Pentecostais e Carismáticas da América do Norte (sigla em inglês: PCCNA).

1994   Congresso Geral, Comunhão Carismática da Ásia, em Manila (Filipinas), precedida pela ACTA (16-19 de novembro).

1994   Décima Sétima Conferência Anual da Consulta Carismática Italiana — católicos, pentecostais, valdenses, batistas (9-11 de dezembro).

1995   O Quarto Congresso Carismático Pan-Europeu (trienal), em Viena, Áustria, discute três questões difíceis: a "bênção de Toronto"; o trabalho em conjunto; a implantação de igrejas/ construção da comunidade; 400 participantes.

1995   O avivamento explode na Assembleia de Deus em Brownsville (Pensacola, Flórida): em dois anos, 1,5 milhão de visitantes participam dos cultos, com 100 mil profissões de fé.

1995   Congresso sobre o Espírito Santo e a Evangelização Mundial, em Orlando, Flórida, com mais de 10 mil participantes (4 mil jovens); tema "De geração em geração, vocês serão minhas testemunhas" (26-29 de julho).

1995   Décima Sétima Conferência Mundial Pentecostal, em Jerusalém; tema "De Jerusalém... para todos os povos" (11-14 de setembro); 10 mil participantes de 100 países.

1995   Primeira Assembleia Geral, do Conselho Carismático Católico para a Ásia e o Pacífico (sigla em inglês: CCCAP), em Sabah (Malásia), com 63 delegados de nove países: tema: "Somos cooperadores de Deus" (18-22 de novembro); 1996, Primeiro Congresso de Líderes Carismáticos Ásia-Pacífico, em Kinasih, Indonésia (7-12 de outubro).

1995   Consulta Carismática Europeia, em Praga, com 400 participantes (15-23 de outubro).

1996   Terceiro Encontro Consultivo da África Anglófona (RCC), em Johannesburgo (África do Sul).

1996   Encontro Bienal de Comitês Nacionais de Serviços da Europa (RCC), em Bratislava (Eslováquia), aponta queda nos números e na idade dos membros nos grupos semanais de oração.

1996   Décima Nona Conferência Anual Nacional da Igreja Católica Carismática Italiana sobre o Espírito Santo; tema: "Sejamos um, para que o mundo creia" (João 17.21), em Rimini (Itália), com 65 mil participantes, entre eles quatro cardeais, comitês executivos da ICCOWE e da ECC e 100 convidados ecumênicos; convoca uma reconciliação entre católicos e pentecostais (25-28 de abril).

1996   Sétima Consulta Internacional Anual Koiné, em Feria di Roma (espaço de feiras em Roma); tema: "A atualidade do espaço sagrado", uma demonstração da implementação física e tangível da renovação do Vaticano II para eclesiólogos, liturgistas, historiadores, arquitetos, pessoas nomeadas pelo Vaticano, engenheiros, clérigos, editores, 600 varejistas (8-11 de junho).

1996   Terceira Conferência Pan-Africana da Renovação Carismática Católica, em Yamoussoukro (Costa do Marfim); tema: "Evangelizando no poder do Espírito Santo: ir e proclamar, expulsar e curar" (3-13 de agosto).

1996   Conferência Ecumênica de Jovens Líderes Carismáticos (ECC) em Berlim (6-8 de setembro).

1996   Décima Sétima Conferência Nacional Carismática Católica do Equador, em Azougues, com 300 líderes e 8 mil participantes; tema: "Rumo ao século XXI" (outubro).

1996   Sétimo Encontro Internacional da CFCCCF, em Roma, com 285 delegados de 40 comunidades; tema: "Prepare o caminho do Senhor" (5-12 de novembro).

1997   Décimo Encontro da Conferência Pentecostal Europeia (PEK), em Frydek-Mistek (República Checa) com 3 mil participantes; décimo primeiro encontro em 2000.

1997	Consulta Internacional sobre Evangelismo, Questões Sociais e Renovação no Espírito, promovida pela ICCOWE.
1997	Décima Terceira Assembleia, Conferência Menonita Mundial (representando 1 milhão de menonitas), em Calcutá (Índia); tema: "Ouça o que o Espírito diz às igrejas" (janeiro); encontros como a "Assembleia Reunida", em Calcutá, e com a "Assembleia Dispersa" em outros lugares da Índia e Bangladesh, com 3.800 participantes.
1997	Marcha para Jesus, em Trinidad, organizada pela RCC, com 50 mil participantes de Trinidad, Santa Lucia, Dominica, Granada, Guiana (5 de janeiro).
1997	Panamá: Décimo Oitavo Encontro Jovem da Renovação Carismática Católica, em Llano Bonito, com 6 mil jovens (20-23 de janeiro); precedido pelo Retiro de Padres da RCC, com 200 padres e 7 bispos de 15 países.
1997	Terceira Conferência Anual sobre Cuidado e Aconselhamento de Pentecostais/Carismáticos, em Atlanta (Estados Unidos); tema: "A família: consertando a aliança quebrada" (27 de fevereiro a 2 de março).
1997	Quadragésimo Sexto Congresso Anual Eucarístico, em Wroclaw (Polônia), com observadores pentecostais convidados (maio).
1997	Convenção do Avivamento do Leste Africano, que acontece a cada 10 anos desde 1927, com milhares de participantes em Mbarara (Uganda), apoiada por anglicanos e outras igrejas (setembro).
1997	Consulta Praga '97 (República Checa), ICCOWE/ECC; tema: "Construindo pontes, destruindo barreiras", com 340 participantes de 35 países (10-14 de setembro).
1997	Em Praga, acontece o Fórum dos Teólogos, promovido por ICCOWE/ECC/EPCRA (sigla em inglês: Associação Europeia

	de Pesquisa Pentecostal e Carismática), com 55 teológicos pentecostais e carismáticos presentes (10-14 de setembro).
1997	Décima Sexta Conferência Internacional Anual de Crescimento da Igreja, em Seul (Coreia), na Igreja do Evangelho Pleno de Yoido, com 100 mil intercessores presentes; tema: "O Filho está erguendo-se" (30 de setembro a 9 de outubro).
1998	Vigésima Segunda Conferência Nacional da RnS (Rinnovamento nello Spirito, RCC), em Rimini, Itália, com 40 mil participantes; tema: "Guiados pelo Espírito Santo rumo ao jubileu do ano 2000".
1998	Duas conferências carismáticas anglicanas promovidas pelo SOMA e pelos ARM, em Cantuária, para se sobrepor à Décima Terceira Conferência de Bispos de Lambeth: 1) Conferência Aberta, com 754 participantes de 50 países, com o tema "A Igreja pela cura da nação", em 20 seminários; 2) Retiro de Líderes, com 485 participantes de 51 países (96 bispos, 40 esposas de bispos, 170 clérigos, 179 líderes leigos).
1998	França: Segundo Encontro Carismático Ecumênico (após o primeiro, em 1982), no Charlety Stadium, Paris, com 12 mil participantes, organizados pela Fraternidade Pentecoste e pela Consulta Carismática Ecumênica Francesa (católicos, ortodoxos, protestantes, líderes ecumênicos).
1998	Segundo Congresso Nacional Católico Carismático das Filipinas sobre o Espírito Santo, em Manila, com 300 mil participantes, entre eles 40 arcebispos e bispos, 195 padres, 30 irmãos e seminaristas, 247 irmãs religiosas e 3.883 líderes leigos; tema: "Espírito Santo, renova a face da terra" (22-25 de janeiro).
1998	Quarta Conferência Anual sobre Cuidado e Aconselhamento de Pentecostais/Carismáticos, em Virginia Beach (Estados Unidos, 26 de fevereiro a 1º de março).

1998	Conferência Nórdica de Missões Pentecostais (promovida pelas Missões Estrangeiras Livres Finlandesas), na Finlândia, para alcançar os povos não alcançados (26-29 de março).
1998	Haiti: Quarta Conferência Nacional da Renovação Carismática Católica (criada em 1973), em Porto Príncipe; tema: "Mantenha viva a chama do dom de Deus que está em você" (2Timóteo 1.6); 50 mil participantes, entre eles 100 padres, 10 bispos haitianos e 4 mil protestantes (17-19 de abril).
1998	Oitavo Encontro Internacional da CFCCCF, em Roma (31 de maio a 3 de junho).
1998	México: Décimo Terceiro Encontro Nacional da Juventude no Espírito Santo (ICCRS), em Aguascalientes, com mais de 14 mil jovens (24-26 de julho).
1998	Quarto Encontro Consultivo da África Anglófona, em Harare (Zimbábue), seguido pela Conferência Carismática Católica (4-9 de agosto).
1998	Décima Oitava Conferência Mundial Pentecostal, em Seul (Coreia), com 100 mil participantes de 60 países (22-25 de setembro).
1998	Décimo Sétimo ECCLA, organizado pelo Congresso Católico Carismático Latino-Americano (CONCCLAT), em Monterrey, México (10-14 de outubro), seguido pela Conferência de Líderes e pelo Retiro Internacional de Padres (12-16 de outubro).
1999	Congresso Latino-Americano de Artes Católicas (CONLARTE, promovido pela RCC), na cidade de Cachoeira Paulista (Brasil), com o objetivo de evangelizar por meio da dança e do teatro.
1999	Congresso Mundial de Libertação: Preparando a Igreja para o Avivamento (Movimento do Ano 2000), no Centro de Oração pelo Mundo, em Colorado Springs (29-31 de julho); 14

palestras sobre os aspectos dos ministérios de libertação (exorcismo, poderes, maldições, ocultismo, curas).

1999   Congresso Pan-Africano da Renovação Carismática Católica, em Yaounde (Camarões), em maio, e em Bangui (República Centro-Africana), em dezembro, culminando com o jubileu do ano 2000 em Kinshasa (agosto).

1999   Congresso de Missões do Novo Mundo para o Terceiro Milênio (promovido pela Associação de Missões do Terceiro Mundo — TWMA e pela Associação Nipônica de Avivamento), em Kyoto (Japão), com 2 mil delegados de 1.500 agências missionárias do mundo todo (25-31 de outubro).

Avaliando a década da evangelização global

2000   Situação geral: pentecostais (clássicos) agora somam 63.064.000; carismáticos, 175.856.000; neocarismáticos, 295.405.000; total de membros associados ao avivamento: 523.767.000; total de crentes no avivamento (membros ou não): 619.894.000; total de crentes do avivamento que faleceram desde 1900: 175.728.000.

2000   Surgimento de centenas de religiões ou seitas de curta duração locais, nacionais e mundiais; crescimento ultra-acelerado de seitas e avivamentos religiosos, com milhões de pessoas que entram e saem em rápida sucessão.

2000   A ICCOWE realiza uma consulta em Penang, Malásia (27-31 de março).

2000   Trigésimo Nono Congresso Mundial Anual da Comunhão Cristã Mundial Apostólica (AWCF, com 161 denominações pentecostais apostólicas e unicistas, de maioria negra, e 12 mil pastores do ministério quíntuplo em 44 países), realizado em South Bend, Indiana (3-5 de maio); cerimônias de formatura da Universidade Cristã Mundial Apostólica (sigla em inglês: AWCU).

2000	Congresso do Milênio "Celebre a Jesus 2000" (promovido pela NARSC), em St. Louis, Missouri, com 8 mil registrados e 13 mil participantes; tema: "Reconciliação, arrependimento, avivamento, libertação e renovação" (22-25 de junho).
2000	Quarto Congresso Carismático Pan-Europeu, promovido pela ECC e pelo ICOWE, em Praga (23-27 de agosto).
2000	Durante o século XX, crentes do avivamento pentecostal/carismático/neocarismático somam 795 milhões desde 1900, dos quais 523 milhões ainda estão vivos como membros de igrejas, principalmente na África (126 milhões), Ásia (134 milhões) e América Latina (141 milhões).
2001	Décima Nona Conferência Mundial Pentecostal e celebração do centenário do pentecostalismo, em Los Angeles, Estados Unidos (29 de maio a 2 de junho).

Alguns possíveis eventos futuros

(Uma pequena seleção baseada nas tendências atuais e em ampla literatura, que apontam a possibilidade e a importância de cada um desses eventos.)

2009	É introduzida a adoração carismática mundial, na qual todos os domingos, em um horário estabelecido, 1 bilhão de fiéis ao redor do mundo estarão holograficamente presentes no mesmo local; a última palavra em inspiração e poder evangelístico de conversão.
2010	Crescimento do totalitarismo produz avivamentos religiosos em massa; falsos robôs evangelistas seduzem ignorantes com promessas de salvação imediata.
2010	O Conselho Universal da Igreja Cristã (Conselho Mundial de Igrejas [sigla em inglês: WCC], Renovação Carismática Católica [RCC], ortodoxos, pentecostais) se reúne para resolver as principais questões que dividem as igrejas, entre elas o papel

de primazia do bispado de Roma; promove-se uma confissão de fé comum, sancionando a comunhão total e a celebração conjunta da eucaristia.

2025   Qualidades do clérigo. As igrejas tendem cada vez mais a combinar as três tradições ou correntes: a) católica (litúrgica ou sacramental); b) protestante (baseada na Bíblia); c) pentecostal (plenitude do Espírito, carismática).

2025   Cristãos. Em âmbito mundial, os cristãos são 55% do Terceiro Mundo, dos quais 32% são pentecostais/carismáticos, 12% pertencentes a denominações pentecostais, 33% carismáticos e 10% neocarismáticos em igrejas nas casas chinesas.

2025   Espiritualidade. Avivamento do monasticismo — eremita e cenobita (comunidades) — entre jovens de todas as igrejas do mundo, especialmente nos países do Terceiro Mundo.

2030   Depois do holocausto nuclear da Terceira Guerra Mundial, o cristianismo se espalha pelo mundo, liderado por "uma igreja antiga, negra e primitiva"; predomínio de igrejas nativas não brancas.

2030   Conversão da China ao cristianismo por meio da multidão de evangelistas e testemunhas de igrejas nas casas, resultando em 1,5 milhão de zelosos cristãos neocarismáticos pós-denominacionais, que lançarão sua missão global sem referência a igrejas e missões orientais ou ocidentais, nem ao cristianismo histórico, nem a planos de evangelização mundial previamente propostos.

2050   De todos os cristãos, 50% são carismáticos (pentecostais, neopentecostais, neocarismáticos, apostólicos, neoapostólicos etc.), assim como 70% dos obreiros da igreja e 90% de todos os missionários estrangeiros.

2050   O cristianismo agora é dominado mundialmente por organizações nativas pentecostais e carismáticas, espalhando-se como fogo pelas igrejas desorganizadas que se multiplicam.

3781 Monges da Ordem de Leibowitz, carismáticos que preservaram o conhecimento ao longo da Idade das Trevas após o holocausto nuclear da Terceira Guerra Mundial, veem a reconstrução da civilização no ano 3100; mais uma vez, uma nova era industrial--científica culmina em 3781 com uma iminente Quarta Guerra Mundial; logo antes de tal eclosão, a ordem eclesiástica lança uma nave eclesiástica por meio da qual a Igreja de Nova Roma transfere a autoridade de São Pedro da Terra para Alfa Centauro (W. M. Miller no romance *Um cântico para Leibowitz*, 1960.

Chave de Siglas

Sigla	Significado
AACJM	Igreja Apostólica Africana de Johane Maranke
ABCIM	Ministros Interinos das Igrejas Batistas Americanas
ABCMF	Junta Americana de Comissários para as Missões Estrangeiras
ACLJ	Centro Americano para Lei e Justiça
ACLU	União Americana pelas Liberdades Civis
ACTA	Associação Teológica Carismática da Ásia
AD	Assembleias de Deus
AFM	Missão da Fé Apostólica
AIC	Igrejas Nativas Africanas
AIMS	Associação de Serviços para Missões Internacionais
ALC	Igreja Luterana Americana
AMEC	Igreja Episcopal Metodista Africana
AMEZ	Igreja Episcopal Metodista Africana de Sião
APTA	Associação Teológica Pentecostal Asiática
ARM	Ministérios Episcopais para o Avivamento
AWCF	Comunhão Cristã Mundial Apostólica

AWCU	Universidade Cristã Mundial Apostólica
CBN	Rede Cristã de Radiodifusão
CBNU	Universidade da Rede Cristã de Radiodifusão
CCCAP	Conselho Carismático Católico para a Ásia e o Pacífico
CFA	Comunhão Carismática da Ásia
CFCCCF	Fraternidade Católica das Comunidades de Aliança e Vida
CFO	Campos Distantes
CGM	Ministério de Crescimento Cristão
CHSFM	Comitê sobre o Espírito Santo e Missões de Fronteira
CME	Igreja Metodista Episcopal Cristã
CMF	Fundação Cristã Missionária
CMI	Conselho Mundial de Igrejas
CONCCLAT	Congresso Católico Carismático Latino-Americano
CONLARTE	Congresso Latino-Americano de Artes Católicas
CSI	Escolas Internacionais Cristãs
CUWE	Carismáticos Unidos pela Evangelização Mundial
ECC	Consulta Carismática Europeia
ECCLA	Encontro Carismático Latino-Americano
EFA	Comunhão Evangélica da Ásia
EJCSK	Igreja de Jesus Cristo de Simon Kimbangu
EPCRA	Associação Europeia de Pesquisa Pentecostal e Carismática
EPTA	Associação Teológica Pentecostal Europeia
ERM	Ministros Episcopais Renovados
FCC	Comunhão dos Cristãos Carismáticos
IBLA	Instituto Bíblico Latino-Americano do Texas
IBN	Rede Intercontinental de Radiodifusão
ICCOWE	Consulta Carismática Internacional sobre Evangelização do Mundo
ICCRO	Escritório Internacional da Renovação Carismática Católica
ICCRS	Renovação Carismática Católica Internacional
ICOWE	Congresso Internacional sobre Evangelização Mundial
ICPE	Programa Católico Internacional de Evangelização
IDC	Igreja de Deus em Cristo

ILCOHS	Conferência Luterana Internacional sobre o Espírito Santo
Jocum	Jovens com uma Missão
KBW	Associação Bíblica Católica
MRA	Rearmamento Moral
NAE	Associação Nacional de Evangélicos
NARSC	Comitê de Serviço da Renovação da América do Norte
NCC	Conselho Nacional de Igrejas
NSC	Comitê Nacional de Serviço
OBI	Operação Bênção Internacional
PCBC	Associação de Faculdades Bíblicas Pentecostais e Carismáticas da Austrália
PCC	Comunhão Carismática Presbiteriana
PCCNA	Igrejas Pentecostais e Carismáticas da América do Norte
PEK	Conferência Pentecostal Europeia
PFNA	Comunhão Pentecostal da América do Norte
PMSCA	Missão Pentecostal na África do Sul e Central
PRRM	Ministérios Internacionais de Renovação Presbiterianos e Reformados
RCA	Igreja Comunidade de Nosso Senhor
RCC	Renovação Carismática Católica
REEM	Missão Russa e do Leste Europeu
SOMA	Compartilhamento de Ministérios no Exterior
SPS	Sociedade de Estudos Pentecostais
TBN	Rede Trindade de Radiodifusão
TWMA	Associação de Missões do Terceiro Mundo
UCC	Igreja de Cristo Unida
UMRSF	Comunhão de Serviços da Renovação dos Metodistas Unidos
UNIA	Associação Universal para o Progresso Negro
USCWM	Centro de Missões de Fronteira dos Estados Unidos
WCC	Conselho Mundial de Igrejas
WCTU	União Cristã Feminina da Temperança